萧超然　主编

# 巍巍上庠 百年星辰
## ——名人与北大

季羡林署

北京大学出版社

纪念北京大学建校 100 年

# 巍巍上庠　百年星辰
## ——名人与北大

萧超然　主编

北京大学出版社
北　京

图书在版编目(CIP)数据

巍巍上庠　百年星辰:名人与北大/萧超然主编.－北京:北京大学出版社,1998.4
ISBN 7-301-03516-0

Ⅰ.巍… Ⅱ.萧… Ⅲ.北京大学-名人-生平事迹 Ⅳ.K925.4

| | |
|---|---|
| 书　　　名 | :巍巍上庠　百年星辰——名人与北大 |
| 著作责任者 | :萧超然 |
| 责 任 编 辑 | :严胜男 |
| 标 准 书 号 | :ISBN 7-301-03516-0/G·421 |
| 出 　版　 者 | :北京大学出版社 |
| 地 　　　址 | :北京市海淀区中关村北京大学校内　100871 |
| 电 　　　话 | :出版部 62752015　发行部 62754140　编辑部 62752032 |
| 排 　印　 者 | :国防科工委印刷厂印刷 |
| 发 　行　 者 | :北京大学出版社 |
| 经 　销　 者 | :新华书店 |
| | 　850×1168毫米　32开本　24.625印张　645千字 |
| | 　1998年4月第一版　1998年4月第一次印刷 |
| 定　　　价 | :48.00元 |

# 目　　录

**序**……………………………………………………季羡林(1)

孙家鼐张百熙与京师大学堂的创办……………………周承恩(1)
第一任校长——严复……………………………………张寄谦(12)
没有到任的校长——章士钊………………………………王世儒(28)
博大坚贞　化腐为奇
　　——蔡元培与北大………………………梁　柱　赵存生(35)
主持校务时间最长的校长——蒋梦麟……………………曲士培(55)
开一代新风的文化前驱——胡适………………………欧阳哲生(71)
唯一的名誉校长——马寅初………………晏智杰　朱正直(87)
江隆基与北京大学…………………………………………王学珍(98)
不激不随　至博至大
　　——汤用彤与北大………………………汤一介　孙尚扬(113)
科教树人　一代宗师
　　——周培源与北大……………………………………盛森芝(127)
生死与共话沧桑
　　——魏建功与北大……………………………………魏　至(142)
风雨力耕廿五年
　　——傅鹰在燕园………………………………………杨培增(158)
我在北大跟王竹溪先生做学生……………………………王正行(170)
北大马克思主义哲学学科的开创者——冯定……………谢　龙(177)
"我总是走自己的路"
　　——翦伯赞与北大……………………………………张传玺(189)

1

康有为梁启超与京师大学堂的筹建……………… 王晓秋(204)
文科学长 "五四"旗帜——陈独秀………………… 陈哲夫(214)
偷取天火救中华
　　——李大钊与北大………………………………… 萧超然(232)
从图书馆助理员到共和国缔造者
　　——毛泽东与北大………………………………… 萧超然(247)
周恩来对北大的关怀…………………………………… 王效挺(262)
"小平您好" 北大人的心声…………………………… 魏国英(275)
北大青年共产主义者的卓越代表——邓中夏……… 萧超然(283)
民主运动的斗士 进步教授的旗帜
　　——许德珩在北大………………………………… 沙健孙(300)
一个坚定的爱国主义者的足迹
　　——邵飘萍与北大………………………………… 陆彬良(317)
惓惓爱国心 殷殷报国情
　　——钱端升在北大………………………………… 赵宝煦(335)
从课堂走向斗争第一线
　　——范长江在北大………………………………… 方　蒙(349)

"民族魂"的精神光辉永照
　　——鲁迅与北大…………………………………… 孙玉石(356)
学苑元戎　挂冠教授——马叙伦…………………… 金安平(377)
北大"五马"第一人——马裕藻……………… 孔　冈　杨康善(384)
茅盾在北大……………………………………………… 乐黛云(391)
《新潮》主将 "五四"指挥——傅斯年…………… 欧阳哲生(397)
开创古史研究新风的前驱——顾颉刚……………… 顾　潮(411)
旧国学传人　新史学宗师——范文澜……………… 蔡美彪(425)
诗人·红学家·教授——俞平伯……………………… 商金林(436)

与时俱进的语言学大师——罗常培……………………周定一(451)
接受"五四"洗礼　坚持"五四"精神
　　——朱自清与北大………………………………朱乔森(466)
最早诠释"五四"精神的《新潮》闯将——罗家伦………罗久芳(480)
斗士·作家·教授——林语堂………………严家炎　王兆胜(493)
从北大到台大
　　——记台静农……………………………………林中明(505)
红楼旁听启征程　业绩风范照后人
　　——曹靖华与北大………………………………岳凤麟(518)
诗人·学者·翻译家——冯至………………………… 严宝瑜(536)
文学史家　楚辞专家——游国恩……………………褚斌杰(549)
旁听生·作家·教授——沈从文……………温儒敏　李宪瑜(555)
怀念朱光潜先生………………………………………李赋宁(563)
中国敦煌学的开拓者——向达………………阴法鲁　肖良琼(567)
北大阿拉伯语言文学学科的创始人——马坚…………仲跻昆(580)
国子因缘　名山事业
　　——王力与北大…………………………………唐作藩(591)
北大的智慧星——吴组缃……………………………唐　沅(611)

翁文灏对北大地质学学科的关心与支持……………于　洸(619)
丁文江章鸿钊与北大地质学学科的建设……………于　洸(627)
北大地质学学科的奠基人——李四光………………于　洸(635)
孙云铸与北大地质学系的发展………………………于　洸(646)
"北京人"头盖骨的发现者——裴文中………………吕遵谔(655)
深切怀念我的北大老师曾昭抡教授…………………唐敖庆(668)
北大生物学学科的拓荒者——张景钺 ………………陈阅增(673)
北大物理学学科的重要奠基人——饶毓泰……………沈克琦(677)
北大植物生态学学科的开拓者——李继侗……………杨　澄(688)

北大磁学学科的奠基人——叶企孙……………………钟文定(694)
不尽的怀念
　　——记邓稼先………………………………………王世堂(706)

"文化中国"的象征
　　——梁漱溟与北大……………………………………王宗昱(713)
生命不熄　薪火承传
　　——冯友兰与北大……………………………………李中华(724)
重建中国哲学的机缘
　　——熊十力与北大……………………………………王守常(741)
院系调整后中国第一位哲学系系主任——金岳霖……汪子嵩(749)
著译交辉　中西互融
　　——贺麟与北大………………………………………张祥龙(754)
漫步于未名湖畔的美学老人——宗白华………………彭　锋(763)

**跋**………………………………………………………**萧超然**(771)

# 序

## 季羡林

  计算北大的历史,我认为,可以采用两种计算法:一个是从古代的太学算起,到了隋代,改称国子监,一直到清末,此名未变,而且代代沿袭。这实际上就是当时的最高学府。而北大所传的正是国子监的衣钵。这样计算,一不牵强,二不附会,毫无倚老卖老之意,而只有实事求是之心。既合情,又合理。倘若采用它,是完全能够讲得通的。

  但是,当前流行的而且实行的计算方法,是从以国子监为前身的京师大学堂算起。我不说这种计算方法不合情,不合理,不实事求是;而且既然大家都已承认,约定俗成,"吾从众",我也同意这种计算方法,确定北大创办于1898年,至今正值100年,决定庆祝百岁华诞。

  同世界上许多国家的许多一流大学比较起来,有100年的历史,只能算是一个小弟弟。即在中国,北大也决不是老大哥。但是,大学不是人参,不是陈酿,越老越好。大学之所以能够好,能够扬名天下,有另外的原因或者因素,这种因素决不是一年两年就可以形成的,而是有一个长期的历史积累过程。100年在人类历史上只是一个极短的时间;但是,对一个大学来说,也不算太短,积累因素,从而形成特点或者特性,已经足够用了。

  从1898年至1998年这100年,在中国全部历史上只占极小的比例；但是，在这100年内所发生的事情之多、之复杂，社会变动之剧烈，决不是过去任何100年所能够比的。只举事件之荦荦大者，就有辛亥革命，推翻帝制；有袁世凯表演的悲喜剧洪宪称帝；有对中国现当代有深远影响的五四运动；有令人民涂炭的军阀混战；有国民党统治；有日本军国主义者的入侵；有声势浩大的解放战争；有中华人民共和国的建立；有1957年的"反右"；有"大跃进"；有随之而来的三年灾害——姑且不讲是"自然的"，还是"人为的"；有1966年爆发的所谓"无产阶级文化大革命"，实际上是空前浩劫；有1978年开始的改革开放，等等，等等。这100年的后一半大学几乎全是在会议和"运动"中度过的。

所有这一些历史事件，北大都经历过，中国历史稍长的大学也都经历过。"家家有一本难念的经"，我们的经历大同而小异。"大同"指共性，"小异"指个性。超出共性与个性之上的事实是：在众多的大学中，北大占据着一个特殊的地位，北大是中国大学的排头兵，是它们的代表，这是国际和国内所共同承认的，决不是北大人的妄自尊大，而是既成的事实。一个唯物者决不能决不应视而不见的。所以，谈一谈北大的共性，特别是它的特性，就有超出北大范围的普遍的意义。

在讨论共性和特性之前，我想先谈一谈我对大学构成因素的意见。我认为，每一个大学都有四种构成因素或组成部分：第一个是教师，第二个是图书设备（包括图书馆和实验室），第三个是行政管理，第四个是学生素质。前三个是比较固定的，最后一个是流动的。

我之所以把教师列为第一位，是有用意的，也是有根据的。根据中外各著名大学的经验，一所大学或其中某一个系，倘若有一个在全国或全世界都著名的大学者，则这一所大学或者这一个系就成为全国或全世界的重点和"圣地"。全国和全世界学者都以与之有联系为光荣。问学者趋之若鹜。一时门庭鼎盛，车马盈门。倘若这一个学者去世或去职，而又没有找到地位相同的继任人，则这所大学或这个系身价立即下跌,几乎门可罗雀了。这是一个众所周知的事实,是无法否认掉的。十年浩劫前,一位文教界的领导人说过一句话:"大学者,有大师之谓也。"在浩劫中受到严厉批判,在当时"黄钟毁弃,瓦釜雷鸣"的环境下,这是并不奇怪的。但印度古语说:"真理毕竟会胜利的"(Satyam eva jayate),这一个朴素的真理也胜利了:大学的台柱毕竟是教师,特别是名教师,名人。其他三个因素,特别是学生这个因素,也都是重要的,用不着详细论述。

作为中国众大学的排头兵的北京大学,100年以来,其教师的情况怎样呢?其学生情况又是怎样呢?在过去正如我在上面讲到的那样十分错综复杂的大环境中,北大的师生,在所有的掊击邪恶、伸张正义的运动中,无不站在最前列,发出第一声反抗的狮子吼,震动了全国,震动了全世界,为中华民族的前进,为世界人民的前进,开辟了道路,指明了方向。北大师生中,不知出现了多少烈士,不知出现了多少可以被鲁迅称之为"脊梁"的杰出人物。这有史可查,有案可稽,决非北大人的"一家之言"。中国人民实在应该为有北大这样的学府而感到极大的骄傲。

几年以前,北大的有关单位曾举行过多次座谈会,讨论什么是北大的优良传统这个问题。同对世界上其他事情一样,对这个问题也有种种不同的意见。我对这个也曾仔细思考过,我有我自己的看法。

我认为,讨论北大的优良传统,离不开中国知识分子的优良传统,因为北大的老师和学生都是知识分子。几千年以来,知识分子——也就相当于古代的"士"——一经出现,立即把传承中华文化的重任压在自己肩上。不管知识分子有多少缺点,他们有这个传承的责任,这个事实是谁也否定不掉的。世界各国都有知识分子。既然同称知识分子,当然有其共性。但是,存在决定意识,中国独特的历史环境和地理环境,决定了中国知识分子的根深蒂固的爱国主义思想。这个事实也是无法否定的。

专就北大而论,在过去的100年内,所有的掊击邪恶、伸张正义的大举动,北大总都是站在前排。这就是最具体不过的,最明显不过的爱国主义思想的表现。连一般人认为是启蒙运动的五四运动,据我看,归根结底仍然是一场爱国主义运动。引进德先生和赛先生只是手段,而不是目的,其目的仍在振兴中华,爱我国家。其他众多的运动,无不可以作如是观。

同爱国主义有区别但又有某一些联系的,是古代常讲的"气节",用通俗的话来说,就是"硬骨头",刚正不阿,疾恶如仇,也就是孟子所说的:"富贵不能淫,贫贱不能移,威武不能屈。"我曾在别的文章中举过祢衡和章太炎的例子。现代的闻一多等是更具体更鲜明的例子。

如果想再列举北大的优良传统,当然还能够举出一些条来,比如兼容并包的精神,治学谨严的学风,等等。但是,我觉得,提纲挈领,以上两条也就够了,再举多了反而会主次不分,头绪紊乱,不能给人留下鲜明深刻的印象。

我把爱国主义和硬骨头的气节列为北大的优良传统,决不是想说,别的大学不讲爱国主义,不讲刚正不阿的骨气。否,否,决不是这样。同在一个中国,同样经历了100年,别的大学有这样的传统,也并不稀奇,这是个共性问题,北大决不能独占,也决不想独占。但是,我现在讲的是北大,是讲个性问题。而北大在这方面确又表现很突出,很鲜明,很淋漓尽致,所以我只能这样讲。

我讲北大的青老知识分子,也就是教师和学生,有这样的优良传统,决不是想说:社会上其他阶级或社会群体,比如工、农、商等等,不讲这个优良传统。否,否,决不是这样。中国各社会群体提倡的也大都是这样的优良传统。否则全国许多地方都有的岳庙和文天祥祠堂应该怎样去解释呢?而包公和海瑞受到人民大众的普遍膜拜,又怎样去解释呢?只因为我现在讲的是北大,讲的是北大的知识分子,所以我只能这样讲。

一般说来,表现优良传统主要在人。专就北大而论,人共有两部分:一个是教师,包括一部分职工;一个是学生。前者比较固定,而后者则流动性极大这一点我在上面已经谈到。学生每隔几年就要换班。因此,表现北大传统的主要是教师。在过去 100 年内,在北大担任过或者还正在担任着教师的人,无虑数万。他们的情况不尽相同。有出类拔萃者,也有默默无闻者,而前者又只能是少数。可是人数虽少而能量却大。北大的优良传统是靠他们来传承,北大的名声主要靠他们来外扬。有如夜空中的群星,有璀璨光耀者,有微如烛光者。我们现在称之为"星辰"者就是群星中光耀照人者。"辰"的含义颇多,《左传》把日、月、星三光都称之为"辰"。大家不必拘泥于一解,只了解它的一般含义就行了。

现在北大要纪念百年诞辰,这实在是学坛盛事,有深远意义。而且其意义还不限于北大一校,这应当是大家的共识。北大一些同志妙想天开,异军突起,想以北大过去 100 年来的名人为线索,来表现北大的优良传统,来表现北大对社会对人类的贡献,这实在是一个很好的想法,立即得到了校内许多人的支持。主编萧超然教授垂青不佞,命我作序。以我之谫陋,何敢担此重任。但又念我在北大已 50 多年,占北大百年校史之一半有余。对北大的过去和现在是有所了解的,当仁不让,义不容辞,所以就在惶恐觳觫之中,写成此序,大胆地提出了自己对北大优良传统的看法,切盼全校以及校外的贤达指正。

〔作者　北京大学东方学系教授〕

# 孙家鼐张百熙与京师大学堂的创办

## 周承恩

很多人都知道北京大学的前身是京师大学堂,但是,京师大学堂的创办人是谁,恐怕知道的人就不多了。实际上,京师大学堂的创办经历了两个阶段,前一阶段的创办人主要是孙家鼐,后一阶段的创办人主要是张百熙,他们都是清朝末年的重臣和名人。

孙家鼐,字燮臣,安徽寿州人,咸丰九年科举得一甲一名进士,也就是状元,历任工部、礼部、吏部尚书和内阁大学士等职。他曾与翁同龢一起担任过光绪皇帝的老师,政治上接近帝党,但与后党也有某些联系。他的旧学很有根底,又注意研究新学,关心时务,思想比较开明,倾向维新变法,但与康有为、梁启超等改革派仍保持一定距离。光绪初年,陈宝琛上疏朝廷,请以先儒黄宗羲、顾炎武从祀文庙,顽固派诸大臣竭力反对,而孙家鼐与潘祖荫、翁同龢、孙诒经等则大力支持,终于得到朝廷的批准。孙家鼐同情维新派的变法革新主张,但他对康有为著作中有关孔子"改制"、"称王"等内容却不以为然,奏请清廷予以删除。

中日甲午战争以后,以康、梁为代表的维新派提出废科举、兴学校、设报馆、编新书等变法主张,光绪帝交诸大臣讨论。顽固守旧派纷纷反对。孙家鼐在上疏中提出:"国家广集卿士,以资议政,听言不厌求详,然执两用中,精择审处,尤赖圣知。"[①]就是说,在广泛听取各种意见的基础上,应由皇帝全面考虑,作出决策。这在当时的情况下,是有利于维新派的。

1895年8月,康有为、梁启超等在北京组织"强学会",购置图书,收集报刊,供群众阅览,并经常开会讲演,批评时政,鼓吹变法维新。1896年初,顽固派攻击他们"私立会党,将开处士横议之风",奏请查封。但在翁同龢等人的支持下,一些帝党又奏请解禁。光绪皇帝决定将强学会改名为官书局,并派孙家鼐兼任官书局督办。

孙家鼐受任后,拟定官书局章程7条,规定局内设藏书楼、刊书处及游艺院等机构,聘请中外学者编译出版中外书刊,购置收藏科学仪器,供"留心时事,讲求学问者"阅览利用。此外,他还提议在官书局中设学堂一所,"延精通中外文理者一人为教习,凡京官年富力强者,子弟之资性聪颖安详端正者,如愿学语言文学及制造诸法,听其各出学资,入馆肄习。"②由于缺乏经费,设学堂一事当时未能实现,但这被认为是京师设学堂的最初动议。

1896年6月,刑部左侍郎李端棻上疏皇帝,奏请"推广学校",并正式提出设立京师大学堂。光绪皇帝迅将此议交总理各国事务衙门议复。总理衙门奏复说:"京师建立大学堂一节,系为扩充官书局起见,请饬下管理书局大臣,察度情形,妥筹办理。"于是此事又交给官书局督办孙家鼐议处。孙家鼐很快即上疏清廷,明确表示赞成设立京师大学堂,并提出开办大学堂的6条意见。其中关于"立学宗旨"一条,孙家鼐认为大学堂"应以中学为主,西学为辅。中学为体,西学为用。中学有未备者,以西学补之。中学其失传者,以西学还之"③。这与康、梁等主张的"中西并用,观其会通"的意见虽然还有距离,但同那些顽固守旧者排斥一切西学的意见更有明显的不同。关于学科设置,孙家鼐建议大学堂应分立10科:"一曰天学科,算学附焉;二曰地学科,矿学附焉;三曰道学科,各教源流附焉;四曰政学科,西国政治及律例附焉;五曰文学科,各国语言文学附焉;六曰武学科,水师附焉;七曰农学科,种植水利附焉;八曰工学科,制造格致各学附焉;九曰商学科,轮船铁路电报附焉;十曰医学科,地产植物各化学附焉。"④这差不多包括了后来所谓的文、法、理、工、医、农以至军事等各个基础学科。可见在孙家鼐的心目中,京师大学堂应该办成一所包括中西、贯通古今、规模宏大、学科齐全的真正综合性大学。此外，他还提出建造学堂、访求教习、慎选生徒、推广出身等项建议。孙家鼐的上述6条意见，可以说是创办京师大学堂最早的具体设想。这些意见虽然得到光绪皇帝的赞同，但顽固派却以经费困难为藉口，主张此事缓办。于是创办京师大学堂一事又被搁置下来。

1898年，变法维新运动日趋高涨。6月11日，光绪皇帝下《明定国是诏》，正式宣布变法。诏书中强调，"京师大学堂为各行省之倡，尤应首先举办"⑤。而顽固派仍然敷衍拖延，不予执行。6月26日，光绪皇帝再次发出上谕，严令军机处和总理衙门"迅速复奏，毋稍迟延"。这样，他们才不得不请来梁启超，起草了一份《京师大学堂章程》上报。章程规定京师大学堂设管学大臣一员，"统率全学"，并规定"各省学堂皆归大学堂统辖"。这样，京师大学堂就不仅是全国最高学府，而且是全国最高教育行政机关。

1898年7月4日，光绪皇帝专门下诏，正式批准设立京师大学堂，任命孙家鼐为管理大学堂事务大臣（简称管学大臣），负责筹办京师大学堂。同时，决定将原设官书局和新设译书局均并入大学堂，统由管学大臣督率办理。

孙家鼐受命为管学大臣后，即以很大精力投入大学堂筹办事宜。他建议大学堂设总教习二人，分管中学和西学，并举荐许景澄为中学总教习，丁韪良为西学总教习。许景澄是浙江嘉兴人，同治年间进士，曾代表清廷出使法、德、意、荷、奥等国，比较了解外国情况，中学也有很深造诣。丁韪良为美国基督教传教士，1850年来华，先在宁波传教，后任美国驻华使馆译员，还长期担任过京师同文馆总教习，是外国人中著名的中国通。孙家鼐原拟推荐刑部主事张元济（后来商务印书馆的创办人）为大学堂总办，张因对孙的某些教育主张持有不同意见，推辞不就，孙家鼐遂改荐他人。此外，还任命朱祖谋、李家驹为提调，聘任刘可毅、骆成骧等为教习。大学堂的办学经费，由户部指定以中国政府在华俄道胜银行的一笔存款的利息支付。光绪皇帝还派庆亲王奕劻和礼部尚书许应骙负责为大学堂建造校舍。在新校舍建成前，先将地安门内马神庙和嘉公主旧第略加扩充，作为大学堂临时校舍。

正当孙家鼐积极筹办京师大学堂之时，1898年9月21日，西太后突然发动政变，囚禁光绪帝，捕杀维新派，变法维新措施几乎全被废除，唯有筹办中的京师大学堂以"萌芽早，得不废"，并由孙家鼐继续负责筹办。但原定的大学堂教学方针和教学内容都发生了很大变化，学堂规模也较原来的设想大为缩小。除附设的中小学外，大学堂仅设仕学院，让举人、进士出身之京曹入院学习。"京曹守旧，耻入学，赴者绝尠。"⑥大学堂原定招生500人，到这年12月开学时⑦，"学生不足百人，讲舍不足百间"。课程仅设诗、书、礼、易四堂，春秋二堂。学堂"竞竞以圣经礼学诏学者，日悬《近思录》、朱子《小学》二书以为的"⑧。到次年，学生才增加到近200人。原有各堂改名为立本、求志、敦行、守约，另立史学、地理、政治三堂，上午学经史，下午学科学。学生们对这种封建书院式的教学很不满意，连当时的总教习许景澄也批评孙家鼐说："公办学堂，太偏于理学。"实际上这主要是屈从于当时顽固派的压力，并非孙家鼐的本意。

1900年春，孙家鼐为反对西太后阴谋废黜光绪帝位愤而辞职，由许景澄代理管学大臣职务。这年夏天，义和团进入北京，京师大学堂学生均告假四散。道胜银行被毁坏，大学堂无处支银，经费完全断绝。许景澄只得奏请暂行裁撤大学堂，西太后便下令停办大学堂。不久，许景澄因反对利用义和团攻打洋人的政策，也被西太后处死。

1898年至1900年的京师大学堂，后来被称为"戊戌大学"，这是京师大学堂的初创阶段。在此期间，由于戊戌政变的影响，孙家鼐原来关于创办京师大学堂的一套设想未能完全实现。

1900年8月，八国联军进攻北京时，西太后挟光绪帝匆忙出逃，最后到达西安。次年9月，清朝统治者与外国侵略者签订了丧权辱国的"辛丑条约"。中国人民对腐朽反动的清朝统治者更加怨恨，反清革命势力日益发展,清朝统治者已经无法照旧统治下去了。在清政府官员中,"迫于时变,维新之论复起"。西太后也声称要"变法维新",准许各省举办学堂,宣布要逐步废除科举制度。1902年1月10日,清廷下令恢复京师大学堂,任命吏部尚书张百熙为管学大臣,负责筹办大学堂复校事宜。

张百熙,字野秋,湖南长沙人,同治年间进士,早年担任过光绪帝侍读,自然倾向帝党。他既有深厚的中学根底,又对西学颇有研究,思想开明,赞成变法维新,反对顽固守旧,曾向光绪帝举荐康有为等维新派。甲午战争时,他疏刻李鸿章"阳作战备,阴实主和",以致"贻误兵机",导致中国失败。又与侍讲学士陆宝忠等联合上奏,揭发"枢臣朋比误国十大罪"。他还上疏批评为筹办西太后诞辰而大肆铺张浪费,要求罢免"承办典礼者"。他这种不畏权贵,大胆直言的人品,"为时论所推重",在进步的官员和知识分子中,有很高的声望。戊戌政变后,张百熙以"滥举康有为",受革职留任处分。辛丑条约签订后,清廷"下诏求言",张百熙即"抗疏陈大计",奏请改官制,理财政,变科举,办学堂,设报馆,积极提倡变法自强。迫于当时的形势,西太后表示赞同这些意见,并重新起用张百熙。张百熙被任命为管学大臣,"于是海内欣然望兴学矣"!

张百熙出任管学大臣后,很想有一番作为,决心要把京师大学堂办好。他在给清廷的奏折中说:"从前所办大学堂,原系草创,本未详备,……大学堂理应法制详尽,规模宏远,不特为学术人心极大关系,亦即为五洲万国所共观瞻。天下于是审治乱,验兴衰,辨强弱。人材之出出于此,文明之系于此。是今日而再议举办大学堂,非徒整顿所能见功,实赖开拓以为要务,断非因仍旧制,敷衍外观所能收效者也。"⑨这就是说,他不想因仍旧制,在原来的基础上恢复京师大学堂,而是要开拓改革,重新设计,建立一所法制详备,规模宏大的新的京师大学堂。

为了借鉴西方的办学方法和教学内容,张百熙曾通过清朝出使美日等国的钦差大臣,广泛搜集各国的办学章程和课程书目。仅在美国就搜集到哥伦比亚大学、耶鲁大学、宾夕法尼亚大学等13所学校的有关资料。经过深入的调查研究,张百熙主持制定了一套中国的学堂章程,经清廷批准,称为《钦定学堂章程》。这套章程包括从小学到大学的各级学堂章程,是我国第一部以政府名义颁布的完整学制。其中包括《钦定京师大学堂章程》共8章84节,对大学堂的办学纲领、科目设置、课程安排、招生办法、毕业分配、教师聘用、教学纪律以及领导体制等各方面问题都作了详细规定。关于办学纲领,章程规定:"京师大学堂之设,所以激发忠爱,开通智慧,振兴实业"以及"端正趋向,造就通材,为全学之纲领"。大学堂分预备科、专门分科和大学院三级。大学院相当于后来的研究生院。专门分科即大学本科。分科相当于后来的学院,科下又分目,相当于后来的系。大学章程规定分科大学共设7科35目:

1. 政治科,下分政治学、法律学2目;

2. 文学科,下分经学、史学、理学、诸子学、掌故学、词章学、外国语言文字学7目;

3. 格致科,下分天文学、地质学、高等算学、化学、物理学、动植物学6目;

4. 农业科,下分农艺学、农业化学、林学、兽医学4目;

5. 工艺科,下分土木工学、造船学、造兵器学、电气工学、建筑学、应用化学、采矿学、冶金学8目;

6. 商务科,下分簿记学、产业制造学、商业语言学、商法学、商业史学、商业地理学6目;

7. 医术科,下分医学、药学2目。

章程规定,大学预备科学制3年,毕业后给举人出身,可升入大学分科。大学分科学制3至4年,毕业后给进士出身,可升入大学院深造。

由此可见,张百熙关于重建京师大学堂的计划,较之孙家鼐的最初设想,规模更加宏大,学科更加完备,法制更加详尽。

张百熙深知这一宏伟计划只能逐步实现,不可能一蹴而就。他从实际出发,主张脚踏实地,一切从头做起,决定大学堂开始暂不设本科,先办预备科,为以后办本科作好准备。预备科分为二科:"一曰政科,二曰艺科。以经史、政治、法律、通商、理财等事隶政科;以声、光、化、电、工、医、算等事隶艺科。"除预科外,另设速成科,以收急效。速成科分为二馆:"一曰仕学馆,二曰师范馆。凡京官五品以下,八品以上,以及外官候选,暨因事留京者,道员以下,教职以上,皆准应考入仕学馆。举、贡、生、监等皆准应考入师范馆。"速成科肄业3至4年,毕业后可担任初级官吏或学堂教习。

为了办好京师大学堂,张百熙十分重视招揽人材。他提出要"破除积习,不拘成例用人",对那些"才具优长,通达时务"、"明练安详,学有根底"之人,可以破格重用。张百熙特别重视物色总教习人选。他认为,"大学堂之设,所以造就人材,而人材之出,尤以总教习得人为第一要义。必得德望俱备,品学兼优之人,方足以膺此选。"⑩经过多方了解和考察,张百熙选定原直隶冀州知州吴汝纶担任大学堂总教习。

吴汝纶,安徽桐城人,同治年间进士,清末著名的散文家,是当时"桐城派"文人的一个公认的领袖。他在旧学方面很有权威,对新学也有较深的研究。他同严复是至交,严复翻译的很多外国著作,都曾请他审阅。张百熙称赞他"学问纯粹,时事洞明,淹贯古今,详悉中外,足当大学堂总教习之任"⑪。然而,对于这一职务,吴汝纶在开始时却表示不愿出任。于是张百熙便穿着大礼服,在吴汝纶面前长跪不起。这样,吴汝纶才答应下来。这件事成为清朝末年在政界学界中广泛流传的一段佳话,它体现了北京大学校史上尊师重教的宝贵传统。

吴汝纶接受大学堂总教习的任命后,要求先去日本进行考察。他在日本的三个月期间,通过中国留日学生以及其他各种渠道,对日本的教育事业进行了深入的调查研究,以为回国后办学的借鉴。当时,旅日的中国留学生正在进行反对清朝驻日公使蔡均的运动,吴汝纶对学生们的正义要求颇表同情。蔡均便以煽动中国留日学生反对他,向清廷诬告吴汝纶。张百熙不得已,只好电促吴汝纶回国。吴汝纶对顽固势力的迫害极为愤慨,回国后不久,便在原籍病逝。吴汝纶虽然没有来得及到京师大学堂正式任教,然而他的道德和文章,却为京师大学堂的师生们所长期景仰。

吴汝纶逝世后,张百熙又举荐原副总教习张筱浦任总教习。张筱浦字鹤龄,也是当时在国内颇有影响的"阳湖派"(桐城派的一个流派)古文家。张百熙还聘请著名的翻译家严复到京师大学堂任译书局总办,林纾(琴南)任副总办,李希圣为编书局总纂,罗惇曧等为分纂,还聘请辜汤生(辜鸿铭)任副总教习,孙诒让、屠寄以及日本文学博士服部宇之吉和法学博士岩谷孙藏等任教习。

此外,张百熙为大学堂增加经费,扩充校舍,以及购买图书仪器等也作了很大努力。

关于经费,除由道胜银行从户部存款利息中每年拨付银21.2万两外,另由各省协助一部分,大省每年助银2万两,中省1万两,小省5000两。

校舍除在马神庙旧址修复和扩建一部分房屋外,张百熙另在京西瓦窑地方(丰台附近)选定土地1300多亩,作为建筑新校舍之用。估计建筑工程费约113万两,拟于1903年8月间开工。但西太后以"铺张太过"为由,决定"暂作罢论"。其实,这点经费比起她修建颐和园的经费来说,不过是一个很小的零头而已!

经过八国联军的破坏,京师大学堂原有的图书仪器等教学设备已经荡然无存。1902年10月,大学堂设藏书楼。张百熙以管学大臣名义,咨行各省官书局,将其所刻经史子集及时务新书,每种提取10部或数部送京师大学堂,书款由各省官书局项下报销。后来又多次请各省官书局代购各类图书。此外还通过外国教习从欧美日本等国购买各种科技图书和仪器标本。这就为后来享誉国内外的北京大学图书馆奠定了初步基础。

经过积极筹备,1902年10月和11月,京师大学堂分两批招生。首先招收速成科,仕学馆和师范馆共录取新生近200名。12月17日,大学堂举行入学典礼,宣布正式开学。此后,京师大学堂以及后来的北京大学都以每年的这一天作为校庆纪念日。直到1949年北京解放以后,北京大学的校庆才改为每年的5月4日。

1903年,京师大学堂增设译学馆、医学馆和进士馆。译学馆由原来的京师同文馆改办,这年8月正式招生开学,分设英、俄、法、德、日5国语言文字专科,5年毕业。

1904年大学堂正式招收预备科学生共235名。招生名额分配给各省,考试科目及命题则由大学堂统一制定。这年,大学堂还从速成科学生中选出47人,派往外国留学。张耀增等31人赴日本,俞同奎等16人赴西洋各国。这是京师大学堂派出的第一批留学生,张百熙曾亲自前往前门火车站,为这批留学生送行。

张百熙重用一些比较开明的学者和官员,锐意革新京师大学堂,引起了顽固守旧势力的嫉视和反对。他们对京师大学堂进行恶意攻击和造谣诽谤,张百熙更是首当其冲。清廷终以张百熙"喜用新进",不够可靠,于是在1903年春,加派满人荣庆为管学大臣,对张百熙进行监督和牵制。"百熙一意更新,荣庆时以旧学调剂之。"荣庆事事掣肘,使张百熙处境很困难。但他仍据理力争,努力坚持其既定的办学方针。这年6月,清廷又命张之洞会同张百熙、荣庆共同修订学堂章程。修改后的章程称为《奏定学堂章程》。它在办学宗旨中强调:"无论何等学堂,均以忠孝为本,以中国经史之学为基,俾学生心术一归于纯正,……以仰副国家造就通材慎防流弊之意。"[12]同时,对大学分科除原有7科外,又增设经学科,下分礼记、论语、孟子、理学等11门,突出了经学地位,实际上改变了中学西学并重的方针。

1904年,清廷接受张之洞的建议,将管学大臣改为总理学务大

9

臣,统辖全国学务。另派张享嘉任京师大学堂总监督,专管大学堂事务。从此,张百熙不能直接过问京师大学堂事务。而总理学务大臣由孙家鼐、荣庆、张百熙三人担任,张百熙位居第三,实际上有职无权。不久,张百熙即辞去总理学务大臣,改任他职。

张百熙的兴学抱负虽然在他的任职期间未能完全实现,但他已为京师大学堂以至后来北京大学的发展奠定了一个良好的基础。在速成科和预备科的学生陆续毕业后,京师大学堂的分科大学在1910年3月30日隆重举行开学典礼。除医学科外,其他7科均正式开办。只是各科分门,比原计划大为减少,7科只有13门,学生共400多人。学生人数虽然较少,但此后的京师大学堂毕竟已成为一所真正的综合性大学。

辛亥革命以后,京师大学堂正式改名为北京大学,学校的规模逐步扩大。特别是在蔡元培先生担任校长以后,北京大学更有了日新月异的发展,终于跻身于世界著名大学之林。追本溯源,孙家鼐、张百熙两位先生作为学校的创办人,在北京大学的校史上应该占有显著的地位。

### 注 释

① 《清史稿·孙家鼐传》。
② 孙家鼐《官书局奏定章程疏》,《戊戌变法》(二)第423页。
③④ 孙家鼐《议复开办京师大学堂折》,《戊戌变法》(二)第426、427页。
⑤ 《戊戌变法》(二)第17页。
⑥ 罗惇曧《京师大学堂成立记》,《近代中国教育史料》第1册第158页。
⑦ 据《德宗实录》卷432,戊戌10月20日(1898年12月3日)载:"协办大学士孙家鼐奏:开办京师大学堂。报文。"
⑧ 喻长霖《京师大学堂沿革史》,《清朝续文献通考》第2册第8648—8650页。
⑨ 张百熙《奏办京师大学堂折》,《近代中国教育史料》第1册第126页。

⑩⑪　张百熙《举大学堂总教习折》，北京大学档案馆藏。
⑫　张百熙等《重订学堂章程折》，《近代中国教育史料》第2册第4页。

〔作者　中共中央党史研究室研究员〕

# 第一任校长——严复

## 张寄谦

严复(1854—1921)是我国著名的思想家。他的译著之一,赫胥黎的《天演论》所提出的物竞天择,适者生存的思想,促进了19世纪末中华民族的觉醒。严复并未以教育家闻名于世,然而他却是一位从事实际教育工作的教育家。他先后从事教育20余载,曾在福州船政学堂任教,在天津北洋水师学堂任教并先后担任总教习、会办、总办(即教务长、副校长、校长)。

严复所以自愿从事举办教育事业,是出于对国家、对民族的责任感。经过几番政治风雨,根据他自己译述的物竞天择理论,"处物竞剧烈之世,必宜于存者而后终存",[①]中华民族的素质,关系到中国国家、民族的兴亡。然而,他看到数千年封建专制制度愚民政策的毒害,使得"中国民品之劣,民智之卑"到了非常严重的程度。"即有改革,害之除于甲者将见于乙,泯于丙者将发之于丁。"[②]因此19世纪末20世纪初,严复形成一个很重要的思想,或是一种很强烈的信念,认为解决中国社会政治问题的根本道路,首先是通过普及提高教育事业,以提高国民的素质,他把发展教育提到与国家存亡攸关的高度,他说:"为今之计,惟急从教育上着手,庶几逐渐更新乎!"[③]这个思想并且最后构成他与一些革命派的分歧。

1912年,中国人民推翻了几千年的帝制,建立了中华民国,原来在1898年戊戌维新时期建立的京师大学堂改名为北京大学,严复就是京师大学堂的末任总监督、北京大学的首任校长。

## 一、严复与北京大学的历史因缘

严复与北京大学的关系可追溯到京师大学堂的创办。京师大学堂尚未成立前,严复友人张元济等,于 1897 年底经总理衙门代奏,奉旨获准在京师设立"通艺学堂"。培养国学已有根底的京官和官绅子弟,在学习外语、天文、算学、各国舆地(法、俄、德、日等国)之后,分门专攻兵、农、商、矿、理科、工程技术等科,所谓讲求实学。严复也参与了通艺学堂的一些活动。学堂设在宣武门外海王村(应是北京师范大学旧址一带)。学堂初设时,唯一的常驻教员严若潜是严复的侄子。1898 年 9 月,戊戌百日维新中,严复来京应光绪皇帝召见时,就住在通艺学堂,并在学堂讲授了"西学门径功用"专题。通艺学堂在戊戌维新失败、张元济被革职"永不叙用"离京后,并入新成立的京师大学堂。由此可见严复与北京大学因缘之早。

严复与京师大学堂的关系始于大学堂的恢复期 1902 年。京师大学堂,这所作为百日维新举办的第一件要政而设立的中国最高学府,虽然幸免于 1898 年的戊戌政变,却未能逃脱 1900 年的劫难。最初当作洋学堂,被义和团视与洋教堂等列对待,横扫后设为神坛(个别中国教习被杀,管学大臣孙家鼐的住宅由于临近东交民巷亦遭焚毁④)。洋兵进城后,大学堂又被视为义和团的踞点而受到征服者的占领和摧残,以至于学校关闭、师生流离、建筑残破、图书仪器荡然无存。直到 1901 年底,在一些列强敦促中国实行新政的压力下,返京的清政府才下谕筹议重新恢复京师大学堂,并于 1902 年初派张百熙为管学大臣着手筹办。

从清政府的上谕和张百熙筹划恢复大学堂的建议中,可以看到比起戊戌维新时期,清政府的办学思想已有所进步。首先,在办学方向上已不再纠缠于一定要坚持以中学包罗西学,不能以西学凌驾中学那类中学西学关系上,而强调"兴学育才,实为当今急务";其次,京师大学堂的培养目标是"通才","务期端正趋向,造就通才,明体达用",⑤即要培养具有政治眼光和实际干才的建设国家的栋梁之才。他们期待着京师大学堂成为"人才之出出于此,文明之系于此"⑥的地方;第三,此次京师大学堂不是简单地整顿、恢复,实为重建。它要建成具有国际水平的大学校,"不特为学术人心极大关系,亦即为五洲万国所共观瞻"⑦。

张百熙奏准请吴汝纶担任京师大学堂的总教习,但吴汝纶屡辞不就。严复由于有着以教育改造社会的抱负,所以他用"舍己为群之义"力劝吴汝纶就任。严复给张元济的信中提到张百熙想以严复为吴汝纶的副手("自复振大学命下,冶秋尚书之意,甚欲得吴挚甫而以复辅之"⑧),也就是说拟以严复为协助吴汝纶的京师大学堂副总教习。这种说法,想来是吴汝纶告诉严复的,吴汝纶对严复学识人品评价很高,私交谊厚;或许是出自吴汝纶的建议,不像是张百熙自身的意见。因为京师大学堂总监督的职位是三品实缺京堂官,清政府批准吴汝纶担任此职时还特意把他升为五品卿衔。以当时清代选择官员标准(吴汝纶是同治朝进士,曾国藩有名的门生,工古文,长期任曾国藩、李鸿章幕僚,执掌机要,拟写奏议),他担任京师大学堂的总教习是合适的。严复的中西兼通,造诣极深的学识、文字,虽为吴汝纶和社会上不少人所推崇,但他的履历仅是被保举的道员,在科举制尚未被废除以前,不是科甲正途出身,总被看作是提拔选材的缺陷。

严复表现了乐于就职京师大学堂,并对京师大学堂的改造也有一定看法。1902年初(农历12月底),严复到达北京的第二天就去拜见了张百熙,向他提出全面规划整顿大学堂的建议。他认为大学堂应该根据培养目标的不同分为四个院部("请设四斋"):1) 正斋,从少年高才生中选拔,培养精通西方语文的专才;2) 附斋,从年龄稍长的在京朝官中选拔培养翻译"西史、理财、立法、交涉"诸科的人才;3) 外斋,从在国外已获得文凭的归国自费留学生中招募青年子弟,再教他们一些中国学问,如词章、掌故之类;4) 把同文馆改为外交学堂,进行"语言、公牍、国际"诸课教育,作为外务部出使储备的外交人才。这些意见张百熙都表示赞成。

严复还建议辞退原来京师大学堂的总教习丁韪良⑨(William A. P. Martin),张百熙感到为难。不久,原来京师大学堂的提调、总办等,认为既然是大学堂复建,他们都应恢复原职。他们挑拨怂恿丁韪良,利用原有的总教习职位和外国人身份,"日用总教习铃记"与张百熙为难。严复劝张百熙不必忧虑,安慰他说,国际上从没有因为聘请教员而引起外交纠纷的。不过以后千万不可随便托外国公使代为聘请教习,这样,"是自寻胶葛,且万万不得良师也"。外国总教习的事后来终于解决,丁韪良没有被续聘。

经过几度筹划,清政府授予京师大学堂的任务越来越重,不仅要求它办成全国最高学府,而且要求它承担起以考试选拔政府官员的职能,也就是代替原来的科举考试制度;并且还要求它承担领导全国高等、中等、初等教育的任务。因此京师大学堂还附设了"编书局"和"译书局",以编写、编译、翻译各类学校的各种教科书为主要任务。张百熙请李希圣为编书局总纂,译书局则请严复任总办(下设翻译科,总办为曾广铨,林纾、严璩、曾宗巩等均在译书局任职)。严复亲自制订了相当周全的《京师大学堂译书局章程》,拟订了可供全国统一使用的翻译事项,译书局对译员采用的是近代的按质、按量奖惩制,工作很有成效。严复于两年后,1904年辞职赴上海办学。

## 二、京师大学堂末任总监督

1912年2月25日,严复被政府任命为京师大学堂总监督,接管大学堂事务。⑩这项任命,也可以说是袁世凯1912年2月15日经南京临时政府参议院选举为临时大总统后,所签署颁布的第一项重要任命。3月5日严复正式就任京师大学堂总监督职务。这时他的学术成就与声望已超过1902年京师大学堂初恢复时期。他在就任京师大学堂总监督后谦虚地说,他所以担任了这个职务,是由于"素啖虚名"而已。他感到责任重大,因为"京外人士,属望甚殷,极以为愧",但是他有决心任劳任怨为大学堂办事,其他一切均不考虑,"故自受事以来,亦欲痛自策励,期无负所学,不怍国民"。"至其他利害,诚不暇计"。⑪严复在3月30日向全体教职员提出"改进大学堂学务方针",征求意见,使得"校中一切规模,颇有更张"。但是京师大学堂面临的最大困难,就是没有经费,无法开学上课。

当时袁世凯政府财政十分困难。政府除维持行政费外,"各衙门薪俸,除外务部、邮传部、陆军部外,余人分文未发","度支部、学部,一文无给"。⑫严复月薪300两,任职两个多月后,仍然未领到分文。政府各部门尚可维持,大学堂没有经费就不能开学。

京师大学堂的经费,1898年初设时规定由户部存放于华俄道胜银行的500万两库平银每年所生利息库平银20万两作为大学堂的经费(折合京平银21.2万两,实拨20万630两)。1902年大学堂恢复时,张百熙奏准"经费宜宽筹"的原则,清政府批准将该存款年息21.2万两全部拨归大学堂做专款使用,由大学堂像储户一样,直接向华俄道胜银行办理支存手续,年终开单呈览结账,无须向户部报销。1905年学部成立,京师大学堂管学专权也归学部管辖,新任尚书荣庆向清政府奏请,把华俄道胜银行这笔利息全部转归学部,京师大学堂经费,按月向学部领取,清政府批准在案。但武昌起义以后,学部就不再付给京师大学堂经费,大学堂旧存银行的款项,分文也不能提取。大学堂被迫形同停顿,严复接受大学堂职务时便是这种情况,无法开学。

严复为了寻求经费奔求各方,找到学部、度支部的负责人,"再四磋磨,商请用款,迄无以应"⑬。最后,由于严复能与外国人直接办理交涉,并且他本人一向受到外国人的尊敬与信任,他终于与华俄道胜银行议妥,并经大总统袁世凯批准,于4月7日与银行签约,借到7万两款项,使京师大学堂能够开学上课,师生都感振奋。⑭

作为书生办学的严复,万万没有料到他在京师大学堂总监督、北京大学校长职位上,还碰到了更为复杂的困难。

无论严复愿意与否,他已被卷入1912年中华民国初建时的矛盾:南北矛盾、大总统与内阁矛盾、政治派别矛盾和官场倾轧之中。京师大学堂总监督或后来的北京大学校长,也成为这场纷纭争执中的一颗棋子。严复从1912年2月起,便身不由主地卷入这场纷争浊流中了。

严复在改造中国道路上所主张的以教育为第一要务,是与同盟会等革命派有着严重分歧的,并为此和孙中山发生过不愉快的争执。1905年,严复随张翼赴英国伦敦办理对英交涉开平煤矿事。孙中山当时适在伦敦,因之特意来拜访严复。双方谈起改造中国的途径与手段,如前所述严复认为中国国民一般群众素质低劣,主张"为今之计,惟急从教育上着手"。孙中山回答说:"俟河之清,人寿几何! 君为思想家,鄙人乃实行家也。"⑮两人就此分手。至少,从严复自身感觉中,这一事件是构成他与同盟会(含国民党)、孙中山等人增加隔阂的转折点,而隔阂自1912年以后更加深了。孙中山等革命党人,在辛亥革命后虽然对清政府的官僚政客、旧军阀、旧军人,都尽弃前嫌,欢迎他们像唐绍仪一样参加国民党,但对康有为、梁启超等过去不同意革命、主张维新立宪的人士,在社会转折潮流中持不同观点的救国者,没有公开表示服膺国民党的人士,却不肯持和解宽恕的态度,想来对严复不能说全无芥蒂吧。

## 三、北京大学首任校长

1912年5月1日,新政府的教育部(教育总长由前南京临时政府教育总长蔡元培蝉联)发下命令:"京师大学堂改称北京大学校,大学堂总监督称校长。大学校长,由教育部于分科学长中荐一人任命之。"⑯从这件档案所抄录的政府命令中,可以看到国务委员与大总统权限之争的影子,新组织的教育部,认为任命大学校长是教育部的权限范围,这项命令是教育部委婉地不承认袁世凯直接任命严复为京师大学堂总监督的合法性。

从历史发展过程来说,袁世凯是窃取了革命果实的窃国大盗,但从法制手续来看,在他任命严复为京师大学堂总监督时,他已是合法当选的大总统了。政府国务院总理、各部正副总长等都是由他任命的,任命都是合法的。京师大学堂总监督一职,是南京临时政府在分配职位时从未考虑过的。原有的总监督是清政府任命的,他本人现已辞职。大学堂总监督一职急待有人接管,以便及早开学。因之由大总统任命京师大学堂总监督,袁世凯任命严复是应该而且合法的。

在北洋政府 1912 年 5 月《政府公报》所载教育总长蔡元培呈大总统的呈文中,情况则更为清楚:

"为荐任大学校校长事:北京大学前奉大总统令,京师大学堂[总]监督事务由严复暂行管理等因,业经该[总]监督声报接任在案。窃维部务甫经接收,大学法令尚未订定颁布。北京大学既经开办,不得不筹商目前之改革,定为暂行办法。……北京大学堂今拟改称为北京大学校,大学堂总监督改称为大学校校长,总理校务。分科大学监督改称为分科大学学长。……大学校校长需由教育部于分科大学学长中荐一人任之,庶几名实相符,事权划一,学校经费亦得借以撙节。现已由本部照会该总监督任文科大学学长,应请大总统任命该学长署理北京大学校校长。……谨呈。"[17]

这件呈文实质在说,北京大学校校长不可由大总统直接任命,须经教育总长向大总统提名荐任,然后由大总统签署意见。为照顾既成事实,现在暂行荐任严复署理北京大学校校长。呈文中所包含的争执,除了国务委员与大总统权限之争外,还包括了南北之争等等。无庸讳言,至少客观上涉及对严复的评价问题。

5 月 3 日,大总统命令:批准京师大学堂改名为北京大学校,并任命严复署理北京大学校校长。5 月 4 日严复就任北京大学校校长职务。5月24日大学校领用新关防"北京大学校校长"。

5月15日北京大学重行开学,典礼十分隆重。各界来宾,"外国公使、税务司及东西博士、学问专家,咸来观礼,中外特感"[18]。教育总长蔡元培也出席并讲话,说"大学为研究高尚学问之地,即校内课余,仍当温习旧学"[19]。严复自4月借到款项后,即开始改革,对教职员加以新聘或淘汰。正式开学后,所有缺少科目,复添聘教员讲授,"校中一切规模,颇有更张","全校学生遂与相安于学"。[20]

但就在这时,北洋政府内部大总统与国务院之间的矛盾激化了。6月中旬,袁世凯政府第一任国务总理唐绍仪,因袁世凯专断,破坏国务总理副署制度,愤而辞职。四位同盟会的国务员:教育部总长蔡元培、司法部总长王宠惠、农林部总长宋教仁和工商部总长王正廷,以支持国务员副署制等为由一同辞职。7月14日获准。

7月7日,教育部下达了结束北京大学的命令,并将教育部已议决的结束北京大学办法通知学校,其内容是:

大学校自开办至清末,凡历10余载。中更经丧乱,因陋敷陈。"学生之班次虽增,陶植之成绩未着","政体既变,各方对于大学,咸有不满之意"。教育部遂有停办大学之决议。

继之,教育部颁行了《北京大学结束办法》9条(日期当在7月8—9日),要点是:

1) 各分科大学学生,一律提前于(民国)元年年底毕业,给予选科文凭,概不授予学位。

6) 各分科学长,应兼充教员。惟文科学长,既兼署校长,事务较繁,毋需担任教学科目。

8) 文科及预科教务长均应裁撤。

9) 本年下学期各分科大学,一律不招新生。[21]

第6、第8两条,均涉及严复校长所担任的工作量轻重,虽然无须担任课程,但需担任文科学长,各科学长均有教务长协助处理校务,而现在文科教务长却被取消,严复的任务不知要加重多少。

严复是一位清高、自尊气息十分强烈的知识分子,但在这时候,他不计一切,当即写了一封近两千字的《论北京大学校不可停办说帖》,恳切地呼吁社会各界支持。严复回顾了自己接任北京大学时是"受任于危难之际","义固难辞,勉强接事"。他举出了几点理由说明不应停办北京大学:

第一,北京大学能有今日规模,得来不易,不可毁于一旦。严复说,北京大学的程度与它的教授法,若与欧美各国大学相比,固不可同年而语,但它毕竟是集中了中国这样一个贫弱国家这些年最好的人才和最大的物力,才能有今日的地位。"今若将其废弃,是举十余年来国家全力所惨淡经营,一旦轻心掉之,前此所縻百十万帑金,悉同虚掷。"而且北京是辛亥革命后唯一没有受到军事破坏的重要城市,现在大学的规模形式仍在,学生正在学习上课,"将持何理由而一切摧残遣散之乎?"

第二,若停办北京大学,中国大学将永无提高之日。严复说,由于历史的和其他种种原因,大学本身并没有一个"法定的程度",甲国与乙国,一国之内甲地与乙地的大学程度都不可能划一。而且程度是可以改变的,"吾欲高之,终有自高之一日;若放任而不为之所,则永无能高之时"。

第三,世界文明国家大学林立,中国仅有一所大学,岂能关闭?严复说,教育部强调首先办好普通中小学教育,说否则先发展大学教育就会失败。严复认为,大学与中小学教育可以同时发展,"双方并进,本不相妨"。世界上文明国家的著名大学,多的有几十所,少的有十几所。"吾国乃并一已成立之大学尚不克保存,岂不稍过?"

第四,北京大学应承担保存、发扬国家最高文化的重任。严复说,大学不仅是为了造就专门人才,而且兼有"保存一切高尚之学术,以崇国家之文化"的宗旨。对于一个文明国家所不可缺少的新旧学科,即或目前没有学生愿意来学习,也要保留它的讲座,对教员"给予优薪,以待有志"的学生,"留此一线不绝之传"。北京大学应该承担这个任务。

第五,不能以经费为由停办北京大学。严复说,学校的经费,对于国家来说,"奚翅九牛之一毛?""夫何惜一年二十余万金之资,而必云停废乎?"

最后,严复以去就力求不要停办北京大学,呈文说,"大部如以鄙见为不然,则方来之事,请待高贤";如果认为意见犹有可以采纳考虑之处,那么他就继续进行改革的计划。

严复还呈给教育部一份《文科大学改良办法说帖》,其中值得提出的有几点:

1) 培养我国自己的高水平的师资人才

严复认为,大学"所聘教习,如非万不得已,总以本国人才为主"。招考新生、旧生结业,要通过严格考试,"以学问程度为归"。选聘教员应从"本国学博",于欧美各科游学生中"沉浸学问"、安心从事国内教育工作的人中选拔人才,"优给薪水",让他们"一面教授一面研究"。数年之后,"吾国学业可期独立"。一个国家的大学,不仅是培养学生的地方,也是养成师资人才的地方。北京大学要成为"一国学业之中心点",以后就永远不会去"丐人余润",去重价聘请那些一知半解的外国教员。

2) 开拓眼界,融会古今中外学识　改造文科

严复认为,大学文科应该是对东西方哲学,中外之历史、地理、文学,都"理宜兼收并蓄,广纳众流,以成其大"。当然办到此点,颇不容易。所招到的学生需要西文根底深厚,有中文基础,又尊重中国文化,"兼治始能有益"。等到学校经费稍微充裕,就可"觅有相当宿学,徐立专门,以待来者"。

3) 以本国法律为中心　改选法科

严复提出,要改变目前北京大学法学科目以学习国外法律为中心的现状。他说,各国法律学校,无不以本国法律为主。我国特别"自共和立宪以来",大学法科应以新政府的约法、参议院法,以及将

来会制订的更多现行法律为主课,而以外国法律以及过去历代法律为参考借鉴。

**4)择优派遣留学生　加强理工科**

严复提出,在理工科地质、化学、土木、矿冶四门今年度毕业生中,通过极严的选拔考试,择其普通学、专门学以及外国语成绩较优者,各选两三名,派送德、美两国学习,以10人计,每年不过2万元,"而所成就较大"。另外要重视理工科的实验,整顿实验室,清理图书、仪器、药品等。

**5)派遣留学　改造农科**

严复认为,可从今年农科毕业生中,选择成绩优秀的10余人,派遣至日本留学,以两年为限,其学费、川资,合计不过1.2万元。而现聘日本教员,一年薪水已费1.26万元。"此法于学堂经费,及有志于学者,两有俾益,其获益当尤巨。"(现望海楼农院校址可容学生200人。新生拟用英文教授农、林各两班。)

**6)重视基础,加强专门　改造商科**

严复提出将商科学习年限由3年改为4年。前两年学习公共课程,后两年分为:经济学门;财政学门;商学门;交通学门。每门包括10余种课程。学生于第三年,必须于四门之中认定一门,"以期深远"。

严复说,这些改进办法,还都是些供讨论的粗纲,至于其详细节目,等开学后,再妥定章程规则,以便实行。

学生们对于要结束北京大学,纷纷提出许多抗议的说帖,如文科《论文科大学不应缩短毕业期限说帖》、法科《反对改办选科说帖》、工科《维持工科办法说帖》、农科《陈请妥筹维持本科办法说帖》等等。许多是10余名代表签名,有的是联名请愿书。他们讲到,许多学生都是牺牲了优厚的职位,"置各省聘请本地位置于不顾,辞而入学","推其毅力、决心,必欲得完全学问以饷当世"。有的提到自武昌起义后,许多人纷纷参加革命,或在各省已担任职务,听到大学开学,连忙赶回学校复学。这时也有提出北京大学不如脱离教育部自行办学的意见,群情激昂。北京大学的师生,7月7日至10日,度过了紧张、激动的4天。

7月10日,由蔡元培教育总长主持的全国临时教育会开幕,会上讨论了教育部原来拟订的将北京大学停办的决议,"嗣以事实困难,停办之议,遂亦打消"。

7月14日,蔡元培辞职。7月26日,新任教育总长范源廉就任。

从严复所写的两份呈文中可以看到,严复极不赞同低格调地追随他国之后,简单地照搬、移植欧美教育,而有着要把北京大学创办成国际一流水平、独具中国特色的大学的思想。虽然粗糙,但他已提出有价值的、并可为未来办学者参考的设想蓝图。尽管严复有着每个人都难以避免的自身的缺点,但他不仅是位学者,也是一位想委曲求全以实现自己理想的教育家。然而,自停办续办争议事件后,教育部认定北京大学校长严复不肯顺从部令的成见就更加深了。

严复办学所遇到其次方面的困难,就是关于北京大学向华俄道胜银行所借贷款支配权问题。

由于北京大学教学走上正轨,改革很有起色,因此在1912年7月29日,英国教育会议宣布承认北京大学及其附设的译学馆均为大学;伦敦大学也宣布承认北京大学,即北京大学学生的学历、成绩均被上述单位承认。北京大学在国际上的学术地位提高了。

尽管如此,北京大学的经费仍然没有着落。严复向华俄道胜银行所借7万两款项,原定半年归还,也将到期,而秋季又将开学。严复只得向英国汇丰、法国汇理、俄国道胜等各银行商借贷款。各银行都以已参加六国银行团,不能自由出借贷款为由婉言拒绝。最后还是和一家小银行华比银行谈妥借贷,因为学校所需款项对于银行来说究属小额借款,而且也是文化教育贷款,不属政治军事范围,可以不违背银行团约定限制;同时北京大学的地位也在不断提高。因此华比银行在取得银行团默契下,于8月26日借给北京大学20万两。

严复以7万余两作为归还华俄道胜银行借款及应付利息，余款就准备作为秋季开学后用费。

这时北京政府财政部通令：北京内外各衙门官员及学校教职员，凡薪水在60元以下者，"照旧支给"；其在60元以上者，"一律暂支60元"。北大校长严复认为，"学校性质与官署不同，强令齐约，必形窒碍"。因此他给教育部写了建议条陈，表示北京大学遵从部令有许多困难。其要点有：

1) 学校职员月薪是以所担负任务的轻重判定高低的。如果降低拉平，人们"徜各吝日力，放弃职任"，那么"表面之经费虽省，无形之贻误实多"，因之对于部令"碍难曲遵[屈尊]"。

2) 教员薪水本以授课钟点多少衡量，自听到部令后，已有教员提出辞职。因之"碍难曲遵[屈尊]"。

条陈最后说，他自己要遵从部令减薪至60元，至于其他教职员则不减。"为今之计，除校长一人准月支六十元以示服从命令外，其余职教各员，在事一日，应准照额全支，以示体恤而昭公允。"他又说："总之本校长深悉时局艰难，决不肯丝毫浮费。"北大已裁减人员20余名，省了不少费用。此后，"尚当力求撙节，以期涓滴皆归实际"。

这是北京大学校长严复又一次不肯恭顺地执行部令。而且严复这一份貌似恭顺的条陈，语句很有分量，特别是结尾一句，很难使有些未曾把公家款项"涓滴皆归实际"的长官，不能不感到有讽刺意味。

教育部遂抬出清末学部和京师大学堂的旧例，让严复把华俄道胜银行的贷款存折交出，严复拒绝，㉒因为教育部不应要求北京大学交出其自行筹措到的借款。此外，此款是严复直接向银行筹借的，他个人承担责任；一旦交出后其下落如何，很难预料。严复将来无法赔偿。

由于种种压力，10月7日，㉓严复被迫辞去北京大学校长职务赴津，"同学意欲挽留，而教部不允所请"，"既而内部分化，同学相争。校内空气，因之异常不安"。于是教育部颁布训令："查大学为全国最高教育机关,大学学生一举一动,俱当循守礼法,示以楷模。"对于严复的辞职,其说法是,"此次改任校长,本因严校长新授总统府顾问之职,责任繁重。若再以校事相属,恐有顾此失彼之虞"。言外之意,严复的复职是不可能的。因为教育部曾通令北京大学,凡教职员担任教务者,不得兼差。训令对于挽留严复校长的同学说了几句话:"严校长学问资望,世所钦佩,诸生亲炙已久,依恋之切,自属恒情。"对于另一部分学生,说的是,"在反对者,虽亦持之有故,而言词不无过激"。姑不论反对者是如何产生,纠纷是否有人煽动,仅从这里也可看出教育部的倾向性了。教育部训令以劝两派"相为亲爱"为结尾,对严复毫无挽留之意。

继之,北京大学就经历着一段校长风波(章士钊虽被任命,但未能就职;马良代理不久,被迫辞职)。直到3个月后何燏时被任命(12月27日),北京大学校长一职才稳定下来。

从北京大学校史来看,严复担任北京大学校长一职,任期不长,但他却为北京大学作出了不少贡献:他竭尽全力为北大筹到一笔当时是相当可观的经费;他提出并实行了若干改革办法;特别是,由于他的力争,使得北大避免遭到结束的挫折。尤其是后者,是严复为北京大学所做的不可磨灭的贡献。北京大学校长一职,是严复一生中最后一次从事办教育工作,虽然短暂,但这数月的风雨,对严复以后生涯的影响却很关键,使他渐就颓废。1912年初,面对国家的重大变革,严复的内心是彷徨的。他虽然鄙弃清政府,但对于领导民国大局的人物,无论是袁世凯还是革命派的领导,他都不相信他们会把国家治理好,"旧清政府,去如刍狗,不足轻重。而应运之才,不知生于何地。以云隐忧,真可忧耳!"[23]他接手大学校后,全力以赴,力图不负时代委托,也是他内心倾向民主共和的表现。然而无论他心服与否,他都被一般人列入北洋派系下旧人员群落,尽管袁世凯事实上对严复却毫无支持、保护之意。这就使严复处于无处辩解、无处为自己申诉的境地。

在北京中国历史博物馆内,藏有严复晚年亲笔日记 10 余册(自 1908—1920 年,即逝世前一年)。其中虽或间有数月无记,但 1912 年全缺。原因虽然不明,但是否反映严复这样一种思想:严复是想把这一页从自己生活历史中撕去?

严酷的是,生活历史本身是无从抹去的。1912 年北京大学校长任职的结局,却真的使严复身不由主地、一度被揽入袁世凯北洋政府范围圈内,且几难以自赎。但那已越出本文范围。

**注 释**

① 严复《论教育与国家之关系》,1906 年 1 月 10 日,《严复集》(下称严集)(一)诗文(上)第 166 页。

②③ 严璩《侯官严先生年谱》,1905 年,《严集》(一)第 166 页。

④ 与孙宅邻近一同被焚的尚有徐桐等住宅,徐是坚决支持义和团的,可见孙宅被焚是因地段在东交民巷使馆区旁,并非因为孙是洋学堂管学大臣。庄吉发《京师大学堂》页 27,述及此事不够清晰,易使读者误会。

⑤ 上谕,光绪二十七年十二月初一日(1902 年 1 月 10 日),《光绪朝东华录》(下称《光东》)(四)第 4798 页。

⑥⑦ 管学大臣张百熙奏,光绪二十八年正月初六日(1902 年 2 月 13 日),《光东》(五)第 4848 页。

⑧ 严复《与张元济书》,光绪二十七年十二月二十七日(1902 年 2 月 5 日),件十三,《严集》(三)第 547 页。吴汝纶不久即赴日考察教育,回来后不久病逝,实际未能就任京师大学堂职务。

⑨ 丁韪良 1850 年以美国传教士来华,1869 年被聘为同文馆总教习,1898 年被聘为京师大学堂总教习。

⑩ 北京大学档案,卷宗号 Z11.4,类号 11。以下有关京师大学堂及 1912 年北京大学事件之引文和叙述凡未另加注明者,均系据北大档案,不再一一注明。

⑪ 引文分见严复《与熊纯如书》件一(1912 年 3 月 27 日),件三(1912 年 4

月 19 日),《严集》(三)第 602、604 页。

⑫ 严复《与(夫人)朱明丽书》,1912 年 4 月 8 日,件五五,《严集》(三)第 773 页。

⑬ 北京大学档案,严复《论北京大学不可停办说帖》。

⑭ 北京大学档案。清华学堂因筹款困难直到 8 月 1 日才开学。

⑮ 严璩《侯官严先生年谱》1905 年条,《严集》(五)第 1550 页。

⑯⑱㉑ 北京大学档案。

⑰ 北洋政府 1912 年 5 月份《政府公报》第 5 号,呈文。转引自陶英惠《蔡元培年谱》(上)第 315、316 页。

⑲ 《教育杂志》卷四,4 号,1912 年 7 月 10 日,纪事,第 26 页。转引自陶谱,第 328 页。

⑳ 北京大学档案,1912 年 10 月 7 日,严复辞北京大学校长职务记事注释。

㉒ 此为当时流传甚广,但未见到档案记载的争执。此处据次年(1913)到北大任教的沈尹默《我和北大》一文,载全国政治协商会议编《文史资料选辑》(61)第 224 页。

㉓ 据《东方杂志》1919 年 16 卷 3 号,公时《北京大学之成立及其沿革》,严复辞职为是年 11 月。本文日期据北京大学档案。

㉔ 严复《与熊纯如书》,件一,1912 年 3 月 27 日,《严集》(三)第 603 页。

〔作者 北京大学历史系教授〕

# 没有到任的校长——章士钊

王世儒

章士钊(1881—1973),字行严,笔名黄中黄、烂柯山人、秋桐、孤桐等,湖南善化(今长沙)人。早年投身反清革命运动,后在北洋军阀和国民党统治时期的政界屡居显要官职,在宦海中漂泊沉浮,走过漫长而曲折的道路,终于在人民解放战争时期毅然投入人民革命阵营,为新中国的建立和建设作出了贡献,是中国现代史上一位著名的资产阶级政治活动家。同时,他也是一位在中国学术史上占有重要地位的知名学者。民国初年,他曾被袁世凯政府任命为国立北京大学校校长;后来,在蔡元培任北大校长时期,又曾受聘为教授兼图书馆主任。他在北大任职的时间虽然不是很长,但却作出了非常重要的贡献。

## 一、挂名校长,引为殊荣

1912年,中华民国政府成立,京师大学堂改名为国立北京大学校,严复由京师大学堂总监督改称国立北京大学校校长,但严复不久即在同年9月提出辞职。接着,袁世凯政府便任命章士钊为国立北京大学校校长。时章士钊正在上海创办《独立周报》,同时兼任江苏都督府顾问,以事务繁忙,难以脱身为由"迟不赴任",但并未拒绝。袁政府乃改派马良(相伯)代理。所谓派马良"代理",即仍由并不到任的章士钊居校长名义,而由实际到任的马良管理校务。至同年年底,马良因筹措来年办学经费不力,被迫引咎辞职,章士钊也于是时提出了辞呈。就这样,章士钊在北京大学有了三个多月挂名校长的经历,成为他后来与北京大学发生联系的开端。

一般地说,人生历史中仅仅三个多月的经历,本算不得什么重要,无足启齿。然而章士钊对于他在北京大学三个多月挂名校长的经历却颇引为自豪,甚或一再进行宣扬。如他在并未到任的当时,就曾使用"国立北京大学校长"的职衔与外界进行交际。一年之后,也还有过类似的情况。如在1913年2月,原《苏报》主办人陈范病逝上海,章士钊曾与蔡元培、孙毓筠等联名呈文民国当局,要求追念陈范当年鼓吹反清革命的功绩,"酌量给恤"。就在这篇引人注目的呈文末尾,分别署以"前教育总长蔡(元培)、前北京大学校长章(士钊)、前安徽都督孙(毓筠)"的职衔和姓名[①]。非常明显,这是有意识地进行招摇过市,以期引起重视。从而有力说明,章士钊对于挂名北京大学校长的经历,是颇引为殊荣的。知名学者章士钊向往、迷恋最高学府北京大学,这是不足为奇的。古人有所谓"和风酬清响,好鸟鸣高枝"的诗句,赞叹的就是这种情况吧! 唯其如此,才会发生章士钊后来应聘进入北京大学做教授的事。

## 二、首创"逻辑"学名

1917年1月,蔡元培出任北京大学校长,于同年9月便延聘章士钊入北大任职,此为章士钊实际服务于北大的时期。

据北京大学1918年2月编印的《国立北京大学二十周年纪念册现任教职员一览》中记载:章士钊为"文本科哲学门教授"。自1917年下半年起,他在文本科哲学门讲授"论理学"(后称逻辑学)。同时,还在文科哲学门研究所担任"逻辑学史研究科目"。[②]用今天的说法,就是为研究生讲授"逻辑学史"的课程,为研究生的指导教师。由此可知,章士钊在北大是名实相符的逻辑学教授。有的书中说章士钊"在北大任图书馆长兼逻辑学高级讲师",是不符合史实的。

章士钊当年在北大讲授逻辑学课程，很受学生的欢迎。他在讲课时，喜欢广征博引中外学说，解析比较，并阐明自己的看法，使学生留下了很深刻印象。对此，北京大学著名校友潘菽先生曾有回忆说："章(士钊)先生在北大教逻辑，我也曾去听过课，学生是满意的，他有自己的见解。"③

　　在我国，"逻辑"的学名，始被译作"名学"、"辨学"或为"论理学"。如从事逻辑学研究较早的严复，就曾有《穆勒名学》、《名学浅说》等译著，其次还有王国维的《辨学》等译作，再其次则有根据日文译的《论理学》。章士钊在治逻辑学时，对这几种学名的译法均认为不妥。因而，他发表了《论翻译名义》一文，明确提出为避免"使术语与定语相复"，不如"把 logic 直接音译为逻辑"的创议，④其后，他又几次撰文阐述这一观点，学术界经过反复比较、讨论，最终认同了他所创议的"逻辑"学名，汉语"逻辑"术语得以确立，这是章士钊研究逻辑学取得学术成就的一个重要标志。而这一学术成就的取得，应该说是与他被聘为北京大学教授，讲授逻辑学的课程所发生的影响作用不无一定的关系。从现存的文献资料看，在章士钊未入北大讲授逻辑学课程之前，北大的"文本科课程"中仅有"名学"或"论理学"的课程名称，而自章士钊入北大之后，始逐渐有"逻辑学"与"论理学"并用的记载，而越是后来，"逻辑学"的课程名称越是多见，"论理学"的名称终为"逻辑学"名称所替代。这种现象在一定程度上说明，北京大学应是较早地采纳或者说有力支持了章士钊的这一具有学术意义的创议。他的这一学术成就的取得，无疑曾得益于北京大学。

　　不过，章士钊在北大任职的时间并不很长，总计约达一年有余。作为教授，他除了讲授课程之外，还经常参加校内外的学术讲演活动，出席过北大入学试验委员会的委员会议等。他在主持北大图书馆工作期间，除尽力于日常的管理、服务工作外，还做了一件具有重要意义的工作，那就是他成功地邀请了李大钊进入北京大学任职。

## 三、邀请李大钊主持北大图书馆

　　章士钊与李大钊的相识，是在日本东京开始的。章士钊在谈到他们初识经过时曾这样说："余之知守常(即李大钊)也，初不经介绍，亦不闻有人游扬，余心目中并无此人迹象。1914年，余创刊《甲寅》于日本东京，图以文字与天下贤豪相接，从邮件中突接论文一首，余读之，惊其温文醇懿，神似欧公，察其自署，则赫然李守常也。余既不识其人，朋游中亦无知者，不获已，巽言复之，请其来见。翌日，守常果至，于是在小石林町一斗室中，吾二人交谊，以士相见之礼意而开始。"⑤是时，李大钊已考入早稻田大学政治经济本科读书，经常为《甲寅》撰稿，两人的交往日益密切，友谊日益加深。

　　1915年12月，蔡锷等为反对袁世凯称帝，在云南组织护国军，通电讨袁，章士钊随友人回国参加讨袁运动，并在护国军务院任秘书长。翌年5月，李大钊也因参加讨袁斗争辍学回国。6月，袁世凯暴病而卒，黎元洪继任大总统，重新恢复国会，护国军务院随之撤销。因是，章士钊再为冯妇，在北京重又复刊《甲寅》，名曰《甲寅日刊》，并邀请在日结识的至友李大钊、高一涵等共同编辑。章士钊在回忆此事时曾说："一九一七年，吾发行《甲寅日刊》于北京，约守常共事，守常在《日刊》所写文章较吾为多，排日到馆办事亦较吾为勤。但此刊意在纠正当时政治偏向，与所持学理所奉主义无涉。未几，彼此都觉厌倦，因将《日刊》停止。"⑥《甲寅日刊》发刊于1917年1月，至同年6月(张勋复辟时)停止，共计出版150期。在半年左右的时间里，李大钊在该刊发表了70多篇文章，是他当年发表文章数量的百分之九十，确实比章士钊在该刊上发表的文章多约近三分之一。另以"纠正当时政治偏向"来看，《甲寅日刊》在参加当时对德外交问题的争论上，无论是章士钊写的文章，还是李大钊所写的文章，都明确主张不取中立，力主"对德断交"，"加入协约战线"。十分明显，章、李的观点基本上是一致的,确实"与所持学理所奉主义无涉"。前些年,高一涵在谈到他与李大钊在《甲寅日刊》共事的情形时说:"我们在文章中攻击研究系,攻击现政府;而章士钊是维护他们的,他不赞成我们的主张。……到张勋复辟时,我们便登报申明,脱离了《甲寅日刊》。"⑦但我们现在对《甲寅日刊》上所发表的文章进行比较,尚看不到章士钊不赞成李、高主张的例证,也还没有发现他们当时登报脱离《甲寅日刊》的"申明"。因而对于高的上述一段话,现在尚不免存有疑问。

恰恰与之相反,我们以为章、李在《甲寅日刊》合作共事期间,两人的观点基本上是一致的,彼此关系应是相当融洽的。章士钊所说的"守常在《日刊》所写文章较吾为多,排日到馆办事亦较吾为勤"等语,明显表露出他对李大钊有很深的推重之意。通过《甲寅日刊》的一段合作共事,彼此更加了解,使他们自东京开始的相识发展到了相知的阶段,友谊进一步得到了加深。正因为有了这一段的相知,章士钊才对李大钊产生了钦佩之情,因而引发后来的邀请李大钊继任北大图书馆主任的"动议"。

1917年9月,章士钊应聘北京大学教授兼图书馆主任。他赴任不久,即邀请李大钊进入北大任职,接充他所担任的图书馆主任职务。关于此事的起因,章士钊曾这样说:"一九一八(应是一九一七)年,吾入北京大学讲逻辑,以教授兼图书馆主任。其所以兼图书馆主任者,无非为著述参考之便,而以吾萦心于政治之故,虽拥有此好环境,实未能充分利用;以谓约守常来,当远较吾为优,于是有请守常代替吾职之动议。时校长蔡孑民,学长陈独秀,两君皆推重守常,当然一说即行。"⑧章士钊的这段话,把事情的起因说得很清楚,即在于他认为邀请李大钊任北大图书馆主任,"当远较吾为优"!这决不是一般的客套或恭维之语,而是经过《甲寅日刊》合作共事之后,在深刻了解的基础之上所作出的切合实际的判断。值得注意的是,章士钊在谈到邀请李大钊入北大接充图书馆主任职务时,没有使用通常的"推荐"一词,而说成是"有请守常代替吾职之动议"。"动议"一词,原是属于政治学范畴的词汇,一般指未经预先列入程序,而在程序进行过程中临时提出意见或建议。这说明,李大钊入北大任图书馆主任,于事前并未请求章士钊代为谋取该职务,而完全是章的主动包办;即如应聘北大图书馆主任这样的大事,章士钊也可不必事先与李商量,全然包办代替,两人当时关系的密切程度,确非寻常交谊可比。同时,也还说明,当时北大校长蔡元培,学长陈独秀,对李大钊的学识与能力也是颇为赏识的,因而"一说即行",自然也就用不着"推荐"或"介绍"之类的繁文缛节了。

进入北京大学任职,是李大钊人生道路的重要转折。从此,他摆脱了政客势力的政治烦扰,全力与新文化新思想阵营结合在一起,通过编辑《新青年》,创办《每周评论》,参加各种学术讲演及进步社团的活动,他的思想有了飞跃的发展。他在北京大学指导组织了马克思学说研究会,发起成立了共产主义小组,培养了一批早期的马克思主义者。他为中国共产党的建立做了思想上和组织上的准备,成为举世闻名的伟大历史人物。

章士钊回忆说,中国共产党成立后,于"1922年、1923年之交",李大钊曾以共产主义学说对他进行"启示",并约他为之"共同奋斗",无奈章士钊在宦海中沉溺太深,终未为所动。⑨1924年以后,章士钊做了段祺瑞政府的司法总长兼教育总长等官职,公然以军警镇压学生爱国运动,在"三一八"惨案发生时,还参与了下令通缉李大钊、鲁迅等在内的50名革命进步人士的反动活动,在政治上站在了与李大钊水火不相容的对立面。诚所谓"两人政见,初若相合,卒乃相去弥远"。章士钊实"愧对此宅心长厚之良友已"!⑩当年的北京大学教职员联合会曾因此而发表"宣言",对章士钊等人的犯罪行为进行严厉的痛斥。自那时起,在很长的一段时间里,章士钊在北京大学声名狼藉。

在本世纪60年代初,毛泽东在谈到如何看待章士钊的历史时曾说:"他一生走过弯路,但大部分是好的。"⑪这个评价,的确十分客观公允。对于章士钊复杂的一生，以往的简单的完全否定，或完全肯定，都是不对的。实事求是地说，章士钊在北大任教授兼图书馆主任的一段经历，是他人生历史中极为重要的一段，正是在此时期，他举荐李大钊入北大任职，因而使李大钊后来发展成为历史的伟人，造成了北京大学历史的光荣，这也是章士钊人生历史的光荣。这一段"前北京大学教授"的经历，远比"前北京大学校长"的经历绚丽多彩，才是更值得章士钊引为殊荣的。

## 注　释

① 《请抚恤陈范呈》，《蔡元培文集》(政治经济卷)，台湾锦绣出版社1995年版。

② 《文科哲学门研究所研究科时间表》，《北京大学日刊》1917年11月29日，12月1日。

③ 转引《章士钊传略》，《中国现代社会科学家传略》第10辑，山西人民出版社1981年版。

④ 《论翻译名义》，见《逻辑指要》，北京三联书店1961年版。

⑤⑥⑧⑨⑩ 《〈李大钊先生传〉序》，《李大钊先生传》，北京宣文书店1951年版。

⑦ 《回忆五四时期的李大钊同志》，《五四运动回忆录》(上)，中国社会科学出版社1979年版。

⑪ 转引章含之《毛泽东和章士钊》，见《毛泽东和党外朋友们》，团结出版社1993年版。

〔作者　北京大学图书馆研究员〕

# 博大坚贞　化腐为奇
## ——蔡元培与北大

梁　柱　赵存生

在北京大学的校园深处,在未名湖畔的苍松翠柏之间,矗立着原北大校长——我国著名的民主主义革命家、教育家、思想家蔡元培先生的半身铜像。当21世纪的曙光即将来临之际,这位曾给北京大学带来盎然生机,使北大成为享誉中外的中国最高学府的老校长,正以他深邃的目光、博大的胸怀、卓越的思想,注视着、期待着、启迪着这所对中国近现代历史发展作出过重大贡献的百年学府,在新的世纪里创造出新的辉煌。

翻开北京大学百年奋进的光辉史册,人们就会发现,没有谁能比蔡元培同北大的关系更为密切的了。完全可以这样说:没有蔡元培,北大就不成其为北大;没有北大,蔡元培也不成其为蔡元培。蔡元培与北大,是名人与名校相得益彰、相辅相成的完美结合。在庆祝北京大学建校100周年的时候,人们首先想到要纪念的自然是这位与北大同在的、被毛泽东誉为"学界泰斗、人世楷模"的老校长蔡元培。

## 一、应邀长校　学府新风

1916年9月1日,已近知天命之年仍在法国"勤于工作,俭以求学"的蔡元培收到了一封电报。电报是当时的教育部总长范源濂发来的。电文云:"国事渐平,教育宜急。现以首都最高学府,尤赖大贤主宰,师表群伦。海内人士,咸深景仰。用特专电敦请我公担任北京大学校长一席,务祈鉴允,早日回国,以慰瞻望。启行在即,先祈电告。"①收到这封恳请自己回国出任北大校长的电报以后,蔡元培思忖良久,心潮起伏,一时难以平静下来。

  清季翰林出身、后为忠诚的革命党人的蔡元培,早在15年前就走上了民主革命、教育救国的道路。他以年近5旬之身去国远游,留学法国,其目的就是要融合中西文化,培养硕学闳材,以教育救国强国。在法国,他和吴玉章等发起勤工俭学会和华法教育会,努力为中国有志青年赴法勤工俭学创造条件。留法勤工俭学在当时国内进步知识分子中产生很大影响,不少人积极参加到这一行列中来,其中一些人在法国开始接受马克思主义教育,逐步成长为马克思主义者和中国共产党的优秀领导人。虽然留法勤工俭学取得了进展,但蔡元培并不满意。他总觉得"在国外经营之教育,又似不及在国内之切实"②。现在机会来了,擅权专制的袁世凯倒台了,共和国出现了新的转机和希望。尽管当时北京大学的风气口碑不好,但它毕竟是由中央政府举办的中国第一所国立大学,是对全国教育有举足轻重影响的最高学府,他可以把北大作为基地,施展自己的抱负,实现自己的夙愿。经过一番考虑,蔡元培初步打算接受范源濂的邀请,回国出任北大校长。

  1916年10月2日,蔡元培同吴玉章一道由马赛乘船回国,11月8日抵达上海。对于蔡元培是否出任北大校长一事,在他的友人中有不同看法,在一些革命党人中也有异议。不少人劝他不要进北大这个是非之地,弄不好反倒会坏了自己的名声。对蔡元培深有所知的孙中山却主张他去,认为像蔡元培这样的老同志应当去那历代帝王和官僚气氛笼罩下的北京,主持全国性教育,传播革命思想。孙中山的支持和嘱托坚定了蔡元培任职北大、改造北大的决心。他当时曾说:"觉北京大学虽声名狼藉,然改良之策,亦未尝不可一试,故允为担任。"③后来还用"我不入地狱谁入地狱"④这句话表示自己毅然决然的态度。1916年12月22日,蔡元培抱着整顿、改革北大的宗旨和决心,迎难而上,赴京就任北大校长的职务。

1916年12月26日,蔡元培正式被任命为北京大学校长。1917年1月4日,蔡元培到北大就职视事,从此开始了他一生中最有成就也最为人所景仰的一段辉煌历程。

既有革新精神又有民主作风的蔡元培,从踏进北大校门的那一刻起就与他的前任截然不同。他到校的第一天,校工们排队在校门口恭恭敬敬地向他行礼。他一反以前历任校长目中无人、不予理睬的惯例,脱下礼帽郑重其事地向校工们鞠躬回礼。此后,他每天出入校门,校警向他致敬,他都脱帽还礼。这一件令校工和学生感到惊讶的新鲜事,不啻是给封建积习严重的北大吹进一股强劲的平等民主之风,预示着这所学校将在改革中走上新的途程。

1917年1月9日,北京大学举行开学典礼,蔡元培发表了就任校长的演说。针对当时北大存在的不良风气,他着重提出"抱定宗旨"、"砥砺德行"、"敬爱师友"三项要求,并阐明大学的性质:"大学者,研究高深学问者也"。指出"大学生当以研究学术为天职,不当以大学为升官发财之阶梯",突出强调学生要把"抱定宗旨,为求学而来"放在首要位置。⑤这个演说在师生中引起了强烈反响。

就在蔡元培就任校长的这一年,北大进行了一次纪念校庆20周年的活动。校庆纪念歌词写道:"械朴乐英材,试语同侪:追想逊清时创立此堂斋,景山丽日开,旧家主第门程改,春明起讲台,春风尽异材。沧海动风雷,弦诵无妨碍。到如今费多少,桃李栽培;喜此时幸遇先生蔡。从头细揣算,匆匆岁月,已是廿年来。"⑥"喜此时幸遇先生蔡",反映了北大师生对蔡元培的由衷欢迎和热切期盼。

此后,蔡元培在北大兴利除弊,祛旧布新,使陈腐的北大一变而为鲜活的北大,名副其实的北大。有人评论说:"蔡学界泰斗,哲理名家,就职后励行改革,大加扩充,本其历年之蕴蓄,乐育国内之英才,使数年来无声无臭生机殆尽之北京大学校,挺然特出,褒然独立,……学风丕振,声誉日隆。各省士子莫不闻风兴起,担簦负笈,相属于道,二十二行省,皆有来学者。"⑦在蔡元培长校期间,北京大学的新风气、新局面终于出现了。

## 二、延聘名师　改革旧制

蔡元培接手的北大无异于新瓶旧酒:辛亥革命后校名虽然由京师大学堂改成北京大学校,但本质并无多大变化,封建主义仍然占统治地位。学校像个衙门,没有多少学术气氛;有的教师不学无术,一心只想当官,有的顽固守旧,不容许有新思想进来。学生则多是官僚和大地主子弟,有的一年要花几千银元,带听差、打麻将、吃花酒、捧名角、逛妓院,对读书毫无兴趣,对当官之路却千方百计地去钻营。面对被搞得乌烟瘴气的北京大学,蔡元培首先从两个方面着手进行改革:一是延聘积学与热心的教员,引起学生研究学问的兴趣;二是改革学校的领导管理体制、教学内容和教学方法,注入民主与科学的精神。

积多年办学之经验,蔡元培深知要办好北大最重要的是要有一大批有真才实学而又热心教育的教员。他认为"学课之凌杂"和"风纪之败坏"是北大的两大弊端。"救第一弊,在延聘纯粹之学问家,一面教授,一面与学生共同研究,以改造大学为纯粹研究学问之机关。救第二弊,在延聘学生模范人物,以整饬学风。"⑧为此,他人尚未走进北大校门,就开始了延聘名师、罗致英才的不懈努力,并留下了"三顾茅庐"聘请陈独秀任北大文科学长以及不拘一格聘任没有大学学历的梁漱溟到北大任教等佳话。

1916年12月26日,正是教育部正式下文任命蔡元培为北大校长的那一天,他一大早就急匆匆地来到北京前门外大街的一家旅馆,造访因创办《新青年》、宣传民主科学思想而声名愈来愈大的陈独秀。对陈独秀,蔡元培早有所识,认为他是自己从整顿文科入手进而整顿北大的最理想的助手。他把陈独秀列为自己延揽人才的首选对象，不辞辛苦，亲自登门拜会。蔡元培求贤若渴，陈独秀却因办《新青年》等原因推辞。于是，蔡元培仿效刘备"三顾茅庐"，几乎天天都来探望陈独秀。有时来得早，陈独秀尚未起床，他就招呼茶房不要叫醒陈，自己坐着板凳在门口等候。精诚所至，金石为开。由于蔡元培诚心纳贤，加上他应允陈独秀把《新青年》带到北大来办等实际问题的解决，陈独秀遂同意到北大任职，并于1917年1月13日获教育部批准，担任北大文科学长。蔡元培请来的这位文科学长，两年后成了"五四运动的总司令"。

此后，蔡元培又相继聘请了胡适、李大钊、钱玄同、刘半农、吴虞、鲁迅、周作人等具有革新思想和丰博学识的新派人物到北大文科任教。此外，马叙伦、沈尹默、陈垣、陈大齐、萧友梅、沈兼士、徐悲鸿、熊十力、马寅初、陶孟和、王世杰、周鲠生、陈启修、高一涵等国内知名专家学者，也被聘为北大文科、法科教授、导师。在理工科方面，蔡元培聘请当时国内第一个介绍爱因斯坦相对论的物理学家夏元瑮担任理科学长，还聘请知名学者李四光、丁燮林、颜任光、何杰、翁文灏、王星拱、李书华、丁文江、俞同奎、朱家骅、冯祖荀、秦汾以及外籍专家葛利普等为教授。一时间，北大名师荟萃，人才济济，学术空气浓厚活跃，教学科研盛况空前。据1918年初的统计，全校共有教授90名，从其中76名的年龄来看，35岁以下者43名，占56.6%；50岁以上者仅6名，占7.9%。最年轻的教授徐宝璜只有25岁，胡适、刘半农也只有二十七八岁。陈独秀也才38岁。这样年轻而富于活力的教师队伍，一扫北大过去的陈腐之气，使北大成为鲁迅所说的"常为新的，改进的运动的先锋"。

蔡元培除了积极延揽积学与热心的教员以外，还借鉴西方大学的模式，对北大的领导体制、系科设置、教学制度、课程内容、招生制度等进行了一系列改革。

在学校领导体制方面，按照教授治校的原则，设立由校长、各科学长以及教授代表组成的评议会,作为全校的最高立法机构和权力机构,改变了过去一切校务都由校长与学监主任、庶务主任等少数人总理,连各科学长也没有权力过问的状况。教授代表经选举产生,校长为评议会的当然议长。此后,在评议会以外,还设立行政会议,作为全校的行政机构和执行机关,校长兼行政会议议长;设立教务会议和教务处,由各学系主任组成,并从中推选教务长一人,统一领导全校教学工作;设立总务处及总务长一人,主管全校的人事和事务工作。

在系科设置方面,扩充文、理两科,调整法科,归并商科和工科,改革预科,并且废门改系,融通文理,创办研究所,确立预科、本科、研究所三级学制。至1919年,全校有数学、物理、化学、地质、哲学、中国文学、英国文学、法国文学、德国文学、俄国文学、史学、经济、法律共13个系和文科、理科、法科3个研究所。

在教学制度方面,改年级制为选科制,调动学生学习的积极性、主动性,以利于因材施教。当时规定预科学生学满40个单位(即后来的学分)、本科学生学满80个单位就可毕业。关于选科的确定,分别由本科和预科教授会负责,对于一年级新生,专门设立新生指导委员会作为其入学选课的顾问。选科制于1919年在北大首先实行,1922年起全国其他大学也陆续采用。

在教育内容和课程设置方面,重视基本理论和基础知识教育,强调加强学理研究;沟通文理两科的教学内容,让学生掌握比较全面、宽厚的知识;重视学生美育,提出以美育代宗教;重视学生体育,首创学生军;提倡融合中西文化,对世界科学取最新学说;主张吸收外国优秀文化,但反对简单模仿,重在掌握先进的科学方法;重视学生的外语学习,开设世界语课程;改革史学课程,重视科学方法和考古工作;积极聘请外籍专家来校讲学,注意派遣师生出国留学等。

在招生制度方面,提倡男女平等,从1920年春天开始招收女生入学,开创了我国大学教育男女生同校之先河。这一年春天,北大先后招收了王兰等9名女生来校旁听,从秋季起,正式招收女生,有9名女生被录取为本科生;倡导平民教育,从1917年暑假开始,改变招生中的重资格、看出身的旧办法,坚持通过考试和以考生考试成绩的优劣作为是否录取的标准,使许多有真才实学的平民子弟能够入学。为了培养更多的人才,除招收正式入学的学生以外,还招收一定数量的旁听生、选科生。1918年4月14日,在蔡元培的积极倡议下,北大校役夜班正式开办。为全校工友办夜校,这是在北大历史上,也是在中国高等学校的历史上没有先例的创举。后来,经由蔡元培积极赞助,北大学生会教育股还办起了平民夜校,招收学校附近的平民子弟入学。这些都体现了蔡元培平民教育的思想和主张。

蔡元培不拘一格罗致人才,并借鉴西方大学的模式对北大进行大刀阔斧的改革,使北大发生了巨大的质的变化。诚如冯友兰所说:"从1917年到1919年仅仅两年多时间,蔡先生就把北大从一个官僚养成所变为名副其实的最高学府,把死气沉沉的北大变成一个生动活泼的战斗堡垒。流风所及,使中国出现了包括毛泽东同志在内的一代英才。"⑨

## 三、思想自由 兼容并包

蔡元培认为大学是研究高深学问的机关,必须实行"思想自由、兼容并包"的方针,才能促进学术的繁荣和发展。他一再申明:"对于学说,仿世界各大学通例,循思想自由原则,取兼容并包主义","无论为何种学派,苟其言之成理,持之有故,尚不达自然淘汰之运命者,虽彼此相反,而悉听其自由发展。"⑩

这一方针突出地体现在延聘教员方面。作为民主主义思想家,蔡元培首先聘请陈独秀、胡适、李大钊等新派人物担任北大教授,这是很自然的事。但除此以外,他对确有真才实学的旧派人物,包括曾经拥护袁世凯复辟帝制的刘师培、顽固守旧的黄侃、反对共和的辜鸿铭以及尊孔为教的梁漱溟等人也予以聘任甚至破格聘任。蔡元培认为："大学者，'囊括大典，网罗众家'之学府也。《礼记·中庸》曰：'万物并育而不相害，道并行而不相悖'。足以形容之。如人身然，官体之有左右也，呼吸之有出入也，骨肉之有刚柔也，若相反而实相成。各国大学，哲学之唯心论与唯物论，文学、美术之理想派与写实派，计学之干涉论与放任论，伦理学之动机论与功利论，宇宙论之乐天观与厌世观，常樊然并峙于其中，此思想自由之通则，而大学之所以为大也。"⑪这段文字生动具体地概括了蔡元培的大学观和学术观：思想自由，有容乃大。这是蔡元培教育思想的重要组成部分。正是在这样的大学观和学术观的指导下，北京大学出现了前所未有的学术自由、各派并存、百家争鸣的活跃局面。

据资料记载，"五四"前后的北京大学，学术空气极其浓厚、热烈。各派专家学者或著文，或开设讲座，或登台授课，各抒己见，各显神通。在北大三院礼堂里留美博士胡适正在用资产阶级观点讲授《中国哲学史》，与此同时在北大二院礼堂里则有旧学功底深厚的孔教派教员梁漱溟在讲孔孟之道。这二人的课都排在星期六下午，各讲各的观点、体系，让学生自由选择。在文字学方面，旧国粹派的黄侃和新白话派的钱玄同，观点针锋相对，互不相让，大唱对台戏。有一次钱玄同在讲课，对面教室里黄侃也在讲课。黄侃大骂钱玄同的观点如何如何荒谬，不合古训；而钱玄同则毫不在乎这些，你讲你的"之乎者也"，我讲我的"的了吗呢"。北京大学当时的情况颇为世人所称道。有人写文章说："我对北京大学的感情，近来极好，心目中总觉得这是现在中国唯一的曙光，其中容纳各派的学说和思想，空气新鲜得很。"⑫

蔡元培主张"思想自由，兼容并包"，是不是没有原则，没有标准，没有界限，良莠混杂，是非不分，一切都包容下来呢？不是。从延聘教员来看，蔡元培是坚持很高的标准的。一是要有很高的学术水平，"不但要求有学问的，还要求于学问上很有研究的兴趣，并能引起学生的研究兴趣的。不但世界的科学取最新的学说,就是我们本国故有的材料,也要用新方法来整理它"[13]。就是说要有强烈的学术追求,要站在世界科学的前沿,即便对国故也要能用新方法来整理。二是要热心教学,讲究教授法,能引导、启发学生研究,能完成规定的教学任务。三是要为人师表,有好的道德修养,能成为"学生之模范人物"。按照这个标准,他延揽了大批人才,也解聘了一些不学无术、不够资格,或者品行不端如人称"探艳团团长"之流的教员,也包括不符合要求的外籍教员。从学术方面来看,首先,蔡元培把"思想自由、兼容并包"的范围限定在"与政治无涉"的学术领域,而在政治问题上他是不搞兼容并包的。正如当时北大学生所说,蔡先生请刘师培讲六朝文学但决不允许刘提倡帝制,请辜鸿铭讲英国文学但决不允许辜提倡复辟、反对共和。其次,兼容并包的各种学说必须"言之成理,持之有故,尚不达自然淘汰之运命",否则是不会让其出现在北大讲堂上的。第三,蔡元培对各派学说并不是一概半斤八两,没有褒贬、扬抑的,相反是有所约束、有所提倡的。作为一个民主主义革命家,他在各种场合对民主科学的新思潮、新学说、新观点给予了热情的支持和大力的提倡。正因为如此,北大才能成为新文化运动的中心、五四反帝爱国运动的发祥地、在中国传播马克思主义和民主科学思想的最初基地。对于蔡元培"思想自由、兼容并包"的方针,陈独秀作了精当的诠释。他说:"北京大学教员中,像崔怀庆、辜汤生、刘中叔、黄季刚四位先生,思想虽说是旧一点,但是他们都有专门学问,和那班冒充古文家、剧评家的人不可同日而语。蔡先生对于新旧各派兼收并蓄,很有主义,很有分寸,是尊重讲学自由,是尊重新旧一切正当学术讨论的自由;并不是毫无分寸,将那些不正当的猥亵小说,捧角剧评和荒唐鬼怪的扶乩剑侠,毫无常识的丹田术数,都包含在内。……他是对于各种学说,无论新旧都有讨论的自由,不妨碍他们个性的发达;至于融合与否,乃听从客观的自然,并不是在主观上强求他们的融合。我想蔡先生的兼收并蓄的主义,大概总是如此。"[14]当有的学生对聘任留长辫、穿红马褂的辜鸿铭和"筹安会"罪人刘师培为北大教授想不通时,蔡元培对他们说:"我希望你们学辜先生的英文和刘先生的国学,并不要你们也去拥护复辟或君主立宪。"这说明蔡元培在实行兼容并包方针时确是"很有主义,很有分寸"的。

　　应当指出,蔡元培提出的"思想自由、兼容并包"的方针,对于封建文化专制主义来说是一个具有革命意义的方针。在新旧思想激烈冲突、社会发生急剧变化的20世纪初叶,他提出这个方针是适应了时代和历史的发展的,是有利于新思想、新观点的存在、发展和传播的。正是因为实行了这样的方针,民主科学思想乃至马克思主义才能出现在北京大学的学术舞台上,并以北大为基地迅速地传播开来。从学术发展的规律来看,没有思想的自由驰骋,没有不同学派和学术观点之间的比较和竞争,学术的发展就失去了活力,也就不可能有新生战胜腐朽,先进战胜落后,真理战胜谬误。因此,"思想自由、兼容并包"的方针是比较符合学术发展规律的要求的。当然,这个方针,主要是"兼容并包"的提法,也有其不尽完善之处。这样提没有明确指出对立面的斗争在历史发展中的作用以及人们在新旧事物斗争中革故鼎新的责任,容易使人产生不分新旧、一概包容、任其发展的误解。然而,蔡元培在当时的历史条件下提出这个方针,并且在北京大学成功地进行了实践,使北大开辟了中国学术界之新纪元,这是十分了不起的,其历史功绩是昭然不灭的。

## 四、扶植社团　活跃学术

　　北大学生本来毫无组织,蔡元培任校长后,为了培养学生研究学问的兴趣,就把每班的班长找来,劝他们每一系成立一个学会,还答应活动经费由学校帮助解决。在他的倡导扶植下,北大校园内一批师生都有人参加的社团组织如雨后春笋般地生长出来。不但每系有会,如国文学会、史学会、哲学会、地质学会、数学会、心理学会等,而且全校性或者跨系科性的社团也有很多,如北大学术研究会、教育研究会、新文学研究会、歌谣研究会、世界语研究会、书法研究会、画法研究会、音乐会、雄辩会、武术会、静坐会等等。同时还办起了一批很有影响的综合刊物和学术刊物。有些社团则由蔡元培亲自担任会长等职务。

当时在校内外影响较大的北大社团有新闻学研究会、进德会、哲学研究会、国民社、新潮社、国故社、平民教育演讲团、马克思学说研究会、画法研究会、音乐会、雄辩会以及与北大关系密切的"少年中国学会"等。

新闻学研究会。成立于1918年10月14日,蔡元培亲任会长,文科青年教授徐宝璜任主任,著名报人、《京报》社长邵飘萍任导师。该会以"研究新闻学理,增长新闻经验,以谋新闻事业之发展"为宗旨,积极开展活动,成为我国"报业教育之发端"。李大钊、毛泽东、罗章龙、高君宇以及陈公博等都曾是这个学会的会员。

进德会。成立于1918年5月28日,蔡元培亲自任会长和评议员,李大钊任纠察员。该会以提倡养成个人高尚道德为宗旨,会员按其条件分为甲乙丙三种,符合不嫖、不赌、不娶妾这一基本条件的为甲种,在此基础上加不做官吏、不做议员的为乙种,再加不吸烟、不饮酒、不食肉的为丙种。该会成立时入会者近500人,其中教员76人,职员92人,学生300余人。当时北大各科学长和许多教授以及行政负责人都入了会。

哲学研究会。成立于1919年1月25日,由杨昌济、马叙伦、梁漱溟、胡适等人发起,以"研究东西诸家哲学,瀹启新知"为宗旨,在介绍唯物主义和唯心主义各派学说方面起过一定作用,在校内外有较大影响,毛泽东也曾参加这个研究会。

"五四"前后的北大,除了如夜空繁星般的学术社团以外,还出现了一批有明显政治倾向的社团组织。其中影响较大的有以下几个:

国民社。成立于1918年12月20日,并于1919年1月1日出版《国民》杂志。其成员不限于北大师生,但以北大师生为主。邓中夏、黄日葵、高君宇、许德珩等都是该社成员,李大钊实际上起了该会顾问的作用。蔡元培对国民社给予了热情的支持,不但出席成立大会,而且为《国民》杂志创刊号写了序言,希望杂志"正确"、"纯洁"、"博大"。国民社以"增进国民人格,灌输国民常识,研究学术,提倡国货"为宗旨,许多成员在五四运动中起了骨干作用,其中一些人成为中国共产党的早期党员。

新潮社。成立于1918年12月3日,并于1919年1月1日出版了《新潮》杂志。发起人为傅斯年、罗家伦、徐彦之等。蔡元培对该社的成立也给予了热情的支持,为《新潮》题写了刊名,还同意由学校每月拨付2000元资助刊物的出版。《新潮》反对封建文化的态度十分鲜明,在新文化运动中产生了很大影响,但由于其主要领导人选择了全盘西化之路,后来刊物的性质和作用发生了变化。

国故月刊社。成立于1919年1月26日,发起人为刘师培、黄侃、梁漱溟等,提出以"昌明中国固有之学术"为宗旨,所载文章均用文言、八股写成,也不用新式标点,内容则大多是攻击新文化运动的。蔡元培本着学术自由的原则,也划拨经费给予支持,但一共只出了4期,因内容不受欢迎而于"五四"以后终刊。

平民教育讲演团。成立于1919年3月23日,发起人为邓中夏、廖书仓、许德珩、黄日葵、罗家伦等,毛泽东也是该团成员之一。蔡元培对这个社团非常重视,说"用讲演的形式与平民以知识,也是一件好事"。讲演团以蔡元培平民教育思想为指导,每周星期日下午到城内4个讲演所讲演。五四运动爆发后,讲演活动更加热烈,后来深入到北京附近的工厂农村,开始了中国知识分子与工农群众相结合的历程。中国共产党成立后,讲演团中的共产党员还结合该团的活动开展党的宣传和组织工作。

马克思学说研究会。自1918年冬至1920年春,北大先后成立了3个研究马克思主义的社团组织。一是1918年冬由李大钊发起成立的"马客士(即马克思)研究会",为了迷惑警察,后改为"马尔克斯研究会"。二是 1920 年 3 月秘密成立的马克思学说研究会,发起人有邓中夏、罗章龙、刘仁静、黄日葵、范鸿劼、朱务善等,1921 年 11 月正式公开,得到蔡元培的支持。三是 1920 年 12 月由李大钊发起成立的社会主义研究会。这三个社团都是以研究和传播马克思主义、社会主义为宗旨,引导和组织青年学生参加实际的革命活动,对于培养中国的马克思主义者起了十分重要的作用,研究会的许多成员成为中国共产党的早期党员。

少年中国学会。成立于 1919 年 7 月 1 日,李大钊是主要发起人之一。许多北大师生是它的成员。学会以"本科学的精神为社会的活动,以创造少年中国"为宗旨。蔡元培称赞它是"最有希望"的一个团体,给予热情的支持和鼓励。但由于学会人数众多,成员思想信仰不一致,随着革命深入而发生分化,1925 年 7 月以后停止了活动。

蔡元培在积极扶植社团的同时,还直接领导或支持创办了一些刊物,除了《新青年》杂志和上述社团办的刊物以外,在当时影响较大的刊物还有《北京大学日刊》、《北京大学月刊》、《每周评论》等。《北京大学日刊》创办于 1917 年 11 月,《北京大学月刊》创办于 1918 年 9 月。这两个刊物皆由蔡元培直接领导。前者相当于校刊,声明不登载讨论当前政治和宗教问题的稿件,但对新文化运动在北大的各方面情况报道很多,特别是对社团活动,包括马克思学说研究会、社会主义研究会的活动等都有详尽的报道。后者相当于学报,专门刊载师生的研究成果和论文。这两个刊物的创办对推动北大的改革和学术研究的发展起了重要的作用。《每周评论》创刊于 1918 年冬天,由北大文科学长陈独秀、图书馆主任李大钊以及文科讲师张申府等发起创办。这是一个和《新青年》相配合的紧密联系实际、干预政治、针砭时弊的刊物。从创刊号到第 20 号,其内容以反帝反封建为主,同时也介绍俄国、东欧等国的社会主义革命。从第 21 号到第 25 号,集中详细地报道和评论了五四爱国运动,旗帜鲜明地站在反帝反封建的民主革命的前列。从第 25 号以后,由于陈独秀被捕入狱,李大钊返家暂避,胡适接手,刊物方向发生了变化。

由于蔡元培的扶植、提倡以及他身体力行的带头作用,北大一扫过去的沉闷空气,学术活动十分活跃,占主流的学术思想十分新鲜。1943 年 3 月 5 日周恩来领导的重庆《新华日报》发表了一篇《怀念蔡孑民先生》的社论,其中对"五四"前后北大生机勃勃的景象作了如下生动的描述:"沙滩文科大楼的第一院、马神庙公主府的第二院和骑河楼译学馆的第三院,办得各有特色,自成一格。踏进公主府,既富丽,又清幽,使人心旷神怡。跑到文科大楼(即沙滩红楼),左一间政治学会研究室,右一间'新潮社'办公室,楼底下在赶印教授、学生们所办的各种定期刊物,楼上面是分门别类的各种图书阅览室,门房内则堆满着各种各样代售的杂志,使人应接不暇。译学馆里呢?那个顶大顶大的大礼堂上,不是今天有什么学术演讲,名人演说,就是明天有什么学生大会,纪念大会,使人兴奋,使人振发。蔡先生长校时的北大师生,真有如鸢飞戾天,鱼跃于渊,既活泼又愉快。这种气象,这种生活,那得不令人怀念无已。"

## 五、支持进步　爱护学生

蔡元培任北大校长之际,正是中国新文化运动蓬勃发展之时。他虽然有极好的旧学根底,还曾是清季著名翰林,但毫无泥古、守旧思想。对新文化运动中民主科学精神的传播弘扬,他不但热情支持,而且不顾个人安危得失地带头去做。他支持陈独秀以北大为依托办《新青年》并在上面发表文章,使刊物影响扩大,声誉大增;他反对以孔教为国教的主张,热心提倡近代科学;他赞同文学革命中发起的白话文运动,亲自撰文指出"白话派一定占优胜"。

最能表现蔡元培对新文化运动积极倡导、大力支持的一件事,是发生在 1919 年 3 月间的"林蔡之争"。这一年 2 月,对新文化运动极端仇视的桐城派古文家林纾(字琴南)在上海《新申报》上发表了一篇文言小说《荆生》,对陈独秀、钱玄同、胡适等新文化运动中的领袖人物进行辱骂和攻击。3月18日,他又在《公言报》上发表了《致蔡鹤卿太史书》的公开信,对支持新文化运动的蔡元培和新文化运动的中心北京大学发起了直接攻击。紧接着又在《新申报》上抛出了第二篇诽谤小说《妖梦》,以卑劣不堪的手法攻击北京大学,攻击陈独秀、胡适以及支持他们的蔡元培。除此之外,林纾还直接插手北大,利用他过去的一个门生和一个被北大辞退的不学无术、顽固守旧的教员造谣惑众,攻击北大,诋毁蔡元培等人。

面对封建卫道士的猖狂挑战,李大钊、陈独秀、鲁迅等先后著文进行反击,蔡元培在看到林纾公开信的当天就写了《致〈公言报〉函并附答林琴南君函》,对林纾捏造的谣言和进行的攻击给予了有理有据、义正辞严的驳斥,并在信中进一步申明了自己坚持"思想自由、兼容并包"的主张和支持新文化运动的立场。蔡元培对林纾挑战的公开答复既是对旧派的沉重打击,又是对新派的极大鼓舞。此后,全国新派人士纷纷著文斥责旧派,进步舆论完全站在北大一边。在这种情况下,林纾迫于形势不得不给报馆写信承认自己骂人不对。这场"林蔡之争"不是什么一般的笔墨官司,实质上是封建与民主、守旧与革新之争。在这场原则性的论争之中,作为民主主义思想家的蔡元培,以其坚定的立场、鲜明的态度,保卫了新文化运动和作为这个运动的中心的北京大学。

作为一位大学校长,一位教育家,蔡元培认为学生在学校应以求学为最大目的,不大赞成学生成立政治组织和参加政治运动。但是在具有划时代意义的五四运动中,在事关国家安危存亡的关键时刻,他并不拘守这一点,相反却以极大的同情与慈爱对学生的反帝爱国行动给予了坚决的支持和全力的保护。

1919年5月4日下午,以北大为主力的各校学生3000多人到天安门举行集会和示威游行,随后愤怒的学生火烧了卖国贼曹汝霖的住宅赵家楼。军阀政府派军警抓走了32名学生,其中北大学生20人。当天晚上,蔡元培就邀请与司法部关系密切的王宠惠一起到北大法科大礼堂和同学们共同商议营救之事。他一再抚慰学生说:"你们放心,被捕同学的安全,是我的事,一切由我负责。"夜里9时以后,他不顾劳累前去拜访曾帮助过他赴德国留学、现今受到段祺瑞敬重的孙宝琦,请求孙设法帮助解救被捕学生。孙宝琦表示为难,蔡元培则从晚9时到12时多一直呆坐在孙的会客室里。可以想见,为了解救学生,他当时的处境是多么尴尬和艰难。5月5日下午,14所学校的校长集中到北大开会,商讨如何营救被捕学生。蔡元培态度十分坚决地表示,为了保出学生,"愿以一人抵罪"。会上成立了以蔡元培为首的校长团,会后即到教育部、总统府、国务院疏通,但徐世昌等拒不接见。5月6日,蔡元培又率校长团先后到教育部、警察厅交涉,并以自己的身家性命作保,要求尽快释放学生。经过蔡元培等人的努力解救,加之社会舆论的压力,反动势力终于答应释放学生。5月7日,被捕学生获释,蔡元培亲自率领北大全体教职员和学生在沙滩广场列队迎接。大家见面分外激动,彼此相对欲言无语,许多人竟致大哭起来。蔡元培劝慰大家应当高兴,不要哭,话未说完自己也禁不住流下了眼泪。北大被捕获释学生许德珩在回忆当时情景时说:"当我们出狱由同学伴同走进沙滩广场时,蔡先生是那样的沉毅而慈祥,他含着眼泪强作笑容,勉励我们,安慰我们,给我们留下了极为深刻的印象。"⑮

在五四运动中,蔡元培虽然没有直接走到游行队伍中,但却起到了别人所替代不了的爱国学生护卫者的巨大作用。为营救学生,保护学校,他不顾个人安危荣辱,日夜奔忙,费尽心力,不惜受慢待、坐冷板凳。当有人劝他"恐危及君身"时,他笑着回答说:"如危及身体,而保全大学,亦无所不可。"⑯表现了他对祖国、对教育、对青年学生的深切热爱之情。

蔡元培虽然只是一位革命民主主义者,但对社会主义理想和运动是取同情态度的,对马克思主义怀有敬意和好感。在俄国十月革命后,他带头喊出了"劳工神圣"的口号,并在演说中充满激情地预言:"此后的世界,全是劳工的世界呵!"[17]他还主张"平民教育",赞助学生走出校门为劳苦大众服务。在他的支持下,北大于1920年5月1日第一次举行了庆祝劳动节的活动,从1922年开始每年五一劳动节放假一日。他在《新青年》上著文对社会主义学说的传播作介绍。他对社会主义的苏联抱同情友好态度。最为难能可贵的是,他在"思想自由、兼容并包"的旗帜下,以北大校长的身分和声望,允许、支持并保护李大钊、陈独秀等以北大为基地学习、研究和传播马克思主义。他允许图书馆购进马克思主义经典著作和介绍社会主义学说的书籍,同意在北大讲台上讲授唯物史观、工人的国际运动、社会主义与社会运动等马克思主义理论课程,支持北大马克思学说研究会的公开成立。对此,作为当时研究会发起人之一的罗章龙回忆道:"这个公开化是与蔡先生的大力支持分不开的,他从精神上、物质上对于马克思学说研究会的成立都给支持。我把启事写好后,与另一同学一起去找蔡先生,要求同意登在《北京大学日刊》上。他听了我们的汇报后,同意登载。""尔后,马克思学说研究会拟在北大会议厅开成立大会,蔡先生又答应了我们的请求,同时还应邀出席了成立大会,并在会上讲了话。""成立以后,需要活动场所,蔡先生又同意给两间房子,一间当办公室,一间当图书室。蔡先生顶着反对派的压力,从精神到物质上对马克思学说研究会的支持,使我们很激动。这在当时反动派到处防范、侦缉'过激主义'、'过激党'情况下,是很不容易的。要是没有蔡先生的支持,这个组织是不能公开活动的。他对待进步事业,就是这样全心全意地支持、扶植。"[18]罗章龙还回忆了蔡元培救助进步学生的两件事:一是1922年冬,马克思学说研究会的成员去苏联列宁格勒出席东方民族大会,途中在黑龙江满洲里有五六个同学被当地军阀逮捕了。后经蔡元培打电报给东三省的地方行政长官,成功地营救了这些学生。二是1923年6月,罗章龙奉命出席共产国际第五次大会,当时正是参加毕业考试的时候,他写信给蔡元培说明这一情况,蔡元培同意他第二年补考,推迟一年毕业。这些事情说明,蔡元培虽然不是一个马克思主义者,但作为一位杰出的民主主义革命家、思想家、教育家,对师生研究马克思主义是采取支持和保护态度的。他曾说过:"共产主义为余素所服膺者。"[19]正因为如此,在当时反动派到处防范、侦缉"过激主义"、"过激党"的社会条件下,北大才会吹拂起马克思主义的春风,成为孕育中国共产党的一个基地。

蔡元培自1917年入长北大至1927年底脱离北大,共有十年半的时间。他曾自谦地说:"综计我居北京大学校长的名义,十年有半,而实际在校办事,不过五年有半,一经回忆,不胜惭悚。"[20]然而,事实已经证明,这10年是北大历史上生机勃勃、辉煌灿烂的10年,也是蔡元培生命历程中光彩夺目、建树最大的10年。这期间,北大完成了历史性的变革,成为国人瞩目、青年向往的新文化运动的中心,五四运动的发祥地,在中国传播马克思主义和发展教育科学文化的基地,为中国近现代历史的发展作出了不可磨灭的贡献。这一切都是同蔡元培的筚路蓝缕、革故鼎新分不开的。蔡元培的名字同北京大学紧紧地联系在一起。他的思想、精神和业绩已经深深地嵌入了北大的历史,一直传到今天,并且将传向永远。

1927年以后,蔡元培仍然时时关心着北大。1938年,他已届生命的晚年,还为北大40周年校庆题词,充满信心地祝愿因日寇侵略而被迫南迁的北大:"他日河山还我,重返故乡,再接再厉,一定有特殊之进步。"[21]表达了老校长对他耕耘过的北大的一往深情。与此同时,北大师生也在时时关心着自己的老校长。1935年9月7日,蒋梦麟等联名给蔡元培祝寿,提出要为一生清廉直至晚年仍全家租赁房屋连归拢庋藏书籍的地方都没有的老校长造一所"可以住家藏书的房屋"。后来这个计划虽然由于抗战全面爆发而未能付诸实现,但它反映了北大师生对蔡元培的深深敬爱之情。1940年3月5日,蔡元培在香港病逝。北大校友和中央研究院同仁决定每年在他诞辰那一天即1月11日举办一次以学术讲演为主要内容的纪念会。1947年北大进步师生在地下党的领导下,建立了一个公开的学习进步书刊的图书室,取名为孑民图书室,以对蔡元培表示纪念。1948年,北大师生又在校内建立了一个蔡孑民先生纪念堂。进入改革开放新的历史时期以后,北大师生仍采取各种方式对老校长表示由衷的崇敬和深切的怀念。1982年,3000多名北大学生自愿捐资为蔡元培建立青铜塑像,将之矗立在未名湖畔的草坪上,以对这位与北大同在的老校长表示永久的纪念。

## 注 释

① 见高平叔编《蔡元培年谱》第35页。
② 蔡元培《致汪精卫君书》,《蔡孑民先生言行录》下册第291页。
③ 蔡元培《致吴敬恒函》,《蔡元培全集》(高平叔编)第3卷第10页。
④ 蔡元培《整顿北京大学的经过》,《蔡元培全集》第7卷第21页。
⑤ 蔡元培《就任北京大学校长之演说》,《东方杂志》第14卷第4号。
⑥ 《北京大学日刊》1917年12月20日。
⑦ 公时《北京大学之成立及其沿革》,《东方杂志》第16卷第3号。
⑧ 同③,第11页。
⑨ 《人民日报》(海外版)1988年1月16日。
⑩ 《蔡元培全集》第3卷第267页。
⑪ 《〈北京大学月刊〉发刊词》,《北京大学月刊》第1卷第1号。
⑫ 因明《对北京大学的愤言》,《每周评论》19号,1919年4月27日。
⑬ 《北大二十二周年开学式之训词》,《蔡孑民先生言行录》下册第301页。
⑭ 周天度《关于陈独秀的一封信》,《近代史研究》1986年第3期。
⑮ 《人民日报》1980年3月4日。
⑯ 《青岛潮》,《五四爱国运动》(上)第173页。

⑰ 《北京大学日刊》1918年11月27日。
⑱ 罗章龙《追忆蔡孑民校长》,《蔡元培先生纪念集》,中华书局1984年版。
⑲ 《蔡元培政治论著》,河北人民出版社1985年版,第257页。
⑳ 蔡元培《我在北京大学的经历》,《东方杂志》第31卷第1号。
㉑ 《蔡元培全集》第7卷第236页。

〔作者　梁　柱　北京大学马克思主义学院教授
　　　　赵存生　北京大学马克思主义学院研究员〕

# 主持校务时间最长的校长——蒋梦麟

曲 士 培

蒋梦麟,原名梦熊,字兆贤,别号孟邻,浙江省余姚县人。中国近现代著名的教育家。1886年(光绪十二年)生,1964年病逝于台北。

蒋梦麟幼年在私塾读书,12岁进入绍兴中西学堂,开始学习外语和科学知识。后在家乡参加科举考试,中秀才。1908年8月赴美留学。第二年2月入加州大学,先习农学,后转教育,1912年于加州大学毕业。随后赴纽约哥伦比亚大学研究院,师从杜威,攻读哲学和教育学。

1917年3月,蒋梦麟获得哲学及教育学博士学位后即回到国内。不久,他被聘为商务印书馆编辑,并参加《教育杂志》的编辑工作。1919年2月,蒋梦麟与黄炎培、陶行知等于上海创办《新教育》月刊,担任主笔。该刊社会影响甚大,系当时著名的新文化刊物之一。

1919年初,蒋梦麟被聘为北京大学教育系教授。1926年,他作为蔡元培校长的主要助手,协助管理校务。蔡元培几次因故离校,均委托蒋梦麟代为主持校务。

1927年,南京国民政府成立后,蒋梦麟任浙江省教育厅厅长兼浙江大学校长。1928年10月,任教育部长。1930年12月,因中央大学易长及劳动大学停办两事与国民党元老们意见相左,被迫辞去教育部长职务。同年回到北京,担任北京大学校长。

1937年,七七事变后,北大、清华、南开三校在昆明组成西南联合大学,蒋梦麟与清华大学校长梅贻琦、南开大学校长张伯苓组成西南联大常务委员会,共同主持联大校务。1945年6月,蒋梦麟任行政院秘书长,辞去北京大学校长职务。从此,他离开了北大。

自1919年至1945年,蒋梦麟在北大工作了20余年。在蔡元培任校长期间,他长期担任总务长,三度代理校长,自1930年冬正式担任北大校长。先后主持校政17年,是北大历届校长中任职时间最长的一位。他学识渊博,精明干练,在那黑暗而动荡的漫长岁月里,克服了重重困难,坚持办学,为北京大学的建设和发展作出了重要的贡献。

## 一、协助蔡校长治理北大

1919年5月9日,蔡元培校长登报辞职,离开北京到了杭州。他委托蒋梦麟代理校务。当时,他对蒋梦麟说:"(一)各界代表之至杭者日必数起,迄未答谢,请君代表我为我致谢各界。(二)代表我有回校之决心。(三)大学责任我愿继续完全担负。"又说:"自今以后,须负极重大之责任,使大学为全国文化之中心,立千百年之大计。"[①]这表明蔡元培对北京大学还是一往情深的;也表明他对蒋梦麟协助改革北大寄予厚望。同年7月,蒋梦麟自杭州回到北大,在学生欢迎会上作了演说。他首先指出:"此次诸君领袖全国,为爱国之运动,不但国人受诸君之感动,而敬崇诸君;即世界各国,亦莫不对诸君而起敬意。"接着,蒋梦麟强调学生"当以学问为莫大的任务"。他说:"西洋文化先进国到今日之地位,系累世文化积聚而成,非旦夕可几。千百年来,经多少学问家累世不断的劳苦工作而始成今日之文化。""故救国当谋文化之增进,而负此增进文化之责者,惟有青年学生。"最后,他满怀激情地说:"深望诸君,本自治之能力,研究学术,发挥一切,以期增高文化。又须养成强健之体魄,团结之精神,以备将来改良社会,创造文化,与负各种重大责任。总期造成一颗光明灿烂的宝星,照耀全国,照耀亚东,照耀世界,照耀千百年而无穷。"[②]显然,蒋梦麟在当时强调"读书救国"是有点不合时宜。但他劝勉北大学生要提高自治能力,以研究学术为主要任务,加强团结,健全体魄,以备将来担负起"改良社会,创造文化"的重任,还是很中肯的。

1919年9月,蔡元培到北大复职视事。这时蒋梦麟协助蔡元培对北大再度改组,做了不少工作。关于这次改组的情况,他后来回忆说:"北大再度改组,基础益臻健全。新设总务处,由总务长处理校中庶务。原有处室也有所调整,使成为一个系统化的有机体。教务长负责教务。校中最高立法机构是评议会,会员由教授互选,教务长、总务长以及各院院长为当然会员。评议会有权制定各项规程,授予学位,并维持学生风纪。各行政委员会则负责行政工作。北大于是走上教授治校的路。学术自由、教授治校以及无畏地追求真理,成为治校的准则。学生自治会受到鼓励,以实现民主精神。"蒋梦麟又接着说:"此后七年中,虽然政治上狂风暴雨迭起,北大却在有勇气、有远见的人士主持下,引满帆篷,安稳前进。图书馆的藏书大量增加,实验设备也大见改善。"③这可以看作是他在五四时期协助蔡元培改革北大取得实绩的说明。

在北大这次改革中,蔡元培对蒋梦麟的才干和敬业精神给予了很高的评价,他在致马叙伦的一封信中说:"代理蒋君到校以后,内之教职员与学生均表欢迎,外之教育部以正式公牍承认,正可以盘根错节,试其利器。"④这是符合历史实际的。

## 二、代理校长,为克服各种困难而劳苦奔波

1923年1月19日,蔡元培因北京政府非法逮捕在北大兼课的财政总长罗文干及教育总长彭允彝卖身投靠官僚,而愤然提出辞职。北大师生立即掀起声势浩大的"驱彭挽蔡"运动,强烈要求蔡校长返京主持校务。6月24日,蔡元培在致北大教职员函中,建议学校成立董事会。在董事会未成立之前,"拟请教务长、总务长与分组主席

合设委员会,用合议制,执行校长职务;并请委员会公推主席一人,代表全校"⑤。7月4日,北大评议会第19次会议议决:校长职务仍由蔡元培完全负责,而蔡校长未回校前,代理校长事务之办法,或由个人担任其责,或委请机关负责,须由蔡校长决定。7月12日,蔡元培又在致北大评议会函中说:"元培前致教职员函,虽提议以教务长、总务长与分组主席合设委员会,用合议制,执行校长职务。而近来征集各方面意见,对于合议制,均不甚赞成。元培愿取消前议,主张请个人负责,如荷赞同……仍请总务长蒋梦麟教授任之。"7月16日,北大评议会议决:"请总务长蒋梦麟教授代理校长职务。自8月4日起,所有校长职务概由蒋梦麟教授负责执行。"⑥7月20日,蔡元培离沪赴欧。从此,处理北大校务的重担,再次落在了蒋梦麟的肩上。

当时,军阀混战正剧,学生运动风起云涌,办学经费严重短缺。学校的管理工作遇到了重重困难。蒋梦麟被推选为代理校长,确实是受命于危难之中。为了维持学校正常的教学秩序和广大教职员的基本生活,他不得不到处奔波,多方交涉。虽因力不从心而往往陷入困境,但他仍然坚守岗位,决不后退。1923年9月,蒋梦麟在开学典礼大会上说:北大在"物质方面,可说是已到了山穷水尽的地步。恐怕诸君不甚详知,特地略为报告。政府里积欠了我们八个月的经费,计有50余万,此外学校里还垫出了17万余。两项共计70余万,差不多一年的经费没有了,所以去年开学时我们说过要建筑大会堂和图书馆的计划都成了泡影。同人数月来终日奔走经费的事,忙得不了,几乎天天在街上跑"。在经费如此困难的情况下,蒋梦麟仍十分关注教学和研究工作。他说:"现在蔡先生不在这里,同人等也略有一点计划,如经费有着,拟将经费划出一部分用在充实学术上的内容。购买图书要注重专门,请各系计划应购的书报杂志。这层做到,学术自能渐渐提高。并且教育方面,因为有了这样研究专门学术的便利机会,学问自然也就日新月异的提高起来。"蒋梦麟最后还要求全校师生团结一致,克服困难,把北大继续办下去。他说:"总之,在现在这种情形之下,全靠我们大家共同奋斗,方可维持京师的教育,至少也要维持北大的生命,决不让他中断。"⑦

蒋梦麟为了维持北大,在经费问题上,他采取"开源节流"的方针。一方面向政府索要拨款,并多方筹集;另一方面,则号召大家注意节约,减少一切不必要的开支。1923年,学生干事会为筹备北大25周年的庆祝活动,蒋梦麟鉴于经费困难,不宜举行大规模的庆祝活动,特致函学生干事会,劝导他们顾全大局,缩小庆祝范围,尽量减少开支。他说:"学校之唯一生命在学术事业,近年经费困难,不特曩所拟议,如图书馆、大会堂等大建设,不能实现;即添购图书、仪器等一切关于同学修学方面之设备,均无从发展。故今年之大庆祝,理宜暂缓。"他在信中还强调:现在国立八校,以经费无着,势将关门;本校虽赖教职同人,困苦维持,而来日大艰,正自难言。故不特无举行大庆祝之经济能力,实亦无庆祝之可言。不过每周纪念会,例当举行;本年应仍小做,限于校内,届时只放假一天。"最后,他勉励大家说:"盖处此时艰,学校生命岌岌可危,吾人愈当利用光阴于学业上,而作事与欢腾,不妨留待异日。所有展览游艺,但以简而易举,无碍学业,不耗财力者为限。……所有缩小庆祝范围,实为情势所迫,愿诸同学共体斯意! 至诸君爱校热诚,固麟之所深表同情也。"⑧蒋梦麟这番真情实意,得到了同学们的充分理解与广泛支持。

蒋梦麟在解决经费问题的过程中,虽然尽力而为,但有时还要承受来自各方面的压力。1923年,北京"八校因政府积欠经费九个月,同人生计困绝无法维持,学校本身尤岌岌不可终日。"⑨因此,八校教职员全体大会于同年11月9日议决:"必须10日拿到30万元,不然就关门。"情况十分紧急,八校校长团表示:"愿负责于17日以前办到30万元,请教职员仍行维持。"但到了11月17日,30万元的经费仍未筹齐。于是北京八校教职员联席会议又议决:"非满30万元仍须执行关门之议决案"。11月20日,北大召开教职员全体大会,讨论执行联席会议议决案的问题。蒋梦麟在会上就筹划经费的情况作了报告。他说:"数月来筹划八校经费,异常困难。……到了上星期六中午,12万元已由银行取到。其他财政部所发之12万1千元(五成五),准于本日可取之支票,亦由财政部取到。虽去30万元之数尚有短少,但以八校实际应得之数计之,只差一成五(30万元乃全京师教育费)。在我已精疲力尽,唯有希望八校教职员体谅一点,得以维持下去。……我们已苦苦维持了九、十个月,一旦停废,实有所不忍。今日本校教职员开大会取决关门事件,如果主张关门,自无用说;若大家仍要维持,我虽则替八校奔走的能力已尽,但是为着本校的维持,我仍旧愿负这责任,虽生死以之可也。"⑩表明了蒋梦麟把北大维持下去,继挑重担的坚定态度。蒋梦麟这种高度负责的精神,感动了北大的教职员。最后,大会以"本校校务仍旧维持外,其他事件仍与各校以同情之合作"付表决,获大多数通过。⑪

蒋梦麟在代理校长期间,始终为经费问题所困扰。正是由于他的不懈努力,才克服了一个又一个的困难,使北大在困境中继续前进。

在蒋梦麟代理校长时,北京还发生了震惊中外的"三一八"惨案,北大学生首当其冲。蒋梦麟为此而感到束手无策,悲愤填膺。1926年,"三一八"惨案发生之前,蒋梦麟曾经得到消息,说政府已经下令,学生如果包围执政府,军队就开枪。因此,他警告学生不可冒险,并设法阻止他们前往。但当时学生已在校内集合,准备出发,劝告无效。当游行队伍到达执政府前广场时,卫队即开枪"向人丛轰击,一时中弹倒地之男女甚众,满地皆血,哭声震天"⑫。群众死47人,伤200余人。其中,北大学生张仲超、黄克仁、李家珍不幸遇难。蒋梦麟闻讯后,马上赶到出事地点去救护学生。第二天,北大学生会向全国发出紧急通电,号召人民起来打倒段祺瑞政府。北大教职员也发表宣言声援学生。蒋梦麟在北京八所大专学校校长会议上谴责段祺瑞政府的暴行。

3月24日,北京大学全体教职员学生在三院大礼堂开追悼张仲超、黄克仁、李家珍三烈士大会,由蒋梦麟主祭。蒋梦麟在大会上沉痛地说:"在我代理校长任内,学生举行爱国运动,不幸有此次之大牺牲,李、黄、张三生之死,就其各人之家庭言,均损失一贤子孙,其家属接此种凶耗,不知如何痛心;就国家社会言,损失如许求专门知识之良好学生,此种学生之培植,由小学而大学,殊不易易,将来即少如许有用之材;就同学方面言,大家亦损失许多互相切磋琢磨之朋友。任就一方面言之,均损失不小。我任校长,使人家之子弟,社会国家之人材,同学之朋友,如此牺牲,而又无法避免与挽救,此心诚不知如何悲痛!"蒋梦麟说到这里,"汪然泪下"。⑬接着,蒋梦麟对北洋军阀政府的暴行进行了猛烈的抨击。他说:"处此人权旁落,豺狼当道之时,民众与政府相搏,不啻如与虎狼相斗,终必为虎狼所噬。古人谓苛政猛于虎,有慨乎其言矣!"话未说完,蒋梦麟"不禁放声大哭,台下致祭者亦有相对痛哭者,一时全场顿成惨淡悲哀景象"。⑭3月26日,校长布告:"本校定本月30日开学,因此次同学惨死,开学后停课一星期,以志哀悼。"⑮

  蒋梦麟在代理校长期间经常为校内外发生的事情所困扰。他感叹道:"在那时候当大学校长真伤透脑筋。政府只有偶然发点经费,往往一欠就是一两年。学生要求更多的行动自由,政府则要求维持秩序,严守纪律。出了事时,不论在校内校外,校长都得负责。发生游行、示威或暴动时,大家马上找到校长,不是要他阻止这一边,就是要他帮助那一边。每次电话铃声一响,他就吓一跳。他日夜奔忙的唯一报酬,就是两鬓迅速增加的白发。"⑯

  蒋梦麟的这些感慨,是他在代理校长期间的切身体会,也是当年大学校长的心理写照。尽管如此,蒋梦麟在代理校长的3年中,尚能坚持与北大同人一起,同舟共济,使北大这条航船闯过一道道的急流险滩,并在教学、管理及设备方面有了明显的改善。北大评议会在1926年5月18日给蔡校长的信中说:"平心而论,本校学生之程度,本校学生之爱纪律,本校图书、仪器之设备,在近三数年间,实际上固俱有显著的进步。"⑰ 显然,这是对蒋梦麟主持的北大工作的充分肯定。

## 三、入主北大,为学校的建设和发展而尽心竭力

1930年12月,蒋梦麟正式就任北京大学校长。当时,民族危机日益深重,北大的外部环境十分复杂。蒋梦麟除了忙于校内的改革和整顿工作外,还要用很多的时间和精力去对付日本侵略者的骚扰。

1931年"九一八"事变后,国民党军队放弃抵抗,撤出沈阳。日寇步步进逼,迅速向长城以内推进。当时,日本侵略者把北大看作是反日运动的中心。他们派出特务伪装成"学者"来北大"拜访",对北大教授们滔滔不绝地大谈中日文化关系。北大的教授们予以严正的驳斥,并告诉他们:"除了日本的军事野心之外,我们可看不出中日之间有什么文化关系存在。只要你们肯放弃武力侵略的野心,中日两国自然就能携手合作的。"此后,这些日本"学者"还不时来到北大,希望争取北大的"友谊"。他们还一致埋怨北大的反日运动。蒋梦麟校长告诉他们:"我们不一定是反日,不过我们反对日本军国主义却是真的。"⑱

不久,日本侵略者占领了河北省北部地区,成立了"自治政府",并鼓吹在华北推行"自治"。北大教授在这紧急关头发表宣言,声明誓死反对华北的所谓"自治运动"。

在一两个月以后的一个下午,一个日本宪兵到北大来找蒋校长,说日本在东交民巷的驻防军请他去一趟,谈谈他们希望了解并且需要他加以解释的事情。这实际上就是"传讯"。蒋梦麟正义在胸,独身前往。当他走进河边将军的办公室以后,听到门咔嚓一声锁上了。一位日本大佐对蒋梦麟说:"请坐。"这时蒋梦麟发现一位日本士官拔出手枪站在门口。蒋梦麟面不改色,坚持斗争。下面是他和日本大

佐的一段对话：

"'我们司令请你到这里来,希望知道你为什么要进行大规模的反日宣传。'

"'你说什么？我进行反日宣传？绝无其事！'

"'那么,你有没有在那个反对自治运动的宣言上签字？'

"'是的,我签了名的。那是我们的内政问题,与反日运动毫无关系。'

"'那么你是日本的朋友吗？'

"'这话不一定对。我是日本人民的朋友,但是也是日本军国主义的敌人,正像我是中国军国主义的敌人一样。'

"'呃,你知道,关东军对这件事有点小误会。你愿不愿意到大连去与板垣将军谈谈？……已经给你准备好专车。你愿意今晚去大连吗？'

"'我不去。……如果你们要强迫我去,那就请便吧——我已经在你们掌握之中了。不过我劝你们不要强迫我。如果全世界人士,包括东京在内,知道日本军队绑架了北京大学的校长,那你们可就要成为笑柄了。'"⑲

蒋梦麟临危不惧,善于应对。在经过一番紧张的较量之后,他终于离开日本兵营,在当晚的暮色苍茫中平安地回到了学校。

第二天,宋哲元派了一位军官来劝蒋梦麟离开北平。但蒋梦麟决定继续留在北大,同广大师生一起机智地与日军周旋。在一段时间里,使北大免遭日军的侵扰,暂时稳定了教学秩序。

自1927年至1929年间,北京大学经过"京师大学校"和"大学区制"的大变动,打破了原来的行政制度,教学秩序极其混乱,科学研究工作几乎停顿,图书严重散失,学术团体被迫解散,学校工作处于瘫痪状态。蒋梦麟就任北大校长后,对学校的行政和教学制度进行了深入的改革和大力的整顿。

蒋梦麟于1931年春根据《大学组织法》提出了"教授治学、学生求学、职员治事、校长治校"的方针,对学校工作进行了全面的整顿。1932年6月,又公布了《国立北京大学组织大纲》,作为深入改革北大各项工作的依据。大纲规定:北大以(一)研究高深学术,(二)养成专门人材,(三)陶融健全品格为职志;学校置校长一人,由国民政府任命;改文、理、法三科为文、理、法三学院,共设14个学系,院长和系主任均从教授中聘任;学校设考试、图书、仪器、财务、出版、学生事业等委员会;取消原来学校的评议会,改设校务会议,其职权为:(一)决定学校预算,(二)决定学院、学系之设立及废止,(三)决定大学内部各项规程,(四)校务改进事项,(五)校长交议事项。校务会议是决定全校方针大计的。此外,还设立行政会议和教务会议,计划全校的行政事务及教务事宜。从教学行政的组织形式和各个会议的组成人员来看,体现了民主办学的精神和教授治校的原则,这对当时整顿工作、健全组织、加强领导和提高效率,起了很大的推动作用。

蒋梦麟当时对北大理科的教师队伍进行了全面彻底的整顿,对所有的教授进行重新聘任。一批国内第一流的科学家到校执教,如皮革专家刘树杞(理学院长)、地质力学家李四光、光学家饶毓泰、植物学家张景钺、古生物学家孙云铸、有机化学家曾昭抡、拓扑学家江泽涵等。在他们的带动下,理科的教学和科学研究取得了显著的成绩。

1932年12月公布了《国立北京大学学则》,规定本科修业年限为四学年,实行学分制。每个学生至少要修满132学分方可毕业。学校还要求每个学生必须掌握一种外国文字。凡入国文系者,必须外文成绩要好;入外国文学系者,必须国文要有根底。要求理科学生必须具备一定的文史知识,文科学生必须学习一定的自然科学知识。文学院开设的《科学概论》,作为一年级学生的共同必修课;理学院把国文作为一年级的必修课。要求学生必须具有比较全面的知识。注重文理渗透,培养更多的优秀人才。

在课程设置上,根据教授的聘任情况,作了适当的调整。蒋梦麟遵循学术自由的主张,在北大还保留了早在五四时期就已开设的一些马克思主义和社会主义学说的课程,如马克思经济学说、社会主义、马克思学说研究、劳动运动及社会主义史等。这在那严重的白色恐怖的年代里并不是很容易做到的。

在经费极端困难的情况下,蒋梦麟想方设法,多方筹措,兴建了新图书馆、地质学馆和一批实验室,增添了一些图书、仪器设备,改善了教学条件。

自1931年起,蒋梦麟经过多方努力,争取到了美国文化教育基金会的资助(以中华文化教育基金董事会名义拨款)。该会自1931年至1935年与北大合作,双方每年各拨款20万元(共40万法币),其中一部分作为购置图书、仪器和建筑设备经费,另一部分作为设立研究讲座经费。这笔资助款项,对北大的建设和教学、科学研究工作的开展,都起到了一定的促进作用。

蒋梦麟对科学研究工作相当重视,他将原来的研究所扩大为研究院,下设文科、理科、法科三个研究所,并增设研究教授职称,招收研究生。全校的科学研究工作不断地取得新的成果。

自1930年起,北大陆续恢复出版了一些刊物。由学校主办的有《北京大学日刊》、《国学》季刊、《社会科学》季刊、《自然科学》季刊等;由学生主办的有《北大学生月刊》、《北大学生周刊》等。通过这些刊物,报道校内动态,介绍教学经验,发表学术论文,交流学术思想,活跃学术空气。与此同时,学生中的各种学术团体(如学会)也逐步恢复和建立起来。他们通过邀请著名学者讲演、出版刊物、组织读书和进行专题研究等活动,增进友谊,提高学习成绩。

蒋梦麟还十分注意加强国际学术交流,他曾约请过一些外国学者来校作学术报告。例如,哈佛大学国际法教授威尔逊、伦敦大学人类学教授斯密斯、巴黎大学文学博士马古烈、哥伦比亚大学历史学教授肖威尔、日本京都帝国大学教授三浦周行、巴黎大学教授郎之万等,均在北大作过专题学术讲演。

蒋梦麟在就任北大校长后的六七年间,华北时局动荡不安,办学经费极其困难。他肩负重任,费尽心机,顶住了来自各方面的压力,克服了重重困难,为北大的建设和发展作出了重大的贡献。

1937年7月7日,卢沟桥事变爆发,全国性的抗日战争开始。在平津陷落后,北京大学奉教育部命令南迁长沙,与清华大学、南开大学合并组成长沙临时大学。由北京大学校长蒋梦麟、清华大学校长梅贻琦、南开大学校长张伯苓组成筹委会常务委员会来主持校务。1937年11月1日,长沙临时大学正式上课。蒋梦麟在回忆当时的情景时说:"虽然设备简陋,学校大致还差强人意,师生精神极佳,图书馆图书虽然有限,阅览室却经常座无虚席。"[20]

1937年12月13日,南京沦陷。敌机轰炸长沙,时局十分紧张。蒋梦麟到汉口亲自向蒋介石建议,把临时大学迁往昆明,因为那里可以经滇越铁路与海运衔接。蒋介石马上表示同意。1938年2月,搬迁的准备工作已大致完成,蒋梦麟从长沙飞到香港,然后搭法国邮船到越南的海防。从海防搭火车到河内,再由河内乘滇越铁路火车,经过崇山峻岭到达昆明。蒋梦麟到昆明后,即投入新校址的筹建工作。

1938年4月,临时大学由长沙迁到昆明后,即改名为国立西南联合大学。联大的校务,仍由三校校长蒋梦麟、梅贻琦、张伯苓组成的常务委员会来主持。西南联大自1938年5月4日正式上课,至1946年5月4日宣布结束,共计8年,再加上长沙临时大学时期,总共历时9年。三校师生在战云密布的年代里患难与共,团结合作,艰苦奋斗,自强不息,为临大和联大写下了新的篇章。蒋梦麟曾回忆道:"在动乱时期主持一个大学本来就是头痛的事,在战时主持大学校务自然更难,尤其是要三个个性不同、历史各异的大学共同生活,而且三校各有思想不同的教授们,各人有各人的意见。……幸靠同仁们的和衷共济,我们才把这条由混杂水手操纵的危舟渡过惊涛骇浪。"[21]由此可见,蒋梦麟为临大和联大的发展付出了自己的一份辛劳。

## 四、学贯中西,提倡平民主义教育和学术自由

蒋梦麟作为一个教育家,他不仅有丰富的办学经验,而且有独到的教育理论。他自幼就接受过系统的中国传统的文化教育,后来留学美国,对西方的哲学、政治、历史、教育等作过深入的探讨,学贯中西。因而他对中国和西方的教育理论有较深刻的认识,这对他的资产阶级民主主义教育思想体系的形成起了重要的作用。

蒋梦麟在编辑《教育杂志》和主编《新教育》时,大力介绍外国资产阶级教育思想和欧美教育制度;宣传科学和民主;鼓吹教育救国、教育兴国;提倡个性教育、自由教育、平民教育和职业教育。他发表了许多重要论文,在新文化运动中产生了积极的影响,推动了教育改革。

蒋梦麟十分重视个性教育。他认为教育的功能在于发展个人之天性,尊重个人之价值。1918年,他在《个人之价值与教育之关系》一文中指出:"个人之价值,即存于尔、我、他天赋秉性之中。新教育之效力,即在尊重个人之价值。""个人之天性愈发展,则其价值愈高。一社会之中,各个人之价值愈高,则文明之进步愈速。吾人若视教育为增进文明之方法,则当自尊重个人始。"

蒋梦麟极力提倡平民主义教育。他在1919年发表的《和平与教育》一文中说:"近世西洋之教育,平民主义之教育也。曰自治也,独立也,自由平等也,发展个性,养成健全之个人也,皆所以增进个人之价值,而使平民主义发达而无疆也。"

蒋梦麟还针对当时社会上存在的问题,提出各级学校教育应该确立一定的标准。他在1918年写的《建设新国家之教育观念》一文中指出当时中国社会有四大缺点:一曰人民知识之浅劣;二曰人生之微贱;三曰无建设的领袖人物;四曰无积极的标准。他说:"以上四大缺点,实为群治不进之基本问题,以此种社会而欲建设新国家,犹就

泥沙之基建设大厦,又何往而不仆哉。欲图积极之进行,舍教育其末由。"鉴于教育在国家建设中的重要地位,他接着又提出:"小学为普及教育之机关,使国人具有常识,非从小学教育入手不可。其标准当使生徒具有日用所必需之知识";"中学当以培养初级领袖为标准";"大学者,为研究高等学科而设,其学生为将来增进文明之领袖。故当以思想自由为标准。"在政治黑暗、经济萧条、教育落后的旧中国,蒋梦麟这些主张虽无法实现,但不失为远见。

蒋梦麟在1918年发表的《世界大战后吾国教育之注重点》一文中,介绍了欧美诸国的教育状况,指出了中国教育今后的发展方向。他认为战后教育的最终目的,是为了实现国富民强。他说:"有雄伟之经济,强健之个人,进化之社会,则战时可制胜势,平时可求国利民福。故战后之教育,其目的不外乎求此三者而已。"根据中国当时的实际情况,蒋梦麟认为在教育行政方面,应"随地随时推行义务教育以促进社会之进化";"随地随人施设职业教育、补习教育以加增经济之能力";"推广大学及专门教育,以养成倡导社会进化,加增经济能力之领袖。"在学校教育方面,应"发展个性以养成健全之人格","注重美感教育、体育,以养成健全之个人","注重科学以养成真实正当之知识","注重职业陶冶,以养成生计之观念","注重公民训练,以养成平民政治之精神,为服务国家及社会之基础。"蒋梦麟还特别强调劳动的重要意义。他说:"尊重劳动,为欧美经济发展之基础,二十世纪工业社会之柱石也。儿童求学,除训练其思想技能身体外,须养成其劳动之习惯。"又说:"吾国今日之情形,能劳动者,不受教育,受教育者,不能劳动,甚至轻视职业,以不作工为高。则学校愈多,而游民亦愈众矣。职业陶冶者,所以养成尊重劳动之精神,而为世界工业竞争之基础也。"

蒋梦麟关于教育方面的论文,大部分写于"五四"前后。他站在资产阶级民主主义的立场上,批判封建主义的"牧民教育",反对德、日的军国民主义教育,提倡自由主义的资产阶级平民主义教育。在中国近现代史上,蒋梦麟是一位颇有影响的资产阶级民主主义教育家。由于后来忙于北京大学的校务,他从事学术研究的时间减少了。他在《过渡时代之思想与教育》引言中写道:"著者于民国八年,投入了北京大学里的学校行政的旋涡,起初尚兼教学而略从事作文。其后因受政治不良的影响,革命心理的冲动,频年学潮汹涌,又因学款积欠过巨,叠起教潮;行政事务逐渐加多,学问功夫逐渐减少,至民十一以后,简直成了单纯的学校行政者。积重难返,索性把笔搁起了。"从此以后,蒋梦麟的教育论文虽然写得少了,但他在教育实践中却坚持并贯彻他的教育思想。尤其是蔡元培关于大学教育的主张和"学术自由"的原则,他在北大任职期间更是谨记在心,遵照执行。他晚年在《新潮》一书中深情地回忆道:"著者大半光阴,在北京大学度过,在职之年,但知谨守蔡校长余绪,把学术自由的风气,维持不堕。"蒋梦麟对北京大学的感情和贡献,于此可见一斑。

**注 释**

①②⑦ 见曲士培主编《蒋梦麟教育论著选》,人民教育出版社 1995 年版,第 118—120、256—257 页。

③⑯⑱⑲⑳㉑ 蒋梦麟《西潮》,台湾远流出版事业股份有限公司 1990 年版,第 158、171、259、261—263、283—284、273—274 页。

④ 高平叔编著《蔡元培年谱》,中华书局 1980 年版,第 51 页。

⑤ 《北京大学日刊》1923 年 6 月 30 日。

⑥ 《北京大学日刊》1923 年 8 月 25 日。

⑧ 《北京大学日刊》1923 年 11 月 3 日。

⑨ 《北京大学日刊》1923 年 11 月 9 日。

⑩ 《北京大学日刊》1923 年 11 月 23 日。

⑪ 《北京大学日刊》1923 年 11 月 24 日。

⑫ 《京报》1926 年 3 月 19 日。

⑬ 以上引文见《京报》1926 年 3 月 25 日。

⑭ 以上引文见《北京日报》1926年3月25日。
⑮ 《北京大学日刊》1926年3月30日。
⑰ 《北京大学日刊》1926年5月20日。

〔作者　北京大学高等教育科学研究所教授〕

# 开一代新风的文化前驱——胡适

## 欧阳哲生

北京大学是中国的最高学府。以它的资格而论,它可以成为中国历代"太学"的正式继承者,然而北大从民国以来有一个坚定的遗规,将它的校龄只从 1898 年"戊戌"维新的那一年算起。胡适是 1910 年考取清华学校第二批"庚款"赴美官费留学生,20 年代,清华大学筹建国学研究院,"母校"有意请他去做导师,胡适婉言谢绝了,他自认是"北大人"了。"北大人"这是五四时期出现的一个新名词,它的含义就像它的来源一样,与新文化运动有着密切的内在关联。最初大概是旧派从宗派的角度使用这个名词来讥嘲以北大为依托的新派,后来新文化阵营的人物也援引为自我标榜了。胡适是五四时期新文化运动的一个领导人物,又是北大的知名教授,30 年代和 40 年代又先后出任北大的文学院院长、校长。无论从哪一方面看,他都可以看作是民国时期北大的一个主要代表。有意思的是,胡适和北大还是同一天生日(12 月 17 日),这个神秘的巧合使他们两者的关系更耐人寻味。

## 一、五四时期:北大的革新健将

1917 年 7 月,胡适学成归国,他接受蔡元培先生的北大教授之聘,是陈独秀从中极力促成的。此前陈独秀致信胡适:"蔡子民先生已接北京总长之任,力约弟为文科学长,弟荐足下以代,此时无人,弟暂充乏。子民先生盼足下早日回国,即不愿任学长,校中哲学、文学教授俱乏上选,足下来此亦可担任。"①表达了虚位以待的诚意。不过,蔡先生早已读过胡适《诸子不出于王官论》等考据文字,对胡的学术功力留下了深刻印象。何况胡适此时已因倡导"文学革命"名震海内,成为文坛的一颗耀眼新星。

　　蔡元培先生主长的北大可谓人才荟萃,尤其是在文科,旧学新派的阵营都很强壮。胡适的到来无疑是给新派增添了一员大将。其时"在北大教职员宿舍里有个卯字号住的人,全肖兔",胡适、刘半农、刘文典(1891年生,辛卯年)是三只小兔子;陈独秀、朱希祖(1879年生,己卯年)是两只大兔子;而蔡先生(1868年,丁卯年。按:如以阴历计,蔡的出生时间是在丁卯年)是老兔子。蔡、陈、胡三只"三个年轮的兔子"可谓老、中、青的绝妙结合,他们共同推动北大的教育改革和新文化运动。

　　胡适进北大的第一年,在哲学门担任中国哲学史大纲、西洋哲学史大纲两门课;在英国文学门担任英文学、英文修辞学、英诗、欧洲文学名著等课。此外,他还为研究所哲学门担任"中国名学"、"最近欧美哲学",为研究所国文门担任"小说"等讲座。授课跨系,科目亦多,任务繁重。西洋哲学史、英文这类与欧美有关的课程,对胡适这位"镀金"归来的留学生来说并不为难,凭藉他在美留学所获得的学业基础足以应付;唯独中国哲学史这门课实属不易。该课原由素以治国学见长的老先生陈汉章(1849—1938)担任,他从三皇五帝讲起,讲了半年才讲到周公。胡适接任后,发下他的讲义《中国哲学史大纲》。照冯友兰先生的说法,"那时候,对于教师的考验,是看他能不能发讲义,以及讲义有什么内容"。②曾有一位名不见经传的先生接替马叙伦先生的"宋学"一课,因讲义有误,被学生轰走。此次胡适发下的讲义"丢开唐、虞、夏、商,径从周宣王以后讲起"。据当年听课的学生顾颉刚回忆:"这一改把我们一般人充满着三皇五帝的脑筋骤然作一个重大的打击,骇得一堂中舌挢不能下。"③北大学生对教师素来挑剔,此次有些学生也以为这是思想造反,不配登台讲课,他们找来在学生中颇有威望的傅斯年来听课,结果傅听课后的评价是:"这个人,书虽然读得不多,但他走的这一条路是对的,你们不能闹。"经他这么一说,这场风波才平息下去。胡适的课渐渐吸引颇有国学修养的傅斯年、顾颉刚等人,他们认为胡适"有眼光,有胆量,有断制,确是一个有能力的历史家"①。

北大浸染于新文化运动的新鲜空气,昔日沉闷的校园沸腾起来了。胡适与北大会计课职员郑阳和发起成立"成美学会",擘画章程,带头捐款,效古君子成人之美之意,资助热心向学而家境贫寒的子弟,得到蔡元培、章士钊、王景春等人的赞助。1918年夏,傅斯年、罗家伦等20余位学生自动组织校内第一个响应新文化运动的学生团体——新潮社,并创办《新潮》杂志,胡适应邀担任他们的顾问。

北大真正确立其现代意义的管理体制和教学体制是在蔡元培任职期间。蔡先生对于教员虽新旧兼容,只看其是否有一技之长,但在体制改革方面却不得不倚傍陈独秀、胡适这批新派教员。对"旧学邃密"、"新知深沉"的胡适,蔡先生不仅欣赏他的学识,欣然为他的《中国哲学史大纲》作序,而且对他的改革建议言听计从,并委以重任,施展他的才华。1917年12月,北大成立研究所哲学门,胡适被任命为主任。1918年3月7日,他接任英文教授会主任一职;9月,被任命北大英文学研究所主任;9月30日,学校议定编辑《北京大学月刊》,各科编辑由各所主任轮流担任,每册之总编由各研究所主任轮流担任,4月份归胡适总编。1919年10月27日,经蔡元培先生批准即日起代理教务长(至12月17日);12月2日,出任北大组织委员会委员。1920年10月16日,北大评议会决议:胡适为预算委员会和聘任委员会委员、出版委员会委员长。1922年4月19日,当选为北大教务长(12月20日辞职)及英文学系主任。从1918年10月下旬起,胡适开始当选为北大评议会评议员,这是校内的最高立法机构和权力机构,以后连选连任,为学校决策献计献策,参与学校管理。

胡适不负蔡先生期望,在参与学校的各种机构和事务中,或出谋划策,或积极引导,或独当一面。1917年11月16日创办《北京大学日刊》,是出自于胡适的建议。当年10月,教育部召集专门会议讨论修改大学章程,胡适竭力建议改分级制为选科制,此议获通过,胡适便以创议人身份拟定具体章程细则。北大于1919年正式改用选科制和分系法。胡适还创议仿效美国大学建制,实行各科教授会制度;提议设立各科各门研究所,以使本科毕业生继续从事较深的专门研究。这些创议均获蔡元培的首肯和支持,从而有力地推动了北大的改革。

1919年10月,胡适发表《大学开女禁的问题》,主张在北大收女生旁听作为正式女生的过渡,并呼吁社会改革女子教育,使与大学教育衔接起来。这个建议很快得到素来主张男女平等的蔡元培的赞同。1920年春,北大就招收了女生9人入文科旁听,暑假又正式招收女生,开中国大学男女同校之先河。

胡适积极帮助学校延揽人才,以增强北大师资。蔡元培说:"整顿英文系,因得胡君之介绍而请到的好教员颇不少。"1920年夏,陈衡哲学成归国,经胡适的推荐,任聘为北大第一位女教授。被称为"只手打孔家店"的吴虞,在四川因守旧势力的攻击,处境困难,胡适力邀他在北大当文科教员。最令人感动的是胡适帮助林语堂出国留学的故事。林语堂赴美留学,行前已与北大约定,回国后为北大服务。不料在美期间,林语堂生活遇到困难,打电报给胡适,请求北大预支1000美元以接济生活,这笔款子由胡适担保,居然汇来了。在哈佛大学拿到硕士后,林语堂又去德国莱比锡大学攻读博士,他又向胡适写信,向北大借1000美元,钱也如数汇来了。林语堂回国后,去北大向蒋梦麟先生道谢,蒋说:"什么两千块钱呢?"原来解救了他在外国困苦的是胡适。那笔近乎天文数字的款子,是胡适从自己的腰包里掏出来的。⑤胡适的用意就是希望林语堂能安心求学,日后好为北大服务。

在推动北大的国学研究朝着系统化、科学化方向发展方面,胡适发挥了示范作用。胡适的中国哲学史研究、中国古典小说考证和整理,在当时都颇具影响。1922年2月18日,北大研究所国学门委员会召开第一次会议,公推胡适为《奖学金章程》起草者及国学门杂志主任编辑。在各方面协作和努力下,《国学季刊》于1923年1月创刊,胡适任编辑委员会主任。该刊横排版,作英文提要,这在中国杂志史上都是创举。胡适发表的《〈国学季刊〉发刊宣言》,系统阐述了研究"国故学"的原则与方法,这对当时的国学研究,特别是对"古史辨"有很大的影响。

在促进北大英语教学和对外学术交流方面,胡适也发挥了重要作用。1917年12月,胡适当选为北大编译会评议员。此后,胡适又担任英文教授会主任、英语系主任,除了自己承担教学外,他为规划本校本、预科的英文教学和课程安排,请外籍教师来任教,使教学与英美接轨,做了大量工作。1918年冬他代表北大出席华北英文教员协会,第二年2月20日他在《北京大学日刊》上发表《致本校各科英文教员公函》,希望本校英文教员参加华北英文教员协会第一次会议,讨论英文教授的各种问题。1919年5月,经他和陶行知建议,北大邀请美国著名学者杜威来华讲学。杜威在北大和其它处的许多讲演,均由胡适出面口译。1921年10月27日,他在校内开设"杜威著作选读"课,原定30人,没想到上课时竟来了60多人。[6]以后北大请外人来校讲演或讲学,如新闻学家韦廉士讲"世界底新闻事业"(1921年12月初),教育学家孟禄的系列讲演(1921年12月下旬至1922年1月初),也由胡适亲自担任翻译。胡适的口译,语言流畅、准确,往往能收到好的效果。1924年5月8日,印度著名文学家泰戈尔在华度过他的64岁生日,新月社为他祝寿,胡适被邀致词。在此之前,他将自己的诗作《回向》写成横幅作为生日礼送给了泰戈尔。

五四运动爆发时,胡适在沪。他回北大后,蔡元培先生已辞职南下,北洋政府派胡仁源代理北大校长。校内围绕挽蔡驱胡,学生与政府展开了斗争。胡适站在学生一边,支持由蔡元培委托的工科学长温宗禹主持的校务委员会,并对个别被军阀政府收买的学生制造"拒蔡迎胡"的言行予以揭露。他还发表《北京大学与青岛》一文,对诬蔑学生运动是"为蔡元培争位置"报以辛辣讽刺。蔡元培对胡适也完全信赖,他通过蒋梦麟表示对胡适"维持的苦衷是十分感激的",勉励胡适"不要着急才好",⑦声明自己对胡适处理的一切问题"负完全责任"⑧。6月初,北大一批学生因在街头演讲被军警拘捕,胡适不仅与马叙伦、刘半农等20余位教员发起召开紧急大会以抢救学生,还亲自前往北大法科的临时监狱探视被捕学生。陈独秀被捕后,胡适接办《每周评论》,继续以舆论支持和声援轰轰烈烈的学生运动和群众斗争,直到中国代表拒绝在巴黎和约上签字。

从1922年12月17日起,胡适因病向北大告假一年。返校以后,1924年至1925年这两年间虽仍在北大任教,但以养病和自己研究为主。1925年11月,他写信给北大代理校长蒋梦麟,要求辞职。略谓:"现患痔漏回南方调治,请假过久似非相宜。决定以后每日四点钟,著书译书各一千字,不再教书。"⑨蒋未允辞,但胡适第二年出访欧美,与北大的关系事实上告一段落。

## 二、三十年代:北大"中兴"期的主将

1930年5月,胡适因在《新月》上借人权问题批评国民党当局,遭到官方组织的"围剿",被迫辞去中国公学校长一职。11月28日,胡适携眷离沪赴京,来北大任教,并担任文学院院长。

这时,北大正处于困境之中。胡适为学校所办的第一件大事是筹措经费。北大办学经费因国库支绌,"虽有预算,不能照发。学校进展,遂多障碍"⑩。到1931年前,北大各项设备之价值远逊于国内各大学,以当时对国立各大学设备价值的统计而言:武大910,070元,清华大学511,096元,中央大学436,342元,中山大学186,084元,北大30,917元。面对如此窘局,蒋接命后不愿上任,傅斯年遂约

胡适到中基会争取经费资助。1931年1月,胡适到上海出席中基会第五次常委会。会议根据胡适拟定的计划决定:"每年双方各出国币二十万元,为大学设立研究讲座,及扩充图书仪器,给发助学金与奖学金之用。以五年为期。"⑪胡适所提办法先前曾交蒋梦麟看,他大为感动,答应前来北大主持重整工作。此计划到后来有所调整,"民国二十三年(1934年)改为本校二十万元,中华文化教育基金董事会十万元"。据统计,此项合作计划从1931年开始执行,实际执行到1937年,较原议延长两年。在此期间,双方共提出合作款项195万元。北大凭藉中基会的这一资助添置图书仪器,聘请了一批知名教授,修筑校舍,补助学生,学校的办学条件大为改善。从北大当年的报告中可窥见这一合款对北大的发展意义不同寻常:

"本校自民国二十年(1931年)承贵会之协助设立合作研究特款,五年之中,不惟物质方面如图书,仪器,校舍及其他设备得以扩充,即精神方面若学风之改变,研究之养成,课程之提高以及教员之专任,莫不赖之得有显著之成绩。"⑫

胡适为学校办的第二件大事是请人。蒋梦麟上任后,将原文、法、理三科改为三院,任命胡适为文学院院长。蒋对三院院长说:"辞退旧人,我去做;选聘新人,你们去做。"胡适利用自己的声望和关系,写信劝说朋友,四处网罗人才。经他手所请的知名学者即有孟森、钱穆、马叙伦、汤用彤、魏建功、俞平伯、蒋廷黻、梁实秋、闻一多、温源宁、叶公超等人。除了文学院之外,理学院的一些教授也由他引荐或力邀,如丁文江、饶毓泰、吴大猷等。有些学者或因个人困难,无法到校任教,胡适不得不多次去信说服;有些或因校内原因,暂无法聘请,他不得不寻机出面交涉。有些知名学人不宜教课,胡适又建议设"研究教授"。通过各方面的努力,北大很快罗致了一批学有专长、成绩卓著的名流学者,教师队伍的充实,为重振北大提供了师资基础。

胡适这时在校内担任了许多职务,除了文学院院长兼中文系主任、文科研究所主任之外,还任出版、学生事务、图书馆、财务诸委员会委员,《北大学生月刊》编委会顾问,一度还任教育系主任。至于校内的一些临时兼职和学术团体任职,更是难以胜数。几乎校内的主要事宜,他都是主要决策人之一。不仅如此,在北平教育界,他也是一个主要发言人。鉴于胡适的声望,1932年4月,国民政府曾有意让蒋梦麟出长教育部,而由胡适任北大校长,被胡适坚辞,他写信希望蒋亦留在北大。汪精卫1933年3月3日来信要求胡适出任教育部部长,亦被他回绝。谈及30年代北大与北平教育界的工作情形时,陶希圣曾有一段回忆:"北京大学居北平国立八校之首,蒋梦麟校长之镇定与胡适院长之智慧,二者相并,使北大发挥其领导作用。"遇有重大难题时,都是蒋、胡两人商量决定,校务会议不过讨论一般校务。"国立各大学之间另有聚餐在骑河楼清华同学会会所内随时举行,有梦麟北大校长,梅月涵(贻琦)清华校长,适之及枚荪两院长,我也参加交换意见。月涵先生是迟缓不决的,甚至没有意见的。梦麟先生总是听了适之的意见而后发言。……清华会餐席上,适之先生是其间的中心。梦麟是决定一切之人。北大六年的安定,乃至国立八校六年的延续,没有梦麟与适之的存在与活动,是想象不到的。"⑬

在繁忙的校务工作之中胡适还担任教学工作。1931年2月10日他讲中古思想史课,这是他1925年9月离开北大以后第一次重返北大讲台。他日记中云:"在二院大礼堂,听讲者约三百人,有许多人站了约两点钟。"⑭ 1931年至1937年胡适开设的课程有:中古思想史、中国哲学史、中国近世思想史问题研究、中国文学史概要、中国文学史(四)(此课前部分由傅斯年、罗庸开)、中国文学史专题研究(与傅斯年、罗庸合开)、传记专题实习、汉代思想史、唐宋思想史、中国教育问题(与蒋梦麟合开)。此外,胡适还举办了一些讲座,影响较大的有在国文系所讲"中国文学过去与来路"(1931年12月30日)、"陈独秀与文学革命"(1932年10月30日)等。这时期,他还将自己的讲稿《中国文学史选例》卷一和《中国中古思想史纲要》(十二讲)加以整理,交北大出版社出版。

七七事变发生后的第二天,胡适南下参加庐山会议,随后负使命赴欧美做外交工作。这并非胡适的本意,实为当时的国难所迫。1938年1月,西南联大虽曾发布聘任他为文学院院长兼文科研究所所长,但实际上胡适并未到任。

## 三、内战时期:不合时宜的北大校长

抗战胜利后,百废待兴。经过傅斯年、朱家骅的力荐,国民政府决定任命胡适为北大校长。胡适暂不能回国,胡又请傅斯年代理。此消息于9月6日正式公布,各方面反应热烈,胡适的一些故旧和北大的师生纷纷致函致电,希望他早日归国,重振北大这座自由主义的堡垒和新文化新思想的基地。

1946年7月,胡适回国,月底抵达北平。8月4日,北大校友由冯友兰领衔在蔡元培先生纪念堂聚集欢迎他。8月16日,胡适主持召开了北大行政第一次会议,讨论和研究北大院系新建制以及教师聘请等问题,决定在机构方面,在文学院设东方语言文学系,理学院的生物系改为动物系与植物系,新设农、工、医学院。9月胡适正式接任后,这样的校务会议又开了十几次,同时正式聘任了教务、训导、总务三处处长和文、理、法、医、农、工六院院长及各系主任。中文系主任一职,原由罗常培担任,由于傅斯年反对,胡适只好自己兼任。北大经过一年的复员和准备工作,到此开始转入正规。

10月10日,北大举行开学典礼,胡适向全校学生演讲,表示:"我只作一点小小的梦想,作一个像样的学校,作一个全国最高学术的研究机关,使它能在学术上、研究上、思想上有贡献。"其方向有二:"一,提倡独立的,创造的学术研究;二,对于学生要培养利用工具的本领,作一个独立研究,独立思想的人。"他还说:"我是一个没有党派的人,我希望学校里没有党派,即使有,也如同有各种不同的宗教思想一样,大家有信仰自由,但切不可毁了学校,不要毁了这个再过多少年不容易重建的学术机关。"⑮最后他还引用南宋思想家吕祖谦"善未易明,理未易察"一语要大家深省。胡适的这一席话,既反映了他一贯的教育理想,也可以说是他当时的办学方针。

　　胡适此时的一个重要设想就是在北大建立一个原子能研究中心,以为国家的科学发展多预备人才,多积贮力量。1947年夏,他写信给白崇禧、陈诚:"我今天要向你们两位谈一件关系国家大计的事,还要请你们两位把这个意思转给主席,请他考虑这件事,我要提议在北大集中全国研究原子能的第一流物理学者,专心研究最新的物理学理论与实验,并训练青年学者,以为国家将来国防工业之用。"接着他开列一份拟从国外聘请回国学者的名单,阐述其实施计划,并称已联系钱三强、何泽慧、胡宁、吴健雄、张文裕、张宗燧、吴大猷、马仕俊、袁家骝等9人,他们"皆已允来北大",建议把北大作为原子物理的研究中心。至于此项研究与实验,所须有之最新式设备,请从国防科学研究经费项下拨50万美元作为研究经费。⑯这是一个颇有雄心的计划。但忙于内战的"国民政府"已全然顾不上这些了。8月26日,胡适在南京出席中研院会议时面见蒋介石,又提出他的"十年高等教育发展计划"。一个月后,他又以此为蓝本,撰成专文《争取学术独立的十年计划》公诸于世,以谋求各方面的理解和更为广泛的支持。不用说,这也是一纸空文。

　　从政府那里筹不到款,胡适又转向"中华文化教育基金会"求助。通过几番活动,1948年,该会终于决定给北大10万美元的"复兴经费"。胡适决定不分散此款,把它全给物理系,作为建立现代物理学之用。他请在美的吴大猷、吴健雄用这笔款子购买所需设备。由于形势的急转直下,这一计划也付诸流水,胡适后来伤感地谈及事情的结局:"不幸这个好梦丝毫没有实现,我就离开北大了。1949年2月我打电话问大猷此款已花多少,买了多少东西。回电说,因为计划很周到,10万元尚未动用,我就把这10万元还给中基会了。"⑰

　　蔡元培主长北大时,盖了红楼。蒋梦麟任职时,建了图书馆。胡适上任后,也计划建一座大礼堂。他派人勘测地形,请梁思成设计方案,唯独经费一筹莫展。为此,1947年12月11日他在南京向北大各校友呼吁"捐款建筑北京大学礼堂及博物馆";1948年3月24日他再次发起北大校友募捐一千亿,建筑蔡孑民纪念大礼堂,作为北大50周年祝寿礼物。这一计划也因无经费而落空。

学校经费无着落,现有在职教师生活清苦,该聘请的教员无法落实。新建的工学院情况似乎更为严重,不仅实验仪器设备匮乏,而且教员也缺编。加上通货膨胀,其情形可谓雪上加霜。无奈胡适在记者招待会上也抱怨"教授们吃不饱,生活不安定,一切空谈都是白费"。1947年9月21日,他致电教育部,说平津物价高昂,教员生活清苦,"请求发给实物;如不能配给实物,请按实际物价,提高实物差额金标准"[18]。9月23日他在日记中叹息道:"北大开教授会,到了教授约百人。我作了二个半钟头的主席。回家来心里颇悲观,这样的校长真不值得做!大家谈的想的都是吃饭!向达先生说的更使我生气。他说:'我今天愁的是明天的生活,那有工夫去想十年二十年的计划?十年二十年后,我们这些人都死完了。'"[19]胡适想得高远,但北大师生面对的现实难题却是基本的生存都不能维持。

40年代后期,国内局势十分动荡,北大处在风雨飘摇之中。1946年12月24日,北大女生沈崇被两名美国士兵强奸,事情在报上披露后,群情激愤,北平各校师生举行罢课、示威、游行,要求惩办罪犯。时在南京参加"制宪国大"会议的胡适也无法保持平静了。据一位与他见面的记者回忆:"当我们提到沈崇事件时,老先生这次也被激怒了,'这还得了!真岂有此理!'说着说着,还敲着桌子。他这个态度使我感到意外。我看到这个深受儒教熏陶,一向主张'怨而不怒',又受资产阶级教育,提倡'自由','容忍'的大师,竟然也正气凛然,金刚怒目起来,不免增加了一些敬重。他甚至说:'抗议、游行,又何不可!众怒难犯,伸张民意嘛!'"[20]胡适抵达北平后,对记者发表公开谈话:"此次美军强奸女生事,学生、教授及我自都非常愤慨,同学们开会游行都无不可,但罢课要耽误求学的光阴,却不妥当。"认为"此不幸事件为一法律问题,而美退出中国则一政治问题,不可并为一谈"。胡适的这一表态,既有其个人同情群众的一面,又有秉承官方意志的一面。当时教育部驰电胡适、梅贻琦等北平诸大学头面人物,要他们设法平息众怒,以防事态发展。

1947年1月17日美军事法庭开庭审判此案,胡适不顾官方的劝阻,毅然出庭作证。经过一星期的辩论,在中国人民的强大压力和胡适的有力证词面前,美方理屈词穷,不得不宣布美兵皮尔逊"强奸已遂罪"。事后沈崇家人对胡适的出面表示了深切感谢。后来此案移到美国处理,报载美方取消皮尔逊之强奸罪,胡适对英文版《时事新报》记者说:"余对此新进展,表示失望";"我希望美国海军部长不会批准检察官长取消皮尔逊罪状。"[21]

一波未平,一浪又起。1947年国统区的人民掀起了声势浩大的"反饥饿反内战"运动,北大学生在中共地下党的影响和领导下,亦投身其中。对于此起彼伏的学生运动,胡适可谓左右为难,他作为一校之主,一方面不能不考虑维持学校的正常教学秩序,不能不考虑他与国民党政府的合作关系,这构成他与官方意志的某种吻合,使他为政府"撑门面";一方面又自知学生起事有其深刻的社会政治根源,对学生运动不能简单处置,这使他对参与运动的北大学生采取一种温和、保护的态度。5月19日,胡适向记者发表谈话,不同意蒋介石的《对学生文告》,说"学生中青年人,在这种困难环境下,确是感到了苦闷,……我对青年要求改进现状有同情,但希望勿牺牲学业"[22]。5月24日,他召见学生代表说:"学生运动乃青年对现实不满的自然反应,而不能直接为共党之指拨,惟政治、经济问题,皆非罢课所能解决,更勿以罢课应付迭发之校内外事件,如此,将无平静之日。愈是动荡时候,愈需镇静,勿轻信谣言。"[23] 5月30日,他向外国记者谈话时说:"最近学生运动,如谓其系党指使,此言似非公允,任何国家内,如对政府机构有所不满,而无民主方法可以发表不满之情绪,辄由青年学生担任政治运动,此普遍公式可适应于一切国家。"[24]这一连串谈话,都清楚地表明了他的矛盾态度。

与外界这种动荡不安的局势形成强烈反差,胡适这几年的学术兴趣是在《水经注》的考证。1946年7月5日他刚抵沪,向记者透露他这几年正在重勘《水经注》的案子,此事传开,他在很短的时间里就收到来自各方送来的各种版本的《水经注》。他在一封致顾廷龙信中说:"我近年到处宣传我正治《水经注》,其用意正欲使各地的《水经注》都出现耳。"还说自己"在天翻地覆中作此种故纸堆生活,可笑之至"。[25]

我们从这一段《胡适的日记》可以看到他有关这方面的研究情况的许多纪录。《胡适手稿》和近期出版的《胡适遗稿及秘藏书信》也保留了他这时期有关《水经注》考证的许多文字。这时期胡适未专门开课,偶尔作一些讲座。北大历史系"历史研究法"一课原拟由胡适担任,1947年4月24日,他上第一讲,题目是"历史与证据",其所讲内容实际上是他的《水经注》研究。胡适当时设想领导文学院的人做一些重大问题研究,故想在方法上先做一示范。但他的课只讲了一次,就没有下文了。1948年12月北大50周年校庆前夕,文科研究所举办的展览会中有"《水经注》版本展览"一项,所展出版本都为胡适提供。

这时期胡适的社会活动和各种应酬几乎成了他无法摆脱的差役。胡适当时的校务工作主要是维持学校的运转,包括筹措经费,应付学潮,调理新建院系的教学。此外,他还兼有中研院的评议员和中基会的董事等职。南京政府在其政局不稳,社会动荡的状态下,为了笼络人心,也不惜一次又一次请胡适出面为其支撑门面。其实胡适不仅对政治没有兴趣,而且对北大校长一职也感力不从心,遂生辞意;教育部长朱家骅立作电复:"年来承兄偏劳,公私感激,……乃北大不可无兄,北方尤赖兄坐镇,……倘兄有言辞消息,则华北教育界必将动摇不可收拾。"[26]朱的电文道出了事情的全部真相。

1948年11月,人民解放军已包围北平,南京政府有意将北大南迁。22日,胡适在蔡子民纪念堂主持校务会议,讨论是否"迁校"一事,经过激烈争辩,最后作出不迁校的决定;24日,教授会正式通过校务会议不迁校的决议。胡适当时也是反对迁校的,他认为北大在北平才叫北京大学,离开了北平还能叫北京大学吗? 12月,北大张罗50周年校庆,拟定17日为校庆日,同时为胡适的生日祝寿。13日胡适写成《北京大学五十周年》一文,叙述北大自戊戌诞生以来的历史,结语曰:"现在我们又在很危险很艰难的环境里给北大做五十岁生日,我用很沉重的心情叙述他多灾多难的历史,祝福他长寿康强,祝他能安全的渡过眼前的危难正如他渡过五十年中许多次危难一样!"14日南京方面派飞机将胡适、陈寅恪运走。临行前他留下便笺给汤用彤、郑天挺,说:"今早及今午连接政府几个电报要我即南去。我就毫无准备地走了。一切的事,只好拜你们几位同事维持。我虽在远,决不忘掉北大。"[22]这实际上成了他的诀别之言。

## 四、胡适:北大的一份精神遗产

胡适从1917年9月在北大登台,到他1948年12月14日离去,在北大实际工作时间是18年(1917.9—1925.11,1930.12—1937.7,1946.8—1948.12)。以他与北大的历史关系而言,可以说是既长且深了。"五四"以后北大在中国教育界、学术界自成一体,独领风骚,胡适自然是其中担当重任的主要人物之一。就他个人对北大的感情来说,也可以说是情有独钟。一般人认为,民国时期的北大学统具有浓厚的自由民主色彩。显然,这个传统的形成与胡适的个人贡献分不开。

胡适在北大工作期间,对北大的发展方向和学术传统多次提出过意见。1922年12月17日,北大25周年之际,他发表《回顾与反省》一文,指出北大近5年来的两大成绩,即第一"是组织上的变化,从校长学长独裁制变为'教授治校制'",第二"是注重学术思想的自由,容纳个性的发展"。同时也认为北大存在两大不足:(一)"学术上很少成绩";(二)"自治的能力还是很薄弱的"。他"祝北大早早脱离稗贩学术的时代而早早进入创造学术的时代。祝北大的自由空气与自治能力携手同程并进"。㉘1935年5月,他为纪念五四运动16周年,特别强调"民国六、七年北京大学所提倡的新运动,无论形式上如何五花八门,意义上只是思想的解放与个人的解放"。㉙他主长北大期间,规定每年"五四"为北大校友返校节。1947年5月4日,他在北大校友的聚会中高度评价蔡元培把北大由一个旧式大学改造成为一个新式大学,并认为北大的精神是"自由与容忍"。㉚

　　胡适离开大陆后,虽身在海外,仍心系北大。每逢"五四"或北大校庆日时,他都要发表谈话,或与北大校友聚会,以示对"五四"的纪念,对北大的怀念。1962年2月24日,胡适在台北逝世。生前他立下的英文遗嘱交待:将他在1948年12月不得已离开北平时所留下请北大图书馆保管的102箱内全部他的书籍和文件交付并遗赠给北京大学,再次表达他对母校的思念之情。

## 注　释

① 《陈独秀致胡适》,《胡适来往书信选》上册,中华书局1978年版,第6页。

② 冯友兰《三松堂自序》第8章《北京大学》,《冯友兰全集》第1卷,河南人民出版社1985年版,第296页。

③④　顾颉刚《古史辨》第1册"自序"。

⑤　参见林太乙《林语堂传》第4章"结婚,出国留学",中国戏剧出版社1994年版。

⑥　《胡适的日记》上册,中华书局1985年版,第245页。

⑦　《蒋梦麟致胡适》,《胡适来往书信选》上册第59页。

⑧　《蔡元培致胡适》,《胡适来往书信选》上册第63页。

⑨ 上海《时事新报·学灯》1925年11月25日。
⑩ 《国立北京大学一览》(民国二十二年度)第12页。
⑪ 《国立北京大学一览》(民国二十二年度)第3页。
⑫ 《国立北京大学合款报告书》(民国二十六年度四月),南京二档四八四(2)59。
⑬ 转引自吴相湘《民国百人传》(一)第88页,台北,传记文学版。
⑭ 《胡适的日记》(手稿本)第10册,1931年2月10日,台北,远流出版公司1990年版。
⑮ 参见《大公报》1946年10月11日。
⑯ 《胡适致白崇禧、陈诚》,《胡适来往书信选》下册第296页。
⑰ 《胡适的日记》(手稿本)第18册,1962年2月5日。
⑱ 《北大校长胡适电部,请提高实物差额金》,《申报》1947年9月22日。
⑲ 《胡适的日记》(手稿本)第15册,1947年9月23日。
⑳ 叶由《我对胡适的印象》,《胡适研究论丛》,三联书店1989年版,第24、25页。
㉑ 《沈崇案主犯开释,胡适发表意见》,《申报》1947年6月22日。
㉒ 《胡适对学潮谈话》,《申报》1947年5月20日。
㉓ 《胡适召见学生代表谈话》,《申报》1947年5月26日。
㉔ 《胡适之在平谈学生运动》,《申报》1947年5月31日。
㉕ 《致顾起潜》,1948年11月28日,《胡适手稿》第3集中册。
㉖ 《朱家骅致胡适》(电),《胡适来往书信选》下册第412页。
㉗ 耿云志《胡适年谱》第374页。
㉘ 胡适《回顾与反省》,《北京大学日刊》1922年12月17日纪念号。
㉙ 胡适《个人自由与社会进步——再谈五四运动》,《独立评论》第150号,1935年5月12日。
㉚ 耿云志《胡适年谱》第349页。

〔作者　北京大学历史系副教授〕

# 唯一的名誉校长——马寅初

晏智杰　朱正直

马寅初是中国当代著名经济学家、人口学家、教育家。他一生经历了三个朝代,跨越一个世纪,是一位历经坎坷、可歌可泣、具有传奇色彩的人物。他的名字和功业在我国社会、政治、经济、思想和文化教育等领域多次激起强烈的反响。在灾难深重的旧中国,他不仅是享有盛誉的经济学家,而且是英勇不屈的民主战士;全国解放后,人们称他是无党派人士的领袖;粉碎"四人帮"后,人们称他是不畏权势、坚持真理的经济学家、人口学家。他的一生与北京大学有很密切的直接关系。他是北大历史上第一任教务长,又是建国后第一任北大校长,"文革"结束后,又任名誉校长。这是北大历史上仅有的一种文化现象。他三进北大,在北大历史上留下了辉煌的一页。

马寅初(1882—1982),字元善,浙江嵊县人,早年留美,先后在耶鲁大学和哥伦比亚大学攻读经济学,获博士学位。1915年,马寅初怀着富国强民的抱负回到了阔别10年的祖国。初始在北洋政府的财政部里当一名职员,但到职不久,他就发现在外国学的那套财政学,对中国的一个小职员实在用处不大。当时北洋政府明争暗斗,变化无常,官场习俗,非马寅初所愿,他辞去了政府的职员,应邀到北京大学担任经济学教授,专心致力于教学和科学研究工作。

1917年蔡元培到北大任校长,积极推行"思想自由,兼容并包"的方针,进行了多方面的重要改革,解聘了一批滥竽充数、不学无术的教授,延聘了一大批学有专长、具有激进的民主主义思想的教授,马寅初就是其中应聘的一位。

马寅初到北大任教不久,于1917年11月被选为北大评议会评议员。随后又被选为经济门研究所主任兼经济商学门主任。在一封致法科经济门教员的函中,他说:"前次法科各教授会选举主任,鄙人猥蒙诸位雅爱,被选为经济门主任,惭感莫名,自问才识浅薄,恐难胜任,曾向学长面辞,未获允准。既承学长暨诸君雅爱,何敢过于推辞,自当勉从事,以期无负诸君之雅意。"①

1917年4月9日,马寅初被北大评议会推选为教务长,全力协助蔡元培进行改革,贯彻教授治校和资产阶级民主精神。由于教务工作非常繁忙,而且他对所负责的工作都亲自过问,不肯轻易推脱,这就大大影响了他的教学和科研工作,因此,他再三提出辞去教务长工作,专任教授,终于在1920年1月获准。

"五四"前后,马寅初已是北大的著名教授。在北大任教期间,他先后讲授过银行学、货币学、财政学、保险学、交易所、汇兑论等应用经济学课程。他讲课深入浅出,生动活泼,联系实际,有启发性,备受学生欢迎。他一向重视研究实际问题,把理论和实际紧密结合起来。为了使经济系的学生联系所学科目,他极力倡导学生创办了学生银行,发行股票,经营存款、放款及汇兑业务,为同学服务。其后又促进成立"消费合作社"。马寅初不仅极力倡导这些联系实际的教育活动,而且还亲自兼任了学生银行的顾问。

马寅初还积极支持学生成立各种学术性研究会。当北大经济学研究会成立时,他热情参加了大会并发表演讲。他说:"成立经济学会是大学生应该做的,而且是经济系的任务,我非常赞成,……现在你们已经组织这个学会,应本互助的精神,共同讨论,使经济学理能发挥出来,以为社会的应用,这是我的希望。"②以后他多次应经济学会的邀请发表演讲。

马寅初在北大任教的同时,还经常到上海、杭州等地考察经济,同时兼任浙江兴业银行顾问,同财政金融界保持着广泛而密切的联系,这使他对中国的财政金融情况有比较深入系统的了解和研究。

马寅初对外国学术观点则抱着洋为中用的态度。他虽然获得美国的博士学位，但他并不以此而满足。他一方面努力掌握外国的新东西，同时又积极深入研究中国的问题，所以，早在20年代，他对财政金融问题的研究就卓有成效，曾先后出版了《马寅初演讲集》(共4集)、《中国国外汇兑》、《中国关税问题》、《中华银行论》等著作。他从中国的实际情况出发研究现实经济问题的精神，以及勤奋学习、苦心研究的治学态度和学风，是极为可贵的。他这个时期的著作，对于人们了解20年代经济情况，研究当时的经济思想具有一定的参考价值。

1927年大革命失败后，割据东北、华北的奉系军阀张作霖于8月6日下令撤消了北京大学，将在北京的9所高等学校合并成立所谓"京师大学校"。反动军阀制订了一套极端腐朽的教育制度，使北京大学又由资产阶级办学道路向封建主义办学道路倒退。在这样情况下马寅初离开了北大。

马寅初虽然离开了北大，但他总是不断用"五四"以来所形成的"北大精神"鞭策自己，教育青年。他在一次北大同学会演讲时说："'北大'二字，从何而来，不可不知。我们须知在五四运动以前，北京大学为社会所不注意；自五四运动发生，打倒曹、章、陆三卖国贼以后，北大二字，乃名扬中外，故五四运动之精神不但在校时不可丧失，就是在社会服务仍须保存，随时运用出来，五四时的精神，就是为国牺牲，就是牺牲精神。"③

1927年12月19日，他在杭州举行的北大29周年纪念会上发表演讲，题目是"北大之精神"，他说："今日是母校二十九周年纪念，令人发生深切之怀念。现在学校既受军阀之摧残而暂时消灭，但今天之纪念会，仍能在杭州举行，聚昔日师友同学至二百数十人之多，可见吾北大形质暂时虽去，而北大精神则依然存在。回忆母校自蔡(元培)先生执掌以来，力图改革，五四运动，打倒卖国贼，作人民思想之先导。此种虽斧钺加身毫无顾忌之精神，国家可灭亡，而此精神当永久不死。既有精神，必有主义，所谓北大主义者，即牺牲主义也。

服务于国家社会,不顾一己之私利,勇往直前,以达其至高之鹄的。"④他认为,如果有北大之牺牲精神,无论举办何事,必然达到预期的目的,收到应有的效果。

马寅初对20年代那些吏治不良,吸食鸦片,道德堕落等现象极端痛恨,要求人们用"北大精神"来改造社会。对于那些家庭观念浓厚,公家观念薄弱,一人得道,鸡犬升天的现象深恶痛绝。他说:"欲使人民养成国家观念,牺牲个人而尽力于公,此北大的使命,亦即吾人之使命也。"⑤

1927年至1949年间,马寅初离开了北大。这期间,他曾被蒋介石邀请出任立法委员之职。在立法院内,他始终保持了刚直不阿的品格,秉公办事,据理力争。不管是宋子文当财政部长,还是孔祥熙当财政部长,他都不向这些炙手可热的权贵屈服,甚至在一次立法院的会议上,他当面质问孔祥熙说:为什么在法币贬值物价上涨时,不去设法稳定币值,制止物价上涨,反而宣布大幅度降低法币对美元的汇价,造成物价大混乱,物价更上涨?⑥问得这位财政部长面红耳赤,张口结舌,无言以对。

由于他坚持同国民党当局进行抗争,反对官僚资本,反对出卖民族利益和独裁统治,抗战时期,他受到国民党反动派的迫害,被监禁在集中营达数年之久。出狱后,他继续大声疾呼"打倒官僚资本",号召抗兵抗粮,痛斥国民党政府出卖民族利益的种种行径。

抗战胜利后,他不畏强暴,不顾个人安危,积极投入反内战反独裁的民主运动。李公朴、闻一多被害后,1947年5月,南京中央大学学生集会请他演讲,他不顾特务机关放出加害于他的流言,写下遗言,如约到会讲演,表现了一个民主战士的铮铮铁骨。

1948年底,在国民党特务扬言要对马寅初下毒手的危急时刻,中共地下组织护送马寅初离开上海,假道香港,来到东北解放区。

中华人民共和国成立后,1951年,马寅初被任命为北京大学校长。回到了阔别20多年的北京大学,马寅初更加精神焕发。他在就职典礼上号召"以团结一致的精神来发扬北大的光荣革命传统,保持学术地位,并配合国家建设工作的开展,为国家造就大批建设人才"。他说:"我们北京大学是全国最高学府……但若不急起而求进步,这地位现在不容易维持。因为五四运动,别的大学大半是静态的,比较起来,北大进步得多。现在时代不同了,别的大学正在着手改造,我们若不团结一致积极推进,不免落在人家后面。"⑦他提醒同学们说:"中国已经走上一条新的道路,我们只能前进,不能后退,倘若还是固步自封,不肯赶上时代,必然落后,甚至被淘汰。"⑧他在北大教师中倡导的以改造思想、改革高等教育为目的的学习运动,得到周恩来总理的重视和支持,后来扩大到全国,为1952年的全国高等学校院系调整打下了良好的思想基础。

作为党信任的朋友,马寅初积极宣传党的方针政策,做好党交给的每一项工作,对新中国取得的成绩欢欣鼓舞。1951年10月,他在第一届政协三次会议上,历数年轻共和国取得的"八大"成就,⑨高兴地说,"我们在短短二年中,在军事上、经济上、文化上、政治上"都取得了伟大的胜利。同时,马寅初又以一个经济学家的专长,以主人翁的态度向党进言献策,成为党的难得挚友。

1956年,毛泽东主席经过调查研究发表了《论十大关系》,创造性地论述和解决了我国社会主义建设中的一系列重大理论问题和实践问题。在这期间,马寅初和其他一些社会科学工作者也从不同方面探讨社会主义经济建设中的问题。1956年,马寅初发表了《联系中国实际来谈谈综合平衡理论和按比例发展规律》等文章,马寅初根据国民经济各部门之间的内在必然联系,从我国第一个五年计划过程中存在的问题出发,提出了要迅速发展生产力,必须搞好国民经济各个环节以及每个环节的各个方面的综合平衡。他明确指出:在国民经济各个环节上,要特别注意农轻重之间、工农业和商业之间、生产和运输之间、进口和出口之间、积累和消费之间、经济和财政之间、财政收入和支出之间的平衡关系。只有将这些平衡关系处理好了,国民经济有计划、按比例发展规律所要求的主要之点才算抓住了,也才能实现国民经济的高速度增长,否则,"那就是对国民经济有计划、按比例发展规律的违背,就要犯错误,欲速则不达"。⑩

马寅初还是我国现代最杰出的人口学家,他以政治家的眼光,经济学家的专长,从50年代初,就开始研究我国人口增长过快这一重大问题。

1954年以后,马寅初先后3次视察浙江,他在家乡嵊县视察期间对浙江省领导人多次讲到,中国人口多,土地少,人口这样发展下去,多少年以后,如果生产跟不上来,国家就很难富强起来。

在大量调查的基础上,1955年,他写了一份《控制人口与科学研究》的提案,原准备在第一届人大二次会议上提出,后来他感到正式提出的"时机不很成熟",主动收回了提案。

1957年3月2日,马寅初在最高国务会议上,再一次就"控制人口"问题发表了自己的见解。马寅初的发言,当即得到毛主席的赞赏。毛主席说,人口是不是可以搞成有计划的生产,这是一种设想,这一条马寅初讲的很好。毛主席的赞赏,使马寅初分外高兴。他认为,认真解决中国人口问题的时机已经来到。于是,他为人口问题到处奔波,多方呼吁宣传。

1957年3月31日,马寅初在中华医学会节育技术指导委员会成立会上发言指出:浙江每年人口增长率平均是2.5%—3%,有的地方高达5%,如果全国人口的平均增长率以3%推算,10年后人口将达8亿多,50年后将增加到26亿,即使按有人说的2.2%增长率算,一年也要净增1300万人。人口过多与机械化、科学发展都有矛盾。马寅初说,我们的经济是计划经济,生育也必须有计划。他认为控制人口必须由政府来做,而要做这件事的政府,必须有两个条件,既强有力,又受人民拥护。马寅初自信地说:"我们的政府是有这两个条件的。"⑪

1957年4月初,马寅初又就人口问题向《文汇报》记者发表了谈话,他高兴地对记者说:"毛主席和党中央对人口问题早就认识到了","过去所以没有把这个问题提出来,可能是时机不到","时间过了两年,现在人口问题可以公开谈了,这说明我们国家进步真快。"[12]

紧接着,马寅初又自己贴出海报,4月27日在北京大学就人口问题发表演讲。这是马寅初解放后第一次以一个学者身份发表公开演讲。这天下午,能容纳数千人的北京大学大讲堂挤满了人,厅外树荫下也有不少静听者。

马寅初在报告中说,我国目前有一个新的矛盾,就是先进的社会主义制度和落后的生产力的矛盾,要解决这个矛盾,当然是要提高生产力水平,但光这样做不够,如果对人口的增加不加以限制,生产力和人民生活的提高都会受到严重影响。马寅初的报告,在北京大学引起了巨大反响。

1957年6月,马寅初将他数次报告稿加工成为一篇书面材料,作为一项正式提案,提交第一届人大四次会议审议,然后又在7月5日的《人民日报》全文发表,这就是他著名的《新人口论》。

在《新人口论》中,马寅初系统论述了我国的人口问题。他指出我国人口增长过快,1953—1957年,我国人口可能已超过1953年人口普查得出的年增长率为20‰的结果。他分析了人口增长过快的7个因素之后说,如果按1953年统计的千分之二十的增殖率估算,"三十年后同实际人口数一比,就会差之毫厘而失之千里了"。其次,他还分别从加速积累资金,提高劳动生产率和人民的物质文化水平以及增加工业原料等方面,对控制人口的必要性、迫切性进行了论述。鉴于我国人口基数大、增殖快,他说:"人口太多,本来有限的国民收入,被六亿多人口吃掉了一大半,以致影响积累,影响工业化。"因此,"控制人口,实属刻不容缓,不然的话,日后的问题益形棘手,愈难解决"。政府对人口问题若不再设法控制,"难免农民把一切恩德变为失望与不满"。[13]

马寅初《新人口论》的基本观点无疑是正确的,但在当时的背景下,《新人口论》给马寅初先生带来了极大的不幸。

1958年5月4日,是北京大学60周年校庆,全校师生喜气洋洋聚会庆祝。马寅初校长也兴高采烈地登上主席台。可就在这次大会上,陈伯达在讲话中突然点了马寅初的名,并说"马老要检讨"。同年7月1日,康生在向北京大学师生作报告时,竟睨视着就坐在他旁边的马寅初说:"听说你们北大出了个《新人口论》,作者也姓马,这是哪家的马啊? 是马克思的马,还是马尔萨斯的马?"在陈伯达、康生的直接插手下,一场声势浩大的批判马寅初运动开始了。

1958年,全国主要报刊杂志发表了几十篇批判马寅初《新人口论》的文章。1959年马寅初在《重申我的请求》一文中说:"我接受《××日报》开辟一个战场的挑战书,我说,这个挑战是合理的,我当敬谨拜受,我虽年近八十,明知寡不敌众,自当单身匹马,出来应战,直至战死为止,决不向专以力压服,不以理说服的那种批判者们投降。"

谁能想到,马寅初这篇申辩文章还未及发表就被康生看到了。1959年12月15日,康生气势汹汹地对北京大学领导人说:"马寅初最近很猖狂……写了《重申我的请求》,猖狂进攻,他的问题已不是学术问题,而是借学术为名,搞右派进攻,要对他进行彻底批判,把大字报贴到他门上去。"[14]面对一顶顶吓人的政治帽子,上百篇以势压人的文章,马寅初胸怀坦荡,毫不畏惧,据理力争。他说:我研究人口问题是为了国家和人民的利益,不是为了自己。现在有人却说我是想出风头。其实风头我几十年前就出过了,这是生死斗争。有人说我是在用人口问题来反对共产党,共产党几十年前救了我,使我多活了几十年,我怎么会反对共产党? 我是为党为国家着想。正因为相信党、拥护党,我才这样重视人口问题。

在论战激烈的时候,有几位好心的朋友劝马寅初"认一个错了事,不然的话,不免影响我的政治地位"[15]。但是,马寅初认为:"这不是一个政治问题,而是一个纯粹的学术问题,学术问题贵在争辩,愈辩愈明，不宜一遇袭击，就抱'明哲保身，退避三舍'的念头。"况且，"我对我的理论有相当的把握，不能不坚持，学术的尊严不能不维护"。他明确表示：我"只得拒绝检讨"。⑯马寅初认为："在研究工作中，事前要有准备，没有把握，不要乱写文章。既写之后，要勇于更正错误，但要坚持真理，即于个人私利甚至于自己宝贵生命有所不利，亦应担当一切后果。"⑰

自从康生1959年12月5日声称马寅初的"校长不能做了"之后，马寅初在学校的处境越来越困难了。1960年1月4日，他被迫向教育部正式写报告辞去了北京大学校长职务，以后，马寅初的名字在学术论坛上就消失了。

马寅初被迫辞去了北大校长职务，但他并没有改变坚持真理、维护学术尊严的决心，他说："在北大政治上我是不能领导，可是，在学术上我是可以领导的吧！我的人口理论是纯粹的学术问题，可是有人硬把它扯成政治问题，我当然不服，现在北大的空气太沉闷了，学生谁也不敢发表意见，没有学术空气。"⑱马寅初深信他的理论终究会得到世人的公正评价。在以后的近10年里，他虽然知道自己的文章不可能在报刊上公开发表，但还是孜孜不倦地学习，认真地考虑研究问题，并利用一切机会来发表自己的见解，积极向各级领导提出自己的建议。

1960年3月至10月，马寅初先后参加了政协北京东城区小组学习会十多次，在会上多次阐述了自己在人口问题上的主张，表示要至死不渝，他说：我提出人口问题，"是为了国家的命运和人民的利益的，所以，我什么都不怕，我是坐过蒋介石的监狱的，坐监狱我已经有些经验了，我不怕孤立，不怕坐牢，不怕油锅炸"。他还数次在会上就当时刚刚出现的对毛泽东个人迷信问题，反右派扩大化问题，经济建设上违反客观的经济规律问题，以及对干部中出现的特殊化问题，提出了诚恳的忠言和尖锐的批评。但令人遗憾的是，马寅初在会上发表的正确意见，不仅不被采纳，反而遭到了各种责难和批评，于是，

1961年后,马寅初连这样的小组会也只好不参加了。

1976年10月,中共中央一举粉碎"四人帮"。1978年底召开的中共十一届三中全会,宣告了十年动乱的结束,实事求是的优良传统得以恢复。在陈云、胡耀邦同志的关怀下,1979年9月,中共中央正式批准了北京大学党委《关于为马寅初先生平反的决定》,对马寅初重新作了充分的肯定,对马寅初的《新人口论》及其有关论述,作了公正评价。马寅初对此深致感激。他说:这要有"崇高的气节、实事求是的精神","证明我们的党不愧是伟大、光荣、正确的党"。接着,教育部正式任命马寅初为北京大学名誉校长。

然而,政治民主、学术自由的春天可谓姗姗来迟。当全党、全国人民真正注意人口问题的时候,我国的人口已由1959年的6.7亿增加到1979年的9.7亿了,自然增长率达千分之二十二点五。20年间,我国工农业主要产品按人口平均提高不快,人民生活改善不多,虽然有多种原因,但人口增加过快,确是重要原因之一。正如马寅初所预料的那样:"给政府带来了很多困难","拖了工业化的后腿。"历史已经雄辩地证明了马寅初人口理论的正确。

马寅初在经济学研究、人口学研究上作出的卓越贡献,终于得到了社会的普遍承认。1981年2月27日,中国人口学会成立,大会一致推举马寅初为学会名誉会长。1981年3月29日,中国经济学团体联合会在杭州成立,会议推举马寅初等为第一届理事会顾问。1981年10月27日,在北京召开的亚洲议员和人口发展会议,向作为中国代表团名誉顾问的马寅初教授赠发了热情洋溢的表彰信。1993年8月19日,马寅初又获首届中华人口特别荣誉奖。

马寅初先生的一生,是饱经沧桑、历尽坎坷、追求光明、坚持真理的一生。解放以前,他为中国人民的解放事业努力奋斗,同国民党反动派进行了英勇的斗争,被人们视为坚定的民主战士。解放以后,他拥护共产党的领导,关心和热爱社会主义事业,以一个学者特有的专长,以主人翁的态度进言献策,是中国共产党难得的真挚诤友。他在学术研究中不唯上、不唯书、不唯风、只唯实,敢于坚持自己认定的真理,舌战名家不曾却阵,为我国学术争鸣创一代新风,为后来学人树立了光辉榜样。马寅初不愧为我国教育工作者的榜样、爱国知识分子的楷模。马寅初为真理不惜牺牲个人一切的革命精神,将激励青年一代为祖国的现代化建设事业英勇献身。

**注 释:**

①② 《北京大学日刊》1918年3月28日,1921年12月5日。

③④⑤ 《马寅初演讲集》第4集,《商务印书馆》1923年版,第18、20、22页。

⑥ 潘伦《马寅初先生面斥孔祥熙纪实》,全国政协《文史资料选辑》第73辑,1981年8月。

⑦⑧ 见北京大学历史档案。

⑨ 马寅初《看得见的成就看不见的成就和想不到的成就》,《光明日报》1951年6月24日。

⑩ 马寅初《联系中国实际来谈谈综合平衡理论和按比例发展规律》,《人民日报》1956年12月28日。

⑪ 《马寅初在中华医学节育技术指导委员会成立会上谈控制人口问题》,《光明日报》1957年4月3日。

⑫ 《马寅初谈人口问题》,《文汇报》1957年4月27日。

⑬ 马寅初《新人口论》,《人民日报》1957年。

⑭ 见北京大学历史档案。

⑮⑯⑰ 马寅初《我的哲学思想和经济理论》,《新建设》1959年第11期。

⑱ 见北京大学历史档案。

〔作者 北京大学经济学院教授〕

# 江隆基与北京大学

王 学 珍

江隆基是我国杰出的教育家。他字盘安,又名泮庵(亦作半庵),1905年12月出生于陕西西乡县白杨沟村,1927年6月加入中国共产党,1927年8月赴日留学,1929年9月,因参加抗议日本侵华罪行的游行示威,被日本当局逮捕入狱,后被驱逐回国。回国后,任北平学生反帝同盟主要负责人和中共沙滩街道支部书记。1930年夏,到上海任中国社会科学家联盟执委。1931年至1936年在德国留学期间,曾先后组织旅德华侨反帝同盟和旅欧华侨反帝总同盟,并任同盟和总同盟书记。1937年起,先后任西安二中校长、陕北公学教务长、华北联合大学教务长、延安大学副校长、陕甘宁边区教育厅副厅长。建国后,历任西北军政委员会教育部长,北京大学副校长、党委书记,兰州大学校长。他是中共八大代表,第一届全国政协会议代表,第一、三届全国人大代表。1966年6月,"文革"开始不久,被迫害致死。

江隆基长期在教育战线担任领导工作,为我国教育事业,为北京大学的建设和发展,作出了重要贡献。

一*

江隆基在西安二中学习时就憧憬着北京大学,与北京大学有着

---

\* 这部分和第二部分的资料主要来源于《江隆基自传》和苗高生著《江隆基传》(1991年,兰州大学出版社)。

精神上的联系。他是1920年夏考入西安二中的。那时正值五四运动之后。一向古板平静的西安二中，在五四运动的影响下，也在发生着激烈的变化，掀起阵阵爱国民主运动的波涛。在江隆基入学的第二年，即1921年的12月，西安二中的学生参加了抗议进一步瓜分中国的"九国公约"的示威游行，接着又掀起了驱逐企图镇压参加爱国运动学生的二中校长柳彦生和驱逐向柳彦生告密的博物课教员的活动；1923年4月，还参加了要求收回旅顺、大连主权的游行示威和宣传活动。江隆基参加了这些爱国民主活动，并在这些活动中受到教育，成为西安二中一个小有名气的学生领袖。

这时，西安二中也出现了许多进步书刊，如《新青年》、《学生杂志》、《共进》半月刊、《独秀文存》、《社会发展史》、《共产党宣言》等等。江隆基如饥似渴地读着这些书刊，深为其中的进步思想所吸引。

西安二中在赶走柳彦生之后，请了一些思想比较开明进步的教员来校任教，其中对学生影响最深的是教务主任兼国文、历史教员杨明轩。他是五四运动的积极参加者，并是五四运动中被捕的32名学生之一。他经常在课上课下给学生讲述中华民族受奴役受欺侮的历史，讲述在五四运动中的亲身经历，讲述社会发展史和社会科学的一些基本知识，使江隆基深受教育。

江隆基在西安二中的4年中，通过阅读进步书刊，通过进步教员的教导，也通过各种实际活动，深深感受到五四运动的爱国民主精神和新文化运动进步思潮的影响，他迅速地成长起来。而北京大学是五四运动的策源地、新文化运动的中心，因而他虽然还没有进北大，但精神上、思想上已与北大有了联系，北大成了他向往的学校。

## 二

1924年夏，江隆基来到北京，考取了北京农业大学，翌年，考入他仰慕已久的北京大学。当时，北大的学制分预科、本科、研究所三级。预科2年,分甲、乙两部。甲部修满学分后可升入理科各系,乙部修满学分后可升入文史、政法、经济各系。江隆基在预科乙部,准备修满学分后进入经济系。在江隆基来北京的那一年,孙中山主持召开了国民党第一次全国代表大会,确定了联俄、联共、扶助农工三大政策,实现了第一次国共合作。国共两党合作的革命统一战线的建立,促进了革命运动的迅猛发展,成为第一次大革命高潮的起点。当时北京虽然仍被北洋军阀统治着,但在革命形势的影响下,北京大学一次又一次地掀起爱国民主运动的浪潮,马克思主义也在进步师生中得到更为广泛的传播。1925年,在北京大学开办了北京第一所区委党校,沙滩红楼成为党的北方区委和北京市委指挥革命工作的中心活动地之一。江隆基就是在这样的形势下进入北京大学的。

江隆基入北大后,首先是努力学好学校规定的课程。当时北大预科的课程分共同必修、分部必修和选习3种。共同必修课有国文、伦理学大意和第一、第二外国语;预科乙部的分部必修课有哲学概论、科学概论、中国及世界近代史、古体文以及部分理化课等;另外,拟入经济系的还必须选习经济通论。整个课程的分量是比较重的,它占去了江隆基的大部分时间。但这并没有妨碍江隆基在努力学习这些课程的同时,尽量利用课余时间阅读各种书刊,主要是进步书刊,和参加各种学术演讲会。在众多书刊、演说传播的思想中,最吸引他的是科学社会主义的思想、马克思主义的学说,特别是李大钊的演说和文章。对于李大钊,他在西安二中时即已有所闻,是他所敬仰的学者。入北大后,他更用心学习李大钊的论著,聆听他的演说。通过学习,江隆基的爱国民主思想得到了升华,他开始认识到"以唯物史观来论证社会主义的必然到来是有道理的","只有马克思的学说才是拯救中国的导星",并开始"赞同共产主义"。[①]

江隆基除努力学习外,还积极参加一系列的现实斗争。五卅惨案发生后,北大的学生和教职工掀起了抗议帝国主义罪行,要求严惩凶手、释放被捕学生、收回英日租界、废除不平等条约的斗争浪潮,进行了罢课、游行示威、宣传、募捐等活动,历时达 3 个月之久。1925年 10 月,为了反对帝国主义列强和军阀政府召开的关税会议,北大学生又提出"关税自主"的要求,并发动有 5 万人参加的游行示威活动。11 月,北大学生又参加了反对段祺瑞卖国政府的大示威。12月,北大学生会发表《反对日本帝国主义援助奉系军阀宣言》和《北京大学学生会为日本帝国主义进兵东三省事告世界民众宣言》,并参加在天安门举行的反日大会,抗议日本帝国主义的侵略,要求对日经济绝交,惩办卖国贼张作霖。1926 年 1 月,又参加了反日示威运动大会和讨张(张作霖)反日大会。在 1926 年的"三一八"惨案中,北京学生被打伤 200 多人,惨死者 41 人。惨死者中有北大学生 3 人。李大钊也在这次事件中受伤。这些爱国民主运动,大多数江隆基都参加了。激烈的现实斗争,教育、锻炼了江隆基,其中"三一八"惨案对他的教育尤为深刻。3 月 18 日那天,江隆基不顾他们创办的《西乡》报的清样在急着等他去校对,一大早就赶到天安门参加反对"八国通牒"的国民大会,一直到中午 12 点大会结束才到西城兵马司玉带胡同去完成他的校对工作。第二天,他回到学校,听到 2000 多人的请愿团在铁狮子胡同遭到军阀政府的血腥镇压,许多同学被当场枪杀、打伤,非常悲恸和愤怒。他说这使他"真正知道了阶级斗争是怎么一回事",从而使他更加坚信要达到"改造社会的目的","非起来斗争不可"。[②]当他听到李大钊在头部受了伤以后,仍然很镇静地留在最后指挥和掩护群众退却时,他更增加了对李大钊的敬佩,从而也更增加了对共产党和共产党人的了解。

江隆基在北京大学走过了从爱国主义、民主主义到共产主义的路程,于 1927 年 6 月,在蒋介石发动"四一二"大屠杀和李大钊"四二八"殉难之后的白色恐怖中,毅然决然参加了中国共产党,开始了他为共产主义事业奋斗终生的历程。

江隆基入党后两个多月,即 1927 年 8 月,就离开北大东赴日本留学。1929 年 9 月,他被日本当局驱逐回国,任北平学生反帝同盟主要负责人和中共沙滩街道支部书记时,为方便工作,曾顶替一位名叫刘清泰的北大同学,住在北大学生宿舍。1930年4月,他因在北大二院参加商讨营救被捕同学而被警察逮捕时,也用的是刘清泰的名字,一直到5月他出狱后离开北京。这段期间,他因住在北大,与北大联系密切,与北大同学接触尤多,不过他的工作在校外,不算是北大的正式成员,待他再回北大,成为北大的一员时,已是新中国成立3年之后了。

## 三

1952年10月,江隆基来北京大学工作,先任主持实际校务的副校长,后任党委书记兼副校长。在江隆基来北京大学之前,北大校长马寅初曾向毛泽东、周恩来要求派一位党员校长来协助他在北大的工作。马寅初对于中央派江隆基来是很高兴的。他在全校师生员工大会上欢迎并介绍江隆基和大家见面时说:"隆基同志是一位老党员,是一位有丰富经验的教育家。他来北大,北大很幸运,我们很幸运。"江隆基对于回母校工作也是很高兴的,他说:"北京大学是我的母校。我接受马克思列宁主义思想是在北京大学,参加中国共产党也是在北京大学。北京大学对我来说,是有特殊感情的。""在离开二十五年之后,今天又回到北京大学,我是回娘家了。"

江隆基来北大时,院系调整刚刚结束。这时的北京大学是由原北大、清华、燕京等几所大学的文、法、理各科合并组成的一所综合性大学,校址也从市内沙滩迁到西郊原燕京大学的校园——燕园。当时的任务是要把北京大学建设成为一所全国的重点大学,建设成为一所新的社会主义的综合性大学。江隆基到校后即团结全校师生员工为完成这一任务而奋斗。

(一)加强党的领导,确立马克思主义的指导地位。

要把北京大学建设成为一所名符其实的社会主义大学,就必须加强党对学校工作的领导,确立马克思主义在学校的指导地位。江隆基对此非常重视。他到校时,中央尚未确定高等学校的党组织应当对本单位的行政机构起领导和监督作用。根据这种情况,他把在学校党政领导岗位的党员组织起来,建立了党的核心领导小组。凡是学校的重大问题,实际上都由这个小组讨论决定,然后,由党、政、工、团分头去办。这样,既协调了各组织之间,特别是党政之间的工作,又加强了党的统一领导。1956年党的八大确定高等学校的党组织对本单位的行政机构起领导和监督作用以后,他改任党委书记兼副校长。他坚持民主集中制原则,坚持集体领导与个人分工负责相结合,在党、政、工、团之间进行必要的分工,从而进一步加强和巩固了党的领导。

江隆基是从解放区来北大工作的第一位党的领导干部,在他周围多数人是解放战争时期入党的年轻党员,他们与江隆基相比,无论是政治思想水平还是实际工作经验都有较大的差距。他们很尊敬江隆基,江隆基对他们也从不以老革命、老教育家自居,而是一方面依靠他们,尊重他们,发挥他们的积极性和主动性;另一方面又严格要求他们,使他们在实际斗争中提高、成长。这就使党内干部能够团结在一起,拧成一股绳,有利于加强党对学校工作的领导。

江隆基认为学校教育同其他许多业务工作一样,不懂业务,硬要去领导和管理,势必出许多毛病。因此,他要求干部要努力学习业务,熟悉教育,熟悉本职工作所需要的专业知识,由"外行"变为"内行"。他要求干部除学习党的方针政策,学习本身业务外,还要学点教育学。在教务部门工作的同志还根据他的意见组织起来,系统地进行了教育学的学习。在他的提倡与推动下,这项工作也取得了较好的效果。

江隆基第一次在全校大会上和大家见面时就提出要把开展马克思列宁主义、毛泽东思想的学习作为一项主要工作来进行。1953年春,中宣部通知各高等学校组织教师学习毛泽东的《实践论》、《矛盾论》)。江隆基借此机会,组织全校教师和干部的学习会,并把学校党政领导人和各系系主任专门组成一个学习小组,由他亲任组长,每周定时定点进行自学或讨论。虽然《实践论》、《矛盾论》等理论著作,他早已钻研过多遍,但他坚持和大家一样认认真真地自学,认认真真地听辅导报告,从不无故缺席。虽然对这些著作的理解,他比其他同志深得多,并常常给其他同志以帮助,但在讨论时,他总是和大家一样,敞开思想,进行争论,从不以教育者自居。当时大家质疑问难,谈看法,讲体会,畅所欲言,心情舒畅。对于这个学习会,许多老教授、老同志一直十分怀念,认为参加这样的学习会"心情很舒畅,思想上进步很大"③。后来,又在此基础上,举办了夜大学,建立起了经常的学习制度。通过这些学习,广大教师、干部的理论水平和对党的方针政策的认识有了明显提高,逐步确立了马克思主义在学校各项工作中的指导地位。

(二)搞好党与非党干部的合作,增进全校师生员工的团结。

如前面所说,院系调整后的北京大学是由原北大、清华、燕京等几所大学的文、法、理各科组成的。能否把来自不同院校,具有不同传统、作风、习惯的教职员工和同学很好地团结起来,这是一个对新北大起步是成功还是失败的关键。江隆基很重视这个问题。他同其他党政干部一起坚持党的政策、原则,一方面深入做群众的思想政治工作,强调团结的重要性,另一方面,在研究处理实际问题时,坚持一切从有利于工作出发,不迁就各种不正确的思想情绪,从而很快使广大教职工和同学团结一致,为建设新北大而奋斗。在北大校园里,从未发生过各校教职工和同学之间不团结的事,甚至也没有出现过"他们是某校的,我们是某校的"等类划分亲疏的言行。

当时,北大校行政的领导人员中,大多是党外教授,系主任中更是如此。江隆基进校后即强调党员干部要善于团结党外同志一起工作,要善于推动党外人士出面主持工作,通过他们来贯彻党的方针政策。他对著名民主斗士和经济学家、校长马寅初十分尊重。虽然当时马寅初年事已高,又兼任中央经委等领导部门的工作,社会活动很多,经常不在校,但学校的重大问题,如工作计划、预算、重要干部的任命、副教授以上的职称评定等等,江隆基都请马寅初最后拍板。江隆基对副校长和教务长、总务长中的党外人士也很尊重,使他们在工作中既有职又有权。1989年,当年北大的教务长、时任全国政协副主席的周培源,回忆在北大这段工作时曾说:"我和隆基同志是在1952年秋,在院系调整后到北大工作时认识的。……我在他的领导下负责教务工作";"在他领导下,人们总感到有一种责任感,会勤勉舒畅地做好工作";"他是我的良师益友,我们在一起共事的愉快岁月,使我终身难忘。"④

北京大学民主党派较多,许多人还是该组织中央或北京市的领导成员。为了做好这方面的工作,江隆基决定每两周举行一次各党派负责人(包括共产党)的座谈会,商谈国家和学校的大事。他利用这个机会宣传和阐述党的方针政策,和大家交换思想和看法,交换对学校工作的意见。这既发挥了民主党派的作用,也团结、调动了其成员的积极性。

(三)完成教学改革,建立新的教学制度和教学秩序。

思想改造运动和院系调整以后,北京大学和其他高等学校一样,转入以学习苏联先进教学经验为主要内容的全面、系统的教学改革。江隆基来校后即根据"学习苏联先进经验,并结合中国实际"的方针,以主要精力抓教学改革工作。1952年冬、1953年春,高等学校中较普遍地出现了改革过急、教学分量过重、工作忙乱、学生对所学的东西消化不良等问题,影响了教学效果和师生健康。北大也存在着这些问题。江隆基本着"教学改革要稳步前进"的精神,领导大家通过修订教学计划和教学大纲、减少或缓教一部分课程、根据学生程度调整班次、减少学生社会工作和社会活动等措施解决了这些问题。1953年,他提出学习苏联先进经验要照顾到我国过渡时期的特点(从新民主主义向社会主义过渡),不能要求一切都很完善,都很正规,都整齐划一和标准化。在学习苏联先进经验的同时,要注意总结我国的历史经验,并吸取其他国家的经验;学习苏联先进经验不能枝节地或形式地学,要体会它的思想性和科学性;学习苏联先进经验要结合我们的实际,把苏联的教学经验、教学制度变为我们自己的,逐步形成我们自己的一套完整的体系。⑤他认为学校最基本的任务是培养人,学校的工作、学校的活动应以教学为主,要很好维护正常的教学秩序。1953年,他提出"学校一切机构和团体必须以教学为工作中心,切实精简一切有碍教学的会议和活动"⑥。1954年1月,他又强调提出"党政工团应时时把握,任何时候都不能放弃'教学第一的原则'"⑦。在江隆基的领导下,从1953年开始,北大对各专业的教学计划和各门课程的教学大纲多次进行了修订;对苏联的各种教学形式,包括课堂讲授、课堂讨论、习题课、实验、教学实习、生产实习、考试考查、学年论文、毕业论文等等,逐个进行了学习和推广运用;并根据教学计划的规定,组织教师开设新的专业、专门化课程,翻译苏联教材或编写自己的教材;逐步完善教学研究的组织。经过几年努力,基本上按当时的要求,完成了教学计划、教学内容、教学方法和教学组织的根本改革,制定了一套较完整的规章制度,建立了新的教学秩序。

对培养学生,江隆基认为重要的是要"坚持全面发展的方针,即包括智、德、体(加上美就是四育)的全面发展"。但"全面发展"不是"平均发展"。⑧"高等教育是专业教育,专业知识的学习应作为中心"。⑨1956年,广大学生响应党的号召,掀起向科学进军的热潮,其中有些学生产生了好高骛远、急于求成的思想。江隆基在当时召开的北京大学第二次团代会上着重指出,向科学进军,对学生来说,就是要"出色地完成学习任务,同时加强课外科学研究工作",不能脱离教学计划另搞一套;"向科学进军是步步前进的,不能一步登天";"向科学进军必须有老师指导"。江隆基的讲话对于维护新建立的教学秩序,把学生向科学进军的热情引向正确的方向,使他们得以健康成长,起了重要作用。

(四)继承和发扬北大的优良学风,开展科学研究工作。

科学研究是高等学校,尤其是综合大学的一项基本任务。1953年9月召开的全国综合大学会议确定,综合大学的培养目标是培养合乎一定规格的研究人才和师资,而以培养科学研究人才为主要目标。会议强调科学研究工作在综合大学里的重要性,认为综合大学主要是一个教学机构,同时也是一个研究机构。对此,江隆基非常赞同。他认为,在此之前,因忙于教学改革,科学研究工作只是一些教师自发地在进行着,现在教学分量过重、工作忙乱等问题已初步得到了解决,应该有计划有领导地组织教师开展科学研究了。他认为开展科学研究工作必须始终坚持理论联系实际、为社会主义建设服务的方针。联系什么实际呢?他认为,第一是教学实际,"教师必须从教学实践过程中提出一些重要的科研题目经常进行研究,并以研究的结果去丰富教学内容和提高教学质量"。第二是生产建设和文化建设的实际,"必须密切结合国家建设的实际需要,从生产和社会生活的实践中提出课题,认真地去进行调查研究或观察、实验和试验,总结经验,以至有所发现、发明和创造"。但"理论联系实际不应以狭隘的功利主义的观点去理解","不能把科学研究限制在狭小的实用的圈子里"。"我们既要重视与当前实际工作直接有关的那些重要科学问题的研究,也要加强基本理论的研究"。第三是思想斗争实际,即开展对资产阶级学术思想的批判。[10]他认为现在研究工作有两种不同的做法,一种是以教研室为单位,选择较大的问题,把有关成员组织在一起,实行科学合作;另一种是以个人为单位选定题目,进行研究。根据目前情况,个人研究的方式是必要的,但作为努力的方向来说则集体研究的方式更为适宜,更值得提倡。[11]江隆基的这些思想是比较切合当时北大的实际情况的。综合大学会议以后,北大的科学研究工作即比较迅速地开展起来。1957年,在国家重点科技攻关项目中,北大就承担了80项。在基础科学研究项目中,由北大教师指导、负责或参加的项目,仅化学系就有130项,生物系有80项。从1955年至1957年,《北京大学学报》刊登了学术论文172篇,除此之外,北大教师还在其它全国性学术刊物、出版社发表或出版了许多论文、著作,其中,仅1956年一年就有200余篇(本)。与此同时,从1955年开始,在每年的"五四"校庆期间,都举行一次全校性的科学讨论会,以检查科学研究的成果、开展学术上的自由讨论、提高学术思想、推动科学研究工作的开展,取得了较好的效果。

从1954年10月全国掀起批判红楼梦研究中的资产阶级唯心主义思想以后,文科科学研究的一项主要内容即开展对资产阶级学术思想的批判。江隆基认为"学术思想批判是阶级斗争在文化科学上的反映,是贯彻党在过渡时期的总路线,保证社会主义建设顺利进行的必要措施"。对高等学校的教师来说,"他们经过1952年的思想改造运动和近几年来的马克思列宁主义学习,政治思想上已经有了很大的进步,但学术思想上的资产阶级的影响仍普遍严重地存在着,如不清除这种资产阶级思想的影响,则科学研究和教学改革都将无法深入"。[12]因而他对这一工作非常重视,亲自找人座谈、研究,亲自布置、组织。从1954年10月到1955年5月半年多的时间里,文科教师除参加中国科学院和中国作家协会的讨论会外,还在校内多次举行座谈会,并撰写论文。在这一过程中,江隆基强调:(1)学术思想问题不能用政治运动或行政命令的方式解决,而必须用自由讨论、自由争辩的方式去解决。(2)学术思想批判必须在科学研究基础上进行。(3)要以理服人,不要以政治声势去压倒人。学术问题和政治问题不同,党员和团员不必在事先取得一致,而应同党外人士在共同研究、共同讨论中对分歧的见解逐渐求得统一。(4)要提倡反批评,允许少数人保留不同意见。(5)学术思想批判和党对知识分子的政策是完全一致的。开展学术思想批判决不是放松团结工作,而是为了达到思想上的团结一致,以便使他们更好地为人民服务。[13]江隆基强调这些指导思想,有利于减少当时学术批判的副作用。

1956年,毛主席和党中央提出了"百花齐放、百家争鸣"的方针,江隆基认真执行这一方针,更坚决地主张学术问题要坚持"自由争辩"的原则,学术争论要坚持平等的原则,要尊重事实,尊重实践,坚持真理,修正错误,从而为在新形势下继承和发扬北大的优良学风作出了贡献。

(五)贯彻执行知识分子政策,建设一支适应教学、科研需要的师资队伍。

江隆基一贯认为,办好一所大学主要依靠教师,为此,必须切实贯彻执行党的团结、教育、改造知识分子的政策。北京大学是高级知识分子集中的地方,在教师中教授、副教授的比例高,蜚声中外的学者多,贯彻好知识分子政策尤为重要。他反复教育党员和干部,对广大教师要"在政治上信任他们,在知识上尊重他们,在思想上耐心地、和风细雨地达到改造的目的";[13]要理解教师的工作,尊重他们的自尊心,同他们建立起"互相信任,互相接近,互相商量,互相学习"的工作关系。[15]他主张要努力"在党的周围团结一批业务修养好,政治思想进步的教授、讲师,在校一级和系一级形成科学领导核心,以加强业务领导",办好学校。[16]他到北大后,把很大一部分精力和时间放在接触和了解教师上,特别是对老教师,他经常去拜访他们,向他们了解情况,与他们谈心、交换意见。对于他们工作上和生活上的困难,只要有可能,他总是努力去帮助他们解决,以便使他们能各得其所,各展所长。他来北大时,学校分配给他的住房比较宽敞,条件比较好,后来他听说有位很有学问的教授的住房太拥挤,连书籍也没有地方放,就主动提出将他的住房让出,和那位教授调换了。

院系调整以后,学校请了一些苏联专家来帮助进行教学改革,建立一些新的专业、专门化课程。为了提倡虚心向苏联专家学习,搞好中苏人民友谊,领导上强调要处好与苏联专家的关系,处不好,"无理三扁担,有理扁担三"。当时,化学系有位教授学术造诣很深,事业心很强,但脾气比较倔。他和该系的一位苏联专家意见相左,搞得很僵。而这位专家还是北大的苏联专家组组长。一时间,这成为一个棘手的问题。对此,江隆基没有简单从事,而是本着既要执行对苏联专家的政策,也要执行知识分子政策,既要尊重苏联专家,也要尊重我们自己的教授的精神,深入了解情况,耐心细致地做这位教授和苏联专家的沟通工作,终于使他们消除了意见分歧,妥善地解决了这个问题。

1957年,全国开展了反右派斗争,江隆基和北大党委的其他同志一起受当时"左"的思潮影响,同其它单位一样,错划了一大批"右派分子",造成了不幸的后果。不过,由于江隆基在反右派斗争开始以前,对于大多数的知识分子"还是属于资产阶级的知识分子"这一认识跟不上,加以学生的"鸣""放"来势很猛,工作安排上有些困难,以至未能按照当时的要求,引导教师"鸣""放";也由于反右派斗争开始后,江隆基对于在高级知识分子中划右派很慎重,强调要实事求是,因而也使一些教师,主要是教授,免遭错划为"右派分子"的厄运。

当时,学校的规模发展很快,急需补充和培养新的年青的教师,以逐步建立起一支能适应教学和科学研究需要的师资队伍。江隆基觉得这个工作很重要,要抓紧去做。他认为培养青年教师,主要要依靠老教师。为此,要求各教研室都要帮助青年教师制订进修计划,指定同一专业方向的老教师做他们的指导教师,并定期进行检查。除此之外,他很强调要为老教师配备助手。他认为这既可以更好地发挥老教师的作用,使他们多出学术成果,又可以培养继承他们学术事业的青年教师。有一次哲学系的冯友兰教授对他说:"我是家有万贯,膝下无子。"他常常引用这句话来说明为老教师配助手的重要性。在他的领导下,学校的著名教授都配有一至几名助手。学校还将这一工作作为贯彻执行知识分子政策的一项重要内容。这得到了老教师的欢迎,也推动了师资培养工作。

(六)高尚的品德、优良的作风,为师生树立榜样。

江隆基勤奋严谨,实事求是,大公无私,刚正不阿,朴实无华,不苟言笑。他做报告一般都是自己起草,而不借助于秘书或其他人。他在北大担任领导工作时,他的爱人宋超,却由组织上安排在城里的一所中学任校长。宋超平时不能回西郊的北大,难以料理家务,他的起居饮食和几个未成年的孩子,多是他自己料理。同志们几次提出将宋超调来北大或附近的地方工作,他都婉言谢绝了。

　　北大60周年校庆时,陈伯达在5月4日全校庆祝大会上提出要"把北大办成共产主义大学"。虽然陈伯达当时身居高位,且被认为"党内理论家",但是江隆基对这提法却很不以为然,认为"这是把共产主义思想教育和共产主义制度混为一谈"。为此,他还专门给陈伯达打电话请示。后来康生知道了这件事,在一次会上对他提出了批评。尽管当时江隆基不得不把自己5月4日为庆祝校庆60周年所作报告中的"建设社会主义新北大"改成"建设共产主义新北大",但他还是表示"思想上想不通"。

　　1958年搞"大跃进"、"教育革命"时,一些高等学校中曾一度盛行"学生上讲台,教师下讲台"的所谓群众运动。对此,江隆基很不赞成,他曾说:"教学工作绝不能走这样的群众路线,搞这样的运动。"[17]他还曾提出:政治运动要搞,但教学业务也不能不抓;应该在前几年教学改革的基础上继续作彻底深入的改革,不应轻易打破我们经过了几年的努力才好不容易建立起来的社会主义的教学秩序;过去几年的群众运动每次都有副作用,因此,我觉得领导干部在群众运动中必须保持一个清醒的头脑。在当时"左"的思想盛行的时候,他能提出这样中肯求实的意见,是难能可贵的。

　　江隆基这些可贵的品德和作风,为北大师生树立了一个好榜样。

　　江隆基在北大工作了6年多一点时间。在这不算很长的时间里,他对北大所作的贡献不仅很重要,而且影响深远。他在"文革"初期被迫害致死,北大师生都感到很痛心。北大人是不会忘记他的,大家一直怀念他。

## 注 释

①② 均引自《江隆基自传》。
③⑰ 王学珍、文重《怀念隆基同志》,《纪念江隆基文集》。
④ 周培源《纪念江隆基文集》的题词。
⑤ 江隆基《关于学习苏联先进经验的几个问题》(1953年)。
⑥ 江隆基传达综合大学会议精神的讲话(1953年)。
⑦ 江隆基在校务委员会上的讲话。
⑧ 江隆基在北京大学第三届学代会上的讲话。
⑨ 江隆基在北京大学奖励优秀生大会上的讲话。
⑩⑪ 江隆基《关于开展科学研究的几个问题》。
⑫⑬ 江隆基《北京大学开展学术思想批判的经验》。
⑭ 江隆基在北京大学党委常委会上的发言。
⑮ 江隆基传达综合大学会议精神的讲话。
⑯ 江隆基在北京市委召开的高级知识分子会议上的发言。

〔作者　北京大学原党委书记〕

# 不激不随 至博至大
## ——汤用彤与北大

汤一介 孙尚扬

"世界著名大学必须有特殊之精神及其在学术上之贡献。如果一所大学精神腐化,学术上了无长处,则实失其存在之价值。"[①]56年之前,经过一番颠连南渡后止于昆明的学术大师汤用彤先生于民族危亡之际,为重振精神与物质均受巨大创伤的北大雄风,率同事姚从吾、罗常培、郑天挺等人致书远在美国的胡适,发出了上述殷忧之叹。作为北大校史上一位影响颇深的杰出教育家和享有世界声誉的学术大师,汤用彤先生当年的忧叹所包含的真知灼见也许并非只有限于一时一地之意义,于今或许仍能警醒和鞭策北大人团结奋进,努力维持北大特殊之精神与特殊之地位于不坠。职是之故,我们尤有必要在北大百年华诞之际,回想这位大师为共塑北大特殊之精神,为确立北大文科之优秀学术传统,为奠定北大在世界学术界之崇高地位所作出的不朽贡献,以示来者以治校、治学乃至为人之轨则。

## 一、治系与治校

汤用彤先生字锡予,祖籍湖北黄梅,1893年农历六月二十三日生于甘肃省渭源县。其父汤霖(字雨三)是光绪十五年的进士,曾任甘肃地方官多年。汤用彤先生"幼承庭训,早览乙部",受过严格的家庭教育。1908年入北京顺天学校,与梁漱溟、张申府、郑天挺等人同校,曾与梁漱溟共读印度哲学典籍及佛教经典。1911年考入清华学校,该校为美式学校,汤先生在此接受了美雨新知的洗礼。同时亦未舍弃对国故的偏好,曾与吴宓、闻一多等人同到清华国文特别班,研习国故典籍,又与挚友吴宓共创"天人学会",立志"融合新旧,撷精立极,造成一种学说,以影响社会,改良群治"②。1916年夏毕业,考取官费留美。因治疗沙眼而未能按期成行,乃以学生身份充任清华国文教师,兼《清华周刊》总编辑。1917年夏入美国汉姆林大学,主修哲学;1919年夏以优异的成绩进入哈佛大学研究院,仍主修哲学;曾与陈寅恪等人同时师从 Lanman 教授学习梵文和巴利文;又曾与吴宓、陈寅恪等人接触过哈佛教授、新人文主义大师白璧德,在思想与学术上因有共鸣而颇受白氏之影响。1921年获哲学硕士学位后,留在哈佛继续学习一年。1922年夏回国,至1926年,汤先生任南京东南大学哲学系教授,曾任系主任,学生中有后来成为著名古希腊哲学专家的陈康。1926年夏至1927年夏,任南开大学哲学系教授,学生中有后来成为康德专家的郑昕。1927年夏至1930年夏,任南京中央大学(前身为东南大学)哲学系教授、系主任。

  1930年夏,北京大学文学院院长胡适以特别研究教授之名义邀请在佛教史领域里深造有得的汤先生到北大哲学系任教。自此,他一直都在北大工作。1935年起,汤先生任北大哲学系主任。抗战时期,任昆明西南联大哲学系教授、系主任,并兼任北大文科研究所主任。1946年随北大复员,任哲学系教授、系主任,兼文学院院长。1947年夏至1948年夏,休假期间应邀赴美国加州大学伯克利分校讲学一年,授汉隋思想史一课。1948年夏婉谢哥伦比亚大学的讲学之邀,于内战末期毅然回国,仍任北大哲学系教授、主任、文学院院长。1948年底,解放军包围北平,12月15日下午,校长胡适乘飞机离开北平,行前致便函于汤用彤、郑天挺:"今日下午连接政府几个电报要我即南去,我就毫无准备地走了。一切事只好拜托你们几位同事维持。我虽在远,决不忘掉北大。"③未几,国民党政府派人送两张机票给汤先生,胡适亦来电促其南下。在去留之间,汤先生毅然选择了留。他本为一高远之士,独立不倚,不激不随,虽与胡适交谊甚笃,且曾合作共理北大,却难以在去留之间随从胡适。对北大的深爱,对这片学术圣地的依恋,也许是促其留下的原因之一。

胡适南下后,北大教授通过选举成立了校务委员会,汤先生被推选为校务委员会主席,行使校长之职。解放军进城后,对各大学采取"接而不管"的方针,汤先生担任校务委员会主席直至1951年。院系调整后担任北大副校长,主管财务和基建,虽用非所学,仍勤恳工作,克尽职守。1954年患脑溢血,一度昏迷数月,后经全力抢救而脱险,但身体状况已大不如以前。此后10年,仍努力坚持工作,或由助手协助撰写短文,或带病辅导研究生。1963年五一节晚上,曾上天安门观赏焰火,周恩来总理和毛泽东主席亲切接见了他,并询问其身体状况,鼓励他写些短文。1964年病逝,终年71岁。

汤先生的主要学术著作有:《汉魏两晋南北朝佛教史》,初版于1938年;《印度哲学史略》,初版于1945年;《魏晋玄学论稿》,结集初版于1957年;《隋唐佛教史编》,经整理初版于1982年;《理学·佛学·玄学》,经整理初版于1991年;《汤用彤学术论集》,经整理初版于1983年;等等。解放后,主要社会兼职有:中国科学院历史考古组专门委员,中国科学院哲学社会科学学部委员,《哲学研究》编委,《历史研究》编委,全国人大第一、二、三届代表,第一届全国政协委员,第三届全国政协常委。

从汤先生的生平中可以看出,他的学术生涯主要是在北大度过的,几部传世之作皆发表于来北大工作之后。由于他在中国佛教史、魏晋玄学、印度哲学等领域里成就卓著,也由于他的高风亮节,他赢得了北大师生(包括解放前北大的主要领导人胡适)的敬重与爱戴,并因此而长期担任北大的重要职务,起着文科教学和学术研究的主要组织者和带头人的作用。因此,他的治学态度、方法和办学方针对北大文科的学术传统的形成与发展,对北大之特殊精神的弘扬,都产生了深远的影响。

自1935年起,汤用彤先生在很长一段时期内一直主持北大哲学系的工作(包括西南联大时期),因此,哲学系的教学及研究方向与深度,均与他本人的研究和领导有很密切的关系。解放前可与北大哲学系相提并论的是清华大学哲学系,后者的特点是非常注重逻辑,有"逻辑实证论学派"之称。此种风气之长处在于培养学生独立思考哲学问题,受过相关训练的学生往往喜好构造哲学体系,以致一度曾有清华哲学系学生"成则为王,败则为寇"的戏言。④系主任金岳霖可以说是成功者,他建构了现代中国哲学史上较博大精深的哲学体系。受汤用彤领导的北大哲学系则风格迥异,不大注重逻辑学,没有专职讲授逻辑学的教授。虽曾聘请金岳霖、张申府等人来北大讲授逻辑学,但在学生中引不起太大的兴趣。在北大哲学系,哲学史和佛教哲学的研究与教学最受重视。哲学史又包括欧洲哲学史、中国哲学史、印度哲学史,而这三门课程汤用彤先生都曾讲授过,而且颇受欢迎。他的学生冯契回忆道:"他一个人能开设三大哲学传统(中、印和西方)的课程,并且都是高质量的,学识如此渊博,真令人敬佩! ……他讲课时视野宽广,从容不迫。资料翔实而又不烦琐,理论上又能融会贯通,时而作中外哲学的比较,毫无痕迹;在层层深入的讲解中,新颖的独到见解自然而然地提出来了,并得到了论证。于是使你欣赏到理论的美,尝到了思辨的乐趣。所以,听他的课真是一种享受。"⑤他的一些学生至今还保存着当年的听课笔记,以之为珍藏。

在北大哲学系,佛教哲学的研究与教学可以说是沿袭相传,少有间断。除汤用彤先生本人以外,周叔迦、熊十力诸位先生都曾讲授过相关课程,马叙伦讲授庄子哲学时也是以佛教哲学(唯识学)解释庄子的思想。在欧洲哲学的教学与研究中,最受师生欢迎的还是古典哲学。西方现代哲学诸如实用主义、罗素、怀特海哲学在北大哲学系市场不大。汤用彤先生开设的大陆理性主义(笛卡尔、莱布尼兹、斯宾诺莎)和英国经验主义(洛克、贝克莱、休谟)两门课程则颇受欢迎。

他讲授这两门课程的目的主要是加强学生的哲学思维训练,使其知道学习和研究中国哲学必须有对外国哲学的深刻理解,必须了解外国哲学特有的概念、范畴和推论方法,必须受过这种严格的训练,研究中国哲学才能有广阔的视野,才能找到新的研究角度,也才能达到一定的深度。他的学生张岂之回忆道:"大约是1947年春天,汤先生刚结束魏晋玄学的课程,立即开出'英国经验主义'。上第一课的情景,至今历历在目。汤先生衣着朴素,一头短短的浓发,用低沉有力的声调对学生们说,他之所以要开经验主义和理性主义,是想让学生们知道,学习和研究中国哲学史,必须懂得外国哲学史。……有了这样的基础,再研究中国哲学史,思路才打得开,才能开创出新局面。"⑥

解放后,北大哲学系重视中外哲学史和佛教史的风气仍然得以延续,这一传统及其所达到的水平可以说是该系的"家底"。受过相关训练的学生往往功底扎实,视野开阔,见解不俗,其研究成果多能在严谨中透出较恢宏的文化历史感。此种学术特色或传统之影响面则不仅限于北大,还向全国辐射。这是因为汤用彤先生解放前后的学生如向达、郑昕、熊伟、王明、任继愈、庞景仁、齐良骥、石峻、冯契等人,既有在北大工作的,也有在全国各高等院校或研究机构工作的,他们都成为所在单位的科研和教学骨干。

汤用彤先生既大有功于北大文科学术特色的确立,亦颇有功于维持北大特殊之精神,即"自由研究精神"。在几部传世之作中,他都曾多次论述自由对思想演进的重要性,正是此种丰厚的历史文化意识使他非常自觉地参与北大"特殊之精神"的维持。在本文开篇所引的那封致胡适信中,汤用彤先生指出:"北大自蔡先生长校以来,即奖励自由研究,其精神与国内学府颇不相同。"在他看来,正是此种自由研究的精神才使北大在学术上得到长足之进步,享有特殊之地位。解放前,他对那些"学得文武艺,卖与帝王家"的文人之举颇有微辞,这正说明他主张学术自由的立场是相当自觉和鲜明的。

力谋学术上之建树则是汤用彤先生治理北大文科之根本旨趣，盖学术特色与精神必附丽于学术成就方可相互辉映，从而拱卫大学之崇高地位。抗战时期，汤用彤先生担任西南联大哲学系主任兼北大文科研究所主任，成为北大文科的实际负责人之一。面对"自南迁以来，北大之精神物质均受巨大之损害，学校虽幸而存在，但所留存者不过是一些老卒残兵"的局面，汤先生有"如不及时振奋，恐昔日之光辉必将永为落照"的担忧。另一方面，他对民族前途充满信心，相信国家厄运终止有期，北大应可重返旧京。因此，他高瞻远瞩地指出：应在事前为北大之前途预为筹备。鉴于北大文科研究所过去颇负名声，联大时期更为北大唯一的自办事业，要想重振北大文学院，并为复校以后预备，显然应该从充实文科研究所着手。为此，他向胡适提出了以下几条充实途径：(1)设法使大学本科文学院教师与研究所融合为一，促进其研究之兴趣，学校多给以便利，期其所学早有具体之表现。(2)聘请国内学者充研究所专任导师，除自行研究外，负指导学生之责。如此则学生受教亲切，成绩应更优良。而北大复校后教师实须增加，文科研究所现聘导师亦即为将来预备。(3)在现状之下酌量举办少数之学术事业，如重要典籍之校订，古昔名著之辑佚，敦煌附近文物之复查，藏汉系语言之调查，等等。(4)学校书籍缺乏，学生程度亦较低落，研究所学生应令其先读基本书籍，再作专题研究。而优良学生于毕业后，学校应为之谋继续深造之机会。⑦1943年，汤先生再次致书胡适，为求建树筹募经费，极望胡适予以援助，并列数向达在敦煌考察之成就及困难，力请胡适为西北调查所筹款。⑧解放后，汤先生虽不再执教，但也相当关注文化和学术建设。1957年，在中国科学院学部委员会第二次全体会议上，他作了较长的书面发言，批评了社会科学界的领导对一些老专家不了解、不重用的官僚主义现象；还从学科建设出发，倡导整理和出版一些重要文化典籍，如《道藏》、《太平御览》、《大藏经》；他还反对学术机构对外闭关，对多年来得不到国外学者的新书感到不满，主张恢复教授休假制度，派他们到国外去考察研究,加强与国外文化、学术界的交流和联系。由此亦足见他对民族文化、学术建设的执着和关切。

近一个世纪以来,正是由于蔡元培、胡适、汤用彤等一批思想、学术大师努力开创、维持和弘扬北大特有的自由研究精神,并力谋学术上之建树,北大才以其优秀的学术传统和迥出众流的学术成就在世界上享有崇高的地位。他们留下了一笔丰厚的精神遗产,今日治系治校之北大人或许亦可从中吸取很多进道之资。

## 二、治学:会通中西,镕铸古今

在学术研究中,汤用彤先生可以说是一位勤奋严谨、默默耕耘而又淡泊功名的醇儒,但《汉魏两晋南北朝佛教史》和《魏晋玄学论稿》却使他获得了世界性的声誉。半个多世纪以来,这两部著作一直都是该领域里学人们必读的经典著作,由此可见其生命力之恒久。而此种生命力之来源,则在于这位学术大师在内感民族文化之衰颓,外受世界思潮之激荡的大背景中,既能会通中西以求学术之新运,又能镕铸古今而得学术之厚重精深。诚如季羡林先生所言,汤用彤先生之被认为是现代学术史上少数几位既能会通中西,又能镕铸古今的学术大师之一,此乃国内外学者之公言,而非一人之私言。⑨兹不揣浅陋,将汤先生的上述两部传世之作作以下简要之绍述。

贺麟先生在40年代就曾指出:"写中国哲学史最感棘手的一段,就是魏晋以来几百年佛学在中国的发展,许多写中国哲学史的人,写到这一期间,都碰到礁石了。然而这一难关却被汤用彤先生打通了。"⑩在笔者看来,《汉魏两晋南北朝佛教史》一书主要是以两条线索来打通这一难关的,即一方面疏寻佛教思想之脉络及宗派之变迁,另一方面则随时留意于作为外来文化的佛教与本土文化之关系。扼要言之,则汉代为佛教初传期,其势力甚小,乃不能不依附中国道术而成为佛道。于教理则偏离无我轮回之原旨,而主精灵不灭,倡省欲去奢,仁慈好施,于行道则附以禅法。职是之故,佛教乃被目为96种道术之一,在入华后相当长的一段时间内,寂然无所闻见或其迹不显。汉魏之际,中华学术以清谈之渐靡而至玄风之飚起。此时佛教已拥有较多可资为据之汉译佛经,一方面乃脱离方术,另一方面则进而高谈清静无为之致,即依附玄学而成为佛玄或玄理之大宗。初有支谦力探人生之本真,以神与道合为主旨。至道安时代,乃有异计繁兴之般若学,于释性空虽有六家七宗之异,然所论之问题则同属玄学之域,此即本末真俗与有无之辨,且皆未尝离于人生。及至罗什来华,大乘学义理昌明,三论大兴。其弟子僧肇解空第一,使玄学在理论上达到最高峰。南北朝时期,佛教呈现出南华北淳的学风之异。北方佛教重宗教行为,且与经学俱起俱弘,末期经论讲习之风大盛,下接隋唐之宗派。南方则偏尚玄学义理,上接魏晋之佛玄。陈隋之际的南北交通为佛教的统一奠定了基础。

汤用彤先生另有《隋唐佛教史稿》一书论述隋唐佛教之发展,他认为,隋唐可谓佛教之鼎盛期,佛教自身已具统一性、独立性、国际性、系统化等特点。宗派的确立使中国佛教呈现出多元竞起的极盛局面,一些宗派的完全中国化不仅使其获得了在中国本土扎根生长的生命力,更使其成为中国文化的一部分,影响了此后中国主流文化的新生和发展。然而,盛极必衰,五代后的中国佛教因精神非旧,更受孔教复兴之排斥,而仅能存其躯壳。

正是在此种切实深入的中印文化交流史研究的基础上,汤先生后来撰写了一篇专文《文化思想之冲突与调和》,参考西方的文化人类学的理论,一方面指出文化交流的双向性,即外来文化输入本地后,必须适应新的环境,才能在与本地文化的冲突中生存流行,因而它必须先改变自己的本来面貌,也正由于它改变了自己的固有特色与形式,因而适应了新的环境,它也就被本地文化吸收融化,成为本地文化中的新成分;另一方面,汤先生又勾画出外来文化与本地文化接触融合的步骤或阶段,即(一)因为看见表面的相同而调和,(二)因为看见不同而冲突,(三)因为发见真实的相合而调和。此一基于历史的概括可以说是旨在将文化史的研究导入"真理之探讨"的堂奥,其结论亦确实具有一定的普适性。

至论《魏晋玄学论稿》一书,则可以说清晰而又深刻地勾勒了魏晋时期中华学术思想自身的变迁发展之迹。解放前,汤用彤先生在发表《汉魏两晋南北朝佛教史》一书后,本拟采文德尔班写《哲学史教程》之方法,写一部以问题为中心的断代哲学史——《魏晋玄学史》,终因社会动荡而未能遂愿。解放后,他将以前发表或尚未发表的旧稿集成《魏晋玄学论稿》交出版社印行,该书基本上对玄学中的重要问题都作了详尽而又深入的探讨。

汤先生持文化渐进观,认为历史变迁常具连续性,文化学术虽异代不同,然其因革推移,悉由渐进。因此,他一方面立论以为,汉魏之际,中国学术起甚大变化,另一方面则认为此种变化非骤溃而至,乃渐靡使然。他从分析刘劭《人物志》入手,说明该书中表现出的社会思潮乃是汉学向玄学演进的中介。《人物志》一书乃是在汉代品鉴人物的时风中形成的名学之集大成者,它以检定形名为中心。该书可以说上接汉代清议,却又不同于正始年间之清谈,学理上尚限于循名责实,纯粹高谈性理及抽象原则,绝不可见。但谈论既久,由具体人事以至抽象玄理,乃学问演进之必然趋势;而且,《人物志》已采道家老学之旨,因而下启正始老学兴盛之风。所以,汤先生称名学为准玄学,认为形名之辨作为汉魏之际的社会思潮或时风为玄学的勃兴作了理论上的准备。

在上述分析的基础上,汤先生更以其深厚的西方哲学素养和敏锐的理论洞察力,揭示了汉学与魏晋玄学的差异之本质所在。他认为,汉代学术乃是儒家学说与阴阳家、道家思想的杂糅,谈名教,重元气,对天地万物的总体观没有超出宇宙生成论(cosmology),以元气为宇宙生成之质料。而玄学则贵尚玄远,论天道则不拘构成质料,而进探本体存在,论人事则轻忽有形之迹,而专期神理之妙用。从哲学高度来看,汉代思想向魏晋玄学的演进实质上是从宇宙生成论进展到本体论(ontology)。在他看来,以王弼为代表的贵无论和以向、郭为代表的崇有论都以本末有无之辨为其学说之核心,皆属形上学。不同的是,前者以无为最高本体,落实到人生学上则以反本为鹄,后又发展出越名教而任自然的激进思想;后者则以有为"真实"(reality),在人事上则主张调和名教与自然。但二者都属有无之学或本末之学,皆为本体论。从哲学角度而言,玄学经历了从贵无到崇有(形上学)和从反本到逍遥(人生学)的演变历程;从思想资源的角度而言,则可以说正始时期老学较盛,元康时期庄学较盛,东晋时期佛学较盛。这样,汤先生不仅最早揭示了玄学之为玄学的本质之所在,而且勾画出了玄学演变发展的逻辑历程。

汤先生还引人入胜地探析了玄学家们赖以建构其哲学体系的方法论——言意之辨。言意之辨本源于名理才性之辨,后来,玄学中人普遍推广运用之,以之为一切论理之准则和方法。王弼以老庄解易,在《易略例·明象章》中倡得意忘言。他反对滞于名言,主张忘言忘象,体悟言象所蕴含之玄理,把握言象之后的本体。王弼正是依靠这一方法,将汉易中的象数之学一举而廓清之,由此而奠定了使汉代经学转变为魏晋玄学的方法论基础。后此,举凡"忘言忘象"、"寄言出意"、"忘言寻其所况"、"善会其意"、"假言"等等,都袭自王弼之《易略例》或略有变通。它们与各期玄学家之思想有至为深切之关系。大体而言,玄学中人一般都将言意之辨用于(一)解经,开自由阐发己意之新风,(二)证解其形上学体系,(三)会通儒道二家之学,(四)建构人生哲学或立身行事之道。由此可见,言意之辨在魏晋玄学中确实具有普遍性的方法论意义。

此外,汤先生对王弼在释大衍义时所得出的具有革命意义的太极新解,对玄学中圣人观念的演变,对谢灵运《辨宗论》的意义等问题均有精研详析,限于篇幅,兹不一一介绍。

《汉魏两晋南北朝佛教史》和《魏晋玄学论稿》这两部传世之作,

可以说珠联璧合,相互发明,既理清了佛教思想自身的演变之迹,亦揭示了中华学术思想自身发展的自主性、连续性,从而解决了当时中国文化与印度佛教之关系这一历史文化难题。关于最后一点,汤先生指出:"玄学与印度佛教,在理论上没有必然关系";"反之,佛教倒是先受玄学的洗礼,这种外来的思想方能为我国人士所接受";"不过以后佛学对玄学的根本问题有更深一层的发挥。"⑪此论允为定论。因此,当贺麟50多年前评价汤先生"基于对一般文化的持续性和保存性",而阐发的关于"中国哲学发展之连续性"的"新颖而深切的看法"时,就曾指出:汤先生著作中"宏通平正的看法,不惟可供研究中国哲学发展史的新指针,且于积极推行西化后的今日,还可以提供民族文化不致沦亡断绝的保证。而在当时偏激的全盘西化声中,有助于促进我们对于民族文化新开展的信心"⑫。此论着实最精要深刻地揭示了汤先生学术成果之根本价值与内蕴。

早在1937年,胡适在校读《汉魏两晋南北朝佛教史》一书的手稿时,就曾在日记中称"锡予的训练极精,工具也好,方法又细密,故此书为最有权威之作"⑬。该书出版后,国外学者亦有誉之者,或赞其为"价值至高之工具或导引",或称之为"中国佛教研究中最宝贵的研究成果"。⑭在笔者看来,汤先生的学术著作之所以能成为最有权威之作,既因其能会通中西,分析深入,见解独到深刻,立言宏通平正,亦因其能融铸古今,于史料广搜精求,考证精审,得出令人信服之结论。因此,这里有必要简单介绍一下汤先生较乾嘉诸老更上一层的考据之学。就学术史而言,本世纪新考据学之超胜乾嘉诸老处,既在于史学领域之拓展,亦在于所取材料之更加丰富及史识之更加宏通。即以材料而言,不仅有对旧籍之广搜精求,对纸上遗文之辨证精释,亦有对地下实物的发掘整理和运用,更有对异族故书的译解和比照。而这一切又都服务于对民族文化史的建构,而不像乾嘉之学那样拘于名物典章制度之烦琐考辨。从学术思潮具体到汤用彤先生之考据学,则可以说有以下特点:(一)取材非常丰富。举凡正史,佛典,历代僧传,上古逸史,周秦寓言,笔记小说,诗赋,碑文,敦煌残卷,稗官野史,巴利文和梵文原典,中、英、日、法文之研究著作,等等,无不成为其取材立论,考信辨伪的资料来源。(二)所涉问题非常广泛。大到佛法东来之年代、路线,经籍之真伪,宗派之传承变迁,僧人之生平,小到一字一句之训读,人名、地名之辨析,乃至佛骨之长短,无一不成为其去伪求真、知微见著的考证对象。(三)史识宏通。考据若沦为文字游戏,则意义不大。汤先生之考据则每每以解决重大问题、得出一般性结论为宗旨,如前述对佛教与玄学问题之解决及对文化移植三阶段的总结,均为最佳范例。(四)立论客观平情。史家考据立论往往只搜取于己有利之证据,而汤先生则每每详列有利与不利之证据,给出令人满意的解释,得出令人信服的结论,绝不任立臆说。

在佛教史和玄学研究中,汤先生常以要而不繁之考据给人以启发,使人惊叹其渊博,心折其谨严,叹赏其精审。此处因篇幅所限,不能举例说明,只能将其考据学之一般特点列述如上,未免挂一漏万,尚祈方家指正。

## 三、为人:"柳下惠圣之和者"

汤先生的学问令人心折,而其人格魅力亦令人倾倒,其宽厚温和,德量汪汪,可谓有口皆碑。

作为一名新人文主义的学术大师,汤先生喜从往圣古哲的前言往行中求取立身行己之大端。其治学固重才性、重知识之增益,更重道德之涵养。早在清华学习期间,他就曾立论以为无道德者难以成名山事业。其挚友吴宓称美他"喜愠不轻触发,德量汪汪,风概类叔度……交久益醇,令人心醉,故最投机"[15]。吴宓此言立于日记,可谓出自肺腑。

30年代,汤先生到北大任教后,常相往来者有熊十力、梁漱溟、蒙文通、钱穆、林宰平等人。当时熊十力对乃师欧阳竟无之学心存异议,尝撰文驳斥。每聚首,蒙文通必于此与熊氏启争端,喋喋辩不休。两人又从佛学牵涉到宋明理学。遇其发挥已尽,钱穆或偶加一二调和之语。论学问,汤先生对佛学应最为专家,于理学亦深有所得,但每次争论中,他总是沉默不发一语。绝不可因此谓其无学问、无思想,性喜不争使然也。其人性至和,既不傲岸骄世,玩世不恭,亦非擅交际能应世者。一切均率性而为,听任自然,而又从心所欲不逾矩。在他身上,为人与为学始终融凝如一,既不露少许时髦之学者风度,亦不留丝毫守旧之士大夫积习。与时而化,独立而不倚,极高明而道中庸。故钱穆誉之为"柳下惠圣之和者"。[16]但汤先生虽为人和气一团,却绝非一无原则之乡愿。在学术与思想原则问题上,他从来都是不激不随,既不妥协,亦不以此而与人激争,只是在默默中坚执,此种无言的力量常常令人莫测其高深。他与胡适的交往就是一例,他们二人虽交谊甚笃,且曾合作共理北大,但汤先生作为一名文化守成主义者从未附随胡适的全盘西化论,在去留问题亦未随从胡适南下。此种交往堪称和而不同之典范。

　　1949年之后,凡与汤先生共事的人也无不叹服这位忠厚长者的人格魅力。在纪念其诞辰100周年的座谈会上(1993年),一些著名学者如季羡林、张岱年、邓广铭等先生,还有做过北大领导的一些先生如王学珍等人,无不由衷赞美汤先生之品德风范。据其幼子一玄回忆说,汤先生的人格魅力在其逝世后,甚至在疯狂的文革中还曾发出震慑人心之伟力,使一群欲抄其书而毁之的红卫兵在其头目的劝阻下终未造次作孽,原因据说是该头目认为"汤先生是个大好人"。

　　汤先生一生可谓文章道德兼长备美,在北大100、200周年的校庆之时,都应有人来大书特书。

**注　释**

① 《胡适来往书信选》中册,中华书局1979年版,第502页。

②⑮　吴学昭《吴宓与汤用彤》,《国故新知:中国传统文化的再诠释》,北京大学出版社1993年版。

③　白吉庵《胡适传》,人民出版社1993年版,第453页。

④　参见任继愈《汤用彤先生治学的态度和方法》,《燕园论学集》,北京大学出版社1984年版。

⑤　冯契《忆在昆明从汤先生受教的日子》,《国故新知:中国传统文化的再诠释》。

⑥　《燕园论学集》第67、68页。

⑦　《胡适来往书信选》中册第502—504页。

⑧　同上书,第553、554页。

⑨　《国故新知·序》。

⑩　贺麟《五十年来的中国哲学》,辽宁教育出版社1989年版,第22页。

⑪　《汤用彤学术论文集》,中华书局1983年版,第304页。

⑫　同⑩,第23页。

⑬　《胡适的日记》下册,中华书局1985年版,第526、527页。

⑭　分别见 E. Zürcher, The Buddhist Conquest of China, 1959年版序;平川彰〔日〕《印度、中国、日本佛教通史》,春秋社1977年版,第164页。

⑯　以上参见钱穆《忆锡予》,《燕园论学集》第23—27页。

〔作者　汤一介　北京大学哲学系教授
　　　　孙尚扬　北京大学哲学系副教授〕

# 科教树人　一代宗师
## ——周培源与北大

盛森芝

周培源从1929年秋就成为清华大学最年轻的物理学教授,时年仅27岁。此后在清华大学、西南联大、北京大学辛勤耕耘了65个春秋。听过他讲课的有数千人之多,受过他直接指导的也达数十人,而在他的办学思想熏陶下培育成才的则是以万计数,其中包含了一批蜚声中外的著名学者和大批专家、教授,真可谓人才辈出并且遍布五洲四海。他从教时间之长,培育人才之多,以及办学思想影响之深之广,都是我国历史上所罕见。他的学生张守廉教授曾经风趣地作了一番描述,他说:"孔夫子有弟子三千,培源师则有学生三万;孔夫子弟子遍布华夏,培源师学生则遍布五洲四海。"他1935年的学生、国际著名科学家林家翘教授则深情地称培源师为桃李满天下的"一代宗师"。

周培源在中国科技教育界有着极为重大的影响。这是因为他对发展中国的科学教育事业作出了以下一系列突出的贡献。

(一)建国之初,我们国家急需大批的高级建设人才,周培源应国家之需担任全国高考招生委员会副主任、主任之职共10年之久。在他的主持下,先后共招收合格的高校学生60多万人,为选拔全国优秀人才作出了重大贡献。

(二)1951年院系调整后,周培源出任北京大学教务长,全面主持了北京大学的教学科研工作,为北大的专业设置、科研方向的确定以及形成"三严"(严密的教学计划、严格的基础训练、严谨的科学作风)、"三基"(基础理论、基本知识、基本技能)教学科研秩序和勤奋、严谨、求实、创新的新校风作出了巨大的努力,立下了汗马功劳,为全国高等学校的发展起到了先锋示范作用。

(三)在十年动乱中的1970年初,陈伯达掀起批判相对论的妖风。他们在科学院召开座谈会,并要在《红旗》上刊登批判文章。周培源得知后立即声明"批判相对论的文章不宜刊登……否则,将来会很被动。相对论可以讨论,但不能打倒"。随后陈伯达亲自来北大督阵,强令周培源批判相对论。面对强大的政治压力,周培源毫不含糊地说明"狭义相对论已被事实证明,批不倒。广义相对论在学术上有争议,可以讨论",拒绝了陈伯达的无理要求。

(四)1971年召开了全国教育工作会议,提出了所谓"两个估计",说什么"大多数教师的世界观基本上是资产阶级的","无产阶级教育路线基本上没有得到贯彻执行"。此时"四人帮"的活动达到了鼎盛高潮,成为中国历史上罕见的黑暗统治时期。广大知识分子心情十分沉重,许多教师和研究人员被扣上"白专道路"、"脱离实际"的帽子。不少人慑于无形的压力和残酷的批斗而不敢问津自己的学业,基础理论研究日益萧条冷落,濒临荒废,基础教育被下厂下乡所代替。面对着如此严重的局面,周培源忧心如焚,忍无可忍。在同年底召开的高教工作会议上,他冲破种种人为设置的障碍,以大无畏的精神,慷慨陈词,反对"两个估计",批判理科无用论和理论研究取消论,大声疾呼重视基础理论研究和发展理科教育事业,使广大知识分子从黑暗中看到了光明和希望,受到了文教科技界同仁的热烈拥护。

(五)1972年,任之恭、林家翘等27位美籍华裔科学家向周总理提出重视基础理论研究问题。周总理随即要周培源"把北大的理科办好,把基础理论水平提高,……。有什么障碍要排除。有什么钉子要拔掉"。回校后周培源又上书总理,分析了基础研究落后的原因。3天后周总理就周培源的上书内容再次指示国务院科教组"好好议一下,并要认真实施,不要如浮云一样,过去就忘了"。1972年10月6日,周培源在《光明日报》上发表了《对综合大学理科教育革命的一些看法》(以下简称《看法》)。文章就办好理科大学,开展基础理论研究,理科和工科的性质、任务,理论联系实际等问题,针对"四人帮"散布的"理论无用"、"理科取消"、"两个估计"等谬论,进行了针锋相对的批判。文章一方面激起了"四人帮"的恐慌。"四人帮"要员张春桥、姚文元认定周培源是"否定文化大革命的右倾回潮",姚文元更是声称要追周培源的"后台",并具体组织了对周培源的批判。在上海,一时间闹得甚嚣尘上。但是周培源顶住了"四人帮"的巨大压力,始终没有向姚文元之流作任何让步。另一方面,文章犹如空谷传声那样,赢得了广大知识分子的热烈响应。人们用"一石激起千层浪"来形容文章在知识分子中所激起的"时代思潮",周培源教授由此受到了国内外学者的普遍敬仰。著名物理学家、诺贝尔奖金获得者杨振宁在得知发表《看法》一文前前后后以后,在他的笔记本上写下了"大家对周先生很佩服,因为他不怕压"。短短的一句话勾画出周培源教授以一身正气抵制"四人帮"极左路线的高大形象。

(六) 1976年党中央一举粉碎了"四人帮",周培源满怀新希望投入了肃清"四人帮"流毒的斗争。1978年7月由邓小平提议,周培源出任北京大学校长。8月25日周培源等在《光明日报》上发表了《以马克思主义哲学为指导加速发展我国科学技术》(以下简称《指导》)一文。文章针对"四人帮"在北京大学和整个文教科技界实行所谓"全面专政"、批判相对论、批判热力学第二定律等反科学行径,就科学和哲学、理论和实践、双百政策以及科学技术是生产力等问题,为文教科技工作者正确利用哲学指导自己的工作提供了一系列卓见,并从马克思主义的哲学高度,批判了"四人帮"反对基础理论研究和理科教育、否定科学理论对生产实践的指导作用等一系列反科学观点,受到了广大文教科技工作者的热烈欢迎。

(七) 1978年10月,周培源率中国教育代表团访美,达成了中美双方互派访问学者的、11项口头谅解。1979年1月邓小平访美时，把这些口头谅解作为与卡特总统正式协议的内容加以确认，从而拆除了中美之间的壁垒，结束了中国长期与世隔绝的封闭状态。这一重大举措，不仅打开了中美之间文教科技交流的大门，而且为培养中国科技教育人才，促进中国的科学教育事业的长远发展产生了极为深远的影响。

（八）为了探索教育改革的新路子，1980年4月，周培源先后率中科院和北京大学代表团访问了美国、加拿大等3国21所大学，历时5个月。回国后就国外的所见所闻并联系我国的现状写就了《访美有感——关于高等教育改革》（以下简称《有感》）一文，发表在1981年4月2日《人民日报》上。文章就教师重要性、学生培养道路、学术现代化、学术民主、思想教育、学校领导等一系列问题提出了自己的看法和建议，并从反思总结经验的角度，严肃批判了教育战线上的极左思潮。它为中国高等教育改革注入了新动力，开阔了新思路，赢得了全国教育界的广泛支持。

更可贵的是，周培源教授不仅是有70年实践经验的科学家和高等教育实干家，而且还是具有完整科学教育思想的思想家。他的科学教育思想集中反映在《看法》、《指导》和《有感》3篇文章之中。归结起来共有以下10个方面：

第一，坚持教师主体，优化教师队伍。周培源认为："一所大学办的好或不好，其水平如何，它的决定因素或根本标志之一乃是这所大学的教师阵容。教师是学校的主体，古今中外绝无例外。"[①]他列举北京大学、芝加哥大学、加州大学等实例，说明了它们之所以成为著名大学，其根本原因就是因为它们都集中了一批国内外知名学者，培养出了一大批蜚声国内外的专家、教授。

周培源认为教师的主体作用应该体现在学校方针大计的决定、年轻教师的选拔考核、学生的培养、业务方向的确定等环节上。在优化教师队伍问题上，周培源提倡严选和淘汰相结合的办法。教师要实行公开招聘,民主评议,不拘一格地从博士后和同类人员中选拔合格人才,不断地考察他们在教学科研工作中的表现以及对学校和社会的贡献。对于那些教学工作表现不佳,科研无所建树,对学校和社会贡献不大的人应予解聘。在选择空间上,也要打破地理位置、部门单位之间的隔阂。只有这样,人才就不会在死水一潭中被淹没,不称职者也不会占据他们不应占据的位置。

第二,提倡因材施教,启发能动作用。周培源认为如何培养人才是学校举足轻重的大问题。周培源在《有感》中提到"大学的任务是培养人才。这里有两点必须考虑,其一是社会的需要,其二是必须按照受教育者的特点培养,做到人尽其才,因材施教。一所好的大学,就是要使两方面得到统一"。他认为全国统一招生是既体现社会需要又体现个人志向的一种方式,但不是唯一的方式。在入学后的选系选课问题上还应该继续执行既满足社会需要又照顾个人爱好。绝不能"按一个模式培养",要让学生依据社会的需要、专业的发展、个人的专长与志趣,走自己成长的道路,以利于实现人尽其才,因材施教的方针。在教学上他主张采用"启发式",反对"满堂灌",引导学生独立思考,鼓励学生提出问题,发表不同见解。

周培源特别强调学生应该超过老师。他曾引用牛顿的名言:"我所以看得比前人远,因为我站在前人的肩膀上。"所以他总是鼓励学生:"你们在前辈人的基础上往前走,应该超过你们的老师。如果学生总是不及老师,那就会变成一代不如一代,最后人类只好退步成穴居野人。"周培源的这些话表现了对学生的高度热情和对未来的责任感,有助于从根本上调动学生的学习能动性。

第三,重视基础理论,办好理科大学。周培源认为一个国家的基础理论水平在很大程度上决定着这个国家的科学发展潜力。没有扎实的基础理论研究,就不具备独立和持久发展科技的能力,所以周培源一贯反对基础理论研究无用论的错误观点。

周培源认为要搞好基础理论研究,就必须办好理科专业。周培源列举科学发展史上的事实,指出人类全部科学成就中,确有相当部分是从生产斗争直接产生和发展起来的。比如热力学就是从提高蒸汽机效率发展起来的,金属和合金的理论是从冶金工业发展起来的等等。但确有许多学科或重大发现,特别是近三四十年来的许多重大发现,并非因为满足当时生产上的直接需要,而是通过学科内部推动和包括观察自然现象在内的科学实验。例如从经典力学发展到相对论力学,从热力学发展到统计物理学,其发展主要是"科学内部矛盾的逻辑发展和抽象",而不是直接解决当时的生产问题。所以周培源认为科学发展本身存在着以科学实验结果为依据,逻辑推理为手段的"理科型"发展模式和以生产实践为依托,总结生产经验为手段的"工科型"发展模式。

什么叫理科?周培源回答:"理是按自然界物质运动形式的特殊性来划分的","理科的任务既要培养当前生产所需要的具备自然科学理论训练的工作人员,又要培养为国家今后发展生产,发展科学的理论工作人员。"什么叫工科?周培源回答:"工是按生产部门进行分类",其任务是以直接解决当前工程任务为主。"理与工的关系实质上是基础学科与生产任务的关系,彼此相辅相成,但各有侧重"。就是说工是以解决当前工程任务为主,理是以解决国家当前和未来科学教育事业的长远需要为主;理与工相比,理是基础,工是对基础的应用。"理往工靠,以工代理"只是一种做法,一家之言,并不能概括全局、代表百家。

周培源还认为正确对待科技转化为生产力问题,实际上是正确对待理和工的分工问题。在科技转化为生产力问题上,周培源认为必须全面地理解小平同志的指示,不能只看到"论文—产品—市场"这一种工科型模式,还要看到"理论科学—技术科学—工程科学"也是一种转化模式,而且是一种更高层次、更为长远、更具威力、更有前途的转化模式。国家应该无条件地扶植、促进这后一转化模式,还要注意到有短期转化和中长期转化的不同。例如从1905年爱因斯坦发明相对论,推出质能关系定律,到 1954 年第一座核电站的建立,中间经历了 50 年的长期奋斗;1831 年法拉第发明了电磁感应定律,直到半个世纪后才广泛利用于发电机和电动机,中间也经历了漫长的过程。历史的经验告诉我们,通常基础理论上的一个发明和发现,到生产实践中发挥作用,需要经历长时间的实践和一系列中间环节,人们决不可以因为不能立竿见影地发挥作用而否定中长期转化模式的重大意义。

第四,重视基础教学,搞好基本训练。周培源坚持"在学校中基础课的教学工作一定要做好,这是最根本的"。他认为基础理论知识是学习工程技术知识的基础,是掌握新学科、继续深造的"本钱",是培养分析问题、解决问题能力的手段。他常说:"基础好比塔座,基础不好,塔就造不起来,造好了也要倒塌。"

重视基础教学首先是要确保让学术造诣较深的教师讲授基础课。周培源自己身体力行,曾亲自讲授理论力学、相对论力学、量子力学等课程,还亲自担任小班的习题课,深入辅导学生掌握基础知识。其次就是强调读书,培养学生阅读和钻研参考书的习惯和能力。其三就是正确掌握基本概念,透彻地理解公式、定律的物理意义。其四就是搞好基本训练,让学生牢固而熟练地掌握该学科的基本技能。其五,还要有较宽的知识面,既懂本行又具有一定的文史哲和经济知识。

在周培源教授等老一代学者的影响下,上述这些做法已在北大形成了重视"三基"教育的传统。因此北大毕业生有"基础好、后劲足"的美誉。所谓"后劲",实际上就是专业基础扎实,独立思考能力强,是一种对学生严格训练的褒奖。

第五,理论来自实践,实验检验理论。周培源认为摆好自然科学理论同实践之间的关系是办好理科大学的重大原则问题。在这个问题上他认为必须坚持"理论产生于实践;实践检验理论;理论指导实践"三句话。首先是要坚持"自然科学理论来源于生产斗争和科学实验活动;科学实验是人类生产活动的升华,是比生产活动更高级、更具有相对独立性的实践活动"。自然科学中的许多理论问题往往是从生产实践中提出来的,但是最后却都是经过科学实验才形成理论体系的。例如杠杆原理是从重复几千年的原始生产劳动中体会出来的,但是从杠杆原理的发现到建立牛顿力学理论体系,却经历了几千年漫长的科学实验。特别是现代自然科学理论,由于一方面深入到超微观的基本粒子领域,另一方面又扩大到宏观的宇宙空间范围,因而与现实生活中人们的直接感觉存在着肉体难以逾越的鸿沟,只能越来越依赖于科学实验。什么叫科学实验?周培源引用了马克思的论述:"物理学者考察自然过程,就是要在它表现得最为精密准确并且最少受扰乱影响的地方进行考察;或是在可能的时候,在各种条件保证过程纯粹进行的地方进行实验。"对于马克思这一精辟论述,周培源进行了同样精辟的说明。周培源问:马拉车是生活中常见的物体运动现象,但是物体运动定律为什么不是从常见的马拉车现象,而是从观察遥远的行星运动中总结出来的呢?周培源解释说:因为马拉车运动中作用力的因素相当复杂,光是作用力就有马的拉力、车的重力、地的反作用力,还有各种各样的摩擦力等等,这就容易使人们得出"有力才能维持物体速度"的错觉。而作用在行星和太阳之间的吸引力则比较突出。但因行星的质量比太阳小很多,它们之间在近似的条件下可以略去不计,因此行星绕日运动就成为"最小受扰乱的地方"。这样,就从观察行星运动中总结出了物体运动定律。所以周培源坚决反对"四人帮"用重复劳动代替科学实验,主张精心培养学生的实验能力。

其次要承认实践是检验自然科学理论的标准。周培源认为理论是否具有客观的真理性,还必须以实践来检验,让其在实践中证明它的客观真理性。从整个历史长河来看,任何科学理论是相对真理,实践作为真理检验的标准也只有相对性。牛顿力学在17世纪末被实践判定为真理,到了19世纪末用电子高速运动和原子结构来检验就发生了问题,于是就产生了相对论力学和量子力学。但是牛顿力学是经过许多实践检验过的,又具有绝对真理的因素,相对论力学和量子力学的产生和发展不可能抛弃它,而只是作为有条件的东西保留在相对论力学和量子力学之中。所以周培源说,一定历史阶段的实践只能证明相对真理;全部人类的实践才能证明绝对真理。这就要求我们要让学生明确一个概念,即真理的标准是实践,尤其是科学实验的实践。

周培源还指出,一种学说是否被人们确认为相对正确的新理论必须看它是否满足三个条件,即:新理论一定要能够说明旧理论已经说明的物理现象和旧理论所不能说明的新现象,并且预见现在还没有观察到但通过科学实验一定能观察到的物理现象。周培源以相对论力学为例,说明爱因斯坦既解释了牛顿力学所说明的低速运动规律,又解释了牛顿力学所不能说明的高速运动的规律,还进而推出质能定律预测原子能的存在。所以他认为相对论是经过实践检验的新理论,并以此进一步强调实践检验的权威性。

第六,提倡学术民主,活跃学术空气。周培源认为"学校是一个搞学问的场所,而学术活动的特色乃是它的独创和革新,它的追求真理的大无畏精神和尊重实际的科学态度"。这就要求有一个宽松的学术环境和自由民主的学术气氛。所以周培源认为活跃学术空气,实行"百花齐放",展开"百家争鸣"是办好大学、发展学科的基本条件,是不可避免、不能取消、不该回避、不许压制的客观规律。用"行政手段扶植一个学派,压制另一个学派对于科学技术发展十分有害",甚至会造成十分严重的社会恶果。他以1956年马寅初先生人口论遭到批判,导致我国人口从5亿激增至11亿的可怕局面为例说明了压制打击不同学派的惨痛教训。

在周培源等老一辈科学家的倡导下,北京大学师生的思绪开阔,敢于创新,勇于开拓。即使在"四人帮"严密控制时期,也始终没有压垮深深扎根在北大师生中的科学民主传统。周培源认为北大的这个传统应该加以发扬光大。

第七,鼓励创新学科,更新学科内容。周培源认为随着科学研究的不断发展,新学科和边缘学科就会不断产生(而非人为制造),老学科的内容也会不断扩展,这就提出了学科设置现代化问题。它有三重意思:一是随着时代发展不断增设新兴学科;二是随着不同学科之间的相互渗透而增设边缘学科;三是随着学科内容的不断扩展而不断开拓学科的新方向。

第八,正确估计青年,坚持"疏导"方针。

怎么估计青年学生的大多数?周培源认为中国青年学生的大多数都是"勇于思考,努力学习。不论学习态度,思想道德,他们远远胜于资本主义国家的青年",所以他对这一代中国大学生感到十分自慰和自豪。但是也有一些"担忧"之处,因为这一代大学生出生在十年浩劫前后,成长在改革开放的转折时期,思想上有一些混乱,追求上也莫衷一是。他在担忧的同时更多的是寄予同情和理解,认为在长期的动乱和重大的转折中,对于原是白纸一张的青年,出现这种情况并不奇怪。所以周培源认为必须坚持"疏导"的方针。这就是用正确的原则加以引导,用优良的道德和传统给予教育,通过各种实践去探索真理,帮助他们树立正确的世界观。

周培源提出的"疏导"方针,本质上就是正确处理人民内部矛盾的方针。思想问题是一种人民内部矛盾。解放以来40多年的历史经验证明,对于人民内部矛盾,就只能在缓和的情况下用说服教育的办法去解决。采取压制的做法,用"打棍子"、"扣帽子"、"抓辫子"等搞政治运动的办法,不仅不能解决问题,反而会使矛盾激化,甚至促使人民内部矛盾转化为敌我矛盾,以致不得不采用更为激烈的斗争形式,积怨甚多,效果很坏,值得我们牢牢记取。

第九,继承优良传统,发展校园文化。

周培源指出:"每一位流芳千古的学者,总具有他个人的特色。一所好的学校,也有它自己的风格。"周培源常说,北大之所以成为名扬四海的著名大学,重要原因之一就是它在自己的历史上为民族发展和国家振兴作出了有益的贡献,并且在实践中形成了自己独特的传统、风格和精神,例如蔡元培提倡的科教兴国精神和兼容并包精神,陈独秀提倡的科学民主精神,胡适提倡的改革创新精神,马寅初提出的革命牺牲精神。这些都是北京大学历史上发挥过重大作用的传统精神和传统风格。解放以后,周培源又在北大竭力提倡"三严"、"三基"精神和"勤奋、严谨、求实、创新"的校风。周培源认为办好北京大学就必须继承这些优良传统、风格和精神。

周培源还结合自己的一生经历归纳了"独立思考,实事求是,锲而不舍,以勤补拙"十六字治学方法。他认为科学家必须能够独立思考,具有超前意识;但又必须实事求是,说真话,有根有据地办实事,不能胡想乱来。科学家还必须有献身精神,有韧性,有坚持精神,一触即溃的人不可能攀登科学顶峰。聪明才智当然也是成为科学家的重要条件,但更要强调刻苦勤奋,勤奋加聪明才能成才,聪明只有通过勤奋才能表现为科学上的成就。

周培源认为学校的优良传统、风格和精神及其治学方针,构成了一个大学的校风和校园文化,应该大力提倡。

第十,尊重校长领导,提倡教授治校。

周培源认为选择有名望、有真才实学的学者来当校长,实行内行领导是办好大学的重要条件。他列举了国内外许多著名大学的成功范例后得出结论:凡是有名望、有成就的著名大学,都曾经是由一些有学问、有权威的学者担任一校之长的。从美国的耶鲁、哈佛到英国的牛津、剑桥,从中国的北大、清华到日本的东京、京都,绝无例外。很幸运,北京大学历史上有过像蔡元培这样出色的校长,他不仅本人有很深的学术造诣,而且善于聘用团结人才,提倡学术自由,形成"科学与民主"的传统,这对北京大学能够长盛不衰起了极为重要的作用。人们用"尊重校长领导,提倡教授治校"来概括周培源的良苦用心。值得一提的是"教授治校"一词原系毛泽东在1956年初召开的知识分子座谈会上的用语。那是为肯定周培源认为大学应该成为教学与科学研究基地的重要建议而说的,其完整的表达应为"科学研究,除了主力军(科学院)而外,一定要有同盟军;在高校还是应该教授治校"[2]。其真实涵义就是尊重校长领导,依靠教授进行内行管理,其中包括科系设置、教学管理、教师聘任提升、科研方向制定等。不幸的是,这一正确提法被划归"右派言论",并被搁置了30年之久,直到改革开放之后才被重新确认。

为了避免误解,周培源特别指出"办好社会主义大学,必须坚持党的领导",但是"要坚持和加强党的领导,必须改善党的领导"。怎么改善?周培源提出了三条:一是实行党政分工,党委主要是掌握党的方针政策,做政治思想工作,抓政治领导;行政则主要抓教学、科研、后勤管理,主持学校日常业务。二是试行校长负责制。三是发挥教师在学校管理中的主导作用。

值得庆幸的是,改革开放以来,"尊重校长领导,实行教授治校"的局面已在逐步形成。但是正如周培源在《有感》一文中所指出的那样,在我们的学校中,"左"的危害由来已久,不仅在十年浩劫中,知识分子被践踏于"八类"之下,科学、文化被打入九层地狱之中,而且早在十年动乱之前的很长时间内就早已形成"左"的统治,有过长时间的一系列的偏差和失误。所以周培源清醒地估计到"冰冻三尺,非一日之寒;欲解三尺之冰,也非一朝一夕所能完成"。然而,作为一种历史教训,学校领导必须清醒地认识过去的失误,并且把它当作教训认真吸取。周培源的这些肺腑之言,表明了他的心的确"是与大学相连的",并且表达了人民教师永远忠诚于党的教育事业的坚定决心。他懂得"忠言逆耳"的格言,明知这些话会开罪那些不肯认错的同志,但还是以教育改革大局为重,不计个人得失,坦率真诚地说出了广大知识分子想说而不敢说的话。

周培源还是社会活动家的表率和楷模。他一生担任过40多个职务,在社会活动中耗去了大量的精力和时间,他以其特有的风采、潇洒的风度、广博的学识赢得了各方面的赞美,被人们誉为"杰出的民间外交家"、"和平老人"。他在社会活动中,一贯坚持尽心国事,追求真理,坚持原则,胸怀坦荡。他为人谦虚朴实,平易近人,严于律己,宽以待人。在他从事社会活动家的40多年中,始终身正言明,两袖清风,一身正气,决不向恶势力低头,也从不染指私利。在他身上我们可以看到一个真正以人民利益高于一切的社会活动家的生动形象和优秀品德。

由于以上所列的业绩,周培源教授受到了国内外学者的共同崇敬。1992年6月初,吴大猷、杨振宁、李政道等当代中华杰出物理学家、力学家以及300多位海内外学者,跨过海峡,飞越大洋,汇聚北京,出席了为庆祝周培源教授90华诞而举行的"国际流体力学和理论物理科学讨论会",香港《时代》画刊称之为本世纪海内外中华科学巨星大聚会。

为表达对周培源先生献身70年科学教育事业的崇高敬意,北京大学、力学学会、物理学会共同举行了隆重的祝寿会。以胡宁教授为首的周培源的弟子用一束束鲜花表示了对恩师美好的祝福。北京大学师生员工用"献身科学,教育英才;功在国家,造福将来;寿齐高岱,德被春秋;祝嘏欢呼,漪欤盛哉"的贺词赞颂他们的老校长。九三学社中央用"道德文章,科学之光;春风化雨,桃李芬芳"的诗词颂扬自己的主席。北大力学系用"开湍流研究逾五纪孜孜不倦结硕果;创力学事业庆四旬循循善诱育英才"的对联讴歌自己的老师。国家领导,社会名流用一幅幅题词称颂周培源教授的功绩、成就和为人:

李先念题词为:"尽心国事,老当益壮"。

聂荣臻元帅题词为:"宗师巨匠,表率楷模"。

李政道题词为:"培育桃李满天下,源自前辈种树人"。

雷洁琼题词为:"为发展中国科研和科学教育促进国际科技交流做出卓越贡献"。

卢嘉锡题词为:"引力理论湍流理论科研教学六十年桃李满园硕

果流芳师诚科技泰斗；领导工作科协工作奉献业绩半世纪老而弥笃志且益坚公实学者楷模"。

方毅题词为："科技先驱"。

宋健题词为："科学泰斗，世代风范"。

周光召题词为："岁老根弥壮，科兴业更精"。

赵朴初题词为："当年天竺忆追陪，坛战风云不我嗤，九十寿君犹矍铄，天人学业愧肩随"（一九六一年余与君参加新德里太戈尔纪念会时，余曾与印度主持者论战得君赞许，余少君五岁，《礼记》：五年以长则肩随之）。

吴阶平题词为："少年壮志凌云周游欧美为科学事业奠定基础；耄龄培植新秀启浚开源祝丹心彩霞相映生辉"。

戴念祖的祝词为："培厚已成林三千桃李遍天下泽被四海；源深早开创九秩湍流论宇宙名扬五洲"。

晚生武际可、朱照宣、盛森芝的祝词是："一代宗师学厚仁厚情厚五洲学子同贺福如地厚，科学泰斗言高行高德高华夏晚生共祝寿比山高"。

这一幅幅对子和条幅生动地描绘了周培源的光辉形象，也说明了他在科学教育界的崇高威望，更道出了周培源燃烧自己、照亮别人的光彩人生！

光辉形象、崇高威望、光彩人生，这一切的一切都来自于这位杰出科学家、教育家和社会活动家的卓越贡献！

1993年11月24日，周培源因心脏病发作，在北京猝然辞世，享年91岁。新华社向全世界发布了周培源教授与世长辞的消息，并刊登了《周培源的生平》一文。文中的结尾写道："周培源同志的一生，是为党和人民事业奋斗不息的一生。是光辉的一生。他的杰出贡献和历史功绩将彪炳青史，永留人间。"

**注　释**

① 《访美有感——关于高等教育改革》,《人民日报》1981年4月2日。
② 《周培源教授传略》,载《科学巨匠,师表流芳》,中国科学技术出版社1992年版。

〔作者　北京大学力学系教授〕

# 生死与共话沧桑
## ——魏建功与北大

### 魏 至

张中行先生在《负暄琐话·魏建功》一文中说:"魏建功先生是与北大生死与共的人物。他是江苏如皋人,就地理说属于江北佬的一群,可是外貌比江南人更江南。"这两句话讲得十分准确、中肯。

父亲的确是个"江南人"。他祖籍江苏高淳,现已划归南京市建制。县西北部隔石臼湖与安徽的当涂相望,有前保、中保、后保三个村庄。魏姓在这里是大姓,父亲这一支住在中保已30多代了。传到他的高祖勋辅公时,已是清咸丰间洪秀全在天京建立太平天国的时候。为躲避频频的战乱,勋辅公带着全家迁到江北的如皋,定居在城北30里的西场镇(今海安县属)。他的曾祖夔阳公是个制花炮的工匠,在镇上开个杂货庄,置了点地,家境逐渐好了一点。他的祖父慰农公是个秀才,在西场当了30多年镇董,做了不少办学兴教、修桥补路的好事。他的父亲锡侯公经营祖业。父亲就是本世纪初出生于这样一个殷实的小商绅家庭。[①]小时候生得聪明伶俐,深得慰农公的疼爱,亲自给他开蒙,并送他进镇玉成公小学、县高等小学、南通省立七中读书。1916年慰农公去世,父亲已是中学二年级的学生,有了自主能力。虽然家里不支持,他仍于1919年考入北京大学预科,靠江苏同乡会每季40元的经济补贴,半工半读维持学业。中行先生文中说的上海李君资助父亲,大约就是这时的事。

父亲1919年夏进北大预科乙部英文四班,到1980年他去世的

60年中,算来有整整50年是在北大度过的。父亲把半个世纪的光阴献给了母校,他又是个很重感情的人,50年歌哭于斯,不是"生死与共"又是什么? 所以我说中行先生的话是很中肯的。

一

在南通七中,孙锦标(伯龙)、徐昂(亦轩)两位先生先后担任过父亲的国文教员。两位先生都是有深厚国学根基的学人。②在老一辈语言学家的诱掖下,父亲很早就受到乾嘉学风的熏陶。后来他回忆说:"个性爱听讲文字训诂,奋志'小学',大约十四到十八岁,就渐渐走向了现今的道路上来了。"

正式"走向了现今的道路",是在北大预科时从研究歌谣和方言开始的。他为顾颉刚先生审订北京《晨报》登载的歌谣注语,主要是考证方言本字。后来听了钱玄同、沈兼士等先生的课,懂得了研究方言不全在字体,还有语音、语根、语法和语调等十分重要的内容,眼界大开,写出了《搜集歌谣应全注音并标语调的提议》、《歌谣之词语及调谱》、《歌谣表现法之最要紧者——重奏复沓》、《拗语的地方性》等一批研究歌谣的文章。后来又在玄同先生指导下,按照吴歌的韵脚分出韵类,再与国音的韵类对照,写了2万字的长篇论文《吴歌声韵类》,在《国学周刊》上发表。这是一篇很好的方言调查报告,也是他学生时期研究歌谣与方言的一个总结性成果。

1921年秋父亲进北大研究所国学门任临时书记,继续半工半读。他在这里边工作边学习,接触了钱玄同、沈兼士、马裕藻、沈尹默、刘半农等许多名教授,在他们指导下参加了收集歌谣、编《歌谣周刊》、整理明清档案、纂辑工具书、考古调查、方言调查、风俗调查等几乎所有国学门的活动。还参加了清室善后委员会接收、管理清故宫的工作。在国学门这段经历,极大地开拓了父亲的视野,锻炼了他从事多方面调查研究的能力。父亲并不是个绝顶聪明的人,在他学术成长道路上,以"勤"补"拙"起了十分重要的作用。他脑勤、手勤、口勤,勇于探索又不耻"上"问。据说当学生时每天读书至深夜,有时一夜能作几十张纸的摘记。在这期间他发表了《华长忠的〈韵籁〉》、《检举不以"声"为"形"役》、《杞梁姓名的递变与哭崩之城的递变》、《音韵识小录》等一批研究探讨语言文字问题的论文,并在《京报副刊》上发表连载《琐碎的记载清故宫》。1925 年他以优异成绩毕业,中文系教授会决定留他当助教,协助刘半农先生做"语音乐律实验室"的工作。

毕业前父亲上书教授会,针对当时学科不分类,学生选课难的问题,建议除一年级设共同必修课外,由二年级起学科设置分 ABC 三类,由学生各择一类专修。A 类是"关于语言文字者属之";B 类是"关于文学者属之";C 类是"关于整理国故者属之"。这相当于 1959 年以后北大中文系分汉语、文学、古典文献三个专业的做法,是个比较科学的学科分类办法。教授会采纳了他的意见,1925 年秋季学科组织大纲就是按这个意见改订的。沈兼士先生曾诙谐地说:"魏建功是北大的姑奶奶",其实说北大是虚,说是"中文系的姑奶奶"才是实情。父亲依靠自己的努力,学生时期已经在中文系取得了像姑奶奶在娘家那样"言听计从"的娇纵地位。俗话说"姑舅亲,辈辈亲,断了骨头连着筋",中行先生所说"生死与共"的感情,就这样初步形成了。

在北大,父亲还经受了"五四精神"的洗礼,一度站在斗争的前列,在党的影响和直接领导下做了一些有益的工作。他关心各种社会问题,常在《语丝》、《猛进》、《京报副刊》、《晨报副刊》等刊物上发表一些抨击时弊的文章。学生会组织的一些重大活动如首次庆祝国际劳动节、否认国会、驱逐彭允彝、挽留蔡元培校长、筹备北大 25 年成立纪念等等,他都全身心地投入了工作。他参与组织北大实验剧社,配合政治斗争演出了一批具有进步意义的话剧。③他参加了北大第一平民夜校的组建,并参与发起组织平民教育研究社,组建第二平民夜校。④1925 年,为了配合五卅运动对英帝国主义的斗争,与陈仲益(陈垣之子)等发起创办黎明中学。父亲请了鲁迅、钱玄同、黎锦熙等名家来校授课,⑤并亲自去天津招生,把英帝搞文化侵略的新学书院的学生招出来300多人。1922年5月,父亲与潘梓年等7人结江苏清议社,出版《江苏清议》抨击时政。同年暑假,又在京组织如皋平民社,这是由在南京求学的如皋籍青年学生吴肃⑥等发起,以如皋旅外学生为主体的社团,宗旨是"研究学术、推动平民教育、打击贪污"。社员最多曾达数百人。有不定期社刊《平民声》,由京、宁两地社员轮流主编。在平民社第一届年会上,父亲被选为总务委员会书记,积极开展社务活动并参与了对地方反动势力的斗争。⑦

入学北大不久,父亲就结识了同班同学李国瑄⑧和预科甲部的范鸿劼⑨。范住西斋,与父亲住的瑞祥公寓相距很近。通过一同搞学生运动,他们结下了深厚的感情。范李二人批评父亲"普及教育、改革社会"的改良主张,常给他讲些无产阶级革命的道理。在与范、李等的交往中,还认识了与范同住一房间的赵世炎以及何孟雄、夏之栩等党员同志。此时,他开始在赵世炎主编的中共北方区委机关刊物《政治生活》上发表些短文。1925年毕业前,经范介绍入党,分配在中法大学小组,做"济难会"的工作。⑩1926年3月"三一八"惨案后申请退党。1927年4月经沈尹默、张凤举推荐,赴朝鲜汉城京城帝大任法文学部(即文、法学院)讲师。父亲在汉城知道了李大钊、范鸿劼、杨景山等20位烈士遇害的消息,不胜悲痛。最近发现他《用十六年闻雁汀(即范鸿劼)遇害旧作韵写落花三首》的诗,他写道:

须臾生死有无中,合识荣枯发落同;
一夜东风收拾去,花枝已老泣残红。(其一)
山河亘古创痍中,难与痴愚说大同;
任他沉沦千百劫,污泥洗却血留红。(外一首)

## 二

1929年父亲重返北大中文系,历任助教、副教授、教授至抗战开始,八年中他潜心于教学与科研,学术思想日趋成熟,逐渐奠定了他在学术界的地位。

父亲十分重视对实际问题的研究和解决。他很早就开始注意汉字形体的变迁和汉字的改造问题。早期曾主张废除汉字,后来看清了汉字的历史功绩和现实作用,就改主在一定条件下进行汉字改革。他通过对汉字历史发展演变规律的深入研究,提出汉字改革应"削繁就简、避难趋易"的方针和"约定俗成"的原则。后又进一步概括为"顺先民之常轨,主繁简之两纲;视日用之切要,辨省变之多方"二十四字方针(《汉字的局部改造问题》,1936年)。这些主张在当时内忧外患的历史条件下虽然难以实现,但父亲以数十年不懈的努力,积累总结经验。它们终于在解放后以他想象不到的极大规模,在更为广阔的范围内,通过汉字简化工作得以发挥和实现。

父亲非常反对空疏的学风,这突出地表现在他十分重视对方言、口语、俗曲、歌谣、碑帖、曲本等实际语言材料的研究上。在1936年发表的《辽陵石刻哀册文中之入声韵》以及1937年为张德泽先生写的《张洵如〈北平音系十三辙〉序》中,他结合辽陵哀册文中的"入变三声"现象,以及北平音系中"儿化韵"的发生和演变,提出了北平音系应在辽金时期就已经初具规模的大胆推断;他还根据"一个语言标准系统的成立,乃是由长久的政治中心造成的许多不同语系相互融合的结果"的设想,从北京自辽金以来历代建都共957年的历史出发,判定北平音系乃是中国标准语言系统演变的第五种,即最晚出的一个结果(其余4种是:秦语、豫语、宁语、杭语)。在我国最重要的标准语系——北京语系的研究上,这两个推断尚属首次提出,值得作进一步的研究。

父亲还围绕韵书系统问题,写了一系列研究中古韵书的论文。如根据《切韵》与六朝韵书关系来研究《切韵》性质的《陆法言切韵以前的几种韵书》(1932)、根据唐宋两系韵书的差异说明《广韵》与《切韵》关系的《唐宋两系韵书体制之演变》(1932),对前人的学说多有补充发展。他还参与了刘半农先生发起的编写《十韵汇编》的工作,为此书写了《论切韵系的韵书》长序,详述了韵书的体例源流、材料来源和系统及资料的整理等问题。《十韵汇编》为音韵学研究者提供了宝贵资料,可惜出版仅一个月就爆发了卢沟桥事变。除少数预约定户得到书外,大部分北大出版部的存书在红楼被日寇占据为宪兵司令部后都散失了(50年代中华书局曾拟再版未成,据说台湾已影印再版)。1938年在昆明,父亲曾想对《十韵汇编》所收资料进一步分析,加上部分新材料,编成《廿韵比》,向母校40周年校庆献礼,终因尚缺一韵而未果。这些资料后来写成《十韵汇编资料补并释》,1948年作为向母校50周年校庆献礼,发表在《北大五十周年纪念论文集》上。

1935年父亲的专著《古音系研究》出版,这部被称为"本世纪音韵学名著"的书,没有具体研究任何一种语音系统,但对古音系的概念、分期、内容,研究的对象、原则、方法、任务、取材范围等提出了一系列创见。如在取材方面,提出利用现代方音作为构拟古音的旁证;在分部中提出"声韵兼顾"、"时地划清"、"着重语言"等原则;在审音中提出"沿革比较"、"连绵词及古成语释音"、"语根转变考释"等方法;在"论变"中提出"音轨原则"等等,都是比较独到的见解。他强调了活语言和各种语言材料对研究古音的重要作用,有很大的实际意义。沈兼士先生评价此书"将前人贵古贱今、重文轻语之积习一扫而空,于音韵训诂之应用方面必将推陈出新、多所发明"。

这一期间,父亲先后开了声韵学概要、方言研究、等韵研究、民间文艺讲话、声韵学史、古音系研究等8种课程。声韵学概要一课,先后在北大和其他两所大学讲了7遍,是中文系一门重要的基础课。30年代北大中文系有"三大概要"的说法,就是指胡适的《中国文学史概要》，沈兼士的《文字学概要》和这个《声韵学概要》。父亲讲课非常认真，鲁国尧先生说他是"全神贯课"。但他讲课又向来有"天马行空"的雅号，从 30 年代听过他课，现已 80 开外的老前辈，到五六十年代听过他的课，现也多逾耳顺之年的学长，无不说他是兴之所至，淋漓尽致讲开去，不但笔记无法作，有的地方简直就听不懂。看来大学应如何授课还真是一门学问，现在某些大学用教中学的办法教课固不足取，但像父亲这样"信天游"式的教学法也实在成问题。

父亲在北大还有"成家"和"立业"两件事值得一提。

我的母亲王碧书，是北京大学数学系老一辈教授王尚济（海帆）先生的次女。海帆先生是河南商丘人，当时号称"甲骨四堂"之一的董彦堂是河南南阳人，与海帆先生大同乡，又和海帆先生的妹夫徐旭生（炳昶）先生小同乡而熟识。母亲当时在孔德学校读书，后来考入北大哲学系，1933 年毕业，据说是北大第一位完成学业、取得学士学位的女生。彦堂先生与父亲在北大研究所国学门相识，这门亲事就是经他介绍而做成的。这样一来，假"姑奶奶"变成了真"姑爷"，父亲同北大"生死与共"的感情又加深了一层。1928 年 9 月 10 日订婚，在中山公园来今雨轩聚会。钱玄同、刘半农、马裕藻、沈兼士、陈垣、周作人、沈尹默等国学门老一辈的导师们都来了，父亲在研究所国学门结识的台静农、常惠、容庚、庄尚严等一些青年朋友也来了。一对才子佳人结为伴侣，大家都为他们高兴，没有什么仪式，摆上文房四宝大家题词留念，边吃边写，足足写满了四条宣纸。前年翻旧纸堆，喜出望外地发现了这份 70 年前的"文物"。钱、周、沈、沈几位老先生都高兴地题了"双份"；静农先生还是写他的淮南情歌："郎有心，姐有心，不怕山高水路深……"半农先生最风趣，写了首北京童谣："小小子儿，坐门墩儿，哭哭啼啼要媳妇儿"，写到"要媳妇儿干嘛？……"嘎然而止。聚会还有个小插曲，当时在北大任教的瑞典人斯文赫定是诺贝尔奖金评委之一，也许是想送个顺水人情吧，他提出为中国作家争取一个名额。有人积极为梁启超活动，半农先生想推举鲁迅先生，又怕碰鲁迅的钉子,遂在席间对台静农先生说这件事,让台与鲁迅函商。于是就有了1927年9月17日台静农致函鲁迅征询意见,同月25日鲁迅复信说"诺贝尔奖梁启超自然不配,我也不配,要拿这钱,还欠努力"的事。

上面讲的"成家",下面再说"立业"。

父亲1919年入学北大预科时,就受到钱玄同先生的感召,倾心国语运动。1925年钱玄同、黎锦熙两位先生针对章士钊的《甲寅杂志》,创办《国语周刊》,作捍卫白话文的斗争,父亲是主要撰稿人之一,好像还参与了一些编辑工作。这是他参与"国语运动"的开始。1928年读音统一筹备会改组为国语统一筹备委员会。父亲在玄同先生的动员鼓励下参加了该会的工作,并与钱玄同、黎锦熙、陈懋治、汪怡、沈颐、白涤洲等7人被推为常委,从此,父亲确立了他终身从事的事业。直到1980年谢世,我国有关国语运动的历次重大活动,他大都参与在内。特别是1940年7月"筹委会"改名"国语推行委员会"在重庆恢复工作以后,父亲与黎锦熙成为仅有的两个常委,更是为国语运动的继续开展付出了心血。抗战胜利后台湾回归祖国,经过日本人50年的殖民统治,城市中普遍流行日语,许多人已不会或不习惯讲汉语。父亲被借调赴台任台湾省国语推行委员会主任委员,从事推行国语的工作。台湾人民学习国语的热情极高,父亲他们这些国语界的文化人又抱成一团拼死拼活地干,1948年父亲回北大后,何容(子祥)先生带着大家接着拼死拼活地干,硬是把日本人殖民统治50年强制推行日文日语的影响齐根铲除,同时也实现了普通话的大普及。国语在台湾至今还是台独搞分裂活动的一个不可逾越的障碍。父亲和何容先生是北大出身,国语会的一些主要领导成员如俞敏、方师铎等不少人也都是北大出身,在台湾推行国语的成功,应该说是"北大人"对国家民族的一大贡献。

卢沟桥事变后,父亲别妇离儿独行投南,先后在长沙临时大学、昆明西南联大任教。母亲带着我们姐弟二人绕道越南,也于1938年底到达昆明。八年抗战一家人相濡以沫,度过了这段令人终生难忘的日子。西南联大的两年,物质生活虽然艰苦,但不像后来太平洋战争爆发,蒋介石"消极抗战、积极反共"的面目明显暴露以后那样,大家精神面貌特好,"抗战必胜"的信心特坚定。罗庸先生写的联大校歌调寄《满江红》说:"千秋耻,终当雪;中兴业,须人杰。待驱除倭虏,复神京,还燕碣",确实反映了大家的心情。就是在这种心情下,父亲搞了一次颇为成功的"藤印义卖"。

父亲学治印是在20年代,1928年他与金满叔、台静农、庄尚严、常维钧等结园台印社于北海团城,请王福庵、马叔平两位名家指导学习篆刻,以后陆陆续续刻了近20年,留下了约500方印传世。抗战前他曾独创以注音符号治印,用有奖征答方式登在《国语周刊》上,一时热心者竞相争猜,颇收寓教于乐之功。1938年春到蒙自西南联大分校后,师生们开夜校、组诗社、办壁报、搞座谈、箫吹弦诵,把个边陲小城搞得文化气氛极浓。父亲也发挥他的特长,为人刻杖镌筷。当时用的是市售越南白藤手杖,径可盈寸。郑天挺先生跟父亲说,如把藤杖截段治印,可能效果不错,父亲一试,果然很好。刻出的印断面略似桃形而多棕眼,颇为别致有趣,父亲大为高兴,陆续刻了几十方藤印赠亲送友。1939年7月联大的教授们为纪念抗战两周年举行书法义卖,父亲就以藤印参加义卖,结果大受欢迎。吴晓铃、杨佩铭两先生那时还是年轻的助教,把父亲请到他们在三转湾义兴巷的宿舍,晓铃先生当"经理"出去"揽活";佩铭先生卖"苦力"绾起袖子锯;我争着要干用砂纸打磨印面的活,但不受欢迎。父亲说我手端不平按不紧,会磨成"和尚头",只允许我用粗砂纸磨头遍,第二遍用细砂纸抛光就不许我干了。父亲一口气刻了117方藤印,不少联大师生还有校外的都定购了藤印。有人还指名索刻闲章,有刻"乐死堂"的;有刻"浪迹江南"的;还有刻"红楼学士"的,就不知道指的是来自沙滩红楼的"学士",还是研究红楼梦的"学士"了。在初拓样本上,父亲恭楷"聊以永日、不愧苍天"8个大字。义卖款法币300元全部汇给了前方将士。这些虽都是些小事,却从一个侧面反映了抗战时期联大师生乐观、自信、同仇敌忾的精神面貌。

"文革"中,曾风传父亲是"托派","军宣队"对此还作过审查,终以"事出有因,查无实据"而不了了之。这"因",就出于父亲与陈独秀先生在四川的一段学术交往。抗战爆发后,陈独秀先生于1937年8月出狱,1938年7月入川,在当地名绅邓蟾秋、邓燮康叔侄帮助下定居江津县。他把自己的一些著作交给当时在国立编译馆工作的台静农先生整理出版。1940年夏,父亲离开联大入川,到江津白沙国立编译馆任大学教科用书编辑委员会专任编辑。静农先生把陈的文字学著作《小学识字教本》交给父亲校勘整理,油印了50部,分赠有关人士。60年代梁实秋在台湾,把他得到的一部隐去作者姓名,撤掉作者自序,改名《文字新诠》,由台湾中国语文研究中心影印了500部。1971年又将全书重描后再度影印。此书原手稿最初由原北大学生何之瑜①保管,1946年何在上海要求父亲手写此书,稿子即留在父亲处。1952年上交中文系党组织。陈先生又把他的音韵学著作《古音阴阳入三声互用例表》寄给父亲,要父亲给他作序。这个《例表》实际就是陈先生对古音的分部,父亲对古音问题向来有浓厚兴趣,两人通过信件,对古阴声韵尾问题展开了讨论。一对老北大的师生各找论据,讨论得相当认真。后来父亲把与陈先生往来讨论的信还有其他几个人给陈的信共27封抄成一个手卷,题名《陈仲甫先生晚年居蜀与人论学书札》寄给了何之瑜。何被捕病死狱中后,此件随其档案存入上海档案馆,我辗转得到一份复印件。前几天静农先生长公子台益坚从美国来信,说他把陈独秀先生的七十几封信交给台湾"中研院"出了书,我想父亲手抄的这27封信的原件应该是在其中的。经过"史无前例"的大荡涤,一些稍有价值的东西,不是留在海外就是"存"进狱中才得保存下来,真是令人扼腕三叹!陈还写过一副"世人共鲁莽,吾道属艰难"的对联送给父亲,看来这是他晚年的"夫子论道"了。父亲曾把这两句话写进了他为《古音阴阳入三声互用例表》作的序中。陈独秀先生死后,何之瑜把对联拿走,说是要描刻在墓碑上。前几年我托人辗转打听,陈在江津的墓碑上是欧阳竟无手写的"独秀陈先生之墓"7个字,并没有这副对联。陈的墓碑在"史无前例"中也当然地被打碎,仅存左上角一个"犭"旁,保存在县文化局。

## 三

1948年11月,父亲交割了在台推行国语的工作,重返他阔别了8年的母校。1949年2月北京和平解放,北京大学回到了人民的怀抱。从那时起到父亲1980年谢世共32年,父亲以"欣逢盛世"心情,积极从事教学科研和各项社会活动。除了先后担任或兼任系主任、副校长、新华辞书社社长及被聘为中科院哲学社会科学学部委员外,还有着"文改会"委员、《中国语文》常务编委等一大堆名义。其中约有三分之一确非挂名,是要卖力气或者卖大力气干的。父亲又是个"事必躬亲、过于认真"的人,他又一次全身心地投入了紧张的工作,当他看到在党的领导和群众的支持下工作取得了很大成绩时,从内心感到高兴。特别是作为一个语文运动工作者,看到他和他的师友们的许多多年宿愿一个又一个地得到了实现,他更是激动不已。所以,解放后这32年不仅是父亲在母校工作时间最长的32年,而且是收获最大、心情最舒畅的32年。

为了配合语文运动的开展,父亲早有宿愿编一部新型的符合中等文化程度的人们需要的小型字典。1948年11月回到北京后,马上就编纂字典问题与人交换意见。参与商议的"基本队伍",是北大的金克木、周祖谟、张克强、吴晓铃等4位先生,他们在解放大军围城的隆隆炮声中讨论着编字典的事,倒也别有风趣。[12]1949年4月,父亲参照大家的议论,拟了一个编写字典计划,设想所编字典应是"具有'十大特色'的,适合工农兵、学生以及中小学教员需要的阅报、读书、写作、学习的基本工具"。也许是"英雄所见略同"吧,到了1950

年初,出版总署内部也开始酝酿要编一部小型字典以应广大群众学习文化的急需。副署长叶圣陶先生询问父亲是否愿意出面主持此项工作。父亲一听此言正中下怀,两人当即达成协议。由叶老致信北大汤用彤校长,将父亲的系主任职务移交杨晦先生,腾出时间到出版总署牵头组建新华辞书社。当年8月1日新华辞书社正式成立,父亲兼任社长,开始主持编纂《新华字典》的工作。在叶老的直接指导下,经过全社同人以极端认真负责的精神共同努力,历时3年,《新华字典》终于在1953年10月编成出版。全书70万言,收字6840个,父亲原来设想的十大特色,经过集体的反复推敲和修改,也在更加符合实际的基础上得到落实⑬。《新华字典》的编成,受到广大群众的热烈欢迎。第一次印刷10万册,据说到现在已累计发行逾3亿册。这样的气魄和规模,解放以前父亲他们"单干"时是不可想象的。

父亲因长期从事语文运动的原故,建国初期即被聘为文字改革协会常务理事。1952年2月父亲被聘为政务院文教委下设中国文字改革研究会12名委员之一,兼汉字整理组副主任。他回忆起抗战前钱玄同先生参加拟定简体字,国民党的教育部公布后不了了之的事,不无感慨地说:"那时我还没有资格做这项工作呢。"看到自己又一个多年宿愿将要在党的领导下实现,他精神振奋地投入了《汉字简化方案》的制订工作。国家语委一些曾和他共同工作过的老人回忆说:"魏先生虽是兼职委员,但他在'文改会'是有办公桌的,他一来就埋头具体工作,非常勤奋,大家都很尊敬他。"周有光先生也回忆说:"建功先生对传统俗字非常熟悉,因此他提出的意见特别受人尊重。他对汉字简化方案中的每一个简化字都细细斟酌,他的负责精神使人肃然起敬。"1954年7月文改研究会第四次全体会议决定组成"七人小组",对《汉字简化方案》第四稿再加整理。父亲被推为"七人小组"成员,具体主持了《常用字简化表草案》第五稿的修订。通过对4000多个现代通用汉字逐个审定书写体、归纳书写原则,完成了《汉字简化方案》(草案)。经向全国各界约20万人征求意见,进一步修订后,经国务院批准于1956年公布了包括515个简化字和54个简化偏旁的《汉字简化方案》,并在全国推行,为汉字改革作出了重要贡献。

1958年2月,在国务院科学规划委员会召开的古籍整理出版规划小组成立座谈会上,与会人员提出了由教育部在北大开设一个有关古籍整理的专业学系的建议。1959年6月,北大校方召集哲学、历史、中文三个系的部分老教师⑭座谈,以接受开设古籍整理专业学系任务为前提,集中讨论了名称、规模、课程内容等多方面问题,会议连开了两天,齐燕铭同志也参加了讨论。规模上大家一致认为办系嫌大,办专门化嫌小,以办专业为宜;名称是翦伯赞先生提出来,大家一致同意叫"古典文献专业";建制多数主张设在中文系,也有人认为这个专业的思想和知识内容不仅是语文,办在中文系并不十分妥当。大家还强调要加强政治思想教育,防止培养出一些只知道钻故纸堆的小老头(遗少)来。这些讨论意见后来成为办专业的重要参考。7月份,北大决定与中华书局合办古典文献专业,专业设在中文系。校方找父亲谈话,要他担任筹办这个专业的工作,名义是中文系副主任兼古典文献教研室主任。这正好又是父亲的一个多年宿愿(1925年毕业前上书教授会建议设置的学科内容),他又一次"一听此言,正中下怀"而欣然接受了任务,开始筹建我国第一个培养新型的整理研究古典文献人才的学科专业。先后调来了吴竞存、阴法鲁等先生作为中坚力量,中华书局总编金灿然先生也到北大来"蹲点"。在各方面大力支持下⑮,靠着青年教师的热情努力,1959年秋专业正式成立,父亲十分兴奋,提出要把古典文献专业办成文化战线上的"大庆"。他亲自给青年教师补课,要求学生精读"七部专书"。许多名家耆宿亲自授课,如游国恩先生的中国文学史、林焘与朱德熙先生的现代汉语、冯友兰先生的中国哲学史资料学、邓广铭先生的辽宋史、王重民先生的中国目录学、陆宗达先生的说文解字研究等等,都堪称美仑美奂;父亲还亲自出马延请校内外名流如郭沫若、顾颉刚、吴晗、唐兰、

154

老舍、商承祚、侯仁之等作专题讲演以开拓学生视野。古典文献专业第一批招生30人,38年来累计培养已毕业的本科生400人,研究生80人,为国家输送了急需的古籍整理研究人才。最初几届毕业生今天已成为古籍事业的中坚,并有不少人成为知名的专家和教授,正在为批判继承祖国的灿烂文化遗产作出贡献。

回顾父亲一生,"真""诚"二字可以蔽之。他正直热情,干工作十分投入,不嫌琐碎,荜路蓝缕,能干别人所不能干不愿干之事。这中间都贯穿了一个"为国家民族效力"的思想。到了1979年,他因老年性前列腺肥大症的影响,肾功能已经严重损伤,仍旧咬紧牙关坚持认真审定《辞源》修订稿,经常工作到深夜。他把姐姐从兰州召来商量治病问题。他说治好病后要带研究生(系里曾要他带研究生,他因身体不行没有接受,一直心中不安),要写字还"账"(请他写字的人很多,他没能完成心中不安),还要写回忆录,要整理一下他几十年都没工夫仔细整理的手稿……。总之,他想把病治好,重返为国家效力的战场!

1980年1月24日,父亲穿上他的中山装,深情地环视一下他的书房,赴北医一院治病去了。2月4日手术,11日感觉不适,16日严重恶化,延至18日11时50分,抢救无效,他走了!

在泌尿系特护病房里,一切都转入平静了,医护人员在收拾着什么。我默默地站在一边,泪眼朦胧中看着父亲失血过多而略显苍白的面庞,忽然觉得静静地躺在床上的不是父亲,而是一个走完了79年战斗历程,马革裹尸归来的战士!

是的,他是一个战士!他是属于中国现代史上一个特殊的文化军团——北京大学的一名文化战士!!

**注　释**

① 父亲生于清光绪二十七年,公元1901年11月17日(农历辛丑年十月

初七),卒于公元 1980 年 2 月 18 日(农历庚申年正月初三)。

② 伯龙先生专攻训诂,有《南通方言疏证》、《通俗常言疏证》传世;亦轩先生于文字形音义兼容贯通,有《徐氏全书》传世。

③ 当时遗老遗少们吃花酒、捧旦角,旧剧(京剧)实际反映着旧的生活方式。演话剧还是演旧剧,是娱乐活动中新旧思想生活的分界线,实验剧社的诞生,增加了一块向旧势力斗争的阵地。他们先后演出过托尔斯泰名作《黑暗之势力》、波兰无政府主义者廖抗夫(L. Kampf)的《夜未央》(用中英法俄 4 种语言)、陈大悲的《幽兰女士》及《爱国贼》(讽刺卖国贼)、《母》、《良心》等。

④ 后来自学钻研,写了《北平音系十三辙》等许多音韵学著作的张德泽先生,就是第二平民夜校的学生。

⑤ 鲁迅先生讲授《小说史》,钱玄同先生讲授《音韵学》,黎锦熙先生讲授《文法学》。

⑥ 吴肃又名吴渊、吴亚鲁,1922 年入党,抗战期间任新四军平江办事处秘书长,1939 年"平江惨案"中被杨森部队杀害。

⑦ 1924 年第二届年会前,因平民社揭露县议员李亚青等把持群田事务所(管理公产土地的机构)、勒索农民、中饱私囊的黑幕,地方反动势力捏造假名向省上联"名"控告它是"过激派"的组织。省公署批交如皋县长查办,一时气氛十分紧张。总务委员会在南京商议决定各委员分头走访南通一带知名人士,争取老一辈人出面主持正义。会前一天的下午,委员们完成走访回到县城,决定年会如期召开。一面托人出面与县长打招呼,一面派父亲等连夜兼程进省,向省公署揭穿地方反动势力捏名诬告的阴谋,从根本上消除这一案件。

⑧ 李国瑄,湖北武昌人,1922 年入党,曾任北京团地委学运委员会委员长、北京地委宣传部长等职务。

⑨ 范鸿劼,湖北鄂城人,北大马克思学说研究会发起人之一,1920 年入党,曾任北大第四届党支部书记、中共北京地委委员长、北方区委宣传部长,1927 年 4 月 28 日与李大钊同志一起就义,年仅 35 岁。

⑩ "济难会",党营救遇难同志的组织,设在沙滩汉花园一家公寓的楼上,连父亲共 3 人。负责人姓夏,每天坐班的是一位原通州女师学生赵云容。1926 年初,中法大学党小组的王耀郁在顺义搞农运被捕,父亲被派以"中法大学教员"身分,与杨景山(北大政治系学生,曾任党的北方区委秘书,1927 年 4 月 28 日与李大钊同志一同就义)同去顺义营救未得成功。由此与杨景山同志相识。后来

潘梓年找党的同志联系,父亲把杨景山介绍给他,潘因而得以接上关系南下广州。

⑪　何之瑜即何资深,1924 年前在北大入党,1925 年 2 月曾任北京团地委委员,秋收起义时任湖南岳阳县委书记,是湖南省出席中共六大代表。六大后任湖南省委组织部长。何是参与托陈取消派发表《我们的政治意见书》81 人之一,1948 年任托派"中央委员",1952 年在上海被捕,后病死狱中。

⑫　金先生后来回忆说:"我们在朦胧中高谈阔论,涉及英文中的约翰逊博士字典、牛津字典、韦伯斯特字典以及黎锦熙主持多年未能成书的《中国大辞典》等等。城外传来的炮声仿佛给我们打击节拍。我们当时想不到所拟字典的前途,但有一个信念:中国的未来系于儿童,危险在于无知,最可怕的是文盲。语言文字是普及教育的工具,字典是语言文字的工具。我们不会别的,只能咬文嚼字,谈论字典等于谈论中国的前途,炮声使我们信心增长。"

⑬　十大特色是:1. 就实际语言现象编定;2. 以音统形;3. 以义排词;4. 以语分字;5. 以用决义;6. 广收活语言;7. 由音求字;8. 由义选词;9. 适合大众;10. 精选附录。这 10 条的中心思想被进一步归纳成"以音统字、以字统义、以义统词"12 个字,成为编写《新华字典》的总体例。这个总体例体现了父亲"音为基础"的一贯主张,就是所谓"革除以往重文轻语,不重视活语言"的新型字典的"新"之所在。

⑭　参加的老教师有中文系的杨晦、游国恩、王力、周祖谟、魏建功,哲学系的冯友兰、任继愈,历史系的翦伯赞、邓广铭、周一良、齐思和,社会科学处的向景洁。

⑮　仅举一例,北大图书馆多年来不同意各系分散使用图书,各系又极需要有经常使用的图书,古典文献专业也有这个问题。金灿然决定凡中华书局出版的新书一律赠送古典文献专业一份,并通知中华上海编辑所也同样赠送,还向其他出版部门建议赠送。60 年代中华书局又把藏书复本拨送了一份给古典文献专业。

〔作者　北京市公安局离休干部〕

# 风雨力耕廿五年
## ——傅鹰在燕园

### 杨培增

著名物理化学家、中国科学院学部委员、原北京大学副校长傅鹰先生曾两度执教北大。

1950年10月,傅鹰和夫人、著名的有机化学家张锦教授历经磨难回到了新中国,并立即到北大工学院任教。几经调动之后,于1954年,他重又回到北大。从那时起,他扎根北大,顶风冒雨,奋力耕耘于他母校的燕园之中,历时25载,直至生命的尽头。

忆往昔,那25个令人难以忘怀的春夏秋冬,正是共和国最艰辛的一段征程。傅鹰,这位"美国两次都留不住的科学家",以他对祖国的赤诚之心和坚定脚步,在他钟爱的国土上,走过了他最后四分之一世纪的人生旅途,把全部的心血和智慧献给了北大,献给了祖国的科学教育事业。

## 一、拓 荒

傅鹰一踏上新生的共和国大地,他那发展祖国科学事业的雄心壮志就"像枯木逢春似的复活起来"了。当时,他已是公认的享誉国内外的胶体化学科学家,但他没有在个人已有的成就和地位上止步,而是把"帮助祖国发展工业和科学作为严肃的首要任务",并直率地指出:"我们的科学是非常落后的,落后到和我们国家的地位丝毫不相称的地步，处处是空白点。我们每一个人全有尽我们的力量来帮助消灭这些空白点的责任。"他个人下定了"不怕玷污双手和搅痛脑筋"的决心，选定填补胶体科学这个空白点去为祖国贡献余生。他上书教育领导部门，建议在我国发展这一既利国利民又能迅速赶超世界先进水平的学科。1954年，傅鹰教授的夙愿终于得以实现，我国第一个胶体化学专业和相应的教研室在北京大学化学系建立起来了。

作为教研室主任，傅鹰运筹帷幄，亲力亲为，带领几位青年教师开始了创业过程。他首先集中精力抓教学工作，以此培养骨干和建设师资队伍。当初，傅鹰通宵达旦地编出了急用的《胶体科学》讲义，亲自为教师上课。同时，大量招收研究生，让研究生和原有的青年教师一起边干边学，组成骨干队伍担负培养本科生的工作。建室当年，一次就招收了13名研究生，短短几年工夫，青年教师、研究生、进修教师和本科生济济一堂，教学工作生机勃勃。50年代末，各类毕业生相继走出校门，使新生的胶体化学在一些重点高校和科研单位生根、开花、结果。

傅鹰在抓教学树队伍的同时，积极带领教师和研究生开展科学研究和建设实验基地。作为一个造诣很深的学术带头人，他面对国家大规模经济建设的现实，提出了很有见地的观点和具体设想。他说："现时我们能够指导化学研究的人，可以指数，而空白点如此之多，倘若我们不肯牺牲一些学术上的地位，将面铺得广一点，指导学生做些不是我们非常内行却也不十分生疏的研究，我国化学之发展就慢得多。"他言行一致，说到做到。一方面亲自指导部分教师和研究生继续在他擅长的表面化学领域开展深入研究，另一方面又安排更多的力量开展国内尚属空白的许多胶体体系的理论和应用研究。由于傅鹰重视理论联系实际，崇尚埋头苦干，在短短的三五年内，在艰苦的条件下就取得了丰硕的成果。如他同时指导的13名研究生所完成的聚电解质加溶作用、电动现象及铜矿浮选、非电解质溶液吸附、泥浆流变学、离子交换理论与方法、活性炭孔结构与吸附、脂肪醇的泡沫性能、濛脱土的润湿与吸附、水面不溶物膜等等研究论文,都是具有较高理论水平和实用价值的开创性研究工作。高水平的科学研究,不仅丰富了教材内容,提高了教学质量,也支援了国家建设。如今,当年那些跟随傅鹰先生共同为新中国胶体科学事业奋斗的研究生、进修生和年轻教师都已成为科教战线上的专家、教授和学术带头人。一位知名的化学家是这样评论傅鹰的:"傅先生才是一位大科学家,书教得好,科研做得精,有远见,有胆识,当初是他把胶体科学的各个领域都带动了起来。他是新中国胶体科学发展的主要奠基人。"

　　作为学科带头人,傅鹰牢牢把握学科发展方向,善于组织协调科研队伍,使学科不断创新、发展。他为此虚心向他人学习,积极开展学科间、单位间的协作。30年代初他曾和北京协和医学院的生物化学家吴宪教授合作,到了50年代他又带领教师和中科院植物研究所的植物学家汤佩松教授合作,共同撰写并发表了有关生物化学和生命起源的研究论文,都属于开创性的。傅鹰还善于组织教师深入实际部门,开展研究工作,他本人也曾去工厂、油田和大坝工地调研、选题。在他的优良传统和求实作风的引导下,在他的带动和精心组织下,胶化的科研力量不断增强,研究工作日益开展。60年代初,国家科委批准成立了以黄子卿和傅鹰为首的北京大学物理化学和胶体化学研究室,并拨外汇优先为胶体化学进口了色谱、红外、流变、光散射仪和膜天平等专门的先进设备,这在当时的北大乃至其他高校都是绝无仅有的。从此,胶体研究进入了新的阶段,并很快在分散体系流变学、光学和电学、表面活性剂的物理化学和表面化学方面的吸附理论、超高真空技术以及膜化学等方向上开始了赶超世界先进水平的研究,有的课题较快地取得了可喜的成果。这是1966年以前的事。

## 二、重　教

傅鹰自1929年学成回国至1979年谢世,教学生涯整整历经半个世纪,为国家培养了几代化学人才,堪称为桃李满天下的一代宗师。而其中一半的光阴却是在燕园中的大学讲坛上度过的,在这里,他的治学观点愈加鲜明,他的教学艺术日趋炉火纯青。

傅鹰深知"培养人才是大学最根本的任务,教学是培养人才第一位的工作,教师的首要任务是教学,育人是教师的神圣的天职"。因此,他对教学工作极端热爱,身体力行、认真负责,是我们晚辈教师学习的榜样。

精心编著教材。傅鹰编写过物理化学、化学热力学、化学动力学、统计力学、无机化学和胶体科学等多种教材。他非常善于博采众家之长,虚心吸取前人经验。《化学热力学导论》序言中一段为众行家称道的文字,把他的编书之道和老实态度全盘托出:"编写课本既非创作,自不得不借助于前人,编者只在安排取舍之间略抒己见而已。编写此书时曾参考(略去所列20余本书目和著者名字——笔者)诸家著作。移植仿效在在皆是。但编书如造园,一池一阁在拙政园恰到好处,移至狮子林可能即只堪刺目;一节一例在甲书可引人入胜,移至乙书可能即味同嚼蜡。若此书中偶有可取,主要应归功于上列诸家;若有错误,点金成铁之咎责在编者,倘蒙高明指其纰谬,俾得修改,则拜赐者将不只编者已也。"

傅鹰曾公开宣布,"编著者任务之一是为激起读者深入钻研之愿望和引起读者之不满。"他认为:"若无不满之感,何必钻研,更何必深入钻研?因此若一书只述成就而无问题,使青年读后有大局已定、从此英雄用武无地之错觉,则即使逻辑谨严、条理清楚,编者似尚未尽责也。"青年学生和教师喜欢傅鹰的教材,就在于它们充满着启发性,富有引起浮想和思考的问题,使其产生发展科学和学以致用的责任感。

傅鹰常常告诫大家,"写教材一不图名,二不逐利,唯为教学和他人参考之用,切记认真,马虎不得"。他对自己编著的教材从不轻易出版,总是随着科学的发展不断更新修改,精益求精。他生前得以亲睹出版者只有《化学热力学导论》一种。而他在30年代就开始倾注心血、几经修订、50年代正式铅印过的《大学普通化学》,纵然已用它教授过数代学生,还是在他逝世后才正式出版。该书被公推授予1987年国家级优秀教材奖。

认真教书育人。傅鹰讲授过多种化学课程,既为刚入学的新生讲授基础课,也为高年级本科和研究生开设专门化课,无论上什么课,他都要一丝不苟地备课,从理论和实际的结合上认真进行课堂讲解,达到教书育人之目的。

傅鹰向学生传授科学知识的同时,很注意培养学生科学的思维方法和严谨的治学态度。他在继承前人经验和学识的基础上,总是不断追踪科学的发展,常以新颖、先进的科学事例和理论与应用成果充实教学内容。50年代中期应校系领导和师生要求,重新登上全校最大教室第二教室楼103号的讲台,为300余名化学系一年级新生和校内外的旁听者讲授第一门基础大课"大学普通化学"。他为刚步入大学门槛的同学精心讲解了化学热力学原理、晶体对称性、催化理论、物质波粒二象性和共振论等,这在当时国内外同类课程中是很少见到的。傅鹰讲授科学知识、阐述科学概念,都是从人类认识自然的过程、从科学发展的历史角度深入浅出地进行讲解。他常说:"一种科学的历史是那门科学最宝贵的一部分。科学只给我们知识,而历史却给我们智慧。……作为科学的继承者,我们应当知道前辈的成就,前辈的成就不但是后辈的榜样,而且也是路标。明白了发展的途径常常可以使我们避免许多弯路。"(《胶体科学》讲义)因此,读他的书,听他的课,经常受到科学思维方法和严谨治学精神的熏陶。如他在讲授"水的组成"一节时,详述了200多年以来化学家们是如何弄清水的成分和水中氢氧比例的。他说:"关于这个题目,我们用了很多篇幅。这固然是因为这是一个基本的数据;也因为自这个研究历史可以体会到科学研究的精神。……读者不但可以得到许多宝贵的知识,同时也可以知道什么是科学研究的方法。"(《大学普通化学》,1980年)

傅鹰重视实验教学,注重培养学生实事求是和理论联系实际的好学风。他针对长期存在于化学界某些人身上的轻实验重理论的风气,特别强调实验在科学发展中的重要作用。他在50年代初就说过:"没有感性的知识,理论的知识从何而来?在形式上我们全学习过毛主席的实践论,但是常常忘了实践,而将一篇行动指南的经典著作八股化了。"他教导学生辩证地对待科学理论和实验之间的关系,认为:"任何人全承认理论是必要的,倘若这种理论是从实验的结果出发,有预示的作用,有指导的作用,使我们对于现象了解得更深入一步。没有理论,实验就可能变成盲动,劳而无功,进步迟缓,或根本不能进步。但是无论如何,理论——即使是最好的理论也不能代替实验。而我们的学生中有很可观的一部分正犯了以理论代实验的错误。我们有责任来纠正这种错误。"为此,他在教材中,在课堂上经常用翔实的实验数据来论证理论产生的实验基础、精确程度以及适用范围,使学生深刻理解科学概念的建立和修正都必须基于可靠的实验数据,课后他还到实验室指导青年教师备课和教学生做实验,检查他们做实验是否专心,教导学生手脑并用、仔细观察和分析实验中出现的现象。他严肃指出:"化学是一门倚重实验的科学,只有实验才是最高法庭。"因此,学生重视实验蔚然成风,教学水平不断提高。

傅鹰教书育人,培养学生热爱祖国和发展科学的献身精神。他一贯认为教育的目的在于培养学生"促进祖国的工业化和建立我们的科学"。因此,他把对学生的无限希望渗透到教材的字里行间和苦口婆心的教诲之中。如他讲元素锑时指出:"地壳中的锑并不很多,而且很大一部分集中在我国,所以外国的化学家对之未予以足够的注意,因而对它的了解也就没有像其他一些元素那样清楚。作为新中国的化学家,我们有责任将此种缺欠补起来。将来中国的冶金、半导体工业日益发达,锑的用途一定会比现在大得多。要想充分利用我们的丰富资源,首先须更清楚地了解它的化学。"又如讲到稀土元素时,他自豪地说:"在我国不但不稀,而且是丰产元素","稀土化学是尚待开发的领域,无论从何方面皆有许多重要的研究等待着我们。"傅鹰就是这样通过讲授科学知识,自然地不断地唤起青年学生们的爱国激情和奉献精神。

傅鹰传授科学,尊重科学。他向学生评述科学,并不停留在当时的结论和水平上,更不人云亦云,或无原则地吹捧,或良莠不分地否定一切,而是客观地指出其中的正确与不足及其发展的方向,以鼓励青年学生放眼未来,奋力求索。例如,当50年代某些人用形而上学和搞政治运动的方法对世界著名化学家鲍林(L. C. Pauling)的共振论大肆批判的时候,他在课堂上却平心静气地详尽地向学生介绍了共振论的成就,指示一些与共振论不符的事例。他告诫青年学生:"对于共振论或任何科学理论,应当不存成见地研究其成功与失败的关键,这样做一定就可以促进更完备的化学键理论之早日出现。"讲义上昭昭然,讲台上铿铿然,一章化学键理论课,充满着丰富深刻的唯物辩证法,体现着为人师表的伟大人格。教书做学问如同处世为人,傅鹰正是一个光辉榜样而留存北大,永不泯灭于师生心中!

坚持教学改革。傅鹰的学识和教学水平有口皆碑,但他从不自满,不断地进行探索和改革。

傅鹰讲大课上小课,均是实行启发式教学。讲大课注意抓重点讲难点。凡是学生易懂或已经懂了的就一笔带过,让学生自学讲义就行了;而对学生不易理解的或新出现的概念、公式、定律,他则详细地阐述,并提出关键问题留待学生思考。上高年级专门化课和研究生课,"习题之演算及讨论乃主要部分,讲授每期不过三、四次耳。每次上课皆指定下次习题,届时学生将事先求得之结果抄出以供全班讨论。讨论范围可自引用原则，所作假设，演算步骤及其采用原因，以至结果之涵义及推广。换言之，注重如何入手及为何如此入手"（《化学热力学导论》，1963年）。师生对他的这种讨论式的教学法普遍推重，正如他自己恰如其分地总结道："季终之时勤奋学生不待养成独立工作习惯，且能初步掌握原理及处理问题之门径，稍差者所得亦不下于静候教师填充，唯费时稍多耳。"（《化学热力学导论》）

傅鹰教学讲求艺术，引人入胜。讲课时通古论今，逻辑性强，语言精辟，形象生动。学生们说："傅先生是化学大师也是语言大师"，"听傅先生的课，真使人着迷！"偌大的一个大课堂，不仅座无虚席，而且讲台两边和纵向过道都充满席地而坐者，济济300多人。须知那时可没有扩音器和现代化的教学设备，而整个大阶梯教室或静谧或活跃的气氛，全在他一张嘴一支粉笔的调动之中，彼时情景，至今仍深留学生们的记忆之中。

傅鹰教学生，爱学生，更严格地要求学生。他要求学生对实验对习题不可有丝毫的马虎。他公开宣布"课堂上我的话就是法律"，绝不允许在测验、考试时有任何越轨行为，否则就毫不客气地给打上一个"0"分。他从不出怪题、偏题，从不对学生搞突然袭击，善于进行开卷考试，结合平时学习状况评定学生成绩。晚辈学生对此津津乐道，有一位30年代初在青岛大学受教于傅鹰先生而今已年过8旬的老者也回忆说："吾辈学生受傅先生春风雨露，得益匪浅。先生学识渊博，待人甚爱。唯其治学谨严，令吾等敬畏。记得一同学作业超过时限，迟交之即不予收留。因之，诸同学不敢稍有怠惰，皆刻苦攻读，学识日精，一应考试，比比良好优秀。先生闻之笑曰：'不严不足以示爱'。"

1964年，当传达毛主席关于教学改革的"春节谈话"时，师生们都自然联想到傅鹰先生别具一格的教学方法，对他的学识、风度和气魄更加钦佩。

## 三、直　言

傅鹰躬耕燕园，辛勤劳作，科研、教学建树等身，而他对新中国的科教事业和北大的发展坦诚发表的各种想法和意见，同样卓尔不群，反映出傅鹰不仅是一位杰出学者，也是一位高瞻远瞩的战略家。1955年，即他进入母校的第二年，他在《化学通报》第9期上发表了《高等学校的化学研究——一个三部曲》，这是他的一篇颇具远见卓识的力作，比较集中地反映出他对学校领导作风、师资队伍建设和物质保障等重要问题的看法和建议。这些问题关系到高校科学研究能否顺利开展，是创办社会主义高水平大学必然要尽快解决的大事情，因为高水平的大学必须要有高水平的科学研究。《三部曲》是在他尖锐地批评了那种认为"研究是科学院的事，学校只管教学就够了"的"社会上很流行的意见"之后，为把北大办成"既是教育中心又是科研中心"而发表的"供领导参考"的看法，并"恳请领导本着言者无罪的精神，以容忍的态度对待一个科学工作者的意见"。

《三部曲》的第一部是献给领导当局的。傅鹰认为："科学研究是扩大科学领域的努力。它的目的是推广一门科学的理论及实用范围，它的一个必须的而不是充分的标准是有创造性。"他认为因"高等教育之发展在广的方面一日千里"，必然存在"一些领导一时不明了研究是什么"的情况，相信能"在不久的将来会自然改正"；而对于把科学研究"当作一种时髦的东西而滥竽充数"的毛病，则应当"立时必须加以改正"。他呼吁领导"为研究创造有利条件"，消除一些影响研究开展的不合理状况，给研究者以充足的时间、必要的设备并尽力消除影响其发挥积极性的顾虑。特别把"不必要的会太多"、"杂务太多"和"一般人不珍惜研究人员的时间"看成是影响科学研究顺利开展的"三害"，应该除掉。他殷切期望领导者逐渐由外行变为内行，这样才能"针对研究者的心理进行有针对性的、中肯的严正批评，而不是扣帽子"。

傅鹰在"贡献给指导研究的教师"的第二部曲中指出:"学校当局创造了有利条件之后,研究能否顺利地展开,首先要看导师们对待研究的态度。"他说:"我们每一个人全应当体会,时代已经变了。现时中国化学家的首要任务是帮助祖国发展工业和建立我们的化学,从前那一套应当铲除了。"他把"为科学而科学"的"脱离现实"的观念、"不顾一切企图将自己造成一个大师"的倾向、"甲向乙刺探,乙对甲保密"的"不合作"歪风和"轻实验重理论"的"本末倒置"的毛病,统统列入"必须纠正"之列。而且还指出这些缺点是"久矣夫,千百年来已非一日矣",并主动检讨自己:"我们如此,我们的学生比我们还坏,因为他们受了'学贯中西'的老师的熏陶。我们不应当怪学生,因为始作俑者是我们自己。"他呼吁教师们要"很勇敢地面对现实",要有"统筹全局的思想",要进行"相互间的合作和善意的关怀",研究"首先要考虑国家建设中的需要,既要注重理论上大有发展前途的项目,也不应忽略在经济价值上更大可发展的题目";诚恳告诫导师们"要为学生指出明路,不要只为自己打算而将学生领到牛角尖或池塘里去"。

傅鹰以师长的身份,把第三部曲献给下一代。他充满挚爱、信任和希望,深情地叮嘱他的学生们,"你们应当认清你们的责任。我们的祖国能不能成为一个独立的现代化国家和我们的科学水平有极重要的关系,其中最重要的一种就是化学水平,而提高化学水平的责任主要是在你们的肩上。这不是恭维你们的话,因为你们是我的学生或学生的学生一辈的人,我若是对你们讲任何虚伪的恭维话,就失掉人民教师的身份了。……我们一生的最宝贵的光阴是在反动政府下混过去的,而你们正赶上光明的开始。时间和机会全是站在你们的方面。我们年轻时也全有一番抱负和理想,现在我们将这些抱负和理想寄托在你们的身上。我们不能允许你们使我们失望,因为这也是全国人民的希望。"这是一段沁人心脾的衷曲! 它和党、毛主席对青年的教导与期望多么一致! 献曲者竟是一位在旧中国生长和在海外漂泊多年,而仅在新社会生活了 5 年的科学家,多么难能可贵呵!

傅鹰接着以和青年们谈心的方式，指出普遍存在的影响开展研究的心理障碍。他鼓励青年们第一要"打掉自卑感"，坚持"边做边学，做到老，学到老"；第二，"不要把教学与研究对立起来"，要认识到"搞好研究是提高教学质量的捷径"，"不做研究只能教学生达到似懂非懂而不可能达到真懂的地步"；第三，"应当信任和尊重老教师"。他说："有些青年认为这帮年长的教师们受的全是资本主义的教育，因此一错百错，全无是处。这种看法是不对的。"指出："一个人民的科学家与一个资本主义的科学家不同之点只看他愿意为谁服务，至于研究化学的方法是万国同风的。"他坦诚嘱咐学生们"不要在与导师之间树立起一段高墙"。同时，他对青年谆谆善诱："不要好高骛远，要从大处着眼，小处入手"；不要"只强调兴趣"，"应当将我们的兴趣和祖国的需要结合起来"；不要"偏重理论，轻视实验"，既要看到"没有理论推动实验，化学就不能进步"，也要注意"以计算代替实验，是死路一条"；……最后他要青年们记住："研究是严肃的事不是赶时髦的事；研究是愉快的事不是轻松的事。世界上还有比建立祖国的工业和科学的事业更严肃更愉快的吗？"这正是他一生孜孜以求的抱负和理想，也是他对青年教师和学生们所寄托的无限希望。

傅鹰这个著名的《三部曲》是他以在新旧中国和海内外的丰富经历及在高等学校辛勤工作的亲身感受写成的，是他在参加了一系列政治运动和经历了恢复经济的过渡时期以后，为迎接科教事业大发展和建设高水平的新北大而倾诉的报国之声，这既表现出他敢于直面现实的勇气，又表现出他在开展科学研究方面的真知灼见，还表现了他善于做人的思想工作的本领。他的《三部曲》得到了毛主席、周总理的肯定，他的意见和建议在他参加的两度全国科学规划制定工作中，在党中央制定的科学和高等教育两个条例中，都得到了重视和采纳。

傅鹰的《三部曲》在当时的化学界乃至整个科教界反响强烈，共鸣频仍。40余年过去了，傅鹰和他的《三部曲》一直共存人们心中，仍有重要的现实意义。

## 四、忠　贞

两次出国、两次回来的傅鹰先生，唾弃国民党恶政，厌恶资本主义金钱万能，而对祖国的社会主义事业充满着极大的热情，始终合着共和国跳动的脉搏，奋力向前。他参加过抗美援朝、土地改革、思想改造和三反五反运动；在燕园中他经历了整风、反右、大跃进直至灾难空前的"文化大革命"。他身为知名教授、科学院学部委员（现称院士）、副校长、全国政协常委，多次受到毛主席、周总理等中央领导的关怀与鼓励，也受过"左"的错误多次给予他的不公正对待，饱尝了林彪、"四人帮"一伙对他的凌辱和迫害。在解放后近30年的人生道路上，他有顺境时的安宁和喜悦，更有逆境中的不幸和痛苦。他从不以功名为念，从不计较个人得失，唯为祖国之富强而思而作。为了他一生钟爱的祖国，在任何艰难困苦的情况下，都是义无反顾，从未动摇爱国之心和报国之志。即使在"文革"中挨批斗不止，在听到有人问他当初回国而今是否后悔时，他瞪大眼睛毫不犹豫地回答："中国是我的祖国，不后悔！"虽然他被打成"反动学阀"和"美国特务"，受到长时间折磨，但一旦被"解放"之后，立即将发还予他的被查抄的款项捐献给国家，大部分为恢复高等教育出力，少部分赠予他的一个早期学生，用以开展科学研究。但当时驻校宣传队却以是"资产阶级的钱"而拒收，致使报国无门的傅鹰老泪纵横，不能自已。他身心虽受严重摧残，却为教学停止、科研下马而心急如焚，更为国家前途担忧。他对林彪、"四人帮"的倒行逆施，一直进行抵制和批判，即使在他们极其猖獗之时，也从不顾及个人安危，指名道姓地进行无情的揭露，直到党、国家和人民取得完全的胜利。

傅鹰，是良师，是诤友，是忠贞不渝的爱国者。北大人对他永志不忘！

〔作者　北京大学化学系副教授〕

# 我在北大跟王竹溪先生做学生

王正行

　　我在北大跟王竹溪先生做学生，直接接受先生严谨学风的熏陶，是从聆听先生讲授热力学和统计物理学这两门课开始的。先生授课条理清晰，逻辑严密，分析深入，发人深思。记得先生证明一个定理，一步一步证毕之后，接着又回头指出，虽然大家都这么讲，但实际上有两处并不严格，而它们的作用恰好抵消了，所以结果还对。严格的证明太繁，不可能在课堂上讲。先生治学的严谨，就贯穿在这细致讲解的始终。若干年后我也做了教书的先生，才知道有些重要定理不能在一两个小时内给学生讲清楚，在课堂上甚至教科书中打折扣的事并不希奇，而要像先生这样一板一眼指点给学生，则非有一丝不苟的严谨作风不可，这不是人人都能做到的。

　　后来跟先生做研究生，接触更多，才进一步领悟到，先生的严谨，不仅在于数学演绎和逻辑推理上的一丝不苟，更主要的还是在对科学问题作判断时，只能严格以最基本的物理原理和科学原则为依据，而不能有别的似是而非的依据，尤其不能人云亦云。对重正化理论的看法就是一例。重正化是 40 年代末量子理论的一大突破性进展，朝永振一郎、施温格和费曼为此获 1965 年诺贝尔物理学奖，而先生认为："重正化是耍赖皮！明明有一项无限大，硬是被死皮赖脸地拿掉了。"初听到这个看法，我惊诧至极，而冷静一想，先生说得十分深刻中肯。在理论前提中假设一个实际上观测不到的量，再在推演的最后宣布它是无限大，并恰巧与推演中一项不可避免的无限大抵消，这种以眼前的实用为主要目的的做法，对一个以追求完美科学真理为最高目标的严肃科学家来说,当然只能是权宜之计。尽管如此,先生对量子电动力学还是做过大量重正化的演算,算稿在熟人中传看过。而这件事无疑是我跟先生做研究生几年中得到的最大教益。它使我懂得,能否对科学问题作出自己独立的分析和判断,是观察一个人在科学上是否成熟的重要标志,而也只有从这种分析和判断中,才能看出他在科学上的兴趣、追求、水准和造诣。

我曾有一年多时间在先生指导下几乎是逐句逐段地研读狄拉克的《量子力学原理》。一次在讨论量子化条件时,先生指出狄拉克的书只给出了笛卡尔平直坐标中的结果,而先生早年在西南联大讲授量子力学时,曾着力讨论过曲线坐标中的量子化问题。严格地说,只在平直坐标中表述的理论,还不是完整的普遍理论。所以这实在是量子力学中一个极重要的基本问题。1978年庐山全国物理学年会上,杨振宁先生在演讲中也提到听先生讲过这个问题,并且说,他当年听课的笔记本是自己用茅草纸订成的,一直保存着,经常翻阅,获益匪浅。前几年国内对这个问题热了一阵,我写了篇文章寄给《美国物理学报》发表,引起国外一些同行的兴趣,而我的兴趣就是来源于30年前先生的这一席议论。量子理论中最深奥的莫过于测量理论了。先生对于测量理论作过深入的研究。"文化大革命"后,先生曾对我说想写一部量子力学专著。若不是病魔过早地把先生带走,我们本来可以得到一部新的《量子力学原理》,以引导我们深入探讨这类重大的基本理论问题的。

先生在量子理论方面的深厚根底和造诣,在一定程度上渊源于与狄拉克的交往和友谊。狄拉克是量子力学创始人之一,他以思想深邃和理论严谨著称于世。杨振宁先生曾说爱因斯坦、费米和狄拉克是当代他最佩服的三位物理学家。先生曾想跟狄拉克做研究生,而狄拉克则建议先生去找他自己的老师福勒(Fowler)。在剑桥的那几年,先生与狄拉克成了好朋友,经常在一起到郊外度过周末。他们两位在治学严谨这一点上可说是不相伯仲。我过了许多年才知道,狄拉克对重正化理论的看法与先生很相似，真可谓是"英雄所见略同"。

先生治学严谨的另一体现是"存疑"：在学问的研习中会遇到各种问题，我们不可能立即解答其中的每一个，但要弄清哪些是问题，记下存疑，不能稀里糊涂。"文化大革命"后期我从汉中来北京出差，顺便去看先生。先生问我："你做研究生时看约瑟夫森的文章，有没有发现什么问题？"约瑟夫森在剑桥做研究生时，写过一篇关于超导体隧道结（现称约瑟夫森结）的短文，预言了一个后来以他的名字命名的重要效应，因而获 1973 年诺贝尔物理学奖。这篇文章我当时看过，他预言的可观测效应与隧道结两边电子波函数的位相差有关，我觉得很玄，但没有深入想下去。听了我的回忆，先生告诉我，杨振宁先生回来看先生时，曾告诉先生，为了弄清这个问题，杨先生曾专门把约瑟夫森请到石溪讲了两天，仍不得要领。这时我才恍然领悟，我轻易地放过了一个很深层次的研究问题。尚可自慰的是，我还一直记得这是一个问题，而这正是得益于先生存疑法的教诲。

我跟先生做研究生时，GE（通用电气）研究实验室的贾埃文（Giaever）刚刚发现超导体的隧道效应，巴丁提出了一个解释这种效应的物理模型，芝加哥的科亨（Cohen）、法立科夫（Falicov）和菲立普（Phillips）把它写成二次量子化表象的模型哈密顿量，而约瑟夫森则用这个模型哈密顿量计算二级微扰，预言了约瑟夫森效应。那是发生在短短一两年中的事。法立科夫后来做伯克利的系主任，曾开玩笑说："我们本来可以算到二级微扰，诺贝尔奖就是我们的了。"科亨等人的模型哈密顿量确实是理解超导体隧道效应的一个基础。当时跟先生做研究生的还有徐至展，他打算算到三级微扰，看看会不会有新的可观测效应，而我则想研究一下科亨模型哈密顿量的理论基础。这两个题目都是我们自己挑选的，当然与先生反复讨论过，得到了先生的同意。到我研究生毕业以后，先生才跟我说，作为研究生论文题目来说，我的题目并不理想，最好有了一定研究经验，再来做这种题目。而我当时年少气盛,以为除了相对论和量子力学,做别的题目都算不了什么。现在我自己带研究生,对先生的这些话才有了真正的体会,也才能想象当时先生为我操心和思虑的心情。

我在研究的期间,看到美国马里兰大学普朗吉(Prange)发表在《物理学评论》上的一篇论文,思路相同,声称给出了科亨模型哈密顿量的理论基础。我想完了,这下要另换一个题目了。先生听我说完未置可否,只是让我把那篇文章留下,等他看过再说。这期间我相当沮丧。再去见先生时,出乎我的预料,先生并没有让我换题目,而是叫我安心继续研究。先生告诉我,普朗吉的论文是错的,并且证明给我看。原来,普朗吉所用的左边态和右边态分别构成完备组,同时用它们做表象的基矢就带来任意性,从而使整个理论都站不住脚。我这才知道,原来发表在权威刊物上的文章也不一定是靠得住的,还需要认真判断。值得指出的是,后来研究超导体隧道结的文章,在谈到科亨模型哈密顿量的理论基础时,一直还在引用普朗吉的这篇文章,可见像先生这样慧眼神清,有敏锐洞察力和鉴别力的,真正是凤毛麟角。

我后来在变分法的框架内解决这个问题,用了勒伍丁(Löwdin)和波戈留玻夫(Боголюбов)先后运用于分子结构和金属理论的正交化变换,发现在展开的级数中取到第二项就是科亨的模型哈密顿量,三次以上的项太小,实验观测不到。最后在写论文时,先生又指出,在数学上,还应该证明这个变换所展开的级数的收敛性,整个工作才完整;不过在物理上,所遇到的这种级数在大多数情形都是收敛的,所以马虎一点,不做这个证明也可以。先生关于普朗吉做法包含任意性的证明,作为附录写在了论文里。这篇论文因为"文化大革命"拖到1979年才发表,那时大家的兴趣已不在这上面,论文又是写成中文,所以没有什么人知道。

我跟着先生所受到的这些教诲和熏陶,对我随后一生的思想和研究都有深远影响。后来我在劳伦斯伯克利实验室与著名核物理学家迈尔斯(Myers)合作研究核物质,他给我看一篇与我们的研究相关的论文,我看后告诉他那篇论文是错的。他听了一惊,因为那是依利诺大学贝依姆(Baym)指导的博士论文,贝依姆署名第二作者,发表于权威的《核物理》杂志。依利诺大学是美国名牌大学,贝依姆60年代就蜚声美国物理学界,是一位很有影响的权威。但是我已经懂得名牌和权威并不是作判断的主要依据。听了我的解释,迈尔斯和他的老师斯维埃特基(Swiatecki)都完全信服,因为那篇文章在做求极值的变分时,独立地用了几个约束条件,而这些约束事实上并不互相独立。自从听先生证明那个定理开始,我就跟这种事结下不解之缘,1992年春天我发表在《物理学评论》上的一篇论文,有相当篇幅又是讨论欧美同行的一个原则疏忽的。

先生一生以治学严谨著称,一般人却未必知道,先生的治学精神不过是先生为人在学术上的反映。可以说,先生为人也和做理论物理学问一样,时时处处都是遵循选定的原则模式,严格不违的。一次在先生家中闲谈,有一张电影赠票,先生不想去看,我问:"让我去看吧?"先生回答:"这样不好。这个位子是留给副校长的,我不去人家不会说什么,若让别人去就不妥当了。"先生当时任北京大学副校长,在主持迎接新生的工作时,不顾70高龄,还亲自在大讲堂前的广场上安排和接待。如果说这都是细微处见精神的话,那么在大的是非问题上,先生的原则精神就凝成了凛然正气。"文化大革命"中"批林批孔",有人颠倒历史,编出"柳下跖痛斥孔老二"的谎话,先生在小组会上就严正地指出:"柳下跖比孔子晚生100多年,根本谈不上什么'痛斥'的事。"

先生谦虚谨慎,待人和蔼可亲,没有丝毫大菩萨的架势。我至今还清楚记得那次先生到拥挤脏乱的24楼来找我,坐在木板的床沿上,与我商量翻译海森伯《量子论的物理原理》的情景。我在先生悉心指导下把全书译完后,出版社建议请先生写篇序,先生断然回绝了:"海森伯是大科学家,我没有资格给他的书写序。"有一次先生跟我谈起,胡慧玲和夏蒙梦的一篇论文,先生觉得有些问题不清楚,压下没有发表,后来在"文化大革命"期间细细推演,才发现问题并不大,本来是可以发表的。言辞之中,还充满惋惜和歉意。

一生追求理想和完美的理论物理学家,待人处世也往往是同样天真和单纯。这种秉赋既使先生成为学界泰斗,也是铸成先生过早去世这一人生悲剧的重要原因。在"文化大革命"期间,先生已是年届60的花甲老人,还被驱使到江西鄱阳湖滨鲤鱼洲做放牛翁。1971年夏天,中美关系改善,杨振宁先生第一次回大陆探亲访友,要看望他在西南联大做研究生时的导师王竹溪,先生才得以从鲤鱼洲回到北京。但就是在鲤鱼洲期间的那些艰难和折磨,埋下了后来使先生过早去世的病根。"文化大革命"结束后,1981年先生出席全国政协五届四次会议,会议期间为委员们检查身体,才发现先生患了肝炎,且已到肝硬化的后期。回想起来,1971年在鲤鱼洲牧牛时,已发现肝功能指标偏高,但医生说不要紧,因为按照当时的"定义"还不算有病。先生天真地接受了这种说辞,以致身患肝炎长达10年之久而竟不知不治,把普通病患拖成不治之症。

先生当年进清华大学是仰慕梁启超之名,而我进北京大学物理系则可以说就是为了投奔先生门下,"文化大革命"期间我离开北京,到了远离中国当代科学文化中心的汉中,心中对前途茫然,先生对我的开导和鼓励,成为我的主要精神支柱,激励我努力奋进。那期间先生写给我的十几封长信,至今已成先生留给我的珍贵纪念。由于先生的帮助,我才又回到物理学研究的前沿。1982年夏天,我去伯克利加利福尼亚大学工作前夕,与父亲同去北京友谊医院看望先生,也是向先生辞行。那天下午师母也在病房陪伴。记得先生在为我签一封推荐信时还指出,信中用的一个词 equivalent 不太确切,最好换成 comparable,不过不换也可以。先生的思维还是那样清晰、敏锐和严谨,谁会想到,先生却将不久于人世呢! 想到这点,我不禁心中黯然。这封信我到美国后并没有用,数月后传来先生辞世的噩耗,它竟成为先生留给我的最后纪念,而那次探视竟是与先生的永诀。在此北京大学成立 100 周年之际,我谨把这篇小文章献给先生,以作为永恒的纪念。

〔作者　北京大学技术物理系教授〕

# 北大马克思主义哲学学科的开创者——冯定

谢 龙

北京大学的马克思主义传统源远流长,它孕育在蔡元培校长倡导的"兼容并包"的学术自由精神之中,从李大钊、陈独秀、毛泽东等人探索革命理论起,传播马克思主义的活动在北大延绵不断,即使解放前在残酷的白色恐怖下也未被禁绝。但是把马克思主义纳入北大的学科建设却始自解放后实行院系调整的1952年。

1957年春天中共中央毛泽东主席提名调冯定到北京大学担任哲学系教授。[①]当时校内有冯定将任副校长的传闻,中宣部长陆定一对此曾在和冯定的谈话中表示,党员为什么一定要担任行政工作呢?还是专当教授好。[②]明确地把在第一线抓学科建设的重任交给了冯定。那时,在重建哲学系过程中马克思主义哲学学科建设的任务十分艰巨,因为院系调整时除北京大学外,其他大学的哲学系都停办,北京的清华、燕京、辅仁等大学以及南方的武汉大学、南京中央大学、广州中山大学的哲学系师生全部集中到北大,北大哲学系有几十位教授,但没有一位是教马克思主义哲学的,冯定成为院系调整后北大的第一位马克思主义哲学教授,直到"文革"他仍是唯一的一位。40年前毛泽东的提名,无疑是从北大学科建设的迫切需要出发的,同时也基于冯定的学识、能力以及在学术界的声望,相信他完全能够胜任。这正和冯定本人专心致志从事哲学理论研究工作的愿望相符合。然而,冯定在北大27个春秋走过的道路并不平坦,因其坚持真理、传播真理,触怒了康生、陈伯达等人,他几乎有一半时间身处逆境,精神和身体备受摧残。但冯定并不屈服,虽屡遭险恶,却磨炼了意志,晚年他曾鲜明地总结:"人生就是进击,这也就是我在漫长的人生道路上得出的体会。"[3]1983年冯定逝世后,陆定一为《冯定文集》题词:"出入几生死,往事泣鬼神"[4],深沉地道出了冯定在理论战线不断"进击"、悲壮的一生。

冯定来北大不久就兼任校党委副书记,分管全校理论教育和哲学系的工作。"文革"后1976年起担任过一届哲学系系主任和副校长。他曾任全国政协第二、三、四届委员,第五届常委,中国科学院社会科学学部委员,《哲学研究》编委,全国伦理学会名誉会长,全国马克思主义哲学史研究会和辩证唯物主义研究会顾问,北京市哲学会会长等职。社会兼职虽多,但在北大的整个历程他始终都是以教授的身份出现的,他对北京大学的贡献也主要是作为学科的开创者和带头人、奋战在教学科研第一线的教师作出的。

缅怀与评说冯定在开创马克思主义哲学学科方面对北京大学的贡献不能割断历史。冯定来北大前已是深受青年们敬重和学术界赞扬的哲学家。立足世纪末,回顾与世纪同龄的冯定的一生,可以清楚地看到他在做人和治学上是非分明、刚正不阿的品格是在本世纪20年代上海特殊的文化氛围和长期的革命实践中形成的。1902年冯定出生于浙江慈溪,师范学校毕业后以优异的国文和算术成绩被宁波一所新创办的交易所千里挑一录用为会计,待遇优厚。但仅一年就因与他的志向不符而毅然离职,随即考入上海商务印书馆任古典文学编辑。那时的"商务"是集中了中外各种思潮的文化荟萃之地。环境的熏陶使酷爱传统文化并向往现代科学的少年冯定逐渐养成了执着地追求真理和深沉地探索人生的个性,并在他毕生从事的哲学理论研究工作中打上了人格与智慧、学识并重的颇具个人特色的印记。在"商务"期间冯定接受了马克思主义,加入了中国共产党。1927年党派他到苏联莫斯科中山大学学习,涉世不深的冯定竟能抵制王明以宗派主义、家长统治把持党内生活的错误路线,为此曾受处分,但由此引起的悲愤与思考坚定了他钻研哲学的志向。可见,当年冯定就是把掌握马克思主义哲学和不畏强权、坚持真理,进击人生紧密相连的。1930年回国后,冯定长期在地下党和部队从事宣传教育工作,这进一步健全和坚定了他的人格。与他同在苏北抗大分校工作的薛暮桥曾忆及冯定"不论是对人对事,都坚持真理,实事求是,嫉恶如仇,从善如流,体现了一个老共产党员和理论工作者的特有素质"。他还以亲身经历的传奇式事例⑤深情地认为"冯定虽然担任领导职务,又有学问,但他丝毫没有架子,待人谦和,对同志十分关心和体贴"⑥。

  冯定对哲学理论研究工作持之以恒,勤奋数十年如一日,来北大前他没有做过专职教师或理论研究人员,但在繁忙公务之余仍不忘写作。那部深获进步青年喜爱、广为流传、于全国解放初期印行50万册的《平凡的真理》,就是他任中共中央华东局宣传部副部长时在大连的一家医院做胃切除手术后一个月的休养期间撰写的。他力求以有关生理学、心理学新的科学成就并结合社会实践、人生实践,通俗地阐释认识论以及宇宙观、历史观、人生观问题,虽无意以其取代通行的按斯大林《联共(布)党史》第四章第二节形成的哲学原理体系,但在客观上冲破了分割辩证唯物主义和历史唯物主义的框架。此书写于50年前,某些具体问题的阐释和例证难免有陈旧之处,然而全书整体的学术价值则是卓著的。作者从注重实践出发,以认识论为中心与前提系统地论述哲学原理的脉络与结构,体现了时代精神和哲学的当代发展,一扫教条式的曲解,准确而鲜明地展现了马克思主义哲学的真谛。将其置于我国学术界马克思主义哲学研究领域,不仅在出版当时显得独到、新颖,即使在半个世纪后的今天,其思路对探究马克思主义哲学的当代发展仍不失启迪意义。另一部有影响的颇能体现冯定个性的论著是1952年3月先以读书笔记的形式发表,后被中共中央批转全党中高级干部学习的《关于掌握中国资产阶级的性格并和中国资产阶级的错误思想进行斗争问题》。这篇文章对我国民族资产阶级的经济地位、政治态度以及在革命各阶段的历史演变作了十分精到而深入的考察。在开展三反五反运动后对中国资产阶级一片几乎全盘否定声中，冯定却独排众议，实事求是地分析中国资产阶级仍具有两面性，澄清了在这个问题上一度出现的理论混乱。

冯定的上述成果表明他追求真理、进击人生的生活宗旨达到十分成熟的地步，他坚持马克思主义哲学的党性原则，以实践为基础把实事求是、勇于创新的精神不懈地贯彻到理论研究中去，坚决摒除言行不一、趋炎附势、宁左勿右等使理论工作堕落的歪风。这就是冯定投入北大马克思主义哲学学科开创工作初期的精神风貌，任凭以后道路艰难险阻不仅毫不消解，而且进一步将其提升到崭新的境界。他深知学科建设不是一己的事，而是全体教师的事，不仅要跟书本打交道，更要和人打交道，没有平等的相互交流与学习的环境，造就不出人才，也创作不出符合时代精神的学术成果，因此，不论对老中青教师还是对学生，他都一样爱护、尊重，坚持以坦诚、平等、谦和的态度相待。他初到北大时，思想改造、批判胡风等政治运动已过，中央颁布了按照党的八大精神制定的宏伟的科学技术发展规划纲要，提出了发展学术的"百家争鸣，百花齐放"的方针，广大教师的热情空前高涨，衷心期盼那种"心情舒畅，生动活泼的政治局面"的出现，以为社会主义祖国的建设贡献自己的全部精力。这种生机萌动的景象虽然短暂，但冯定却不失时机，在他来北大不久就一位一位地访问了哲学系的教授，包括刚回到北大的老教授张颐[⑦]，他都热情地登门拜访，还访问了陈岱孙等其他系的一些教授。据当时陪同他访问的系副主任汪子嵩回忆：访问有时在白天，有时在晚上。冯定博览群书，知识面很广，又能虚心向人请教，所以无论和哪位教授谈话都很投机，很快就有共同语言。冯定交了很多朋友，有些教授也爱与他交谈，哲学系的一些教师、党员、学生常找他反映各种情况和意见。[⑧]这种交往因反右运动而一度中断,后来在康生之流操纵下,1964年对冯定公开批判,接着又是十年动乱,当时且不说工作的权利,就连人身自由一度都被剥夺,人际正常交往更不可能,但冯定与一些教师、学生于1957年春天建立的真诚友情却未泯灭。在那极左思潮泛滥、人妖颠倒、是非混淆的日子里,冯定认定决不做"风派"、决不做"检讨英雄"[9],而是以沉默抗争,保持了一个马克思主义者应有的气节,这都是由冯定对真理的信念和对人际友情的忠实所支撑的。冯定在他能够正常工作之时,虽有时置身于政治运动中,但主要精力未用于"批判",如对杨献珍不公正的批判以及对张春桥等人取消资产阶级法权的叫喊等等,他都持抵制态度。只要有条件,他就着力于"建设",为开创马克思主义哲学学科克服重重困难,辛勤地耕耘在教学和科研园地。他所作出的奠基性业绩、工作中取得的宝贵经验以及在任何情况下都坚持的实事求是、勇于创新的学风,已载入北大马克思主义学科建设的史册,是北大人永志不忘的。

第一,为正规培养研究生带头开路。

冯定主张并参与制定北大哲学系"一体"(指马克思主义哲学)、"两翼"(指中外哲学史和自然辩证法)的办系方针。他初来北大时,就此给中央主管文教工作的陆定一和周扬书面提出过中肯意见。其中最为突出的是建议哲学系多招收研究生,请众多有造诣的教授指导,以发挥他们的专长。在培养急需的哲学专门人才方面,冯定很重视哲学和自然科学的结合,他建议哲学系可从理科系毕业生中选拔研究生,培养自然辩证法的专门人才。这个设想在1957年当年即予落实,从物理、生物等系毕业生中招收了自然辩证法的研究生,当时因哲学系无指导力量,曾邀请校外专家于光远担任导师。马克思主义哲学和中外哲学史的研究生招收工作也于1960年、1961年陆续开始。

冯定本人连续培养过两届历史唯物主义研究方向的研究生共8人。他担任导师,为研究生开设专题课,和青年教师共同备课,亲自讲课,以小型座谈方式组织专题研讨,并教书育人,关心研究生的思想与生活,在课余同他们谈心等等。当时我是哲学系的一名青年教师,学校按照加强师资队伍建设的部署安排我向冯定"对号"学习,冯定要求我在指导研究生的工作中做他的助手,这使我得以在各种场合,从不同角度直接聆听他对重大理论与现实问题的分析。作为一个共产主义老战士和党的理论家,他那鲜明的立场和党性原则、深厚的理论功底和丰富的理论工作经验所展现的智慧,令人深受感染,难以忘怀。一方面,他敏锐地察觉国内再次掀起的"批判浪潮",如对"合二而一"的批判等是极左思潮启动的,因碍于自己的处境虽未予公然对抗,也从未违心发表顺从言论,只是以沉默相对。但他对有关理论问题的正面阐释却采取截然不同的具体的、辩证的分析态度,实际上这样的"对抗"更具说服力。另一方面,他关注的热点是由国际共运公开论战引发的理论问题与现实问题,对此他未停留于忧虑性的议论,也未局限于《致苏共中央公开信》的论点,而是要我帮助他收集整理苏联有关社会主义问题的学术资料,进行多层面的对照比较,提出一系列深层问题供思考与研讨。在这方面给人留下深刻印象的有对社会主义如何划分阶段问题,无产阶级掌握政权后发展生产和提高人民生活水平的关系问题,社会主义国家里新的官僚阶层和新的剥削阶级问题,以及如何看待在阶级和阶级斗争问题上的"有砖无墙论"(指当时对有"分子"无"阶级"看法的一种比喻性概括)等等。现在看来,冯定从对这些问题的分析中提出的某些具体论点有受当时条件局限的方面,但所提出的问题本身却极为中肯,至今仍富现实意义。尤其是冯定在分析这些问题中蕴涵的实事求是的精神、科学严谨的思路以及对辩证法运用自如的睿智,使听讲者备受启迪。可见,当年冯定对指导研究生并结合培养青年教师做了成功的尝试,积累了宝贵的经验。哲学系正是由此起步在冯定等老教授带动下进入对研究生的正规培养的。

第二,为革新教学内容勇于探索。

在马克思主义哲学学科的开创中,冯定始终把主要精力用于课程建设。1957年至1958年他就开始讲授马克思主义哲学原理课和一部分马列原著课。1958年下半年哲学系学生下放农村、工厂,他以专题形式为下放黄村的学生讲授马克思主义哲学原理课,讲课中既引导学生联系实际,又强调不能忽视理论,有针对性地阐明理论对现实的重要指导意义。1959年至1960年初学生们陆续从工厂、农村返校,他十分重视为学生补课,不仅亲自授课并督促同他一起任课的青年教师认真讲授基本原理。1959年下半年起,冯定亲自为新生讲授马克思主义哲学原理课,并在他的主持下,于1960年首次由本系教师正规地开设了这门重要的专业基础课。⑩冯定与任课的青年教师一同备课,逐章听取试讲,一起探讨如何提高教学质量,对如何联系实际和深化理论提出了许多颇为中肯的意见。记得在教材的绪论部分,冯定就马克思主义哲学是由辩证唯物主义和历史唯物主义"一整块钢铁铸成的"以及世界观和人生观的统一关系发表过深入的意见。在辩证法部分,对矛盾的统一性和斗争性原理,冯定提出对其不同层面应有不同理解,就其实质或在事物发展的根本源泉和动力层面上来理解,斗争是绝对的,统一是相对的;而就其具体形式或在不同的矛盾性质层面上来理解,并非一切矛盾皆以斗争为主,对抗性矛盾是以斗争为主的矛盾,非对抗性矛盾则是以统一为主的矛盾,他认为有人不能把绝对和相对统一起来的认识论根源是由于没有把这两个层面区别开来所致,他对此作了颇具创见的分析。在认识论部分,冯定提出如何就以唯物史观为指导掌握认识过程两次飞跃"能动性"的机制问题进行讨论。冯定的引导使大家开动脑筋,思路得以开阔与深化。冯定提出的这些问题即使从今天哲学研究的进展来看也不失其深入探索的价值,从中可以看出冯定对这门打基础的课程既重视联系实际和理论的系统性,又主张从此开始即培养学生具有独立思考与理论创新的素质。1961年下半年,在冯定主持下还开设了作为专业基础课的"毛泽东著作选读"这门新课,填补了专业课程的空白。当时我和另一位青年教师张文儒担任此课,记得冯定提出此课要重点学习几部哲学著作,还要学习毛泽东在各个时期的其他重要代表作。他主张按历史顺序安排教学内容,坚持理论与实践的统一,以使学生更为扎实、系统地掌握毛泽东哲学思想。他还具体指导我们两人备课,并及时总结教学经验,这些经验曾在全校有关会议上作过介绍。现在看来,当时冯定提出的教学方针同它的实践,确实为这门课程的长远建设打下了较好的基础。直到"文革"后冯定担任系主任期间,他还积极支持在深入研究的基础上开设马克思主义哲学史课程,为此他提出过系统而精到的指导性意见。[①]这些意见给人的启发在于可从中领悟到要以"开放"的思路与古典的和当代的西方哲学相沟通、相比较,深入地探究马克思主义哲学发展史。

  冯定在课程建设上给我们留下的遗产中最珍贵的是对革新马克思主义哲学原理教学内容的探索。初到哲学系时,他探讨的话题之一是如何改变把辩证唯物主义和历史唯物主义分为"两块"的通行体系,建立由二者统一的"一整块钢铁"铸成的体系。他认为辩证唯物主义部分只讲自然宇宙问题,而把有关人和社会的问题都摆到历史唯物主义部分去讲,阐明不了马克思主义哲学世界观和历史观的精神实质。二者分割带来的问题很多,如:在未讲认识论之前即讲宇宙观岂不陷于独断论;未讲社会存在和社会意识关系之前能否讲清楚认识论问题;只讲宇宙观或世界观、历史观而没有自然观的位置岂不把与现代科学关系紧密的哲学问题排除在外;等等。因此冯定的改变体系的设想并非不问内容只是在形式上标新立异或只是摆积木似的更动前后顺序,其目的是要革新教学内容,纠正由于分成"两块"而造成的把哲学原理简单化、庸俗化的偏向,以准确地阐发马克思主义哲学的精神实质,并与社会实践包括个人的人生实践、现代科学实践相结合。他一直探索的是在教学中如何把马克思主义哲学讲成一个统一的革命的科学体系。如前所述,《平凡的真理》一书实属首创,此书按照列宁提出的辩证法、认识论、逻辑学三者统一,分为4个部分:

人的认识发生的生理基础和社会基础、两种对立的认识路线、唯物辩证法的基本规律和范畴、马克思主义哲学原理在其他领域的展开和应用。由这4个部分构成的体系,其思路是以认识论为中心与前提系统地阐释哲学原理。但是冯定在这方面的思路不是单一的,他力求以不同思路探索辩证唯物主义和历史唯物主义"两块"实现统一的途径。1959年底中央有关部门部署全国编写6部马克思主义哲学原理教材,北大哲学系承担的那部由冯定主编,教研室绝大部分教师都参加编写,经与大家酝酿,集思广益,冯定以另一种思路提出改变"两块"的新体系方案,仍坚持辩证法、认识论、逻辑学的统一,但以唯物论和辩证法为中心与基础。教材由总论与几个分论组成,总论包括唯物论与辩证法,而将有关的历史唯物主义基本观点融入,然后按辩证唯物主义自然观、历史观、认识论依次展开书的内容。这个体系对纠正简单化、庸俗化有其独特性。当时由于时间仓促,要求两个月内完稿,因而初稿内容难免有粗糙和不尽符合冯定提出的体系方案之处,但这是可以改进,遗憾的是当铅印书稿送交全国哲学教材编审会后,由于左倾错误指导思想的干扰,特别是康生直接插手,亲临会议操纵批判冯定执笔的教材绪论,使这部书中途夭折,此后在连续不断的"批判"浪潮下,根本不可能修改书稿,"文革"期间书稿全部散失,连对它的研究思考也被迫中断。过了整整20年,党的十一届三中全会后,我和当年参加编书的高宝钧等才恢复了对教学体系的探索。1981年和1982年我们曾将新编教材的提纲和部分初稿送冯定征求意见,但他已病重无力阅读,只能由他的夫人、助手衷方向他口述介绍。冯定表示殷切盼望此书写成,这给了我们莫大的鼓励和支持,1984年改变"两块"体系的《马克思主义哲学原理》作为北京大学教材终于出版。今天回顾冯定主编教材的往事,使我们再次深刻认识到在当年左倾指导思想支配学术界,思想普遍比较禁锢的情况下,冯定带领北大的马克思主义哲学教师大胆革新教学内容和教学体系的精神之难能可贵,深感这也是对我们今日的马克思主义哲学原理课教学改革的极大鞭策。

第三,治学和做人的楷模。

冯定是通过自己独特的道路,即对中国革命实践和个人人生实践的沉思而达到哲学的现代水平的,对马克思主义哲学在当代中国的发展作了独特的贡献。他认定马克思主义哲学是平凡的真理或是获取平凡的真理的理论武器,因而"跟平凡的事物和平凡的群众分不开",决不能轻视或蔑视平凡的事物和平凡的群众,"自命不凡的人,是不易甚至是不能认识真理和接受真理"[12]的。尊重平凡的事物和平凡的群众成为冯定一生的座右铭,这使得他追求真理、进击人生有了坚实的基础。在任何情况下,即使身处逆境,他都能够顶住各种歪风,表现出马克思主义理论工作者应有的理论勇气与理论气节。

在治学方面,冯定突出的个人特色是具有宽广的思路,基于对马克思主义哲学的精湛造诣,他把鲜明的党性原则与体现时代要求的创新精神高度结合,超越支配学术界的左倾错误指导思想的限制。其理论探究富于开拓性,不仅在哲学原理方面冲破了辩证唯物主义和历史唯物主义"两块"分割的体系,而且他的许多论著坚持从实际出发,并在其他方面尝试冲破"禁区"。如当时认识论研究只讲认知不讲意志情感,而冯定却在他1964年内部出版的《人生漫谈》一书中与认知、追求真理相联系探讨意志和情感问题。又如在左倾指导思想影响下忌谈个人幸福生活的追求,冯定却坚持唯物史观,深入分析与个人生活相关的种种问题,以引导人们切实树立共产主义人生观。

在做人方面,冯定突出的个人特色是具有宽阔的胸怀,将"己所不欲勿施于人"的传统美德贯彻于共产主义的人生实践,因而他能够抵制极左思潮对人民内部人际关系的破坏,保持一个共产党员"与人为善"的应有品质。基于此,冯定在与人交往和日常教学中形成了既严谨、正直又豁达、宽容的做人风范。凡与冯定接触过的人都感到他丝毫没有老革命、大干部的架子,非常平易近人。他从不主观地发议论或夸夸其谈,常是耐心听取对方讲述,为使之尽言还偶尔提些问题,幽默地插些笑话,使气氛十分融洽。在发表自己的见解时,他善于深入浅出,用几句简单的话说明深刻的道理,如事关重大,有时还带有激情与急促的语调。但是即使意见相左,他也以平和的口吻与对方商量,绝不强加于人。他在指导研究生和青年教师的学习中从不以自己的见解约束对方的思路。为此,他不指定自己的论著作为必读参考书,仅把自己的意见作为一家之言,着力于引导大家从诸多见解的比较中培养深邃、敏锐的目光,提高独立思考问题与分析问题的能力。他与人交谈学术理论问题时充满着学术自由和百家争鸣的气氛,绝无"教条"气。尽管冯定青年时代留学苏联学习的是"正宗"的马列主义,对马列原著十分娴熟,某些论点的出处、版本、页码及不同版本在译文上的差异等常能准确无误地说出,但他从不局限于引述原著和从理论到理论的论证,而是从现实材料和不同学术观点出发,用事实论证马列理论的正确性和发展马列理论的必要性。他对理论工作要正确把握具体真理的意图十分明确,深知拘泥于书本理论条条和自己原有论点是绝难实现这个意图的,从而坚信真理常常蕴涵在"平凡人"对书本和自己论点有所超越的见解中。这是他胸怀宽阔的基础。在学术研讨中,他以十分真诚的态度听取不同意见,鼓励学生发表不同意见,并善于运用马克思主义的立场、观点、方法从诸多歧义的互补中总结出对现实问题和理论问题的圆满阐释。

可见,正如冯定强调的,真理是平凡的,但"认识真理是似易而又实难的"[13]。其"难"就难在为了达到认识真理的目的,必须使治学和做人相辅相成,在这方面冯定堪称楷模,他以自己的渊博学识与高尚人格给北大马克思主义学科的开创奠基、铺路,作出了不平凡的贡献。

**注 释**

① ③ ⑨ 参见《冯定传略》,《冯定文集》第 2 卷,人民出版社 1989 年版,第

531、545、539—540页。

② ⑧　参见汪子嵩《冯定初到北大二三事》,《北京大学校友通讯》第12期。

④　《冯定文集》第1卷,人民出版社1987年版。

⑤　在抗大分校,当时冯定任副校长,薛任训练部主任,一次二人骑马同去几十里外的夏令营讲课,冯定课后因事先回,想到薛不会骑马,让警卫员留下陪薛同行。果然,在过一座小桥时马惊了,薛连人带马摔到河里,幸有警卫员帮助上岸,避免了意外危险。

⑥　薛暮桥《〈冯定文集〉序言》,《冯定文集》第1卷。

⑦　张颐(1887—1969),我国第一位获英国牛津大学学位的博士和最早在北大开设德国古典哲学课程的教授,1936年任四川大学校长,1956年回北大,后任全国政协委员。

⑩　冯定来校前这门课是请校外专家艾思奇等及苏联专家讲授的。

⑪　参见《探索探索者的道路,开辟未来》,《冯定文集》第2卷第510—517页。

⑫⑬　《平凡的真理》,《冯定文集》第1卷第175、178页。

〔作者　北京大学马克思主义学院教授〕

# "我总是走自己的路"
## ——翦伯赞与北大

### 张 传 玺

1944年7月15日,翦伯赞在风雨如晦的重庆巴县歇马场的陋室中,写完《中国史纲》第二卷《秦汉史·序》最后一句话:"不管时代如何苦难,我总是走自己的路。"这是他的人生誓言。他要走的路是人类理想之路,但也是坎坷艰难之路。有的人为走通此路付出了血的代价,他则倒在这条路上,永远离开了我们。他生于1898年4月14日(清光绪二十四年夏历三月二十四日),与北京大学创立同年。死于1968年12月18日,享年70岁。

## 一、他是哪个民族?为什么姓翦氏?

1949年春季的一天,自解放区进城不久的新派历史学家郭沫若、翦伯赞、侯外庐、杜国庠四人来到城里北京大学旧址孑民纪念堂,与北大历史系教师座谈学习马列主义的问题。客人是历史系主任郑天挺请来的,参加教师除郑天挺外,还有向达、杨人楩、朱庆永、张政烺、余逊、邓广铭等教授和胡钟达、杨翼骧、汪篯等青年教师。举办此座谈会的消息,在会前会后不胫而走。许多人对座谈的内容并不关心,但对于翦伯赞是汉人还是少数民族,尤其是属于哪个少数民族则很有兴趣。对于他为什么姓翦,也有兴趣。

关于翦伯赞属于哪个民族,议论很多,而且很快就肯定了他不属

189

汉族，而是少数民族。至于属于何族，尚有争议。主要有三说：一为"回族"说，其根据是他家世奉伊斯兰教。二为"维吾尔族"说，其根据是1946年8月出版之《读书与出版》杂志上载一专论，题曰《维族后裔的历史学家(访问翦伯赞先生)》。三为"突厥族"说，其根据来自一香港的"权威"记者。关于翦姓的来源，有人持《周礼·秋官·翦氏》说较权威。翦氏为周朝小官名，掌除蠹虫。此说符合"因生以赐姓，胙之土而命之氏"①的原则。但也有人怀疑，说为什么在流传很广的《百家姓》中没有"翦"姓。

稍后，有人在北大图书馆中找到了翦伯赞发表于1945年1月16日、17日重庆《新华日报》上的论文，题为《我的氏姓，我的故乡》，全部解决了这两个疑案。该文引《翦氏族谱》的第一篇《回部世系源流》曰：

> 翦氏本姓哈，其先出自西域回部，宋时为西域回部望族。元太祖之西征，回部附之，屡从征伐。有哈勒者，尝从太祖征西夏部落，屡战克捷，以军功封折冲将军。自是族属东徙，世仕元代，是为翦氏先世东徙之始。

> 明兴，其裔八十，佐明太祖征伐。八十勇武有韬略，屡著战功，太祖嘉之，以其翦除寇盗，赐之姓曰翦，更其名八十曰八士，是为翦氏得姓之始。

八士功封荆襄都督，子孙世袭常德卫正指挥使。明代中期以后，失掉世袭官爵，转为土著，定居常德、桃源一带。翦伯赞祖上一支，则定居桃源县东部一乡村，原名翦旗营，现名翦家岗，以务农为生，聚族而居，世奉伊斯兰教，只与本地回族通婚。至清末，始与汉人通婚，并学习汉文化。翦伯赞的父亲翦奎午，是湖南维吾尔族人中学习研究汉文化的佼佼者，考中清朝最后的一批秀才。翦伯赞则是从武昌商业专门学校毕业，还曾到美国留学。

## 二、批判胡适,关怀北大

翦伯赞于1949年2月,自石家庄随中国人民解放军进入北平(北京),身份为"北平文化接管委员会委员"。3月,受燕京大学之聘,入该校社会学系,任教授。9月,中国史学会成立,经过酝酿选举,郭沫若任会长,人民大学校长吴玉章和中国科学院近代史研究所所长范文澜任副会长,名在燕京大学的翦伯赞任常务理事兼秘书长。此职务分配,一度引起北京大学某些人的关注。有人明知故问:"翦伯赞是何许人也?怎么过去未见说过?"答曰:"很有名,很有名!他在三四十年代,曾多次向北平各大学主动挑战!"此说当然不符合事实,但翦伯赞在三四十年代,确实与北京大学有不少恩恩怨怨,主要是"批判胡适,关怀北大"。

翦伯赞与胡适在历史观和政治态度上是严重对立的,翦对胡的批判是经常之事。最早的批判是在1937年1月,文章以《读胡适〈新年的几个期望〉之后》为题,发表于上海《世界文化》杂志,署名"林零"。胡文的主要内容是为蒋介石推行"攘外必先安内"这一对内反共反人民、对日妥协投降的反动政策献计献谋。此时的胡适,已荣任中国的最高学府北京大学文学院院长,少年得志,不可一世。翦伯赞对他点名批判,而且入木三分,不仅对胡适本人,就是对北大或其他大学的某些教授也不无震动。翦伯赞第二次批判胡适是在1938年8月,事见翦著《历史哲学教程》中之"胡适、顾颉刚等的见解及其批判"一节,主要内容是批判胡适的形而上学的历史观。指出:胡适"一直到现在,还坚持着中国历史从远古到现在没有'质的变化',只有时间的推移"。《历史哲学教程》是翦伯赞总结"中国社会史论战"八年战况的名著,亦是中国现代史上出现的第一部系统全面地将历史唯物主义理论与中国的历史实际结合论述的著作。

翦伯赞第三次批判胡适是在1940年5月的重庆。文章发表在重庆《读书月报》，题为《中国历史科学与实验主义》。当时，胡适正高就中国驻美大使，在旧中国的文化界中，几乎被吹捧为一面旗帜。翦文开宗明义指出："实验主义是以极粗浅的形式逻辑为基础的玄学"，是胡适从美国的杜威那里贩卖来的。文中例举胡适的得意"名言"，如所谓历史好比"一百个大钱，他可以摆成两座五十的，也可以摆成四座二十五的，也可以摆成十座十个"。又说："实在是一个很服从的女孩子，他百依百顺的由我们替他涂抹起来，装扮起来。"②又如说："个人吐一口痰在地上，也许可以毁灭一村一族。他起一个念头，也许可以起几十年的血战。他也许'一言可以兴邦，一言可以丧邦。'"③翦伯赞指出，这"完全是观念论中的主观主义"，是"陈旧的进化论"，是"极端强调'个人'的作用，而否认'大众'之历史的创造作用"的"神秘主义"英雄史观。胡适还曾自比于教主，傲慢地说："被孔丘、朱熹牵着鼻子走，固然不算高明，被马克思、列宁……牵着鼻子走，也算不得好汉。我自己决不牵着谁的鼻子走。我只希望尽我微薄的能力，教我的少年朋友们学一防身的本领，努力做一个不受人惑的人。"翦伯赞一针见血地指出："很显然地，当胡适说这段话时，他自己已经被杜威牵着鼻子走了。"

翦伯赞第四次批判胡适是在抗日战争胜利后的1947年春天。当时，国民党反动派正在美帝国主义的军事援助下，在国内发动全面内战，疯狂向解放区进攻。而胡适则于1946年7月自美回国，就任北京大学校长。他要求青年学生不问政治，钻故纸堆。而且还身体力行，以考证"水经注案"为示范，起到了极坏的作用。1947年2月8日，上海《文汇报》举行"星期座谈会"，主题为"文化一年的总结"，应邀出席者有邓初民、胡风、潘梓年、郑振铎、洪深、田汉、周建人、胡绳等进步文化界人士。翦伯赞在会上以"被扼杀被摧残的文化"为题发言，指出：在国民党统治区有"买办文化抬头，古典主义复活"的反动倾向。他说："有人在把历史研究引上古典主义的道路。……配合着政治上的灰色，历史科学上也出现了灰色倾向。以北京大学为出发点的复古运动,已在开始,其影响并不在小。"他针对胡适"钻故纸堆"的说教,提出了"研究与运动不可偏废"的主张,并指出:"民主与和平在中国终有一天是要实现的,而且这时代离今已并不十分遥远。"④

翦伯赞批判胡适是毫不留情的,但他对于北京大学的广大师生是深有感情的,而且在各个时期都相当关怀。例如1945年12月1日,国民党军警特务为镇压昆明以西南联大为主力的教师与学生的反内战运动,打杀教师1人,学生4人,伤10余人,这就是震惊中外的"一二一昆明惨案"。翦伯赞在重庆闻讯极为愤怒,于14日在重庆《新华日报》发表《慰问昆明师生的公开信》,严厉谴责国民党反动政府的倒行逆施,声援昆明师生的正义斗争。次年夏,北京大学迁回北平。可是12月24日晚,即发生了美国兵强奸北大女学生事件。北大广大师生怒不可遏,连日举行抗议活动,全国各界人士也集会声讨、谴责美军的无耻暴行。这时国民党当局的头头龟缩起来,不闻不问;胡适校长则声言这是"法律问题",要学生不要过问。翦伯赞此时在上海,于这月31日在《文汇报》发表《抗议美军强奸中国的女学生》一文,强烈谴责美军的暴行。他还在多处讲演,揭露批判美国的帝国主义面目,同情、声援北大师生的正义斗争。次年春夏间,上海、北平等大中城市爆发蓬蓬勃勃的"反饥饿、反内战、反迫害运动",翦伯赞更为这一伟大的学生运动而欢呼。他在上海《时与文》、《人间世》、《大学月刊》、《文汇报》等报刊上连续发表了《学潮平议》、《为学生辩诬》、《陈东与靖康元年的大学生的伏阙》、《美军滚出中国!》等文章,揭露批判国民党政府的黑暗统治,同情和声援学生的正义斗争。关于这些,当时曾在北京大学任教或学习的教师或学生都怀有深刻的记忆。

## 三、消除门户,组成强大的教学集体

1949年3月,翦伯赞以民主人士的身份受聘于燕京大学,才过

3年,燕京大学、清华大学的文科与北大合并,翦伯赞被任命为新北京大学历史系主任。关于翦当年"曾多次向北平各大学主动挑战"之说言犹在耳,可是北大、清华、燕京三家各有门户之事,却使翦伯赞更感到头痛。有人问翦对接受此新任务的感想,他说:"北大的一批人是胡适的旧部,清华的一批人是蒋廷黻的旧部,燕京的一批人是洪煨莲的旧部,各有师承,各有门户,我只是孤家寡人一个,谁肯听我的?"此话反映了翦伯赞当时的心情。

虽是这样说,翦伯赞到系还是受到广大师生的普遍欢迎。他们认为,翦是一位著名的马克思主义史学家,但却待人诚恳热情,作风公正民主,值得尊敬。翦伯赞初到系时,积极开展工作。如对教师们,不问其来自何校,由老而中而青,或登门拜访,或相约会见,进行了较广泛的接触。他所得到的初步印象是门户之见和思想状况都不像传说那样严重。只要正确地贯彻执行党的"团结、教育、改造"知识分子的政策,历史系可以根据党的教育方针,组成强大的教学集体。他已信心百倍。

翦伯赞办事,大公无私;用人,重德重才,没有偏见。在50年代,历史系有7个教研室,7位教研室主任都是民主党派成员和党外人士;教研室副主任和系秘书中,党外人士也占多数。所以这样,教师党员少是原因之一,"量才用人"则是主要的原因。翦伯赞还很关心老年教师的思想和生活,他在党组织的协助下,解除了受到错误对待的一些教师的问题,还请北京市领导人协助安排余逊等老教授的就医、抢救等。他热情地接待来访,有各年龄段的教师,也有学生。谈话内容不拘,从思想到教学、科研、学习,到生活。正因为这样,在大约不到一年的时间中,翦伯赞已成为历史系老、中、青三代教师的良师益友,成为教师们团结的核心人物。旧的北大、清华、燕京三派,在历史系中,已几乎看不到痕迹,总的情况是关系日益融洽。

在翦伯赞的主持下,历史系分为三个专业,即中国史专业、世界史专业和考古专业,教师和教学辅助人员超过百人,本科生超过500

人,还有研究生、外国留学生数十人,号称"泱泱大国"。所设课程比较齐全,老教授都坚持在教学第一线。还请来一些外校和外国专家教授讲课,不仅大大丰富了教学内容,还进一步贯彻了"百家争鸣、百花齐放"的精神。翦伯赞对培养青年教师的工作十分重视,经常与教研室主任或老教师研讨此事,还多次在家中召开中青年教师座谈会,鼓励他们努力学习、研究,并听取意见。他建议实行导师制度,青年教师都按照专业对口原则,拜老教授为师;老教授要热心带徒弟。当时自然形成的口号是"师徒对号入座,传衣钵"。事实证明,此办法不仅密切了老中青教师之间的关系,还加强了彼此的了解。青年教师也有所依靠,思想和业务的进步都很快。自院系调整后至60年代中期,北大历史系的教师队伍可以称得上已形成为一个强大的教学和科学研究的集体了。

## 四、把课堂建成有组织的思想学术阵地

翦伯赞一心想把历史系的课堂建设成为有组织的思想学术阵地,在1956年以前,可以说工作基本顺利。至1957年,受到了"反右"斗争的干扰,但对教育和学术思想的影响还不很大。可是1958年以后,情况大变,主要是"极左"思潮泛滥,并一再侵害教育和学术思想,亦严重破坏课堂教学。

极左思潮的泛滥,和陈伯达有重大关系。1958年2月,他在国务院科学规划委员会会议上别有用心地提出了一个"厚今薄古,边干边学"的口号,此口号借助中央和地方电台、报纸之力,迅速传向全国。又适逢"大跃进"和"书记挂帅"的政治形势,此口号与衍生出来的"政治挂帅"、"以论带史"等口号结合,以排山倒海之势冲向文化教育界,冲向史学领域,也冲向历史系。北大历史系的课堂,很快乱作一团,学生们"拿起笔,做刀枪",大字报铺天盖地而来,以老教师为主,包括中青年教师,几乎都在受批判。本来被一致称为"著名马克

思主义史学家"的翦伯赞及其名著《中国史纲》也被扣以"资产阶级"的帽子,连连在大会小会上批判。教师们多年辛勤编写出的中国通史、世界通史及各基础课、专题课教材,一律被扣以"厚古薄今"、"史料挂帅"、"王朝体系"、"资产阶级观点"等大帽子。翦伯赞被折磨了几个月,肺气肿加剧,呼吸困难,在北京医院住了1个月,大夫建议需"易地治疗"。他于9月间去青岛,住院疗养达4个月。直至次年1月,身体才略见康复,即返回学校。

关于"边干边学",在北大是与大跃进运动结合进行的。历史系部分学生被组织起来,一边批判老师们原来编写的"旧"教材,一边自己动手编写"新"教材。另一部分学生被分为若干组,下乡下厂,进行社会历史调查,编写村史、家史、厂史等。其中重要的有《北京清河制呢厂五十年》、《安源路矿史》、《田村在前进》、《猛虎连史》、《北京大学学生运动史》等。教师们都未被邀参加编写工作,老教师时而被召接受批判;中青年教师以劳动锻炼为主,个别人偶尔为编书的学生咨询一下,这当然是很光荣之事。在调查和编书过程中,还穿插了一些"大炼钢铁"、"抢收抢种"等活动,是为了加强思想锻炼。

11月以后,寒冬将至,长期战斗在外的学生陆续回校。他们互相介绍情况,交流战果,从"算政治账"的角度来说,人人受到了相当的思想和生活上的锻炼。但如"算经济账"和"业务账",则几乎人人摇头,认为得不偿失,因之不少人心灰意懒,士气低落。

翦伯赞回到北大不久,历史系的干部向他汇报了秋冬以来学生们的活动及近期的思想状况,《中国青年报》送来该报对高校学生思想情况的调查资料。他对这些资料十分重视,也与有关人士进行过研究讨论。2月29日,他在《光明日报》发表《应该替曹操恢复名誉》一文,3月23日,郭沫若也在《人民日报》发表《替曹操翻案》一文。此两文的发表,目的是希望引导史学工作者和青年学生,通过对具体的历史人物或历史事件的研究、讨论,摆脱极左思潮的影响,踏踏实实地认真读书学习,正确地贯彻"百家争鸣、百花齐放"的方针,实事求是地研究、解决一些学术问题。青年学生的可塑性毕竟是很大的，曹操问题的讨论迅速进入历史系课堂，黑板上画有两个曹操，一为白脸，一为红脸，突出了讨论的主题。以学生为主体，翦伯赞和许多老年青年教师应邀参加。发言内容丰富，以评价曹操为中心，有的偏重于理论，有的偏重于史事，或从政治，或从军事，或从文学等方面，畅所欲言，各抒己见。教师们时有插话，气氛热烈。3月下旬，翦伯赞又在《新建设》杂志发表《关于打破王朝体系问题》，同月29日，《光明日报》转载。5月，翦又在《红旗》杂志发表《目前历史教学中的几个问题》一文。6月9日，又在《光明日报》发表《谈谈历史研究和历史教学的结合问题》一文。由于当时国内的形势好转，历史系有些干部和教师的思想也有所转变或提高，在系内做了不少工作，翦伯赞在论文中所提出的主要观点，比较快地为大多数教师和学生所接受。在这时，历史系的课堂已恢复正常，加强了马克思主义理论和史料学等课。理论课，如翦伯赞亲自主讲"史学方法论"，有的教师讲马克思的《法兰西内战》等，还请著名马克思主义史学家吕振羽到校做题为"历史科学必须在毛泽东思想的基础上前进"的学术讲演。史料课，如由向达教授主持的"六十年来新发现的史料"课，主要是请校内外著名专家学者介绍有关甲骨文、汉简、敦煌文书、明清档案等的发现与研究情况。此外，还开有《尚书》研究、《史记》研究、《汉书》研究、史料与史学、中国民族学、文史工具书等课。

　　翦伯赞还参与创办北大中文系古典文献专业，此事发端于1958年2月国务院古籍整理出版规划小组成立之时。规划小组组长是齐燕铭，下设文学、历史、哲学三个分组，文学组长是郑振铎、何其芳，历史组长是翦伯赞，哲学组长是潘梓年、冯友兰。各组成员均在20人以上，都是著名学者。规划小组为了培养古籍整理人才，决定在北大开设一个专业，筹备工作由齐燕铭、翦伯赞、吴晗、金灿然、魏建功等负责。就在这时，陈伯达别有用心地抛出了"厚今薄古"的口号，给筹备工作设置了严重的障碍。为了阐明创办古典文献专业的宗旨，回答"厚今薄古"论者的责难,翦伯赞受规划小组委托,于这年 7 月 17 日,在《光明日报》发表《从北大古典文献专业谈到古籍整理问题》一文。他说:"我们既反对那种认为凡古皆好而否认正当批判的右的复古主义,也反对那种认为提倡厚今薄古就可以对历史遗产、文化遗产问题采取粗暴的态度,甚至否认对于文化的继承的'左'的幼稚病。"文章还说:"在古书中,既有糟粕,也有精华";"只要用马克思主义的观点和方法来整理古典文献,就可让古书为今人服务,死书为活人服务。"北大古典文献专业于这年 9 月正式开学。这无异给陈伯达一记响亮的耳光。

## 五、做学生的先生,也做学生的朋友

翦伯赞常说:"学生是祖国的未来,是祖国的希望,是我们的事业的接班人。我们应当热爱他们,关心他们,既做他们的先生,也要做他们的朋友。"翦伯赞是北京大学接待学生来访最多的系主任之一,他还经常参加学生举办的集会活动,其中包括节日活动或跳舞晚会。1963 年 12 月末,系学生会代表送来"欢庆 1964 年元旦晚会"请柬,时间为晚 7 点至 9 点,他准时到了会场。学生们报之以热烈的鼓掌。有两位女学生前来请翦赋诗助兴。他高兴地接过纸笔,当场挥豪写下《元旦试笔》七绝四首:

(一)

未名湖畔月轮高,　五星红旗到处飘。
又是一年元旦夜,　弦歌交响入云霄。

(二)

今夜灯光分外明,　万家歌舞庆升平。
亚非拉美同欢乐,　处处楼台有笑声。

(三)
弦管燕园年复年，　少年一去不回还。
愿君骑上骅骝马，　同向红专猛着鞭。
(四)
无情日月转双丸，　我亦曾经是少年。
莫笑先生须发白，　犹能振笔诛神奸。

诗歌充满了革命的乐观主义和对学生们的热爱与期望。

翦伯赞本身属于维吾尔族，又身兼国家民族事务委员会委员及中央民族学院史料编纂委员会主任。为了促进并加强汉族与少数民族大学生之间的相互了解和思想交流，他曾主动促成北大历史系学生与中央民院学生的联系并举办联欢晚会，起了很好的加强民族团结的作用。

## 六、有论有史，论史结合

翦伯赞很重视马克思主义理论的学习和宣传。他在建国初期连续发表的《怎样研究中国历史》[⑤]、《论中国古代的封建社会》[⑥]、《论中国古代的农民战争》[⑦]等文，都是从历史唯物主义的高度，阐述研究中国历史的方法或概述中国古代的历史。可是，他反对空谈马克思主义，不谈中国历史的实际。因之他又主张要重视对史料的收集与研究。例如他在建国之初，即与郭沫若、范文澜等发起，组织编纂《中国近代史资料丛刊》，共有11个专题，每个专题有二三百万字，翦伯赞主编《义和团》与《戊戌变法》两个专题，北大历史系齐思和教授主编《鸦片战争》与《第二次鸦片战争》，邵循正教授主编《中法战争》与《中日战争》，图书馆系王重民教授主编《太平天国》。北大共主编7个专题。其他4个专题由中国科学院中国近代史研究所和北京师范大学历史系等单位主编。

翦伯赞反对空谈马克思主义,也反对"史料即史学"的观点,他主张研究历史要"论史结合"。1961年3月,全国高等学校文科教材编选计划会议在北京召开,翦伯赞被选为"历史专业教材编审组组长",并主编通用教材《中国史纲要》,参加《纲要》的编写人员主要从北大历史系遴选。为了将该教材编写好,翦伯赞考虑到许多问题,有些问题写成论文发表,如1961年发表的《学习司马光编写〈通鉴〉的精神》⑧和《对处理若干历史问题的初步意见》⑨,1962年发表的《关于史与论的结合问题》⑩和《目前史学研究中存在的几个问题》⑪等。这些文章批评了前几年肆虐于史学领域中的极左思潮,提出了一些正确的意见。1963年2月,中共北京大学党委会召开扩大会议,翦伯赞以"巩固地确立马列主义、毛泽东思想在教学与科学研究中的指导地位"为题,做了大会发言。3月,他应邀访问广西壮族自治区,在广西师范学院以"关于历史教学和研究的几个问题"为题,发表学术讲演,重点讲述了所谓"三基"问题,即"基本理论,基本知识,基本技能(亦谓之'基本训练')"。翦伯赞的这些文章和讲演,中心思想就是研究、讲述历史,应当"有论有史,论史结合"。

## 七、"在真理问题上不能让步!"

1963年2月,毛泽东主席在中共中央会议上提出"阶级斗争,一抓就灵"的口号。史学界有些人把这一口号作为马克思主义最经典的理论引入,再次掀起极左思潮,而且更加狂虐,有人别有用心地把批判的矛头直接指向翦伯赞。带头批翦的是《红旗》杂志的部门主任关锋。他于这年6月,在北京展览馆的千人大会上,以"在历史研究中运用阶级观点和历史主义的问题"为题发表讲演,揭开了"批翦运动"的序幕,按照"阶级斗争,一抓就灵"的大原则,给翦列出两条"罪状",即"脱离了马克思主义的阶级观点"和"不是马克思主义的历史主义"。此一"罪状"的宣布,目的在于把翦"开除出马克思主义的队伍",以便于下一步再扣以"资产阶级"的帽子,一棍子打死。关锋过去不见经传,而是以批判冯友兰起家,不明真相的人都以为他是中共党内的大理论家。他公开批翦的消息迅速传开,史学界多数人大为惊愕。不久,关锋的讲演稿在《历史研究》杂志全文发表,人们从经验出发,以为翦已被内定为批判或打倒的对象了。于是,"批翦"之事迅速由北京铺向各省各县,各级报纸、杂志、广播电台上的批翦文章越来越多,批判的调子也逐步升级,"批翦运动"在全国迅速形成规模。此时的翦伯赞对于关锋等所加予的"罪状",无法申辩,亦无处申辩。但是,他坚持原则,决不屈服。这年12月21日,他在写给朋友的一封信中说:"在真理的问题上,不能让步。这是一个马克思主义者应有的态度。"他这时已预感到,归他自由支配的时间可能不会太多了,就日夜伏案编写《中国史纲要》,想为中国青年留下点有用的东西。1965年12月,戚本禹发表《为革命而研究历史》[12]一文,把"批翦"运动推向高潮。次年3月,他又发表《翦伯赞同志的历史观点应当批判》[13]一文,把翦的《对处理若干历史问题的初步意见》和《目前史学研究中存在的几个问题》两文诬蔑为"两篇反马克思主义的史学纲领",并给翦本人扣上"资产阶级史学的代表人物"的大帽子,从政治上宣判了翦的死刑。王关戚[14]策划了若干年的批翦、倒翦阴谋终于实现了。

翦伯赞在北大享有极高的威望。他作为一位学识渊博的马克思主义史学家,受到普遍的尊敬。他所发表的反对极左思潮、阐述历史唯物主义观点的论文受到广大师生的欢迎。所以尽管社会上的"批翦运动"震天祈地,可是北大人却大感不解,他们的态度表现为矛盾、犹豫、动摇、痛苦,好像在暗暗祈祷"公正"快快降临人间。

## 八、死去原知万事空,但悲不见九州同

1966年5月25日,北京大学哲学系聂元梓等7人贴出题为《宋

硕、陆平、彭佩云在文化大革命中究竟干了些什么?》的大字报。此大字报是中央文化革命小组在北大炮制的。6月1日,毛泽东批示在全国广播这张大字报,"文化大革命"揭开了序幕。《光明日报》在6月1日的版面惟对翦伯赞单刀直入,发表《评翦伯赞的〈中国史纲要〉》和《翦伯赞是怎样积极卖身投靠蒋家王朝的》等文章。从6月1日开始,翦家已成为战场,前来揪斗翦伯赞的有北大学生、职工,还有街道上的身份不明的人,大约每天轮番批斗十几次,室内小件陈设,包括字画等,被劫一空。后来工作组进校,翦家由历史系学生轮流值班,斗争的空气有所缓解。1968年夏,翦氏夫妇被扫地出门,赶到蒋家胡同,囿禁在一间小黑屋中,工资早已停发,每月给予夫妇两人的全部生活费仅为30元。

10月间,中共八届扩大的十二中全会召开,毛泽东在讲话中提出,对翦伯赞的生活要照顾,要安排他的工作。11月18日,驻北大的工人、解放军毛泽东思想宣传队向翦传达了这个讲话,并将翦氏夫妇安排到校内燕南园居住,生活上大有改善。翦伯赞连夜写信向毛泽东表示感谢。据说毛泽东看到信后,还夸奖说:信写的很好!

可是好景不长。这月22日,中央文革刘少奇专案组副组长巫×率领五六个成员来北大向翦逼供,要翦将国、共两党在1935年冬至1936年春的南京"和平谈判"一事歪曲为刘少奇"勾结国民党CC派特务,妄图取消苏区、消灭红军"的内奸行为。翦严词拒绝了这一无耻要求。巫×等就以立即"逮捕"、"坐牢"、"枪毙"等狂言相威胁。逼供进行了20多天,翦伯赞针锋相对地进行了20多天的反抗斗争。12月18日夜,翦为了维护实事求是的原则,坚持实践自己的誓言——"我总是走自己的路",饮药离世。行前在衣袋中留下片纸遗言:"我实在交不出来,走了这条绝路!"还有"毛主席万岁!毛主席万岁!毛主席万万岁!"他的夫人戴淑婉与他一起离世。

1976年10月6日,"四人帮"被揪出,"文化大革命"结束。1978年8月,中共中央副主席邓小平在为翦申冤的诉状上批示:"我认为应予昭雪!"9月1日,北大新党委召开全校群众大会,为翦伯赞昭雪了十年沉冤,并恢复了他革命一生的声誉。

## 注 释

① 《左传》隐公八年。
② 《胡适文存》卷2第440页。
③ 《胡适文存·序言》第11、12页。
④ 上海《文汇报》1947年2月23日。
⑤ 《新建设》3卷2期,1950年11月1日。
⑥ 《学习》杂志3卷4期,1950年11月16日。
⑦ 《学习》杂志3卷10期,1951年2月16日。
⑧ 《人民日报》1961年6月18日。
⑨ 《人民教育》1961年9月;《光明日报》同年12月22日。
⑩ 《文汇报》1962年1月21日;《光明日报》同年2月14日。
⑪ 《江海学刊》1962年6月。
⑫ 《人民日报》1965年12月8日。
⑬ 《红旗》杂志1966年第4期。
⑭ 指王力、关锋、戚本禹。

〔作者 北京大学历史系教授〕

# 康有为梁启超与京师大学堂的筹建

王晓秋

北京大学的前身京师大学堂,创办于1898年戊戌维新期间。维新运动的主要领导人康有为、梁启超不仅是变科举、废八股、兴西学、设学堂的大力鼓吹者,而且也是创立京师大学堂的积极倡导者。他们推动光绪皇帝正式下诏设立京师大学堂,并亲自参与了起草京师大学堂章程等具体筹建工作。

康有为(1858—1927),原名祖诒,字广厦,号长素,广东南海人,世称南海先生。梁启超(1873—1929),字卓如,号任公,别号饮冰室主人,广东新会人,是康有为的学生和助手。他们两位都是中国近代著名的思想家、政治家和教育家,也是近代中国向西方学习,倡导变法改革、发动戊戌维新运动的重要代表人物,故后人常以康梁并提。

在康梁的维新变法思想和活动中,改革教育创办新式学校的主张与实践,占有重要地位。他们认为变法维新能否成功的关键在于办好学校,培养维新人才。"变法之本在育才,人才之兴在开学校。"[①]因此康有为早在1891年就在广州长兴里创办万木草堂,讲述"中外之故,救中国之法",以变法维新思想启发教育学生,培养了梁启超、陈千秋、麦孟华等一批维新运动骨干分子。梁启超曾形容康有为的讲课,"如大海潮,如狮子吼,善能振荡学者之脑气,使之悚息感动,终身不能忘。又常反复说明,使听者涣然冰释,怡然理顺,心悦而诚服"[②]。1897年,梁启超在湖南长沙担任时务学堂总教习,也积极宣传变法思想,培养了一批维新人才。有不少学生参加南学会活动并在《湘报》上撰文鼓吹变法,有力地推动了湖南维新运动的发展。

1895年甲午战争失败,清政府与日本签订了割地赔款、丧权辱国的《马关条约》。空前严重的民族危机强烈地刺激了中国的爱国知识分子,以康有为、梁启超为首的维新派大声疾呼只有维新变法才能救亡图存。他们还反复强调兴学校育人才是国家富强的根本。1895年5月,康梁发动在北京参加会试的举人1000余人向光绪皇帝"公车上书",要求拒和、迁都、变法。他们在上书中指出,西方国家之所以富强,"不在炮械军器,而在穷理劝学",而中国之所以贫弱,主要是教育不良,缺乏人才。他们向皇帝建议在各省、州、县遍立学堂,并在京师设校,"广延各学教习"[3]。这已是创立京师大学堂思想的萌芽了。1896年,梁启超在《学校总论》一文中认为"言自强于今日,以开民智为第一义","亡而存之,废而举之,愚而智之,弱而强之,条理万端,皆归本于学校"。他慷慨陈词:"今国家而不欲自强则已,苟欲自强,则悠悠万事,唯此为大,虽百举未遑,犹先图之。"[4]梁启超同年又在《论科举》一文中进一步指出:"欲兴学校养人才以强中国,惟变科举为第一义",建议"合科举于学校,自京师以讫州县,以次立大学小学,聚天下之才教而后用之。入小学者比诸生,入大学者比举人,大学学成比进士"[5]。并提出了在京师办大学的主张。

康有为、梁启超1895年发起成立的强学会与京师大学堂的创办也有某些渊源关系。梁启超1912年在北京大学的讲演中曾回忆道:"时在乙未(1895)之岁,鄙人与诸先辈,感国事之危殆,非兴学不足以救亡,乃共谋设立学校,以输入欧美之学术于国中。惟当时社会嫉新学如仇,一言办学,即视同叛逆,迫害无所不至。是以诸先辈不能公然设立正式之学校,而组织一强学会,备置图书仪器,邀人来观,冀输入世界之知识于我国民,且于讲学之外谋政治之改革,盖强学会之性质实兼学校与政党而一之焉。"[6]京师强学会1895年11月由康梁等人发起成立,又名强学书局或译书局,是维新派最早的政治团体,并联合了一批帝党和洋务派的士大夫。主要活动是集会讲演、购置图书仪器和译书、办报。梁启超被推为书记员并主编《中外纪闻》。然后,康有为又发起成立上海强学会,并拟定章程声明"本会专为中国自强而立"。然而守旧势力并不能容忍强学会,1896 年 1 月 20 日御史杨崇伊上疏,攻击强学会"专门贩卖西学书籍"并私刊报纸,要挟外省大员,故"请饬严禁"⑦。于是京师强学会遭到封禁,图书仪器被查抄,上海强学会不久也被迫解散。后经御史胡孚辰上奏"书局有益人才",建议将强学书局改为官办。清政府决定将强学会改为官书局,派吏部尚书孙家鼐为督办。孙家鼐上《官书局奏定章程疏》,其中提出"拟设学堂一所,延精通中外文理者一人为教习"⑧。此乃创办京师大学堂之嚆矢。因此梁启超在北大的演说中称京师大学堂"之前身为官书局,官书局之前身为强学会"⑨。1918 年出版的《国立北京大学二十周年纪念册》也认为"本校造端,基于清光绪二十一年之强学会"⑩。

最初正式向清政府提出设立京师大学堂建议的是 1896 年 6 月 12 日刑部左侍郎李端棻的《请推广学校折》。他认为"人才之多寡,系国势之强弱也",主张"自京师以及各省府州县皆设学堂",并特别提议"京师大学,选举贡监生年二十以下者入学,其京官愿学者听之"。大学毕业后,"予以出身,一如常官"。此外他还提出设藏书楼,创仪器院,开译书局,广立报馆,选派游历等五项建议。在奏折末尾,李端棻充满信心地说:"夫既有官书局、大学堂以为之经,复有此五者以为之纬",则"十年以后,贤俊盈廷,不可胜用矣。以修内政,何政不举?以雪旧耻,何耻不除?"⑪李端棻的这个奏折据说是梁启超代为起草的。罗惇曧在《京师大学堂成立记》中记载:"梁启超为侍郎李端棻草奏,请立大学堂于京师。"⑫梁启超的夫人李蕙仙是李端棻的堂妹,梁李关系密切,代草奏折是有可能的。而且这份奏折中的一些思想和提法也符合梁启超在同年所写《论学校》、《论科举》等文的主张,至少是吸收或征求了梁的意见。

光绪皇帝看到李端棻的奏折后立即命总理衙门议奏,可是总理衙门在当天上折议复时,却把设大学堂之事推给了管理书局大臣孙家鼐,声称"该侍郎所请于京师建设大学堂,系为扩充书局起见,应请旨饬下管理书局大臣察度情形,妥筹办理"。[13]孙家鼐1896年9月上奏,承认设大学堂一事是"官书局分内应办之事",同时又表示为难,"中国京师建立学堂,为各国通商以来仅有之创举",既不能仿行中国旧设之学堂,又不能完全仿效外国大学,"深知此事定制之难,创始之不易。且中国堂堂大国,立学京师尤四海观瞻之所系,一或不慎,则徒招讥议,无补时艰,反不如不办之为愈矣!"[14]尽管如此,他还是提出了自己筹办京师大学堂的建议,并都得到光绪皇帝的赞同,但是恭亲王奕䜣和刚毅等守旧大臣们却以经费困难等等为理由,主张"缓办",使创建京师大学堂之事被搁置下来了。1897年4月,翰林院编修熊亦奇在给孙家鼐的信中认为"设学事大且繁,非书局所可容纳",并感叹:"学堂一节,则以小试无益,大办不能,是以屡次筹商,不得不迟迟有待。"[15]

1898年维新变法运动日益发展,逐渐进入高潮,康梁等维新派更加紧推动光绪皇帝设立京师大学堂。曾经参加京师强学会并多次请康有为代拟奏疏的御史王鹏运,于1898年2月上了《需才孔亟,请饬速设京师大学堂片》。光绪皇帝立即正式批准设立京师大学堂,1898年2月15日颁上谕:"京师大学堂,迭经臣工奏请,准其建立,现在亟须开办,其详细章程着军机大臣会同总理各国事务衙门王大臣,妥议具奏。"[16]可是总理衙门却仍以"事属创始,筹办匪易"为借口,迟迟不予执行。为了敦促光绪皇帝痛下变法决心,康有为在6月1日先代御史杨深秀起草《请定国是明赏罚折》,要求光绪"明降谕旨,着定国是,宣布维新之意,痛斥守旧之弊"[17]。6月8日又代侍读学士徐致靖起草《请明定国是折》,指责守旧大臣及各省督抚们对新政"置之不理",如乙未以来,"京师学堂,尚无片瓦",要求朝廷申明国是,"明示从违"[18]。在康有为为首的维新势力的推动下,光绪皇帝终于在1898年6月11日颁布了由翁同龢草拟的明定国是诏书,正式宣布变法。诏书中说:"朕惟国是不定,则号令不行,极其流弊。"因此

"明白宣示嗣后中外大小诸臣,自王公以及士庶,各宜努力向上,发愤为雄,以圣贤义理之学,植其根本,又须博采西学之切于时务者,实力讲求"。在这份实际上是宣布百日维新开始的重要文献中,特别强调了创办京师大学堂的重要性。诏书指出:"京师大学堂为各行省之倡,尤应首先举办,着军机大臣、总理各国事务王大臣,会同妥速议奏。所有翰林院编检、各部院司员、各门侍卫、候补候选道府州县以下官、大员子弟、八旗世职、各武职后裔,其愿入学堂者,均准入学肄业,以期人才辈出,共济时艰,不得敷衍因循,徇私援引,致负朝廷谆谆告诫之至意。"[19]即使这样,守旧派大臣们仍在继续敷衍拖延。康有为十分焦急,因此又上奏光绪帝说:"京师议立大学数年矣,宜督促早成之,以建首善而观万国。夫养人才,犹种树也,筑室可不月而就,种树非数年不荫。今变法百事可急就,而兴学养才,不可以一日致也,故臣请立学亟亟也。"[20]于是,光绪皇帝6月26日下了一份口气严厉的上谕:"兹当整饬庶务之际,部院各衙门承办事件,首戒因循。前因京师大学堂为各行省之倡,特降谕旨,令军机大臣、总理各国事务王大臣会同议奏,即着迅速复奏,毋再迟延。"并警告"各部院衙门,于奉旨交议事件,务当督饬司员,克期议复。倘再仍前玩愒,并不依限复奏,定即从严惩处不贷。"[21]

在光绪皇帝再三严令下,军机大臣和总理衙门大臣们才不得不仓促复奏,并请康梁协助确定创办要义和起草京师大学堂章程。7月3日,总理衙门上《遵筹开办京师大学堂折》,称"臣等体仰圣意,广集良法,斟酌损益,草定章程,规模略具","举其要义,凡有四端:一曰宽筹经费,二曰宏建学舍,三曰慎选管学大臣,四曰简派总教习"[22],并附呈《京师大学堂章程》全文。据康有为《康南海自编年谱》、梁启超《戊戌政变记》、罗惇曧《京师大学堂成立记》等史料,谓创办京师大学堂要义是康有为所定,而章程则是由梁启超草拟。康有为在《康南海自编年谱》中写道:"自四月杪大学堂议起,枢垣托吾为草章程,吾时召见无暇,命卓如草稿,酌英美日之制为之,甚周密,而以大权归之教习。总署复奏学堂事,大臣属之章京,章京张元济来请吾撰,吾为定四款:一曰预筹巨款,二曰即拨官舍,三曰精选教习,四曰迭刻学书。"[23] 梁启超在《戊戌政变记》中也追述:"皇上既毅然定国是,决行改革,深知现时人才未足变法之用,故首注意学校,三令五申,诸大臣奉严旨令速拟章程,咸仓皇不知所出,盖中国向未有学校之举,无成案可稽也。当时军机大臣及总署大臣咸怆人来,属梁启超代草,梁乃略取日本学规,参以本国情形,草定规则八十余条,至是上之,皇上俞允,而学校之举乃粗定。"[24] 罗惇曧在《京师大学堂成立记》中也记载道:"迭奉严旨,促拟大学章程,枢廷及总署大臣,仓猝不知所措。梁启超时在京师方倡新学,乃争遣人乞启超属章,启超略取日本学规,参以本国情形,为草章程八十余事,乃据以上之。"[25]

梁启超起草的《京师大学堂章程》是近代中国第一个大学章程,体现了维新派的教育改革主张,勾画了中国近代新学制新教育体系的雏形,在中国近代教育史上有着重要意义。章程共8章52节。第一章总纲,强调"京师大学堂为各省之表率,万国所瞻仰,规模当极宏远,条理当极详密,不可因陋就简,有失首善体制",并规定京师大学堂是全国最高学府和最高教育行政机构,"各省学堂皆当归大学堂统辖,一气呵成,一切章程功课,皆当遵依此次所定"。第二章学堂功课例,强调"中西并重,观其会通,无得偏废",并且"以实事求是为主"。第三章学生入学例,除了吸收上谕所列各类官员及大员子弟入学外,还招收"各省中学堂学成领有文凭咨送来京肄业者"。第四章学成出身例,体现合科举于学校及培养维新人才的精神。"由小学卒业领有文凭者,作为经济生员升入中学,由中学卒业领有文凭者作为举人升入大学,由大学卒业领有文凭者作为进士,引见授官","就其专门,各因所长授以职事,以佐新政。"第五章聘用教习例,强调选择教师的重要。"必择中国通人,学贯中西,能见其大者为总教习,然后可以崇体制而收实效。""学生之成就与否,全视教习。教习得人,则纲目毕举,教习不得人,则徒糜巨帑,必无成效。""宜取品学兼优通晓中外者,不论官阶、不论年齿、务以得人为主。"还授予总教习聘用教习等用人大权。第六章设官例，规定设管学大臣、总教习、分教习、总办、提调等。第七章经费，列出开办经费预算约35万两，常年经费约19万两。第八章规定其他具体章程则由"办事人员各司所职，随时酌拟"㉖。总理衙门复奏及《京师大学堂章程》呈上当天，光绪就颁上谕批准，并任命孙家鼐管理大学堂事务，"所有原设官书局及新设之译书局，均着并入大学堂，由管学大臣督率办理"㉗。

关于京师大学堂管学大臣与总教习的人选，幕后均有激烈斗争。据罗惇曧《京师大学堂成立记》的记载，后党大学士刚毅"自命正学，欲以办学自任"，帝党军机大臣"翁同龢患之，会李盛铎等疏荐大学士孙家鼐、侍郎许景澄，乃命孙家鼐为管学大臣"㉘。孙家鼐，曾为光绪帝师傅，虽属帝党，有时却又徘徊于帝后之间，并不时排挤康梁。据《康南海自编年谱》所述，孙家鼐最初曾面请康有为担任京师大学堂总教习，李鸿章、廖寿垣、陈炽等人也劝孙聘康。而当时康有为担心大学堂的学生皆"部曹翰林道州县等官，习气甚深。自度才德年位，恐不足以率之，度教无成，徒增谤议，故面辞之"。可是后来孙家鼐见到梁启超起草的大学堂章程，"以教权皆属总教习，而管学大臣无权"，深为不满，又见李廖等大员都向其推荐，更怀疑是康有为所请托，"欲为总教习专权，又欲专选书之权，以行孔子改制之学也。于是大怒相攻"。康有为遂命梁启超转告孙家鼐，"誓不沾大学一差，以白其志"㉙。在李符曾致张之洞的密札中也提到"梁见寿州（即孙家鼐），谓'总教习必派康先生'，孙不应，康党大失所望"。还说："康所拟管学诸人，全未用。"㉚7月17日，孙家鼐上书请派当时不在国内的出使大臣、工部左侍郎许景澄出任京师大学堂总教习，在许到任前由孙"暂为兼办"。这样不仅把康有为排斥在京师大学堂之外，而且自己可以独揽学堂大权。不仅如此，孙家鼐同日还上书攻击康有为的《孔子改制考》等书，"必欲以惠周之事行之今时。窃恐以此为教人人存改制之心，人人谓素王可作。是学堂之设，本以教育人才，而转以蛊惑民志,是导天下于乱也……一旦反上作乱之人,起于学堂之中,臣何能当此重咎?""臣以为康有为书中,凡有关孔子改制称王等字样,宜明降谕旨,亟令删除。"㉛以此讨好守旧势力并证明康有为不适宜担任京师大学堂总教习。以后御史宋伯鲁奏请改《时务报》为官报,上谕令管学大臣酌核奏明。孙家鼐乘机于 7 月 26 日上折请派康有为赴上海督办官报,而且规定办报"不准议论时政,不准臧否人物,皆译外国之事"㉜,企图将康有为排挤出京,同时又压制维新派的变法宣传。康有为在《自编年谱》中说:"时枢臣相恶,欲籍差挤我外出,然后陷之,乃托孙家鼐请我办官报,并以京衔及督办字样相诱。"㉝汪大燮在致汪康年的信中也认为"寿州原为推康出走起见"㉞。康有为针对孙家鼐在大学堂安插兼差人员之事,鼓动御史宋伯鲁上书,要求大学堂派办各员,请开去别项差使。接近维新派的总理衙门章京张元济在康梁影响下,也愤然辞去原由孙家鼐推荐的京师大学堂总办职务,孙即顺水推舟推荐帝党御史李盛铎担任。

正当京师大学堂在紧锣密鼓积极创办之际,1898 年 9 月 21 日,以西太后为首的顽固派突然发动政变。光绪皇帝被软禁于中南海的瀛台,康有为和梁启超仓皇流亡日本,谭嗣同等维新志士被杀。政变以后,西太后以训政名义重掌政权,百日维新期间光绪皇帝颁布的新政措施几乎全部被废除,唯独京师大学堂"以萌芽早,得不废",命孙家鼐继续负责筹办,然而教学方针和内容却发生很大变化。1898 年 11 月,内务府正式将校舍移交京师大学堂,并开始招生,报名者原有 1000 余人,由于校舍有限,经考试录取 100 余人,先开仕学院,由举人进士出身之京曹入院学习。最初课程仅设《诗》、《书》、《易》、《礼》、《春秋》等,仍雷同于专习四书五经的封建书院,而与康梁等维新派原来的设想和期望大相径庭。直到第二年才增设史学、地理、政治三科。然而尽管如此,京师大学堂毕竟是戊戌维新留下的唯一成果。中国近代第一所中央官办大学和最高教育行政机关从此诞生。当时天津的《国闻报》曾报道说:戊戌政变后,在"北京尘天粪地之中,所留一线光明,独有大学堂一举而已"㉟。辛亥革命后中华民国元年即1912年,京师大学堂正式改名为北京大学,第一任校长就是当年戊戌变法时康梁的维新派战友严复。北大还邀请刚从海外归国的梁启超来校演讲,据《京师大学堂成立记》一文记载:"民国元年,梁任公归国在大学堂演说,谓戊戌变法成绩,西后推翻无遗,可留为纪念者,独一大学堂而已。"㊱以上所述,可以说明康有为和梁启超为京师大学堂的创办,作出了重要的贡献。

**注 释**

① 梁启超《论变法不知本原之害》,《饮冰室合集》文集之一。
② 梁启超《南海康先生传》,《饮冰室合集》文集之三。
③ 康有为《上清帝第二书》,《戊戌变法》(二)第149页。
④ 梁启超《学校总论》,《饮冰室合集》文集之一。
⑤ 梁启超《论科举》,《饮冰室合集》文集之一。
⑥⑨ 梁启超《莅北京大学校欢迎会演说辞》,《饮冰室合集》文集之二十九。
⑦ 杨崇伊《请饬严禁强学会折》,《德宗景皇帝实录》卷三八一。
⑧ 《万国公报》第92册,光绪二十二年八月出版。
⑩ 《大学成立记》,《国立北京大学二十周年纪念册》,1918年出版。
⑪ 李端棻《请推广学校折》(光绪二十二年五月初二日),《光绪朝东华录》(四)第3791—3794页。
⑫㉕㉘㉟ 罗惇曧《京师大学堂成立记》,《皇朝经世文新编》第6册学校上。
⑬ 总理衙门议复李侍郎推广学校折(光绪二十二年五月初二日),《皇朝经世文新编》第6册学校上。
⑭ 孙家鼐议复开办京师大学堂折(光绪二十二年七月),《皇朝经世文新编》第6册。
⑮ 熊亦奇致孙家鼐书(光绪二十三年二月),《知新报》第8册。
⑯ 光绪二十四年正月二十五日为开办京师大学堂上谕,《光绪朝东华录》

(四)第 4041 页。

⑰ 杨深秀《请定国是明赏罚折》(光绪二十四年四月十三日),《戊戌变法档案史料》第 1—3 页。

⑱ 徐致靖《请明定国是折》(光绪二十四年四月二十日),中国第一历史档案馆藏件。

⑲ 《明定国是诏》,《德宗景皇帝实录》卷四一八。

⑳ 康有为《请开学校折》,(光绪二十四年五月),《康有为政论集》上册第 305—307 页。

㉑ 光绪二十一年五月初八日上谕,《光绪朝东华录》(四)第 4104 页。

㉒ 总理衙门《遵旨筹办京师大学堂折》(光绪二十四年五月十五日),《光绪朝东华录》(四)第 4108、4109 页。

㉓㉙㉝ 康有为《康南海自编年谱》,《戊戌变法》(四)第 150、151、152 页。

㉔ 梁启超《戊戌政变记》第 27 页。

㉖ 《京师大学堂章程》,《近代中国教育史料》第 1 册第 135—147 页。

㉗ 光绪二十四年五月十五日上谕,《德宗景皇帝实录》卷四一九。

㉚ 孔祥吉《百日维新密札考释》,《戊戌维新运动新探》第 79、80 页。

㉛ 孙家鼐《奏请译书局编纂各书请候钦定颁发并请严禁悖书事》(光绪二十四年五月),《光绪政要》卷二十四。

㉜ 孙家鼐《奏遵议上海时务报改为官报折》,《光绪朝东华续录》卷一四六。

㉞ 汪大燮《致汪康年书》,《汪穰卿先生师友手札》。

㉟ 《国闻报》,光绪二十四年十月二十三日。

〔作者 北京大学历史系教授〕

# 文科学长 "五四"旗帜——陈独秀

陈 哲 夫

陈独秀(1879—1942),字仲甫,号实庵,安徽省怀宁人,清代秀才。他 38 岁来北京大学工作,在北京大学工作 3 年,他一生同北京大学都保持着联系。他担任过中国共产党 5 任总书记,在中国现代史上,是一位叱咤风云、声名显赫、几乎家喻户晓的人物。他人生道路曲折,集光荣与耻辱、赞誉与诅咒于一身。他虽已盖棺,但并未论定,直到 1979 年十一届三中全会后他诞辰 100 周年的时候,人们对他才开始有一个较为实事求是的说法。这以后,他的墓曾两次被扩建,墓前立了无字碑,给后人一个再评说的机会。

## 一、众说纷纭陈独秀

陈独秀究竟是什么人?可谓言人人殊,褒贬不一,或毁誉参半,或毁大于誉,或有毁无誉。由于他在五四运动前后宣传革命思想、参加反帝爱国运动的功绩,赢得了"思想界的明星"、"五四运动的总司令"、"近三十年来中国文化政治史上一颗彗星"、"思想界的领袖"的美誉。又由于在第一次国内革命战争时期,他犯了右倾投降主义的错误,受到了批判,他不肯承认错误并在党内进行派别活动,被开除出党,以后他又组织了托派反对中国共产党。共产党骂他是叛徒,投降主义分子。随着政治气候的变化,对他的恶谥也越来越升级。王明、康生之流甚至说他是"拿日本津贴的汉奸"。国民党也对他恨之入骨,悬赏通缉他,称他是"鼓吹共产邪说"、"危害民国"的"陈毒兽",

是破坏伦理纲常的"乱阶祸首"。这样,陈独秀便成为一个罪恶滔天、不容于人类的恶魔了。当中国共产党的政治路线处于正常的时候,也有过对他实事求是的评价。1945年,毛泽东在《七大工作方针》的报告中说:"关于陈独秀这个人,我们今天可以讲一讲,他是有过功劳的。他是五四运动时期的总司令,整个运动实际上是他领导的。他与周围的一群人,如李大钊同志等,是起了大作用的……我们是他们那一代人的学生,五四运动,替中国共产党准备了干部,……陈独秀在某几点上好像俄国的普列汉诺夫,做了启蒙运动的工作,创造了党,但他在思想上不如普列汉诺夫。……将来修党史的时候,还要讲到他。"[1]但是当党的政治路线不正常的时候,情况就另是一样,陈独秀就变成了一个敏感人物,有关陈独秀的研究成为禁区,谁如果对陈独秀的早期活动说一句肯定的话,就会被认为是替陈独秀翻案,以致被打成反党分子。陈独秀的家属、近亲、甚至远亲,也会因陈独秀这层关系而受株连,有的被弄得家破人亡。既然陈独秀是一个类似普列汉诺夫式的人物,就不应该完全否定他,应该承认他是一个犯了错误的革命者。列宁是怎样对待普列汉诺夫呢?1917年10月革命胜利后,工人赤卫队为搜索暗藏武器,曾经检查了普列汉诺夫的家,列宁得知这一消息后,立即发布命令,要有关部门"采取紧急措施保卫公民格·瓦·普列汉诺夫的安静和安全"[2]。1918年5月,普列汉诺夫病逝,俄共(布)中央为普列汉诺夫举行了追悼会,《真理报》在第一版的显著位置以编辑部名义发表了加黑框的普列汉诺夫逝世的讣告,称普列汉诺夫为"俄国社会民主党的创始人及其最著名的领袖和文化工作者之一"[3]。彼德格勒市长米·伊·加里宁给死者的家属发的唁电称:"普列汉诺夫是杰出的马克思主义理论家和卓越的政治家,一代社会主义知识分子的导师,俄国工人运动的奠基人。"[4]列宁曾赞扬普列汉诺夫说:"不研究普列汉诺夫的全部哲学著作,就不能成为一个真正觉悟的共产主义者,因为这是整个国际马克思主义文献中的优秀著作。"[5]当然,陈独秀没有普列汉诺夫那样高的理论水平,我们也无须照抄俄国的做法,但用这种精神来评价陈独秀的一生,也许更科学一些。

## 二、文科学长,"五四运动的总司令"

　　陈独秀来北京大学以前,在社会上已经有了很大的名声,因为很早他就参加了革命斗争。他曾5次浮槎东渡,游学日本,学习研究西方的自由民主、天赋人权学说。1902年,他在安庆组织"励志社",宣传革命思想,受到清政府的通缉和追捕。1903年,他和邹容等人将清政府派往日本监视中国爱国学生运动的姚文甫狠狠地羞辱了一番,"由张继抱腰,邹容捧头,陈独秀挥剪",把姚文甫头上的辫子剪了下来,被日本政府遣返回国。回国后,他在上海和章士钊一起办《民国日日报》,鼓吹革命。1904年,他在芜湖创办了以救亡图存、启迪民智为宗旨的《安徽俗话报》。1905年,他和柏文蔚等人一起创建了以推翻清王朝为目的的秘密军事团体岳王会,并担任总会长。他还参与了吴樾谋刺清出洋五大臣的活动。辛亥革命爆发,陈独秀虽然没有参加同盟会,但却是革命的积极参加者。安徽省独立后,陈独秀应孙毓筠、柏文蔚之邀,出任安徽省都督府秘书长。1913年,他参加孙中山领导的反袁世凯的"二次革命",几乎被袁系军阀杀掉。1914年,他在日本帮助章士钊办《甲寅》杂志。1915年9月,陈独秀在上海办《青年》杂志。《青年》杂志一问世便出手不凡,它以战斗的风格、崭新的思想、通俗的文字、不同凡响的口号,向旧世界挑战,它像一声春雷震撼了中华大地,惊醒了沉睡在梦中的中国青年男女。于是,陈独秀的声名大噪,成为全国各界瞩目的人物。经人介绍,1917年1月,时任北京大学校长的蔡元培,聘请陈独秀为北京大学文科学长(相当于今天的文学院长),这是蔡元培决心改革北京大学、改革文科所作出的重要举措。冯友兰回忆说:蔡元培"到校后,没有开会发表演说,也没有发表什么文告来宣传他的办学宗旨和方针,只发了一个通告说:兹聘任陈独秀为文科学长。就这几个字,学生们全明白了,什么话也用不着说了"⑥。由此可见,在当时,陈独秀是一面改革的旗帜、革命的旗帜、开放的旗帜。

蔡元培聘请陈独秀为文科学长,校内的一些保守势力攻击他学无专长,只会写一些时论文章,不配掌最高学府的文科。蔡元培力排众议,他说,仲甫先生精通训诂音韵,有著作,章太炎先生也视为畏友。安徽籍的一些教授也表示,戴东原以来,安徽人士研究文字之学已成传统,陈独秀对训诂研究,造诣甚高。这样才使这场风波平息。⑦

陈独秀到北大以后,"蔡元培先生倚为左右手"⑧,委以很多的重要职务,除文科学长以外,陈独秀还兼任校评议会评议员、入学试验委员会副会长(会长蔡元培)、北京大学附设国史馆编辑处纂辑股主任和《北京大学日刊》编辑等职。陈独秀任文科学长以后,他没有开课,专心于文科的改革,蔡元培对有关文科的"人事、行政,一切由陈独秀先生主持,不稍加干涉"⑨。在蔡元培的支持下,陈独秀把《青年》杂志从上海迁到北京,改名为《新青年》。从此,陈独秀以北京大学为基地,以《新青年》为武器,导演了一幕又一幕有声有色、威武雄壮的新局面。

(一)作为文科学长,他协助蔡元培整顿学风校纪,充实教师队伍,进行教学改革,提倡学术自由。

蔡元培、陈独秀到来以前的北京大学,是一所封建性十足的学校,学校中的学生不少是达官贵人的子弟,有的本人就是达官贵人,他们入学的目的是为了给自己的身分涂一层时髦的油彩,给做官资格加一点分量。例如陈汉章平生一大憾事,就是没有点翰林。当时流行的说法,京师大学堂的毕业生就是洋翰林,也是天子门生,他本来可以早点在北大做教师,但他宁愿做学生,从一年级读起。他们多数人不肯认真读书,不愿做学问,认为学问不值钱,不能给自己带来功名利禄,能给自己带来功名利禄的是逢迎阿谀,拉帮结派,酒食征逐,奔走权门。更等而下之之辈,则是出入花街柳巷,拈花惹草,消磨岁月。校风校纪如此,文科学生尤为放荡。如蔡元培所说:北京大学的整顿是从文科开始,而文科的整顿则是在陈独秀任文科学长以后启动的。⑩

针对校风校纪废弛的情况,陈独秀制定了一系列的规章制度,如请假制度。文科学长布告指出:"一、因事请假,需由本人亲写假条,逾时不能补请,通信请假无效。二、病假可以代请,必须签名,需有医生证明书(证明书需有医生图章)……。三、重病假,需有医生全脉案,须填写特别假条,需得学长之许可。四、未到校学生请假,凡未经交费者,须请特别假,特别假须有保证人亲来教务处说明理由,填写假条,签名盖章,须有函托证据。五、长假期限,不得逾一学期钟点之半。"⑪又如严格的考试制度和升级留级制度。1918年5月14日的文科学长白,指出:"本科各门三年级学生按照旧规程所定之科目未曾习了,及兼习之外国文试验不及格者,必须补习完备,照章试验及格,方能给予毕业证书。"选课听课制度。本科预科各班学生均不得迟到,选修课一经选定之后,不得任意更改及旷课,已选定的第二外国语,亦不得中途改易,旁听他门他年级功课的,事先务须审慎,倘报名之后听讲中辍者,一经查出,除追回听课证外,并剥夺其以后申请旁听之权利。文明礼节制度。凡学生上课均需遵守课堂规则,有不遵守课堂规则、行为失礼者,将给予必要的处分。等等。陈独秀为执行课堂纪律,曾将经常缺课的黎元洪的侄子误认为许德珩,给予记大过一次,闹出了一场误会。

蔡、陈以前的北京大学,师资队伍良莠不齐,保守势力很大,思想十分陈旧,辜鸿铭、刘师培之流公开宣传复古、保皇、纳妾、裹小脚,甚至有流氓分子、被称为探艳团长的徐佩铣之类的人物窃据讲坛。陈独秀任文科学长以后,力图改变师资队伍的成分,他首先写信给在美国学习的、积极参加新文化运动的胡适来校任教。不久,胡适就来到了北大。被聘请先后来文科任教的还有李大钊、刘半农、陈垣、杨昌济、徐悲鸿等人。加上蔡元培、陈独秀来校以前就已在北大工作的钱玄同、沈尹默、王星拱、徐宝璜等思想进步人物,革新阵营教师的力量就压倒了保守阵营教师的力量,这就为北京大学的学术研究、文化发展、培养优秀人才奠定了师资方面的基础。

蔡元培、陈独秀到来之前的北京大学,讲坛上是孔孟之道的一统天下。蔡、陈到来之后提倡学术独立,思想自由。陈独秀早就主张思想解放,他曾说:"我有口舌,自陈好恶,我有心思,自崇所信,绝不认他人之越俎。"[12]他也反对思想垄断,学尚一尊,认为:"汉武以来,学尚一尊,百家废黜,吾族聪明,因之锢蔽。"[13]因之,他主持的北大文科,学术空气非常活跃。不同学术思想可以互相争鸣。在北京大学文科的讲坛上,既有胡适、钱玄同讲授的白话文学,也有黄侃、刘师培坚持维护的文言文学;既有崔适的今文经学派,也有刘师培的古文经学派;既有师承章太炎的朱希祖、黄季刚、马裕藻的文字训诂学,也有不同师承的陈介石、陈汉章、马叙伦的文字训诂学;既有梁漱溟的封建性的唯心主义哲学,也有李大钊的唯物史观。甚至一门课可以由不同学派的人同时开设,通过竞争,发展学术。这种兼容并包、学术自由的学风,实际上是为打破旧派的一统天下,为新思想进入讲坛开辟路径。

总之,"陈独秀在北大工作三年多的时间里,对北大的改革和发展起了很大的作用,这是应予肯定的"[14]。曾和陈独秀一起在北大工作的梁漱溟,于1942年写文章纪念蔡元培,在谈到蔡元培兼容并包之量时,写道:"在蔡先生包容中,当时发生最大作用的人,第一要数陈独秀先生",陈独秀"精辟犷悍,每发一论,辟易千人,实在只有他才能掀起思想界的大波澜"[15]。

(二)作为《新青年》主编,他以此为阵地,团结了大批进步学者、进步青年,呼唤科学民主,宣传马克思主义,为建立中国共产党作了思想上和组织上的准备。

早在1915年9月《青年》创刊之初,陈独秀就提出了科学民主的口号,他指出民主科学是当代社会赖以发展前进的两大利器,"若舟车之有两轮焉"。他称民主为德莫克拉西(Democracy),为德先生,称科学为赛因斯(Science),为赛先生。他认为西洋各发达国家之所以兴旺端赖德先生和赛先生。这些国家为了拥护德先生和赛先生,曾不惜流血牺牲为之奋斗。他认为只有德先生和赛先生才可以救治中国政治上、道德上的一切黑暗。

陈独秀认为,要实现民主政治,必须反对孔教以及封建伦理。他说:"要拥护那德先生,便不得不反对孔教、礼法、贞节、旧伦理、旧政治。"[16]他认为儒学虽不无好处,但自汉武以来,孔教已是一切封建伦理的理论基础。孔教提倡三纲五常之理,君臣父子之道,男尊女卑之说,都是违背民主原则的,不废除孔教,就不可能冲破封建伦理的网罗,就谈不上民主。继陈独秀之后,鲁迅、吴虞、李大钊、易白沙都写了大量批判孔教和旧伦理的文章,指出孔教是"历代专制的护符",特别是鲁迅用"吃人"两字来形容两千多年来的中国封建礼教,更是入木三分。

要提倡科学,就要反对迷信以及其他伪科学。陈独秀说:"要拥护那赛先生,便不得不反对旧艺术、旧宗教。要拥护德先生又要拥护赛先生,便不得不反对国粹和旧文学。"[17]就是说,他认为旧艺术、旧宗教、国粹都是违反科学和民主的。

陈独秀认为,宗教是一种迷信,是违背科学的,是骗人的东西,"阿弥陀佛是骗人的,耶和华上帝也是骗人的,玉皇大帝也是骗人的,一切宗教家所尊重的崇拜的神佛仙鬼,都是无用的骗人的偶像,都应该破坏"[18]。他联系社会实际说明"君主也是一种偶像,他本身并没有什么神圣出奇的作用,全靠众人迷信他,尊崇他,才能够号令全国,称做元首"[19]。这是说迷信领袖人物也是违反科学的。

为了尊重科学,陈独秀反对国粹派,国粹派认为凡是中国的东西,古代的东西都是好的,是不可以改变的。他认为这种说法也是违反科学的。据此,他认为:"吾人尚论学术,必守三戒:一曰勿尊圣,……二曰勿尊古,……三曰勿尊国。"[20]

为了尊重科学、陈独秀把攻击的矛头指向旧文学,他认为旧文学脱离生活、脱离实际、脱离群众,"铺张堆砌","深晦艰涩","有肉无骨,有形无神","其内容则目光不越帝王权贵,神仙鬼怪,及其个人之穷通利达",为此,他写了《文学革命论》,痛斥了旧文学的陈腐、虚伪、浮华、迂晦,提出了文学革命的三大主义:"推倒雕琢的、阿谀的贵族文学,建设平易的、抒情的国民文学";"推倒陈腐的、铺张的古典文学,建立新鲜的、立诚的写实文学";"推倒迂晦的、艰涩的山林文学,建设明了的、通俗的社会文学。"[21]

在陈独秀的倡导之下,《新青年》杂志开展了以科学民主为中心内容的大讨论,许多进步思想家李大钊、鲁迅、蔡元培、吴虞、易白沙、钱玄同以及后来走向反动的胡适,发表了大量的文章,歌颂民主,批判专制;赞颂科学,反对封建迷信;提倡以平等为准则的新道德,批判以等级制度为核心的旧道德;提倡通俗易晓、面向大众的白话文,反对艰深晦涩、故弄玄虚、为封建贵族服务的文言文;等等。上述新思想,在西方虽早已是司空见惯的家常便饭,而在当时的中国则恰如空谷足音,人们的耳目为之一新,眼界大开,科学民主意识空前增强,专制主义、封建迷信、复古倒退的鬼话虽仍在强词夺理,但在觉悟了的人们面前已显得词穷理亏,矛盾百出,不能自圆其说了,统治者竟依靠暴力来"防民之口"。这是历史的大进步。

《新青年》杂志在俄国十月革命之后,特别是五四运动之后,思想进一步发展,李大钊、陈独秀等从资产阶级民主主义的宣传,转向宣传马克思主义阶级、阶级斗争、无产阶级革命、无产阶级专政、剩余价值学说、资本主义必然灭亡、社会主义必将胜利等基本观点。《新青年》所宣传的民主主义观点和社会主义观点推动了北京大学以至全国的革命化,涌现出一系列的革命团体和进步刊物,仅北京大学就组织了进德会、新闻研究会、平民教育讲演团、国民杂志社、马克思主义学说研究会等进步团体,创办了《新潮》、《每周评论》、《国民》等进步刊物,在这些进步团体和进步刊物周围聚集了以北京大学学生为主体的进步青年,他们是邓中夏、高君宇、黄日葵、何孟雄、朱务善、范鸿劼、许德珩、罗章龙、张国焘、刘仁静、张申府、张太雷、傅斯年、段锡朋、罗家伦等。在以后的斗争中,他们中虽然有的高升,有的退隐,有的落荒,有的叛变,但在当时对推进运动的发展,客观上都起了进步作用。毛泽东曾对《新青年》和陈独秀在这个时期的作用作过这样的评论:"这些团体的大多数(指革命团体,如湖北之互助社,湖南的新民学会,北京之辅社——作者)或多或少是在《新青年》的影响下组织起来的。《新青年》是有名的新文化运动的杂志,由陈独秀主编,我在师范学习的时候,就开始读这个杂志,我非常钦佩胡适和陈独秀的文章,他们代替了已经被我抛弃的梁启超和康有为,一时成了我的楷模。"[22]北京大学和全国的这种革命变化,为中国共产党的成立作了思想上和干部上的准备,不久之后成立的共产主义北京小组,其成员基本是"北大人"。

(三)毛泽东称陈独秀为"五四运动的总司令"。当1919年五四运动发生的时候,中国共产党还没有成立,这个运动是由一批先进的知识分子发起、推动和领导的,而这批先进的知识分子的领袖人物则是陈独秀。五四运动是彻底的不妥协的反帝国主义反封建主义运动,"是在当时世界革命号召之下,是在俄国革命号召之下,是在列宁号召之下发生的",这是它发生的国际大背景,就国内条件来说,则是民族危机空前严重和中国人民的觉悟空前提高。这种觉悟是由以陈独秀为代表的现代启蒙思想先驱鼓吹、宣传、教育的结果,没有以《新青年》杂志为开端的各种进步报刊的鼓吹、宣传,中国人民的觉悟就不会有这样的大提高。就这个意义上说,陈独秀是这次伟大的爱国运动的思想领袖。当时的《中美通信社》就十分明确地指出,这次"极坚烈之行动,实系蔡孑民、陈独秀鼓吹新思想之所致"[23]。不仅如此,陈独秀还是这次运动的实际参加者和领导者。这次运动的带头人多数是陈独秀的学生,如邓中夏、黄日葵、高君宇、范鸿劼、许德珩、罗章龙、谭平山、张国涛、刘仁静、罗家伦、傅斯年、段锡朋等。陈独秀还起草了《北京市民宣言》，向北洋军阀政府提出以下要求："一、对日外交，不抛弃山东经济上之权利，并取消民国四年七年两次密约。二、免徐树铮、曹汝霖、陆宗舆、章宗祥、段芝贵、王怀庆六人官职，并驱逐出京。三、取消步军统领及警备司令部两机关。四、北京保安队改由市民组织。五、市民需有绝对集会、言论自由权。"[24]他并和学生一起到大街上散发《北京市民宣言》的传单，以至被逮捕入狱。

## 三、屡遭通缉，五次入狱

20岁左右，陈独秀就开始了他的政治生涯，一直从事反帝国主义、反封建主义、反贪官污吏的斗争。他一生多次遭受帝国主义和中国反动派的追捕，东迁西徙，浪迹四海、颠沛流离，迄无宁日，曾5次被北洋军阀、国民党反动政府逮捕，住过5年监狱。1913年，他因参加了反袁世凯的"二次革命"，在安徽芜湖被袁系军阀逮捕，几乎被枪毙。1919年，陈独秀参加并领导了五四爱国运动，因散发《北京市民宣言》，又第二次被捕，曾坐牢3个月，备受拷讯。1921年4月和1922年8月陈独秀作为中国共产党的总书记，在上海又先后两次被捕，这又是他第三次、第四次被捕了。陈独秀第二次、第三次、第四次被逮捕时，已经不是一个等闲人物，而是一位极负社会盛名、威震华夏的思想界的明星和"五四运动的总司令"、中国共产党的总书记。对他的营救，已不是少数人的保释，而是全社会的、声势浩大的声援运动。全国的进步团体、进步报刊、社会名流、大中学生，纷纷函电交驰，上下呼吁，发表评论，对反动政府进行抨击，对陈独秀的革命行动进行颂扬，使反动政府迫于舆论压力，在事出有因、查无实据的情况下，常常用罚款遮羞释放陈独秀。在庞大的营救队伍中，北京大学是一支重要力量。1919年6月，陈独秀第二次被捕时，北京大学的师生情急如焚，教师们"赴警厅视陈"，"学生已有一部分拟设法营救"[⑳],北京大学学生黄昆仑写信给全国学生联合会,呼吁营救陈独秀,[㉑]北京大学教授李大钊、胡适等为了营救陈独秀而多方奔走,广为请托。1929 年 11 月,陈独秀因站在托洛茨基取消主义的立场上在党内进行派别活动被开除出党。此后,他公开地在思想上、政治上、组织上同托洛茨基派结合。虽则如此,国民党政府仍把他看作共产分子加以通缉和追捕。1932 年 10 月 15 日,陈独秀在上海第五次被捕,并被判处 13 年徒刑。社会名流蔡元培、柳亚子、杨杏佛等联名致电南京政府要求释放陈独秀,北京大学的师生也通过不同的形式设法营救陈独秀,迫于舆论的压力,在一年以后,国民党政府最高法院将 13 年徒刑减为 8 年徒刑。在陈独秀入狱 5 年之后,1937 年 7 月 7 日,抗日战争爆发,全国人民一致要求抗日,在中国共产党的斗争和促进下,蒋介石才被迫实践他在"西安事变"时作出的"释放全国的政治犯"的承诺。1937 年 8 月 21 日,国民党政府司法院发表呈文和训令,称"陈独秀入监以来,已逾三载,爱国情殷,深自悔悟,……将该犯原处徒刑,改为执行有期徒刑三年,以示宽大",云云。

  陈独秀在 5 次被捕的经历中表现出了对北洋军阀、国民党政府毫不妥协的斗争精神。在长达几十年的斗争生涯里,他冒死犯难,饱尝辛酸,九死一生,四海飘泊,家无宁居。如果他愿意投降国民党,随时高官可坐,厚禄可享,但他视富贵如浮云,等黄金若粪土,表现出了一个大丈夫的气概。面对死神,他面不改色,每次被捕都有被杀头的危险。然而当他幸而出狱之后,并不想后退,反而愈挫愈坚,于是才有第二次、第三次、以至第五次被捕。当他第五次被捕从上海押送南京军法司并将要军法从事的时候,他神色怡然,略无戚容,上了京沪火车,倒头便睡,一路上鼾声不绝,当火车到达南京的时候,他犹大梦方酣。[㉒]陈独秀这种视死如归的表现,一时传为佳话。当国民党政府以"危害民国"罪对他起诉并进行审判时,陈独秀愤然抗辩,说:我只承认反对国民党政府,不承认危害民国,因为政府并非国家,反对政府并非危害国家。例如清朝政府曾自认清廷即是国家,北洋政府亦自认代表国家,但是孙中山、黄兴等,曾推翻满清,推翻北洋军阀,如谓推倒政府就是危害国家,那末国民党岂非已叛国两次?因此在理论上,我们反对国民党,反对国民党政府,并不能即认为是危害民国。"㉘陈独秀的抗辩,逻辑严谨,理由充分,掷地有声,以至旁听席上的人笑声不断,大家交头接耳,频频点头。当审判官问他为什么要打倒国民党政府时,陈独秀回答说:"一、现在国民党的政治是刺刀政治,人民无发言权,……不合民主政治原则。二、中国人已穷至极点,军阀官僚只知集中金钱,存放于帝国主义银行,人民则穷苦到无饭吃。三、全国人民主张抗日,政府则步步退让,19路军在上海抵抗,政府不接济。"㉙他在狱中还写了一份《辩诉状》,淋漓尽致地揭露国民党政府的黑暗统治,并把《辩诉状》偷偷送出狱外,刻印成传单,散发社会。

陈独秀的骨头是硬的,他挨打不哭,贫贱不移。七七事变后,日本飞机开始轰炸南京,陈独秀所在的监狱也被震坍,他幸而未被炸伤。8月中旬,关心他的原北京大学学生、南京金陵女子大学中文系主任陈钟凡去监狱看望陈独秀,得知监狱被炸,便同胡适、张伯苓等人商议联合保释他,国民党的条件是,除了人保之外,还需本人具"悔过书"。陈独秀听后,勃然大怒,说:"我宁可被炸死狱中,实无过可悔",并且拒绝人保,说:"附有任何条件,皆非所愿",他要求无条件出狱。㉚陈钟凡等人的保释未成。当国民党政府不得不释放他出狱时,为了解嘲,却说他"爱国情殷,深自悔悟"。陈独秀出狱之后,于8月25日给《申报》编辑部写了一份书面声明,驳斥国民党所说的开释理由,指出:"鄙人辛苦狱中,于今五载,兹读政府明令,谓我'爱国情殷,深自悔悟',爱国诚未敢自夸,悔悟则不知所指,……我本无罪,悔悟失其对象;罗织冤狱,悔悟应属他人。"㉛

蒋介石们知道,陈独秀作为一个在国内有很大声名、一个有特殊经历的人物,还有他可利用的价值。陈独秀一出狱,他们就派胡宗南、戴笠备厚礼造访陈独秀"征询"对国事的意见,目的在于挑拨陈独秀与我党的关系。陈独秀本不欲见,后经高语罕疏通,才得会见。陈向他们表示:我"是逃难入川,虽以国事萦怀,却并不与闻政治,更不曾有任何政治活动,……本人孤陋寡闻,雅不愿公开发表言论。"㉜胡、戴二人讨了个没趣。后又派胡适等游说,要他到蒋家朝廷那里做官,进"国防参议会",遭到陈独秀的拒绝。陈独秀说:"蒋介石杀了我许多同志,还杀了我两个儿子,我同他不共戴天,现在大敌当前,国共二次合作,既然是国家需要他合作抗日,我不反对他就是了。"㉝蒋介石还曾派陈果夫、陈立夫游说劝陈独秀去做国民党的劳动部长,陈独秀一眼就看穿了他们的阴谋,说:要鄙人当劳动部长是假,为他装点门面,当他的走卒是真。㉞蒋介石又派朱家骅劝说陈独秀另组"一个新共产党",㉟并答应给10万元活动经费和"国民参政会"5个名额。其目的很明确,是要他同中国共产党作对,这个企图遭到陈独秀的拒绝。他说他不再想搞政治活动,只打算做一点于抗日救国有利的事。胡适、汪孟邹建议他到美国去写自传,已担任驻美大使的胡适并为此进行安排,但陈独秀不肯去美国。他说:"鄙人生活很简单,没有什么传奇的东西,不用去美国写自传,我是一个中国人,若是写自传,在中国也能写。"㊱

"贫贱不移,威武不屈",陈独秀在这一时期的所作所为,仿佛似之。

## 四、思想家、学者、诗人、书法家

陈独秀是作为现代思想启蒙运动的先驱而闻名于世的。在五四运动前期,他宣传民主,反对专制;宣传科学,反对迷信;宣传开放,反对封闭;宣传平等,反对等级制度;宣传人格独立,反对奴隶主义;等等。特别是他对民主政治情有独钟,这似乎是他一生政治上的追求,直到他死,犹矢志不渝,他的可贵之处在此,他的悲剧也可能在此,他的睿智在此,他的书生气也可能在此。在五四运动后期他接受了马克思主义,并且成为马克思主义的宣传者,宣传了马克思主义的基本观点。但陈独秀不是好的马克思主义者。作为一个思想家来说,陈独秀有他的独到之处,作为一个政治家来说,他是并不高明的,在政治上他是一个失败者。他的悲剧是,他做了本不该去做的政治活动家。如果做学问,他会成为一个很有成就的学者。

陈独秀是一个有相当成就的学者,他在《每周评论》25号上发表的随感录《研究室与监狱》写道:"世界文明发源地有二:一是科学研究室,一是监狱,我们青年要立志出了研究室就入监狱,出了监狱就入研究室……从这两处发生的文明,才是真文明。"陈独秀这几句名言成为他一生生活的写照。陈独秀懂英、日两国文字,能用这两种文字阅读政治性书刊。他对中国古代典籍有深厚的功底,对当代的新学也有相当的造诣,可谓学贯中西,但他用工夫最多、成就最大的是文字学和音韵学。他的《干支为字母说》、《实庵字说》、《识字初阶》、《中国古代有复声母说》、《连语类编》、《荀子韵表及考释》等论著都有很高的水平。包惠僧说他的文字学功底不在国学大师章太炎以下,郭沫若也说陈独秀在文字学方面是行家。陈独秀的政治论著有几百万字,从学术观点来说,也有很高的研究价值。

陈独秀不是以诗名家的,但他写的诗确有很高的造诣,无论古风、绝句、律词,都粲然可观。陈独秀一生关心国家大事,甚至匿迹山居僻野之乡,而亦心系庙廊,缅怀家国,因此他的诗多是感事伤时、忧国忧民、鞭笞黑暗之作。陈独秀入狱之时,正是国难日亟之日,他在监狱里写了《金粉泪》56首,或谴责蒋介石的不抵抗政策,如"健儿委弃在疆场,万姓流离半死伤,未战先逃恬不耻,回銮盛典大铺张";或鞭打国民党政府对人民的残酷剥削,如"观瞻对外苦周旋,索命难延'建设'捐,白发翁媪双跪泣,乞留敝絮过冬天";或讽刺国民党政府的裙带风,如"一门亲贵人称羡,宋玉高唐结王欢,几见司农轻授受,乃知裙带胜衣冠";或表达自己欲奔赴前线杀敌的爱国热情,如"放弃燕云战马豪,胡儿梦醉依天骄,此时犹未成衰骨,梦里寒霜夜渡辽"。陈独秀的诗,不事雕琢,直抒胸臆,语言质朴,浑然天成。

陈独秀也不是以书法名世的,但他的行、草、隶、篆都达到了相当高的水平。他练过书法,但不事模仿,自成一体。他尤其擅长狂草,笔走龙蛇。他的书法极为时人所爱,向他求墨宝的人很多,甚至在监狱中也有不少人甚至名人求他写字。只要他高兴,就来者不拒。他被捕之初,暂押上海公安局侦缉队,侦缉队长毕恭毕敬地向他求字,陈独秀慨然应允,挥毫写了"还我河山"、"先天下忧"两张条幅。8个字表现了他的拳拳忧国忧民之心。陈独秀在南京监狱中,国民党的军政部长何应钦也以十分客气的态度向他索取墨宝,陈独秀为他写了"三军可夺帅也,匹夫不可夺志也"的条幅。这是他向国民党的高级官员表明,他陈独秀有自己做人的一定之规,是不可以用包括暴力在内的任何手段来加以改变的。据说何应钦对这张条幅十分珍贵,一直挂在他的办公室,就是后来他逃离大陆,前往台湾也带上了这张条幅。陈独秀还曾为前往监狱探望他的著名画家刘海粟写了两张"行无愧怍心常坦,身处艰难气若虹"的条幅,其含义不言自明。

## 五、晚景凄凉,受到北大人眷注

1939年夏,由于日本帝国主义大规模地节节进攻,陈独秀由南京辗转播迁而武汉、而长沙、而重庆,最后来到了重庆西南的江津,那里有他的朋友和同乡。他原拟住在他的老朋友邓仲纯家,但邓妻怕祸及家门,拒绝接纳,使陈独秀非常难堪。后经朋友们多方帮忙,才最后找到一个差可栖身的地方。陈独秀和他的晚年伴侣、继母等人在江津度过他凄凄惨惨、半饥半寒、贫病交加最后的几年。

避居江津的陈独秀,闭门著述,不预外事,但国民党对他并不放心,常有特务暗中对他监视。因此,他更深居简出,拒绝参加任何社会活动。

陈独秀在江津,居处非常简陋,据曾经多次看望过他的人回忆:

陈独秀在江津期间，生活十分清苦。他的住房是一间偏屋，上无天花板，下是潮湿的泥土地，若遇大雨，满屋漏水，室内家具也十分简陋，仅有两张大床，一张书桌，几条凳子和几个装满书籍的箱子。

陈独秀没有固定收入，经济生活十分困难，他患有高血压病和胃病，除了吃饭以外，他还需吃药、看病，但他没有吃药看病的钱。虽然如此，但他拒绝国民党政府和他们要员的任何馈赠和资助。傅斯年、罗家伦亲自送钱给他，他说：你们做你们的大官，发你们的大财，我不要你们的救济，弄得傅、罗两人非常难堪。⑰国民党的教育部长朱家骅赠送他5000元支票，也被他拒绝，朱又托张国焘转赠，又遭拒绝，最后朱又托郑学稼寄赠，还是被退回。⑱中国古人说：志士渴不饮盗泉水，饥不食嗟来食。陈独秀身上还有一点志士的遗风。

陈独秀经济上的来源，一是他的稿费，但当时许多报纸不敢登他的文章，所以稿费很有限。二是北京大学同学会给他一部分资助。陈独秀流浪到四川以后，北京大学同学会委托罗汉照顾陈独秀，罗汉早年是北京大学的学生，后来是托洛茨基派的中央常委，陈独秀1932年被捕的同案犯。罗汉在重庆被日寇空袭炸死后，北京大学同学会又委托原北大学生何之瑜照顾陈独秀，陈独秀能从北京大学同学会那里得到一些帮助。1942年陈独秀病逝，北京大学同学会还承担了主要的丧葬费，何之瑜代表北大同学会操持陈独秀的丧葬事宜。三是陈独秀的一些老朋友如蔡元培、胡适、邓仲纯也给些援助。但是，由于当时物价飞涨，米珠薪桂，再加上吃药看病，经济上仍是十分困难，有时候甚至三餐都难以为继，连老朋友柏文蔚送他的灰鼠皮袍也被变卖应急。1942年，陈独秀病危，弥留之际，朱蕴山前去看他，见陈独秀胃疼得在床上打滚。他写道："当时他可怜得很，没有东西吃。"真是英雄末路，晚景凄凉。

1942年，陈独秀病逝。国民党统治区的《时事新报》、《新民报》都对陈独秀之死发表了消息，并评论说："青年时代的陈独秀，向宗教宣战，向偶像宣战，一种凌厉之气，不失为一个先驱者"；"晚年是一个较有操守者。"文化名人胡秋原称陈独秀为"近三十年来中国政治文化史上一个彗星"。曾是国民党的要员,后来参加"民革"的陈铭枢曾这样挽陈独秀之死:"言皆断制,行绝诡随,横览九州,公真健者;谤积丘山,志吞江海,下开百劫,世负斯人!"我摘引上述评论作为本文的结束。

## 注 释

① 引自《人民日报》1981年7月6日。
②③④ 《普列汉诺夫的追悼会》,《新时期》1979年第2期。
⑤ 《列宁选集》第4卷,人民出版社1960年版,第475页。
⑥ 冯友兰《我在北京大学当学生的时候》,《文史资料选辑》第83辑。
⑦㉚ 参看王光远《陈独秀年谱》,重庆出版社1987年版,第35、343页。
⑧ 强重华等《陈独秀被捕资料汇编》第61页。
⑨ 罗章龙《椿园载记》第24页。
⑩ 参看蔡元培《我在教育界的经验》。
⑪ 《北京大学日刊》1919年1月16日。
⑫ 王树棣等《陈独秀文章选编》上册第74页。
⑬ 《答常乃德》,《陈独秀书信集》,新华出版社1987年版,第83页。
⑭ 许德珩《我和陈独秀》,《党史研究》1980年第4期。
⑮ 梁漱溟《忆往谈旧录》,文史出版社1987年版,第88页。
⑯⑰ 《新青年罪案之答辩书》,《陈独秀文章选编》上册,三联书店1984年版。
⑱⑲ 《偶像破坏论》,《陈独秀文章选编》上册。
⑳ 《学术与国粹》,《陈独秀文章选编》上册。
㉑ 《文学革命论》,《陈独秀文章选编》上册。
㉒ 转引自斯诺《西行漫记》,三联书店1979年版,第125页。
㉓㉔ 《民国日报》1919年6月14日、15日,转引自《陈独秀被捕资料汇编》第30、28页。
㉕㉖ 《陈独秀被捕资料汇编》第26、61页。

㉗　参看《陈独秀被捕资料汇编》第 232、233、234 页。
㉘㉙　参看《陈独秀被捕资料汇编》第 164、175 页。
㉛　《党史资料丛刊》1980 年第 2 期。
㉜　沈醉、文强《戴笠其人》,文史资料出版社 1980 年版,第 208、209 页。
㉝　包惠僧《我所知道的陈独秀》,《党史研究资料》1979 年第 3、5、8 期。
㉞　参看濮清泉《我所知道的陈独秀》,《文史资料选辑》第 71 辑,1980 年。
㉟　参看《黄理文谈陈独秀》,吴信忠整理,上海社会科学院历史所资料。
㊱　吴晓《破屋春秋——陈独秀一家人》,中央编译出版社 1994 年版。
㊲㊳　参看郑学稼《陈独秀先生晚年的一些事》,台北,《传记文学》第 30 卷第 5 期。

〔作者　北京大学政治学与行政管理系教授〕

# 偷取天火救中华*
## ——李大钊与北大

### 萧超然

"北大是黑暗中之灯塔,我个人心中没有一切,所有者唯北大耳。"①这是李大钊在纪念北大校庆25周年讲演中所说的一句话。这不是一句平平淡淡的话,它是李大钊发自肺腑的心声,是他对北大爱心的真情流淌。的确,李大钊与北大的情结,非比寻常。如果我们研究一个人物与一所学校之间的关系,其交往之频密,影响之深广,有如李大钊与北京大学者,为历史所少见。这种关系可以用"珠联璧合,相得益彰"来形容。这种关系表现为双方长期联结,相互依存、支持、同步发展。它不仅仅限于一个伟人和一所著名学府之间的日常交往,而是影响及于中国近现代的方方面面。它是中国名人名校的传奇佳话,也是历史的瑰丽篇章。

为了说明这种非比寻常的关系,且先举两点表层现象:

第一,李大钊在北大工作、学习和战斗长达10年之久,即从1917年底至1927年初(1926年三一八事变后,李大钊避入东郊民巷。人离开了北大,仍是北大教授。直至1927年4月被军阀杀害后的一段时间里,北大教职员工的薪金册上,仍有他的名字,发给欠薪②)。这是他短暂生命中的最后10年,也是他38年生命旅程中最

---

\* 此文据本人所写《李大钊与北京大学》(《北京大学学报》1995年第2期)改写而成。——作者

具光彩的 10 年。这 10 年,他是在北大同广大师生相濡以沫度过的。这构建了他个人的、北大的一页凝重而光华的历史。

第二,李大钊在北大担任过多种职务,其中主要为图书馆主任、教授、评议员。李大钊刚进北大时,地位并不高,影响亦不大。这一点从他被任命为图书馆主任时而还不是教授,可以窥见其堂奥。李大钊是 1917 年底进入北大的,1918 年 1 月,接替章士钊为图书馆主任。章是以逻辑教授兼图书馆主任的。③至李大钊接替时,则只有图书馆主任一职,而没有教授之衔,这明显地反映了李大钊当时在北大之不被普遍推重的地位与价值。章士钊忆及此事时曾说:"守常(即李大钊,守常,其字也——引者)充图书馆主任,而后为教授,还有一段可笑之回忆,盖守常虽学问优长,其时实至而声不至。北大同僚皆擅有欧美大学之镀金品质,独守常无有。浅薄者流,致不免以樊哙视守常。"④这是真实反映了北大当时的一部分学风和一些人士对李大钊的看法的。但两年之后,李大钊即声誉鹊起,与各科知名教授齐驾并驱。1920 年 7 月,他受聘为教授⑤,同年 10 月又被选入北大最高权力机关——校评议会,任评议员。评议员只能由教授担任,并由教授互选产生。人数不多,每年改选一次。从 1920 年至 1923 年李大钊连续 4 年当选,所得票数逐年增加。1923 年改选,李大钊得票比当时知名度很高的胡适还多 11 张(李得 39 票,胡得 28 票,均当选)。⑥这表明他的威望日隆,在北大的权力圈子中(包括行政权力和学术权力),已稳稳占有一席位置。李大钊在担任众多重要职务期间,广泛、积极参与了北大校务的讨论和决策,对北大的改革和发展,发挥过重要的作用。

北大开始发展成为具有自己鲜明特色和光荣传统的著名学府,是在五四时期。而李大钊成长为中国革命的伟人,也是五四运动前后他在北大工作的 10 年间。这绝非偶然的巧合,它反映了双方存在某种内在的本质联系,体现了人与社会、人与环境的一种内在的和谐的统一。这时李大钊的发展与北大的发展,是方向一致,同步前进的。中国有句古语"人杰地灵"[7],我们也可以借用这句话来比拟:即李大钊因北京大学而声誉日隆,影响更广;北京大学因李大钊而方向益明,进步更大。或者换句话说,没有李大钊,北大就不成其为中国最早传播马克思主义的中心和中国共产主义运动发源地的学府;而没有北京大学,李大钊也不成其为在本世纪20年代的历史舞台上具有那样广泛的革命影响,成为中国共产主义运动奠基者的伟人。李大钊为北大的发展注入了强劲的基因,北大则为李大钊的发展提供了坚实的基地和可靠保障。名人创名校,名校产名人。这种名人名校感应,谱写了中国近现代历史上辉煌的一页,是值得史笔大书的。

那么,李大钊对北大究竟有哪些贡献呢:

第一,李大钊为北大开辟了传播、学习、实践马克思主义的传统。

人们一提到"五四"、北大的传统,都乐于称道民主与自由,这无疑是对的。但如绝口不提马克思主义,就是无视历史。马克思主义并不反对民主与自由。马克思主义之被正确认识和广泛传播于中国,是始自1918年在北大工作的李大钊。是他率先感知到了俄国革命的影响,把握住了历史前进的脉搏,第一个在中国举起了传播马克思主义的旗帜,写了多篇宣传俄国革命和马克思主义的文章,认定马克思主义是"世界改造原动的学说"[8],是"照亮新人生道路"的"明星"[9],预言"将来的寰球,必是赤旗的世界"[10];是他在五四运动之后,率先倡导在北大秘密成立了马克斯学说研究会,厘定宗旨"以研究马克斯派的著述为目的"[11]。随后又公开签名发起成立了北京大学社会主义研究会,主张"集合信仰和有能力研究社会主义的同志,互助的来研究并传播社会主义思想"[12]。这对同一时期在国内一些大中城市如上海、广州、济南、武汉、长沙等地纷纷建立研究马克思主义、社会主义的组织,有着明显的直接的影响;还是他率先于1920年起在北大开设唯物史观研究、社会主义史、社会主义与社会运动[13]等马克思主义理论课程,并和著名学者陈启修、陶孟和、张慰慈一起,四人共同承担"现代政治讲座"[14]。李大钊运用马克思主义观点,研究现代政治问题,主讲了工人的国际运动⑮、印度问题⑯、人种问题⑰、现代普选运动⑱等多门专题。由于这是我国首次开设这样理论联系实际的马克思主义课程并进行考核,因而具有重要的历史意义。在北京市档案馆,现在还保存有1923年北大政治系二年级一位名叫贺廷珊的学生的"唯物史观"试卷。这份试卷的封面印有"北京大学试卷"6个套红大字,在考试科目栏下印有"唯物史观"4个墨字。试题是"试述马克思唯物史观的要义并其及于现代史学的影响"。试卷全部用毛笔书写在红色竖条十行纸上,字迹工整,楷书。这是一份很难得见到的珍贵史料,20年前,笔者到东城建国门外北京市档案局查阅五四时期有关北大的档案材料时第一次从比较零散的档案目录中找到了它,借出一看,十分惊喜,当即抄了下来。为使更多读者来进行研究,现全录如下:

## 试述马克思唯物史观的要义并其及于现代史学的影响

马克思在他的经济学批判的序文里,正式发表唯物史观的根本原理。马氏的意思,似欲把历史和社会对照着想,按他的大意,社会的变革便是历史。换言之,把人类横着看,就是社会;纵着看就是历史。又说,人类社会一切精神的构造,都是表层构造,只有物质的经济的构造,是这些表层构造的基础构造。在物理上物质的分量和性质,虽无增减变更,而在经济上物质的结合和位置,则常常变动。物质既带有变动,精神的构造也就随着变动。所以思想、主义、哲学、宗教、道德、法制等等,不能限制经济变化和物质变化,而物质和经济可以决定思想、主义、哲学、宗教、道德、法制等等。马氏又喻之建筑,社会亦有基址与上层,基址是经济的构造,即经济关系,他称之为物质的或人类的社会存在;上层是法制、政治、宗教、艺术等,他称之为观念的态度或人类的意识。从来的历史家欲单从上层说明社会的变革。上层的变革全靠经济基础的变动,故历史非从经济关系上说明不可。这便是马氏唯物史观的大意。今日持政治的历史观的历史家,受马氏的经济历史观的影响很大,亦渐知从历史学的学问的性质,加以研究。依他们的主张,历史学亦与自然科学相等,以发见因果法则为其目的,于此一点,与马氏的历史观实无异意。总之,与马克思和今日的一派史学家均以社会变迁为历史学的对面问题,以于其间发见因果法则为此学目的,二者同以历史学为法则学。此由学问的性质上讲,是说历史学与自然科学无所差异。此种见解,结局是以自然科学为唯一的科学。自有马氏唯物史观,才把历史学提到与自然科学同等的地位。此等功绩,实为历史界开一新纪元,也是影响于史学上最大之点。十八世纪和十九世纪前半期的历史者,研究历史原因的人很少,他们多以为历史家的职分,不外叙述些政治上外交上的史实,那以伟人说或天才说解释史实的,还算深一点的,其余的不是受神学观念的支配,便是主张宗教是进化关键的人;还有些迷信君主万能的历史家,把君主的动作言语看成历史。自马克思唯物史观出世后,这些唯心解释的企图,都一一失败了,不得不进取于唯物的解释,史学的价值才日日提高。日日昌明。全都是受马氏的影响。所以有历史眼光的人都说马克思是辟新路的持刀者,是历史上最大的新纪元。由他影响观之,马氏真不愧为纪元人。

不难看出,试卷的回答是很正确的,完全把握住了马克思唯物史观的要义,李大钊评了"玖拾伍分"的高分。这从一个侧面生动地反映了李大钊在北大宣讲马克思主义的真实情景和取得的突出实绩。完全可以这样说,五四运动之后的几十年间,北大研究、宣传、实践马克思主义的传统从未中断,并影响及于全国,李大钊创始之功不可没。李大钊就是偷取马克思主义真理之火救中华的北大的普罗米修斯。

第二,李大钊在北大创建了北京共产主义小组,为中国共产党的成立准备了重要的组织基础。

众所周知,中国共产党是在8个共产主义小组的基础上于1921年7月成立的。8个小组中最重要的小组有两个:一为上海小组,再一即是北京小组。上海小组是党的发起组,陈独秀是领导人;而北京小组则可以说是党的北方组织的最早胚基,领导人是李大钊。1920年10月,北京共产主义小组在北大成立,成员3名都是北大人。即北大教授、图书馆主任李大钊,北大哲学系讲师张申府,北大学生张国焘,代表了北大知识分子的三个层次。随后,这个小组相继接受了几批北大进步学生申请加入。1921年1月,小组举行会议,决定将小组改名为中国共产党北京支部,由李大钊任书记,张国焘搞组织工作,罗章龙负责宣传工作。到1921年7月中国共产党成立前,北京党组织成员有:李大钊、张国焘、邓中夏、罗章龙、刘仁静、高君宇、何孟雄、范鸿劼、朱务善、李骏、张太雷、缪伯英等12人。这其中除缪伯英是北京女子高等师范学生外,其他都是北大人。张太雷这时不在北大,但在1915年至1916年间他是北大法预科的学生;而缪伯英由于与何孟雄是恋人关系,常随何一起在北大活动,也可以看作是一个北大人。这是一种很突出、很特殊的政治文化现象,它深刻地反映了北大与中国共产党的渊源、亲情关系。北大共产党人曾帮助天津、唐山、太原、济南、西安、呼和浩特等地的社会主义者开展工作,对中国北方地区共产党、青年团组织的建立起过重要的促进作用。

十几年后,一本刊物曾这样写道:"北京大学为中国共产党的发源地,这是谁都知道的。在民国九年(即1920年——引者)间,北大有左倾教授同学生,就和莫斯科发生了'互通声息'的关系。到了民国十年,莫斯科外交代表优林来到北京,北大思想左倾的教授和学生,由陈独秀李大钊主持之下,和优林过从甚密,不久便有社会主义青年团的产生,集合一切社会主义者组成了一个大集团。但是这个集团中的分子，有的信仰马克思的共产社会主义，有的信仰蒲鲁东的无政府主义，以及基尔特的社会主义，对第三国际的命令，不能一致接受，所以社会主义青年团产生了六个月，便改组了。把不信仰马克思主义的社会主义者一体淘汰，只留下单纯的信仰马克思主义的分子，所以就把社会主义青年团便改为共产主义青年团。自此后莫斯科第三国际在中国便有了直属的支部。团以上更组党，党名为第三国际中国共产党，简称 CP，团名为中国共产主义青年团，简称 CY。莫斯科第三国际便委了陈独秀为中国共产党总书记，以北大为共产党之大本营。后来大露头角之共产党，大多数出身北大，此乃北大共党已往之概略也。"[19]这个明显来自敌探内部的报告，基本符合北大的历史实际。

第三，李大钊为北大指明了知识分子必须深入实际，与劳动民众"打成一气"的方向。

五四时期，由于西方社会主义学说的传入和国内劳工运动的发展，劳工的地位与作用，已开始受到知识阶层的关注与重视。北大校长蔡元培在天安门纪念第一次世界大战胜利的演讲中，喊出"劳工神圣"的口号，声称"此后的世界，全是劳工的世界呵！"[20]是一个明显的标志。但是，对知识分子深入实际，与劳工结合，从劳工中汲取力量，向劳工学习等等问题，知识阶层则普遍缺乏认识，而只有很少数共产主义知识分子达到了认识的初步。李大钊是其中的一位突出代表。

在中国革命的发展中，曾形成知识分子与工农民众相结合的著名思想原则。这项原则，在革命战争年代，产生过重大影响，起过积极的正面作用。这项原则是由毛泽东在烽火连天的抗战时期确立的。但如寻究其思想源流，则滥觞于李大钊。李大钊五四时期执教北大，热心平民教育，提倡工读。他深知要拯救中国必须唤起民众，把现代文明输入社会根底，促进民众的觉悟。但靠谁和利用怎样的管道去把现代文明输入社会根底呢？李大钊认为只能靠"知识阶级"。他说："知识阶级"是"民众的先驱"，"民众作知识阶级的后盾"。

"知识阶级的意义,就是一部分忠于民众作民众运动的先驱者"[21],因此,"要想把现代的新文明从根底输入社会里面,非把知识阶级与劳工阶级打成一气不可"[22]。这就在实际上是提出了知识分子与工农民众相结合的基本思想。李大钊殷切表示:"甚望我们中国的青年,认清这个道理。"[23]他强调知识青年不该常常漂泊在都市上作一种文化的游民,而应当到劳动民众中去寻找自己"安身立命的地方"[24]。正是在李大钊倡导的这种思想的影响和教育下,五四时期及其以后,北大一批又一批知识青年去长辛店、唐山、开滦、内蒙,去工厂、矿山,去广大的北方农村,深入实际,了解国情,与工农民众相结合,植根于中华大地,广展才能,为再造青春之中国作出了巨大贡献。

第四,李大钊在北大培育了一批又一批正直进步有为的青年,在全国撒下了革命的种子。

李大钊十分敬重青年,信任青年,认为"青年者,人生之王,人生之春,人生之华也"[25]。因而对青年的成长与教育十分关心。他广泛与青年交朋友,积极为青年排忧解难,多方提携扶植,帮助开拓就业之路和施展才能,指引青年朝着正确方向前进。比如:他曾为哲学系学生刘仁静因无力交纳学费,不能注册入校,申请缓交而具书会计课作担保;[26]他曾为学生傅斯年、罗家伦因受"被安福俱乐部收买"的传言之诬而列名刊登《启事》[27],为之辩白;他接受毛泽东到北大图书馆工作并亲自介绍毛加入著名社团少年中国学会[28],这为尔后毛泽东的发展,创造了一次历史性的机遇;他为帮助蔡和森出版《俄国社会革命史》一书,曾几次致函胡适予以推荐;[29]为解决新潮社无社址活动的困难,专门在图书馆内拨出一间房屋;[30]他还曾为21岁的青年学生萧一山所写《清代通史》作序,并题写书名;[31]等等。所有这些,充分反映了他有一颗火热的爱才之心和博大胸怀。当成为马克思主义者之后,李大钊联系团聚了一大批进步青年,倡导研究、宣传马克思主义,帮助许多青年建立共产主义世界观、人生观。这一时期,不少青年进步团体如新潮社、国民杂志社、哲学研究会、新闻研究会、平民教育讲演团、少年中国学会以及马克斯学说研究会等,都把他奉为导师,一代青年在他的革命思想和崇高情操熏陶下,迅速成长,成为祖国和民族的脊梁。他们中五四前后曾在北大学习和工作过的著名人物有:毛泽东、邓中夏、高君宇、何孟雄、黄日葵、谭平山、谭植棠、许德珩、张申府、范鸿劼、朱克靖、李子州、杨景山、任国桢、王懋廷、王濡廷、刘天章、袁玉冰、李梅羹、谭寿林、于树德、屈武、杨杏佛、萧一山、张仲超、罗章龙、刘仁静、王有德、黄绍谷、王仲强等。他们是真正的民族精英,或多或少,直接间接都受过李大钊的教育和影响。李大钊堪称教师的楷模,永远值得广大教育工作者学习。

第五,李大钊开拓了北大的学术风气,推动了北大的学术发展。

李大钊不仅是革命家、战士,还是知识渊博的学者。他对学术风气的开拓和学术研究的发展十分重视。五四时期,北大集中了一批开风气的学术巨匠。校长蔡元培首倡"大学为研究高尚学问之地"[32],认为"大学者,'囊括大典,网罗众家'之学府也"[33],它"不是贩卖毕业的机关,也不是灌输固定知识的机关,而是研究学理的机关"[34]。当时北大校园流行一句话:"但开风气不为师"[35],学术创新之风很盛。李大钊对北大的这种学风是很赞同的。他在北大教职员一次全体大会上的演讲中说:"北大两字,本旁视者对北京大学之缩称,吾校人员亦省而用之,外人即不免认吾校自称北大,带有骄气。其实此正北大之精神。盖吾校要研究各种学术,自然算大。希望同人以后都从大字上做去,发扬伟大的精神。"[36]1923年在庆祝北大建校25周年之时,李大钊发出召唤,声称:"只有学术上的发展值得作大学的纪念,只有学术上的建树,值得北大万万岁的欢呼。"要求北大"从学术的发明上预备将来伟大的纪念品"[37]。李大钊是这样提倡,也是这样身体力行的。被鲁迅誉为"革命史上的丰碑"[38]的李大钊遗文,迄今我们见到的总共542篇[39],其中三分之二的篇章(包括许多名篇),是他进入北大后写作的,并大多发表在由北大师生主编的《新青年》、《每周评论》、《新潮》、《国民》等杂志刊物上。李大钊学术思想之活跃和写作之勤是惊人的。以他在《每周评论》上发表文章为例:《每周评论》共出版 37 期,而李大钊在半年多一点时间内发表于《每周评论》上的文章竟有 54 篇之多,达到了每期接近上两篇文章的水平。作为学者和教授,李大钊对社会科学的许多领域如哲学、史学、文学、经济学、政治学、法学、伦理学、图书馆学,都进行了研究,取得了卓越成就。尤为难能的是,他把当时还普遍认为是邪说异端的马克思主义引进北大讲坛,引进中国思想界和学术领域,写了大量有真知灼见的论著。以史学为例,他提出在唯物史观指导下,"重作"、"改作"中国史学,进行史学革命的任务,发表了《唯物史观在现代史学上的价值》、《史学与哲学》、《研究历史的任务》等开新风的有名论作,给北大学术增添了崭新的内容。再如以政治学为例。李大钊潜心研究政治,"投考北洋法政专门学校","赴日本东京留学,入早稻田大学政治本科",目的明确,都是为了"急思深研政理,求得挽救民族振奋国群之良策"[40]。他进入北大后,"实践其所信,励行其所知"[41],与陶孟和、陈启修等一起,开设"现代政治"讲座,讲授政治学前沿的一些新问题、新思想,把课程建设和对政治学的研究,与现实紧密结合起来,开北大讲授马克思主义政治学之先河。李大钊是北大,也是中国马克思主义史学、马克思主义政治学的拓荒者、奠基人。

那么,北大对李大钊的发展又发生了什么影响呢?这里举出两点:

第一,北大汲引和聚集了有着强烈使命感、责任感和怀抱探索救国救民真理的众多有志知识青年,这些青年学子从祖国各地来到北大学习。五四时期新旧文化思潮的大激荡、大震动,促使他们以文会友,奋发探索,指点江山,睥睨天下,从而逐渐形成为若干个具有共识和强固凝聚力的青年知识精英群体,诸如:新潮社、国民杂志社、新闻研究会、哲学研究会、平民教育讲演团、少年中国学会、马克思学说研究会等。李大钊和这些群体结合在一起,凭借其教授和导师的职位,指导这些群体活动,给这些群体以深刻影响。这些群体一经他点化,其巨大潜能立即猛速爆发出来,造成强烈的冲击波,辐射到全国,使乍醒还睡的中华大地发出阵阵震颤。李大钊就是通过和北大一批又一批青年知识精英的组聚与散射,成倍量地放出了光和热,使自己升华为一代青年的导师和中共组织的创始人。打个比方,如果没有北大这块厚土,没有北大青年知识精英的健全基因,李大钊就难以凸显出自己的光华,成为一代伟人。

第二,北大是蜚声国内的高等学府,聚集了大批学术大师和思想巨匠,有深厚的学术传统,享有很高的荣誉,得到广泛的认同,因而对社会保持有很强的影响力。李大钊是一位"自束发受书,即矢志努力于民族解放之事业"[42]的伟大爱国者。他进入北大,既可潜心"深研政理",又可借北大这座神圣殿堂作掩护,进行革命活动,以求实践其"良策"。李大钊最后10年能在北京这个当时北洋政府的心窝里不停止地活动,诚然一方面是由于他有无畏的革命胆略,另方面也是由于他利用了北大所提供的保障,顶住了北洋政府的种种高压。北大曾几次坚决拒绝北洋政府的压力,发表公函或公开刊登启事,要求北洋政府停止迫害,收回成命,取消对李大钊的通缉令[43],以维学术研究之自由,从而强有力地保护和支持了李大钊。马克思学说研究会、北京共产主义小组的许多会议和活动,都是在北大图书馆李大钊的主任办公室进行的[44]。李大钊以北大为基地,为后援,联系和发展南北革命势力,使自己的影响日益扩大,声誉日隆。再打个比方,如果没有北大这座殿堂,李大钊这尊爱国之"神",就难以长期躲避暴风雨的袭击,安受人们的香供,使自己的思想化为革命实践,成为革命人民的领袖。

李大钊实践了自己的壮丽誓言。他说:"人生的目的在发展自己的生命,可是也有为发展生命必须牺牲生命的时候。因为平凡的发展,有时不如壮烈的牺牲足以延长生命的音响和光华。绝美的风景,多在奇险的山川。绝壮的音乐,多是悲凉的韵调。高尚的生活,常在壮烈的牺牲中。"[45]1927年4月28日,年仅38岁的李大钊在西交民巷京师看守所第一个昂首走上了绞刑台,陪同他一起走上绞刑台的还有范鸿劼、杨景山、邓文辉、张挹兰、李昆等5名年轻的北大人和其他14位志同道合的革命者。李大钊牺牲后,举国哀悼。遗骸暂厝于妙光阁浙寺。1933年,在中共北平地下组织的安排下,由北大师生发起对李大钊举行公葬,移灵于西山万安公墓。李大钊原在北大的同事、朋友鲁迅、胡适、蒋梦麟、钱玄同、刘复、李四光、马裕藻、马衡、沈尹默、沈兼士、张慰慈、周作人、傅斯年、樊际昌、易培基、王烈、何基鸿等各界人士100余人积极捐款,刘半农写了碑文,称誉他"温良长厚,处己以约,接物以诚,为学不疲,诲人不倦,是以从游日众,名满域中"[46]。公葬的那一天,沿途有成千上万的学生、市民冲破军警的阻挠拦路设祭。队伍中有一幅挽联写道:"南陈已囚[47],空教前贤笑后死;北李如在,那用我辈哭先烈?"[48]挽联嵌入了"南陈北李"四字。如所周知,"南陈北李"是"五四"以后社会上流传的一种对陈独秀、李大钊的联名尊称,这里面也蕴含有北京大学的光荣。"北大红楼两巨人,纷传北李与南陈"[49],如今一囚一死,北大人的心情可知。无怪1933年4月23日原本是一次普通的公祭,竟变成了一次抗议反动政府的政治示威,这就是不难理解的了。

偷取天火的北大普罗米修斯被绞杀了,然而他在北大人的心中并没有消失。全国民主革命胜利后,北大师生进一步继承和发扬李大钊精神。1979年全校隆重召开了纪念李大钊诞辰90周年大会,掀起了学习李大钊、研究李大钊的广泛活动;这以后不久,一座由北大学生捐资铸建的半身铜质李大钊塑像落成,坐落在校内静园的绿色草坪中,来瞻仰者络绎不绝;1989年是李大钊百年诞辰之期,北大牵头发动纪念,举办展览,出版文集,并成立了全国李大钊研究会,会址就挂靠在北大。所有这些表明:李大钊的精神已和北大的校园文化融为一体,已是北大历史的重要组成部分。"共产主义先驱李大钊的名字是与北京大学分不开的。他的革命活动是从北大的'红楼'、北大图书馆开始的。"[50]它昭示:在北大,李大钊精神将永驻,并传至久远、久远……

## 注 释

① 《京报》1923年12月18日。

② 10多年前,我在北京大学档案室查阅到一本"民国十八年七月份"的《俸给簿》,上面列写了发给北大全校教工月薪的名录,李大钊的名字赫然犹存。在李大钊名下,注有如下文字:"本科讲师。月支俸给五〇。备考:已故教员欠薪。"

③④㊶ 章士钊《〈李大钊先生传〉序》,1951年8月。

⑤ 北京大学评议会特别会(1920年7月8日)记录:"图书馆用助教事,议决:(马夷初先生修正案);图书馆添用助教,图书馆主任改为教授。全体通过。"(《北京大学评议会议事录》第2册)北京大学文牍课发文(1920年7月23日):"请李大钊先生为本校教授聘书。"(《北京大学日刊》1920年7月30日)

⑥ 李大钊被选为校评议员,见《北京大学日刊》1920年10月14日;1921年11月3日、7日;1922年11月3日;1923年10月25日。

⑦ 王勃《滕王阁序》。

⑧㉑㊲㊵㊶ 《李大钊文集》(下),人民出版社1984年版,第47、208、583、888、893页。

⑨⑩㉒㉓㉔㉕ 《李大钊文集》(上)第608、603、648、652、179页。

⑪ 《发起马克斯学说研究会启事》,《北京大学日刊》1921年11月17日。

⑫ 《北京大学社会主义研究会通告》,《北京大学日刊》1920年12月4日。

⑬ 《注册部布告》,《北京大学日刊》1920年10月1日;1922年10月31日;1924年1月5日。

⑭⑱ 《北京大学日刊》1920年9月17日;1920年10月7日。

⑮⑯ 《政治学系教授会启事》,《北京大学日刊》1921年12月21日;1923年1月9日。

⑰ 《政治学系教授会布告》,《北京大学日刊》1924年5月14日。

⑲ 《国立北京大学共产党一瞥》,《防洪月刊》第2期,1937年。

⑳ 《劳工神圣》,《北京大学日刊》1918年11月27日。

㉖ 李大钊写的《担保条》文如下:"哲学系学生刘仁静君学宿费等由鄙人暂为担保,一俟家款寄到,即行缴纳不误。"

㉗ 这则《启事》刊登在1919年7月6日《晨报》上,签名者还有胡适、高一涵、钱玄同等。

㉘ 参看李璜《学钝室回忆录》:"记得是年10月(指1918年10月——引者)中某日午后,我从京东安市场出来,向金鱼胡同转弯时,迎面遇见光祈同一个黑而瘦,身子比光祈低的青年人,光祈为我介绍,这是毛泽东君,在几日之后,我即在愚生家与毛同席,因他已由守常介绍,加入了'少中'(少年中国学会的简写——引者)。"(《台湾传记文学丛刊》,1978年6月版,第36页)

㉙ 参看《致胡适》,《李大钊文集》(下)第956、957页。

㉚ 参看傅斯年《新潮之回顾与前瞻》:"李守常先生把图书馆的一个房间拨给了新潮社用。"(《新潮》第2卷第1号,1919年10月)

㉛ 见《李大钊和萧一山的〈清代通史〉》一文,《人民日报》1994年7月6日。

㉜ 转引自高平叔编著《蔡元培年谱》,中华书局1980年版,第38页。

㉝㉞ 《蔡元培全集》第3卷,中华书局1984年版,第211、344页。

㉟ 龚自珍诗句。五四时期胡适执教北大,曾作诗云:"但开风气不为师,龚生此言吾最喜。"

㊱ 《京报》1922年10月26日。

㊳ 鲁迅《〈守常全集〉题记》,《南腔北调集》,1933年。

㊴ 据1984年人民出版社版《李大钊文集》(上、下)及1989年黑龙江人民出版社版《李大钊遗文补编》和人民出版社版《李大钊文集续编》统计。

㊷ 《李大钊文集》(下),人民出版社1984年版,第893页。

㊸ 参看拙著《北京大学与五四运动》,北京大学出版社1995年第2版,第264、267页。

㊹ 参看罗章龙《椿园载记》、张国焘《我的回忆》等书。

㊺ 《李大钊文集》(下)第118页。

㊻ 《故国立北京大学教授李君墓碑》(1933年)。

㊼ "南陈",指南方的陈独秀。1932年陈独秀在上海被国民党政府逮捕,1933年正在狱中。

㊽ 见《李大钊史事综录》,北京大学出版社1989年版,第893页。

㊾ 1981年6月30日《人民日报》载诗。后两句云:"孤松独秀如椽笔,日月双悬照古今。""孤松"为李大钊的一个笔名。
㊿ 《胡乔木文集》第2卷,人民出版社1993年版,第287页。

〔作者 北京大学政治学与行政管理系教授〕

# 从图书馆助理员到共和国缔造者
## ——毛泽东与北大*

### 萧 超 然

　　一代伟人毛泽东与中国著名学府北京大学之间,在本世纪50多年的时间内,一直保持着令人神往而十分有趣的历史文化联系。从青年时期开始走上中国政治舞台,到中年成为新中国的缔造者,到进入老年直至去世,毛泽东与北大始终是情缘未了,联系难断,"此恨绵绵无绝期"。毛泽东早年求索,因北大而窥学术之堂奥,升华超越。他盛赞过五四时期的北大,说北大蔡元培、陈独秀等"首倡革新","革新之说,……潮流侵卷,自西向东,国立北京大学的学者首欢迎之"①。尔后他和北大师生,许多知名学者、教授长年保持着深厚的公情私谊;但到晚年,当他的权力达到巅峰时,他又指斥过北大,说北大是个"反动堡垒",并采取非同寻常的措施,干预北大校内生活,使北大几乎陷入了万劫不复的境地。这其中的爱憎故事,令人痴迷,发人猛省,也教人震颤。它是毛泽东本人历史的一部分,是北大历史的一部分,也是中国近现代历史的一部分。是值得研究者发隐抉微,史笔一书的。

　　在50多年流逝的岁月中,毛泽东与北大的联系,时间比较集中的有三回,分别在三个不同的时期。第一回是五四运动前后,其时毛

---

　　* 1993年为了纪念毛泽东诞辰100周年和北大建校95周年,我曾写过一篇《毛泽东与北京大学》的文章,刊登在《北京党史研究》(增刊)上。本文是在那篇文章的基础上修改写成的。——作者

泽东还是个青年;第二回是北平刚解放不久的建国之初,毛泽东正值壮年;第三回是"文化革命"中,毛泽东已进入老年。三回联系的情况不同,产生的影响和评价也不一样。下面论述的就是这三回联系的历史片断。

## 一、"五四"前后

五四运动前后,毛泽东与北京大学发生联系有两次。第一次在1918年秋至1919春。这次他在北大图书馆工作,是正式在编职工,约半年,任职是图书馆助理员;第二次在1919年冬至1920年夏。这次他尽管不是北大职工,但许多活动是在北大进行的,同北大仍然有着密切的联系。这两次时间紧相连接,是毛泽东与北大发生的最早、最直接的联系。当时人们对这种联系是不会给予注意的。原因为:毛泽东是个青年,又是小人物。一个青年小人物,即便和一个著名学府来往,也不会引起人们的关注。但是,几十年之后,经过历史老人的一番点缀,回过头来看足迹,就会觉得此中不乏韵味:一个是后来变成了历史伟人的平凡青年,一个是当时著名高等学府,两者相会于中国近现代革命转轨、文化思潮大变动的五四时期。其时、其地、其人:说巧合,又非无缘之合;是偶然,却寓有某种必然。地灵生人杰,时势造英雄。毛泽东后来走上伟人之路,同他早年于五四时期在北大所受的洗礼不无关系。

关于青年毛泽东两次北京之行、在北京在北大活动的情况,诸如北上时间,来回路线,在北大的任职、学习,人际交往,参加社团,组织留法勤工俭学,进行"驱张"运动以及所受思潮影响,转向马克思主义等,经过许多学者的多年研究,现在可以说已基本弄清楚了。② 我在这里不拟一一复述,而只想就五四时期毛泽东与北大发生联系的具体特征和毛在北大所受的熏陶、教育,在其尔后走上革命征程,成为一代革命伟人的基础素质构成中,究竟占有何等分量,起过何种作用,再谈一点意见。

众所周知,青年毛泽东的两次北京之行,是他从湖南偏僻的山区走向全中国、以至后来走向全世界带有决定性意义的一步。没有这一步,或许可以这样说,就不会有后来那样一个一代革命伟人、革命领袖的毛泽东。而实现这样一个转换——从一个普通青年后来成长为一个革命领袖——的一个关键环节,是他早年任职北大,在北大所受的教育,所受的影响。

或许有人要问:青年毛泽东在北大的时间并不长,认真来说,只有三四来个月[③]。他两次北京之行停留在京的时间,加在一起也只有11个月,还不到一年。在如此短的时间内,北大所给予他的教育和影响,会发生那么大的神奇作用吗?这是一个值得作点分析的问题。

根据社会个体精英发展的历史经验,一个人要发展,往往取决于某种历史机遇,取决于客观机遇与主体状况的结合,这种结合实现的愈好,则个人发展的前景会愈宽,愈大,以至成为一个新的发展起点,影响其一生。

青年毛泽东两次北京之行,任职北大,从其以后的发展来说,他是抓住了一次难得的历史机遇,他并把这种机遇和本身的需求很好地结合起来,创造了一个新的发展起点,实现了人生征程上的一次飞跃。

何以言之?且从客观与主体两方面来看。一方面,北京大学自蔡元培任职校长时起,校风丕变,百花争妍,领导学术新潮流,进入到它的最好发展时期。这一方文明沃土,为有志发展成才者提供了难逢的机遇和准备好了一个广阔的舞台,正如一位在"五四"前后曾在北大做过行政领导工作的学者所云:"北大不仅是原有文化的中心,而且是现代知识的源泉。学者、艺术家、音乐家、作家和科学家,从各方面汇集到北京,在这古城的和谐氛围中,发展他们的心智,培育他们的心灵。古代的文物,现代思想的影响,以及对将来的希望,在这里汇为一股智慧的巨流,全国青年就纷纷来此古城,畅饮这智慧的甘泉。"④另一方面,从主体毛泽东来说,他正值人生之华的青春时期,怀有强烈的求索意识和奋发向上的精神。在来北京之前,他在湖南第一师范学习,通过阅读由北大教师主编出版的《新青年》杂志和对新文化运动的了解,已对北大及其领袖人物十分向往,产生崇拜心理。十几年后他曾回忆说:"《新青年》是有名的新文化运动的杂志,由陈独秀主编。我在师范学校上学的时候,就开始读这个杂志了。我当时非常佩服胡适和陈独秀的文章。有一段时期他们代替了梁启超和康有为,成为我的楷模。"⑤这就是说,五四运动前夕的毛泽东,已是一名"追星族"(毛泽东曾著文称誉陈独秀是"思想界的明星"),对北京大学和新文化运动的领袖们十分崇拜,把胡适、陈独秀奉为楷模。正是由于他来北京前存有这样一种心理积淀,因此,等到一旦来京,经过很希望他"入北京大学"的原湖南一师老师、时任北大教授杨昌济的介绍,结识李大钊,任职北大图书馆,毛泽东很快就与北大的主流社会结合在一起,突破了自身地位低(图书馆助理员是初级职位)、待遇差(月薪8元。与校长蔡元培月薪600元相差75倍;与文科学长月薪450元相差56倍多;与图书馆主任月薪200元相差25倍;与一级正教授月薪400元相差50倍;与助教的起码级第6级月薪50元也相差6倍多⑥)的藩篱,同北大的校长、文科学长、图书馆主任、知名教授、学生领袖等人物频繁联系,实现了一种不同寻常的职别超越和心理超越,表现了惊人的人际交往能力。据不完全统计,青年毛泽东两次北京之行期间所曾交往的人物,现存文字可查的有:蔡元培、陈独秀、李大钊、杨昌济、黎邵西、胡适、邵飘萍、徐宝璜、陶孟和、梁漱溟、马叙伦、章士钊、李石曾、蒋梦麟、张申府、谭平山、傅斯年、罗家伦、段锡朋、康白情、朱谦之、萧子升、王光祈、李璜、张国焘、陈公博、刘仁静、邓中夏、高君宇、罗章龙、杨钟健、杨开慧等。这是一幅多么炫人耳目的人物"联络图"!不难看出,以毛泽东当年那样卑微的出身和地位,能打入这样一个上流社会的知识精英群体中,不能说不是一种很令人玩味而值得研究的现象。尽管有时他会遭受白眼,如傅斯年、罗家伦"没有时间听一个图书馆助理员讲南方土话"⑦,或如胡适"竟不肯屈尊回答一个小小的图书馆管理员"⑧的问题,但总的来说,毛泽东和这些精英人物的交往是成功的。这一方面是由于毛泽东这个主体,受到求索精神的强劲驱动,另方面也是由于五四时期的北大这个客体,富有民主包容精神,并不拒绝这样一个小人物。两者拥抱到一起,创造了历史奇迹。青年毛泽东就是在同北大的这种联系中,积聚了一笔丰厚的无形的知识精神财富,建构了良好的心理素质和发展环境,为他日后成为一代革命伟人,作了重要的铺垫。

青年毛泽东两次北京之行有明确目的。第一次是组织留法勤工俭学,第二次是开展"驱张"(敬尧)运动,这两个目的都实现了。除了这两个具体目的外,我认为在毛泽东的潜意识中,还有一个虽不是很明确、却实际存在的更大的目的,这就是进入北大,把北大作为一个转换人生路标和谋求大发展的基地与舞台,这一点,是被后来的历史充分证明了。这种潜存的更大目的性,是青年毛泽东两次北京之行、与北大发生联系的一个主要特点。这时他的许多活动都是紧紧联系于这个特点,围绕着这样一种潜意识而展开的。

比如,青年毛泽东走进了北大,却没有报考北大,争取成为北大的一名正式学生,这一长期颇为令人费解的行为,似乎就可以从这方面得到说明。

青年毛泽东一行北上的时间,正是全国大学高考的季节。与他同行的罗章龙就考进了北大预科,其他几位革命青年如蔡和森、罗学瓒等则是因为要去法国勤工俭学,所以无意报考。毛泽东是拿定主意不去国外留学,他又十分向往北大,他的老师杨昌济又十分希望他入北大学习,应该说他有良好的机遇和条件来报考。照常理说,进入名牌学府北大学习,做一名正式学生,是许多青年的愿望,而毛泽东为什么没有这样做呢?这里可以有一种解释,就是青年毛泽东有比做北大学生更多的考虑,更远更大的目的和理想。

青年毛泽东是很向往北大的,对北大的一些领袖人物是很崇拜的,所以他想办法进了北大,当了一名正式职工。但他并不急于想报考,当北大学生,原因为:一是他喜欢自由学习,一向讨厌那种正规的课堂学习生活;二是他还想做更多更重要的事,并不想在北大长期留下去,而4年的学生生活对他来说是太长了。青年毛泽东当时进入北大,最重要的是要呼吸北大自由研究的学术空气,结识陈独秀、胡适等一批新文化运动的领袖人物,比较、鉴别各种新思潮,择定终身服膺的主义;以北大为舞台,开阔视野,增长才干,广交天下朋友和志同道合者,以为谋进一步发展之阶梯。如果不做学生就能实现上述两重目的,那么,不做学生更好。因为毛泽东只想在北大"暂栖身",而无意于长住。历史表明,青年毛泽东的两次北京之行,就是按照这样一种潜意识的目的在北大行事的。

青年毛泽东在北大所受的教育,主要是两个方面。其一,学习、研究、转向马克思主义。关于这方面的情况,我在1993年为纪念毛泽东诞辰100周年而写的《一个可信的自我判断》⑨和《毛泽东与北京大学》⑩两文中,已作过较详尽的考释和研证,这里就不多说了。我想要强调的是,这时毛泽东所接受的马克思主义,是经过他在北大比较,鉴别各种思潮主义之后而选择的,这同从讲台、书本直接灌输的马克思主义是不一样的,它更能经受住时间的检验,正如毛泽东后来所说:"我接受马克思主义,认为它是对历史的正确解释,以后,就一直没有动摇过。"⑪还有,这时毛泽东接受的马克思主义,主要是马克思的阶级斗争学说(这与马克思主义在我国早期的传播情况有关),而对马克思学说的其他方面涉猎不多,这也正如他后来所说:"记得我在一九二〇年,第一次看了考茨基著的《阶级斗争》,陈望道翻译的《共产党宣言》,和一个英国人作的《社会主义史》,我才知道人类自有史以来就有了阶级斗争,阶级斗争是社会发展的原动力,初步地得到认识问题的方法论。可是这些书上,并没有中国的湖南、湖北,也没有中国的蒋介石和陈独秀。我只取了它四个字:'阶级斗争',老老实实地来开始研究实际的阶级斗争。"⑫这个"第一次"读马克思主义书籍得到的认识问题的"方法论",影响了毛泽东的一生。直至晚年,还可以在他身上明显地见到阶级斗争学说的影响。这或许可以说是五四时期北大校园文化给毛泽东所注入的文化基因所致吧!

其二,接受一般文化科学知识的训练,特别是新闻和哲学两门学科的训练。青年毛泽东来北京之前,就喜欢读报,⑬对人生问题喜作哲学的思考⑭。因此一进北大,他就参加了"新闻研究会"、"哲学研究会",受到了新闻、哲学两门学科的专业教育。拿新闻学来说,据《北京大学日刊》记载,从1918年11月至1919年3月,新闻研究会主任徐宝璜教授和京报社长、研究会导师邵飘萍几乎每周都到会讲演。尔后他们把讲演的内容编纂出版,就是我国最早的两部新闻学著作:徐宝璜的《新闻学纲要》和邵飘萍的专著《实际应用新闻学》。毛泽东获得过研究会的"听讲半年证书"⑮,可见他曾系统听过徐宝璜、邵飘萍的讲演,受过专业的训练。以后,他在长期的革命征程中,对新闻工作始终保持浓厚的兴趣,为报刊写过大量的消息报导、述评、社论,把新闻工作视为革命工作的重要组成部分。通过新闻报刊的宣传实现自己对革命的领导,这已成为他个人的学养和领袖气质的一个鲜明特色。这不能不说与他早年在北大所受的新闻学教育,是分不开的。

五四时期的北京大学,这个新文化运动的摇篮,五四运动的发祥地,传播民主、科学思想和马克思主义的中心,它所凸显出来的凝重的校园文化,恢宏的气度,多姿多彩的学术交流,肯定给了青年毛泽东以深沉的心灵感触和丰厚的知识营养,建构了毛泽东日后成为一代革命伟人的文化知识胚基,从而使毛泽东在成长为革命领袖的同时,也成长为文化巨人和思想巨人。

## 二、建国初期

　　1949 年北平刚解放不久，中华人民共和国成立初期，毛泽东与北京大学发生了第二回联系。这回联系共有 3 次，是书信来往。它反映了已是革命伟人的毛泽东对北京大学的无限关注之情和作为革命领袖的谦逊与朴素本色。

　　这回第一次联系是在 1949 年 4 月，是五四运动 30 周年前几天。当时北大学生会的两位年轻干部，商议以"北京大学纪念五四筹备委员会"的名义，给毛泽东写信，邀请他回北大参加全校纪念"五四"30 周年的活动。信的大意是：毛主席在北大工作过，"五四"又是国家大事，所以请他回校参加活动[16]。信于 4 月 28 日寄出，4 月 30 日毛泽东就亲笔作复，原信如下：

　　北京大学纪念五四筹备委员会诸先生：
　　　四月廿八日的信收到。感谢你们的邀请。
　　　因为工作的原故，我不能到你们的会，请予原谅。庆祝北大的进步！

毛泽东　四月卅日[17]

　　从毛泽东的回信，可以看出有两点值得注意：第一，信是毛泽东亲笔写的，而且回得很快，从北大把信寄出到毛泽东收信作复，中间只隔两天，除去邮送时间，几乎剩不下空闲，毛泽东一定是收到北大的信就立即亲笔作复的。这可以看出他对北大的急切关注之情。须知，其时人民解放军刚刚结束渡江战役，在解放了南京之后，正向杭州、上海逼进。全国也开始了向西南、西北、中南、华南等地区的大进军，军情紧急，建国在望，毛泽东日理万机，有多少重大事情需要他去处理啊！对于北大的这样一封邀请信，他完全可以让秘书代笔回复，或者推迟几天,亦无不可。然而他却立即亲笔作复,这不就鲜明地反映了他对北大的一腔思恋之情么?据当时和毛泽东同住北京香山、负责中共中央政治秘书室工作的师哲回忆:那时中央机关刚刚从西柏坡来到北京,国民党的飞机还时来骚扰。每天寄给毛主席的信很多,有几箩筐。一般信件均由秘书室处理,只有重要的毛主席才会亲笔回信。讲到毛主席这次给北大亲笔回信时,师哲说:其实,这样的复信,完全可以由田家英(田时任毛泽东秘书——作者)代笔,但主席不愿意这样做,因为我知道北京大学在主席心目中的地位。主席常说:北大是最高学府,我们要尊重知识啊![18]看,这是一种多么令人感动的关切之情! 第二,毛泽东在回信中表示感谢邀请,说明了不能应邀的原故,请予原谅。寥寥数语,口气平和,礼数周全,完全是平等待人的态度,没有丝毫虚骄气味。信尾题书"庆祝北大的进步",表示了一种良好的祝愿。据收到这封信的当事人回忆:这封信由一位解放军战士送交,信皮信纸都很粗糙,信皮上写着:"北京大学　纪念五四筹备委员会　毛寄"。它给当时北大人所带来的喜悦,是无法用言语形容的。

　　这回第二次书信联系,是在第一次之后不久的1949年12月。当时北大正准备在12月17日(1949年以前北大把12月17日定为校庆日,1949年后改为5月4日——作者)举行第51周年校庆。经校务委员会秘书请示时任北大校务委员会主席的著名哲学家汤用彤先生和秘书长、著名史学家郑天挺先生同意,决定用北大全体师生的名义,给毛泽东写封信,请他回来参加校庆,并请他给北大校徽题字。这封信说:"十二月十七日是北京大学第五十一周年校庆纪念日,为了庆祝这解放后的第一次校庆,我们准备在十七日上午举行简单的庆祝仪式,……我们热烈地盼望您能在这一天,回到学校里来,给我们一点指示。要是您有空,无论如何希望给我们写几句话,给一点指示! 还有一件事要麻烦您的,最近我们要制新的校徽,想请您给写'北京大学'四个字,希望您能答应我们。"[19]信尾署名"北京大学全体师生"。信于 12 月 12 日发出,寄往中南海,但过去了整整一个冬天,却渺如黄鹤,没有回音。后来了解到,原来 1949 年 12 月 6 日毛泽东率代表团离京,前往莫斯科,同斯大林商谈签订中苏友好同盟互助条约去了,直至 3 月 4 日才回到北京。这段时间他不在,因此没有回信,这是不足为奇的。毛泽东外访近 3 个月,回国后有大量积压的重大问题需要处理,其劳累与紧张程度,可想而知,但他对北大题写校徽的要求,并没有忘怀,仅在 12 天之后,3 月 17 日,毛泽东就经中共中央办公厅秘书室把亲笔书写的 4 个遒劲有力的校徽题字"北京大学"函发到了北大校长办公室。办公厅秘书室还致交一信,内称:"寄上毛主席为北大校徽题字,敬请查收。"[20]北大校务委员会当即决定在全校师生中广泛征求校徽图案,随后即制成长 4 厘米、宽 1.5 厘米,印有红底白字和白底红字两种长方形横牌校徽,前一种教职员工佩戴,后一种学生佩戴。从 50 年代初起,一直使用至今。据悉,为高校题写校徽,毛泽东这是第一次。它再次反映了毛泽东对北大的关怀。

如所周知,在北大历史上使用过两个校徽,其一是 1917 年由蔡元培请鲁迅设计的等腰三角形状、并由鲁迅书写篆体"北大"两字的竖牌校徽,1949 年前一直使用,再就是毛泽东书写的这枚校徽。从鲁迅设计到毛泽东题字的两枚北大校徽的延续历程,从一个侧面反映了北大的光荣历史。

距离这次题写校徽仅仅一个月之后,北大的师生员工为了迎接即将到来的五四运动 31 周年,筹办有关史料展览,又和毛泽东发生了第三次联系。1950 年 4 月 20 日,一封信函由北大发出,其中写道:

> 毛主席:我们学校为了纪念五四,预备盛大庆祝,并举行与五四运动有关的史料展览,想请您给我们一幅题字,以增加展览的价值。希望您答应我们的请求。因为还要匀出装裱的工夫,

更希望早几天写给我们。谢谢您！敬祝身体健康。

国立北京大学全体师生员工<br>谨启　四月二十日[21]

同一天，北大学生自治会也给毛泽东寄去一信，请他为学生会的刊物写点文章。毛泽东在收到这两封信后第二天，也就是4月21日，即写了如下题词：

祝贺"五四"三十一周年
团结起来为建设新中国而奋斗[22]

随后，他又在4月28日给北大学生自治会写去一信说：

四月二十日来信收到。叫我给你们的刊物写点文章，我是高兴的；可惜我近日颇忙，不能应命，请予原谅。敬祝进步。[23]

这第三次联系，除了又一次表明毛泽东对北大奉献一片爱心外，就是他写了意义重大的题词。"团结起来，建设新中国"，这既是他对北大师生的厚望，也是他对全国知识分子的厚望。

## 三、在"文革"中

毛泽东与北京大学第三回发生联系，是在"文化革命"中。这是发生在特殊条件下的一种联系。它既不像第一回"五四"前后，毛泽东作为一个青年受教于北大的那种近似师生之谊的联系，也不像第二回建国之初，毛泽东作为胜利者回到北京仍眷恋故旧，双方充满关切激励之情，有如亲朋好友之间的联系。这回，毛泽东已进入老年，权力达到高峰。如像已被历史所证明的那样，这回毛泽东和北京大学之间的联系,是在特定历史条件下发生的联系,是一种被扭曲了的联系。

于此我想顺便指出,建国以后,尽管毛泽东日理万机,但他并没有忘记北大,还是不时给予关怀。比如,50年代后期,他曾亲自提名调马克思主义哲学家冯定到北大任哲学教授,以加强北大哲学学科的建设;1957年夏天,他对北大化学系傅鹰教授两次著名发言所作正确批示,[23]给了这位以敢于讲话提意见著称的知名学者以保护,使之幸免于随即到来的那场政治灾难;1963年12月,他指示要加强对世界三大宗教(耶稣教、回教、佛教)的研究,曾对北大哲学系任继愈教授的佛学研究,给予过高度表彰,说任的"几篇谈佛学的文章,已如凤毛麟角"[25];他还曾邀请北大教授金岳霖、冯友兰、郑昕、贺麟等到中南海颐年堂吃"四面八方人马饭"[26],以表示对知识分子的关心。所有这些,都体现了他对北大的一种细心的关注。但是,由于老年毛泽东思想脱离实际,又坚持"以阶级斗争为纲"看待一切,对进入60年代以后的国内形势愈来愈不满,尤其是文教战线,自然也包括北大在内。1966年5月25日,当时任中共北大哲学系总支书记的聂元梓与哲学系的另6位教工联名签署写了一张诬陷、攻击中共北大党委和北京市委的大字报,张贴在大讲堂东向南侧的墙上。一时校内大哗,人言汹汹。康生把这张大字报的抄印件送给了时在南方考察的毛泽东。6月1日,毛在一份《文化革命简报》上批示:"此文可由新华社全文广播,在全国各报刊发表,十分必要。北京大学这个反动堡垒从此可以开始打破。"[27]十分明确,在毛的心目中,这时的北京大学已是一个"反动堡垒"了,要"打破"之。当晚,新华社全文广播了这张大字报。从此,"文化大革命"的燎原野火,就由北大烧向了全国。

与此同时,老年毛泽东还对北大作出了一些极不寻常的表示。1966年8月,他在《炮打司令部——我的一张大字报》中,又称誉聂元梓的大字报是"全国第一张马列主义大字报",说它"写得何等好啊!"并在天安门城楼亲自单独接见了"大字报"作者和北大的部分师生代表。这样,那个"得志便猖狂"的北大"校文革"女头头,便被当成了全国无产阶级革命造反派的代表和英雄,吹上了天,而北大的广大师生则被推向了无边的灾难。

这时及以后,北大校园还经常流传一些所谓毛泽东有关北大的"最高指示"。其中人们说得最多的一条是"庙小神灵大,池浅王八多"。一些著名科学家和知名教授,其实与政治并无牵连,只是因为生活在北大,又有影响,就被当作"王八"或"神灵"揪了出来,戴高帽,挂黑牌,上"斗鬼台",关"黑帮大院"。北大被认为是由党阀学阀专了政的地方,最高学府变成了恐怖世界,文化荒漠。

当然,毛泽东在"文化革命"中,也作过有益于北大的举措。比如他曾严厉批评"校文革"的那位头头,扼制了她的恶性发展;对北大的有些学术代表人物进行过保护,如亲自作指示把冯友兰、翦伯赞从"劳改大院""解放"出来,"给出路"。1968年毛泽东在一次中央会议上说:"北京大学有一个冯友兰,是讲唯心主义哲学的,我们只懂得唯物主义,不懂得唯心主义,如果要想知道一点唯心主义,还得去找他。翦伯赞是讲帝王将相的,我们要想知道一点帝王将相的事,也得去找他。这些人都是有用的。对于知识分子,要尊重他们的人格。"㉘这些措施,对当时的北大也起过积极作用。

本世纪内,在中国的大地上,发生过两次以文化为标签的大规模群众运动,一即五四新文化运动,发生在本世纪早期;再一即所谓的"文化大革命",是在下半期的60年代。这两次运动都发生在北大,对20世纪中国社会政治的发展产生过性质不同的深远影响。而毛泽东同这两次运动,同北大都有着密切不可分的关系。这是一种很有趣的历史文化现象。毛泽东从青年到老年,与北京大学结下了不解之缘,这缘分从"五四"始,以"文革"终。它曾给北大人带来过巨大的幸福和喜悦,但一度也产生过严重的负面影响。这其中所蕴含的历史经验教训,将是长谈不衰的历史话题,值得品味和研讨。

## 注 释

① 《健学会之成立及进行》,《毛泽东早期文稿》,湖南出版社 1996 年版,第 364、365 页。

② 请参看拙著《北京大学与五四运动》,北京大学出版社 1995 年第 2 版,第 139—147 页;拙作《一个可信的自我判断》,载《中共党史研究》1993 年第 3 期。

③ 现在北大档案馆还可以看到有毛泽东签收字样的 1918 年 12 月和 1919 年 1 月、2 月全校工资发放册,由此可以证实毛在北大图书馆任职的时间。

④ 蒋梦麟《西潮》,台北 1994 年版,第 231 页。

⑤ 《毛泽东自述》,人民出版社 1993 年版,第 30、31 页。

⑥ 《国立大学职员任用及薪俸规程》(民国六年五月三日公布),北大档案馆存件。

⑦ 《毛泽东自述》第 33 页。

⑧ 〔美〕伯恩斯《领袖论》,中国社会科学出版社 1996 年版,第 280 页。

⑨ 《中共党史研究》,1993 年。

⑩ 《北京党史研究》1993 年增刊。

⑪ 《毛泽东自述》第 39 页。

⑫ 《毛泽东新闻工作文选》,新华出版社 1983 年版,第 60 页。

⑬ 毛泽东本人曾说过:"我养成了读报的习惯,从 1911 年到 1927 年,我上井冈山时为止,我从没有中断过阅读北京,上海和湖南的日报。"(《毛泽东自述》第 32 页)

⑭ 1917 年毛泽东在致黎锦熙信中说:"故愚以为当今之世,宜有大气量人,从哲学伦理学入手,改造哲学,改造伦理学,根本上变换全国之思想","向大本大源处探讨。"(《毛泽东早期文稿》第 86、87 页)

⑮ 《北京大学日刊》1919 年 10 月 21 日。

⑯ 这是当事人的回忆。回忆件现存北京大学党史校史研究室。

⑰ 原件藏北京大学档案馆,又见《毛泽东书信选集》第 320 页。

⑱ 北大党史校史研究室访问师哲纪录,1992 年春。

⑲⑳㉑㉒㉓ 原件存北京大学档案馆。

㉔ 1957 年 5 月 6 日,毛泽东在为中共中央起草的关于对待当前党外人士批评的指示中写道:"自从展开人民内部矛盾的党内外公开讨论以来,异常迅速

地揭露了各方面的矛盾。……党外人士对我们的批评,不管如何尖锐,包括北京大学傅鹰化学教授基本上是诚恳的,正确的。"(见《作家文摘》第215期转载龚育之《毛泽东与傅鹰》一文)毛在另一篇文章《事情正在起变化》中讲到1957年的整风运动时也写道:"多数人的批评合理,或者基本上合理,包括北京大学傅鹰教授那种尖锐的没有在报纸上发表的批评在内,这些人批评的目的,就是希望改善关系,他们的批评是善意的。"

㉕ 《关于加强宗教研究问题的批语》(1963年12月30日),《建国以来毛泽东文稿》第10册,中央文献出版社1996年8月第1版。

㉖ 1957年4月11日,毛在中南海颐年堂请周谷城吃饭,北大教授金岳霖、冯友兰、贺麟、郑昕等参加。毛说:"我这饭叫四面八方人马饭,其中有各种的米,还有许多豆类,人、马都可以吃,所以叫人马饭。"(见冯友兰《三松堂自序》,三联书店1984年版,第159页)

㉗ 转引自席宣、金春明《"文化革命"简史》,中共党史出版社1996年版,第99页。

㉘ 冯友兰《三松堂自序》第185页。

〔作者 北京大学政治学与行政管理系教授〕

# 周恩来对北大的关怀

王效挺

1998年是北大100周年校庆,也是周总理100周年诞辰。《名人与北大》编者约我写一篇周恩来与北大的文章。周总理十分关心北大教学研究的发展和知识分子的进步。解放后,北大的一些重要规划、原子能系的建立、昌平分校的建设以及解放初期校委会主任及"文革"前校长的人选等等,都是经周总理批准的。北大图书馆也是在总理关怀下于1975年建成的。总理曾6次来到北大[①],多次找北大领导指示工作。现从解放后我所接触和了解到的几件事作一些回忆,以缅怀人民的好总理。

## 一、周副主席来到了北大孑民堂

1949年3月23日,周恩来同志和毛主席、党中央离开平山县西柏坡村,经涿县、清华园火车站,于25日晚进驻香山。

周恩来同志当时担任中共中央书记处书记、中共中央军委副主席兼军委总参谋长,在协助毛主席指挥几百万大军解放江南和大西北的同时,还要忙着新政协的筹备任务及和南京国民党政府代表团谈判等工作,真是日理万机。就在这么紧张的时刻,在党中央迁到北平仅仅一个多月,周副主席就来到沙滩北京大学孑民纪念堂,参加北大教授座谈会。

北大教授绝大多数是爱国的。1948年10月,东北大部分解放。国民党政府曾策划将平津著名大学南迁,北大校长胡适也扬言北大南迁。在地下党和广大师生坚决反对下，北大教授会作出了不南迁的决定。南迁不成，国民党政府又来了个"专机抢运"知名教授。把飞机停在东单广场（城外机场已被解放军控制），胡适曾把机票送到一些教授家中，但是跟胡适南逃的寥寥无几，绝大多数教授都留下来了。北平解放后他们很想直接听听中央领导同志讲话。4月29日，北大教授联谊会干事会在中老胡同宿舍举行临时扩大会议，一致议定商请周恩来副主席来校做报告。

5月9日上午，周副主席乘坐吉普车来到北大。几个月来，北大师生沉浸在欢庆胜利的气氛中，百万雄师过大江和南京等地解放的消息激动人心。可是潜伏在北平的国民党特务仍在不断地制造事端。周副主席充分信任北大师生，决定不带警卫人员，只约了与北大教授比较熟悉的他的联络员赵范同志（原名田价人，一二·九时期的北大校友，1938年入党）和北平地下党学委委员、北平市委的崔月犁同志前来。在孑民纪念堂，周副主席发现外面有公安人员，当即将赵范同志叫到外屋问：谁叫他们来的？今天到会的都是我们的朋友，我们是来看朋友的，让他们回去。赵范同志问明是市公安局派来作保卫工作的。赵传达了周副主席指示，他们马上撤离了。

参加座谈的有129位教授、副教授，绝大多数是第一次见到周副主席。开始时，一些教授有些拘谨，见到周副主席非常平易近人，热情地向大家问好，像老朋友聊天一样问曾昭抡教务长：你这个曾是不是和曾国藩同家呀……？会场就轻松、活跃起来。周副主席先听取大家发言，然后作了《关于新民主主义的教育》的讲话。

他首先讲到："新的代替旧的是社会发展的规律。要改革社会，就必须有勇气面对旧的，否定旧的"，"这样，才能为新东西的发展扫清障碍，开辟宽广的道路。"他说："'五四'时期陈独秀与胡适的不同，主要就在于前者敢于否定旧的，而后者却没有这样的勇气。所以胡适就站不住，骨头是软的。北大敢于对旧的东西加以否定的传统，是值得发扬的。"他也指出：五四时期也发生过否定一切的偏向，就是没有在否定其基本的东西的同时,批判地接受其好的一面。

接着他着重阐述了"发展民族的、科学的、人民大众的文化"的教育方针和对欧美文化的态度。他说:我们对欧美文化是否定其反动的东西,同时吸收其好的东西,为我们所用。对封建主义和官僚资本主义文化,也是如此。我们应该从世界各国吸取一切好的东西,但必须让这些东西像种子一样在中国土壤上扎下根,生长壮大,变为中国化的东西,才能有力量。我们要培养民族自尊心,激发民族的无限活力和创造力。

周副主席最后说:我们教育的发展要稳步前进。我们的教育计划一定要切合实际。各项工作,孰轻孰重,孰前孰后,人才怎样集中,设备怎样充实,这些问题都要请大家来考虑,大家来研究。我们的办法就是集中大家的意见。大家的事要大家一起来做。

会后,许多教授很兴奋地向同学们传达了周副主席讲话。这个讲话的精神也很快在兄弟院校教师中传播开来。他们说:周副主席阐述了新民主主义的教育方针,特别是如何对待欧美文化和旧文化,讲得很精辟。有的说:这个讲话不只是对北大教授讲的,而是说明党中央对整个教育事业的重视和对老知识分子的信任,要我们"大家来研究"如何搞好教育工作。我们一定要努力学习,做好工作,不辜负中央的信任。

## 二、应北大邀请,周总理在怀仁堂向京津高校教师做报告

1951 年 9 月 7 日,马寅初校长代表北大教师学习会给周恩来总理写信说:北大教授中有新思想者,如汤用彤副校长、张景钺教务长、杨晦副教务长、张龙翔秘书长等 12 位教授,响应周总理改造思想的号召,发起北大教员政治学习运动。"他们决定敦请毛主席、刘副主席、周总理、朱总司令、董必老、陈云主任、彭真市长、钱俊瑞副部长、

陆定一副主任和胡乔木先生为教师。嘱代函请先生转达以上10位教师。"这封信反映了北大教师的政治学习热情和对中央领导同志的崇敬与期望。不过也使人感到北大的"口气"真大，把中央书记处的5位书记和几位政治局委员都列入教师名单了。该信引起中央的高度重视。周总理很快将信转给毛主席，9月11日，毛主席批示："这种学习很好，可请几位同志去讲演。我不能去。"[②]毛主席、周总理都肯定了北大教师开展政治学习运动的倡议。

9月29日，在教育部组织下，周总理在怀仁堂作了《关于知识分子的改造问题》的重要报告。听报告的有京津20所高校及中科院等研究单位的代表3000人，其中北大全体教师和职工、学生代表约500人。进了怀仁堂，人们四下张望。解放前许多师生多次在中南海外游行、示威，在新华门前请愿、抗议，却没有进过中南海，更没有到过怀仁堂。今天大家能坐在这古雅富丽、图案精美的殿堂内，聆听新中国总理的报告，欢快之情，溢于言表。周总理一开始即讲："北京大学教师学习会和马校长要我给他们做一个报告，我想，既然给北京大学讲，也就应该给别的大学讲。因此，我同教育部商量了一下，这个报告会就以北京大学为主，把北京、天津其他大学的教师和同学代表也请来了。"[③]这些话使北大师生的心情特别激动。

这次报告实际上是京、津高校教师开展政治学习运动的动员报告。周总理在引言中说：大家学习的目的是为了改造自己。讲到改造问题，我想还是先从自己讲起，联系自己来谈这个问题。拿我个人来说，参加五四运动以来，已经30多年了，也是不断地进步，不断地改造。我尽管做了一些负责的工作，但也犯过错误，栽过筋斗，碰过钉子。可是，我从不灰心，还要把错误公之于众，作自我批评。他希望同志们在学习的过程中建立一个信心：只要决心改造自己，不论你是怎么样从旧社会过来的，都可以改造好。

接着周总理讲了与思想改造关系密切的7个问题[④]。周总理循循善诱、谦恭虚己、原则鲜明、具体生动地讲了5个多小时，不仅使大家理解具有革命的立场、观点、方法的重要性,更在批评自我批评方面起了示范、推动作用。许多教师说:周总理既有言教,又以身教,他能在这么大的会上讲自己的缺点,我们还有什么缺点不好意思说呢。有些教师不习惯听"改造"这个词,听报告后说:周总理功勋盖世,还要不断学习改造,我们更需要好好学习改造了。各校负责人在本校教师大会上,也都以总理为榜样,联系自我批评,大大推动了教师政治学习运动的开展。这一学习运动由京津推广到全国,对整个知识界的进步和教育事业的发展,产生了极为重要的影响。后来许多教师入党时,都谈到总理这次报告对自己改造思想、提高觉悟所起的重要作用。

## 三、纪念十月革命40周年 祝贺"两个新纪元"

1957年10月4日,苏联成功地发射了世界上第一颗人造卫星,人民欢欣鼓舞。北大党委讨论如何纪念十月革命节40周年,大家说:解放初的3年,北大教师或学生每年都能直接听到总理的报告,现在好几年没有听到了。大家一致意见是邀请周总理来校做报告。可是想到总理太忙,最好联合清华大学、中国科学院,用三家名义邀请,总理答应的可能性就大多了。与清华、科学院党委联系后,他们完全赞同,我们遂将三单位盖章的邀请信送到中南海。10月底,总理办公室来电话:总理收到你们的信,答应去作报告,时间暂定在11月6日下午,暂时先不要宣布……。我们及时将此喜讯告诉了清华大学和科学院党委。

11月6日午后,北大主会场大饭厅(原大讲堂)整齐地坐着北大师生和清华大学、中国科学院的代表及来宾,南校门到大饭厅的道路两旁,排列着数层夹道欢迎的北大同学,周总理在校长马寅初和党委书记兼副校长江隆基等校领导陪同下,面带微笑向夹道欢呼的同学们点头、招手、鼓掌。许多同学是第一次见到总理,其兴奋之情可想而知。

总理在讲到纪念十月革命 40 周年的重大意义时说:"伟大的苏联人民在人类历史上开辟了两个伟大的新纪元:十月革命开辟了社会主义和共产主义的新纪元;人造卫星发射成功开辟了征服宇宙的新纪元。"他阐述了学习苏联先进经验、加强社会主义各国人民国际主义大团结的重要性,同时强调要有宽广的胸襟和伟大的理想。他指出:我们要向苏联学习,也要学习其他一切国家的长处。我们要团结一切爱好和平的人民。在国与国之间关系上,要看出大同小异、小同大异的区别来,并且对一切进步力量要求同存异。

总理还到附近分会场看望了同学们。会后,不少单位组织了座谈,普遍感到总理报告论述深刻,受到一次社会主义立场和共产主义理想的教育。

## 四、为 1070 而战　周总理为钢铁战士送行

1958 年 8 月,党中央号召开展全民大办钢铁运动,完成 1070 万吨钢。但是,许多地方缺少化验分析条件,把含铁量很低的矿石都投入高炉,浪费了人力物力,却出不了铁。为了确保炼钢质量,保护群众的积极性,尽量避免人力物力的盲目浪费,9 月,周总理决定在全国各省市动员化学分析和地质勘探方面的师生各 1 万人,到钢铁战线参加化验分析和找矿工作。

9 月 16 日,北大化学系党总支接到党委传达的国务院指示,要化学系派出师生到广西、湖南、湖北参加化验分析工作,17 日党总支召开全系动员大会,师生纷纷报名,响应周总理号召,要求到钢铁前线锻炼自己,为完成钢铁任务贡献一份力量。北京市委也要求北大化学系派出师生到密云、怀柔两县各公社建立化验室。化学系立即组成了支援钢铁战线的 950 多人的工作团,下分广西大队(415 人)、湖南大队(312 人)、湖北大队(126 人)和北京大队(102 人)。师生们

紧张地做了仪器、药品等准备工作,决定从 21 日陆续出发。

就在这时,听到了周总理要来北大给全市支援钢铁战线的师生送行的消息,大家十分兴奋。9 月 20 日早上,北京市 10 个高等学校和 6 个中专学校即将奔赴 16 个省市钢铁战线的 5000 名师生,整齐地集合在北大西门内办公楼西边的草坪上。北大其他系师生也参加了大会。周总理和彭真同志在校领导陆平等同志陪同下,在群众的热烈掌声中来到会场。

周总理说:你们响应党中央和国务院的号召到钢铁战线上去,这是一个光荣伟大的任务。我们刚开完会,还没有睡觉,听说你们就要出发了,特意赶来给你们送行……我向你们祝贺,为你们感到骄傲和自豪。这时,掌声震天,同志们以此表示完成任务的决心。周总理说:这个光荣的任务,对你们来说也是一个最好的锻炼机会。我们的教育方针是把教育和生产劳动结合起来,把工作、学习、劳动三方面结合起来。我相信你们这次去学习、锻炼、实践,将会对你们有更大的帮助。祝你们胜利!彭真同志也讲了话。

周总理的亲切指示和期望,对师生们是个极大的鼓舞。北大化学系师生被分配到广西的 50 个县市、湖南的 36 个县市、湖北的宜昌及恩施两个专区各县、北京的密云和怀柔两县的 12 个点。他们在当地党委领导下,为各地普遍建立了化验室,不仅对矿石、钢铁、煤焦进行了大量分析,还对耐火材料、水泥、有色金属、化肥等进行了许多分析,协助当地党委把了生产质量关,为当地培训了大批化验干部,为钢铁生产贡献了自己的力量。

### 五、翦伯赞含冤谢世 傅鹰被解除隔离

翦伯赞是我国著名的马克思主义历史学家。1940 年至 1949 年,在周恩来同志领导下工作,周恩来谦逊而亲切地称呼他"翦大哥"。解放初翦伯赞任燕京大学教授,1952 年院系调整后任北大历

史系主任,1962年3月任北大副校长,当选为北大党委委员。

"文化大革命"开始后,翦伯赞被打成反动学术权威,被抄家、批斗、拳打脚踢。1968年夏更被赶出家门,夫妇二人搬到北大东门外的蒋家胡同一间小屋。一些不懂事的小学生和街道顽童,常入户骚扰,甚至把煤球丢进饭锅内。周总理在"文革"中处境困难,他想方设法保护了一大批干部和民主人士,可是无法保护翦伯赞。好不容易等到1968年10月,毛主席发了话,要解放翦伯赞。11月中,北大工、军宣传队向翦传达了毛主席讲话,并改善了翦的住房生活条件。周总理想趁此机会,以翦为标兵解放一批专家学者。可是意外的事情发生了:中央文革小组直接控制的"刘少奇专案组"的副组长巫×带领一批组员,对翦进行突击审讯,大搞逼供,要翦交待1936年国共谈判期间刘少奇是如何勾结国民党CC派特务的。对于这种莫须有的罪名,翦十分气愤,他说:我当时还不是中共党员,没有资格参加什么谈判,当时我也不认识刘少奇,不可能揭发交待什么材料。巫×态度极为粗暴、蛮横。这样的"审讯"连续数次。12月18日,"中央专案组"4人再次逼供,拿出许多对敌人宣讲的语录让翦念,又是恫吓,又是训斥。翦伯赞同志和他的夫人戴淑婉同志在刚刚看到光明时,又被打入黑暗的深渊。就在当天夜里12时左右,他们一起服了安眠药,含冤饮恨地离开人世。

周总理接到翦伯赞夫妇去世的报告,非常震惊、生气,当即召集北京市负责人谢富治、有关部门及北大宣传队负责人在人民大会堂开会,严厉批评他们失职,"干扰了毛主席的战略部署",命令他们认真检查、处理,吸取教训。

谢富治及有关方面负责人层层检讨,巫×被隔离审查并到北大作检讨,"中央专案组"一办党委书记在北大会上宣布了对巫×的处分决定:给予党内警告处分,调回原单位。

作为这件事的直接影响之一,我想讲一点有关傅鹰副校长的轶事:

1968年10月,聂元梓搞的关押200多名干部和教师的"劳改大院"由宣传队宣布解散,被押人员陆续转移到各系看管。我和傅鹰副校长被关到化学系学生宿舍31楼3层朝北的一个房间,成了同室难友。这时看管比大院松些,我俩常常小声交谈。当时都关心自己的定性问题。我安慰傅先生说:"宣传队进校后,打人的事少了,情况有所改变。毛主席过去讲话中曾提到你,估计你不会定为敌我性质。"傅说:"我听说毛主席不只一次讲到过我,说我对党的意见虽尖锐,但是善意的。可是……"他没说下去,意思是已经被作为敌人了。

12月下旬的一天,化学系专案组负责人(工宣队员)来到房间说:傅鹰,把你的行李收拾一下!说完即出去了。我们都不知道将发生什么事。我曾想:是否由于我们常常谈话,要把我们分别隔离?傅先生急忙收拾行李。半个小时后,工宣队员带着两个学生进来,傅表情惶惑,这位工宣队员的态度却和往日有180度的转变,很客气地说:"你年纪大了,送你回家住吧。"并命令两个学生代傅扛行李、拿提包。两个学生尴尬地站着不动,在工宣队员一再命令下,才拿起行李。傅鹰背着一个小书包,也被工宣队员抢了过来说:这个给我。傅先生喜出望外,我也暗自为他庆幸。我俩互相看了一眼,但不能说话。

1969年我被解除隔离后,才知道傅鹰被突然送回家的直接原因与翦伯赞之死有关。宣传队是在周总理严厉批评之后,为避免再发生意外事故,制定了5项措施,对校部的专案对象和有名望的"学术权威",采取了不同的防范办法。傅鹰被解除隔离,也是周总理保护老教授的重要事例。

## 六、"文革"期间,仍然关心北大的教学和科研

在"文革"期间,总理在困难情况下,仍不断关心着北大的稳定、教学和科研。

早在1966年5月25日,聂元梓贴出了攻击北大党委和北京市委的大字报后,当晚周总理派国务院外办主任张彦来北大,先后在常委会和全校党员大会上重申国务院关于涉外单位几项规定,并传达总理指示,批评聂元梓的大字报。总理说:北大是涉外单位,属于内部问题的大字报,只能贴在内部指定的地方,并强调指出:这是有关国家纪律、国家利益的事,一定要内外有别。第二天,根据总理指示,大字报都移到了指定的食堂内。

在1970年11月20日,周总理在西花厅接见了北京大学和北京外语学院等校的师生代表,对外语师资短训班的效果、外语教学的基本功、中学英语课本中"只有政治词汇,没有生活词汇"等问题,都作了重要指示。他强调:"基本功包括三个方面:政治思想、语言本身和各种文化知识。"学外语要天天练,每天不要限于一小时,允许人家抽空练,不要去干涉!他举例指出:"英语教材有一个问句,'你出身工人家庭吗?'这个问题局限性太大。"他提出:"俄文为什么丢掉呢?一旦需要,量是很大的。"他还询问了朝鲜语、蒙古语的教学情况。

这里需要特别讲一下总理关于加强基础理论的指示。

1971年林彪集团"自我爆炸"后,由周总理主持党中央的日常工作。从1972年开始,在全党开展了"批林整风"运动。这是纠正林彪集团煽动的极左思潮的重要时机。周总理多次讲话要各条战线上批判极左思潮,批判否定一切、打倒一切的无政府主义思想。10月14日《人民日报》还发了专版批判无政府主义的文章。在教育科技战线上,周总理于1972年7月14日在会见美籍科学家杨振宁时,当面对北大周培源副校长讲:"你回去要把北大理科办好,把基础理论水平提高。这是我交给你的任务。有什么障碍要扫除,有什么钉子要拔掉。"周培源给总理写信,提出加强基础理论学习和研究的三点意见。总理于7月23日将此信转给有关部门,并指示:要连同有关文件"好好议一下,并要认真实施,不要像浮云一样,过去了就忘了"。北大、清华根据总理指示草拟了一个在教学和科研中加强基础理论的初步意见,报给总理。11月8日,总理又作了指示:"将北大、清华两个加强基础科学学习的文件,好好按你们两大学各自的特点改写一下,再通过教职员和新老学生认真讨论后,然后由科教组审核上报。"周总理的三次重要指示,使北大广大教师心情振奋,深感周总理对教育事业的亲切关怀。但是,情况很快起了变化。

这时,江青一伙感到批判"极左"日益广泛深入,将危及他们的政治命运。1972年11月底至12月初,江青、张春桥在一个外交会议(主要批"极左")的报告上,对抗总理的批示,提出应批林彪的"极右"。这个原则分歧反映到毛主席那里,12月17日毛主席作了一个令人遗憾的裁定:极左思潮少批一点吧。修正主义,分裂,阴谋诡计,叛党叛国,是极右。江青集团有恃无恐,气焰嚣张,大批"修正主义回潮"。江青亲信迟群在清华、北大搞了几个月的"反右倾回潮"、"反资本主义复辟势力"的运动,大整教师和干部。他们还狂妄地对总理关于加强基础理论研究的指示横加指责,对周培源根据总理指示写的有关文章进行指桑骂槐的批判。这样,总理的三次指示成了"浮云",总理在教育界恢复正常教学研究、纠正左倾错误的努力,又遭到严重挫折。

## 七、周总理来到未名湖畔

1973年10月19日,周总理又一次来到北大。这是他在"文革"中第一次来北大,也是最后一次。在这碧波荡漾、塔影婆娑、垂柳袅袅、景色秀丽的北大校园里,今天阳光迷蒙,秋风萧瑟,笼罩着肃穆的气氛。未名湖南岸的山坡上,在青松翠柏之间,新建的汉白玉墓碑上,用中文和英文写着由周总理审定的简短碑文:"中国人民的美国朋友埃德加·斯诺之墓 1905—1972"[⑤]。墓前陈放着毛泽东主席、宋庆龄副主席、朱德委员长、周恩来总理及有关单位、斯诺生前友好和北大师生献的花圈。中间是斯诺的夫人和孩子献的花圈。北大师生的代表已聚集在墓前,这里即将隆重举行斯诺先生的骨灰安葬仪式。

斯诺早在1928年来到中国,结识了宋庆龄、鲁迅等著名人物。1934年后,曾在燕京大学任教两年。在伟大的"一二·九"运动中,他积极支持学生运动,燕大学生会代表及中共地下党组织曾多次在他家中开会。"一二·九"当天,他跟随游行队伍进行了大量采访、摄影,当晚就给纽约《太阳报》发了独家新闻,冲破了国民党的严密封锁,把中国人民抗日爱国的吼声传播到国外。他不仅是燕大的校友,也是北平进步学生的战友。1936年春,他向宋庆龄提出到西北苏区采访的愿望,在宋庆龄和中共地下党研究并报中共中央同意后,由黄敬同志(北大党员,当时在北平市委工作)安排,斯诺与燕大党员黄华同志于1936年6月先后离京出发。他进入苏区安塞县的百家坪,第一个会见和长谈的中共领导人就是被他称为"鼎鼎大名的传奇式人物"周恩来。他在苏区采访3个多月,回到燕大后,写了享誉各国的名著《红星照耀中国》(中文译名《西行漫记》)。新中国诞生后,他3次来华访问,并两次回到北大校园。1972年,他的癌症恶化,在弥留之际,用生命的最后力量,向中国派去的以马海德为首的医疗小组深情地说出了一句话:"我热爱中国。"

在北大的临湖轩,前来参加安葬仪式的斯诺夫人、各方面负责人和国际友人陆续到达。敬爱的周总理来了!76岁高龄、身着深色风雨衣的总理下了汽车,北大革委会负责人迎上前去向总理问好,总理意味深长地说:"多灾多难啊!"人们看到总理消瘦了,只想到总理为国事呕心沥血、日夜操劳,太辛苦、太累了!并不知道总理在1972年5月已确诊患了癌症。一年多来他带病主持中央工作,不仅与病魔斗,还要与"人妖"斗。林彪反革命集团"折戟沉沙"被粉碎了,江青反革命集团比癌症更为严重地折磨着他。"批林整风"的口号已改成"儒法斗争",江青一伙正在阴谋策划所谓"第十一次路线斗争",批"现代的大儒"、"党内的大儒",把攻击矛头再一次直接对向他们篡党夺权的最大障碍——我们的好总理。

总理来到了临湖轩大厅,向斯诺的夫人及亲属表示慰问,向斯诺生前友好、国际友人问好,然后一起到了斯诺墓地。

骨灰安葬仪式由邓颖超同志主持,廖承志同志和斯诺夫人洛伊斯·斯诺讲话。廖承志说:"斯诺夫人及其家属秉承斯诺先生的愿望,把他的骨灰送来中国安葬,这是对中国人民的信任和友好的表示,我们对此非常珍视,并且深为感动。"他介绍了斯诺几十年来为增进中美两国人民的了解和友谊作出的重要贡献。斯诺夫人在讲话中表示"感谢中国人民和中国人民的领导人给予我丈夫这样的荣誉,感谢他们这样深刻地表达了把我们大家联结在一起的国际友谊。"总理握着斯诺夫人的手,再一次向她表示亲切的慰问。

师生们怀着激动的心情目送总理,默默地祝愿他保重身体。

敬爱的周总理,北大师生永远怀念您。

## 注 释

① 本文写了4次,另两次分别为1956年和1961年陪同缅甸反法西斯联盟主席吴努和越南总理范文同来校参观访问。

② 《建国以来毛泽东文稿》第2册第448页。

③ 《周恩来选集》下卷第59页。

④ 总理报告全文已收入《周恩来教育文选》第38—68页。北京教育科学出版社1984年版。

⑤ 当时原拟请总理题写碑文,因总理患病,暂时用正楷印刷体贴上,并未镌刻。以后总理病重,更难题写。直到1977年,由叶剑英副主席题写后,镌刻碑上。

〔作者　北京大学党史校史研究室研究员〕

# "小平您好"　北大人的心声

### 魏国英

　　1997年2月19日,一代伟人邓小平走了,但他的名字却深深地印刻在几代北大人的心中。他留在燕园的足迹并不多,但给予这座世纪学府的关怀爱护却是多重的,绵密的。在这块圣地上,体映和凸现着他超人的胆识和无尽的情思。

## 一、初次关怀

　　邓小平第一次踏上燕园这块土地,是1957年5月5日,他以国务院副总理的身分与彭真副委员长、杨秀峰教育部长等陪同苏联伏罗希洛夫主席参观北京大学。①那是一个明媚的春日。在绿草如茵的草坪上,在碧波粼粼的未名湖畔,在垂柳掩映的甬道旁,8000多名师生载歌载舞热烈欢迎苏联贵宾伏罗希洛夫一行。环视美丽如画的校园,目睹充满青春活力的莘莘学子,邓小平欣慰地笑了。

　　邓小平再次把目光转向北大是1964年。那一年,全国农村开始了"社会主义教育运动"。是年7月2日,中共中央宣传部派调查组一行10人进入北大。8月以后,调查组向中宣部提交了两份报告,认为:"在北京大学,资产阶级知识分子的进攻是很猖狂的,特别集中地表现在教学和科学研究领域之中","在校内,帝国主义、蒋介石、修正主义的特务间谍活动,贪污盗窃分子、流氓分子的活动也相当严重",北大党政干部队伍"政治上严重不纯","北大党委领导实际上走的是资产阶级道路方向",因此希望从全国各地抽调一批干部,在北大进行"社教"(社会主义教育运动)试点。于是,11月初,北大"社教"开始。11月中,来自各省市的170名县、厅级以上干部组成的工作队陆续进驻北大。12月初,对大批干部开始了"面对面的斗争"。一时间,北大党内思想严重混乱,干部队伍严重分裂。

"不平则鸣"。对于调查组的"估计"和工作队的做法,北大党内外、校内外,以至工作队内部都有不同看法,意见从各个渠道纷纷反映到党中央书记处。当时担任总书记的邓小平十分关注这一情况。1965年3月3日,在邓小平同志亲自主持下,书记处开会,重点研究了北大的"社教"问题。小平同志在总结发言中对北大"社教"作出了重要指示,指出:北大是比较好的学校;陆平是好同志,犯了某些错误,不存在改换领导的问题;北大"社教"有错误:1.没有实行"三结合",2.一开始就当作烂掉的单位搞夺权,3.斗争方式有严重毛病。这一指示,把北大从"左"的混乱中解放出来。为贯彻落实指示精神,北京市委、中宣部先后召开了两次国际饭店会议和一次民族饭店会议,逐渐统一了干部思想,恢复了北大的正常秩序。

## 二、指导拨乱反正

1977年,邓小平第三次复出后,任中共中央副主席、国务院副总理等职务,自告奋勇主抓科教工作。在其后的10年中,邓小平与北大的关系日益密切,他对这所著名学府的关怀日渐增多。

1977年秋,邓小平点名要曾任贵州省委第一书记的南京大学党委书记周林北上担任北京大学党委书记。10月底,周林等人奉调来京。此后,邓小平多次在自己家中约见周林等校领导,研讨北大在拨乱反正、教学科研、管理体制改革等方面的具体问题。

第一次谈话是在周林等人到京后不久。邓小平说:你们来了,很好,希望你们赶快住进北大,搞好清查,进行拨乱反正。他还提出,清查工作只能搞3个月,之后就要立即转入恢复教学科研正常秩序,

"教学科研不抓,不像个学校"。

邓小平第二次约见周林等人,是在他们进入北大开展了一段工作之后。周林首先汇报了拨乱反正工作进展情况。当他谈到造反派头头聂元梓还住在北大,与不少人来往,仍有很大影响时,邓小平指出,这个人罪孽深重,要严格查处,最终将其送上法庭,接受法律的制裁,挖掉祸根。

周林等第三次应约赴邓小平家汇报工作时,谈到学校要转入正常的教学科研,应废除"革委会",恢复校长负责制。邓小平问:谁来做校长呢? 周林推荐著名物理学家周培源来担任,邓小平欣然同意。邓小平还强调,北大要立即停止"文革"中的做法,立即恢复正常的教学科研秩序。1978年初,周培源出任北大校长。

1978年5月31日,邓小平再次接见周林、周培源等北大校领导。他把委托蒋南翔同志搞的关于解决北大问题的调查报告交给周林等,并说,搞好北大,根本的问题是"两个估计"②要搞清楚,要依靠北大原有的干部力量,要澄清是非,团结多数,调动积极性。即使有些错误严重的也要帮助他们说清楚,应该解脱的干部就要解脱。澄清是非要实事求是,讲清问题也不要过分,过了就不好了。政治工作很重要,不能削弱。他还说,要简化机构,组织上也要搞经济核算,要研究机构怎样才更合理,更灵便,真正有利于"一教二学"。

此后,邓小平还数次与校长周培源等谈话,具体指导北大的各项工作。

在那段拨乱反正的日子里,邓小平还亲自关怀马寅初先生和翦伯赞先生的平反问题。

1951年6月1日,著名经济学家和教育家马寅初先生就任解放后北京大学第一任校长。1959年,他的"新人口论"受到错误批判。1960年3月28日,国务院接受了他被迫辞去北大校长一职的要求,之后,他又被免去了人大常委的职务。20年后的1979年6月,新华社将记者杨建业撰写的《马寅初家属希望尽快为马落实政策》的调查报告呈送中南海。当天,陈云、胡耀邦等中央领导同志立即批示同意,并请有关同志和部门商量落实。经过一个月的认真复查,7月,北大党委向北京市委呈报了《关于为马寅初先生平反的报告》和《关于为马寅初先生平反的决定》。8月,北京市委将"报告"和"决定"转报中共中央审批。与此同时,统战部的一份《关于马寅初先生安排问题的请示报告》也送到了中南海,此报告建议补选马寅初为全国人大常委,并任命其为北大名誉校长。当时任党中央秘书长的胡耀邦同志在这份报告上批示,"建议小平同志批注意见"。一个星期以后,中共中央副主席邓小平明确批示:"似可同意安排为人大常委和北大名誉校长两个职位。"[3]9月14日,北京大学在办公楼礼堂召开干部会议,党委书记周林在会上宣读了中共中央批准的中共北京大学委员会《关于为马寅初先生平反的决定》和教育部关于任命马寅初先生为北京大学名誉校长的通知。98岁高龄的马寅初先生因身体不适未能到校,委托他的夫人、女儿等代表他参加了会议。

在邓小平等同志的支持下,20多年的是非终于澄清了,一位年近百岁的老人的冤案终于平反了。

1978年6月,北大历史系张传玺老师写信给胡耀邦同志,请求党中央重新审查北大原副校长、历史系主任翦伯赞教授的"问题"。很快,邓小平同志批示:"我认为应予昭雪"。在中央领导同志关怀下,9月,翦伯赞先生的平反大会在北大召开,彻底推倒了强加在这位著名史学家身上的一切不实之词。

## 三、扶持教学科研

1969年,北大力学系、技术物理系、无线电电子学系迁往陕西省汉中"北大汉中分校"。此举是为了响应当时备战备荒、战备疏散的号召。但三系迁去后,各项工作均遇到诸多困难。"文革"结束后,随着国际形势的变化和国内政策的调整,核能研究逐渐转向民用。三系领导和教师强烈要求迁回北大本校。考虑到三系发展状况和群众的要求,北大党委认为已有条件回归,便请求上级党委批准北大汉中分校迁回北京。

请示一直报到中央,小平同志看了很快批复:赞成。1978年6月中,北大接到教育部党组通知:同意搬迁,将汉中分校逐渐交陕西省。6月23日,北大向教育部报送了《关于北大汉中分校搬迁移交方案》,成立了搬迁指挥部,决定暑假前为78级新生开课的教员和部分科研人员第一批搬迁,其他人员1979年底以前分批全部迁回。就这样,在小平同志的关怀下,汉中分校顺利回归北京本部。

1980年夏,北大负责的激光照排系统的研制工作取得初步成果,排出了《伍豪之剑》样书。不久,主要研制者王选等人以北京大学的名义起草了一封信,向当时主管科技工作的副总理方毅同志汇报工作进展和成果,请求给予支持。周培源校长将信和样书一并交给了方毅。10月20日,方毅在该信上批示:"这是可喜的成就,印刷术从火与铅的时代过渡到计算机与激光的时代,建议予以支持,请邓副主席批示。"5天后,1980年10月25日,小平同志在方毅转来的信上亲笔写下"应加支持"4个字并签名。①这一批示很快由方毅同志带到北大并发给各部委。后来,计委、经委相继给予经费资助,使得这一科研成果得以转化成商品并实现产业化。今天,在此基础上成长起来的北大方正集团已成为中国高校最大的高科技产业。

"饮水思源",北大的学科建设,北大方正的发展壮大,离不开邓小平等领导同志的悉心关怀支持。

邓小平一家与北大有着多重联系。邓小平的夫人卓琳曾于30年代就读于北大物理系,当时用名蒲琼英。长子邓朴方1961年考入北大技物系,并担任班上的团支部书记。二女儿邓楠1964年考入北大物理系。次子邓质方,1973年作为工农兵学员入北大物理系,1980年作为我国第一批公派留学生被送往国外留学。

## 四、两幅墨宝

在北大档案馆中，珍藏着邓小平为北大题写的两幅墨宝："北京大学图书馆"和"今日北大"。

1975年，北京大学建成了面积24500平方米、容纳藏书近300万册的新图书馆。这是北大在学校建设上的一项重要成就，全校师生为之振奋。新馆建成后，师生员工希望小平同志能给题写一馆名。1978年初，一封以北京大学名义发出的请求题名的信送到了邓小平处。小平同志欣然提笔，在竖幅上写下了"北京大学图书馆"7个遒劲的大字。然而他没有署名，他关注的只是这座知识宝库尽快成为人才成长的沃土。

1987年，中国改革开放锣鼓正喧。北京大学亦进入了建设发展的新阶段。为向北大90周年校庆献礼，学校准备编写《今日北大》一书，全面反映北大的历史和现状。该书主编、当时的校党委书记王学珍、党委政策研究室主任赵存生和党委办公室主任赵亨利等同志提出请小平同志题写书名：一方面可表达北大师生对小平同志长期关怀、支持北大的敬意和谢意；另一方面也可以借此机会把这些年来北大在改革开放、发展建设过程中的成绩向中央作一次汇报。这样的一封信以北大党委名义发出，经中央办公厅转给了小平同志。

当时，83岁高龄的小平同志日理万机，正在运筹着中国现代化建设的大政方针。然而，小平同志很快就题了字，并派人送来。他对北大的亲切关怀和殷切期望仿佛都在他的题词中得以倾注："今日北大"。落款时间是：1987年10月15日。

## 五、"小平您好"：北大人的心声

13年前的10月1日，"小平您好"的横幅突然展示在天安门前，出现在庆祝中华人民共和国成立 35 周年庆典的游行队伍中。举国为之兴奋。这一经典场景，被收入众多有关邓小平的文献和纪录片中。然而，这句深入人心的话语却是出自于几个普普通通的北大学子之手。

那是 1984 年。为了庆祝国庆 35 周年，中央决定 10 月 1 日在天安门广场举行阅兵式和群众游行。从 5 月份起，北大 81 级学生就投入了游行训练。越接近国庆，大家的心情越激动。9 月 30 日晚 9 点多，81 级生物系细胞遗传专业团支部书记、来自哈尔滨的小伙子郭庆滨和山东后生李禹等在一起商议：明天光呼喊口号，挥舞花束，难以充分表达咱们的心情，能不能自己制作一幅横幅呢？这时，同班同学、来自陕西的毛小洪和北京的常生也正在找纸笔，想做标语。真是不谋而合。陆陆续续 20 多人参加了讨论。思来想去，"小平您好"——一条让大家都满意的横幅产生了，既简练，又亲切。李禹拿来自己的塑料床单做衬，常生执笔，将 4 个大字写在 4 张绿色大纸上，再把它们贴在床单上。大家小心翼翼地把横幅用彩带包裹起来，上面缀上纸花。第二天凌晨 4 点多，同学们护卫着这一"花束"，进入了游行的行列。当北大队伍行进到金水桥边，常生等人一下子打开了横幅。

就像当年陕北人唱《东方红》一样，"小平您好"是北大学子、一代青年、全国人民发自肺腑的心声。这是多么平常的问安，这是多么亲切的祝愿，像是对挚友，像是对亲朋，像是对自己最热爱最熟悉的家人。而小平同志那一刻充满惊喜和理解的笑容说明了一切：领导者是人民的一分子，是人民最贴心的朋友。小平同志的心和青年的心不可分割地融合在一起。

13 年过去了。1997 年 2 月 24 日，在十里长街为小平同志送灵的队伍中，北大师生打出了"再道一声 小平您好"的横幅，在寒风中送小平西行。中央电视台将这一场景摄入镜头，各大新闻媒体纷纷将它定格在报纸上。北大人的这次呼唤已不再是 13 年前欢欣的问候,而是欲留难留的哭诉。

小平同志逝世噩耗传来的第二天,"世纪伟人邓小平——北京大学邓小平生平大型图片展"出现在北大三角地。305幅珍贵的图片展现了邓小平同志光辉伟大的一生。"敬爱的邓小平同志永垂不朽"和"小平同志,北大师生永远怀念您"的巨幅黑纱挽幛表达了师生对小平同志深深的敬仰和怀念之情。连日来,为数众多的师生驻足观看,寄托哀思的白菊花出现在挽幛上。在楼道里,师生们自发地写上悼念的文字;在宿舍里,学生们静静地贴上小平的画像……

这是一个贯穿40载岁月的真实平凡而又耐人寻味的故事。它似一串闪光的珍珠,犹如一条金色的纽带,把小平同志和百年学府连接在一起。它是燕园独有的财富。它是北京大学腾飞发展——建设世界一流社会主义大学的动力源泉。

**注 释**

① 参见《同北京大学八千师生欢聚一堂 伏老畅抒青春的心情》,《人民日报》1957年5月6日第1版。

② "两个估计"是指"文革"中对高教战线的基本看法。第一个估计为:解放后17年,在教育战线上资产阶级专了无产阶级的政,毛主席的无产阶级教育路线基本上没有得到贯彻执行,教育制度、教育方针和方法几乎全是旧的一套。第二个估计为:原有教师队伍,比较熟悉马克思主义并且站稳无产阶级立场的是少数;大多数是拥护社会主义,愿意为人民服务的,但世界观基本上是资产阶级的;对于我们国家抱着敌对情绪的知识分子是极少数。

③ 转引自杨建业《马寅初传》,中国青年出版社1986年版,第236页。

④ 参见王选《改革开放使科技界迎来了春天》,《北京大学校刊》1997年2月24日第4版。

〔作者 《北京大学校刊》主编、编审〕

# 北大青年共产主义者的卓越代表
## ——邓中夏[*]

### 萧 超 然

　　早在本世纪初,民元易名之时[①],北京大学便已是蜚声国内外的著名学府。它聚集了众多的学术大师和思想巨匠,也造就了一批又一批青年知识精英和革命志士。特别是在五四时期,它高举爱国主义旗帜,独领风骚,先声夺人,宣传马克思主义,和劳工运动相结合,形成了自己的鲜明特色和稳定的价值传统,代表着中国青年运动正确的发展道路。邓中夏就是当时北大青年学生中这种正确革命道路和光荣传统的实践者和卓越的代表者之一。

　　邓中夏,1917年夏天于湖南高师毕业后,慕北大国学鼎盛之名考入北大国文门(系)学习。此时名邓康,后"废名存字",以"仲澥"为名。1920年当他在长辛店开始从事工人运动时,为方便工人写他的名字,又同时用与"仲澥"同音的"中夏"这一名字。其后即以邓中夏之名闻于世。1920年他在国文门结业后,又转入哲学门学习,1923年夏毕业。

　　在北大的6年中,邓中夏随着新思潮的激荡、外祸内乱交迫的愤懑,又受到北大新思潮的影响,很快从故纸堆中觉醒过来,甩掉"穷年皓首读春秋"之志,投身社会改革,投身革命活动。6年中,他广泛猎

---

[*] 《北大英烈》第1辑(北京大学出版社1992年11月版)刊登了我写的《邓中夏》一文。本文是在那篇文章基础上补充修改而成的。——作者

取各种新知识、新文化,学习勤奋,成绩优秀。他专攻国学,而对外语亦不稍懈。入学后第一学期期终考试英语成绩为 91 分②,于此可见其努力学习之一斑。同时,他又用了相当多的时间和精力参加并开展广泛的革命活动。他始而参与组织了一些爱国运动,办进步社团、出版进步刊物;继而参与领导了轰轰烈烈的五四运动;接着又开展职工运动,成为中国早期工人运动的著名领袖。他也是中国共产党最早的一批领导人之一。

一

早在五四运动以前,邓中夏便投入到时代的大变动中,积极组织反对军阀政府卖国的爱国运动,参加蓬勃兴起的新文化运动,开始注意学习马克思主义,并十分关注普及国民教育,启迪民智,提高人民的科学文化和思想觉悟。1918 年 5 月,为反对北洋政府缔结"中日共同防敌军事协定",北大学生罢课请愿,发起了近代中国学生第一次有组织的政治运动,是为五四运动的前奏。邓中夏是这次请愿的组织者之一。请愿失败后,他深感提高"民德民智"的重要,遂和北大同学许德珩等一起组建了国民杂志社,同许德珩、黄日葵一起主编《国民》月刊,以"增进国民智识为主旨"③,为提高国民的科学文化和思想觉悟奋斗。1919 年 2 月,新民学会会员熊光楚写信给邓中夏,建议由北大师生带头推动,在全国各个乡镇遍设阅书报室,以向群众进行宣传教育。邓中夏于 2 月 10 日即上书蔡元培校长,认为熊的建议"不无可取","请转示同学,极力提倡于社会教育"④。蔡元培迅速把邓中夏的信全文发表于 1919 年 2 月 15 日的《北京大学日刊》上。在这种普及国民教育以救国的思想推动下,1919 年 1 月,邓中夏着手组织发起联系群众,为广大工农、市民服务的北京大学平民教育讲演团,于 3 月 23 日上午在北大马神庙理科校长室召开成立大会。邓中夏当选为总务干事⑤(相当于现在的团长或秘书长)。"讲演团"从成立至1925年12月⑥,先后共有157名北大学生加入,其中不少是著名的共产党人、爱国进步的知识分子,如高君宇、黄日葵、谭鸣谦(平山)、张崧年(申府)、朱务善、朱自清、许德珩、杨钟健、俞平伯、周炳琳、章廷谦等。邓中夏历任总务干事、编辑干事等职,起着核心的作用。"讲演团"经常组织团员走上北京街头,到闹市区或郊区工厂农村,利用举行庙会等群众场合,向劳动群众进行反帝反封建的宣传,传播爱国主义和革命民主主义思想,反对封建旧文化。邓中夏本人身体力行,先后作过题为"家庭制度"、"现在的皇帝倒霉了"、"青岛交涉失败史"、"国事真不可谈吗?"、"为什么要读书"、"互助"、"我们为什么要来讲演?——谋大学教育之普及"等讲演。这些讲演紧密结合形势,结合实际,回答群众最关心的重大政治、社会问题,针对性强,很受欢迎。"讲演团"在五四运动中更活跃,每次演说,无不情真意切,促人猛醒。"讲演团"对五四运动"奔走呼号,竭力宣传",确实起到了"促醒社会之自觉而引起同情"⑦的作用。"五四"以后,"讲演团"的活动仍然有组织地进行。每逢春假,"讲演团"便组织各讲演组深入北京郊区卢沟桥、丰台、长辛店(长辛店讲演组由邓中夏任书记,相当于组长)、海甸、罗道庄等处举行"农村讲演"。事前邓中夏总是认真准备,妥为安排。如1920年3月25日《北京大学日刊》登录了"邓康、杨钟健同启"的"召开农村讲演会启事"的报导如下:

    刘正经、刘炽昌、常惠、倪品真、高结珠、许宝驹、朱自清、宋金桂、周炳琳、周长宪、高尚德、李荟棠⑧诸君钧鉴:
    为筹备春假期内"农村讲演"及刊行讲演录各事,定于本星期六(二十七)晚七时半,在本事务所开会讨论,届时务祈准时到会为祷。

  星期六(二十七)晚的干事会,经过认真讨论,议决了"乡村讲演"的具体办法8项,并将会议结果登录《北京大学日刊》,通知全体团员。每到暑假则发动团员在返乡沿途以及家乡进行讲演。"讲演团"有一则通告这样说:"现在暑假快到了,我们的团员大概都要回家;即有不回家的,也有长期或短期底旅行。这是什么时候? 不是我们推广主义唯一的好机会吗? 我们团员各省各县都有,我们足迹所到的地方,就使那个地方得些光明,吸收'北大化',这不是一件极快活底事情吗? 列位! 努力!"接着通告列出 5 条具体施行办法,并说:"以上是我们输出底一方面。至于输入底一方面,就是希望各位都要把当地社会实状详详细细记录下来,下年归校时交团中刊布,作我们改造社会底参考。"⑨由此可见,邓中夏在组织领导"讲演团"的活动中是如何地认真对待,费了多少心血啊!

由五四运动前建立、五四运动后又延续多年的"北京大学平民教育讲演团",是邓中夏借以实践其民主革命思想的一个主要阵地。他在"讲演团"中的活动,为他尔后不久转变为马克思主义者作了准备。

## 二

1919 年 4 月,北京军阀政府在巴黎"和平会议"上的外交失败。噩耗传来,顿时"举国悲愤,痛哭,呼吁。工商辍业于市廛,弦歌失声于学校,贩夫走卒俱有哀声"⑩。然而卖国的北京政府却准备在"巴黎和约"上签字,接受这个丧权辱国的"和约"! 人民悲而且愤了! 北大师生立即行动起来。邓中夏、许德珩等约集在北大国民杂志社内的北京各校学生代表商讨对策。在当晚召开的全体学生大会上,邓中夏大声疾呼要"外争国权,内惩国贼","要用实际行动反对帝国主义"⑪。邓中夏参加了第二天举行的著名"五四"示威,他是带头冲进曹汝霖住宅、火烧赵家楼的激烈学生之一。

为了加强对运动的领导,"五四"当晚成立了北京大学学生干事会,邓中夏被选为干事,实际担负起了领导的责任。由于五四爱国运动的正义性,不仅青年学生广泛参加,它同时也得到了社会各界的普遍支持,全国各地舆论纷纷声援。斗争形势的发展要求学生进一步组织起来,把任务扩大到北京乃至全国的全体学生。在北大的发起下,5月6日,北京中等以上学校学生联合会成立(联合会简称"学联",是为我国有"学联"这一专门称谓之始)。《会纲》中明文规定:"关于全体者(按:指带普遍性的重大问题),由本会暂行委托'北京大学学生干事会'执行之。"邓中夏和高君宇是北大参加"学联"的两个代表,而邓中夏又被选为"学联"的总务干事(相当于现在的主席或秘书长职务),他又是北大学生干事会的干事,几重职务集于一身,不难看出他在运动中的地位,无疑起着举足轻重的作用。"学联"成立后,爱国斗争更如火如荼地向前推进,在力争释放被捕学生、挽留蔡元培校长、拒签和约、"六三"斗争等一系列重大活动中,"学联"总是行动在前头。据不完全统计,从5月8日以后的一个月中,以北京中等以上学校学生联合会的名义发表声明、通电全国,上书大总统、教育总长,致函巴黎中国专使及"巴黎和会"等共计二三十次。在斗争中,邓中夏充分显示了自己的领导才能。他依据先前组织领导北京大学平民教育讲演团的经验,从5月12日开始,便要"学联"组建各校讲演团,分赴市内各处展开拒签和约等爱国大宣传。15日,北京政府下令禁止学生聚众讲演,但各组讲演更加热烈。这以后,街头讲演成了学生斗争的主要形式。学生不断出动,纷赴大街小巷,街头路口,二三成组,四五为群,招揽群众,发表演说,弄得政府军警防不胜防,阻不胜阻。军警也四面出击,到处殴打逮捕讲演者,驱散听讲者。这样讲演反讲演,逮捕反逮捕,驱逐反驱逐,一波接一波,一浪盖一浪,推动斗争日益扩大,滚滚向前。这其间,邓中夏曾以北京学联代表的身份去了长沙,向毛泽东介绍北京斗争的情况,一起商议了组织湖南学生联合会和举行罢课等问题。接着又从长沙奔赴上海,参加筹组全国学生联合会。6月16日,全国学联成立。6月28日,北洋政府总统徐世昌在学生和全国人民的巨大压力下,不得不电令出席巴黎和会的中国代表拒绝在"和约"上签字。至此,拒签目的终于实现。这是中国人民100年来所取得的空前未有的重大外交胜利。这个胜利是五四运动结下的硕果,它是由像邓中夏这样千千万万爱国学生、革命志士英勇奋斗得来的。

## 三

经过"五四"斗争的洗礼,富有革命激情、文学才能的邓中夏,气更壮,志益坚。这时他提笔赋诗,抒发革命之豪情:

> 觉悟的门前,
> 便是刀山剑树,
> 兄弟姊妹们啊:
> 我们开门呢,
> 不开门呢?
>
> 刀山剑树的那头,
> 便是我们朝夕希冀的地带——
> 光明和愉悦的地带,
> 兄弟姊妹们啊:
> 我们去呢,
> 不去呢?⑫

"五四"过后放暑假时,邓中夏回到家乡湖南宜章县。这时,他的父亲已为他安排一个优薪美差,却被他好言谢绝。他表示要"做公仆","为广大人民谋利益,绝不为个人自私自利,单独发财"⑬。他选择了通过"刀山剑树"走向光明的道路,毅然返回北京大学继续学习和从事新阶段的革命活动。

五四运动后,北大校内出现了学习、接受和传播马克思主义的新形势。1919年下半年,邓中夏等一批具有激进民主主义思想的北大青年学生,聚集到了"喜欢谈谈布尔什维主义"的李大钊先生的周围,程度不同地接受并宣传马克思主义。在这一思潮大变动中,邓中夏政治上日益成熟。

1920年3月,北大校内学习、研究马克思主义的氛围达到一个转变点,其标志就是中国第一个有组织地学习、研究和宣传马克思主义的团体——马克斯学说研究会(五四时期对马克思的译名不统一,多数译为马克斯)这时在北大秘密建立了。列名发起者19人,全是北大学生。邓中夏是其中的一位,签名排在第三位。这个研究会明确宣告"以研究关于马克斯派的著述为目的";规定研究的措施和方法为:搜集马氏著作(英、法、德文的),编辑刊印,为"互助共学"之准备;设置取名"亢慕义斋"的图书室,供会员借阅、交换书刊;定期召开讨论会、讲演会,分专题研究交流。他们自称签名发起的19人为"同志",并说:"我们的意思在凭着这个单纯的组织,渐次完成我们理想中应有的希望。"⑭什么"理想中应有的希望"呢?未明说。但联系到尔后不久中共北京小组和北京社会主义青年团在北大的相继成立,其含义应是很明显的。这个研究会的出现,是当时北大校内思潮转向马克思主义的一个重要标志,也是邓中夏的思想转向马克思主义的一个重要标志。1920年10月,邓中夏便参加了李大钊在北大召集的建党小组会议,成为北京共产主义小组(当时称北京共产党小组)的第一批成员之一。1921年7月中共"一大"以后,邓中夏是中共北京支部的总联络人。

这时邓中夏接受和转向马克思主义的思想轨迹,明显地反映在他主持少年中国学会和建立社会主义青年团的工作中。

1919年6月,邓中夏在北大加入少年中国学会后,7月当选庶务股主任,9月被选为执行部副主任,12月为正主任。他自进入领导机构之日起,便积极谋求把少年中国学会这个五四时期有广泛影响的青年群众团体改造成为信奉科学社会主义的组织。1921年2月19

日,邓中夏在北大图书馆主持召开了少年中国学会的常会,为即将召开的该会南京大会准备提案。会上邓中夏提出讨论、修改学会原有宗旨以及信奉社会主义的问题,认为学会原来的宗旨"太空泛了,拟选择一种主义以充实之"[⑮],这种主义就是科学社会主义。同年7月,当中国共产党第一次全国代表大会召开前夕,正是少年中国学会举行关系重大的南京大会的时刻,邓中夏和高君宇、黄日葵、刘仁静代表北京会员出席。会上,他们坚持学会应有一个社会主义的方向,应变为思想行动一致的进步的政治团体。邓中夏在发言中一再强调:"全会应有共同的目的以为标准,故必采取或创造一种主义,以为学会的主义";"学会决非仅是八十余人修养的保险团体","所以亟须于经济方面求一种共同主义,这为创造少年中国必要的第一步";"必须规定了主义,大家求学、做事才不误入歧途,才便于分工互助,向外活动才旗帜鲜明,易结同志团体。所谓失节堕落,亦才有个标准,于人格的保险能真有效力。"[⑯]他的这些正确主张,由于会员代表中国家主义分子的反对而未能通过,会议没有就此得出一致的结论。南京大会之后,邓中夏便在少年中国学会内部积极展开对于社会主义的学习和研究,为此,他专门组织了少年中国学会社会主义研究会,亲自草拟了研究计划,规定了研究方法,列出了研究题目。《少年中国》第3卷第6期全文发表了他的这个计划,从中可见邓中夏当年为把少年中国学会改造、引导到社会主义方向,投入了多么大的精力和热情。

1920年10月,北京共产主义小组成立后,建立团组织,为壮大党作准备,已是一项紧迫的重要任务。为此,10月下旬,邓中夏等即发起筹建北京地区的社会主义青年团,并于11月在北大正式成立。以后社会主义青年团即以北大为据点,积极开展活动。初建时期的主要工作之一是在各个学校联络进步学生,相机发展团员,建立各地团的组织。这时邓中夏除把主要精力用于举办劳动补习学校、开展工运外,还亲自指导建立了直隶高等师范学校和保定育德中学的社会主义青年团。

1920年秋,保定直隶高等师范学校学生因要求学校聘请富有新思想的青年教师而掀起罢课风潮,学校当局被迫决定开设新文化课并派人到北京延聘教师。经中共北京小组讨论,决定邓中夏应聘,一边讲新文化课,一边开展工作,扩大党的影响。1921年3月邓中夏到达保定,在高师授课。保定一批追求进步的知识青年很快聚集到了他的周围。其中有王森然[17]、王锡强(仲强)[18]、杨景山[19]等。1921年5月,邓中夏亲自主持成立了直隶高师社会主义青年团;6月,他被邀至保定育德中学文学研究会讲演,他以"文学与社会"为题,用马克思主义观点阐述了文学革命与社会革命的关系,提出"研究文学,莫忘了社会,更莫忘了社会改造"[20]等革命观点,使育德中学的学生对社会改造产生了浓厚的兴趣,萌发了组织起来的要求。在邓中夏的指导下,育德中学社会主义青年团也迅速成立了。1921年10月,高师和育德两校的社会主义青年团合并,成立保定社会主义青年团,1922年,在此基础上又成立了保定地区的共产党组织[21]。

1920年11月北京社会主义青年团成立后,工作很有成效,但由于初建时期缺少经验,一些无政府主义者、基尔特社会主义者也加入进来,并由他们中的一些人引进了个别的军阀政府的暗探。为了整顿组织,1921年5月,北京青年团一度宣布解散,邓中夏奉命参与整顿。同年11月重建北京团组织,并出版机关报《先驱》,邓中夏为编辑。1922年1月邓中夏在《先驱》创刊号上以"重远"笔名发表了《共产主义与无政府主义》一文,对无政府主义思潮进行了深入批判,帮助当时不少视无政府主义为真理的知识青年划清了共产主义与无政府主义的界限,使他们转入到共产主义的正确方向。

## 四

1922年春,马克思主义的宣传已经深入到工人中间。此前,由邓中夏组织领导的平民教育讲演团的宣传活动，已在北京市区和近郊区进行，还扩展到了通县、丰台、长辛店等远郊区。搞得最好的是邓中夏任书记的长辛店讲演组的宣传工作。邓中夏常率组到长辛店铁路机车修理厂向工人宣传，他是主要的讲演人之一。他还与朱务善、杨人杞（东莼）等到"锅火"和工人家中了解工人的生活状况，作实地调查；此外，他与唐山工人也有联系。京奉铁路唐山制造厂（今唐山机车车辆工厂）的工人领袖、我国早期铁路工人运动的著名活动家邓培，便经常利用假日到北大与李大钊、邓中夏商谈，从中接受新思想，受启蒙教育。1920年5月1日，在与李大钊组织北京第一次纪念国际劳动节群众活动的同时，邓中夏率北大平民教育讲演团50名团员乘火车赶到长辛店，在工厂内外散发传单和发表演说，受到工人们的欢迎。这年10月，北京共产主义小组成立后，出版了向工人进行社会主义宣传的通俗刊物——《劳动音》，邓中夏负责编辑。《劳动音》的社址就设在北京大学第一院（即红楼）。邓中夏在为该刊创刊号所写的《我们为什么出版劳动音呢》这篇带有发刊词性质的文章中，对出刊宗旨作了说明。他说：出版《劳动音》是为了"提倡那神圣的劳动主义，以促进世界文明的进步，增进人生的幸福"；是为了"排斥那种不劳动而食的一班人，以维持我们从事正当劳动的同胞，使得满足的生活，快乐的幸福"；"既要排斥那班不劳而食的人，以维持我们真正劳动同胞的生活，那末，我们不可不有充足的知识和善良的方法，作为我们排斥他们的利器，阶级战争的工具。所以我们出版这个《劳动音》来阐明真理，增进一般劳动同胞的知识，研究些方法，以指导一般劳动同胞的进行"。[22]《劳动音》的出版在长辛店等地工人中引起广泛的兴趣，受到普遍欢迎。出版不到一个月，每期发行即达2000多份。

1920年冬天，邓中夏和张国焘受北京共产主义小组和北京大学学生会的派遣，到长辛店与铁路工人接头，筹划开办劳动补习学校。早在五四运动中，长辛店工人积极分子、长辛店工人救国十人团的史文彬、陶喜琮等曾集资办过一个夜班通俗学校,此时因无人指导,又缺少经费,正准备停办,恰逢邓中夏等的到来,于是决定以夜班通俗学校为基础,用"提倡平民教育"的名义,正式筹办长辛店劳动补习学校。12月19日,邓中夏和张太雷、张国焘、杨人杞在长辛店参加了筹办劳动补习学校的会议。会上讨论通过了学校的简章及预算案。1921年1月1日,劳动补习学校正式成立。它"以增进劳动者和劳动者子弟高尚人格为宗旨",分日、夜两班,夜班是工人上课,日班是工人子弟上课。它的经费主要由北大学生会和北大平民教育讲演团捐助。校务由邓中夏主持,教员由北大学生会派遣,除常驻教员外,邓中夏每周也去讲课两次。这时邓中夏"与工人同吃同住,过得很自然"[23]。他终日呼号奔走,"作具体工作的也是他,作宣传指导工作的也是他,每天吃两顿窝窝或几个烧饼,用凉水送下,工作忙时,常常蓬头垢面,不加修饰,晚间不能回北京时,则用几条板凳当床铺,摆在学校课堂里睡眠"[24]。

邓中夏在长辛店与工人生活在一起,长期共同学习,共同劳动,思想感情不断发生变化。他日益认识到劳动的伟大,工人阶级的伟大,终于决心把自己的命运寄托在工人阶级身上,建立起对共产主义的信仰。1921年3月至4月间,邓中夏在和友人一同访问了长辛店工人区和劳动补习学校之后,写了一首新诗,就反映了他的这种思想感情的深刻变化。他在诗中写道:

> ……
> 刚发正阳门,
> 忽过卢沟桥。
> 和我同时努力的朝曦,
> 装点成许多异样的奇景,
> 仿佛给友人安排着。

好呀,
曾几何时,
劳动学校有这么可喜的成绩。
"作始也简,
将毕也巨。"
我于此更相信唯人力为伟大。

看呵!
世界不是劳动的艺术品吗?
没有劳动,
就没有世界。
海之外已奔腾澎湃起来了,
海之内呢?
诚实辛苦的工人们!

由张君的引导,
得孙君的介绍,
参观工人经营之女学。
可是礼教习俗的铁锁,
还稳套她们嫩白的颈上。
……
太阳落了!
安息了!
……
丁冒润,
赵盛宗,
吴敏珂,
张淳和我,

> 坐灯光底下,
> 作扪虱之谈;
> "人生","社会",
> "阶级斗争","世界共产"。
> 讵奈勤勤恳恳的邻鸡,
> 一声声催我们睡去。[25]

看,邓中夏和他的战友们兴致多浓!一天访问之后,彻夜长谈,共话人生、社会、全世界实现共产主义,直至邻鸡报晓才睡去。这是他已经建立起对共产主义的坚定信念的生动写照。其后两年,邓中夏还回过湖南,奔走于洞庭湖区,开展革命活动,坚持为实现共产主义奋斗,他曾写诗以明志。诗云:

> 莽莽洞庭湖,五日两飞渡,
> 雪浪拍长空,阴森疑鬼怒。
> 问今为何世,豺虎满道路,
> 禽狝殄除之,我行适我素。
>
> 莽莽洞庭湖,五日两飞渡,
> 秋水含落晖,采霞如赤柱。
> 问将为何世?共产均贫富,
> 惨淡经营之,我行适我素。[26]

邓中夏在长辛店的辛勤投入,很快结出了丰硕的果实。在长辛店劳动补习学校开办不到半年,1921年的五一劳动节,长辛店工人以参加劳动补习学校的工人为骨干,举行了"一次中国空前未有的真正的工人群众的示威游行"[27]。早在4月下旬,邓中夏便从北京大学来到长辛店召集补习学校的教员和工人积极分子开会,研究在"五一"节这天开一个大规模的庆祝会,趁机成立长辛店工会。他还组织了北大许多学生前来帮忙,赶制各种通俗的印刷品和彩色小旗。工人和学生共同练唱自编的"五一"纪念歌:"美哉自由,世界明星。拼吾热血,为他牺牲。要把强权制度一切消除尽,记取五月一日之良辰。"[28]"五一"这天大清早,工人们成群结队聚集到娘娘宫,参加大会,并且兴高采烈地成立了自己的工会——长辛店工会(后称长辛店工人俱乐部)。会后,工人们高呼着"劳动万岁!""八小时工作!""八小时休息!"等口号举行了示威游行。邓中夏自始至终参加了全天的活动。长辛店"是中国共产党做职工运动的起点"[29](还有一个起点是上海小沙渡,其影响不及长辛店)。长辛店工人俱乐部成立后,《共产党》月刊曾专发消息,赞它"不愧乎北方劳动界的一颗明星"[30]。这颗明星与邓中夏的名字是分不开的。

1921年7月,中国共产党成立后,为了加强对工人运动的领导,成立了一个公开领导工人运动的总机关——中国劳动组合书记部,总部设在上海,邓中夏任北京分部主任。1922年1月开始了以北方铁路工人罢工为中心的第一次中国工人运动高潮。为便于就近指挥罢工,7月,中国劳动组合书记部总部从上海迁到北京,邓中夏接任总部主任。同月,在中共第二次全国代表大会上,他当选为中央委员。8月,为贯彻中共"二大"关于同国民党及其它社会团体建立联合战线的决议,邓中夏在北京主持召开会议,成立了公开的民权运动大同盟,联合各界开展争取民权的运动。同时他又乘当时吴佩孚控制北京政权,标榜"保护劳工"之机,领导各地工会积极开展劳动立法运动。他提出了劳动立法的4条原则,即:保障政治自由,改良经济生活,参加劳动管理和开办劳动教育。根据这4条原则,邓中夏主持制定了劳动法案大纲19条,要求北京政府承认劳动者有集会结社、同盟罢工、缔结团体契约、国际联合等权利。这个大纲对劳动者的工时、工资、休假、教育等权利也作了具体规定,它是劳动者向反动统治阶级作斗争的锐利武器,有力地推动了当时劳工运动的发展。如

1922年8月至9月间中共唐山地委首先起来响应中国劳动组合书记部的号召,领导各厂矿工会参加全国劳动立法运动,组织起唐山劳动立法大同盟,举行大规模的集会和示威游行,通电全国各团体及国会,要求通过《劳动法大纲》。9月3日,唐山制造厂全体工人发表宣言,表示要作"劳动组合书记部的后盾"[31]。为了指导唐山工人的罢工斗争,邓中夏于罢工前夕来到唐山制造厂。唐山制造厂迅速建立起1000余人的纠察队和由25人组成的罢工委员会(邓培为委员长)。10月13日,唐山制造厂3000名工人举行声势浩大的第一次政治大罢工。罢工坚持了8天,最后迫使路局接受了工人提出的大部分条件。这次罢工的胜利,在工人运动史上写下了光辉的篇章。唐山工人的这次罢工结束后,邓中夏立即快马加鞭奔赴张家口,与何孟雄、罗章龙等一起具体指导同年10月27日爆发的轰动全国的京绥全路车务工人大罢工。罢工以吴佩孚御用内阁交通总长高恩洪被迫答应工人罢工时提出的全部11条要求而宣告胜利结束。

1923年京汉铁路大罢工失败以后,以陈独秀为首的中共中央对工人运动产生了右倾的消极估计,邓中夏在当时的《中国工人》、《中国青年》等报刊上连续发表文章公开批评了陈独秀的右倾观点。他在《论工人运动》、《我们的力量》等文章中明确提出工人群众在革命中的主力军地位和无产阶级是革命的领袖的观点。他说:"中国欲图革命的成功,在目前固应联合各阶级一致的起来作国民革命,然最重要的主力军,不论现在或将来,总当推工人的群众居首位。"[32]又说:"中国将来的社会革命的领袖固是无产阶级,就是目前的国民革命的领袖亦是无产阶级。"[33]邓中夏是中国共产党内最早以最明确的语言肯定了中国无产阶级在革命中的领导地位的。这无疑具有重要的历史和思想的价值。

1923年京汉铁路大罢工之后,中国劳动组合书记部又从北京迁回上海。这时邓中夏在北大毕业之期已近,于是他办完手续离开了生活、学习、战斗长达6年之久的北京大学,随同劳动组合书记部来到上海,开始了他职业革命家的生活。

## 注 释

① 民国元年(1912),京师大学堂易名北京大学。
② 参看《北京大学日刊》1918年1月26日。
③ 《国民杂志例言》,《北京大学日刊》1918年12月19日。
④ 《邓康君致校长函》,《北京大学日刊》1919年2月15日。
⑤ 参看《平民教育讲演团纪事》,《北京大学日刊》1919年3月26、27日。
⑥ 从1919年3月至1925年12月,《北京大学日刊》续有"讲演团"活动的报导,1926年起,即不见再有记载。"讲演团"的活动究竟何时结束,已无从查考。
⑦ 朱务善《北京大学平民教育讲演团缘起及组织大纲》,《北京大学日刊》1921年9月29日。
⑧ 以上12人都是"讲演团"的干事。
⑨ 《平民教育讲演团通告》,《北京大学日刊》1920年6月17日。
⑩ 《留日学生泣恳救国团:泣恳全国同胞速谋统一,一致对外书》,《五七报》1919年7月26日。
⑪ 参看《中国工人运动的先驱》第2辑,工人出版社1983年版,第13页。
⑫ 见郭长征《邓中夏与文学》,《辽宁师院学报》1983年第1期。
⑬ 参看《宜章人民革命斗争史》第9期。
⑭ 《发起马克斯学说研究会启事》,《北京大学日刊》1921年11月17日。
⑮ 《少年中国学会消息》,《少年中国》第2卷第9期,1921年3月15日。
⑯ 《少年中国学会消息》,《少年中国》第3卷第2期,1921年9月1日。
⑰ 王森然(1895—1984),1919年考入直隶高师国文专修科,受邓中夏教育影响,积极参加五四运动,是卓有成就的教育家、历史学家。
⑱ 王锡强(1905—1925),受邓中夏教育影响,1921年在保定加入社会主义青年团,后经邓中夏介绍加入中国共产党,1923年至1925年间在北大文预科学习,1925年在关税自主运动中,被军警殴打致重伤,不治身死。
⑲ 杨景山(?—1927),受邓中夏教育影响,在保定加入共产党。1923年

至 1927 年间在北大文预科及政治系学习,曾任中共北方区委组织部长。1927年 4 月与李大钊一同被军阀杀害。

⑳㉑　参看《北大英烈》第 2 辑载《王锡强》一文,北京大学出版社 1994 年版。

㉒　《劳动音》第 1 期,1920 年 11 月 7 日。

㉓　杨东莼《关于五四运动和邓中夏同志的几点回忆》,《五四运动回忆录》(上),1979 年版。

㉔　朱务善《星火燎原》,《五四运动回忆录》(上),1979 年版。

㉕　邓仲澥《游工人之窟》,《少年中国》第 2 卷第 10 期,1921 年 4 月 15 日。

㉖　邓中夏《贡献于新诗人之前》,《中国青年》第 10 期,1923 年 12 月 22 日。

㉗㉙　邓中夏《中国职工运动简史》,人民大学出版社 1952 年版,第 16、18 页。

㉘　张锡彬《劳动节之长辛店工人大会》,北京《晨报》1921 年 5 月 2 日。

㉚　《共产党》第 6 号。

㉛　天津《益世报》1922 年 9 月 3 日。

㉜　邓中夏《论工人运动》,《中国青年》第 1 集第 9 期,1923 年 12 月 15 日。

㉝　邓中夏《我们的力量》,《中国工人》第 2 期,1924 年 11 月。

〔作者　北京大学政治学与行政管理系教授〕

# 民主运动的斗士　进步教授的旗帜
## ——许德珩在北大

沙健孙

许德珩是现代和当代中国的著名学者、重要的社会活动家。他同北京大学有着十分密切的关系。有关情况,他在 1975 年 5 月发表的《纪念"五四"话北大——我与北大》①和 1985 年 4 月完成的《为了民主与科学——许德珩回忆录》②中,作过系统、翔实的记录。

## 一、一进北大

许德珩是在 1915 年秋考入北京大学英文学门(即英语系)当学生的。那时他已经 25 岁了。

许德珩,字楚生,江西省九江府德代县(今九江市)人。1890 年 10 月出生于一个小地主家庭,其父曾在九江同文书院任教,具有民主革命的思想。18 岁,考入九江中学堂;辛亥革命后一度投笔从戎;一年后,回中学堂继续读书。"二次革命"开始,他再次投笔从戎,参加湖口讨袁之役;失败后,返回家乡;为躲避军阀的搜捕,转往上海,入吴淞中国公学就读;后因家庭经济困难,不得不中途辍学。因听说在北大读书花费较少,遂于 1915 年暑期来到北京,经考试,入北京大学学习。次年春,因父亲和妻子亡故,回九江奔丧,暂时休学。同年秋,回北京复学,转入本科国文学门(中文系),重读一年级。

当时,正值中国社会酝酿大变动的时期。这个大变动的发端,与北京大学有着密切的关系。

就在许德珩进入北大的 1915 年,陈独秀在上海创办《青年》杂志(后改称《新青年》),提倡民主与科学,开始在中国掀起一场以资产阶级民主主义的新文化反对封建阶级的旧文化的运动,即新文化运动。1917 年 1 月,蔡元培出任北京大学校长,在北大推行民主主义的教育改革。他聘请陈独秀为北大文科学长(文学院院长),并聘请李大钊、鲁迅、钱玄同、刘复(半农)、胡适等新派人物来校任教或兼课。陈独秀来北大后,《新青年》编辑部也从上海迁来北京。北大的新派人物成了该杂志的主要撰稿人。这样,北大也就成了当时新文化运动的一个主要的阵地。俄国十月社会主义革命之后,社会主义思潮开始注入这个运动,并逐步发展成了这个运动的主流。许德珩在这样的历史环境下在北大生活,这对于他的一生发生了深刻而久远的影响。

作为一个受过民主革命的洗礼、追求进步和光明的爱国青年,许德珩积极支持蔡元培推行的改革,热情投身于各项爱国的、进步的运动。他参加了蔡元培发起的进德会[③],曾与杨振声等一起发起过驱逐一品德恶劣的英文教员出北大的斗争。当时,他手头拮据,生活难以为继,幸得蔡元培的介绍,到国史编译处从事课余翻译,才得以靠译稿的酬金维持生计。在北大期间,他同李大钊、陈独秀有交往,并受到他们的思想影响。1918 年 6 月,李大钊等发起组织少年中国学会,他经大钊介绍,也成了该会的会员。

1918 年 5 月,中国留日学生因抗议中日军事秘密协定遭日本当局的镇压,决定罢课回国。回国留日学生代表李达、龚德柏等到北京大学会见北京学生代表,通报有关情况。经几日的商讨、奔走,5 月 21 日,为反对中日秘密军事协定,北京大学、高等师范学校等 2000 余人和少数天津学生代表结队向总统府请愿。学生推出请愿代表 8 人,许德珩是北大的 3 名代表之一。"这是中国学生第一次的游行请愿运动,为五四运动的前奏"[④]。

这次游行请愿虽然没有结果,学生们毕竟开始组织起来了。他们认识到,既然要救国,就要组织一个团体。许德珩成了学生救国会(开始称学生爱国会)的发起者之一。参加这个组织的学生不限于北大,也有北京其他学校的。这一年的暑假,学生救国会派许德珩、易克嶷二人为代表,南下联络。他们先后到了天津、济南、九江、南京、上海,会见了当地爱国学生张泰来(太雷)、马骏、张三洗(康生)、恽代英、方志敏、林祖烈、张闻天、沈泽民等,还会见了社会各界人士,并在上海拜会了孙中山。他们还派人到广州、湖南岳州等地进行了联络。"这次联络的结果,许多地方的学生都加入了学生救国会,因此北京学生救国会与各方面声气相通,几乎成了全国性的学生团体了。"⑤ 1918年12月18日,由学生救国会筹办的国民杂志社宣告成立。蔡元培曾指出,北京学生迫于爱国之心营此杂志,其目的在"唤醒国民"。该杂志编辑委员会的成员中有邓康(中夏)、黄日葵、高尚德(君宇)等,许德珩也是其中之一。他"实际上担负这个刊物的主编工作"。在《国民》第1至第4期上,他一共写了10篇文章,包括专论、通论等。学生救国会还于1919年3月成立了平民教育讲演团,邓中夏被选为总务干事,许德珩也参加了这方面的活动。

1919年5月1日,中国在巴黎和会上外交失败的消息在北京传开。这个消息最初是由北洋政府外交委员长汪大燮告诉蔡元培,蔡元培透露给许德珩、傅斯年等人的。5月2日晚在北大西斋大饭厅举行的国民杂志社社务会议,讨论了中国在巴黎和会上受辱的情形和因应办法,决定由国民杂志社通告北大全体同学,于次日晚7点在北大第三院大礼堂举行学生大会,并邀请高师、工专、法专、农专等学校派代表或热心分子参加,讨论救国应采取的步骤。5月3日晚,大会如期举行。北大及各校代表纷纷登台讲演,气氛十分悲壮。许德珩也在大会上发了言。大会决定:5月4日,北大协同其他各校学生齐集天安门举行大示威;通电巴黎专使不得在"和约"上签字;通电各省于5月7日举行爱国示威游行;联合各界一致奋起力争。许德珩并受命起草宣言。

1919年5月4日,北大等校学生3000余人在北京天安门广场举行集会,高呼"外争主权,内除国贼"等爱国口号,各校代表先后发表讲演,痛斥帝国主义列强的侵华罪行。大会通过了许德珩起草的宣言。宣言沉痛地指出:"山东亡,是中国亡矣!我国同胞处其大地,有此河山,岂能目睹此强暴之欺凌我,压迫我,奴隶我,牛马我,而不作万死一生之呼救乎?"宣言呼吁国民"下一大决心,作最后之愤救"。宣言号召:"我同胞有不忍于奴隶牛马之痛苦,极欲奔救之者乎?则开国民大会,露天演说,通电坚持,为今日之要者。至有甘心卖国,肆意通奸者,则最后之对付,手枪炸弹是赖矣。危机一发,幸共图之!"⑥

天安门集会之后,学生队伍即前往东交民巷使馆区,后经东单牌楼,直奔赵家楼曹汝霖住宅(曹时任交通总长。日本提出"二十一条"时为外交次长,实际负责外交工作)。曹躲藏了起来。学生们痛殴了正在曹宅的章宗祥(驻日公使)。一学生见卧室华丽,十分愤慨,遂用火柴点着了罗纱帐,曹宅由此起火。北洋政府出动大批军警,用武力驱赶群众,并当场逮捕了32人(其中学生31人,市民1人)。许德珩也在被捕者之列。他们被囚禁在步兵统领衙门的牢房。经社会各界呼吁,被捕学生才于5月7日被释放。许德珩等回校时,在红楼广场受到全体北大学生和校长蔡元培的热烈欢迎和安慰、勉励。

5月4日晚,北京大学学生干事会成立。邓中夏、黄日葵等被选为干事。原学生救国会的成员均加入了学生会。5月16日,北京中等以上学校学生联合会("学联")宣告成立。学联规定,该会重大问题"暂行委托北京大学学生干事会执行之"。当时,许德珩是轮流出席学联会议的北大学生代表之一。

学联成立后,大力加强对爱国斗争的领导,决定自5月19日起实行罢课,以抗议反动当局压迫学生运动。各校代表还在北大三院开会,决定推出代表许德珩、黄日葵到天津、济南、武汉、九江、南京、上海呼吁一致行动,以壮大声势,争取胜利。由于当时北大三院被军警重重包围,许、黄于 5 月 27 日跳墙出校,化装离京。

许德珩、黄日葵经天津、济南、南京到达上海。5 月 31 日,上海学生联合会联合本埠商工各界,假西门公共体育场举行追悼五四运动中死难的北大学生郭钦光的大会。许德珩在会上发表的演说中指出,"郭君为国而死之目的有二:(甲)取消中日密约收回青岛;(乙)惩办卖国贼。设吾人不能继烈士之志,并力求达到目的,烈士英灵有知,必且追悼我辈。"他在介绍"五四"游行的情况后讲到:"东交民巷为使馆区,向来不许中国结队成行,此次我们众志成城,以大无畏的精神冲进其使馆区,吾侪之力量可谓大矣";"人生自古谁无死?只怕以死拼之,任何力量均可攻击。"据当时的记载:"许君言词沉痛,闻者为之泣下。"会后,2 万余学生分两路,分别南下龙华和北进"租界"。队伍经过外滩公园时,把门口那块侮辱中国人民的"华人与狗不得入内"的牌子扯下,打碎了。

五四运动发展到"六三"以后,进到了一个新阶段:斗争的主力由学生转向工人,运动的中心由北京移至上海。6 月 16 日,各地学生代表数十人齐集上海,举行全国学生联合会的成立大会。许德珩出席了大会并以北京学生代表的身分在会上发言,强调"我们学界青年应当结合起来,结合一致力量就强大,就可以外抗强权,内惩国贼"。他认为"我们的目的不是为了做官,而是要以民主与科学的精神,正人心、敦风俗、改造社会"。因此,他表示不同意有的同学提出的关于成立学生政府的建议。18 日,全国学联召开选举职员会。他当选为《全国学联日刊》编委会主编。全国学联成立后,立即号召和组织各地学生投入拒签和约的运动。

到达上海后,许德珩、黄日葵等曾拜会孙中山,向他报告北京学生界斗争的情况,受到孙的肯定和鼓励。8 月间,包括许德珩在内的全国学联代表多人往见孙中山。孙赞扬学生的革命精神,但认为学生手中没有武器,只能游行示威,而北洋政府用几挺机关枪就可以镇压成千上万的示威学生。他说,我要给你们五百支枪以对付北京政府,如何？许当即回答:枪固然很重要,但关键还在于唤起民众,团结民众。孙说,他素来提倡宣传与军事并重;不过事实上宣传的工作做得不够,所以不能使一般青年和民众了解他的主张。他希望学生界与他一致合作,共策进行,从根本上推翻北京政府。

南下期间,许德珩还曾以北大学生代表的名义去绍兴看望蔡元培,劝说他打消辞去北大校长职务的想法,早日回北大主持校务。

暑假过后,许德珩与黄日葵一起乘海轮经天津回到北京。许回京后,即积极准备赴法勤工俭学。1919年10月12日,国民杂志社成立一周年,举行纪念会,并欢送许等出国;同日北京大学平民教育讲演团假理科学长室召开第二次大会,也对许等出国表示欢送。许德珩在讲演团的会上讲话,指出经过五四运动、六三运动,许多劳动者已经有了觉悟。"我希望我们同志从此以后,也同他们打成一块,本互助的精神,谋种种的改革。"他说,这就是自己远离之际给予各位同志的赠言。11月,他到达上海。1920年1月,乘船赴法。

## 二、二进北大

许德珩留法前后共7年。1927年初回到广州,在中山大学当教授,讲授社会学和社会主义史。担任过黄埔军校政治教官。4月,到达武汉,担任中央军事政治学校政治教官,随后还在第四中山大学任教,讲授社会学。同年7月至8月间,一度担任国民革命军总政治部秘书长兼代主任。9月初离开武汉到达上海。1928年8月,在大陆大学任教。该大学被封闭后,他以个人力量办了一个社会科学院。1929年底,应聘出任上海暨南大学历史社会系主任;后以宣传共产主义的"罪名"被解聘。1931年7月抵达北平,受北平师范大学之聘,出任历史社会学系教授兼主任。不久,北京大学也聘他为法学院教授。这样,他就第二次进了北京大学,第一次当了北京大学的教师。

在来北大之前,从 1928 年到 1930 年暑假,他翻译了马克思的《哲学之贫乏》、布哈林的《唯物史观社会学》和《共产主义之路与工农联合》、拉法格的《家族进化论》等书。其中《唯物史观社会学》先后重印达 10 次之多。

到北大不久,发生了日本武装侵略中国东北的"九一八"事变。许德珩应进步学生的邀请,在开学上课之前,"到北大作了一次关于东北沦陷华北告急的讲演,揭发日本帝国主义侵略中国的罪行,痛斥南京政府卖国的不抵抗政策。同学们抗日救国的热情受到很大的激发"。随后,师大的同学也请他去讲演,"收到了同样的效果"。开学之后,他一直一面讲课,一面从事抗日救亡活动。

1932 年 12 月初,师大马哲民教授、北平大学侯外庐教授突然失踪。13 日凌晨 5 点,宪兵三团闯入许宅,秘密抓走了许德珩,把他关进了监狱;他们由于怀疑许宅藏有枪支弹药或卢布,还抄了他的家。许的夫人劳君展教授机敏地查出了许等被关押的地方,随即将此消息通知各报馆和各学校。蔡元培遂联合宋庆龄、杨杏佛等以中国民权保障大同盟筹备委员会名义发出电文,指出非法逮捕许德珩等完全是"摧残法治,蹂躏民权"的行为,要求当局即日予以释放。杨杏佛并于 12 月 17 日到达北平,与劳君展一起到监狱看望、慰问许。许当即表示:"我们从事的是爱国运动。政府不打敌人,专打人民。若爱国有罪,我愿坐穿牢底;若爱国无罪,他们应当向我赔罪。"由于北平教育界对许等的声援,当局不得不借杨杏佛代表中国民权保障大同盟来平之际,于 12 月 19 日将许释放出狱。许德珩出狱后参加了民权保障大同盟,并在 1933 年 1 月底该同盟北平分会成立时被选为执行委员。

出狱后,许德珩曾去张家口为冯玉祥分析国内外形势,讲述抗日救亡的意义。回北平后,即致函北大当局请假半年。在此期间,他将历年的讲义加以整理,写出《社会学讲话》上册(约 30 万字),由北平大学法商学院的好望书局出版；继而着手整理他所教的中国现代经济史及社会主义史的讲义。

《社会学讲话》一册是一部以马克思主义观点写成的社会学著作。在这部著作中，作者对西方各种流派的社会学学说的理论和方法进行了比较研究，指出它们对社会学问题的看法尽管有种种的不同，"而其立论的基点，从其方法论来说，他们或是把社会的发展完全看作与自然定律同一的，应用自然科学如物理学，生物学，地理环境，人种关系来解释；或是把自然与社会看作完全对立的，把人类看作是完全与自然无关，想从人类的精神现象来解释。从其哲学的观点来说，是唯心论的，或二元论的；从其阶级立场来说，都是资产阶级的"⑦。作者强调"正确的应用唯物论来做说明人类历史发展的方法的人，是历史的唯物论者"⑧。"因为他是用唯物论来解释人类历史的发展，所以他的唯物论，不仅仅解决了自然对人的关系，并且解决了人与社会的关系。"⑨为了帮助读者了解并掌握研究社会学的科学理论和方法，作者用大量的篇幅对唯物辩证法和历史唯物论的基本原理作出了系统的论证，并对人类社会的形成及其意义，环境，社会的基础和上层构造，人类社会的发展，人的职业、身分，阶级与人群间的战争，社会发展的阶段及形态等作出了科学的阐明。在当时大学的社会学讲堂为资产阶级社会学的观点统治着的时候，许德珩能写出这样一部马克思主义的社会学著作来，确实是难能可贵的。从这部著作也可以看出，作者在当时对马克思主义的理论就已经有了比较正确的理解和完整的把握。

在休息 9 个月之后，1933 年 10 月，许德珩重新投入了教学工作和抗日救亡运动。

1935 年，发生华北事变。为反对日本侵略，中共北平地下党组织发动和组织青年学生，掀起了一场震动全国的"一二·九"运动。许德珩热情支持、积极投入了这场抗日救亡斗争。

在这之前，中共北平地下党就同许德珩进行过联系。他回忆说：

"党的《八一宣言》发表后,北平地下党组织秘密地用各式各样的方法进行传播";"我们读到宣言犹如濒临死亡的人突然获救一样,高兴得夜不能寐。"1935年8月,在俞启威(后改名黄敬,当时为北大一学生组织的负责人)的"授意下,我和劳君展邀集了北平各大学的一部分教授,其中有徐冰、陈豹隐、张申府、刘清扬、张晓梅、吴觉先等,在玉泉山聚谈,研究如何加强各校爱国师生的联系,进一步开展抗日救亡运动。事后,杨秀峰、孙文淑、程希孟、彭道真、温建功等同志从天津赶来,我们聚在一起,共同商讨对策。恰巧俞启威也为此来找我。根据《八一宣言》的精神,决定举行一次游行示威,以救危局,以警奸邪。大家就各校联系的负责人一节作了分工,北京大学、东北大学由我负责……"。以后北大负责联系的增加了马叙伦、尚仲衣两位教授。

在中国共产党的领导下,1935年12月9日,北平爱国学生冲破国民党恐怖统治的高压走上街头。他们在中南海门前请愿未遂,临时改为示威。示威群众高呼"打倒日本帝国主义!""反对华北自治!""停止内战,一致抗日!"等口号。在行进中,游行队伍不断扩大,达到3000余人。北大学生闻声而起,"参加示威游行的同学有300多人"。"北大教授许德珩和他夫人劳君展参加了学生的爱国斗争行列"。[⑩]当局出动军警,用水龙冲射队伍,用大刀背、木棍殴打学生。在游行队伍中的许德珩夫妇,大衣、棉衣"均被水龙带喷射湿透,很快就冻成了冰。"

当天,在北京西郊的清华大学、燕京大学的学生队伍因西直门、阜成门被关闭,未能进城。12月14日,许德珩应清华大学救国会之请,前往介绍"一二·九"游行情况。他在讲话中控诉了当局镇压学生的罪行,歌颂了同学们不怕困难、不怕流血牺牲的英勇奋斗的精神。

12月16日,在中共北平地下党的领导下,由北平市学联组织,北平的学生、市民举行了更大规模的抗日救亡的示威大游行。

次日,市学联决定各校继续举行总罢课。在这期间,许德珩曾应北大学生会的邀请,在校内作过讲演。[⑪]

12月19日，许德珩等在中共地下党的领导下，以华北文化劳动者协会的名义，为北平学生运动发表宣言，指出北平学生一二·九、一二·一六的行动"是代表全国被压迫民众一致对外的先声"，号召"发展北平学生的斗争精神"，"拥护北平学生英勇的救亡运动，并使它扩大到劳苦民众和曾经在喜峰口抗日的士兵中去，以形成全国革命的民族战争"。

1936年初，许德珩与马叙伦等发起组织北平文化界救国会。

在纪念五四运动17周年之际，北大学生会邀请名人、教授举行讲演。作为五四运动的参加者，许德珩把当年的"外抗强权、内除国贼"和当前的抗日救亡的要求联系起来。他说："纪念'五四'，在今天就要反对日本帝国主义，要消灭汉奸。"他末后感慨地说："当年那些勇猛的反帝青年，后来有的消沉了，有的做官了，真是滔滔者天下皆是也！"[12]他最后勉励今天的青年要对准目标，奋斗到底！他讲演时"音调昂扬，气势磅礴，博得一阵阵的掌声"[13]。

许德珩等由于无畏地参加抗日救亡斗争而遭到反动派的嫉视和迫害。1936年夏秋之际，尚仲衣教授被北大当局解聘；许德珩、马叙伦等"被学校以休假名义迫其离校"。"北大学生救国会曾在6月17日全体同学大会通过一项决议，要求学校当局收回解聘和强迫休假教授成命"[14]，但没有效果。许德珩不得不第二次离开了北京大学。

由蒋梦麟主持的北大当局虽然可以利用手中的权力迫使许德珩等人离去，但他们却无法磨灭这些进步教授在青年学生中留下的深刻影响。当时任中共北大党支部书记的刘导生，在1985年7月为《北京大学"一二·九"运动回忆录》所写的序言中回顾当年的经历时还满怀深情地说："我们不能忘记给我们启发教育和支持的进步老师，如许德珩、马叙伦、尚仲衣、曾昭抡诸位先生"；"他们永远是我们的老师。"[15]

## 三、三进北大

许德珩第三次进北大,是在 1946 年 10 月。

1936 年暑假被北大解聘之后,许德珩曾接受北平大学法商学院的聘请,到该校政治系任教。

北平沦陷后,许德珩即化装离开北平到达天津,复经济南到南京和武汉。曾在国民政府军事委员会所属第六部担任挂名的设计委员。根据周恩来的建议,一度回原籍江西工作,在政治讲习院讲"中日关系及其现状",约 3 个月(本讲题的讲义约 10 万字,后在重庆出版)。不久被推选为国民参政会参政员,并担任过江西省抗敌后援会主任委员。后来去了重庆。1939 年暑假在重庆附近的社会教育学院任教,讲授唯物史观社会学。1941 年,参与组织中国民主政团同盟,要求团结抗战、要求民主,被推举为该组织的联络部副部长。1944 年底,与潘菽、梁希、黎锦熙、涂长望等发起组织"民主科学座谈会",以聚餐形式聚会讨论"团结民主,抗战到底"的问题。抗战胜利后,毛泽东去重庆与国民党谈判期间,曾约见许德珩夫妇,勉励他们把座谈会搞成一个永久性的政治组织。1945 年 9 月 3 日,许德珩等在重庆举行庆祝抗战胜利大会,决定将座谈会改名为九三座谈会。1946 年 5 月 4 日,九三学社举行成立大会,许德珩当选为理事。后又经学社理监事联席会议推举为常务理事。抗战胜利后,许德珩为实现中国的和平、民主、团结作出了自己不懈的努力。

1946 年 10 月,复员后的北京大学在北平开学,校长为胡适。北平大学这时也由陕西迁回北平,平大所属各学院的院址、设备及平大教授一律归并于北大。这样,具有平大教授身分的许德珩就又成了北大教授。10 月 31 日,许抵达北平,住进北大红楼宿舍。

在北大复员之前,1946 年 6 月底,国民党当局已发动了全面内战。10 月,侵占解放区重要城市张家口,随即决定单独召开"国民大会"。11月13日,即伪国大召开前夕,许德珩在答《大公报》记者徐盈夫妇访问时明确表示:"若非各方协商一致参加,我个人不拟赴京。"他并且要求"各方面应于此时作严正之表示,以对国事前途判明责任"。他站在维护政协协议的立场上,同坚持独裁、内战方针的国民党当局进行了坚决的斗争。

1946年12月,北大一女生遭驻华美国士兵强奸,北平乃至全国许多城市掀起了抗议驻华美军暴行运动,即抗暴运动,以学生为先导的国民党统治区的人民斗争开始形成为配合解放区军民的自卫战争的第二条战线。得悉美军的此种暴行之后,包括许德珩在内的北大48位教授曾联名致函美国驻华大使司徒雷登,表示抗议,要求迅速惩治犯罪美兵,补偿受害人之荣誉损失。在12月30日爱国学生举行抗暴示威游行的当天,北大的教授为支持学生的正义行为,决定自动不上课。经过抗暴斗争,复员后北大一度沉寂的局面被打破了。

为了镇压爱国民主力量,1947年2月17日,反动当局以开展"户口大检查"为名,派军警特务于午夜闯入民宅,当天逮捕北平市民1700人。为此,北平学生又开展了一场保障人权的斗争。许德珩与爱国学生站在一起。2月24日,他与北大向达、汤用彤和清华朱自清、张奚若等共13名教授联合发表保障人权宣言,"对此种搜捕提出抗议",要求当局"将无辜被捕之人民,从速释放","并保证不再有此种侵犯人权之举"[16]。

这一年的"五四"纪念日,北大举行了盛大的营火会。许德珩在有五六千人参加的晚会上说:"你们要向前看,向后看是没有希望的。"当他回忆当年被捕入狱后北大学生到公安局自首表示愿意集体坐牢的情形时指出:"这是北大精神。北大精神是负责的精神,为国家人民去干,干了自己担当的精神。"[17]

5月20日,许德珩参加了国民党政府召集的国民参政会的最后一次会议。他在上海与沈钧儒、黄炎培、马叙伦、许广平商议,由他执笔起草并署名一项提案,"内容为坚决反对一党召开国民大会,要求国民党政府立即停止内战,实现国内和平"。黄炎培和其他参政员共20人在提案上签了名。该提案曾在国民参政会大会上宣读,受到许多与会者的支持。正好这一天南京、北平等地学生开展反饥饿、反内战运动。南京、苏州、上海、杭州学生6000余人举行游行,并向国民参政会请愿。当他们得知许等的提案后,立即表示拥护。北平学生也致电许,表示支持他的提案。学生在南京游行时,遭到反动当局的镇压。据当时电讯:"今日学生游行发生惨案时,许参政员德珩,曾亲往慰问,立于街头学生之行列。渠目睹惨状时,泣不成声,并疾赴国大会堂向邵力子交涉。"⑱

1948年3月29日,国民党在南京召开伪国民大会。当天报载,当局已下令"严禁"华北学联的活动。同一天,北大民主广场举行纪念黄花岗烈士讲演大会。反动军警、特务5000余人包围了北大。红楼对面架起了机枪。学校附近有铁甲车来回巡查。就在这种极度紧张的气氛下,许德珩、袁翰青、樊弘三位教授勇敢地登上讲台,向在场的学生万余人作了慷慨激昂的讲演。许德珩在讲演中把今日的革命领袖比作孙中山,把蒋介石比作西太后,把蒋的门徒比作当时的李莲英。他强调,黄花岗革命"指示要以奴才的身分在满洲封建政权之下,求改良之不可能,解决中国问题的方法,只有革命!"他指出:"黄花岗革命直接的结果是辛亥革命,因此,黄花岗在推翻清朝200多年的封建政权上来说是成功的。可是从中国之改革上来说却是失败的。"失败的原因在于:"第一,黄花岗革命,是知识分子的革命,它没有深入到中国的广大的工农群众中去,没有与广大的工农群众结合起来"。"第二,是没有解决土地问题"。"中国无论哪一个政党,若不能合理的解决中国土地问题,把中国四万万人,看作剥削的对象,不管它有多么大的军事力量,不管它怎样的加紧压迫,它一定失败"。"第三,是没有民主"。他大声地说:"今天中国的问题并没有解决,我们今天在这里纪念黄花岗烈士,就要学习他们那种牺牲精神,与广大的中国人民站在一起,前进!"三位教授的讲演博得了学生们热烈的鼓掌和欢呼。讲演完毕,学生们高唱《团结就是力量》的歌曲,列队护送教授们安全出校。事后,国民党市党部主任委员吴铸人即威胁说:"我要忠告三位教授,再勿在'共特'所召集的会场中,凭一时的快意,作刺激学生的言论",否则"要小心他们的脑袋"。为此,北大、清华、师院、燕京4校90名教授曾以《吴铸人预谋杀人罪》为题的大字报张贴于校内外,并联名在报刊上发表文章表示抗议,且质问当局:"第二次闻一多事件是否已在预谋制造中?"[19]需要指出的是,事实上,许德珩等并没有在反动派的威胁面前退缩。在"四月风暴"中,他们以罢教的形式投入了反迫害斗争。同年5月至6月间,国民党飞机轰炸开封,造成惨重伤亡。北大的河南学生在民主广场举行开封死亡同乡追悼大会,许德珩、袁翰青、樊弘三教授又均应邀到会讲演,痛斥国民党反动派屠杀无辜居民的罪行。许还亲自撰写一副挽联挂在会场中央,上面写着:"人民何辜,遭此荼毒。时日曷丧,及汝偕亡。"

1948年11月,人民解放军包围了故都北平城。国民党曾企图将北大南迁。中共地下组织发动了护校运动。11月22日和24日先后召开的北大行政会议和教授会作出了不迁校的决定,从而使国民党劫走北大的计划宣告彻底破产。许德珩和北大绝大多数教授一起,积极准备迎接解放。

1949年1月31日,北平和平解放。2月1日,北平各大专院校师生在北大民主广场举行庆祝北平和平解放的大会。清晨5点,天还不大亮,到会群众已达万人以上。学生会请许德珩首先讲话。他一开头的几句话是这样讲的:"朋友们,同学们:天快亮了!太阳快出来了!妖魔鬼怪快要消灭了!我们热烈地欢迎北平的和平解放!中国共产党万岁!毛主席万岁!"他激动兴奋得热泪盈眶。

在这之前,1月27日,许德珩曾进城先后会见徐冰(邢西萍)和董必武。徐说想请他和张奚若一起约请北平各大学教授开个会,以便宣布并讲解一下党的知识分子政策,从而安定人心。时任华北人民政府主席的董必武也有这个意见。于是,许德珩、张奚若、吴晗三人即共同署名发出请柬,约请有关人士于 2 月初假北京饭店举行了这样一个茶话会。

北平解放之初,钱俊瑞、张宗麟代表中共来到北京大学。北大由校长制改为校务委员会制,设常务委员及委员 10 余人,以胡适南逃后任代校长的汤用彤(锡予)为校务委员会主任委员,许德珩是常委之一。当时还推出 10 余人讲政治课,以许德珩为政治课主任。经许提议,聘请了马克思主义哲学家艾思奇为政治课顾问。政治课以上大课的方式进行,课堂设在民主广场,全体学生共同听课。

这时,许德珩除继续在北大任教外,还在校外担任了许多重要职务,如政务院政法委员会所属法制委员会副主任委员和代主任委员、全国政协常务委员、九三学社主席、北京市政协副主席等。1952 年,全国各大学进行院系调整,北京大学迁往西郊原燕京大学旧址。他当时原本"希望随北大迁往西郊,专心致力于教学和写作"。为此,曾请教于周恩来总理。总理说:你在政府有许多工作,不要去北大了。这样,他就再一次离开了北大的教学岗位。不过这一次不是由于被辞退,而是为了遵从党的安排去承担更重要的任务。虽然是离开北大了,在有生之年,他仍然是始终深切地关怀着北大的。

为民主和科学而奋斗,为追求科学社会主义的真理、建设社会主义的新中国而奋斗,是许德珩一生的主题。他的战斗的人生的一个重要的新起点,正是在北京大学求学的时期。

他是一个真诚而热烈的爱国者。与同时代的许多先进分子一样,他从爱国的立场出发,从民主主义逐步地走向了社会主义、共产主义。在北大执教期间,他虽然在组织上还没有加入中国共产党[20],但他在课堂上、在著作中所阐述的,主要是唯物史观社会学,是科学社会主义的真理,他是马克思主义的社会学在中国的开拓者之一;在抗日救亡运动中,在解放战争时期第二条战线的战斗中,他拥护中国共产党的政治主张,与党保持着密切的联系,是一名勇敢的民主斗士。正因为如此,他成了北大进步教授的一面旗帜,曾经对许多爱国的追求进步的北大青年学生产生过重大的影响。这样,他就不仅为中国的革命事业,也为北京大学的进步和发展,作出了自己的一份独特的贡献。

在他逝世前,王世光等 36 位北京大学 30 年代的学生委托刘导生、朱穆之和顾大椿去医院看望他时,曾带给过他一封感人的信件,在信件上签名的张震寰、袁宝华、陆平、吕东、任继愈等都是中国共产党的高级干部和中国著名的专家、学者。他们在信中说:"在为中华民族求生图存、坎坷救国的道路上,我们共同感受了中国共产党的影响与领导,同时也感受着您的教诲和支持。那时,当我们受到反动势力诬陷时,您挺身为我们申辩,遭到挫折时,您给我们以鼓舞,遇到复杂问题时,您给我们以指引。我们能够或迟或早地跟着共产党沿着一条正确的方向,寻求救国的真理,探索人生的真谛,而后走上为建设社会主义新中国各尽一份责任的道路上来,这与您,还有其他几位老师的教诲是分不开的。"[20]这番话,对于一名教师来说,无疑是他可能得到的最高的奖赏了。

## 注 释

① 《北京大学学报》(哲学社会科学版)1979 年第 3 期。
② 中国青年出版社 1987 年版。
③ "进德会"是一个提倡培育个人高尚道德情操的组织。规定甲种会员以不嫖、不赌、不纳妾三项为基本条件;加上不作官吏、不当议员二戒为乙种会员;再加上不饮酒、不食肉、不吸烟三戒为丙种会员。以后改为不分等,以前三戒为条件,后五戒随意自择。
④ 许德珩《纪念五四话北大——我与北大》,《北京大学学报》1979 年第 3 期。以下凡引文出自本文的,不再注明。
⑤ 许德珩《为了科学和民主——许德珩回忆录》第 48 页。以下引文凡出自本书的,一般不再注明。

⑥ 1984年冬,北京大学筹备北大学生运动史展览时,发现了一张书写该宣言的大字报。北大工作人员携此往见许老。许老见到后,不禁激动得泪流满面。他说,这就是他当年起草和书写的宣言。此番情景当场被摄入了电影镜头。见电影片《今日北大》(1985年北大摄制完成)。

⑦⑧⑨ 许德珩《社会学讲话》上册,好望书店1936年11月版,第162、224、225页。

⑩⑪⑫ 孙思白主编《红楼风雨——北京大学"一二·九"回顾》,北京大学出版社1985年版,第26、48、99页。

⑬⑭⑮ 《北京大学"一二·九"运动回忆录》,北京大学出版社1985年版,第102、226、2页。

⑯ 《抗议美军暴行运动资料汇编》,北京大学出版社1989年版,第517页。

⑰ 《北京大学校史(1898—1949)》(增订本),北京大学出版社1988年版,第429页。

⑱ 《许德珩慰问学生泣不成声》,上海《文汇报》1947年5月21日。

⑲ 《九十教授对吴铸人谈话之驳斥与质问》,《北大半月刊》第4期,1948年5月1日。

⑳ 1927年初,许德珩在黄埔军校时,即曾向熊雄提出过入党申请,因发生广州四·一五事变,熊雄被害,未能如愿。30年代初,他曾有机会入党,但党认为他当时在党外为党工作比入党好,入党的问题仍未解决。1979年初,他向在九三学社做负责工作的一位中共党员再次表示了入党的愿望。同年4月8日,由邓颖超、乌兰夫为介绍人,经中共中央直接批准,他光荣地加入了中国共产党。这时他已经是79岁的高龄了。

㉑ 《人民日报》1996年6月20日头版头条。

〔作者 北京大学马克思主义学院教授〕

# 一个坚定的爱国主义者的足迹[*]
## ——邵飘萍与北大

### 陆彬良

邵飘萍(1886—1926),又名振青,我国20世纪20年代一个坚定的爱国主义者、反封建军阀官僚的无畏战士、闻名中外的新闻记者,以他如椽的笔,鲜明的、不妥协的爱国主义思想和活动,走过了他短暂的一生,于40岁正值英年时,被反动军阀以"赤化"的罪名枪杀。在他最为辉煌的最后10年(1916—1926)中,他逐渐从一个立场坚定鲜明的爱国主义者,发展、升华为一个歌颂、宣传社会主义、马克思主义的革命战士。从这段历史积淀的辉煌层面中,我们可以依稀看到他的发展、提高与当时新文化运动的摇篮、五四爱国运动的策源地和马克思主义在中国早期传播的一个中心——北京大学,有着文化传承的联系。他是当时北大首创革新的推动者、宣传鼓动者,而影响他从民主主义革命思想转变到初步的、基本的社会主义革命思想的是此时北大的文化环境和北大的一批革命人、革新者。可以说,北大是使他转变、提高,终至不朽的一块基石。可恨军阀横施暴虐,他未能看到23年后崛起在世界东方的社会主义新中国的成立;也未能如愿

---

[*] 本文主要根据萧超然《北京大学与五四运动》一书(北京大学出版社1986年4月第1版、1995年12月第2版)和萧超然与本人合写《邵飘萍——早期宣传马列主义和反帝反封建运动的无畏战士》一文(载《新闻研究资料》1981年第5辑)以及本人所写《我国第一个新闻学研究团体——北京大学新闻学研究会始末》一文(载《新闻研究资料》1980年第4辑)相关内容写成。——作者

看到90年代屹立于世界民族之林的中华民族的强大、兴盛与繁荣。

## 一、支持、宣传北大的新文化运动

邵飘萍与北大的渊源,要从20世纪初期,他和革新的北大的著名校长——蔡元培的结识相交说起。早在1916年冬,他因华工问题,在北京初识蔡元培,晤谈之下,"极钦服其为人"①,从此开始了他们以后的长期交往。

1917年1月,蔡元培正式接任北京大学校长。这时李大钊应章士钊之请,任《甲寅》日刊的编辑。邵飘萍此时也受章士钊的委托,代管《甲寅》约半年之久。这段时期,李大钊借邵飘萍代管之机在《甲寅》日刊发表了一系列抨击旧思想、宣传新文化的论文,从而开始建立了他们之间的友谊。

蔡元培接长北大后,即着手进行一系列有重要意义的改革。其中特别是学科的改革,立即引起了立志建立新闻学科的邵飘萍的注意。1918年冬他给蔡元培写信建议北大"应设新闻研究学科一门,造就人才"②。蔡元培采纳了他的意见,先是成立了北京大学新闻研究会③,接着又开"新闻学"讲座,为政治系四年级学生的选修课。④

在蔡元培"兼收并蓄"方针指引下,"五四"前后的北大,学术讨论之风极盛。1918年底,国民杂志社、新潮社、新闻学研究会相继成立,它们都得到了邵飘萍的热情支持与关注。大约在1918年8月至9月间,国民杂志社机关刊物《国民》月刊筹备出版,邵参加了关于它的讨论⑤,并和李大钊一起欣然出任该社的顾问。1918年10月20日,在该社的成立大会上他发表诚挚的演说:"……开办伊始,于永久维持不可不有所顾虑。如为鄙人能力所可及者,当竭力相助。"⑥不久他又写信给国民杂志社鼓励说:"……贵社创刊杂志所注意之四大端⑦,正合鄙怀,至深钦仰。所望认定宗旨,始终不移;需助之处,惟力是视。"⑧其后他还为《国民》月刊的出版捐钱。时为《国民》主编之一的北大学生许德珩1958年5月在《回忆国民杂志社》一文中说："办刊物的钱完全是学生和同情学生运动的教员与社会人士捐出来的。……同情我们的社会人士有邵飘萍。"在《国民》月刊筹备出版之时，他从1918年12月23日到1919年1月15日近20天中，在《京报》头版，以"国民杂志出版预告"为题，免费刊登它的出版预告，谓为"健全之言论"，"代表国民意志"。1919年1月1日《国民》创刊号正式出版，1月27日《京报》又专门为文介绍说："国民杂志，宗旨正大，材料丰富，以增进国民人格，添输国民常识，研究学术，提倡国货为标的。第一期已出版。宏文钜制，不一而足。用志数言，介绍于世。"在与《国民》的这些联系中，他与北大学生、《国民》的三个主编许德珩、邓中夏、黄日葵以及高君宇等主要骨干有了较密切的往来。

邵飘萍对新潮社也是十分支持的。在它正式发行前一星期便开始在《京报》一版头条位置以"北京大学之《新潮》"为题介绍说："《新潮》为国立北京大学发刊杂志之一种，以介绍西洋现代思潮，批评中国现日社会上、学术上各问题为职司，乃纯粹新思想之杂志……"同时详细刊登了它的创刊号的"要目"。

特别要提到的是他对北京大学新闻学研究会成立、发展的大力推动、热情支持和多方帮助。

北京大学新闻学研究会[⑨]是我国第一个有组织的新闻学研究团体。"五四"以前，新闻在我国尚未成为一门科学，亦未形成自己的学科体系。1918年10月14日北京大学新闻学研究会的成立，是我国将新闻作为一门科学进行研究的开端。在这个开端中，邵飘萍是起了重要启蒙作用的导师之一。北京大学新闻学研究会的成立除由于蔡元培校长的支持和当时校长办公室秘书徐宝璜（伯轩）教授的奔走外，也得力于当时邵飘萍的大力推动。他在1919年4月为徐宝璜的《新闻学》一书所作的序中说："去年之春，蔡校长有增设新闻讲演会之计划，余乃致书以促其成。比得蔡先生复书，极承奖假〔饰〕。斯会遂于暑假以后成立，请教授徐伯轩任其事。蔡先生复以余从事新闻记者有年,并出聘为导师。"同年11月3日他在北京大学新闻学研究会的第一次讲演中也曾提到此事。1923年8月18日徐宝璜为邵飘萍所著《实际应用新闻学》一书所写的序中也说:"吾国新闻教育,实滥觞于民七北大所立之新闻学研究会。而飘萍先生于此会之设亦与有力。因蔡孑民校长与余初虽亦拟议及此,但无具体计划,及飘萍先生来函催促,始聘余为斯会主任,并请飘萍先生及余分任讲演。"新闻学研究会成立前后,正是邵飘萍忙于创立《京报》之时,因而未能参加10月14日的成立大会,但在10月底,他正式应聘为该会指导会务,担任讲演的导师后[⑩],便积极投入它的主要活动。从1918年11月3日起,每星期日上午,他都在百忙中奔赴北大理科十六教室或文科三十四教室的新闻学研究会讲堂,根据自己新闻工作的理论与实践,系统地向会员介绍近代新闻学的知识、采编技巧和经验,"注重评论新闻之练习并新闻记者之外交术"[⑪]。他在11月3日第一次到会正式讲课时,首先便向包括高君宇(地质门)、谭平山(哲学门)、谭植棠(史学门)、罗章龙(德文班)、杨晦(哲学门)等思想进步的青年学子以及当时任职图书馆助理员的青年毛泽东在内的数十名会员,作了热情、诚挚、谦逊的讲演:

振青少未学问,长又衣食于奔走,自叹一无所成,方滋愧恧。前年为《申报》通信事来京,偶因华工问题,得与蔡校长谈论,极钦服其为人。本年之冬,窃以我国新闻事业之不振,良由新闻界人才缺乏之故,不揣冒昧,特致书蔡校长陈本校应设新闻研究一门,造就人才,为将来之新闻界谋发展。蔡校长答书,多承奖饰。本校新闻研究之课程,自是遂有添设之望,不禁狂喜。嗣后日惟奔走于职务,不晤蔡校长者又数阅月。此次学界青年有国民杂志社之组织,开会讨论,振青与焉,蔡校长暨徐教授均莅,谈及本校新闻研究会事,蔡、徐两先生乃特嘱振青来与斯会,与诸君子共相切磋,交换其所见。自惟谫陋,虑无以副诸君子之望,实不敢承,然又重〔恐〕违校长与教授之意,踌躇再三,不能自决。窃思振青生活于新闻界中,日惟与官僚政客相征逐,若不勉力创造与青年学子接谈之机会,其鄙悖之程度,殆将与时俱进。欲救此弊,则蔡徐两先生之命不可不从。今之来此,深愧徒知为振青求益计,而无毫发之长,足以俾益于诸君子也。无已,其草就数篇,聊为相见之贽。幸与诸君子切实研究者有教授徐先生在,振青则稍补缺略,藉以增诸君子研究之兴味,不敢当演讲之名也。⑫(以下讲解"新闻社之组织"等略)。

邵飘萍在新闻学研究会的导师工作中,不仅注重课堂上的新闻理论讲授,还十分注意带领会员进行新闻工作的实践。"同学实习辅导则由邵振青独立承担"⑬。由于邵飘萍等在新闻学研究会的认真讲授和积极活动,研究会培养了一批新闻工作人才,不少北大会员成为当时一些报刊杂志的主力。如邓中夏、高君宇、谭植棠都是当时一些鼓吹革新,倡言民主、科学的报刊的积极撰稿人。高君宇又是校内《新潮》杂志的主要编辑人之一,后来又参与编辑了中国共产党机关报《向导》和华北地区中共党的刊物《政治生活》等,还是中国共产主义青年团机关刊《先驱》的主编。作为导师,邵飘萍还多方面支持、帮助新闻学研究会的发展。从1918年12月15日起至1919年1月19日,1919年2月11日、12日,他在《京报》第四版上,以"北京大学之新潮"为题,连续30多天免费刊登"'北京大学新闻学研究会'征求新会员"的广告。新闻学研究会的会刊——《新闻周刊》,从内容到形式也都得到邵飘萍的指点和帮助。从1919年4月30日一直到6月4日,即便在报导五四运动版面很挤的情况下,《京报》第一版都未停止刊登介绍《新闻周刊》的加框短文:"一、乃中国唯一传播新闻学识之报;二、对于一周新闻为系统之记载,下公允之评论;三、(下略)"。

邵飘萍支持、宣传北大新文化运动的活动,因"五四"示威后自己被军警追捕而被迫中止。1919年冬他第二次亡命日本,直到1920

年7月,因国内形势发生了有利的变化,才又回到国内。这时他更加积极地支持北大的改革。1920年9月20日《京报》复刊后的第三天,便在二版"紧要新闻"栏中刊登了题为《北京大学之革新布置》的"本京特信",说:"北京大学为我国最高学府。蔡元培氏长校后,校务日渐革新,学制、课程、设备、组织、校风等等皆本时代之精神,自由之发展。"9月30日在"紧要新闻"栏中,又以《北京大学之革新运动》为题,对北大课程的设置、社团建立、开放女禁等作了系统的宣传。1923年5月28日在署名飘萍的《共妻主义》短文中还针对当时国内之一般"自命老师宿儒之辈",借社会上流行对"新俄国"的种种诬蔑和谣传,攻击以蔡元培、陈独秀、李大钊等新派对北大的改革,对这些"自命老师宿儒"们"诋毁新教育、新学术"的言行,进行了一针见血的揭露和驳斥。说他们"动辄以教育界主张共妻主义为攻击之利器,如广东一部分人之排斥陈独秀",明确指出:"当今提倡新教育之人物,虽其对于教育之主张,为说不一,然从未有人主张共妻者","我国教育界诸君,未闻有不认女子为有独立之人格者,亦未闻尚视女子为财产之一部分者","自命老师宿儒者,执一二偶见之无聊议论,遂以之加诸新教育界以肆口漫骂,亦徒见其不学无识耳。"

同时,北大对邵飘萍也是尽力支持的。1918年11月19日至12月2日近一周内,《北京大学日刊》以较大的篇幅在一版头条位置刊登了介绍他创办的北京新闻编译社给全校教员的启事,并在所加按语中动员全校教员发稿。启事全文为:"教员诸君公鉴:本校接新闻编译社启事一则如后:'敬启者:欧战告终,和议开始,非但解决欧陆问题,与东亚前途、我国前途亦关系极钜。我全国国民亟应提出意见,督促政府通告友邦以为解决东亚一切问题之张本。本社特拟下列各项,征求全国意见,俾本社可为介绍于中东各国报纸以尽国民天职。问题如下:(略)。上列各项倘承海内外同胞以研究所得,寄稿本社当立为印刷分布,并购置外交上有用之书籍,酌量奉赠,以酬盛意。时机紧迫,伫候福音,不胜盼祷。此启。'按:右列14各问题均为亟应解决、刻不容缓者,务请发表意见,送往该社,以便刊布。"邵飘萍办报和通讯社,写社论、评论,发消息、通讯等,常到北大采访、组稿,也得到北大进步师生的热烈响应和帮助。1922年他在《非宗教论》一书中刊登广告说"《京报》由邵飘萍主干,专门学子十余人分任编辑"。这里所说的"专门学子","大都系北京大学学生、'马克思学说研究会'成员。他们是通过党组织派往工作的,由邵本人负责培养训练"⑮。1924年《京报》热情宣传联俄、联共、扶助农工三大政策,歌颂俄国十月革命,出版"纪念马克思诞辰专号"和"列宁特刊"时的主要编辑也都是由以北大教授李大钊为首的中共北方区委派往工作的北大学生。由于他们的协助,《京报》销路骤增,"一时人人争购,号称'洛阳纸贵'"⑯。1925年10月,有见于京都各报以"桃色新闻"、发人隐私等招徕读者,"黄报"流行的痛心局面,邵特立独行,锐意改革,刷新《京报》版面。凡涉及淫秽小说、花柳猥亵、不堪入目的广告等一律撤除。他的这个行动立即得到蔡元培等北大人的支持称赞,"学者文胃极注意,蔡孑民博士特进嘉言"⑰。

  谈到邵飘萍与北大的关系时,还不能不谈到他与当年在北大工作的青年毛泽东和北大讲师鲁迅的相互支持和帮助。早在1918年秋天,青年毛泽东在北大图书馆任助理员时,认识了邵飘萍。当时毛泽东是新闻学研究会的会员,邵是新闻学研究会的导师。毛泽东听过他的课,获得不少教益,留下了很深的印象,以至18年后在与美国著名记者斯诺谈自己的生平时,还专门提到邵飘萍说:"在新闻学会里,我认识了一些同学,……还有邵飘萍。特别是邵,对我帮助很大。他是新闻学会的讲师,是一个自由主义者,一个具有热烈的理想和优良品质的人。"⑱当时毛泽东只是一个月薪仅8元的图书馆助理员,地位不高,但邵并不因此而怠慢他。那时,毛泽东住在景山东街三眼井吉安所左巷8号,距北大很近,离北京新闻编译社和《京报》社址也不远。他多次到《京报》馆和羊皮市邵的住处拜望邵飘萍,邵都热情接待。邵夫人汤修慧回忆说:"那时毛主席是北大职员,平易近人,到我家里来,很有礼貌,叫飘萍为先生,叫俺为邵师娘。"⑲邵的另一位夫人祝文秀也回忆说:"飘萍每日工作非常忙碌,经常有人来看他,毛主席就是其中的一个。当时毛主席还是个青年学生,飘萍亲切地称他为'小毛'。""我在羊皮市住家时,毛主席来过好几次。来的时间总是在午饭以后,飘萍在午睡,他就在客厅间等候,一个人坐着,不大说话。"⑳邵的旧友、同乡,北方交大的金士宣教授 1986 年 11 月也曾回忆到当年的往事:"毛泽东同志到'北大新闻学研究会'听课后,就请邵飘萍去给他们(按:指当时由毛泽东组织的欲去法国勤工俭学的部分学生)讲了几次课,办了个新闻学社,又让邵飘萍资助了一百大洋。……在困难时期,邵飘萍帮过毛泽东的忙。"㉑1920 年毛泽东在给罗章龙的信中,还询问过邵的情况,说邵是他关心的人。毛泽东这位富有人情味的伟人,不忘故旧,不忘别人曾经对他的帮助,对邵身后的事是十分关照的。1949 年 4 月新中国即将成立时,毛泽东日理万机,十分繁忙,但仍亲笔批复确认邵为革命烈士。以后又多次派人慰问、关照邵的遗孀汤修慧。"十年动乱"中邵家被抄,汤也被遣送老家。汤修慧立即申诉。毛泽东批示:"予以纠正",汤得以重返北京旧居。粉碎"四人帮"后,中共十一届三中全会的春风也沐浴到邵的后人,他们都得以各得其所,安居乐业。

邵飘萍和北大讲师、新文化运动的伟大旗手——鲁迅的交往,主要反映在 1925 年他增办《京报》副刊上。对人民苦难的深沉同情、对封建制度的无限憎恨,使他和鲁迅的思想感情相近相通,和鲁迅一样坚决站在新派一边,积极参加反帝反封建的伟大斗争。1924 年 10 月当鲁迅的诗《我的失恋》被《晨报》代理总编辑刘勉己抽掉,北大讲师、《晨报》副刊编辑孙伏园大怒辞职后,邵飘萍立即登门邀请孙到《京报》主编副刊。孙与鲁迅商议后,答应了邵的要求。同年 12 月 5 日《京报副刊》正式创刊,鲁迅尽全力支持,不到两年内即在《京报副刊》上发表了 37 篇犀利如匕首的杂文。1925 年 4 月邵又约鲁迅课余主编《莽原》周刊。该刊是他与北大人合办的《京报副刊》、《北大经济半月刊》、《社会科学半月刊》等并列的《京报》十种副刊之一。1926年当"三一八"惨案发生后,《京报》一连发表了鲁迅三篇脍炙人口的杂文:《可惨与可笑》、《如此讨赤》、《大衍发微》,对军阀政府的暴戾残忍进行了深刻的揭露和鞭笞。可以想见,要不是一个多月以后,邵飘萍被害,他们的文字战斗友谊会在北大和京报这两块园地上生根并持续发展下去。

## 二、在五四爱国运动中

1919年4月,北京军阀政府在"巴黎和会"上外交失败的消息,引起得风气之先的邵飘萍的极大愤懑和焦虑。形势的恶化使他及时把消息通报给新闻学研究会、国民杂志社和新潮社的成员。5月3日,邵飘萍获悉国务院已密电中国代表团在丧失主权的和约上签字的消息后,于当晚赶赴北大参加了由国民杂志社带头组织的为要求拒签和约在北大三院礼堂召开的全体学生大会。他向学生沉痛报告了"巴黎和会"讨论山东问题的经过、当前的危急形势和北京国民外交协会议决通电各省于"五七"日同时召开要求政府拒签和约的国民大会的消息。最后,他十分急迫、激动地向北大师生提出希望:"现在民族命运系于一发,如果我们再缄默等待,民族就无从挽救,而只有沦亡了。北大是最高学府,应当挺身而出,把各校同学发动起来,救亡图存,奋起抗争。"②接着,北大和其他各校代表争相讲演,个个慷慨激昂、声泪俱下。大会采纳了邵飘萍等人的意见,最后通过了4项决议:"联合各界一致奋起力争;原定5月7日的国耻游行,提前于次日(5月4日)举行,各校齐集天安门举行爱国大示威;通电巴黎专使,不准签字;通电各省5月7日一律举行爱国示威游行。"5月4日当天《京报》在"要闻"栏中比其他各报都早地刊登了他先期得到的、由许德珩起草的《北京学生界宣言》。同时发表了署名飘萍的评论《勖我学生》,肯定说:"学生因外交问题一致奋起,以促朝野人士之觉

325

悟,此青年界之生气,国家前途之好现象也",并鼓励学生坚持奋斗:"学生界果有志于救国,既须有奋起之气概,尤望其努力修养,以收最后之效果,未可以一时之表示遽引以为自足也。"第二天又针对"五四"当天以北大学生为首的游行示威中火烧曹宅等激烈行动,在署名飘萍的另一篇评论中指出:"何以使群众陷于如此狂热之状态? 宁非政府所当引咎自责者乎! 换言之,外交苟不自困于绝地,何至使群众激成如此之狂热乎。"㉒游行讲演中32人被捕后,《京报》又于5月6日发表了以《速释学生》为题、署名飘萍的短评:"各校学生不幸而当国民外交之冲,更不幸而有前日之事,警厅拘捕,未得释放,呜呼!……警厅其速释被捕之一部学生!"在五四运动期间,邵飘萍在《京报》上几乎每天发表一至二篇署名评论,支持学生,揭露、警告军阀政府,特别关注采访报导运动的中枢北大的活动。从五四运动一开始,邵飘萍便以《京报》和北京新闻编译社为阵地,围绕以北大为首的各种爱国活动作系统的宣传。对北大国文系二年级学生邓中夏等发起组织和领导的北京大学平民教育讲演团在五四运动中的讲演活动,《京报》天天都以"大学讲演团之进行"、"再记学生讲演团"、"再接再厉讲演团"等为题写消息发新闻;对此时北京大学学生干事会国货维持股的成立及其活动也有具体生动的报导。5月19日《京报》在"学界焚毁日货之快举"的消息中报导了北京大学消费公社等焚毁日货的情况:"北京大学消费公社……已先将所有日货尽在校内焚烧,以示决心。而学生中旧日所购日货,皆欲付之一炬,以为他界倡。乃定于昨日下午四时,各校齐集先农坛焚毁日货。……北京大学特用大车数辆送往,并有日货制成之偶人二,见者鼓掌称快……当焚毁日货时,有大学演讲团……相继演说,言辞均极动人……"5月17日《京报》还刊登北京商人要求北大学生向商人宣传抵制日货的信函:"昨日下午北京大学学生接到自署'商人'一信,说:'宜由君等将亡国惨痛宣示各商人,使全国商人皆起而实行抵制日货'云。"其后不久,全国各地各阶层群众便都动了起来,举行罢工罢市以援助学生。为维护爱国学生的形象，《京报》对来自宵小学生的诬蔑、陷害，屡屡夹叙夹议或加按语予以揭露驳斥。6月10日《京报》在二版"紧要新闻"栏内全文刊登了北大学生领导的北京中等以上学校联合会给《京报》的信，并加了按语。"学联"的信说："本会自成立以来，一切经费皆由学生等自由输捐，从无向外界募捐情事。近闻有人冒充本会名义在外招摇敛钱者，本会绝无此举。特此申明，尚希注意。"《京报》按曰："学生自筹经费之说是确实，前有梁启勋、梁士诒等捐予巨款，学生认为不宜收受，立即退还。就此一端，可证募捐之为冒名招摇，而学生界之操守亦有足多〔可称〕者，故乐而为之表而出之。"邵飘萍对以北大为中枢的五四运动的热情支持、积极宣传、正面评论，直到他被迫于8月离京，第二次出走日本，才不得不停止了。

## 三、与北大马克思派们站在一起

1920年是邵飘萍思想升华、明确转变的关键一年。这主要反映在《京报》1919年8月被封前和1920年9月17日复刊后，对马克思列宁主义和新生的苏俄宣传报导的立场和重点转移上。

1920年以前，《京报》对俄国布尔什维克革命的报导，多站在旧俄政府的立场，用语是贬斥的。如称俄国布尔什维克党为"过激派"、"党徒"，称其革命行动为"叛乱"、"蠢动"等等。1920年9月《京报》复刊后，立刻开始了对"新俄国"的系统的正面宣传。为什么有这种鲜明的转变？这就要谈到他第二次流亡日本前后的思想发展了。

五四爱国运动给予坚持爱国的邵飘萍的影响是巨大的。运动尚未完全结束时，他本人因《京报》的爱国宣传受到军阀政府通缉追捕，《京报》接着被封。爱国有罪！爱国宣传有罪！所有这些不由得引起他对自己单纯"新闻救国"的道路产生了怀疑，而对北大一批此时已寻找到马克思主义救国真理的先进分子明确认同。他显然受到李大钊早年在日本学习钻研马克思主义的启发，在流亡日本期间，悉心学习和比较研究了各国社会思潮,特别是俄国的十月革命,先后写出了《新俄国之研究》、《综合研究各国社会思潮》等书。

《新俄国之研究》是根据他对十月革命"此世界空前之奇剧,生活于此世界中之国民,胥不可不具正确之理解"的认识,本着"研究俄事之急要精神"写成的,是当时我国少有的一本比较系统、全面地介绍俄国布尔什维克党的历史,介绍十月社会主义革命和苏维埃政府在各方面的政策和成就的专著。通篇看来,他的论述评介是忠于历史、忠于事实的。他对当时各国反动派攻击最为集中的使用革命暴力、建立无产阶级专政问题,站在人民的、被剥削阶级的立场评述道:十月革命"主张排斥一切有产阶级,而以劳动者独执政权","欲实行社会主义,必为中产阶级所反对,故排斥一切反对者,恒用激烈之手段。然其目的之在实行社会主义,与专制自私者不同!"他的这种认识已从民主革命思想认识的范畴升华到初步的、基本的社会主义革命思想认识的范畴了。很显然,《新俄国之研究》一书的主要观点与李大钊早在一年多以前发表的《法俄革命的比较观》、《Bolshevism 的胜利》和《新纪元》等文的观点是完全一致的,与当时其他北大马克思派们的宣传也是不谋而合的。在该书"绪言"中,他十分明确地肯定说:"俄国今日所实行之社会主义,非独在俄国之政治与社会中为空前之创举,实世界历史上之一新纪元。今后果见社会主义之成功,其影响于世界,将较诸美国独立、法国革命之威力为尤著。"李大钊早在 1918 年 7 月发表的《法俄革命之比较观》一文中,即一再强调十月革命是"立于社会主义上之革命","著世界的革命之色彩",认为它的影响比 1776 年的美国独立和 1789 年的法国大革命还要大。在 1919 年元旦发表的《新纪元》一文中又说:"1917 年俄国革命的血","洗出一个新纪元","是世界革命的新纪元,是人类觉醒的新纪元。"《新俄国之研究》于 1920 年 8 月始正式出版,但在这年的 4 月,他还在日本时,便开始把他的研究成果发回国内,着手正确介绍十月革命后的"新俄国",纠正过去的一些谬误宣传。如这年 5 月他在发表于《东方杂志》上的专论《俄国新政府之过去现在未来》中便反复说:"所谓'过激',乃日人故意曲解俄事所加之名词","布尔萨维克(按:今译作布尔什维克)者,即日人所故意曲解,谥之曰'过激党'之原名也。"

我们不仅从《新俄国之研究》、《综合研究各国社会思潮》两本书中可以看出邵飘萍思想发展、升华的轨迹,亦可从复刊后的《京报》对当时布尔什维克政府与以前完全不同的报道中看出他摒弃了所谓不偏不倚、不党不派的立场,和北大的马克思派们站在一起,公开接受并大力宣传马克思列宁主义的胆见与卓识。1920年9月17日《京报》一复刊,便开始了系统登载介绍"劳农俄国"种种革命措施的消息、文章,如《劳农俄国之儿童教育》、《莫思科之劳动大学》、《劳农俄国之革命法庭》、《劳农政府治下之新共和国》、《劳农俄国注意教育事业》、《莫思科庆祝五一节之盛况》、《劳农政府减轻刑律》等等。这些"紧要新闻",都是正面宣传俄国十月革命后,苏维埃政府方方面面革命性的变革,大都夹叙夹议,评价极高。如在《劳农俄国之少年裁判》(1920年9月21日)中说:"此种制度与其谓为少年裁判法,毋宁谓之少年教戒法,为劳农政府凌驾世界文明各国之法度。"又如在《俄舆论与五月节》(1921年5月8日)中说:"莫思科全城人民对于此次俄罗斯无产阶级胜利之庆祝,其欢欣鼓舞之象,实非数语所能形容。盖同时又可谓全世界工人之一种大示威运动也。"在《劳农政府之土地政策》(1920年9月22日)中,则明确称颂、宣传社会主义、共产主义。同时又发表了许多署名飘萍的评论、专论,如《俄国大学生与革新运动》、《促中俄外交关系之进步》等。

1921年7月中国共产党成立前后,邵飘萍对北大马克思派们所领导、参与的爱国活动和出版物《向导》、《政治生活》等,在《京报》上继续不惜版面予以宣传;不断发表有关他们召开会议的消息以及他们宣传社会主义、马列主义的文章、讲演。1921年11月,北京大学马克斯学说研究会正式公开成立,邵飘萍积极支持帮助。罗章龙回忆道:"这件事(按:指"研究会"建立"亢慕义斋"小型图书馆)飘萍是知道的,也是支持的。这种支持既有道义的支持,也有物质和技术上的支持。诸如出版刊物、印刷文献,《京报》的昭明印刷厂就曾给予很多的方便。"[29]1922年11月,《京报》独家发表李大钊在北京学生读书会上的演说全文。1923年1月16日在《京报》副刊《北大经济半月刊》上刊载李大钊在北大经济学会的讲演《社会主义下的经济基础》全文。同年5月5日马克思诞辰105周年时,《京报》专门发行了由北京大学马克斯学说研究会会员和北京大学新闻学研究会会员为主要编辑的纪念特刊,并在显著地位刊登"本报编辑部特启":"今日为社会主义鼻祖马克斯氏之纪念日,本报承研究马克斯学说各团体之赞助,发行特刊一大张,随报附送,不另加价"云云。第二天又详细报道了以北京大学马克斯学说研究会为主的北京马克思学说团体、研究会等召开"马克斯生日纪念会"的情形,不仅报道了纪念会的热烈场景,还简略介绍了马克思的生平。

《京报》对设在北大的,由北大学生、早期共产党人高君宇负责编辑的中共中央机关刊物《向导》和中共北方区委机关刊物《政治生活》的介绍也非常郑重热情。《向导》自1922年创刊后的每一期,《京报》都为它刊登有详细目录的广告。这些广告大都标题鲜明,有评有介。如1923年3月18日刊登的广告:

马克思派们
陈独秀们　所办的《向导》周报第二十期
来京了! 目录如下:(略)

1925年7月27日起,一连好几天内刊登的介绍《向导》的广告,评介措辞更为鲜明。原文为:

反帝国主义反军阀的先锋
领导民众运动理论与实际　**人人必读的《向导》周报**

已出至一百二十余期。每周的论文是实际政治的预言！每周的内容是民众运动的寒暑表！许多人欲读每苦不得！现在全国各地皆有发售。（下略）

1926年1月5日,《京报》还以非常别致醒目的形式,介绍了中共北方区委的机关刊物《政治生活》如下：

　　　　欲了解革命的理论
　　　　　与实际者不可不读
　　┌──────────────┘
　　└─革命的政　　《政治生活》（下略）
　　　　治机关报

邵飘萍同北大的马克思派们站在一起宣传马列主义,对"劳农俄国"革命制度肯定、颂扬,对北大革新者及其领导的各种爱国运动的鼓吹,《京报》从1920年9月17日复刊直到1926年4月他本人被杀害,一直旗帜鲜明,延续不断。特别是对20年代初由北大一批早期共产党人领导的各种爱国活动和几次全国性的工人运动的宣传报道总是满腔热情,不遗余力,如对1922年中共中央指令组织成立的非宗教同盟以及同年8月在北大三院大礼堂召开的民权运动大同盟和北京民权运动大同盟成立大会的报道；1923年对邓中夏、高君宇等组织的京汉铁路工人大罢工,《京报》以大字标题登载了罢工消息；2月7日当天全文刊登北大等校学生同情、支持工人的宣言、通电；2月8日刊登长辛店惨案经过等等,同时又发表了署名飘萍的评论,揭露军阀政府镇压工人真相；3月22日还发表了北大学生何孟雄在二七烈士追悼大会上愤怒的演说词；对1924年1月北京学生联合会及北京大学马克斯学说研究会等团体联合举行的列宁追悼大会以及高君宇在大会上报告列宁生平事迹等情况,《京报》都作了详尽的报道；

1925年1月4日、5日连续首刊北大早期共产党人起主要作用的国民会议促成会在北大三院大礼堂召开成立大会的消息,发表其宣言和章程;对由中国共产党领导的、标志着我国第一次大革命开始进入高潮的五卅运动,《京报》更是作了内容广泛、形式多样、旗帜鲜明、长达两个多月的大规模宣传报道。据不完全统计从6月1日起至7月中,署名飘萍的评论竟达28篇之多。1926年3月在中共北方区委李大钊领导下,北大或由北大毕业的中共早期党员具体组织的严正抗议英日等8国帝国主义国家无理要求的游行请愿队伍竟遭军警轰击,死伤230多人。对此一震惊中外的"三一八惨案",邵飘萍立即在《京报》上愤怒组织了整版整版的揭露和批判。仅在3月下旬10多天之内,便发表揭露暴行的消息、通讯、通电、宣言和矛头指向帝国主义、军阀政府及军阀个人的评论、文章高达220多篇。因此,他和李大钊等北大24名教授、讲师、学生,同被列入段祺瑞执政府50名被通缉者的黑名单。他在1925年、1926年中国革命的一些"重大战役"中始终同北大进步师生站在一起共同战斗,以至当时的教育总长、司法总长章士钊视之为北大的新闻代言人。章士钊在1930年4月发表的《论邵振青先生》一文中说:"国民军勃兴(按:时在1925年、1926年),振青……出为北京大学司其喉舌。"除了宣传报道外,邵飘萍还以报社经济力量大力支持以李大钊等北大人为首的北方革命事业。1922年春,在中共北方区委领导下,北大蔡元培、陈独秀、李大钊等组织的非宗教运动是在革命思想战线上开展的一次大斗争,除联合北京国立八校进步师生和北京新闻界共策进行,公开集会讲演外,并由邵飘萍主办的昭明印刷厂义务承印出版了《非宗教论》一书。书中除收入蔡元培、陈独秀、李大钊、吴又陵、张耀翔、李石曾、王抚五、罗章龙等北大教授、学生的论文外,还公开刊印了卡尔·马克思等"近世界非宗教大家"的巨幅铜版像18幅(由京报馆铸版制成)。在马克思铜版像的介绍中还引用了马克思非宗教言论中的一句名言:"宗教是人群的鸦片"[20]。1923年二七大罢工期间,中共北大支部党员高君宇、罗章龙、何孟雄(笔名江囚)等主编的《京汉工人流血记》小册子,先是在北大地下室印刷厂秘密印行,"后因发行数量激增"(数以万计的发行量),得到京报的尽力支持,方得顺利完成。当时"同志们都说这是京报对革命工作雪中送炭!"[26]

在以上所有的活动和宣传报道中,邵飘萍与北大的马克思派们、中共最早的一批党员关系日益密切,以至后来终于成为他们当中的一员。罗章龙回忆说:"邵在北方时与守常过从颇久,结为文字之交";"我初识邵振青在1918年冬北大红楼新闻学会,那时我和毛泽东、鸣谦、君宇等都是新闻学会会员,大家对邵怀有共同好感,我们以后来往多了,进一步在工作方面发生联系,我和邵逐渐接触频繁,他的言论和行动后来渐渐与中共北方区党的政策发生共鸣。对党与革命做出了卓越的贡献。"[27]

## 注 释

[1][2][3][5][12] 《邵振青导师在新闻研究会之演说》,《北京大学日刊》1918年11月5日。

[4] 见黄天鹏1930年8月为徐宝璜《新闻学纲要》一书所写的序。

[6] 《邵飘萍先生演说辞》,见《五四时期的社团》(二),生活·读书·新知三联书店1979年4月版,第8页。

[7] 指国民杂志社的四大宗旨:增进国民人格;灌输国民常识;研究学术;提倡国货。

[8] 《邵振青致记者》,见《五四时期的社团》(二)第29页。

[9] 原名"北京大学新闻研究会",1919年2月,正式活动约4个月后,为突出新闻理论的研究,在修改简章时,改定为"北京大学新闻学研究会"。

[10] 《新闻研究会启事》,《北京大学日刊》1918年10月30日、31日;《新闻学研究会启事》,《北京大学日刊》1919年1月27日、28日。

[11] 《新闻学研究会启事》,《北京大学日刊》1919年1月27日、28日。

[13][15][16][26][27] 罗章龙《忆北京大学新闻学研究会与邵振青》,《新闻研究资

料》1980年第4辑。

⑭　当时行文竖排，由右向左，故曰"右列"。

⑰⑲⑳㉑㉔　转引自旭文《邵飘萍传略》，北京师范学院出版社1990年版，第35、48、92页。

⑱　《毛泽东自述》，人民出版社1993年2月版第33、34页。

㉒　北京大学历史系"北京大学学生运动史编写组"《北京大学学生运动史》1988年修订本第21页。

㉓　邵飘萍《外交失败第一幕》，《京报》1919年5月5日。

㉕　见《非宗教论》一书附图第29、30页。

〔作者　北京大学出版社编审〕

# 惓惓爱国心　殷殷报国情
## ——钱端升在北大

### 赵宝煦

钱端升先生是中国老一代海内外知名的杰出政治学家,是早期在中国从事现代政治学教学与研究工作的少数学者之一。平生勤奋治学,著述之富,在其同辈政治学者中首屈一指。在比较政府、政治制度史和宪法学方面,其造诣之深,亦为当代政治学者中所仅见。在政治学方面,他的特点是紧密结合中国实际。他在几十年前发表的著作中,有关民主、人权、集权与分权等问题的真知灼见,今日读来,掷地仍有金石声。[①]1932年,他与王世杰、浦薛凤、周鲠生等人开始筹建中国政法学会。1949年后,建立中国政法学会,他担任副会长。1980年重建中国政治学会,当时已年逾8旬的钱先生,又被公推为中国政治学会名誉会长。他以耄耋之年,仍对中国政治学的发展极为关注,连续发表《开展政治学研究的重要意义》(1981)、《为我国的政治学发展进言》(1986)等文章。[②]

钱先生出身清华。1917年考入清华大学前身"清华留美预备学堂",时年18岁。1919年毕业后赴美留学。1923年在哈佛大学完成博士课程和博士论文后,到英、法、德、奥等国考察。在欧洲初次与周恩来见面。[③]1924年回哈佛,获博士学位,结束学业返国,仍在母校清华任教。1925年清华增设大学部,钱先生任教授。1927年春季,蔡元培先生为北京大学校长时,钱先生开始任北大兼任教授,在北京大学政治、法律两系教宪法课。是年秋季,应南京中央大学之聘,离开清华去南京任教。1930年再度应聘回清华大学，同时仍在北京大学兼课，直至1934年1月，离开教学岗位到天津《益世报》担任主笔。8个月后，再度南下，仍去南京中央大学教书。

钱先生正式应聘来北京大学教书，是1937年夏天。但他来北大后不到一个星期，即爆发了卢沟桥事变。日军占领华北，北大、清华与南开三校南迁，经长沙到昆明合建西南联合大学。自此，钱先生以北大教授的身份在西南联大教书8年，直到抗日战争胜利。1946年三校复员，钱先生才又回到北大。1947年至1948年钱先生应邀访美④，在哈佛大学任教一年，1948年秋回到北大。1949年全国解放，钱先生出任北京大学校务委员和法学院院长。1952年全国高校院系调整，新建北京政法学院，钱先生被任命为该院第一任院长，正式离开北京大学。1980年北京大学国际政治系又聘请钱先生担任该系兼任教授。

从1937年到1952年，除兼职外，钱先生正式在北京大学教书，包括西南联大一段，一共15年。这15年，正是祖国改天换地的15年，也是北京大学革命跃进的15年。作为老一代著名政治学家和杰出的爱国知识分子，钱端升先生一颗惓惓爱国之心，始终为祖国的坎坷与兴旺而超频跳动。他本人一生遭遇，也与祖国的曲折发展和凯歌行进同节拍、共命运。

一

1931年9月18日，日军侵略东三省，全国民情激愤。1934年1月，钱先生毅然辞去清华教职，去天津《益世报》担任主笔，主要目的就是为了宣传抗战，挽救祖国危亡。自该年1月至9月，8个月时间内，钱先生共撰写政论170篇。⑤当时大敌当前，国家危在旦夕，本应举国同仇，奋起抗战，但当时政府要员多认为敌强我弱，只可妥协。钱先生代表进步舆论大声疾呼："……日本人对华的最后目标在制服中国……，在没有达到最后的目标以前，他们的欲望是不会满足的，他们一定是得寸进尺，得尺进尺，有机便乘的。"如果"割了东北，日本仍会要求华北，割了华北，日本仍会要求长江，与其开门揖盗，财物被劫……而生命终归乌有，毋宁与盗肉搏，而死壮士之死"⑥。

钱先生的社论，文笔犀利，疾恶如仇，深深刺痛了妥协派的当政者。于是到1934年秋天，钱先生即被迫离开《益世报》，二次到南京中央大学任教。

钱先生回到南京后，授课之余，除写作学术著作外⑦，并先后在《中国新论》、《日本评论》等刊物上继续发表宣传抗战的政论，如《论中日关系》、《论中日邦交告日本人》⑧等。

1937年夏天，钱先生应北京大学之聘正式来北大教书。但他到校未及一星期，即爆发了卢沟桥事变。钱先生这时以北京大学教授身份同另外两位北大教授胡适与张忠绂，一起接受南京政府的委派，前往美、英、法等国宣传抗战，争取外援。钱先生一向反对对日妥协，主张抗战，际此抗日战争开始，举国上下，同仇敌忾之时，精神振奋异常。先生时年37岁，精力旺盛，学识渊博，更兼外语流利，素具辩才，又熟谙国际社会各种利害关系，这次出国游说，折冲樽俎，纵横捭阖之间，游刃有余，可以想见。

钱先生回国，已是1938年。这时北大、清华、南开三校已在昆明建立了西南联合大学。钱先生到西南联大，除在政治学系授课外，并担任校务委员会委员。他在南京中央大学创建的行政研究室，已经在1937年他到北大时移至北大，这时又在西南联大把这个行政研究室恢复起来。钱先生继续领导该室的研究工作。

当时，抗战开始，国共合作，共赴国难。国民党政府于1938年设立了国民参政会，遴选各方面人士任参政员，在一定程度上开放民主。据说当时在国民参政会中蒋介石最怕4个人起立质询。这4个人就是张奚若、钱端升、罗隆基和周炳琳。这4位教授，虽然政治立场不尽相同，但都痛恨腐败、独裁，力争民主，且皆熟悉西方民主程序。

钱先生这时在教课之余,还在《云南日报》、《民国日报》、《世界政治》等报刊上撰写时评,宣传抗战,如《论张伯伦绥靖政策》、《论今后的抗战》⑨等。1939年,钱先生又和西南联大政治学系的王赣愚教授共同创办《今日评论》周刊。该刊文章,大多为当时知名教授执笔,宣传抗战,提倡民主,揭露国民党反动统治,影响社会极大。

1941年皖南事变后,国民党右派人士在国民参政会上掀起反共叫嚣,钱端升先生拍案而起,仗义执言,反对国民党制造国共摩擦,号召团结抗日。

这时大后方政治气氛紧张万分。《今日评论》刊行3年,此时被迫停刊。

钱先生在这一段时间内,连续在美国发表英文政论。如刊于美国《政治学评论》上的《论中国的战时政治体制》,在美国《外交周刊》、《太平洋季刊》等杂志上发表的《新中国的要求》、《战后应否有一个国际人权宣言?》⑩、《中美英苏友好合作为和平的基础》等文。

## 二

西南联大自从1938年3月在昆明建校以后,就有民主堡垒称号,但是到了1941年皖南事变后,大后方一片白色恐怖,西南联大的学生运动,在表面上也曾一度沉寂。1942年虽有"倒孔运动"(打倒孔祥熙),但当时尚无革命形势。真正的学生运动高潮,是自1944年春天开始。从1944年"五四"纪念活动到1945年"五四"纪念活动,学生运动逐渐走向高潮,不但组织动员了昆明大中学生,而且广泛宣传,将昆明各阶层和市民都动员起来了。⑪钱先生在激烈的斗争中,始终是积极维护民主,热情支持学生。

1945年8月,日本宣布投降。中国共产党8月15日发表了《对目前时局的宣言》,呼吁全国人民起来"制止内战危机"。8月底,毛泽东亲赴重庆与蒋介石谈判。10月1日,谈判尚未结束,西南联大10位著名教授,包括钱端升、张奚若、周炳琳、朱自清、李继侗、吴之椿、陈序经、陈岱孙、汤用彤、闻一多等,联名致电蒋介石和毛泽东,要求停止内战,实现国内和平。[12]10月10日,国共双方签定了双十协定。消息传来,联大同学欢欣鼓舞,把毛泽东《论联合政府》全文抄成大字报,张贴在民主墙上。但双十协定墨迹未干,国民党已经发动了内战。这是早有准备的。为了打内战要巩固后方,所以早在10月3日即在昆明发动武装政变,绑架了云南省主席龙云,解除了云南地方武装,使国民党中央政府能够直接控制云南。绑架龙云有功的李宗黄(这时升任为云南省代主席)亲自统帅大批特务、打手,在昆明四出活动。而西南联大这个"民主堡垒",自然成为他们的眼中钉、肉中刺,必欲除之而后快。

这时西南联大学生也已经行动起来,积极开展反内战、争民主活动。昆明四高校(西南联大、云南大学、中法大学、英语专科学校)的学生自治会联合在报纸上发出通告:定于11月25日召开时事晚会,号召各校学生踊跃参加。预定会场设在云南大学致公堂。云南国民党当局立即宣布:禁止集会游行,并勒令云南大学不得为该晚会提供会场。后来时事晚会改在西南联大图书馆前大草坪上举行。

西南联大文、理、法学院位于昆明西郊,称北区新校舍。师范学院位于大西门外,距新校舍很近。新校舍由一圈低矮的土墙围起。校园内是一排排草房,其中有课室,有宿舍。图书馆是一栋最大的草房,图书馆前面是一大块空阔草坪。平时学校集会都在这块大草坪上。校园外面都是野坟。

1945年11月25日时事晚会在联大图书馆前草坪上如期召开。这天来参加晚会的听众,盛况空前。除各校学生外,也包括社会各阶层人士。他们不顾军警阻挠奔向西南联大,参加晚会,听时事演讲。粗略估计,当晚到会听众,约有6000人左右。[13]

晚会由昆明学联主席、联大学生自治会常务理事王瑞沅主持。

他简短致词后,首先就邀请钱端升先生演讲。那天钱先生演讲的题目是"对目前中国政治的认识"。钱先生满腔悲愤,激昂慷慨,大声疾呼:"内战必然毁灭中国!""我们需要联合政府!"⑬会场上掌声雷动。不意这时突然一声枪响,随后枪声大作。原来云南警备司令部第五军的士官生,早已包围了学校。他们躲在校园周围的土坟头后面,对空放枪。子弹打出成弧形,呼啸着从联大校园上空飞过。他们企图驱散听众。群众本来站立听讲,会议主持人害怕流弹伤人,就要求大家席地而坐。这时正站在台上演讲的钱端升教授,表现出大义凛然,不畏强暴的崇高气节,他不顾劝阻,仍然神色自若地站在土台上高声演讲。这样,会场情绪逐渐稳定下来。子弹继续在头上飞,会议照旧顺利进行。

继续演讲的是经济学教授伍启元先生,他那天演讲的题目是"财政经济与内战的关系"。反动军警要驱散会议,一计不成,又生二计。在伍先生讲演中间突然电灯灭了。幸亏会议组织者早有准备,立即挂起汽灯。伍先生继续演讲。第三位演讲人是社会系费孝通先生,讲题是"美国与中国内战的关系"。此外还有云南大学教授潘大逵先生讲"如何制止内战"等。

当晚西南联大学生许多人彻夜未眠,他们因军警开枪威胁而气愤难平。不意翌晨国民党中央日报刊出"昨夜枪声,西郊匪警"的歪曲报导。这一来,更大地激起了全校师生愤慨,于是宣布立即罢课。11月27日,昆明市各大中学校代表大会召开,决议全市总罢课,并成立了昆明市中等以上学校罢课联合委员会,号召并组织全市大中学生罢课抗议。29日上午钱端升先生参加的西南联大教授会,通过了一个公开抗议书:《国立西南联合大学全体教授为11月25日地方军政当局侵害集会自由事件抗议书》,给学生以有力支持。不料以省政府代理主席李宗黄与云南省警备司令部总司令关麟征二人为首的国民党云南省党政军当局,竟然布置暴徒进攻手无寸铁的学生,悍然于12月1日这天闯进西南联大师范学院大门,以刺刀、手榴弹杀害了3名同学。在新校舍门外,以手榴弹杀害了南菁中学1位青年教师。这就是震惊全国的"一二·一惨案"。⑮

惨案发生后,教授们与同学们一样悲愤万分。12月2日上午,联大教授会再次开会,并决定由钱端升、周炳琳、费青、燕树棠、赵凤喈5位教授及法律系2位助教,共同组成法律委员会,研讨法律程序,准备提出诉讼。⑯

上面所以不厌其烦地追述这些差不多已被遗忘了的历史,目的在于说明:钱端升先生这样一位正义感极强、十分刚正的爱国知识分子,尽管当时他对中国共产党并没有多少了解,但他在激烈的政治斗争中,支持民主,反对独裁;支持进步,反对倒退。在恫吓、威胁,甚至会发生生命危险的时候,他表现了中国人传统的威武不能屈的高尚气节。他和他的进步同事们一道,在危急关头,与青年学生们站在一起,并用本身的正义行动,给悲愤填膺的青年学生以极大支持和鼓舞。

## 三

1946年夏,西南联合大学宣布结束,原北大、清华、南开三校,分别复员。钱端升先生也随学校返京,仍在北京大学政治学系任教。他的两个学生,国际法专家王铁崖教授任政治学系主任,行政学专家楼邦彦教授任行政教研室主任。1947年10月,钱端升先生应哈佛大学之聘,赴美讲学一年。他这次重回母校,是在哈佛大学的国际研究所中任客座教授,讲授"中国政府与政治"课程。他的英文讲稿,于1950年由哈佛大学正式出版。⑰

他授课之余,仍不断在美国发表文章,抨击国民党政府倒行逆施,如《军事在中国政府中的地位》⑱等。

他看到国内战场上国共双方力量消长的形势,知道新中国即将诞生,极为兴奋。他的一些美国朋友,对中国发展形势并不看好。当

1948年夏末他在哈佛讲课结束后，不少美国学者，纷纷劝他不要回国。同时，他也收到另一名牌大学的聘书。但他毅然作出了回国的选择。

1948年底，国民党在大陆败局已定。国民党政府，除去抢运故宫珍宝，不使落入共产党人手中之外，同时也忙于争夺人才，派飞机到北京抢运一些著名学者。但国民党当时自顾不暇，列入抢运名单的只寥寥数人。钱端升先生也在此名单内。对于想逃离大陆的人来说，这张机票是万分珍贵的。但钱先生毫不迟疑地拒绝了国民党政府这份"好意"。问题很明显，如果钱先生这时想离开大陆，那么，当时他就不会拒绝美国人的挽留毅然回国了。

不能认为，钱先生这样一位刚直的、热爱祖国的杰出知识分子，当时对中国共产党为之奋斗的事业有多少深刻的理解。那不可能，也不是事实。我们可以想见，钱先生多年来想望能以自己所长，为振兴中国而贡献力量。这是他的理想，也是他的抱负。但对国民党政府，经过他多年的观察与亲身体验，感到彻底失望，报国无门。钱先生这时看到中国共产党实事求是、为国为民的许多作为，于是他相信，在共产党的领导下，他可以实现为他热爱的祖国走向民主富强之路一展所长的多年宿愿。一位美国学者评论道："……钱不但未在1949年逃离北京，反而支持'人民共和国'的建立。他所以留下来不走，原因并非因为他有特殊的从事社会活动的兴趣。因为在1949年以前，他除去以学术知名外，人们认为他不是一个极富政治野心的人。可以认为，他所以留在大陆，是因为他希望能在国家未来的政治生活上大有作为。"[19]

1949年3月9日，全国解放之初，钱端升先生写给他的美国老友费正清教授一封信。信中说："以一个想要适应这个变动时代的中国人来说，我衷心赞赏这新秩序的创造者。虽然我自己……被误解。"[20]

美国人说："1949年，他并未张开双臂欢迎共产党人。"[21]这不是事实。钱先生刚从美国回国不久,即从北平地下共产党员那里看到不少解放区印发的资料、文件。这时,他已对中国共产党有了更多的了解,所以他才写信给费正清说:"我衷心赞赏这新秩序的创造者。"钱先生出于爱国心,认定中国共产党能挽救中国,能使中国富强,他才准备全力支持中国共产党。而钱先生的性格特点是:在重大问题上,他一经作出选择,就会全力以赴。因此,我们看到钱先生在解放后,积极、热情地参与共产党领导的各项政治活动,出席各种会议。在他 50 岁知天命之年的时候,经历了他平生政治生涯中的春天。

解放之初,他积极与党配合,协助接管学校,保护革命学生。他对当时稳定北京大学的正常秩序作出了积极贡献。这时,他被任命为北京大学法学院长和北京大学校务委员会常务委员。当时学校内一切大事,均经校委会讨论研究。据那几年参与校委会工作的同志回忆,在多次校委会上,钱端升先生是最积极发言,而发言又有见地的少数教授之一。接着他以中国社会科学界代表的身份,出席中国人民政治协商会议。1949 年 10 月 1 日,举行中华人民共和国开国大典时,他被邀请登上天安门城楼出席观礼。他当选为北京市各界人民代表会议代表和北京市政治协商会议副主席。还担任中央人民政府政务院文化教育委员会委员。1950 年担任中国人民外交学会副会长和中国对外友好协会副会长。1951 年当选北京大学教育工会主席、中国教育工会全国委员会副主席和北京市教育工会主席。1952 年全国高校院系调整,他负责筹建北京政法学院,并担任第一任院长。

1954 年,他作为全国人民代表大会宪法起草委员会顾问,参与了中华人民共和国第一部宪法的起草工作。这时他又当选为中国政治法律学会副会长。同时还当选为第一届全国人民代表大会代表、全国人大法案委员会副主席和第一届全国政协代表。此后,他又担任了第二届全国政协常委。在这段时间内,他为制定中华人民共和国第一部宪法,曾经呕心沥血。同时,他在所担任的许多重要职务和从事的许多社会活动中,对中国的政治、法律、文教事业作出了积极的重要的贡献。

在对外交往方面,他作为中国人民外交学会副会长,积极参与外事活动,频繁出访。如 1952 年参加中国人民第三次赴朝慰问团并担任第一分团长。同时,到东柏林出席世界和平大会,并当选为世界和平理事会理事。1955 年率领中国科学院代表团赴新德里出席印度第 42 届科学大会,并在会上就新中国宪法问题作了主题报告。此行还拜会了印度总理尼赫鲁。接着又到卡拉奇参加巴基斯坦科学促进大会第七届会议。6 月飞往赫尔辛基参加世界和平代表大会。1956 年春天,又随刘宁一率领的中国代表团出席在斯德哥尔摩召开的世界和平大会特别会议。此外,他还在北京多次接待外国贵宾。1955 年 11 月负责接待并主持宴会,欢迎以日本前首相片山哲为首的全日本宪法联盟代表团。双方发表了联合公报,党和国家领导人毛泽东、刘少奇、周恩来、朱德等同志均出席了联合公报的签字仪式。1956 年 10 月,负责接待英国工党领袖、前英国首相艾德礼来华访问,并陪同艾德礼到全国各地参观。[22]

1957 年春天,他又到斯里兰卡对锡兰进行友好访问。人所共知,这是他最后一次出国。回国以后,在"反右斗争"中被错划为"右派",并屡遭批斗。后在十年动乱中,他又受到严重冲击。邓小平同志曾说:中国至少"左"了二十年。[23]钱端升先生这样一位极端爱国的杰出知识分子,在 20 年"左"的思潮泛滥时,受尽了凌辱和折磨。然而尽管如此,钱端升先生并未动摇对中国共产党的信念,仍然热爱祖国,热爱人民,热爱他一生从事的政治学研究工作。正如爱国诗人陆游《卜算子》所写:"零落成泥碾作尘,只有香如故。"在钱先生 80 寿诞时,我画了一幅寒梅图为他祝寿。画上我题句:"雪侮霜欺香愈烈"。这幅画深为老人喜爱。

十一届三中全会以后,党为他落实政策。这时他虽已年老多病,但仍以高昂的政治热情积极参与各项工作,为加强中国社会主义民主和法制建设,为贯彻执行改革开放政策,努力作出贡献。同时,他严格要求自己,不断追求进步,并在81岁高龄时,光荣加入了中国共产党。值得一提的是,他的入党介绍人就是现已年逾百岁的著名经济学、社会学和历史学家陈翰笙教授。整整50年前,就是这位陈翰笙教授介绍钱端升教授加入中国国民党。五十年沧桑,世界大变,中国大变。令人尊敬的是这两位老朋友,老同志依然携手共进,为中国的社会主义现代化事业积极奋斗。

这时,钱端升先生又担任了第六届全国人民代表大会代表、全国人大常务委员会委员、全国人大法律委员会主任委员、外交部法律顾问、外交部国际问题研究所顾问、中国民主同盟中央参议委员会常务委员、中国政治学会名誉会长、中国法学会名誉会长、中国国际法学会顾问、欧美同学会名誉会长、北京大学兼任教授、外交学院兼任教授、南开大学法学研究所名誉研究员等职。

20年"左"的政策,曾使中国人民与国家遭受极大损失与苦难,在这一段时间内,热爱祖国的钱端升教授,和与他同命运的其他知识分子一样,也备受折磨。十一届三中全会以后,钱端升教授,这一颗中国学术界的巨星,也恢复了他往日的光辉。所以说,他是一位与祖国兴衰发展同呼吸、共命运的爱国学人。

## 四

1986年2月24日,由北京大学、中国外交学院、外交部国际问题研究所、中国政法大学、中国政治学会、中国法学会和中国外交学会等8个单位联合发起举办了庆祝钱端升先生执教60周年大会。那天到会人士约350人,全国人民代表大会副委员长彭冲、雷洁琼,外交部长吴学谦、钱其琛,司法部长邹瑜及著名学者陈翰笙、宦乡、周培源,美国芝加哥大学利文斯基讲座教授邹说等都亲来祝贺,冠盖如云,极一时之盛。许多人在发言中,对钱先生为人、治学以及在法学、政治学理论与实践中的重要贡献,都作出了很高的评价。那天,86岁高龄的钱先生显得十分愉快。因为在30多年风风雨雨之后,他终于获得了一个政治学者在当前中国所能获得的最高荣誉。

两个月后,我去阿根廷的布宜诺斯艾利斯参加学术会议,回国时,途经美国加州柏克来大学。该校东亚研究所所长,曾在哈佛大学师事钱先生的著名政治学教授斯卡拉宾诺为我举办了一个招待会。会上,我为美国朋友们描述了庆祝钱先生执教60周年大会的盛况。我在讲话中提到加州柏克来大学政治学教授恰末尔·约翰逊(Chalmers A. Johnson)在60年代所发表的一篇描述钱先生在1957年不幸遭遇的文章。我说:"那篇文章虽然对钱先生的书生本色及当时受到的不公正待遇,作了很详细的调查,可惜文章发表得太早,作为一位杰出的爱国知识分子,钱先生一生道路那时还没有走完。"我说:"约翰逊先生的文章还应该写个续篇。钱先生自己认为,他是与他所热爱的祖国共命运的。他亲身分担了他的祖国的不幸遭遇。那一段坎坷泥泞的道路,既是他自己的不幸,也是他的整个祖国的不幸。是由于追求真理,追求理想社会没有经验而走弯路犯错误所带来的不幸。但不幸已成过去,我们伟大的祖国已经找到光明大道,钱先生也恢复了他应有的荣誉和地位。中国人民不会忘记这样一位爱国的老知识分子。可贵的是他今天仍一如既往地在为他祖国的光辉未来而同中国人民、中国千千万万的知识分子一道齐步前进!"

1990年1月21日,钱端升先生因病医治无效不幸在北京逝世,终年90岁。1990年2月15日在北京八宝山革命公墓举行遗体告别仪式,国家领导人钱其琛、雷洁琼、王汉斌等及钱先生亲朋好友、专家学者、海内外受业弟子均纷纷前来为中国政治学一代宗师告别送行,花圈、挽联之盛,极尽哀荣。

告别仪式前散发的《钱端升同志生平》中写道:"钱端升先生一生正直,光明磊落,工作勤奋,生活俭朴,谦虚谨慎,平易近人。他毕生从事学术研究和教育事业,为我国政治学、法学、教育学作出了重要的贡献。他是我国杰出的老一代知识分子,不愧为我国爱国知识分子的学习榜样。他的逝世是我国学术研究和教育事业的一大损失。他的事迹将永远留在人们的心中,人们将永远怀念他。"

## 注 释

① 参见汪子嵩《政治学家的天真》,《读书》第 6 期,1994 年。

② 《开展政治学研究的重要意义》,载《政治与政治科学》,群众出版社 1981 年版;《为我国的政治学发展进言》,载《政治学研究》第 1 期,1986 年。

③ 周恩来在天津《益世报》发表的许多篇《旅欧通讯》,最初即经钱端升手转寄。参见南开大学陈文秋教授编《钱端升先生年谱简编》(打印稿)。

④ 这是钱端升先生自 1924 年学成回国后的第四次访美。

前三次分别是:

1. 1937 年夏天,同胡适、张忠绂一道去美国及欧洲宣传抗战,争取外援;

2. 1937 年 11 月底,赴美国维吉尼亚州参加"太平洋学会"研讨会,在会上发表学术报告《从政治与行政角度看中国的统一》;

3. 1945 年 1 月赴美国维吉尼亚州参加"太平洋学会"第 9 次会议。同行者有蒋梦麟、张君劢;

4. 1947 年 10 月,应邀到哈佛大学任客座教授,讲学一年。

⑤ 见《钱端升学术论著自选集》,北京师范学院出版社 1991 年版,第 698 页。

⑥ 《论华北大势——送黄委员长南行》,《钱端升学术论著自选集》,第 455 页。

⑦ 此时,先后出版了《德国的政府》、《法国的政府》。同时领导行政研究室的教师共同编写《民国政制史》,此书商务印书馆于 1939 年出版。

⑧ 《论中日关系》,《中国新论》第 2 卷第 1 期,1935 年;《论中日邦交告日本人》,《日本评论》第 8 卷第 1 期,1935 年。

⑨ 《论张伯伦的绥靖政策》,《云南日报》1939 年 1 月;《论今后的抗战》,《民国日报》1939 年 7 月。

⑩ *War-time Government in China*(《论中国的战时政治体制》),美国《政治学评论》1942年4月号;*New China Demands*(《新中国的要求》),美国《外交季刊》1943年7月号;《战后应否有一个国际人权宣言?》,《国际编译》1943年8月号。

⑪ 参见西南联大校友会编《国立西南联合大学校史》,北京大学出版社1996年版,第450—461页。

⑫ 同上书,第462页。

⑬⑭⑮ 同上书,第463页。

⑯ 同上书,第467页。

⑰ *The Government and Politics of China* 1912-1949(《中国政府与政治》),美国哈佛大学出版社1950年版。

⑱ *The Role of the Military in Chinese Government*(《军事在中国政府中的地位》),美国《太平洋季刊》1948年11月号。

⑲ Chalmers A. Johnson:*An Intellectual Weed in the Sociatist Garden:The Case of Ch'ien Tuan-sheng*(恰末尔·约翰逊:《社会主义花园中的思想毒草——钱端升的例子》),*The China Quarterly*(《中国季刊》)1961年4—6月号,第35页。

⑳ 转引自同上书,第35页。

㉑ 同上书,第30页。

㉒ 参见陈文秋《钱端升先生年谱简编》(打印稿)。

㉓ "从一九五七年下半年开始,实际上违背了八大的路线,这一左直到一九七六年,时间之长差不多整整二十年。"《邓小平文选》第3卷第253、254页。

〔作者 北京大学国际关系学院教授〕

# 从课堂走向斗争第一线
## ——范长江在北大

### 方 蒙

范长江,我国著名新闻记者,新中国新闻事业开拓者之一。1932年至1935年,他是北京大学学生,读哲学系,时年22岁。比起其他同学来,他已是大龄学生了。

进入北大前,他有一段不平常,或者说传奇性的经历。他是四川省内江市人,中学在内江、资中两地读书。受爱国主义思想影响,他到重庆投考黄埔军校,但考期已过,入吴玉章所办中法大学重庆分校。"三三一"爱国反帝集会时,会场被军阀武力捣毁,死伤甚众,他从死伤者堆中爬出来,躲在亲戚家中,后爬上轮船顶篷,乘船到达武汉。时宁汉分裂,汪精卫与蒋介石勾结,镇压革命。他加入贺龙二十军,经九江到南昌参加"八一"起义。后随起义部队经赣南、福建,入广东。部队被打散,他流落街头,重病几死。后被地方部队收容,经福建、浙江、江苏到达安徽。他从报纸上看到南京中央政校招生的消息,便前往投考。入校读乡村行政系,这时19岁。"九一八"事变时,他在同学面前演说,怒斥蒋介石不抵抗政策。后愤而离校,到北平寻求救国道路。在北平他以卖豆浆、面包,贴辞条为生,后四川家中寄到100多元,才进入北大,仍用原名,叫范希天。

这时,因日军侵占东北三省后,又入侵长城、冀、察等地,爱国学生忍无可忍,抗日运动一浪接一浪。范长江读哲学系,因为他听说哲学能解决人世间带有根本性的问题。而这时,教授们仍然要学生们从古希腊哲学经典著作学起。开始时,他也埋头读书,想学懂一些哲学中的基本观点,但一旦联系当前斗争,他便越来越感到有些问题难以回答了。教授们坚持要从苏格拉底、柏拉图、亚里士多德学起。范长江忍无可忍,在上伦理课时,他提出与现实联系的问题,请求回答。例如在我国当前现状中,人民要求抗日,国民党不抗日。主张抗日的是善还是恶?是是还是非?不劳动的有钱人,吃得脑满肠肥,劳苦大众饿得骨瘦如柴,路有"冻死骨",这是为什么?劳苦穷人到有产者家里拿吃拿穿,是是还是非?是善还是恶?这类问题,长江认为关系到民族存亡、人民生存,是当前国家大事,也是人间根本性问题。但教授却不予回答,并说学哲学主要是了解各个学派的观点和内容,不应当提出这类问题。

从此,长江学哲学的热情降低,不再从课堂书本里钻研哲学了。他寻求救国道路只有先投入实际斗争,在实际斗争中去找寻,这样可以为保卫国家贡献一份力量。

他参加辽吉黑抗日义勇军后援会慰劳团,前往热河劳军。一天,凌晨3点,载着慰问品的卡车出发。车经顺义入密云后,山势渐高,路面结冰,沿途上坡时,要跳下车去推车。车抵承德,他两腿两手几乎冻得难以动弹。第二天继续出发,经平泉向凌源前进。

这时,日本侵略军正向承德进军。飞机轰炸凌源,扫射沿途卡车、难民。浓烟滚滚,群众逃散。公路上日军装甲车冲来,我方军队节节败退。长江扶老携幼,向山沟荒野逃去。承德不战而陷,长江回北平的路线被切断,慰问不行,只能向北绕行。

塞外苦寒,长江一路上匆匆而行。路遇拦路的土匪,他被抢劫一空。后又被一支溃逃的军队,抓当挑夫,驻扎时,还要帮着烧水做饭,劳累不堪。他眼见士兵们也在受苦受难,只好忍气吞声。但一遇机会,便向士兵诉说自己的遭遇和抗日决心。士兵们听后,表示同情和钦佩。有的士兵愿意助他逃走。

夜幕降临,大地笼罩在朦胧月色中。当队伍转过一个山道岔口时,他逃离了队伍,走进了一户人家,那是一个蒙古包。蒙古族同胞收容了他,用雪花替他搓已被冻僵的手脚,他四肢微微发热,身体也渐渐暖和了,他住了下来。

他帮助扫雪做饭,喂养牲口。还讲述抗敌故事,教唱爱国歌曲。蒙古族同胞一家很喜爱他,愿收他当女婿,说待时局好转,资助他继续上学读书。

长江感到为难了。他感谢主人一家的好意,但不能留下,他还有很多爱国工作要做。他说服了老人一家,他们高高兴兴地送他上路。

他踏上征途。不久又被一支队伍抓住,问这问那。长江四川口音很重,身材不高,又独身一人,被误认为是日本间谍。次日他被拴在马车后面,押往察北黄旗埠司令部。

在一个叫郭家屯的地方,东北军117师参谋长张垣在大路上散步,见马车后面拖着一个人,已精疲力竭跑不动了。他立即叫住,询问情况。押送人说,抓到日本间谍要送司令部。张是日本留学生,即用日语询问,长江答不上,并诉说自己被抓前后情况,张一听范原来是四川人。张垣开具收条给押送人,说由他们来处理,将范长江留下,要押送人早些回去。

夜里,张垣详细听了长江爱国经过。第二天,长江要求到士兵中作抗日宣传,张垣答应了,并陪同前往。张认为长江是个有才能有抱负的爱国青年,经师长同意,留下他当参谋。但长江述说自己的理想,没有同意。这时,师部奉命移师独石口驻防,长江同行。到达目的地后,长江经赤城到新保安乘火车回北平。张垣送他上路,长江表示以后再来慰劳他们。

长江回到北大,身体消瘦,面孔黧黑,同学们相见不相认了。但他仍然精力旺盛。这时,日军已向我长城各口进犯。他立即组织北大慰劳团出发,先后到古北口、喜峰口、冷口慰劳前方抗敌将士,并举行座谈。许多感人的事迹,使长江认识到,虽然我国军队武器装备不如敌军精良,但斗志旺盛,能够克敌制胜。这是对抗日悲观论者的有力回击。

接着,他们到张家口慰问傅作义将军的部队。长江在慰劳大会上的演说,受到傅将军的称赞,说中国有这样的青年,今后大有希望。后又到察北张北县和赤城、独石口等地。在独石口,他与张垣重逢,感到分外兴奋亲切。长江带来一枚铜质图章送他。这枚图章,张垣每逢领薪时都用上它,一直保留50多年,"文革"中仍被张垣珍藏着。

慰问结束后,范长江还只身赴绥远(今呼和浩特)、包头、五原等地考察,因他听说,日本侵略势力已伸向那一带。他沿途所见,土地辽阔,河套地区,更是物产丰富。但天主教堂势力很大,而民众贫苦,牛羊肉、奶的价格,比粮食还贱。丰富的物产资源没有被开发,他悲愤地认为,日本侵略势力向这里不断伸入,一旦时机成熟,今日的热河,便是明日的绥远,多么值得警惕啊!

一路上,长江听说冯玉祥将军在张家口成立了民众抗日同盟军。他被吸引住了,立即赶到张家口。一下火车,便在街头看到处处是标语旗帜,还有群众集会。在一次群众集会上,他竟登台演说,宣传抗日。由于他身份不明,有人对他怀疑,把他抓走,关进警备司令部。在审讯时,他义正词严地申辩,但已无益。后来,他撕下衬衣,咬破手指写血书,呈冯玉祥将军,终于被释放了。他深深感到,爱国难,抗日更难,必须下大决心,准备自我牺牲。

回到北平,他从报上了解到国际形势也很严重,世界裁军会议宣告破裂,帝国主义在扩军备战。他感到必须把眼光扩大到世界上去,将国内问题与国际问题结合一起研究,才能得其要领。这时有人在报纸上发表文章,认为第二次世界大战将于1936年爆发。他邀集志同道合者商讨组织"北大一九三六年研究会"。他一面张贴征集会员启事,一面拟定研究大纲。在召开第一次筹备会时,参加者竟达120多人,对于研究的内容、筹备人的名单,意见对立,未能取得一致。后经多次讨论,才勉强取得一致,即确定它采取的是"纯粹研究的态度",不介入政治集团的斗争。长江拟定的研究大纲经多次补充,重点突出而又细致周全,于1933年12月12日在《北平晨报》教育版上,以头条位置刊出了,在校内外及社会上引起了强烈反响,这是他意想不到的。更未料到的是,这个研究大纲正式进行讨论和研究会召开成立大会时,会场上座无虚席。发言者踊跃,政治立场不同的各派,唇枪舌剑,辩论之激烈,长江前所未见。有人认为中国要取得独立,必须依靠人民武装,而不能依靠妥协投降的国民党;有人认为武装应由政府领导指挥,不能由群众掌握;有人认为中国要发展资本主义,只有议会才是最高权力机构,军队应听从议会决议,等等。意见纷纭,不能统一,大会无疾而终。长江开始感到,这样重大的政治问题,不可能回避政治立场和主张,也不可能采取"纯粹研究"态度。长江的活动,有人怀疑其动机和目的,因为他是从国民党中央政治学校来的,有法西斯"蓝衣社"分子之嫌。他入北大之后,《法西斯主义研究》一书的作者找过他,该书曾在北大销售,作者将售出书款资助过他。据有的同学回忆,这本书持客观态度,作者与"蓝衣社"毫无瓜葛。

长江虽然受此挫折,但对于救国问题的研究,却未灰心。这是他的可贵精神,也是他成功之处。

1934年夏秋,报纸上刊登一则新闻:蒋介石对江西苏区发动第五次"围剿",采用德国法西斯顾问的策略,实行碉堡政策、保甲制度、别动队、层层封锁等等。长江思考着:为什么红军面对强大的军事进攻,而没有被消灭。这说明红军有力量,中国共产党深得人心。研究苏区,研究红军,是研究国内问题的重心。南昌有他中央政校的同学,他写信去征得同意后,便搭乘客货混合列车到武汉,在那儿换船到九江,再乘火车到南昌。他在蒋介石行营找到同学,偷借到从苏区缴获的材料,在小客栈里秘密地阅读,几乎是废寝忘食。

这批材料中,有苏区的各种油印传单、小册子,从政治、经济、教育到乡村政权、土地政策等等各方面的情况,几乎应有尽有。他的眼界扩大了,认识提高了。他认为共产党、红军,才是救国救民的希望!

从南昌回北平,他绕道南京。在和以前的同学交谈中他了解到,南方正在讨论抗日国防建设问题。有人认为国防建设中心应是江浙富裕之区;有人认为湘、鄂交通便利,承南启北,物产丰富,应为中心;有人认为西北西南,襟山带河,自古是战守自如之地,倘海岸被封锁,陆路可通苏联,能长期坚守,应为中心。而长江认为大西南、西北条件较好,但目前贫困落后,可以开发,应成为中心。同学赞同长江意见,决定组织"中国青年西部考察团",前往西部考察。长江写了一份计划,先在报纸上发表。但报名者仅有一人,更无经济上的资助,计划无法实现。

长江回到北平,虽然疲劳不堪,但思想却旺盛活跃。暑期已过,各校纷纷开学。这学期北大和中国大学突然来了一批日本"留学生"。他们并不专心学习,而是四处活动,能说中国话。长江了解到这些人是日本军部派来的。国民党的妥协投降政策,竟然让敌人钻到学校中来了,有人麻木不仁,但长江等却难以容忍。长江联系北平几家报纸的学生通讯员,准备揭露这些"留学生"的嘴脸。

一个星期六晚上7时,长江等人邀请日本"留学生"在北大二院一间教室内举行座谈会,日本学生仅来了4人,长江等4个通讯员和他们座谈。两小时后,座谈会结束。散会后,长江等人立即核实记录稿,经整理后送到各自报社希望发表。第三天,长江送到北京《晨报》、马汝邻送到《世界日报》的座谈记录稿,均予刊登。其他两报则一家发了消息,一家一字未登。

稿件发表后,引起了震惊。北大贴报牌前、阅览室里,同学们争相读报。在国民党压制反日言论的情况下,虽然有些问题只能迂回曲折地提出,不能单刀直入,但读者仍能从字里行间了解到这些"留学生"的心态。几天后,这几个日本"留学生"向长江等发出邀请,也要举行座谈会,长江等去了。客人坐下后,主人发言说,几天前的座谈会,谈话内容未经同意便发表了,这有碍中日邦交,因此今天正式提出抗议。一阵沉默之后,长江被推举发言,他款款而谈,从世界问题谈到中日关系,再谈到那天座谈会,说公布谈话内容是让读者明了你们的观点,是忠实记录,客观报道,何罪之有?说得几个日本"留学生"无法提出异议。他们用日语嘀咕一阵之后,便说请随便用茶点吧!不了了之。一年多以后,长江在北平火车站,遇到四个"留学生"中的一个,问他"乘火车到哪里恭喜"(即工作),他吞吞吐吐地说"太原……特……务……机……关",便钻进了车厢。这证实了范长江当时对这些人的估计。

长江当时为几家报纸写稿,以稿费收入贴补生活费用。当时天津《大公报》为了与同行竞争,决定每月给他15元固定收入,不再按稿计酬,长江同意了。那时,《大公报》北平办事处记者洪大中常与长江联系,见他生活清苦,有时吃了上顿没下顿,现每月能有固定收入,也不无小补。

1935年春,红军离开江西后,向西南进发。长江的中国西部考察计划又在他心中涌动。这时正在北平的一个四川工商团即将返川,他取得《大公报》的同意,以特约通讯员的名义随团赴西南考察,写通讯报道,按稿计酬,文责自负。工商团不收他的旅费。4月下旬,长江离开北大,随工商团经天津南下,绕经上海、浙江、武汉等地,到达四川。他原来想去川南、川西考察,因红军已到达川西北,他改变计划,历尽艰险,作了川西北、甘南、西北之行,写出了《中国的西北角》系列通讯,轰动全国。我国文化界先驱胡愈之赞誉范长江说:"他是在国内报纸上公开如实报道工农红军二万五千里长征的第一人。由这些报道汇编而成的《中国的西北角》和后来斯诺的《西行漫记》一样,是一部震撼全国的杰作。"

〔作者单位　中国社会科学院新闻研究所〕

# "民族魂"的精神光辉永照
## ——鲁迅与北大

### 孙玉石

## 一、最初的也是永久的一页

作为中华民国政府教育部的佥事,鲁迅于 1912 年 5 月随部迁入北京之后,就与北京大学有了一定的联系了。

从 1912 年到 1916 年,查《鲁迅日记》(以下称《日记》),仅有极少的记载。如 1914 年 1 月 6 日:"晨教育部役人来云,热河文津阁书已至京,促赴部,遂赴部,议暂储大学校,遂往大学校,待久不至,询以德律风,则云已为内务部员运入文华殿,遂回部。"1915 年 9 月 8 日:"李霞卿来,同往大学为之作保。"9 月 21 日:"晚韩寿谦来,为作书致大学为寿晋请假。"更多的记载,是鲁迅与当时任教于北京大学国文系的朋友之间的交往。

鲁迅和北京大学正式的来往,是在蔡元培任校长之后。1916 年 12 月,蔡元培长北京大学。此月,鲁迅因母亲 60 寿辰回绍兴省亲,于 1917 年 1 月 7 日返京。第三天,他就拜访了蔡元培。《日记》1 月 10 日:"夜……访蔡先生。"1 月 18 日:"夜得蔡先生函,便往其寓。"25 日:"得蔡先生信,即答。"2 月 15 日:"寄蔡先生信。"18 日:"上午得蔡先生信。"3 月 8 日:"夜寄蔡先生信。"

这些频繁的书信往来,亲自登门拜访,主要是蔡元培与鲁迅商谈周作人等到北京大学任职一事。

鲁迅向蔡元培先生推荐用人,是很为大学着想,并非无原则的。前述 1917 年 1 月 25 日"得蔡先生信,即答",此信为蔡先生询问关于商契衡一事而写。商契衡是鲁迅在绍兴府任教时的学生,于北京大学学习期间,到鲁迅住处往来甚勤。毕业后,任北大图书馆馆员。鲁迅复信说:"商君所学系英文,其国文昔在中学时颇能作论文,成绩往往居前列,惟入大学后,未必更留意于此。今若令作平常疏记论述文字,当亦能堪,但以授人,则虑尚有间耳。"[①]鲁迅为大学计,以实相告。前述 3 月 8 日"夜寄蔡先生信",内容是这样的:"前被书,属告起孟,并携言语学美学书籍,便即转致。顷有书来,言此二学均非所能,略无心得,实不足以教人,若勉强敷说,反有辱殷殷之意。虑到后面陈,多稽时日,故急函谢,切望转达,以便别行物色诸语。"[②]鲁迅是为北大负责,方急复此函。但蔡先生仍决意聘周作人。周作人于 1917 年 4 月 1 日到北京,5 日《日记》载:"上午蔡先生来。"5 月 13 日《日记》:"夜寄鹤庼先生信,为二弟告假。"这时周作人已经在北京大学任教。周作人来北大后,担任的是希腊罗马文学史和欧洲文学史课程。周作人回忆说,他在北京大学上这两门课的讲稿,均是经过鲁迅的认真修改后,才交大学印发给学生的。

鲁迅与蔡元培是同乡,在有改革中国的志向与爱好美术的兴趣这方面,可说是知音和同志。1917 年 5 月 21 日《日记》载:"夜得蔡先生函并《赞三宝福业碑》、《高归彦造象》、《丰乐七帝二寺邑义等造象》、《苏轼等访象老题记》拓本各二分。"蔡元培知道鲁迅这时正在收集古代碑帖造象拓片,故特寄奉。第二天,即 22 日,鲁迅复信答谢。后来,蔡元培先生更以北京大学的一事相托于鲁迅。《日记》6 月 19 日:"夜得蔡先生信。"随后,于 7 月 31 日项下记有:"下午同齐寿山、许季上往大学访蔡先生,晚归。"这时候,在来信与趋访中,蔡元培可能请鲁迅先生为北京大学拟一徽章。鲁迅自然欣然地答应了。过了一个星期,鲁迅就将自己设计的这枚北京大学的徽章图案,寄给了蔡元培校长。8月7日《日记》中,鲁迅写道:"寄蔡先生信并所拟大学徽章。"收到这一徽章的图案,蔡元培当然是非常高兴的。15日《日记》载:"下午得蔡先生信。"同年12月2日《日记》载:"下午……蔡先生来。"这可能是蔡元培校长对于鲁迅的一种感谢之礼。

鲁迅所设计的北京大学徽章,中间为变形的"北大"二字,加以圆形边框,简练,大方,圆润,变形中的"北大"字样,是3个"人"字,这暗示了大学教育在"百年树人"中的作用,图案也是青年人向上成长的生命力量的象征。凝聚着鲁迅心血的这枚小小的徽章,也凝聚了鲁迅先生对于北大的希望,对于青年人的生命自由发展的希望。这枚徽章,不仅在很长的时间里作为北京大学学生的校徽,曾佩戴于千万个青年人充满青春活力的胸前,至今,它仍然在新生的北大校园内外,闪着特有的历史的光彩。一枚小小的徽章,记录了鲁迅与北京大学之间关系的最初的也是永久的一页。

## 二、活跃于启蒙大潮的营垒中

蔡元培任北京大学校长之后,锐意对学校各个方面进行了改革。他以西方现代大学的办学思想和方法,针对过去北京大学沿袭京师大学堂的守旧风气,鲜明地提出了"循思想自由原则,取兼容并包主义"的办学方针。在封建正统的学术思想与空气十分浓厚的条件下,这一办学的思想方针,起了保护进步教师力量和新兴思潮发展的积极作用。

正是在这一思想方针的指导下,蔡元培大量延聘当时进步的社会名流和有真才实学的青年到大学任教。1916年底,聘请颇有社会声望、大呼社会改革的陈独秀来校任教,并答应可以把《新青年》杂志"带到学校里来办"[③]。1917年1月,"教育部以陈独秀为文科学长"[④]。《新青年》杂志编辑部也随之迁至北京。蔡元培又聘李大钊为北京大学图书馆馆长(1920年聘为教授)。1917年,胡适、刘半农也先后应聘,任北大教授。加上原已任教于北大的沈尹默、钱玄同、陈百年等人,以陈独秀办的《新青年》为核心,形成了一个以"科学"与"民主"为旗帜,提倡新文化,反对旧文化,提倡新文学,反对旧文学的"革新派"的营垒。鲁迅是《新青年》营垒中一个文化启蒙大潮中的主将。

鲁迅对于北京大学的现状与《新青年》的发展,是十分关心的。1919年在给许寿裳的信里,他说:"大学学生二千,大抵暮气甚深,蔡先生来,略与改革,似亦无大效,唯近来出杂志一种曰《新潮》,颇强人意。"⑤这番话既有深忧,又怀希望。鲁迅开始对《新青年》"态度很冷淡","并不怎么看得它起"⑥。经过1917年夏天钱玄同与他的那次夏夜长谈以后,鲁迅开始作起小说来,这就是他给《新青年》杂志的第一篇小说《狂人日记》。1918年,鲁迅参加了《新青年》的编辑委员会。⑦查《日记》,1917年鲁迅与钱玄同书信来往2次,钱玄同来访仅8次。但是到了1918年1月到12月,情况有很大的改变,钱玄同来访30次,刘半农来访6次,钱玄同、刘半农一起来访5次,钱玄同、刘半农、陈百年一起来访1次,与钱玄同来往信件16次,与刘半农来往信件8次,与沈尹默来往信件8次。另外在宴会场合,与钱玄同、刘半农见面2次,实际上会面的机会当更多些。这些简单的数字本身说明,鲁迅与《新青年》同人之间的来往,是十分密切的。

鲁迅说,自己那时提笔投入"文学革命","是为了对于热情者们的同感。这些战士,我想,虽在寂寞中,想头是不错的,也来喊几声助助威罢。首先,就是为此。自然,在这中间,也不免夹杂些将旧社会的病根暴露出来,催人留心,设法加以疗救的希望"。因此,他努力与"前驱者取同一的步调",自愿地"遵奉那时革命的前驱者的命令",创作出大量的"遵命文学"作品。⑧

从1918年5月15日出版的《新青年》第4卷第5号起,到1921年出版的9卷4号止,在正值五四新文化运动蓬勃发展高潮的将近3年的时间里,鲁迅在《新青年》上,共发表了小说5篇,新诗6首,随感录 23 则,思想批判论文 2 篇,通信 3 则,翻译文学作品 4 篇,附记、正误等其他文字 7 则,共 50 篇。另外,还作为编者,为之辑录《什么话》5 条。他在《新青年》上发表的小说《狂人日记》、《孔乙己》、《药》、《风波》、《故乡》,或以当代生活中重大事件为题材和背景,或在象征的人物形象中融入纵深的历史思考,对于中国"吃人"的封建社会制度与封建礼教,对于这种制度所依存势力的顽固性与人民群众灵魂的麻木性,进行了深刻的揭露与批判,不仅引起了广大读者灵魂的震撼,也真正显示了"文学革命"的实绩。鲁迅在《新青年》上发表的大量《随感录》,他的论文《我的节烈观》和《我们现在怎样做父亲》等,都包含着对于中国社会历史和现实的深刻观察与思考,闪烁着锋利的战斗光芒。他为中国新文学创造了"杂文"文学这一独特的战斗文体。他的几首新诗,在拓荒时期中出现,起了为新诗的生存与发展"敲敲边鼓"的作用。

在李大钊、胡适的主持下,《新青年》同人又办了《每周评论》周刊。鲁迅以庚言的笔名发表了书评《美术杂志第一期》和《随感录》3 篇。[9]1919 年 2 月 25 日《日记》载:"上午寄张梓生及三弟《周评》各一束。"4 月 14 日《日记》载:"上午寄张梓生及三弟《周评》各一份。"7 月 29 日《日记》:"上午寄三弟《周评》二张。"可见鲁迅对于《每周评论》的关心。

自 1920 年 9 月 1 日出版的《新青年》第 8 卷第 1 号起,诚如鲁迅自己说的,因为五四运动的"大营的北京大学负了盛名,但同时也遭了艰险。终于,《新青年》的编辑中枢不得不复归上海"。1921 年 10 月,《新青年》团体解散,鲁迅说:"北京虽然是'五四运动'的策源地,但自从支持着《新青年》和《新潮》的人们,风流云散以来,一九二〇年至二二年这三年间,倒显着寂寞荒凉的古战场的情景。"[10]这里包含了鲁迅对于与北京大学的倡导启蒙运动的同人们一起进行的战斗生活的怀念与失落后的感慨。

### 三、在反复古与"林蔡斗争"中挺身出战

鲁迅和《新青年》同人们,高举"民主"与"科学"的旗帜,同反对新文化的守旧势力所代表的逆历史潮流而动的思想,进行了鲜明的斗争。

1918年夏,北大教授刘师培,联合封建遗老辜鸿铭和黄侃等教授,欲复刊《国粹学报》和《国粹丛编》。鲁迅得知此消息,写信给钱玄同说,这"一群坏种"要刊丛编,"不过还想吃人","但该坏种等之创刊屁志、系专对《新青年》而发,则略以为异、初不料《新青年》之于他们、竟如此其难过也"。然既将刊之,且"看其如何国法、如何粹法、如何发昏、如何放屁、如何做梦"⑪。

刘师培他们的《国粹学报》计划未遂,又成立《国故》月刊社,于1919年3月20日出版了《国故》月刊,要重振"颓纲",倡言"国粹",攻击谩骂新文化运动。鲁迅于1918年至1919年,先后在《新青年》上发表多篇《随感录》,对于这些国粹家的矢志守旧,反对革新的思想进行了尖锐的嘲讽。鲁迅说,在他们看来,"只要从来如此,便是宝贝。即使无名肿毒,倘若生在中国人身上,也便'红肿之处,艳若桃花;溃烂之时,美如乳酪。'国粹所在,妙不可言"。一味笃守国粹,而不思改革,其结果,倘若"'粹'太多",我们的整个国家和民族,就有被"从'世界人'中挤出"而灭亡的"大恐惧"⑫。

1919年2月至3月间,围绕着维护还是反对孔孟之道与文言文,在蔡元培与林琴南之间,展开了一场新旧势力的较量,后来称之为"林蔡斗争"。这场斗争的范围很广,影响很大,但主要的目标,是在北京大学的《新青年》同人和他们的支持者蔡元培校长。林琴南,在翻译外国文学名著,传播西方文化方面,曾起过很好的作用。随着《新青年》反对旧道德、旧文化斗争的深化与发展,他作为一个自称"年垂七十",尚"抱残守缺,至死不易其操"的"清室举人",便耐不住

守旧本性力量的驱使,与他过去的学生,当时为北京大学法科学生的张厚载联合起来,向新文化营垒和蔡元培先生发起挣扎性的反扑。林琴南于这一年的 2 月 17 日至 18 日,3 月 18 日至 22 日,在上海《新申报》特辟"蠡叟丛谈"专栏,发表文言小说《荆生》和《妖梦》,以拟想的人物,影射《新青年》陈独秀、胡适、钱玄同等人,攻击《新青年》"伤天害理",为"禽兽之言",幻想借助象征封建军阀势力的"伟丈夫"的暴力,将《新青年》的人物一网打尽。《妖梦》描绘的"白话学堂",直接影射北京大学。学堂外书一大联:"白话通神,红楼梦,水浒,真不可思议;古文讨厌,欧阳修,韩愈,是甚么东西。"小说中挖苦谩骂蔡元培、陈独秀、胡适等人"皆鬼中之杰出者也"。张厚载这时与林琴南相呼应,先后在上海《神州日报》和《申报》上发表"通信"与"电文",制造《新青年》编委陈、胡、钱等已经"自行辞职",被"驱逐出校",逃往天津等谣言。3 月 18 日,北京《公言报》上发表记者报道《请看北京大学思潮变迁之现状》,文中公开发表了林琴南的《致蔡鹤卿书》,说近世提倡新道德者,"必覆孔孟,铲伦常为快";斥提倡白话文,"若尽废古书,行用土语为文字,则都下引车卖浆之徒,所操之语,按之皆有文法,……据此则凡京津之稗贩,均可为教授矣"。蔡元培当日写了《答林琴南君函》,以清晰的事实,对于林琴南责备北京大学的"覆孔孟,铲伦常""尽废古书,行用土语为文字"这两条罪状,一一作了驳斥,最后申明他办大学的一贯方针,"于学说循'思想自由'原则"之外,对于教员,则"以学诣为主","其在校外之言动,悉听自由","革新一派,即偶有过激之论,苟于校课无涉,亦何必强以其责任归之于学校也?"⑬《新青年》、《每周评论》也先后发表了李大钊、陈独秀的文章,对复古派的言论进行了批驳。

鲁迅以唐俟的笔名,在《每周评论》上发表了《随感录》。这是他参加这场关系北京大学和新文化运动命运的战斗的匕首。其中《敬告遗老》对于"自称清室举人的林纾","要维护中华民国的名教纲常"这一矛盾现象,进行了冷嘲热讽。"你老既不是敝国的人,何苦来多管闲事。"《旧戏的威力》,则辛辣地揭露了张厚载这个封建"遗少"制造"北京大学的谣言"的"鬼蜮"伎俩。[14]1919年4月19日,鲁迅在一封信中说:"大学无甚事,新旧冲突事,已见于露透电,大有化为'世界的'之意。"信中还称林琴南为"禽男",故意表示对于守旧派的轻蔑。[15]五四运动之后,鲁迅在《随感录五十七　现在的屠杀者》、《我们现在怎样做父亲》等文中,对林琴南的复古谬论,仍继续进行批判。鲁迅在这场斗争中的诸多文字,显示了他对于处于改革大潮前沿的北京大学以及新文化运动发展的关心和力倡革新反对复古的战斗热忱。

　　五四运动高潮过去之后,新文化的倡导者们仍与守旧势力进行艰难的斗争。1919年8月6日至13日,安福系的《公言报》发表一个被蔡元培辞退的教员化名"思孟"写的长文《息邪》(一名《北京大学铸鼎录》),以为蔡元培、沈尹默、陈独秀、胡适、钱玄同、刘半农等作传的形式,对于《新青年》杂志及新文化运动的倡导者,进行谩骂与人身攻击,鼓吹用武力镇压,"令军警抑扼学说,防患未然",否则,"如火斯燎,杯水奚救?俄国之乱,我其续也"。对此《新青年》同人进行了反击。鲁迅在《国民公报》上,也以"黄棘"的笔名发表了4篇《寸铁》,显示了他特有的思想深刻性。如在一则《寸铁》中说:"造谣说谎诬陷中伤也都是中国的大宗国粹,这一类事实,古来很多,鬼祟著作却都消灭了。不肖子孙没有悟,还是层出不穷的做。不知他们作了之后,自己可也觉得无价值么。如果觉得,实在劣得可怜。如果不觉,又实在昏得可怕。"另一则《寸铁》更显示了鲁迅作为一个启蒙者的思想光辉:"先觉的人,历来总被阴险的小人昏庸的群众迫压排挤倾陷放逐杀戮。中国又格外凶。然而酋长终于改了君主。君主终于预备立宪,预备立宪又终于变了共和了。喜欢暗夜的妖怪多,虽然能教暂时暗淡一点,光明却总要来。有如天亮,遮掩不住。想遮掩白费气力的。"鲁迅以对历史的洞察,对于先觉的改革者的命运作了规律性的概况,预言了黑暗的鬼蜮必将被光明战胜的真理。[16]

在反动势力的摧残下,北京大学的进步与革新势力遭到挫折。"五四"之后,蔡元培校长为抗议北洋军阀政府镇压逮捕学生,愤而于 5 月 9 日辞职,直至 9 月 12 日才回京主校。鲁迅对此,甚为关切。他在一封信中写道:"听说世(按:指蔡元培)有可来消息,真的吗?"[17]在 1919 年 11 月 1 日《新青年》上,鲁迅发表一篇《随感录》,可以说是对于这场斗争充满正气与信心的庄严的声明:"无论什么黑暗来防范思潮,什么悲惨来袭击社会,什么罪恶来亵渎人道,人类的渴望完全的潜力,总是踏了这些蒺藜向前进。"[18]

## 四、站在知识圣地的讲台上

1916 年 7 月 1 日《鲁迅日记》:"晴。部改上半日办事。"自此,鲁迅有更多的时间做其他的事情。据周作人回忆说,1920 年,北京大学国文系想添一门中国小说史,系主任马幼渔和他商量,"我一时也麻胡地答应下来了,……及至回来以后,再一考虑觉得不很妥当,便同鲁迅说,不如由他担任了更便宜。他虽然踌躇,可是终于答应了。我便将此意转告系主任,幼渔也赞成。"[19]《日记》1920 年 8 月 6 日:"晚马幼渔来送大学聘书。"此即由蔡元培校长签署的聘鲁迅为北大国文系讲师的聘书。1923 年鲁迅又被聘为北大研究所国学门委员会委员。[20]

接北大聘书后,鲁迅与北大的来往更多起来。接大学聘书后 10 天,《日记》8 月 16 日:"晨访蔡先生,未遇。"17 日:"上午寄蔡先生信。"20 日:"晚得蔡先生信。"21 日:"下午……寄蔡先生信。"9 月 2 日:"上午寄大学信。"10 月 8 日:"上午马幼渔来。"22 日:"夜得北京大学信。"23 日:"上午复大学信。"11 月 20 日:"晚马幼渔来"。12 月 9 日:"上午寄大学信,晚得答。"12 月 24 日:"午后往大学讲。"自此日起,鲁迅走上北京大学这块知识圣地的讲台,以他丰富的知识和深邃的思想,为培养本世纪中华民族的英才,付出艰辛的劳动。从 1920

年 8 月至 1926 年 8 月,鲁迅在北大整整任课 6 年。他先是开设中国小说史课,待《中国小说史略》一书出版后,于 1924 年起,以他翻译的厨川白村的《苦闷的象征》为教材,讲授文学理论,同时讲授中国小说史。

鲁迅的这些讲课,受到了当时学生们的欢迎。

"预备钟,上课钟都响过了,先生还未来。教室的人虽多,但秩序很好。……约有五分钟的功夫,一群青年拥拥挤挤地走进教室来。在青年中间夹着一个身材并不高,穿着一件大概还是民国初年时代的'新时'小袖长衫的中年先生。他的头发很长,脸上刻着很深的认真和艰苦的皱纹。他离开这群青年走到讲台上,把两只虽不发光却似乎在追究什么的微微陷入的眼睛,默默地缓缓地扫视着渐渐静下来的学生群众,……

"不久,教室沉静下来,他便开始讲授了。他的言语,虽然还有点浙江绍兴的语尾,但由于他似乎怕有人误解而缓慢清晰的字音,和用字方面达到人人能懂程度的词句,使全教室在整个时间中都保持着一种严肃的静穆。如果不是许多铅笔在纸上记录时发出一种似乎千百甲虫在草上急急爬行的细响,就让站在门外静听的人也要疑心教室里边只有先生一人在讲演吧?"[21]一个北大学生回忆说。

后来成为作家的鲁彦在北大旁听过鲁迅的讲课。鲁迅逝世后,他这样写道:

"每次每次,当鲁迅仰着冷静的苍白的面孔,走进北大的教室时,教室里两人一排的座位上总是挤坐着四五个人,连门边连走道都站满了校内的和校外的正式的和非正式的学生。教室里主宰着极大的喧闹。但当鲁迅先生一进门,立刻安静得只剩了呼吸的声音。他站在讲桌旁,用着锐利的目光望了一下听众,就开始了'中国小说史'那一课题。

"他的身材并不高大,常穿着一件黑色的短短的旧长袍,不常修理的粗长的头发下露出方正的前额和长厚的耳朵。两条粗浓方长的眉毛平躺在高出的眉棱骨上,眼窝是下陷着的,眼角微朝下垂着,并不十分高大的鼻子给两边深刻的皱纹映衬着才显出一点高大的模样,浓密的上唇上的短须掩着他的阔的上唇,——这种种看不出来有什么奇特,既不威严也似乎不慈和。说起话来,声音是平缓的,既不抑扬顿挫,也无慷慨激昂的音调,他那拿着粉笔和讲义的两手从来没有表情的姿势帮着他的语言,他的脸上也老是那样的冷静,薄薄的肌肉完全是凝定着的。

"他叙述着极平常的中国小说史实,用着极平常的语言,既不赞誉,也不贬毁。

"然而教室里却突然爆发笑声了。他的每句极平常的话几乎都须被迫地停顿下来,中断下来。每个听众的眼前赤裸裸地显示出了美与丑,善与恶,真实与虚伪,光明与黑暗,过去、现在和未来。大家在听他的中国小说史的讲述,却仿佛听到了全人类的灵魂的历史,每一件事态的甚至是人心的重重叠叠的外套都给他连根撕掉了。于是教室里的人全笑了起来,笑声里混杂着欢乐与悲哀,爱恋与憎恨,羞惭与愤怒……"②

诗人冯至于1921年考入北京大学。这是50年前的一篇报道:1947年1月19日,鲁迅先生逝世11周年时,北京大学举行纪念会,由当年听过鲁迅讲课的冯至先生讲演"鲁迅与北大"。其中谈到:"鲁迅先生的教材,先是手编的《中国小说史略》,教法也并无奇特之处,也是念一遍后,再抽出几个问题讲一讲。虽然,就在这样的指点中,学生们得到了不少的宝贵知识。鲁迅先生曾告诉冯至先生他们:汉唐宋诸统治较久的朝代所以歌功颂德的作品多,乃因统治者已将不利于他们的文章查封了,毁灭了。又告诉他们:一个强盛的时代,极愿与外国文化交流;只有在本身有病的朝代,才排斥国外文化的输入。……"③

这些忆述让我们领略了鲁迅先生在北大上课时的丰采。在知识圣地的讲台上,鲁迅播下的种子,已经发芽,成材,成为本世纪中无数通向美好未来的桥梁。

## 五、他曾如是说:"我是北大派!"

鲁迅在任课北京大学前后,曾多次参加学校里学生们组织的活动。《日记》1919年2月2日:"星期休息。……午后同二弟往大学游艺会,晚归。"这是北京大学学生会为筹集画法研究会资金,在北大二院礼堂举办的游艺大会。同年6月19日:"晚与二弟同至第一舞台观学生演剧,计《终身大事》一幕,胡适之作,《新村正》四幕,南开学校本也,夜半归。"演出者为北京大学新剧团。1925年12月17日:"午后往北大二十七周年纪念会。"1926年1月1日:"夜往北大第三院观于是剧社演《不忠实的爱情》。"

对于北京大学学生一些倡导新文化、新文学的学生社团,鲁迅更是投入很多的精力和心血。新潮社成立于1918年,成员主要是北京大学的一些学生和教授。周作人也是其中之一。[24]1919年1月出版了《新潮》杂志,罗家伦、傅斯年任编辑。1920年10月后,因一些成员出国,周作人任主任编辑。除了出版杂志以外,还发行新潮文艺丛书。《新潮》杂志刚刚创刊,便以反对封建文化,提倡新思想、新道德的革新姿态,在启蒙的大潮中与《新青年》相呼应。因此,鲁迅给予很大的支持。1919年4月16日《日记》:"下午得傅孟真信,半农转。"4月17日:"寄傅孟真信。"这封给《新潮》编辑傅斯年的信,就发表于5月《新潮》第1卷第5号上。信里,鲁迅肯定《新潮》注意发表科学方面的论文,但又希望他们能够"讲科学而仍发议论",即进行社会批评,以使那些守旧派"不得安稳";对于创作,鲁迅说:"《新潮》里的诗写景叙事的多,抒情的少,所以有点单调。此后能多有几样作风很不同的诗就好了。"鲁迅还热情肯定了《新潮》里发表的小说创作,认为这是上海鸳鸯蝴蝶派的小说家"梦里也没有想到过"的,"这样下去,创作很有点希望"。在《新潮》杂志上,鲁迅还发表了小说《明天》,译文《察拉图斯忒拉的序言》及译后附记。鲁迅还将自己的著作《呐喊》、《中国小说史略》和翻译童话剧《桃色的云》交给新潮社出版。

1919年后,鲁迅先生与新潮社的成员及杂志的联系,《日记》常有所载。除前面的给傅斯年的信外,另如1919年7月1日:"午前罗志希、孙伏园来。"7月8日:"晚钱玄同来,夜去,托其寄罗志希信并稿一篇。"这就是刊于1919年8月出版的《新潮》第2卷第1号上的小说《明天》。7月9日:"夜得罗志希信并《新潮》稿纸四十枚。"7月27日:"下午晴。孙伏园来。罗志希来。"8月23日:"下午罗志希、孙伏园来。"11月25日:"午后得罗志希信。"1920年2月9日:"寄新潮社信并李宗武稿一篇。"5月17日:"新潮社送《科学方法论》一册。"7月13日:"晚罗志希、孙伏园来。"1921年2月4日:"午后往大学讲,复在新潮社小坐。"这时《新潮》杂志已停刊,这指的是孙伏园等主持的新潮社出版部了。鲁迅同他们来往很多。如1924年3月14日《日记》仍载:"晚伏园来并交前新潮社所借泉百。"4月4日《日记》载:"孙伏园来并交泉百,乃前借与新潮社者,于是清讫。"可见,为了支持新潮社,鲁迅不仅给以精神上的鼓励,有时是慷慨解囊的。

《日记》1925年4月3日:"午后往北大讲。浅草社员赠《浅草》一卷之四期一本。"浅草社并非北大学生所创立,杂志也在上海出版。但其中的成员陈炜谟、冯至是北大的学生。1926年,鲁迅在《野草》的《一觉》中写道:"我忽然记起一件事:两三年前,我在北京大学的教员预备室里,看见进来了一个并不熟识的青年,默默地给我一包书,便出去了,打开看时,是一本《浅草》。就在这默默中,使我懂得了许多话。阿,这赠品是多么丰饶呵! 可惜那《浅草》不再出版了,似乎只成了《沉钟》的前身。那《沉钟》就在这风沙洞洞中,深深地在人海的底里寂寞地鸣动。"鲁迅写道:他在《沉钟》的《无题》——代启事中,快慰地看到了已经"觉醒"和"粗暴了的魂灵","屹立在我的眼前"。鲁迅与沉钟社的成员陈翔鹤、冯至多有往来。鲁迅曾函请画家陶元庆为《沉钟》周刊设计封面。在他编辑的《〈中国新文学大系〉小所二集》

里,选入了沉钟社成员的作品,并在序言里称它为"中国的最坚韧、最诚实、挣扎得最久的团体"。

《日记》1923年4月15日:"下午同耀臣、凤举及二弟赴学生所集之文学会。"这是北大学生春光社的一次聚会,此社成立于1923年春,成员有许钦文、董秋芳、龚宝贤等20余人。这次是由鲁迅先前的学生宋紫佩出面邀请他来作讲演,地点大约在预科教室。据回忆:"当时缺少文艺理论的参考书,只靠课堂上听些讲感到不够,我们组织了这个社,请这四位来做导师。""那天开会,最先讲话的是鲁迅先生,讲话最多的也是他。往常他在《中国小说史略》的课上,也常常附带地讲些文学批评和新小说的作法,这次讲的范围更加广。"[㉖]董秋芳回忆说,鲁迅嘱咐青年一方面要学习,另一方面要行动,因为文学活动,实际上是社会活动之一。5月13日《日记》又记:"星期休息。午后与二弟应春光社约谈话。"

未名社同样得到了鲁迅的关注与培育。但该社只有个别社员(如韦素园)是旁听于北大国文系的学生,它不能算是北大的一个文学社团,如同语丝社一样。鲁迅是这两个社团的成员,他到北大上课时,常到未名社小坐,与前来听课的学生聊天。[㉖]对于它们与鲁迅的关系,这里不再赘述。

鲁迅曾热心为北大的刊物撰稿[㉗],为北大师生们的刊物设计封面[㉘],北京大学图书馆的珍贵图书,也送请他给校勘。[㉙]北大把鲁迅看作自己的人,鲁迅也把自己视为"北大派"。

1925年12月17日,是北大成立27周年。学生会向鲁迅约稿。鲁迅欣然应允。12月14日《日记》:"寄北大学生会稿。"这就是《我观北大》,发表于12月17日出版的《北大学生会周刊》创刊号,后收入《华盖集》。在文章中,针对当时学潮中一些"正人君子"的流言,他说:"我向来也不专以北大教员自居,因为另外还与几个学校有关系。然而不知怎的,——也许是含有神妙的用意的罢,今年忽然颇有些人指我为北大派。我虽然不知道北大可真有特别的派,但也就以此自居了。北大派么？就是北大派！怎么样呢？"鲁迅纵观新文化运动以来北大的发展及其作用，对于北大的精神作了简要的概括："第一，北大是常为新的，改进的运动的先锋，要使中国向着好的，往上的道路走。虽然很中了许多暗箭，背了许多谣言；教授和学生也都逐年地有些改换了，而那向上的精神还是始终一贯，不见得驰懈。""第二，北大是常与黑暗势力抗战的，即使只有自己。"当时北大正在与北洋军阀政府的教育总长章士钊进行斗争。鲁迅说，正是在这一斗争中，显示了北京大学不屈不挠的"校格"。"北大究竟还是活的，而且还在生长的。凡活的而且生长者，总有着希望的前途。"不是一个与北大命运息息相关的"北大派"，绝不会袒露出这样一颗光明磊落而又热忱真挚的爱护之心。

## 六、两次北上留下亲切的回响

1926年8月26日，为避军阀迫害，鲁迅离开他生活了14年的北京，先后到厦门大学、广州中山大学任教，于1927年到了上海，开始了他最后10年的战斗生活。在此期间，曾两次回京，在北大人的心上，留下了亲切的回响。

1929年5月15日至6月2日，为了探望生病的母亲，鲁迅回到了他离别了3年的北京。在北京，鲁迅除其他应酬活动外，仍然忘不了拜访他北京大学的朋友。抵京第三天，《日记》5月17日："下午往未名社，遇霁野、静农、维钧。访幼渔，未遇。"18日："下午幼渔来。"他急于同老友、北大国文系主任马幼渔先生会面。接着几天里，先后拜访了北大的老朋友沈尹默、张凤举等人。又与来访的沉钟社的杨慧修、冯至等青年朋友们相晤，同至中央公园午餐。

鲁迅在北京给上海的许广平写信说："我这回本来想决不多说话，但因为有一些学生渴望我去，所以只得去讲几句。"㊴鲁迅先后在燕京大学、北京大学、北京第二师范学院(原国立北京女子师范大学)、北京第一师范作4次公开讲演。

《日记》5月23日:"上午北京大学国文系代表六人来。"鲁迅在给许广平信中说:"今天上午,来了六个北大国文系学生的代表,要我去教书,我即谢绝了。后来他们承认我回上海,只要豫定下几门功课,何时来京,便何时开始,我也没有答应他们。他们只得回去,而希望我有一回讲演。"㉛《日记》5月27日:"得北大国文学会信,约讲演。"5月29日,鲁迅度过了紧张的一日:"下午往未名社,晚被邀至东安市场森隆晚餐,同席霁野、丛芜、静农、目寒。七时往北京大学第二院演讲一小时。夜仍往森隆夜餐,为尹默、隅卿、凤举、耀辰所邀,席中又有魏建功,十一时回寓。"

李霁野先生后来回忆说:"到北大第三院的时候,我们看到很多学生往里面进,还有很多警察'维持秩序',我想大概与鲁迅先生讲演有关,一打听,原来因为听讲的人太多,第二院礼堂容不下,改到第三礼堂了。可是这里也挤得水泄不通,鲁迅先生绕到后台才走上讲坛。台上也差不多挤满了人,我和另外一位朋友常惠是站在幕后面听的。先生讲完出来,听众还层层围住他,不肯走散。"㉜

此时,正是上海创造社的文学批评家用左的"无产阶级文学"理论批判鲁迅的时候。因此,这次讲演,与在燕京大学讲演时的内容略同,题为"现今的新文学的概观"。大意是一方面批判了当时新月派的文人,同时也批评了文艺上"左"的路线在理论和创作上的错误,对发展中国真正的无产阶级文学作了科学的论述。当日晚,鲁迅在给许广平的信中说:"听者有千余人,大约北平寂寞已久,所以学生们很以这类事为新鲜了。"㉝

第二天,鲁迅与李霁野等一起,专程到西山看望在那里养病的韦素园。他曾旁听于北大国文系,又是未名社的骨干。鲁迅对于他的为人,对他努力介绍外国进步文艺,是十分看重的。韦素园死后,鲁迅先生在纪念文章中说:"素园却并非天才,也非豪杰,当然更不是高楼的尖顶,或名园的美花,然而他是楼下的一块石材,园中的一撮泥

土,在中国第一要他多。他不入于观赏者的眼中,只有建筑者和栽植者,决不会将他置之度外。"㊾

1932年11月9日夜,鲁迅接到北京急电:"母病速归",便于11月11日离沪,13日下午到达北京。这次重返北京,共停留了16天。

到北京第三天下午,15日,鲁迅即往访未名社的台静农,"不得其居,因至北京大学留笺于建功,托其转达"。然后,又拜访北大的老友马幼渔,"不遇"。16日下午,"幼渔来"。17日:"静农及季野来。下午建功来。"18日:"晨得幼渔信。"19日:"下午访幼渔,见留夜饭,同席兼士、静农、建功、仲沄、幼渔及其幼子,共七人。"第二天,11月20日,鲁迅给许广平信中说:"我到此后,紫佩、静农、寄野、建功、兼士、幼渔,皆待我甚好,这种老朋友的态度,在上海势力之邦是看不见的,我已应允他们于星期二(廿二)到北大、辅仁大学各讲演一回,又要到女子学院去讲一回。"加上师范大学、中国大学的两次,共讲演5次,这就是有名的"北平五讲"。《日记》11月22日:午后,"静农来,坐少顷,同往北京大学第二院演讲四十分钟"。

鲁迅在北大讲演的题目是"帮忙文学与帮闲文学"。他从历史的发展中透视文学家的地位和作用,认为,自古以来,帮忙文学即是帮闲文学,他说:"大凡要亡国的时候,皇帝无事,臣子谈谈女人,谈谈酒,像六朝的南朝,开国的时候,这些人便做诏令,做敕,做宣言,做电报,——做所谓皇皇大文。主人一到第二代就不忙了,于是臣子就帮闲。所以帮闲文学实在就是帮忙文学。"他把向来的中国文学分成两大类,一类是廊庙文学,这就是已经走进主人家中,非帮主人的忙,就帮主人的闲;第二类是山林文学。如果用现代的话讲,就是"在朝"和"下野"。后面一种虽然无忙可帮,又不能帮闲,但身在山林,而"心存魏阙"。对于"五四"以来为艺术而艺术派的文学的衍变,鲁迅作了具体分析。他说:"这一派在五四运动时代,确是革命的,因为当时是向'文以载道'说进攻的,但是现在却连反抗性都没有了。不但没有反抗性,而且压制新文学的发生。对社会不敢批评,不敢反抗,若反抗,便说对不起艺术。”因此这种文学就变成帮忙加帮闲的文学了。他们标榜为艺术而艺术，“对俗事是不问的，但对于俗事如主张为人生而艺术的人是反对的，则如现代评论派，他们反对骂人，但有人骂他们，他们也是要骂的。他们骂骂人的人，正如杀杀人的一样——他们是刽子手”[35]。

鲁迅这次回京的“北平五讲”，是得到北方左联的精心安排与保护的。他的讲演，在看似谈古说今的轻松气氛中，对于当时依附于反动政治势力的帮闲即是帮忙的文学现象，进行了尖锐的嘲讽与抨击。他在给许广平的信中说：“昨天往北大讲半点钟，听者七八百，因我要求以国文系为限，而不料尚有此数；次即往辅仁大学讲半点钟，听者千一二百人，将夕，兼士即在东兴楼招饮，同席十一人，多旧相识，此地人事，似尚存友情，故颇欢畅，殊不似上海文人之反脸不相识也。”[36]在另一封信里鲁迅袒露了矛盾心境：“旧友对我，亦甚好，殊不似上海之专以利害为目的，故倘我们移居这里，比上海是可以较为有趣的。但看这几天的情形，则我一北来，学生必又要迫我去教书，终或招人嫉恨，其结果将与先前之非离北京不可。所以，这就又费踌躇了。但若于春末来玩几天，则无害。”[37]

1936年10月19日，本世纪中国最伟大的文学家鲁迅的心停止了跳动。北京大学的进步师生痛悼这一巨大的损失。在北大法商学院学生会召开的一个追悼会上，学生们将鲁迅画像围以花圈，悬于会场正中，旁悬学生会献的挽联：“民族正艰危，剧怜睡狮未醒，振聋犹须作呐喊。世途多荆棘，太息哲人竟去，枕戈那许尚彷徨。”[38]

60余年里，这位“民族魂”的精神光辉，一直燃烧着一代又一代北大人的心，它并将光照至下一个世纪，直到永远……

## 注 释

① 《鲁迅全集》第11卷，人民文学出版社1981年版，第343页。

② 《鲁迅全集》第 11 卷第 343、344 页。

③ 据沈尹默回忆,参见沈鹏年《鲁迅和〈新青年〉关系的两个史实》,《文汇报》1962 年 4 月 22 日。

④ 《北京大学大事记》。

⑤ 1919 年 9 月 16 日致许寿裳,《鲁迅全集》第 11 卷第 357 页。

⑥ 周遐寿《鲁迅的故家》第 418 页。

⑦ 关于此事及鲁迅与《新青年》的关系,参见拙作《鲁迅与〈新青年〉》,《北京大学学报》1979 年第 2 期。

⑧ 《南腔北调集·〈自选集〉自序》,《鲁迅全集》第 4 卷第 455、456 页。

⑨ 关于我对于这四篇未收入《鲁迅全集》佚文的发现及考证论文,均见拙作《介绍鲁迅五四时期的四篇佚文》,载《北京大学学报》1978 年第 1 期。

⑩ 《〈中国新文学大系〉小说二集序》,《鲁迅全集》第 6 卷第 241、245 页。

⑪ 1918 年 7 月 5 日致钱玄同,《鲁迅全集》第 11 卷第 351 页。据说,黄侃平日专攻击新文学的人,经常在课堂上漫骂新文化及其提倡者,后来北大旧人仿"柏梁体"做联句,其中有一句说黄侃(季刚)的,是"八部书外皆狗屁",他所服膺的八部古书,即《毛诗》、《左传》、《周礼》、《说文解字》、《广韵》、《史记》、《汉书》、《文选》。(参见《知堂回想录》第 331 页)鲁迅信中的"放屁"、"屁杂志"等,概因于此。

⑫ 《热风·随感录》三十九、三十六,《鲁迅全集》第 1 卷第 318、306 页。

⑬ 《北京大学日刊》1919 年 3 月 21 日。

⑭ 《每周评论》第 15 号,1919 年 3 月 30 日。

⑮ 致周作人,见《鲁迅全集》第 11 卷第 361 页。

⑯ 《寸铁》原载 1919 年 8 月 12 日《国民公报》,淹埋甚久,1980 年经发现后收入《鲁迅全集》第 8 卷《集外集拾遗补编》。关于《新青年》同人与思孟等复古派的斗争及鲁迅这几篇佚文的背景情况,参见孙玉石、方锡德《锋锐的寸铁光辉永在——读新发现的鲁迅四篇佚文》,载《北京大学学报》第 3 期,1980 年。

⑰ 1919 年 7 月 4 日致钱玄同,《鲁迅全集》第 11 集第 365 页。

⑱ 《热风六十六 生命的路》,《鲁迅全集》第 1 卷第 368 页。

⑲ 《知堂回想录》第 410 页,香港三育图书公司 1971 年版。

⑳ 《鲁迅全集》第 14 卷第 365 页,《日记》注:"1923 年后又被聘为北京大学研究所国学门委员会委员。"同卷第 489 页,1924 年 2 月 29 日《日记》:"下午

往北大讲。同常维钧往北河沿国学门研究所小憩。"注:"本年鲁迅被增聘为该所委员会委员。"《日记》前后两注不一致。北京大学研究所国学门研究委员会成立于1921年。该所出版的《国学季刊》创刊于1922年。是年1月25日《日记》:"上午大学送来《国学季刊》一本。"此即为创刊号。4月2日:大学又送《太平广记》请鲁迅校正,历时一个月另二十日,至5月22日校讫,送还大学。此后,1923年4月24日:"夜大学寄《国学季刊》一册。"此当为第二册。这正与1924年4月19日:"北大寄来《国学季刊》第三本"相吻合。这些说明,鲁迅被聘为北大研究所国学门研究委员会委员,至迟不会晚于1923年。

㉑ 尚钺《怀念鲁迅先生》,《抗战文艺》第5卷第1期,1939年11月10日。

㉒ 鲁彦《活在人类的心里》,《中流》第1卷第5期,1936年11月5日。

㉓ 赵振乾《冯至讲"鲁迅在北大"》,《时与文》(上海)第2卷第8期,1947年10月31日。据1923年6月9日《鲁迅日记》:"夜阅大学试卷四十六本。"当时北大学生没有今天这么多,选一门课的人数一般很少,能有参加考试的46名学生,倘加上旁听而不考试的学生,当时听课学生之多,是可想见的了。冯至说的,1923年他去听课时,"已增加到百余人",是可信的。

㉔ 1920年5月出版的《新潮》刊登的《本社特别启事》(二):"今将新加入本社社员,郑重宣布如左:周作人(启明)。"前一期《新潮》出版时间为1920年2月。《本社特别启事》公布的新社员为朱自清、冯友兰、孙福熙。据此推测,周作人参加新潮社的时间,应不会早于1920年2月。

㉕ 许钦文《学习鲁迅先生·忆春光社》。

㉖ 李霁野先生回忆说:初成立的未名社,是设在北京大学第一院对面一个公寓里的,实际就是素园的一间小小的住屋。先生在北大下课后常常到那里去谈天,偶然也就便吃饭;有过经验的人大概都知道北京公寓学生的饭是怎样的罢,然而先生只愿照样吃,添点菜(哪里有好菜)便极为不安。问到上课觉得有兴趣吗?先生总谦抑的说,哪配教什么呢,不过很喜欢年青人,他们也还没有讨厌自己,所以一点钟还乐意去教的。讨厌?听过先生讲台上谈吐的,谁会忘记那样的喜悦。(《忆鲁迅先生》,《文学季刊》第2卷第1期,1936年12月1日)

㉗ 例如,鲁迅所撰有很高学术价值的《新出土吕超墓志铭考证》一文,曾最初刊载于1918年6月25日《北京大学日刊》第171号"新文艺"栏。后改为《〈吕超墓志铭〉跋》收入《鲁迅全集》。1923年7月14日《日记》载:"作大学文艺季刊稿一篇成。"此稿至今为佚文。

㉘ 据《日记》1924年3月15日:"下午寄常维钧《歌谣》周刊封面二枚。"这是鲁迅应该刊编辑常维钧之约,为《歌谣周刊》增刊而作。20天后,在《日记》4月4日项下:"午后往大学讲。常维钧赠《歌谣》周刊纪念刊二本。"4月9日:"大学赠《歌谣》增刊五本。"此即为鲁迅所设计封面的刊物。《日记》1924年12月5日:"午后往北大讲。寄顾颉刚信并《国学季刊》封面一枚。"

㉙ 《日记》1923年4月2日:"午后大学送《太平广记》八十册又别本九册来,嘱校正。"5月22日:"上午往大学讲并还《太平广记》。"

㉚ 《两地书一一八》,《鲁迅全集》第11卷第289页。

㉛ 《两地书一二二》,《鲁迅全集》第11卷第294页。

㉜ 李霁野《鲁迅先生两次回北京》(1956),见《鲁迅先生与未名社》,人民文学出版社1984年版,第238页。

㉝ 《两地书一三二》,《鲁迅全集》第11卷第308页。

㉞ 《且介亭杂文·忆韦素园君》,《鲁迅全集》第6卷第68页。

㉟ 《集外集拾遗·帮忙文学与帮闲文学——十一月二十二日在北京大学第二院讲》,《鲁迅全集》第7卷第382、383页。

㊱ 致许广平(1932年11月23日),《鲁迅全集》第12卷第124页。

㊲ 致许广平(1932年11月26日),《鲁迅全集》第12卷第127页。

㊳ 《世界日报》(北平)1936年10月31日。

〔作者　北京大学中文系教授〕

# 学苑元戎　挂冠教授——马叙伦

## 金安平

　　由于北大之大之名,与它发生种种干系的名人要人可谓多矣。也许,北大会因其而更加扬名;但更多的人则是因北大之名而名。在这众多人等中,马叙伦教授与北京大学的关系可谓深久而独特。

## 一

　　先说马叙伦的"四进四出"北大,便是一般北京大学教授少有的经历。

　　1913年,马叙伦应好友汤尔和之邀由家乡杭州北上到国立北京医学专门学校教国文。两年后,约在1915年下半年,30岁的马叙伦受聘到北京大学文学院教课。不过,这次的北京大学教授他做得很短。其时,袁世凯的复辟帝制正在紧锣密鼓地进行,并放出风来说要在民国五年元旦"登位"。马叙伦"不愿在皇帝的'辇毂之下'混事,赶在他'登极'以前,辞去了北大和医专的教职"①,离开了北京。这件事曾轰动一时,北京和上海的报纸一度以"挂冠教授"称之。

　　1917年1月,蔡元培接手北大。马叙伦应蔡元培之邀再次出任北大教授,在哲学系讲授老庄哲学,并开始写作《说文解字六书疏证》、《老子校诂》等著作。1919年,马先生热情地参加了著名的五四运动,为救被捕的北大学生东奔西走。1921年又参加了北京教职员工的索薪运动。在请愿中,走在队伍最前面的马先生头部受了重伤,久治不愈。于是他提出请假,回家乡杭州休养,不久他便在浙江另谋他职。这是他第二次离开北大。

1924年,马叙伦到北京教育部署职。1925年孙中山逝世后,他辞去了教育部的职务,重到北京大学当教授。1926年,北京发生了"三一八"惨案。马先生因痛恨段祺瑞政府枪杀学生的罪行,又写了辞呈,并大骂段祺瑞,为此还上了段祺瑞的通缉名单。1926年下半年,马先生辞职离京,返回杭州。

1931年1月,马叙伦第四次到北京大学执教。他本想一边教书,一边完成书稿。但不久,相继发生了"九一八"事变、华北事变等,日本帝国主义阴谋侵占整个中国的野心昭然若揭。"一二·九"运动发生后,围绕着抗日问题,在北大教员中曾发生了一次激烈的争论,马叙伦与胡适之间产生了重大的分歧。胡适认为抗日的事应该让政府来作决定,不是教授们的事;而马叙伦则认为教授应该有积极抗日的表示,并在会上公开顶撞胡适。他自己亲自担任了北平文化界抗日救国会的主席,常常举行各种讲演、座谈,呼吁抗日,终因劳累而病倒。于是他向校方提出休假半年。在教授评议会上,胡适却提出让马叙伦休假一年。按北大惯例,教授工作满5年可带薪休假半年,假满自然续聘。胡适提出让马叙伦休假一年的用意是,一年后可不再聘马叙伦。马叙伦忿然质问校方,并不顾校长蒋梦麟的一再道歉和挽留,执意立即提出辞职,南下归里。由此,他结束了在北京大学的执教生涯。

"四进四出"北大,很见马先生的性情。在当时的中国,北京大学的名声、地位及教授的待遇都是首屈一指的。当初,马先生是以一个杭州师范学校教员的身分跻身北大的。不久即为北京大学主流社会所接纳,成为为数不多的教授评议会成员,被时人称为北大"五马"之一(当时北大的名流学者有"三沈"、"三马"或"三沈"、"五马"之说。"五马"即马幼渔、马衡、马廉三兄弟及马叙伦、马寅初),实属一种弥足珍惜的荣幸。而马先生则恪守其做人之信仰,"利他所以利我,利我必须利他","得福得祸,各随因缘"②,鄙视虚荣和富贵,置人品、气节为上。四出北大,除一次是以请假为名外,其余皆为抗议性的主动辞职,潇洒而去。

## 二

北京大学的历史上还有两件十分重要的事情与马先生有关。

众所周知,北京大学成为中国近代著名的高等学府和再造中华文化的策源地,肇始于蔡元培先生接任北大校长。在中国新旧时代之交,完成中国近代教育由旧到新的转换,确实非学贯中西、对教育以身相许的蔡元培莫属。然而,这一带有必然性的安排,却有着些许偶然性的引燃。这偶然性之一便是马叙伦的最初提议。1916 年袁世凯死后,副总统黎元洪接任总统,范源濂出任教育总长。8 月至 9 月间,时为浙江省财政厅长秘书的马叙伦为财政厅长赴京开会之事来到北京,会见北大旧友时谈论起北大事情种种。出于对北大的关心,他找到了汤尔和,建议说:听说北京大学的校长胡仁源有点做不下去了,何妨把蔡先生请回来替代他。还说,只须把北大内部布置好了,就不会使蔡先生为难,以后更无问题了。汤尔和连声称好,第二天就去和教育总长范源濂说了。新总长踌躇满志,想重振教育,正愁找不到合适的北大校长,一听此议,开心得了不得,立即一面打电报请蔡先生回国,一面向黎元洪说明。③12 月 26 日委任令下,1917 年 1 月 4 日蔡元培到北京大学上任。1917 年到 1927 年蔡元培任北大校长的 10 年,是他一生中最有建树、最有作为的一段辉煌历程,也是北京大学奠定其在中国教育史上地位的重要时期。这一段故事,马先生只是在他的自述中淡淡地提了一笔,所以,人们在盛赞蔡先生长北京大学的功德时,常常不知道这一重要插曲。

另一件事是平息北大的迁校风波。从 1898 年建京师大学堂开始,北京大学除了抗战时期曾与清华、南开在湖南合组长沙临时大学和在云南合组西南联大外,一直在北京。它的地点和校名甚至具有一种象征意义(有人考证,北伐以后国民政府迁到南京,北京改为"北平"后,所有带"京"的名称均改为"平",唯有"北京大学"和"北京饭店"保存了"京"字。见邓云乡《文化古城旧事》)。五四运动中,北大文学院的部分师生如傅斯年、罗家伦等人,在胡适支持下,曾发起向上海迁校的签名活动。马叙伦拒绝签名,并对同事刘文典说:"我们不是要奋斗?奋斗要在黑暗里的。"④刘文典当晚便把这件事和马叙伦的话告诉了陈独秀。陈独秀说马叙伦讲得对,并把傅斯年、罗家伦叫去批评了一顿。迁校一事就此了结。

## 三

马叙伦先生为人耿直、豪爽,对朋友守信用,讲义气。他曾经帮助和救过两个不寻常的人物,这两个重要的人物既是北京大学的重要人物,也是中国革命的精英人物。这便是陈独秀和李大钊。

1920年的一天,马先生从朋友处得知警察当局是夜要逮捕陈独秀。马先生很着急,觉得应该立即告诉陈独秀。当时,陈独秀借住在东城福建司胡同的刘叔雅家。马叙伦的居所离陈的住处有15多里路,赶去通知恐来不及,刘家又没电话。马先生便给住在离刘家不远的沈士远教授打电话请他转告,但又不能在电话中说出陈独秀的名字,于是他便说,"告前文科学长速离叔雅所。"⑤陈独秀接到通知后迅速离开,第二天早晨便在李大钊的陪同下化装乘骡车离开北京。这正是陈独秀去上海筹划成立共产党组织的前夕。

1924年,马叙伦代理教育部部务时,曾接到内务部的一份文件,内容是共产党首领李守常(即李大钊)在各校活动,咨请教育部查办。马叙伦与李大钊是北大时的同事和朋友,深知其为人,他便把此件压下没办。当然,李大钊决不会停止其革命活动,马叙伦也不可能最终使李大钊免于反动派的杀害,但这至少使李大钊免于1924年的一次麻烦,"否则李先生不必等到张作霖作大元帅就会被捕"⑥。

这两件事反映了马先生为人的正直和厚道。从马先生来说,他完全是出于朋友之间的责任和情分,全无功利之心。他自己也从未把这件事看作多么了不起的惊天动地的大功劳而加以渲染,即使是在中国共产党成为执政党、马叙伦成为中华人民共和国的部长后。今天,我们在谈起马先生和北京大学的种种关系时,不禁想起了这平常而又不寻常的两件往事。

## 四

作为北京大学的名教授,马叙伦还有许多特别之处。其一,是他对政治活动的关心和热衷。尽管他自己说他不晓得什么是政治,受古书中高人逸士"不事王侯高尚其志"思想的影响颇深,实际上他是一个十分关心社会政治的人,他的许多言论曾被后人编成《马叙伦政论文选》。1905年他结婚时,为自己的新房做了一幅大胆而别致的对联"卿桴独立鼓,我揭自由旗",其偏好已见端倪。从排满革命、辛亥义举到倒袁护国、五四运动;从"三一八"示威游行、"一二·九"抗战到解放战争时期的争民主、反内战,每一次重大政治活动都有他的参加。从北大教职员会书记到北京中等以上学校教职员会主席;从北平文化界抗日救国会主席到中国民主促进会的负责人,他是兼任社会工作最多的名教授之一,且充满热情,故有"貌似老儒,而思想激烈,每逢会议,必慷慨激昂;每请愿游行,必手执号筒,前队冲锋"和"盖学生运动中之老英雄"之评价。[⑦]正因为如此,他也成了挨打受伤次数最多的教授。计有3次:第一次是在1921年的"索薪"运动中,作为教职员会主席的马先生和李大钊走在请愿队伍的最前列,在新华门前,请愿队伍遭到徐世昌派出的军警的毒打,马叙伦首当其冲,头受重伤,留下病患。第二次是1926年在反对段祺瑞政府的游行中,马叙伦带领北大一队学生队伍从北大三院后门出发前往天安门时,被封锁校门的警察踢中脸部。第三次便是在1946年震惊中外的

"下关惨案"中,作为赴南京请愿代表的马叙伦遭到国民党特务的殴打,身受重伤。这就是"总是穿蓝青色缎袍,团花,闪闪发亮,完全是旧日书院山长风度",饱读诗学、儒佛兼通的马叙伦先生的另一面。

其二,是与常人的"学而优则仕"不同,他是"仕而优则学"——这一概括描述的版权应属张中行先生(见《负暄琐话》)。身居高位而兼北大校长者有之;从北大出去而身就高职者有之;而像马先生这样,亦仕亦学,边仕边学,忽仕忽学的却不多。他当过省教育厅长、财政厅长秘书、代理教育部部务,两次出任教育部次长,又几次辞去官职出任教职,做了大官,还作大学问。他对做官与教书两个角色的适应与转换之快实在令人惊异;他于官场、学校、社会的奔忙中,还搜集了清代研究许慎的著作百数十种,旁及金石甲骨文字和古今实物铭词,断断续续地写成了长达240万言的学术著作《说文解字六书疏证》及数十篇文章,着实令人钦佩;作为一个不甘寂寞、热情好动的民主斗士,他还能闹中取静,潜心研究书法词章,创造了腕肘指臂齐运作的书法技艺,成为一代书法名家,更是令人叹服。

他潇洒地"四出"北大,北大宽厚地容他"四进"。这既反映了北大宽容的大家风范,也显示了马先生的个性。作为一个教育家,他认为北京大学的许多教育管理经验给他很多启发。新中国成立后,马叙伦出任了中华人民共和国第一任教育部长,为新中国的教育事业作出了重要贡献。

**注 释**

① 马叙伦《我在六十岁以前》,三联书店1983年版,第53页。
② 马叙伦《石屋余渖》,建文书店,民国三十七年。
③ 参见《我在六十岁以前》第58页,《马叙伦》第48页,辽宁教育出版社。
④ 《我在六十岁以前》。

⑤ 《石屋余渖》第133页。
⑥ 《我在六十岁以前》第83页。
⑦ 谢兴尧《红楼一角》,《子曰丛刊》第2辑,1948年,参看《堪隐斋随笔》。

〔作者 北京大学政治学与行政管理系副教授〕

# 北大"五马"第一人——马裕藻

## 孔 冈  杨康善

马裕藻(1878—1945),字幼渔,祖籍浙江鄞县(宁波)。二三十年代的北平学术界昆仲群起,传为士林佳话。对此,人们常常提到"一钱、二周、三沈、五马"——"一钱"指钱玄同(钱夏),"二周"指周树人(鲁迅)、周作人,"三沈"指沈士远、沈尹默、沈兼士,"五马"则指马裕藻(北京大学国文系主任)、马衡(先后任北京大学史学系教授和故宫博物院院长)、马鑑(先后任燕京大学国文系主任和香港大学校长)、马準(在北京大学讲授文字学和目录学)和马廉(在北京大学继鲁迅后主讲明清小说,直至因脑溢血病逝在北大讲台上)。马氏五兄弟都是北大校友,马裕藻不仅排行第一,而且在学术上也是"五马"之首,故被称作北大"五马"第一人。

## 一、厚积薄发  提出注音方案

马裕藻早年赴日留学,1911年回国后从事文教事业。他曾为当时汉语正音、推广国语作出了宝贵的贡献。

1912年教育部在北京召开"临时教育会议",通过《采用注音字母案》,决定先从统一汉字读音着手,实施国语教育,将清末资政院提出的"音标"改称为"注音字母",用于汉字注音。所谓注音字母,与清末切音字运动有关。清末二十年,民间产生了27种以"言文一致"、"普及教育"和"统一国语"为目的的拼音方案,统称"切音字"。1913年"语音统一会"在北京开会,审定6500多个"同音"字,并着重核定音素和采定字母。会上提出的字母方案很多,有的主张利用汉字偏旁笔画,有的主张自造字符,还有的主张选用罗马字母及其变体,众说纷纭,争论不休。最后,会议接受了马裕藻等人的提议,将审音用的"记音字母"作为正式字母。①《中国大百科全书·语言文字卷》在介绍会议所接受的提议时,把马裕藻列为提议者的首位,可见马氏在筹划上述提议中的重要作用。

马裕藻等人的方案中提出了 38 个字母,都是笔画很少的古字。方案通过后,又议决《国音推行方法》7 条。后因政局变动和保守势力的反对,这套字母直到 5 年之后(即 1918 年 11 月 25 日),才由北洋政府教育部正式公布。这是中国第一套法定的汉字形式的拼音字母,在 1958 年《汉语拼音方案》公布前,它"作为汉字正音、传播国语、帮助识字和代替汉字的工具,推行了四十年。四十年中这四个方面的推行,除了代替汉字以外,其他都很有成绩,特别是在汉字正音和推行国语这两个方面。"②

马裕藻带头筹划的"记音字母"方案是在他应邀任北大教授那年提出的,他所以能胜任这项工作,是与他在音韵学、文字学方面的高深造诣分不开的,而"注音字母"方案内容又反过来丰富了他在北大的有关教学。在中国近代汉语正音和推广国语的工作中,马裕藻功不可没。

## 二、满腔热情　支持教育改革

1913 年马裕藻应邀任北京大学教授。他积极支持蔡元培校长领导的教育改革。1916 年前后,北大国文系新旧文化势力冲突激烈。原先北大文科国学教授以桐城派居多,此时由余杭派代之,主要人物为马裕藻、黄侃、钱夏、沈兼士等人。对于蔡元培改革当时封建思想、官僚习气十分浓厚的北京大学,诸师反应不一,马裕藻、钱夏、沈尹默站在新文化方面,黄侃则维护旧文化最力。

对此蔡元培表示:"我对于各家学说,依各国大学通例,循思想自由原则,兼容并包。无论何种学派,苟其言之成理,持之有故,尚不达自然淘汰之命运,即使彼此相反,也听他们自由发展。"③蔡元培的这一主张,对活跃当时北大的学术思想、改革教育具有重大意义。

作为国文系主任,马裕藻遵循蔡元培进步的办学思想,努力吸收具有革新精神和真才实学的学者来国文系任教。1920年8月6日,《鲁迅日记》载:"晚马幼渔来送大学聘书。"④当时鲁迅来北大任教就是马裕藻聘请的。马裕藻与鲁迅过从甚密,《鲁迅日记》提及马裕藻及其家人的地方近200处。鲁迅对马裕藻的为人也十分了解,例如1929年(民国十八年)6月1日,鲁迅在给许广平的信中慨然写道:"南北统一后,'正人君子'们树倒猢狲散,离开北平,而他们的衣钵却没有带走,被先前和他们战斗的有些人给拾去了,未改其原来面目者,据我所见,殆惟幼渔、兼士而已。"⑤

自蔡元培倡教授治校制后,北大校长虽为全校最高领导,然而以下4种机关拥有很大权力,即管立法的评议会,管行政的行政会,管教务的教务会和教务处,以及管事务的总务处。其中评议会的权力最大。马裕藻是校评议会成员,积极参加校务管理。他坚持原则,鼎力协助蔡元培在北大实行教育改革。周作人说:"马幼渔性甚和易,对人很是谦恭,虽是熟识朋友,也总是称某某先生。这似乎是马氏兄弟的一种风气,因为他们都是如此的。与旧友谈天颇喜诙谐,唯自己不善剧谈,只是旁听微笑而已。……他又容易激怒,在评议会的会场上遇见不合理的评论,特别是后来'正人君子'的一派,他便要大声叱咤,一点不留面子,与平常的态度截然不同。"⑥

马裕藻任北大国文系主任,兢兢业业,长达16年之久。他师承章太炎先生,对国学有精深的研究,学识渊博,且专于文字、音韵和训诂学,先后讲授国文预科、国学概要、中国古籍校读法、文字学等课程,作过"戴东原对于古音学的贡献"等精彩的学术报告。马裕藻还任北大国学门委员会委员和《国学季刊》编委。他为北大的教育改革作了切实的努力。

## 三、一身正气　爱国精神感人

马裕藻"一生和蔼待人,以好脾气著称,但在气节这根本问题上却毫不迁就"⑦。他的爱国热忱和高风亮节不是偶然的。

早在1903年至1911年留学日本期间,马裕藻偕同夫人陈德馨就与鲁迅、蔡元培、秋瑾、徐锡麟、陶成章等许多反清革新派人物交往密切,深受他们革命思想的影响。

1919年5月4日北京大专院校学生因当局对山东问题丧权辱国,集会于天安门,同时往外交总长曹汝霖家示威。驻日公使章宗祥适在,受群众痛打。当局命军警镇压,北大学生30余人遭逮捕。蔡元培校长为抗议当局倒行逆施,于5月9日愤然辞职离京。翌日,北大教师代表马裕藻等4人到教育部请愿,表示如蔡不留任,北大教职员"即一致总辞职"。6月22日教育部不得不派官员与马裕藻等北大师生代表到杭州迎接蔡元培回京复任。在五四运动中,马裕藻坚定地站在爱国学生一边。

1925年初,北京女师大校长杨荫榆压迫学生,排除异己,引起公愤,女师大学生代表赴教育部要求撤换校长。杨荫榆借故开除刘和珍、许广平等6名学生自治会代表,从而引发女师大风潮。为了声援女师大同学的正义斗争,鲁迅、马裕藻等7人签署了《对于北京女子师范大学风潮宣言》。后来许广平始终保存这一宣言的铅印件,并在旁附注:"鲁迅拟稿,针对杨荫榆的《感言》仗义执言,并邀请马裕藻先生转请其他先生连名的宣言。"⑧8月6日教育总长章士钊下令解散女师大。8月18日北大评议会决议:章士钊为教育界罪人,北大与教育部脱离关系。8月21日鲁迅、马裕藻等人发表《北大评议员反章士钊宣言》,不承认章为教育总长。⑨11月,章被迫辞职。女师大学生返回学校。由此可见马裕藻及其他北大评议会成员与教育总长章士钊作了针锋相对的斗争,并取得了胜利。

翌年3月18日,北京大学等校学生为抗议当局卖国的对日外交,往铁狮子胡同向段祺瑞当局请愿,遭军警弹压,死伤200余人,这就是震动中外的"三一八"惨案。3月21日马裕藻所在的北大评议会发表宣言,严正指出:"三月十八日的请愿,绝非一党一系的群众运动,而确为一种国民的运动。"4月9日《京报》披露,北京临时执政府继通缉李大钊等人外,又发布第二批通缉48人的名单,其中有鲁迅和马裕藻等人。

1934年8月,国民党政府在北平逮捕了爱国人士许德珩、侯外庐、范文澜等。马裕藻、沈兼士和许寿裳等,不顾个人安危,又联名上书,强烈要求当局立即无条件释放上述人士。

1937年7月7日,卢沟桥事件爆发。北大、清华、南开三校师生相继南下。7月29日,北平沦陷。马裕藻因年迈和患高血压未能转徙内地。北大指定马裕藻、董康和周作人三教授留守,保管校产。日本侵略者曾数次命马裕藻的旧交周作人前来请马出山任教,马让幼子马泰(现天津医学院附属医院教授)拒之门外不见。周作人还来纠缠,最后马让马泰对周说:"我父亲说了,他不认识你。"从此,周没有再来。[⑩]从这件事上,马裕藻的爱国气节可见一斑。

在日寇占领北平期间,马裕藻一直蛰居寓所,拒绝出山为日寇效劳。沈尹默在重庆曾赋诗形容马裕藻当时的处境。诗曰:"门外黄尘不可除,从来寂寞子云居。"短短两句诗反映了马裕藻宁愿过失业清贫的生活,不愿卖国求荣的凛然正气。然而说马裕藻"从来寂寞"也不尽然。在日本法西斯白色恐怖统治下,马裕藻仍与钱玄同、夏康农等几位知己经常来往。夏曾留法勤工俭学并参加过大革命,当时他有一台短波收音机能听到抗战后方的广播。当平型关、台儿庄大捷的喜讯传来时,他就遣其子(现名齐怀远)邀马裕藻到他家秘密听广播,他们为抗战的每一捷报欢欣鼓舞,两人常常促膝谈到深夜。

张中行先生在《负暄琐话》中说:"马幼渔先生名裕藻,是我的双重教师。三十年代初我考入北京大学,选定念中国语言文学系,他是系主任,依旧说,我应该以门生礼谒见。……在一般人的心目中,马先生不过是好好先生而已。……日久天长,我们才明白,在校时期对马先生的认识其实并不对。他通达,识大体,以忠恕之道待人,并非庸庸碌碌。旧日有些印象像是沾点边,也是似是而非,比如好好先生,这是我们把他的宽厚看作无原则的迁就。其实,他律己严,对人的迁就也仅限于礼让。在这方面,可记的事情颇不少,随便举一些。还是任系主任的时候,他家的某一个年轻人报考北京大学,有一次,不知是有意还是无意,在先生面前自言自语地说:'不知道今年国文会出哪类题。'马先生大怒,骂道:'你是混蛋!想叫我告诉你考题吗?'又,有一次,同学李君请马先生写些字,留作纪念。马先生沉吟了一会,不好意思地说:'真对不起,现在国土沦陷,我忍辱偷生,绝不能写什么,将来国土光复,我一定报答你,叫我写什么,叫我写多少我写多少。'马先生可谓言行一致。……他爱国,有时爱到有近于宗教的感情。他相信中国最终一定胜利,而且时间不会很久。我们每次去,他见面第一句话总是问:'听到什么好消息吗?'"⑪

1945年初,日夜期盼抗战胜利的马裕藻在病榻上喃喃地说:"天快亮了,天快亮了。"

吴晓铃先生也曾写道:"马幼渔(裕藻)先生在学术界居五马之首,在日本时曾和鲁迅先生同师章太炎。我在离开北平时去向他辞行。他用古体文写下了如下几句赠言:'余病居边城,远跂云岭,临岐恫苦,赠处无言,惟祈晓铃默识余衷,互相砥砺而已。'真是'满怀心腹事,尽在不言中',对于我则是鞭策。老人不久便抑郁而终。"⑫

1945年4月,满怀对北京大学的深情,对教育事业的眷念,对国家前途的关切,马裕藻走完了他68年的人生历程,家人遵遗嘱将他一生珍贵藏书全部捐赠给北大图书馆。

近一个世纪来,在"民主与科学"的旗帜下,北京大学英才继起,人杰辈出。诚然,与那些生前显赫、身后扬名的人士相比,许许多多像马裕藻这样的北大之子,则可谓是孺子之牛,传火之薪。

1998年是北京大学建校100周年,同时又恰逢马裕藻先生诞辰120周年。对北大优秀传统精神的继承与弘扬,也正是对北大前辈最好的纪念吧!

**注 释**

① 参见《中国大百科全书·语言文字卷》第540页。
② 《中国大百科全书·语言文字卷》第541页。
③ 蔡元培《我在教育界的经验》,《蔡元培选集》1959年版,第334页。
④ 《鲁迅全集》(第14卷,日记),谷风出版社1980年版,第382页。
⑤ 《鲁迅全集》(第11卷,两地书·书信)第316页。
⑥ 周作人《三沈二马》(下),张明高等编《周作人散文集》,中国广播电视出版社1992年版,第447页。
⑦⑩ 马珏《北大忆旧二题》,载《精神的魅力》,北京大学出版社1988年版,第35页。
⑧ 《鲁迅全集·集外集拾遗补编》第402页。
⑨ 《北京大学月刊》1925年(民国十四年)8月26日。
⑪ 张中行《负暄琐话》,黑龙江人民出版社1986年版,第10页。
⑫ 《北京晚报》1985年10月4日。

〔作者　孔　冈　北京图书馆馆员
　　　　杨康善　北京大学宣传部研究员〕

# 茅盾在北大\*

## 乐黛云

1913年夏,北京大学由京师大学堂改名为北京大学后,第一次招收预科学生。预科分第一类和第二类,第一类预科,三年学习期满后,进入文、法、商本科;第二类预科则进入理工科本科。预科一成立,就在北京、上海两地同时招生。这一年,正值茅盾高中毕业,茅盾的母亲在她所订阅的《申报》上,看到这一消息,决定让茅盾北上求学。茅盾的母亲是一个见多识广的女人,从不把儿子拴在身边,茅盾小学毕业,就已离家到杭州等地上中学了。茅盾10岁时父亲早逝,全靠母亲抚育成人,母亲始终把全部精力倾注在培养两个儿子身上,她曾在丈夫遗像两侧挂过一副对联:

幼诵孔孟之言,长学声光化电,忧国忧家,斯人斯疾,
　　奈何雄才未展,死不瞑目;
良人亦即良师,十年互勉互励,雹碎春红,百身莫赎,
　　从今誓守遗言,管教双雏。

她一反过去积攒钱财,将遗产留给儿孙的传统做法,将现有的7000银元分为两份,供两个儿子读书。她认为对后辈最有用的,莫过于智力投资。

---

\* 此文参考茅盾所著《我走过的道路》、《我的中学时代及其后》等文章写成。——作者

这样，茅盾于 1913 年 7 月来到上海，投考北京大学。在选择学科时，茅盾违背了父亲希望他学习理工，振兴实业的遗愿，选择了第一类预科。这是因为他"自知数学不行"，而第一类只考国文和英文。考试前，茅盾对文学已有相当充分的准备。他不仅国学基础很好，而且读过大量文学作品，如他自己所说："中国的旧小说我几乎全部读过(也包括一些弹词)。这是在十五六岁以前读的(大部分)。"当时在上海考试，第一个上午考国文，回答有关中国文学、学术源流发展的若干问题；第二个上午考英文，无非是造句、填空、改错之类。另外，还有一场口试。茅盾回忆说，他考完后，天天看《申报》，因为被录取者将在《申报》广告栏刊登姓名。等了约一个月，茅盾的大名终于在报上被登了出来，然而不是"沈德鸿"，却是"沈德鸣"，是字形相近写错了吗？还是真有一个什么"沈德鸣"？茅盾忧喜参半，又多了几天焦虑，直到接到了正式通知。

1913 年 8 月中旬，茅盾从上海乘船，海程三天三夜到达天津，再转北京，来到了北京大学，那时，他刚满 17 岁(茅盾生于 1896 年 7 月 4 日)。预科的新生宿舍是两层楼的洋式建筑，原属译学馆。课堂是新建的，大概有五六座，都是洋式平房，离宿舍不远。这个译学馆宿舍，楼上楼下各两大间，每间约有床位十来个。学生都用蚊帐和书架把自己的角落围成一个小房间，楼的四角是形成小房间的最好地位，茅盾到来时，四个角的好地位已被他人抢先占据了，他的床位和另一个浙江人毛子水相邻。译学馆宿舍的条件比在沙滩新建的预科简便宿舍要好得多。那边是二三十排平房，纸糊顶篷，面积很小，两人一间，除了两人相对的床位、书桌、书架之外，中间只能容一人走过；取暖靠煤球小火炉，要自己升火，而译学馆则是装烟筒的洋式煤炉，有"斋夫"(校役)管理。

北大第一届第一类预科新生约 200 余人，分 4 个课堂上课。每个课堂约有座位 40 至 50 个。当时北京大学的校长是由理科院长胡仁源(留美博士)代理。预科主任沈步洲也是留美的，教授也以洋人为多。中国教授中,教中国文学的有沈尹默、朱希祖、马氏三兄弟之一(可能是马幼渔)和沈坚士(教文字学)等。当时茅盾印象最深的是中国历史和中国地理的教师。教中国历史的陈汉章先生是晚清经学大师俞曲园的弟子、章太炎的同学。过去京师大学堂就曾聘请他担任过教授,但他因京师大学堂章程规定,毕业后可获钦赐翰林称号,为了这个"钦赐翰林",他宁愿放弃教授头衔,从头当一年级学生。可惜他的翰林梦被辛亥革命彻底粉碎了。辛亥革命后,北京大学履行前约,仍然请他当教授,接替沈尹默讲授历史。茅盾在《也算纪念》一文中回忆说:"他从上古史讲起,重点在于从先秦诸子的作品中搜罗片段,证明欧洲近代科学所谓声光化电,都是我国古已有之,而那时候,现在的欧洲列强还在茹毛饮血的时代。甚至说,飞机在先秦就有了,证据是《列子》上说有飞车。"茅盾认为这显然是附会,因此在一次下课时,故意讽刺说:"发思古之悠情,扬大汉之天声。"陈汉章听到了,晚间就派人到译学馆宿舍找茅盾去家中谈话,告诉茅盾他所以这样讲,是因为他想打破现今遍及全国的崇拜西洋、妄自菲薄的颓风。他并指出代理校长胡仁源就是这样的人物。这位老先生还对康有为的《新学伪经考》很不满意,主张"经古文派和今文派不宜坚持家法,对古文派和今文派的学说应择善而从",茅盾认为"这是比较持平的说法"。

教本国地理的教授是一位扬州人,他也是自编讲义,用考证法讲地理,主要按照《大清一统志》讲,还参考各省、府、县的地方志,乃至《水经注》。茅盾已记不起他的名字,但仍能记起他讲课的内容,对他的评价是"可谓用力甚勤,然而不切实用"。沈尹默先生在他所写的《我与北大》中忆及北大的"怪人怪事"时,曾提到预科有一位教地理的桂蔚丞老先生,上课时由听差送一壶茶,一只水烟袋上讲堂。讲义、参考书秘不示人,学生只能听,不能借阅。也许这就是茅盾提到的那位迂夫子。

茅盾最欣赏的是沈尹默教授,他认为从他那里受益最多。按茅盾的回忆,他教国文,没有讲义,"只指示研究学术的门径"。他要学生博览群书,方法是先明大要,即关于先秦诸子各家学说的概况及其相互攻讦之大要,特别要读庄子的《天下》篇、荀子的《非十二子》篇、韩非子的《显学》篇。他要学生精读这些子书,并注意伪书。至于古代文论,他要学生读曹丕《典论论文》、陆机《文赋》、刘勰的《文心雕龙》,乃至清人章学诚的《文史通义》,并及刘知几的《史通》。茅盾回忆说,沈先生总是说清楚精读什么、略读什么、注意什么,由此指点门径,让学生自己在读书中思考。

茅盾晚年曾写《也算纪念》一文,谈到当时"教员中间,教外国历史、英国文学史,第二外国语的,全是洋人,笑话很多",后来,在《我走过的道路》中,他又回忆说,当时教法语的是一个退伍法国兵,据说是法国使馆硬荐给预科主任沈步洲的。他不懂英语,更不懂汉语,只能照着课本从字母到单字往下念,幸而用的是法国小学课本,单字附图,学生赖以得知某个字指的是什么东西。外国文学则是以英国司各特的《艾凡赫》和狄福的《鲁滨逊漂流记》为教材,两个外籍老师各教一本。教《艾凡赫》的那一位用他刚学来的北京话讲,弄得大家莫名其妙,笑话百出。这三门课第二学期都换了人。法文换了一位波兰籍教师,兼教法文和德文,用英语解释,当然比那位退伍兵好得多了。其他两门课则换了中国人。另外,教世界史的是一位英国人,他教的世界史实际是欧洲史。

茅盾最喜欢的外籍教师是一位美国人,他曾回忆说:"最使我高兴的,是新来的美籍教师……他教我们莎士比亚戏曲,先教了《麦克白》,后又教了《威尼斯商人》和《哈姆雷特》等等。一学期以后,他就要我们作英文的论文。他不按照一般的英文教学法,先得学习叙述、描写、辩论等的死板规定,而出个题目,让我们自由发挥,第二天交卷。"茅盾说他当时"出手虽快,却常有小的错误",可见他那时的英文水平已经相当不错了。到预科毕业时,他已能比较自由地阅读各种英文书籍。1962年,茅盾曾说:"外国文学,我也是涉猎相当广,除英国文学外,其他各国文学我读的大半是英文译本。原因是那时候,三十年前,汉文译本少,而且译得不好。"1978 年,他又回忆说:"五十年前的青年不得不自己去阅读大量的书籍,然后能摸索到如何解剖一部外国文学名著……他所要解读的外国文学名著当时并无可靠的译本,甚至并无译本……参考书籍在当时又只有外文的,并没有译本,所以若不精通外文就寸步难行。"茅盾这里所说的 30 年前和 20 年前,分别应是 1932 年和 1928 年,比这更早得多的 1913 年到 1916 年,无译文可读,当然就更不在话下了。茅盾后来的大量译著和研究成果显然得力于在北大打好的英语基础。

预科三年,茅盾也没有放弃传统文化方面的阅读,他三年寒假都没有回家,全部用来读经史子集,特别是史。他回忆说:"寒假是一个月又半,三年是四个月又半,当时除前四史是精读,其余各史不过浏览一遍而已,有些部分,如关于天文、河渠等太专门了,我那时也不感兴趣,就略过了。"这也可见茅盾读书方法之一斑。总之,在北大三年,茅盾在中国文化、西方文学、外语等各项基本功方面都打下相当扎实的根基。

然而,茅盾自己对在北大预科三年的生活并不是很满意,他说:"读完了三年预科,我还是我,除了多吃些北方的沙土,并没有新得些什么,于是我也就厌倦了学校的生活了。"这可能是因为当时的北大并不能如他所想的,使他的"感情理智以及才能"得到"平衡发展",没有能如他对于学校生活所期待的,"发展你的才具,充实你的生活"。而北大预科教授的学术水平与教学方法也不能不使他颇感失望。他曾经说:"我那时在北京大学,尽看自己喜欢的书,不听讲,因为那时的教授实在也并不高明。"加之当时北方政治黑暗,袁世凯正在密谋称帝,军阀割据的局面使得中国备受欺凌,民不聊生,青年茅盾当然会感到精神和心灵上的压抑。

茅盾在北大预科毕业前一年(1915 年),《青年杂志》(后改名《新青年》)创刊了。这个刊物和它所介绍的新思想越来越受到茅盾的关注。正如他在 1946 年与韩北屏谈"五四"时所说的,这些新思想使他"感到刺激力很强,以前,人好像全在黑暗当中,那时才好像突然打开窗户"(《文哨》第 28 期)。

1916 年 7 月,茅盾在北大预科毕业,投身于新思潮更为活跃的上海,进了上海商务印书馆编译所,那时茅盾刚满 20 岁。

〔作者　北京大学中文系教授〕

# 《新潮》主将 "五四"指挥——傅斯年

欧阳哲生

在民国时期,对北大的建设卓有成绩者,除了人们经常提到的蔡元培和胡适这两位挂帅人物以外,还有两位值得称道的大将:蒋梦麟和傅斯年。傅斯年主持北大校务的时间极为短暂,故人们很容易忽略他与北大的关系,其实在"五四"以后的30年中,傅斯年不仅是一位杰出的北大学人,而且对北大的建树立下了汗马功劳。

## 一

傅斯年(1896—1950),山东聊城人,1913年考入北大预科。当时北大预科学制3年,分一、二两类,一类偏重文史,二类侧重数理化等自然科学。傅斯年自幼在家乡接受了8年的传统教育,继承了其深厚的家学渊源,喜好国学,故他选择了一类。

傅斯年入北大之初,长得人高马大,一副典型的山东大汉模样,实则身体孱弱。但他天资甚高,又很勤奋,故成绩优异,是校内有名的高才生。除了刻苦攻读学业外,傅斯年还参与课外活动。1914年,他与同学沈沉等人发起组织了"文学会",这是一个以学生为主体,以研究辞章作文,提高文学素养为宗旨的业余团体。他们创办了一份《劝学》杂志,刊名由严复用草书体题写而成。后来,他们在此基础上,又进一步加以扩大,改组为"雄辩会",该会以修缮辞令,沟通思想,提高思辨能力,锻炼演讲能力为宗旨,内分国文、英文两部,两部下设演讲、著述二科,傅斯年担任国文部副部长兼编辑长。

经过3年严格的预科训练,1916年夏,傅斯年以优异的成绩升入北大本科国文门。据笔者检索北大教务档,证实当时傅斯年的学习成绩在全班名列前茅,并非虚传。现将民国五年(1916年)六月傅斯年的毕业考试成绩录于此:西洋史93分、经济85分、心理94分、英文作文94分、论理96分、英文古文98分、法学通论80分、英文文学98分、德文文法读本97分、文章学99分、地理100分、历史99分、文字学85分、伦理95分、拉丁文70分、操行100、旷课扣分加3分,总计1482分,总平均92.6分,实得94.6分。①

傅斯年进国文门主要是受当时国学大师章太炎思想和人格的感染,而此时北大文科多为章太炎的门生弟子所把持。由于傅斯年在同学中出类拔萃,颇得黄侃、陈汉章、刘师培诸师的器重和栽培,他们期望这位学生日后继承章氏学派的衣钵。周围的同学对这位恃才傲物、举止豪爽的高才生亦刮目相看,畏而远之,有的同学竟称他为"孔子以后的第一人"②。据毛子水回忆:"在我看起来,他那时的志愿,实在是要通当时所谓'国学'的全体;惟以语言文字为读一切书的门径,所以托身中国文学系。当时北京大学文史科学生读书的风气,受章太炎先生学说的影响很大。傅先生最初亦是崇信章氏的一人,终因资性卓荦,不久就冲出章氏的樊笼;到后来提到章氏,有时不免有轻蔑的语气。与其说是辜负启蒙的恩德,毋宁说这是因为对于那种学派用力较深,所以对那种学派的弊病也看得清楚些,遂至憎恶也较深。"③

导致傅斯年思想观念发生转变的是新文化运动。1917年初,蔡元培先生主长北大,先后延揽陈独秀、胡适、李大钊、钱玄同、周氏兄弟来北大任教,"文学革命"的风暴开始震撼着昔日寂静的校园。胡适在哲学系开设中国哲学史课程。原来担任此课的是陈汉章老先生,他讲了半年才讲到周公,而胡适径直从周宣王讲起,这种处理中国哲学史的做法,颇使学生们震动,"骇得一堂中舌挢而不能下"④。一些学生认为这是思想造反,不配登堂讲授。傅斯年在学生中有一定威信,他曾率学生将一不学无术的教师赶下讲台。此次同学们又请他来听课,听了几次课以后,他告诉同学们说:"这个人书虽然读得不多,但他走的这一条路是对的,你们不能闹。"这样才平息了一场风波。傅斯年去世后,胡适提及此事,无限深情地称他是自己的"保驾人"⑤。

傅斯年日渐敬服胡适,经常去听他的课,甚至邀集一些同学去胡适家中"客客气气的请教受益"。⑥通过深入接触,胡适"甚惊异孟真中国文学之博与精,和他一接受科学方法整理旧学以后的创获多与深",因而非常器重这位学生。另一方面,傅斯年也越来越倾倒于胡适的思想和学问,转向赞成"文学革命"的主张,对西书的阅读兴趣也甚为浓厚。"当时在北京大学师生中,文言文写得不通或不好而赞成新文学的很多,文言文写得很通很好而赞成新文学的很少。傅先生便是后一类中的一个。"⑦傅斯年住在校内西斋四号,同室者有精心钻研哲学和古史的顾颉刚,有专心研究词章的狄君武,有迷恋佛经的周烈亚,大气磅礴的傅斯年则"和他的一班不速之客的朋友罗志希等,在高谈文学革命和新文化运动"。以后文学革命的旗帜,"因得孟真而大张"。⑧

1918年10月8日,《北京大学日刊》刊登了傅斯年给校长的投书——《论哲学门隶属文科之流弊》。文中认为,哲学研究的材料来源于自然科学,"凡自然科学作一大进步,即哲学发一异彩之日",主张哲学应入理科。⑨此文引起蔡元培的注意。他对这位高才生寄予厚望,题词赠曰:"山平水远苍茫外,地辟天开指顾中。"⑩

这年夏天,傅斯年约集毛子水、罗家伦、顾颉刚、康白情、俞平伯等20名志同道合的同学成立了北大学生中第一个倾向于新文化的团体——新潮社,并开始筹办《新潮》。蔡元培、陈独秀对他们的行动给予了热情赞助,他们从北大每年4万元的经费中提出2000元给傅斯年办《新潮》,胡适则出面担任他们的学术顾问。1919年元旦,由傅斯年主编的《新潮》创刊号问世。在《〈新潮〉发刊旨趣书》中,傅斯年强调该刊是为了帮助同学们"去遗传的科举思想,进于现世的科学思想;去主观的武断思想,进于客观的怀疑思想;为未来社会之人,不为现实社会之人;造成战胜社会之人格,不为社会战胜之人格"[11]。其宗旨与《新青年》如出一辙,怪不得它的出现被视为新文化运动的又一个阵地。傅斯年还豪迈地宣告:"期之以十年,则今日之大学固来日中国一切新学术之策源地。"[12]

傅斯年在《新潮》上发表了40多篇文章。内容涉及文学语言、社会政治、道德伦理、哲学历史等领域,产生了极大的社会影响。从此他蜚声文坛,成为北京大学一位富有魅力的学生领袖人物。

五四运动的策源地是北大。为抗议巴黎和会把原来德国在山东的一切权利转让日本的决定,5月2日,蔡元培校长将巴黎和会上中国外交失利的消息告诉新潮社的罗家伦、傅斯年、康白情、段锡朋以及国民杂志社的许德珩等人。5月3日晚,北大全体学生召开大会,傅斯年等新潮社同仁出席了这次大会。在这次会议上,傅斯年等20名学生被推为代表,负责第二天大示威的组织事宜。

5月4日上午,傅斯年在堂子胡同国立法政专门学校主持13校学生代表会议。该会议决定:各校代表立刻回校去集合本校同学,下午1点在天安门前集合汇集,全体抗议帝国主义在巴黎和约上关于山东问题的不公正的规定。下午,各校学生3000余人在天安门集会,傅斯年担任游行总指挥,扛举大旗,走在队伍的前列。学生游行队伍走至东交民巷西门口美国使馆门前受阻,遂转向曹汝霖的住宅——赵家楼。愤怒的学生痛打呆在曹家的章宗祥,火烧赵家楼,北洋军阀派兵赶赴现场镇压,当场逮捕学生32人。傅斯年离开现场较早,故未被捕。当天晚上他回校时对同学姚从吾说:"这回北大损失太大了,同学被捕去好多。"[13]

5月5日,傅斯年与一个"冲动到理智失去平衡的同学"打了一架,于是他大怒一场,"赌咒不到学生会里来工作。"[14]这样,傅斯年退出了轰轰烈烈的学生运动。

这年夏天,傅斯年毕业于北大文科国文门。谈及自己北大时期的学生生活时,傅先生本人曾有一段回忆:"我在北京大学六年(预科三年,本科三年),从民国二年到民国八年。那时候学生的平均购买力比现在高得多,吃个小馆,不算稀奇。我是个中产阶级的无产贫家出身,但也差不多每星期跑到东安市场买肉回来吃。我在这六年中,五年住宿舍,饭食的钱,一月合四块多钱,吃的和现在银行下级行员差不多。我在学校的宿舍里住了五年,最后一年因为在报上作点小文,有几个钱,便'住公寓'去了。那时候北京大学左右的公寓不计其数,小饭铺不计其数,买零肉的尤其不计其数。"⑮

傅斯年的大学成绩优秀,在班上居于前列。第一学年,中国文学160分,文字学180分,中国史90分,中国文学史85分,论理学100分,操行140分,总计755分,平均89.9分,扣分1分,实得88.9分,居全班第一名。第二学年,古代文学史93.5分,近代欧洲文学史80分,日文67分,文字学80分,总计320.5分,平均80.1分,列全班第三名(排在杨振声、罗常培之后)。第三学年,近代文学史87.5分,文字学85分,言语学96分,词曲82分,日文C班70分,总计420.5分,平均84.1分,居全班第五名(排在区文雄、崔志文、张煊、俞平伯之后)。⑯

## 二

1919年秋,傅斯年考取山东省官费留学。这年冬天,他踏上了赴欧留学的旅程。在英、德学习7年,傅斯年先后就读于伦敦大学大学院、柏林大学文学院。1926年秋回国,随后担任中山大学文科学长。1928年,中央研究院成立,应蔡元培先生之邀,他出任历史语言研究所所长。第二年,史语所由广州迁往北京。这时,蒋梦麟主长北大,他聘傅斯年任北大兼职教授和北大历史系名誉教授。

据蒋梦麟回忆:"九一八事变后,北平正在多事之秋,我的参谋就是适之和孟真两位。事无大小,都就商于两位。他们两位代北大请了好多位国内著名教授。北大在北伐成功以后之复兴,他们两位的功劳,实在太大了。"[17]蒋还称赞傅为人处事的两大特征:"办事十分细心"和"说一是一,说二是二"的果断精神。

现能查到傅斯年当年给北大所上的课程有史学方法导论(民国二十二年到二十三年度,历史系二年级必修课),其内容为:"一、中国及欧洲史学观点之演讲,二、自然科学与史学之关系,三、史料之整理方法"[18];中国古代文学史(民国二十三年度,国文系二、三、四年级选修课,周四时),其内容为:"(1)自殷周至汉末文籍之考订及分解;(2)同期中诗文各体之演讲;(3)同期中文学与政治社会之相互影响;(4)同期中文学在后代之影响"[19];中国上古史单题研究(民国二十三年度历史系选修课,周四时),"此科所讲,大致以近年考古学在中国古代史范围中所贡献者为限;并以新获知识与经典遗文比核,以办理下列各问题:(1)地理与历史,(2)古代部落与种姓,(3)封建,(4)东夷,(5)考古学上之夏,(6)周与西土,(7)春秋战国间社会之变更,(8)战国之大统一思想,(9)由部落至帝国,(10)秦汉大统一之因素"[20];中国文学史(一)(二)(民国二十四度国文系二、三、四年级文学组课程,周二时,本年停);中国文学史专题研究(与胡适,罗庸合开,周二时);汉魏史择题研究(与劳干合开,民国二十四年度历史系选修课,周二时)。[21]时胡适任北大文学院院长,他见史语所知名学者多,乐于在该所延揽兼职教授。史语所所址离北大不远,所内人员亦多愿前往。但兼课多了,势必影响本所科研工作,所以傅斯年对史语所研究人员外出兼课严加控制,经他允准兼课的只有陈寅恪、李济等几位大学者。

傅斯年去北大教课,附带一个任务就是选拔尖子,充实史语所研究队伍,时在北大读书的邓广铭先生回忆:"傅斯年、董作宾、李济、梁思永诸先生都在北大讲课,想发现选拔人才。后来,北大毕业生到史语所去的很多,我的同学中就有胡厚宣、张政烺、傅乐焕、王崇武等人。"[22]

"九一八"事变后,日本帝国主义侵占东北。日本京都大学教授矢野仁一发表一篇《满蒙藏本来并非中国领土》的论文,别有用心地鼓吹出身东北的满洲皇帝理应有权回到他的故地建立一个独立国家,以为其支持满洲国提供依据。傅斯年闻讯心急如焚,忧愤交加,他在百忙之中,组织方壮猷、徐中舒、萧一山、蒋廷黻一起编写《东北史纲》,专驳日本人"满蒙藏在历史上非中国领土"的谬论。该书第一卷于1932年10月在北平出版。"这部用民族学,语言学的眼光和旧籍的史地知识,来证明东北原来是我们中国的郡县;我们的文化种族和这一块地方有着不可分离的关系。"(陈槃语)此书曾经李济节译成英文送交国际联盟李顿调查团,后来李顿调查团的报告书中表示东北是中国的领土,显然接受了该书的观点。1932年,傅斯年还与胡适,丁文江等在北平创办《独立评论》周刊,在该刊他发表《日寇与热河平津》、《"九一八"事变一年了》、《国联调查团报告书一瞥》等多篇时评,揭露日寇侵华野心,警醒国人不忘国耻。

1930年西北科学考察团瑞典考古学家贝格曼(F.Bergman)在额济纳河流域的黑城发现简牍1万余枚,即是"居延汉简",次年运抵北平,藏于北平图书馆,由马衡等人整理释读。为了妥善保存这批历史文物,1933年经过胡适与傅斯年的协调,移到北大文科研究所,加速整理。[23]北平沦陷后,傅斯年又将这批材料运往美国妥为保管,使之免于沦落日伪之手。

1936年春,史语所南迁,傅斯年辞去北大兼职,随所南下。不久,日寇大举进攻华北。为了保护文教设施,傅斯年提出将北京大学、清华大学和南开大学南迁合组的建议,被国民政府采纳。三所大学后迁至昆明组建成著名的西南联合大学。在此期间,傅斯年继胡适去国后,接任了北大文科研究所所长一职。

## 三

抗战胜利后,北大复校。此前蒋梦麟因受命任行政院秘书长,照有关规定,政府官员不能兼任大学校长,他只好去职。国民政府和蒋介石瞩意傅斯年接任北大校长,并通过教育部长朱家骅转告,傅斯年获悉此讯,立即回信蒋介石,表示坚辞,信曰:"日昨朱部长骝先先生,以尊命见示,谓蒋梦麟先生之北京大学校长出缺,即以斯年承乏。自知不能负荷世务,三十年来,读书述作之志,迄不可改。徒以国家艰难,未敢自逸,故时作谬论。今日月重光,正幸得遂初志,若忽然办事,必累钧座知人之明,兼以斯年恶性血压高,于兹五年,危险逐年迫切,医生告戒,谓如再不听,必生事故。……抑有进者,北京大学之教授全体及一切有关之人,皆盼胡适之先生为校长,为日有年矣。适之先生经师人师,士林所宗,在国内既负盛名,在英美则声誉之隆,尤为前所未有。今如以为北京大学校长,不特校内感俯顺舆情之美;即全国教育界,亦必以为清时佳话而欢欣;在我盟邦,更感兴奋,将以为政府选贤任能者如此,乃中国政府走上新方向之证明;所谓一举而数得者也。"㉔傅斯年言词恳切,国民政府接受了他的请求,决定任命胡适为北大校长。因为胡适在美未归,转推他暂时代理北大校长,并聘为西南联大常务委员。朱家骅后来叙及此事原委:"抗战胜利,各校复员,北京大学地位重要。我和他商量,想请胡适之先生担任校长,他也极力的主张。不过胡先生不能立即回国,结果,又把代理校长推在他的身上。他当时虽表示不愿,但北大是他的母校,而胡先生又是他的老师,我以大义相劝,他不得不勉强答应。"㉕

傅斯年上任后,一方面面临北大的复员问题,一方面要处理伪北大的遗留问题。西南联大地处偏僻的边城——昆明,要将数以千计的北大师生和庞大的校产从昆明搬到北平,其组织工作的难度可想而知。

傅斯年是一个民族感情极强,并极讲民族气节的人。平津沦陷时期,敌伪在北京大学旧址继续办学,国人以"伪北大"视之。抗战胜利后,"伪北大"留有数千名师生无从处置。北大复员前,国民政府曾派陈雪屏去北平负责教育方面的接受事宜,陈在北平设立了补习班,收容伪北大学生,并征调一批伪教职人员维持其课业。傅斯年认为文人尤其是教师,为人师表,更应保持个人名节,作为全国最高学府的北京大学尤其应做表率。因此,他于10月和12月两次在重庆声明,坚决不任用伪北大人员,认为:"专科以上学校,必须在礼义廉耻四字上,做一个榜样,给学生们下一代看。"㉖"伪北大"教职员在国难当头之时为敌服务,于大节有亏,故不拟继续录用。北平报纸评论说他对伪职人员"有一种不共戴天的忿怒"。伪教职人员组织团体,四处游说、请愿,要求北大继续留用,不少政府官员和朋友也出面讲情,傅斯年顶住各方面压力,坚决辞退了这批伪教职人员。不独如此,他坚决主张严惩汉奸。伪北大校长鲍鉴清附敌有据,河北高等法院宣判他无罪,傅先生搜集鲍氏4项罪状,向有关机关继续抗告,表明了他对伪职人员的严正态度。

对于伪北大的青年学生,傅斯年则网开一面。他认为:"青年何辜,现在二十岁的大学生,抗战爆发时还不过是十二岁的孩子,我是主张善为待之,予以就学便利。"㉗对伪北大的学生除原陈雪屏代表教育部在北平设立临时大学进行收容外,傅斯年又派郑天挺代表北大筹备复原,对伪北大学生给予了妥善安置。

傅斯年在北京大学接收和复员中,还抓紧进行学校的各项建设。他设法延揽知名教授来校任教,充实北大师资力量。他除把北大迁往南方的图书资料和其它设施运回外,还把北大附近的相公府、东厂胡同黎元洪旧居、旧国会大厦数处力争为北大校产。他在接收伪北大的基础上,将原来的文、理、法3个学院扩大为文、理、法、工、农、医6个学院,使北大成为门类齐全的综合性大学。㉘

在北大复校过程中,傅斯年面临种种复杂的问题,其间还遇到处

理西南联大的"一二·一"学生运动。各种事务使他身心交瘁,从他1945年10月28日给周枚荪的信[20]可见一斑:

> 枚荪吾兄:
> 惠示敬悉,盛情热心感佩之至。弟贸然代理,半年之后,必遭天殃,有不得不与兄等约者,弟固跳火炕矣,而公等亦不当立于高峰之上,搬请以为乐也,除非大家努力,齐一步骤,此局不易维持也。北大之敌人多矣,随时可来算账,且此时不攘外即无以自立,此尤使弟斗志奋发,而又不得不戒惧者也。此间事,看来与北大无关,实皆息息相关,故教育会议不得不努力,会后不得不留数日,双十前后可到昆明,住一月再返重庆,即谋北上一看,然后再回来,身体能否得付,亦未可知也,适之先生长校。各方腾欢,宋江出马,李逵打先锋,有利亦有弊。
> 弟赴昆明日期,未能即决者,因骝先月底赴英,诸事均得与之商一大概。以便彼与适之先生面谈,尤其是添院之事,弟如早到昆明,返来骝先不在,亦甚不方便也。
> 前需百万元是借的,其用处已函锡予先生,即为生病同人,有生病眷属同人,子女不得上学之同人借用之。锡予附汇西先生,似故借若干(例如每人十万),锡予先生或不肯自借,乞兄借付。
> 建设计画,已佩佩,一切面谈。
> 景钺先生近来一信,另纸作复。如已行乞设法转安。
> 奚若兄,弟多年敬畏之友人,而立意不与弟谈话,弟虽竭力设法,亦无是何,此为弟赴昆明心中一大疙瘩,盼大为一说。数年以来,"吾甚惭于孟子",然彼必谅弟之无他也。昨雪屏示弟,奚若谓弟之办法,有甚妙者,有甚糟者,不可悉听,听时有 di-crimination。诚哉是言。深知我者也。专此教安。
> 弟斯年　二十八日

端升兄同此不另

　　傅斯年代理校长仅仅一年,就使北大各方面走上了正规。其工作效率之高,进展之迅速,显示出傅先生的办事能力非同寻常。但这一切却使他的身体受到了严重消耗。1946年3月,蒋介石曾请他出任国府委员,傅斯年在其辞谢信中即道:"斯年久患血压高,数濒于危,原拟战事结束,即赴美就医,或须用大手术。一俟胡适之先生返国,拟即就道,往返至少三季,或须一年。今后如病不大坏,当在草野之间,为国家努力,以答知遇之恩。"㉚信中虽有托词的成份,但身怀疾病的确是真。朱家骅后来说:"从昆明迁回北平,再以后来的规复设施,又是一件极繁重的事情,使他身体再度的吃了大亏。"㉛1947年1月7日傅斯年致夫人俞大彩信中云:"北京大学可以说两头着火,昆明情形已如上述,究竟如何自联大脱离,大费事,正想中。而北平方面,又弄得很糟,大批伪教职员进来。这是暑假后北大开办的大障碍,但我决心扫荡之,决不为北大留此劣迹。实在说这样局面之下,胡先生办远不如我,我在这几月给他打平天下,他好办下去。"㉜

　　1946年7月胡适回国,9月正式就任北大校长,傅斯年与他进行了交接。9月20日,北大为傅斯年卸任举行了茶话会,"席间胡适先生对一年来为北大尽瘁工作,备致称扬。教授亦相继致词,谓先生在西南联合大学时代力谋恢复北大文科研究所,复员后又为北大广延教授,增加数倍之校舍,至足感谢。先生则谦称:过去为北大办理成功之事,百分之七十为机会,百分之三十为努力;所谓百分之三十之努力,亦为教授不辞万里归来之结果"。㉝29日,傅斯年离开北平前往南京,继续主持史语所的工作。

　　在主持北大工作期间,傅斯年对中国高等教育制度所存在的种种流弊有了深切的体验,从而产生了改革教育体制的一些想法,离开北大前他发表了一篇《漫谈办学》。后来他去台湾担任台大校长,又提笔写了《几个教育的理想》、《一个问题——中国的学校教育制度》、

《中国学校制度之批评》㉞等文,将自己在办教育中所经受的苦痛和盘托出,特别提到"改革教育制度,不可不有新风气,若风气不改?一切事无从改,不止教育而已。"㉟

一般人都对五四时期主长北大的蔡元培先生给予很高的评价,这自然与当时蔡先生的治校业绩分不开。30年代以后,北大历经磨难,而蒋梦麟、胡适、傅斯年诸人苦心经营之。关于这几位师友之间的关系,傅斯年去世前夕,曾发表一个趣谈,他说:蒋梦麟先生学问不如蔡孑民先生,办事却比蔡先生高明。我自己的学问比不上胡适之,但办事却比胡先生高明。最后笑着批评蔡、胡两位先生说:"这两位先生的办事,真不敢恭维。"在场的蒋梦麟补充说:"孟真,你这话对极了,所以他们两位是北大的功臣,我们两个人不过是北大的功狗。"㊱这一席话算是傅、蒋两位给自己的形象定位。

1950年12月20日,傅斯年在台北列席省参议会时,因脑溢血猝发而去世。哲人其萎,不亦悲呼! 胡适在纪念文字中称赞这位学人"是希有的天才——记忆力最强,而判断力最高","是第一流做学问好手,而又能组织,能治事","能做领袖人物,而又能细心办琐事"㊲。在自己的朋友中除了丁文江以外,傅斯年大概算是胡适最看重的人物了。

**注　释:**

①　傅斯年预科期间的学习成绩现藏于北大档案馆教务档中。除了这份毕业考试成绩单外,此外还保存有民国二年(1913年)十二月,民国四年(1915年)四月两份成绩单。

②　伍淑《忆孟真》,《傅孟真传记资料》(九)。《傅斯年全集》第7册所附傅乐成《傅孟真先生年谱》转收此条,台北,联经出版社1980年版。以下简称《傅谱》。

③　毛子水《傅孟真先生传略》,《傅孟真传记资料》(六)。《傅谱》转收此条。

④　顾颉刚《古史辨》第 1 册"自序",北京朴社 1926 年版,第 36 页。

⑤　胡适《傅孟真先生的思想》,《胡适作品集》第 25 册,台北远流出版公司 1986 年版。

⑥⑦⑧⑭　罗家伦《元气淋漓的傅孟真》,载《逝者如斯集》,台北传记文学出版社 1967 年版。

⑨　傅斯年《论哲学门隶属文科之流弊》,《北京大学日刊》1918 年 10 月 8 日。

⑩　原件影印载王泛森、杜正胜编《傅斯年文物资料选辑》第 31 页,台北中央研究院历史语言研究所 1995 年版。

⑪⑫　傅斯年《〈新潮〉发刊旨趣书》,《新潮》创刊号 1918 年 1 月 1 日。

⑬　傅乐成《傅孟真先生与五四运动》,台北《联合报》1968 年 4 月 23 日副刊。

⑮　《傅谱》收入此条。

⑯　傅斯年的本科学习成绩单现藏于北京大学档案馆教务档中。

⑰　蒋梦麟《忆孟真》,台北《自由青年》第 8 期。

⑱　民国二十二年度《国立北京大学一览》第 219、223 页。

⑲　民国二十三年度《国立北京大学一览》第 217、222 页。

⑳　民国二十三年度《国立北京大学一览》第 252、259 页。

㉑　民国二十四年度《国立北京大学一览》第 165、167、193 页。

㉒　邓广铭《回忆我的老师傅斯年先生》,载《傅斯年》,山东人民出版社 1991 年版。

㉓　参见王泛森、杜正胜《傅斯年文物资料选辑》第 78 页。

㉔　《上蒋主席书》(一),《傅斯年全集》第 7 册第 147 页。

㉕㉛　朱家骅《忆傅孟真先生》,《台大校刊》第 101 期。

㉖　转引自傅乐成《傅孟真先生的民族思想》,《传记文学》第 2 卷第 5 号,台北,1963 年 5 月版。

㉗　《傅孟真传记资料》(一)第 171 页。

㉘　参见萧超然等著《北京大学校史》(增订本),北京大学出版社 1988 年版,第 405—418 页。

㉙　原件藏于北京大学档案馆,案卷编号为 533。此信未见收入《傅斯年全集》,故录于此。

㉚ 《上蒋主席书》(二),《傅斯年全集》第 7 册第 149 页。
㉜ 《致俞大彩》,《傅谱》收入此条。
㉝ 《傅谱》收入此条。
㉞ 上列文章均收入《傅斯年全集》第 6 册。
㉟ 傅斯年《中国学校制度之批评》第 6 册第 137 页。
㊱ 参阅蒋梦麟《忆孟真》,台北《自由青年》第 8 期。
㊲ 胡适《关于傅孟真先生生平的报告》,台北中央研究院历史语言研究所 1965 年 3 月 26 日印行。

〔作者　北京大学历史系副教授〕

# 开创古史研究新风的前驱——顾颉刚

## 顾　潮

### 一

我的父亲顾颉刚(1893—1980),名诵坤,字铭坚,号颉刚。江苏苏州人。他之所以成为我国著名学者,一生在古史研究、古籍整理、民俗学以及历史地理学等方面取得杰出成就,是与北京大学分不开的。他在北大学习和工作,前后达20年。

1912年父亲自苏州公立第一中学堂毕业,1913年春考入北大预科。当时北大预科分为两类,一类偏重文科,二类偏重理科。父亲原本是喜爱文科的,他出生于书香门第,苏州又是清代的汉学中心,因此他从小就受到严格的家庭教育和私塾教育,熟读四书五经,并博览众书,具有很好的国学基础,可是他入校后却选择了二类,因为他"梦想进的是农科"。那时他刚刚经历了辛亥革命,"革命的兴奋过去了,放在面前的是愈来愈紧的袁世凯的虐政,使得我们这班青年大为失望,觉得还不如隐居的好。……学了农,既可自给自足,不靠人家吃饭,不侵入这恶浊的世界,又得啸傲云山,招邀风月,上与造物者为友"[①]。虽然父亲对待学业很认真,但他不擅长理科的弱点暴露出来,尤其是数学和制图两门课,成绩总是落后。期末考试将临,他自认有几门功课实在考不出,还不如不考的好,遂休学半年,待下学年改学文科。

1914年秋,父亲改入预科一类。那时国文教师是马裕藻,文字学教师是沈兼士,他们都是国学大师章太炎的及门弟子。1913年冬天,章氏在北京宣武门内化石桥举办国学会讲学,父亲与同学毛子水等前去听讲,对其渊博的学问极为佩服。可惜章氏讲学仅3周就被袁世凯政府逮捕下狱。现在能得其弟子切实的指导,父亲自然要好好用功,除了规定的功课,他又自读8种书,如《史记》、《文心雕龙》、《史通》、《文史通义》、《国故论衡》等,每日依次点读,常读到半夜两点,并记读书笔记,这是他毕生所记200余册读书笔记的开始。他说:"这一年,是我有生以来正式用功的第一年。"②

父亲思想活跃,敢于批评社会上、学术上的各种问题。当时上一班同学傅斯年、沈沅发起组织"文学会",出版《劝学》杂志,向父亲邀稿。上一年冬章太炎针对袁世凯蓄意称帝,在讲学时曾抨击提倡孔教者,指出他们并非提倡学问,而是别有用心,欲以此来推翻共和制。父亲受章氏影响,此时便写了一篇斥责孔教会的《丧文论》,为孔子叫屈,指出六经是诸子所共有,不是孔子所专有,孔子是九流中的一家,不是地位特高的教主;现在孔教会名为尊孔,实为诬孔,如果这样下去,孔子的文章必将丧失地位。此文措辞激烈,超过了章氏的《驳建立孔教议》,傅斯年主张放在第一篇,但其他同学不敢,他们拿给一位地理教师桂老先生看,遭其骂道:"这种东西哪里可以印出来!"于是被退稿。

1915年夏,父亲患伤寒病,误了学年考试。暑假归家伤寒又发,半年后身体才康复。由于旷了一学期的课,他索性休学一年。在此期间,他依自己的兴趣,作了几个月的"清代著述考";同时,又为报考北大文科做准备。他入预科两年,总没有经过学年考试,不能毕业,便欲以同等学力的名义去考本科(那时北大本科亦收同等学力的学生)。文科入学考试不考数理化,但要考心理学和论理学,于是父亲细读严复《名学浅说》及其著译参半的《天演论》,由此引发兴趣,决定考取之后入哲学门。

1916年夏,父亲到上海报名应考。预科没毕业照章是不能考本科的,好在上预科时他用的名字是诵坤,此时在报名表上便改用颉刚,学历也不好写北大预科,而改写"自修"。考毕发榜,他名列第五。是年秋,父亲入北大中国哲学门。以后北大编的同学录中,他的学历便成了"自修学校毕业"。

这时的北大,仍是沿袭着京师大学堂的风气,清代的大学生毕业后相当于一个正途出身的翰林,因此北大的学生多是官家子弟,他们谈论最多的就是毕业后如何进入政界。由于家境优厚,很多人一年生活费用在千元以上,甚至有挥霍两三千元者,他们经常逛妓院、打牌、听戏,对学业只是混混而已,真正像父亲这样用功钻研学问者不多。学校里虽有图书馆,但没有几个人去看书,形同虚设。学生和教员,教员和校长,都不发生什么关系,学生不能和校长直接谈话,有事时须写呈文递上,校长批了揭示在虎头牌上,活像一个衙门,暮气沉沉。

然而到了1917年1月,蔡元培就任校长后,校中情况大变。蔡校长本是清末翰林出身的宿儒,却抛官不做,加入同盟会从事革命,以后又留学欧洲,研究哲学、美学、教育学,是一位受到新时代训练的学者。他一到任即锐意改革校中旧习,出布告废止呈文而改用公函,每天进校门时对着向他敬礼的校警竟然脱帽鞠躬回礼,这些做法起初令充满封建思想的师生们惊异不已,但渐渐养成了全校平等的气氛。蔡校长大力推行"思想自由、兼容并包"之方针,大量引进和扶植新派人物。因文科是改造思想的中心,而其中顽固守旧者最多,他便首先由此入手,请《新青年》主编陈独秀来任文科学长,又请尚在美国留学并经常向《新青年》投稿的胡适来任教授。父亲说:"以前我虽敢作批评,但不胜传统思想的压迫","到这时,大家提倡思想革新,我始有打破旧思想的明了的意识","更敢作大胆的批评了。"③

当父亲升二年级时,所听中国哲学史课改由初登北大讲坛的胡适担任。上年这门课的教员是50多岁的陈汉章,陈氏是一位极博洽的学者,供给学生无数的材料,父亲虽知有些材料是靠不住的,但因敬爱其渊博,不忍有所非议。而胡适此时才27岁,这样年轻的教授是北大历史上从未有过的,他来接替陈氏讲课,班上许多年纪比他大的学生已经不服气了,况且他所讲的第一章"中国哲学结胎的时代"又是果断地略去远古一段,径由《诗经》中取材,从周宣王以后讲起,把一班充满着三皇五帝意识的学生惊得"舌挢而不能下"④,于是有学生欲起风潮把他赶下讲台。可是父亲不这样想,他认为那些老先生只会提供无数资料,却不会从中抽出它的原理和系统,不能满足自己的需要,而胡适有眼光,有胆量,讲得条理清楚,裁断有制,深入自己心中。那时父亲致叶圣陶信中说:"胡适之先生中国哲学今授墨子,甚能发挥大义,……坤意中国哲学当为有统系的研究,……意欲上呈校长,请胡先生以西洋哲学之律令,为中国哲学施条贯。胡先生人甚聪颖,又肯用功,闻年方27岁,其名位不必论,其奋勉则至可敬也,将来造就,未可限量。"⑤父亲力劝班里同学对胡适不要以貌取人,还劝同舍好友、国文门学生傅斯年去旁听。傅氏不仅有优良的学问修养,而且感情炽烈,最敢放言高论,父亲常从其言论中增加自己批评的勇气,故他们两人每每畅谈,大有"埙篪相应"的乐趣。傅氏去听了胡适的课后,也很满意,从此后,他们对于胡适非常信服。胡适晚年回忆说,他初进北大任教授时,常常提心吊胆,加倍用功,因为他发现不少学生的学问比他强,"这一批年轻但是却相当成熟,而对传统学术又颇有训练"⑥的学生即包括父亲和傅斯年在内。正由于胡适当时得到这些学生的信服,这位刚留学归国的年轻教授方能在拥有全国宏儒硕彦的学术重镇——北京大学站稳脚跟。当时胡适的《文学改良刍议》已在《新青年》上发表,点燃了"文学革命"的火炬,他彻底打破士大夫和下层民众在语言上延续已久的畛域,把白话文提升到文学正宗的地位,以其作为新文学的表现形式。父亲和傅斯年等承接此风气,开始学作白话文。

上面谈及父亲欲上书校长,因他认为作为一门学科,应能总汇众理,施以纲领条目,不可被一代一人之言所限,那样讲授"是为国故而非科学","难寻普遍之理而易为章句之解",故建议另外制定中国哲学讲授方法,而将《墨子》、《庄子》等课改为"特别演讲"。上书之次日,便得到答复,蔡校长批:中国哲学史详中国哲学思想进化之系统,中国哲学则择其较为重要诸家特别详讲耳。以为特别演讲,本无不可。中国哲学之名,本不合于论理,不久当废。陈学长批:学术只有派别之分,无国界之分。课程中中国哲学名词,已拟作废,易以各家各派哲学名称。⑦而父亲对此答复并不满意,认为必具科学条贯,始谓之学;学史上之家派,只能称为一家之言,不可谓之学。于是不久续上一书,再申己意。蔡校长又复书道:"来信读过,并已致陈学长谈过,于昨日评议会提出讨论。所谓儒家道家等言,可谓之说而未可谓之学,诚是。然今之哲学门乃中国哲学门之改变,去'中国'二字已不知废多少唇舌。若于教科中竟删中国哲学之目,则议者更多。现在哲学门之学生尚有不通外国语、未曾习过科学者,过渡办法止能如是,俟两年后实行新章时必能使君满意耳。"⑧父亲只是一名普通学生,初经科学之风洗礼,便要求从根本上改变旧有的讲授方法,校长、学长既没有置之不理,更不施以"狂妄"的帽子,而是以平等的身分讨论之,诱导之,足见当时北大的校风了。

　　那时蔡校长又设立出版部,出版《北京大学日刊》,其中除了发表校中消息之外,兼收教员和学生的论文和笔记,于是有了讨论驳辩的文字出来,造成了学术研究的空气,打破了以前的沉寂。学生对于学校的改进有所建议时,蔡校长也将其送《日刊》发表,择其可行者立即督促实行。父亲对于图书馆之事最有兴趣,故将馆中一切呆滞停顿的现象指摘出来,他的一篇《上北京大学图书馆书》竟在《日刊》上连载了十来天(1918年3月4日—16日)。这些意见提出后,图书馆里渐渐变了样子。在这种情况之下,学生的积极性被调动起来,全校愈来愈活跃。后来蔡校长为发表师生的长篇论文,又出版《北京大学月刊》,并亲为此刊作序道:"《中庸》里说的:'万物并育而不相害,道并行而不相悖,此天地之所以为大也!'我辈应当实现这个境界。"⑨父亲由此更认识到他那广博的心胸。他不拘一格，为学校罗致各方面的人才，让他们的学说相互冲突抵牾，使学生不得不自己开动脑筋去评判曲直，选择取舍。这样就使父亲的眼界日益开阔。

蔡校长有意将"国学"在原有基础上扩大研究范围，一方面请擅长填词作曲并演唱的吴梅来作国文门教授，以前在京师大学堂年代，校中也有些杂剧、传奇类藏书，后来被当做有伤风化的淫词艳曲而烧掉了，现在校中又大买起词曲书来，不少学生跟着吴梅学唱戏曲；另一方面他大力支持国文门教授刘复、沈尹默搜集歌谣。刘、沈等人因创作白话诗，欲在本国文化中找出它的传统并有所借鉴，故而注意到歌谣。自1918年2月起，北大开始以校长名义向全国各省征集歌谣；5月起，刘复编订的歌谣陆续出现在《日刊》上。众所周知，歌谣是一向为文人学士所不屑道的东西，现在忽然在学问界里辟出这样一个新天地，大家不免诧异，甚至怕这些市井中猥鄙的歌谣玷污了最高学府的尊严。然而蔡校长毅然支持刘复等人做了下去，久而久之大家也看惯了。父亲每天在《日刊》上读到一二首，颇觉得耳目一新。

不久，父亲因吴氏母亲患重病而焦急忧虑，造成极度的神经衰弱，只得休学回家。后来他从寄来的《日刊》上时常看到新鲜的歌谣，便想用这种怡情适性的东西来伴自己的寂寞并化解亡妻的悲哀，于是就从家中小孩的口中搜集起，渐渐推至别人，不长时间居然积到百余首。为搜集歌谣并明了其意义，父亲将范围扩张得很大：方言、谚语、谜语、唱本、风俗、宗教等各种材料都着手搜集起来，"竟愈弄愈觉得里面有复杂的情状，非经过长期的研究不易知道得清楚了"⑩。父亲的好奇心极强，面前这一条新路使他在寂寞独征之中激起了拓地万里的雄心。

当父亲休学期间，傅斯年及好友罗家伦等同学在蔡校长、陈学长的支持下成立新潮社，出版《新潮》杂志，请胡适为顾问。早在一年前，父亲与傅斯年就常以办刊物之事作为谈话的资料，他们以为，办杂志是最有趣味、最于学业有补助之事，也是最有益于学生发挥主动性的生活;现在有校方承担经费,他们终于可以实现这一抱负了。按照他们自己的风格,《新潮》信守着批评的精神、科学的主义、革新的文词三项准则,介绍西方近代思潮,批评中国当时学术上、社会上各种问题,鼓吹文学革命、伦理革命,并以白话文这种活生生的新语言文字作为表达的工具。父亲虽远在苏州,仍是首批入社的21名社员之一,那时能写白话文的青年很少,故首批入社者绝大多数都是北大文科的学生。父亲为《新潮》作了《对于旧家庭的感想》及《中国近来学术思想界的变迁》两篇长文(后一文当时未刊),通过吴氏母亲之逝及自身之病,他痛切感受到旧家庭的弊病,在前一文中一针见血地揭露了千百年来旧家庭中毒害、禁锢人们头脑的名分主义和习俗主义。他还将丧妻后的痛苦作成白话诗,以《自你殁后》为题刊于《新潮》。因为怕所作文字被我祖父看见引起纠纷,故用了笔名顾诚吾。当时已是"五四"前夜,北大已为全国青年所仰望,《新潮》一经出版就销遍大江南北,与《新青年》相呼应,产生了广泛、深刻的影响。

　　正因为蔡校长为北大开风气,一座旧衙门式的学校,经过两年多时间,竟成为新文化运动的中心;于是,到了1919年五四运动一试其锋,矛头所向由文化上的建设转到政治上的反抗强权,就如狂飙怒涛般不可抵御。傅斯年、罗家伦首当其冲,成为五四运动学生领袖中的两个。父亲在苏州对他们极为关注,去信积极鼓励。但由于对学生运动中某些消极因素看得过重,傅氏很快便将精力又转回学术文化之中;罗氏亦为《新潮》作《古今中外派的学说》,主张只钻研学问而不问外事。父亲受此文影响甚大,他当时很赞成罗氏的主张。

## 二

　　父亲休学一年后复学,1920年夏即将由北大毕业,这时他的学问和人格在同学中已有相当的声誉。由于《新潮》的编辑傅斯年已赴英留学,接任的罗家伦亦将赴美留学,罗氏希望父亲能将此刊继续编辑下去,并欲助成父亲治学之志,因此托胡适在北大为父亲谋得图书馆编目员一职。父亲毕业后要承担北京与苏州两处家用,助教的月薪方50元,远不敷用,罗氏亦请胡适设法。那时一个刚毕业的学生要谋双份工作也不易,于是胡适愿意每月津贴父亲30元,请父亲在图书馆工作的同时,助其编书。父亲十分感激老师的知遇之恩,在答谢的信中写道:"我的职事,承先生安排,使我求学与奉职,融合为一,感不可言。薪水一事,承志希说及先生的厚意,更是感激。但这30元,借是必要的,送是必不要的。"①父亲能得到胡适的扶助,使其"求学与奉职,融合为一",这实在是他的幸运。

父亲就职后,《新潮》之事难以维持,因社中能作文的社员几乎都出国留学,加之蔡校长因五四运动受当局镇压此时已离校,《新潮》经费无着,没两年便停刊了。然而在治学方面,父亲确实取得了丰硕的成果。

工作之余,父亲跟随胡适整理国故。那时胡适以历史考证的方法来研究小说,使父亲深切了解并承受其研究历史的方法,认识到"最合我的性情的学问乃是史学"。1920年秋胡适发表《水浒传考证》,将传说、杂剧、小说中如乱丝般复杂的《水浒》版本,通过考证理出一个头绪,使父亲知道这个故事的来历和演变会有如此多的层次,这是在以往学者的文章中从未见过的。父亲在北大预科中曾迷恋过北京的戏剧,由于随时留意其中的故事和角色,从而"知道故事是会得变迁的"。现在他承受胡适"历史演进的方法",结合自己以前做戏迷时的体验,触类旁通,于是便有一种全新的眼光来看待以往的古史材料,以研究故事的方法研究古史,尤其是某些传说成分特多的古史,两年后便提出了震撼史坛的"层累说",推翻了历代相传的三皇五帝系统。1921年胡适作《红楼梦考证》,认为此书不同于《水浒》,是个别人的创作,研究它应由考订作者身世及其社会背景和生活状况、作品版本入手,而不是用帝王家的秘闻去穿凿附会。父亲由此文再次深切领受到研究历史的方法,他遵胡适之嘱代为搜集资料,从各种志书及清初人诗文集里寻觅出曹雪芹的身世及曹家的情形。北大同学俞平伯亦受他们的感染,加入此项工作。他们当时书信来往讨论达半年之久,成就了胡适的《红楼梦考证改定稿》和俞平伯的《红楼梦辨》,开创了"新红学"的研究。

那时,胡适对父亲前几年所作"清代著述考"很欣赏,认为他抓到了近 300 年来学术研究的中心思想,并提醒他对姚际恒应当表彰,又送《崔东壁遗书》给他读,引起他编集辨伪材料的兴趣。同时,父亲因与胡适计划《辨伪丛刊》之事而得以结识北大教员钱玄同。钱氏不仅赞同《辨伪丛刊》,而且提出经学中的辨伪问题,主张打破今古文的界限来进行,他是章太炎及崔适的学生,兼通今古文而又对今古文均不满意。父亲曾欲依清代学者那般去治经学,然而总得不到一个治学的目标,现在得钱氏指引,遂认清了自己治学的目标——研究经学不是要延长其寿命,而是要促使其死亡,"使得我们以后没有经学,而把经学的材料悉数变成古代史和古代思想史的材料"[⑫]。以后父亲一生的研究工作均是遵循这一目标。

1921 年春,北大设立研究所国学门,马裕藻、沈兼士邀父亲任研究所助教;秋间又邀其兼任预科国文讲师。由于不适应讲课,不久父亲即辞去讲师职;而研究所的工作对他很有吸引力:看书比在图书馆还要方便,校中旧存的古物和新集的歌谣也都汇集在此,可以尽情翻弄。在当时所翻览的书中,最使父亲受益的是罗振玉和王国维的著述,他们对甲骨文字等实物的考释使父亲大开眼界,由此他认识到研究实物对于建设真实古史的重要性。

1922 年春父亲因其祖母病重而请假离校,至 1923 年底,又返校回复研究所职务。在以后的两年多时间里,父亲是研究所国学门主任沈兼士的主要助手,在编辑室、歌谣研究会、方言调查会、风俗调查会、考古学会等各部门工作,编辑《国学季刊》。

父亲做任何工作总要使之与自己愿意研究的学问发生些联系。北大是我国近代民俗学的发源地,研究所中既有歌谣研究会和风俗调查会,父亲便通过在其中的工作而"和民俗学特别接近,发表的东西也最多"。他响应当时胡适所倡导的"用历史的眼光来扩大国学研究的范围",勇敢地冲出旧有学问的领域而翱翔于广阔的天地间,如以歌谣论证《诗经》是古代诗歌总集,以孟姜女故事的变迁论证古史中传说的演变,以妙峰山香会论证古代的社祀,取得了突出的成绩。

自1924年4月始父亲编辑《歌谣》周刊,并成为主要撰稿人,作了多篇有关风俗方面的文字。当时,歌谣研究会决定将各地歌谣专集陆续登入《歌谣》周刊,再另印成册,作为该会《歌谣丛书》,其中以父亲前几年所编《吴歌甲集》为第一种。于是父亲将此书重理一遍,选定百首歌谣,并对其中方言有详细的注音、解释,其间得到许多师友的帮助和审正;他又将整理中的心得作成《写歌杂记》11篇,附入书中,其中有根据所集歌谣而研究《诗经》之作及其与师友间的讨论。这种开创性的搜集和研究使此书具有很高的学术价值,当1926年7月由北大歌谣研究会出版时,胡适为之作序道:此书"是独立的吴语文学的第一部","《写歌杂记》里有许多很有趣味又很有价值的讨论(如论'起兴'等章),可以使我们增添不少关于《诗经》的见识。""这部书的出世真可说是给中国文学史开一个新纪元了。"刘复为之作序道:此书的编印"更是咱们'歌谣店'开张七八年以来第一件大事,不得不大书特书的"。

由于歌谣研究会欲在《歌谣》周刊上多出专号,要父亲选一个题目做,他就提出了"孟姜女"。前两年父亲在整理宋代郑樵《诗》说时已注意到有关孟姜女故事的材料,该故事历年的久远及其演变引起他研究的兴趣,于是作《孟姜女故事的转变》为"孟姜女"专号的第一篇文字。此文刊出后,在学术界引起震动,因为父亲用研究史学的科学方法和精神对社会上向来被认为是"不登大雅之堂"的故事传说进行研究,使人耳目一新。当时正在巴黎留学的刘复给父亲来信,表示对此文"佩服得五体投地",称赞道:"你用第一等史学家的眼光与手段来研究这故事;这故事是二千五百年来一个有价值的故事,你那文章也是二千五百年来一篇有价值的文章。"[13]这一工作当时受到不少人的热情支持，或帮助搜集有关资料，或通信讨论故事内容，一时间成为数十位学者共同的课题。父亲将这些材料和通信都在《歌谣》中刊出，自1924年12月至次年6月，"孟姜女"专号共出版了80期，12万字。魏建功后来在《〈歌谣〉四十年》中说道：《歌谣》周刊所出专号中，"成绩丰富多彩的"是"孟姜女"，此专号"最典型地体现了人们自发自愿、肯想肯干、互相启发、不断影响的范例"。研究所国学门中，其它各学会搜集整理的材料亦不少，而苦于无处发表，因此1925年暑假后，《歌谣》周刊扩张为《北京大学研究所国学门周刊》，仍由父亲编辑，他的"孟姜女"专号又接着出了7期。不久以后父亲到广州中山大学任职期间，将此专号的内容编为《孟姜女故事研究集》(3册)出版。

1925年春，受风俗调查会的嘱托，父亲与北大同人容庚、容肇祖、庄严、孙伏园到京西妙峰山调查进香风俗。自从北大提倡民间文学和民俗学以来，始终受着财力的束缚，正式的调查工作或仅有这一次，而这一次的调查费用仅仅领到50元，所以调查时间也仅容许3天。父亲由于有"禹为社神"的观点，而古代祭祀社神的仪式现在已很难看到，但乡村祭神的结会，朝顶进香的香会，都是古代祀社神集会的变相，所以他很想领略一下。每年四月初一至十五为妙峰山进香之期，进香者都是就一种职业或一处居住的地方联络结会，除了祀神之外更施舍用具及食物，并从事娱乐。调查后，他们5人从各自所关注的学术角度，对香会作出多学科的分析，其中以父亲所作《妙峰山的香会》最为详细。此文根据他自己现场抄录的各香会的告示（他称之为"会启"）百余份，论述了香会的来源、组织、活动日期和内容等。父亲又将他们调查所得编为"妙峰山进香"专号，在《京报副刊》上陆续刊出6期，以后在中山大学结集为一册《妙峰山》出版。这次调查在学术界引起重视，江绍原在《北大风俗调查会〈妙峰山进香专号〉书后》中说："现今的民众宗教的研究，则顾颉刚先生的妙峰山香会调查,在邦人中只怕是绝无仅有的。"⑭何思敬在《读妙峰山进香专号》中说:向来"没有人来理会民间的宗教生活",而"妙峰山专号就是打破这种暮气的一个霹雳",并称"颉刚先生在我们中国学术界中确是一个霹雳","颉刚先生的精神""是一个时代的所谓时代精神(Zeitgeist)"。⑮

这种时代精神,在父亲为《北京大学研究所国学门周刊》所作《一九二六年始刊词》中充分体现。那时适逢北大建校27周年纪念,为此父亲参与布置陈列室,展览考古学会、明清史料整理会、风俗学会、歌谣研究会的成绩,但不少参观者在考古室感到鼎彝的名贵,在明清史料室感到诏谕的尊严,而在风俗和歌谣室便表示轻蔑的态度。父亲因此在该文中批评道:这是"最不了解我们的态度的地方",指出:"凡是真实的学问,都是不受制于时代的古今、阶级的尊卑、价格的贵贱、应用的好坏的。""对于考古方面、史料方面、风俗歌谣方面,我们的眼光是一律平等的","都是我们可以着手研究的。"此文大气磅礴,论证有力,故而使国外学者认为"中国有新国学的发生","中国学术界起了革命"⑯。

北大和新文化运动孕育了父亲,正如他在著名的《古史辨》第一册"自序"中所说:"若是我不到北京大学来,或是孑民先生等不为学术界开风气,我的脑髓中虽已播下了辨论古史的种子,但这册书是决不会有的。"父亲所取得的成就,亦为北大和新文化运动增添光彩。

1926年夏,由于北大欠薪过剧致使穷困已极,加之为躲避张作霖的统治,父亲及一些北大同人不得已离别北大,南下任职。1929年父亲回到北平,为避免某些人事纠纷未回北大,而就燕京大学职。1931年秋,父亲始任北大兼课讲师,直至七七事变发生离北平为止,所授功课有《尚书》研究、中国古代地理沿革史、中国通史、春秋战国史、春秋史。

当父亲在北大、燕大开中国古代地理沿革史一门课时,两校学生有三四十人听课,他们既用功,又能提出自己见解,师生之间经常切磋学问。恰好燕大学生谭其骧毕业后在辅仁大学亦教这门功课,于是在 1934 年春父亲与谭氏共同发起创办《禹贡》半月刊,以三校学生的课卷为基础,也欢迎外界的投稿,不久又成立禹贡学会。父亲从事该项工作并非单纯为学问,面对日本帝国主义侵占我国领土却造舆论说我国边陲之地不是原有的,父亲带领学会同人通过研究地理沿革进而研究民族演进史,以及边疆历史和边疆现状,使国人真正认识自己的国土,并使国内各民族领会到大家可合而不可分的历史背景和时代使命,从而加强团结。通过父亲的努力和社会各界的支持,《禹贡》半月刊共出版 7 卷 82 期,造就了"禹贡学派",开创了我国当代的历史地理研究。

1964 年春,父亲应邀到北大为中文系古典文献专业四、五年级讲经学通论,可惜方上课 3 周便因病作罢。这是他最后一次在北大的讲学。

**注　释**

①　顾颉刚《我在北大》,《北大化讯》第 11 期,1945 年 11 月。

②③④⑩　顾颉刚《古史辨》第 1 册"自序",上海古籍出版社 1982 年版,第 27、35—36、36、39 页。

⑤　此信写于 1917 年 10 月 21 日,载《学习》1994 年第 6 期,题为《顾颉刚先生未刊的八封信》。

⑥　《胡适口述自传》,华文出版社 1992 年版,第 192 页。

⑦　顾颉刚上校长、学长书及蔡、陈二人批复,均录自顾颉刚《西斋读书记》第 1 册(1917 年),未刊。

⑧　此信录自顾颉刚收藏之原件。

⑨　转引自顾颉刚《我所知道的蔡元培先生》,《中国哲学》第 4 辑,三联书店 1980 年 10 月版。

⑪　此信写于 1920 年 8 月 11 日,录自中国社会科学院近代史研究所收藏之原件。

⑫　顾颉刚《我的治学计划》,《传统文化与现代化》1993年第2期。

⑬　刘复《敦煌写本中之孟姜女小唱》,载顾颉刚《孟姜女故事研究集》,上海古籍出版社1984年版,第185页。

⑭⑮⑯　见顾颉刚《妙峰山》,上海文艺出版社1988年版,第234、249—250、248页。

〔作者　中国社会科学院历史研究所副研究员〕

# 旧国学传人　新史学宗师——范文澜

## 蔡美彪

被誉为马克思史学大师的范文澜,字芸台,又字仲沄。浙江绍兴人,1893年生。他曾经是北京大学的学生,后来又在北大执教。中华人民共和国成立后,在中国科学院近代史研究所工作,一直和北大保持密切的联系。

1913年,范文澜在上海考入北大预科,一年后升入文科本科。当时的文科分为外文门和中文门。他是中文门(后改称国文门)的学生,1917年毕业。他曾对我谈起过他考入北大的往事,我追记在笔记本上,幸得保存至今。现摘录如下:

我小学是在绍兴念的,后来到上海念浦东中学。那时同学有九个人。有八个人都得了软骨浮肿病,肿到胸部,有一个人死了。只有我没有得这个病。当时去日本的很多,我的同学陈建功等人都去了日本。我也很可能去。那时去,不要花钱。我来北京,很偶然。我在上海考得很不好。卷子都是用英文,不过可以带字典。我想一定考不上。那时我叔父在北京,叫我一定来北京念书。他当时有些维新思想,主张考不上北大,还可以上国民大学(中国大学的前身),那是国民党办的,在当时算作维新。我来北京时,碰上我表弟,说我已考上北大了。我还不相信。他说已经发榜了,榜上有名。这样,就上了北大。

他追述在学时的情形说:"那时北大的教员,我们前一班是桐城派的姚之概。我们这一班就是文选派了。教员有黄季刚、陈汉章、刘申叔等人。辜鸿铭教西洋史,其实根本不讲课,上课就是骂洋人,说只有中国才是礼义之邦。那时北大有点'百家争鸣'。姚之概上课宣传桐城派,骂文选派。黄季刚上课就骂桐城派。"他这里所说的桐城派、文选派,是就文章体制源流来划分的。文选派的黄、陈、刘又是古文派经学的传人,在北大讲授经学、音韵训诂和古典文学。范文澜在北大求学时,先后师从黄侃(季刚)、陈汉章(伯弢)、刘师培(申叔),倾心向他们学习。他后来追忆当时的志趣是"追踪乾嘉"、"笃守师法"。所谓"师法"即黄、陈、刘诸师传授的汉学家法。

范文澜还曾向我说起,当时北大的学生良莠不齐。他当时住在景山东街北大西斋宿舍,一排排的平房,中间隔成小间,彼此不隔音。他经常读书到深夜,隔壁的同学却常在夜间打麻将牌,使他不胜干扰。他有时忍耐不住,便敲敲墙壁,说:"喂!喂!天不早了,该睡了。"对方却回答说:"快了,快了,再有四圈就完了。"范文澜在学期间,日夜苦读,博览群书,取得超群的成绩。1917年夏季毕业后,被当时任北大校长的蔡元培聘为私人秘书,并在北大文科研究所国文门(后改称国学门)做研究员,继续进修。当时的北大文研所由本校文科毕业生自愿入所做研究员。在校的本科高年级学生经主任教员认为合格,也可以入所。范文澜在本科毕业前已在该所研习。毕业后和他同时在文研所的本科生,有三年级的冯友兰、二年级的傅斯年、俞平伯等。担任文研所国文门各研究科目的教员,音韵是钱玄同,训诂是陈伯弢,文字挚乳是黄季刚,文学史是刘师培、吴梅(瞿安)等人。在文研所期间,范文澜继续得到了诸位名师的指点与熏陶。

范文澜毕业的那年即1917年初,蔡元培任北京大学校长,即着手改革学制,聘任陈独秀为文科学长。这年夏季,胡适回国,聘任为教授。1918年又聘任李大钊为图书馆主任。这时提倡白话文的新文化运动日益深入地展开。范文澜于1917年11月去河南汲县叔父处结婚,离开了北大。可以说,他是新文化运动以前在北大学习传统国学的最后一班学生,并且是公认的高才生。

1918年以后,范文澜先后在沈阳、汲县和上海等地工作。1922年到天津南开中学和大学任教。1925年的五卅运动促使他冲破了旧思想的束缚,政治上日趋激进。1926年在天津参加中国共产党,任南开学生支部书记。1927年曾来北京,与李大钊会见。当时天津地下党的地委书记是李季达(法国留学生),组织部长是彭真。这年,地下党组织遭到破坏,李季达牺牲。范文澜也险遭逮捕,得南开校长张伯苓掩护,来北京避难,后又返回天津。

1927年秋,范文澜不得不离开天津,回到北京的母校北京大学任教。此后几年间,先后讲授过《诸子文选》、《文心雕龙》、《说文解字》等课程,但并非专任,同时还在北京师范大学、女子师范大学、中国大学、朝阳大学等校授课。1933年出任北平女子文理学院院长。从1927年秋到1935年的这段时间里,他一方面继承北大的传统国学,完成了一系列的学术著述;另一方面,积极从事革命活动,曾先后两次被捕入狱,由于北大等校教授同人的营救而获释。

范文澜在南开教书时,讲授《国学要略》,包括经、史、子三部,又讲授文学史和文论。1925年在天津刊印了他的第一部学术著作《文心雕龙讲疏》。听他说起:"那时有位姓李的同志,在天津搞印刷厂,掩护党的地下活动。没有东西印,就把我的《文心雕龙讲疏》稿子拿去印了。"此书印数不多,但出版后立即受到学术界的重视,范文澜也从此蜚誉士林。1927年他回北大教书后的几年间,把在北大所学和毕业后10年间的积累作了全面的整理,相继完成了多种学术著述。

他到北大执教后出版的第一部著作是《诸子略义》。此书原是在南开时讲授《国学要略》的讲义,"自序"作于1926年12月。出版时间当在1927年末至1928年初,即他在北大授课的第一年。我所见此书的铅字排印本,版心有"京师大学校"、"文科出版课印"等字样。北京大学被北洋军阀政府强制改名为"京师大学校"是在1927年8月。次年6月蔡元培具呈南京政府,请求恢复北京大学校名。此后虽仍有周折,但"京师大学校"的校名即不再沿用。此书应是在此期间授课的讲义,由学校刊印。书名题为《诸子文选》,当是依据开课的名称,但序言仍标《诸子略义序》。他自己提及此书,也还是称为《诸子略义》(见《与顾颉刚论五行说的起源》,载《史学年报》第3期,1931年)。本书的内容并非诸子文章的选编,而是对诸子学说的评介。自"孔子以前的文化"至两汉诸子,并论及魏晋清谈与"文心雕龙诸子"。他认为先秦诸子流派只有儒墨道三家,其他都是三家的支派。墨家有"别墨",儒家支派也可称为"别儒",刑名出于道家,不应"别立法家"。对两汉诸子学的评论,如论《太玄》、《昌言》等,也多发前人所未发。当时的范文澜已在1926年入党,当时的北大,由于蔡元培倡导思想自由,又经过新文化运动的洗礼,师生思想极为活跃,积极反对北洋军阀的封建统治。范文澜在本书序言中指出"自儒家独行于中国,学术消沉",由于"学定一尊"。他赞颂"方今世运更新,数千年来思想之桁杨一旦尽解,学问不受政治之迫压,各得骋其才智,钻研真理。"此书未经出版社出版发行,因而流传不广,仅在北大师生中传播。

1929年8月,范文澜《水经注写景文钞》一书,由北平朴社出版。朴社是顾颉刚创办的学术团体。顾颉刚与范文澜同年生,同年考入北大预科,但因中间患病辍学,1920年才在北大文科毕业,比范文澜晚了3年。1923年他自上海回到北大文研所国学门。1926年编印《古史辨》,形成古史辨学派。范文澜也应邀参加了朴社。此后,顾颉刚曾一度去厦门,1929年又回到北京,在燕京大学和北京大学执教。《水经注写景文钞》是一部写景文的选编,范文澜用白话文体为本书写了序言,突破了黄侃等人反对白话文的"师法"。在这篇序言里,他只用很少的笔墨讲了本书所据的版本,随后便由自然界的景物说到现实社会的不平。他说:"社会好似黑压压一大片野生森林","不材恶木繁荣超过一切,良木不免于枯槁。"指责"青山丽水间","富贵人"和"伟人"这类人多了,"会被血腥铜臭弥漫着,像大雨前烟雾那样昏暗"。乡下农夫和都市中工人,"备受种种压迫"。序言最后描述他的理想社会是"衣食无虑,贫富不争,机诈消灭,浩浩荡荡努力向着文明路上直奔前进"。这大概是范文澜最早发表的一篇白话文,以富有特色的文笔,生动自然地表述了他的社会、政治观点。

1929年9月,北平文化学社出版了范文澜的名著《文心雕龙注》的上册和中册。全书分为3册,上册是原书本文和校勘,是传世诸版本与前人校本的集校,中、下册是注释。下册1932年续出。1936年开明书店又把注释分录于各卷本文校勘之后合订再版。黄侃曾在北京大学讲授《文心雕龙》课程,讲义中一些重要篇章题为《文心雕龙札记》出版。范文澜在北大求学时曾就学于黄侃,毕业后继续深入探研,在刊印《讲疏》之后,又以汉学家注经的方法,广征博引,考镜源流,著成考订详赡的注释。此书出版后,享誉一时,至今仍被公认为注释此书的巨制。1959年,人民文学出版社据开明版重印,曾请范文澜为新版写篇序言。他没有同意,只为新版题写了书名。

1931年1月,文化学社又出版了他的《正史考略》。这是范文澜第一部历史学或史部目录学著作。前此的出版物大都属于古典文学和哲学范围,所以,他在本书绪言中谦称:"文澜谫陋,未尝学史。窃欲勾杂旧闻,缀为一编。"这是一篇较长的绪言,论述了《春秋》、《左传》以来的史学源流。他认为:司马迁以来的所谓"正史",或出一人之手,或成一家之学。唐代以后,国史成为官书,修史奉行故事,史学为之无光。这和他在《诸子略义》序言中所表述的思想是一致的。本书的编写,大体上也是基于他讲授《国学要略》史部和《史通》的讲义,整理修订而成。书中对《史记》至《明史》二十四部史书,分别作了具体的评介,其间议论得失,多有创意。二十四史以外,又列入了柯绍忞所著《新元史》。此书成于1920年,次年曾由北洋军阀政府徐世昌以大总统令列为正史,称为二十五史。范文澜在介绍本书时完全不理此事,以示对北洋军阀政府的蔑视。绪言中也只是提到清乾隆时的二十四史,不承认所谓二十五史。对《新元史》一书的介绍方法是:

胪列原书本纪目录、卷数,表、志、传的类目、卷数,不作评论,只是把日本东京帝国大学授予柯氏博士学位的本书审查报告原文录入。书中特为标出著者署名仍用清翰林院国史馆的职衔,是一种含蓄的指责。柯氏在清末宣统元年正月至民国元年四月实任大学经科监督。其间宣统二年还曾署理京师大学堂总监督,1933年去世。《正史考略》出版时,柯氏仍然健在。范文澜在书中称他为柯先生,是表示对北大前辈师长的尊重。

1933年10月,范文澜的一部重要著作《群经概论》,由朴社出版。清末京师大学堂成立初期,曾设经科,后合并于文科。范文澜在校求学时,文科的黄侃、陈汉章、刘师培等人仍然讲授经学课程。范文澜得诸师传授,于经学致力甚殷,毕业后,又在京津各大学先后讲授与经学有关的课程,在此基础上纂成此书。全书分为13章。第一章为"经名数及正义",第二章以下分别讲述易、尚书、诗、周礼、乐、仪礼、礼记、春秋及三传、论语、孝经、尔雅、孟子,故名为"群经"。书名"概论",但并不是概括的评论,而是对诸经的性质、内容、篇目、存逸、真伪及相关诸问题,分别作深入而具体的评述。编纂方法遵依述而不作的宗旨,以汉学家注释经书的体例,旁征博引,解释群经。经学自汉代分为今、古文派,清儒解经之作,浩如烟海,众说纷纭。本书对诸经有关问题,条分缕析,摘引前人精萃之论,彼此贯通,使读者对诸经概况、前人研究成果及问题所在一目了然。新文化运动以来,俗儒的"尊孔读经"已遭摒弃,但经学作为传统的学术仍然不能不是学者需要了解和研究的课题。该书以其具体详赡受到学术界的重视。

范文澜自1927年回北大执教,出版《诸子略义》以来,6年间相继出版著述5种,是他平生著述最勤、出书最多的时期。1929年出版的《水经注写景文钞》曾自题为"范文澜所论第七种",《文心雕龙注》题为"范文澜所论第四种",晚出的《群经概论》题为"范文澜所论第一种",读者对此或以为费解。这其实表明,他回北大执教后,打算把多年来所学所教的学术作一全面的总结,计划编写一系列的著述。

列为第一种的是《群经概论》,第二种是《正史考略》,第三种不见题署,当是北大出版的《诸子略义》,第四种是《文心雕龙注》,第五种当是拟列《文心雕龙讲疏》,出版时尚未题署种次,题署第七种的是《写景文钞》,只有第六种不见着落。范文澜在京津各大学以及后来在河南大学都曾讲授过中国文学史,有讲义印行。吕振羽曾几次和我说起,他早年读过此讲义,颇为赞赏,嘱我设法找到。我曾就此事问过范老。他说当年确曾印过这部讲义,但印数不多,他手边早已无存,不知下落了。由此可知,他在公开出版的几种著作上题署"范文澜所论"第几种,并非依据出版时间先后,而是依据经、史、子、集(文论、文学史、文钞)顺序排比,计划构成一套国学著述系列。只是由于其中3种是作为讲义刊行,迄未能按照原计划出版完帙。

范文澜的系列著作,大多是来源于在北京大学学习和执教时的学术积累。在他的著作中并且经常把北大师长的讲论引录到书中,注明出自某师。最负盛名的《文心雕龙注》不时在注释中引录黄侃、陈汉章的论述,称为"黄先生曰"、"陈先生曰"。书前的例言申明:"愚陋之质,幸为师友不弃,教诱殷勤。注中所称黄先生即蕲春季刚师,陈先生即象山伯弢师。其余友人则称某君,前辈则称某先生,著其姓字,以识不忘。"《群经概论》更多引录黄、陈及刘师培的论述,甚至有时立为一节,注明全出某先生。第一章"唐人正义"节称:"刘申叔先生论正义之得失甚精,兹录其全文如下"。"今古文家法"节注明全出陈伯弢先生。第四章"毛诗词例举"、第九章"左氏学行于西汉考"、"谷梁荀子相通考"等篇注明录自刘申叔先生。"三传平议"注出黄季刚先生。书中论述,引据"某先生曰",更是数见不鲜。范著中引录当时北大诸先生的讲论,有些已收入他们本人的著作,有些则是讲授的讲义,由于范文澜的引录而得以传世。从这个意义上说,范文澜不仅是新文化运动以前北大学习传统国学的最后一班学生,而且是当年北大国学的集其大成的继承人。

范文澜在学术上继承北大的国学传统又融入自己的新思想,形成一系列著作。在政治生活中,则在中国共产党领导下积极从事革命活动。天津党的地下组织被破坏后,他一度失掉党的组织关系。来北京后,作为左派教师参加了党的地下组织领导的左翼作家联盟、社会科学家联盟、教师联合会和互济会等进步组织,并担任地下党组织的秘密联络工作。1930年春季以来,国民党当局大肆逮捕所谓"共党嫌疑"的北大师生。9月间,范文澜被指为共产党人,由北平宪兵司令部逮捕。当时,名义上仍是北大校长的蔡元培与北大及其他大学教授联名营救,范被捕两周后获释。出狱后,继续在北大任教。作为兼职讲师,他在学校中的地位,不能与专任教授相比,但由于他积极宣传革命思想,受到进步学生的爱戴。1930年冬,北大的进步学生创办《北大学生周刊》,宣传新思潮,传播马克思主义学说,范文澜被聘为首席顾问,热情支持学生的进步活动。

1932年,范文澜受聘为北平大学女子文理学院国文系教授兼主任。次年,又出任院长。他原住在东四月牙胡同,后迁居小取灯胡同,处在位于朝阳门内大街的女子文理学院与沙滩汉花园的北京大学之间,仍和北大的进步师生保持密切的联系。他的住家事实上成为北平地下党组织与左派团体的教授、作家们的秘密联络点。范文澜在北大求学时,便由表弟许诗荃介绍,与当时在教育部工作的绍兴同乡鲁迅结识。1932年11月,鲁迅因探望母病来北平,受到北平文化界和学生的欢迎。当时任教师大的钱玄同拒绝他到师大讲演,说"我不认识个姓鲁的"。范文澜于11月24日邀鲁迅来北平女子文理学院。是日,鲁迅由北京大学国文系主任马裕藻陪同到校,以"革命文学与遵命文学"为题演讲40分钟,听众逾300人。当天晚上,鲁迅在范文澜家中便饭,与北平地下党组织和左联、社联等8位同志会晤。这是鲁迅第一次会见北平文化界的左派团体人士,向他们介绍了上海左联的情况并建议创办北方的左翼刊物。这年12月,蔡元培、宋庆龄、杨杏佛等在上海成立中国民权保障同盟,鲁迅在上海当选为上海分会执行委员。1933年1月,杨杏佛来京筹办北平分会,范文澜积极参与筹备工作。1月30日，北平分会在南河沿欧美同学会成立。胡适、成舍我等9人当选为执行委员，范文澜为候补执行委员。1934年8月，他再次以共党嫌疑被北平宪兵三团逮捕，解往南京警备司令部拘押。当时在南京任中央研究院院长的蔡元培出面交涉，由北大及北平各大学教授20余人联名保释出狱。这次范文澜在狱关押5个月之久，1935年1月返回北平。

范文澜北返后，继续受到当局的监视，不能再在北大等校授课，只能在外国人办的中法大学、辅仁大学等校任教。这年，他编写《大丈夫》一书，以生动浅显的白话文歌颂抗敌的历史人物，激发读者的民族气节，反抗日本侵略。1936年夏，他离开北平到河南大学任教。1937年七七事变后，便投入抗日救亡运动，与嵇文甫、王阑西等人办刊物宣传中共抗日主张，培训青年抗敌。1938年自开封去确山竹沟，投笔从戎，参加新四军的抗日游击战争。次年，又重新履行了入党手续。1939年10月，他遵照党中央的指示去解放区。次年1月到达延安，任马列学院历史研究室主任。其后成立中央研究院，任副院长兼历史研究室主任。范文澜到延安后，革命生涯由此揭开新的一页，他的著述生活也由经入史，开始了在马克思主义指导下编著《中国通史简编》与《中国近代史》等工作。这两部开创性历史著作的完成与出版，在国内外产生了很大的影响，他由此被公认为马克思主义新史学的大师。

抗日战争时期和解放战争时期，范文澜都在解放区工作，与西南联大和复员后的北大，不曾有直接的联系。新中国成立后，1950年建立中国科学院，他出任近代史研究所所长，直到1969年去世。在此期间，他和母校北京大学又有了频繁的学术交往。

50年代时，范文澜与北大合作进行的一个大项目是《中国近代史资料丛刊》的编辑。1949年7月，为筹备参加中国人民政治协商会议（原称"新政协"），史学界同人组成了中国新史学研究会筹备会，负责人是范文澜。此会成立后就着手编辑《中国近代史资料丛刊》。

1950年是义和团运动50周年,所以《义和团》资料作为丛刊的第一部先行编辑,由时任燕京大学教授的翦伯赞主持,于1951年3月出版。翦伯赞主持的编辑组在1952年院系调整时,有部分人员到近代史所资料组工作,另一部分同人随从翦老转到了北大。《丛刊》在1951年中国史学会成立后继续编辑。范文澜作为史学会主持日常会务的副主席,仍然负责此事。从1951年到1958年,先后出版了8种专题史料,北京大学历史系同人承担了大量的工作。《义和团》、《捻军》、《戊戌变法》都由翦伯赞主持编纂,《鸦片战争》由齐思和主持,《中法战争》、《中日战争》由邵循正主持,王重民,郑天挺、向达参加了《太平天国》的编纂。

另一个合作项目是《资治通鉴》的校点。这项工作是1953年由毛泽东倡议,交由范文澜、吴晗负责,组织在京有关单位学者合作。北大历史系的齐思和、周一良、邓广铭等教授应邀参加了这项工作。该书1956年正式出版。

60年代初,还有一项合作的工作,是编辑《西藏地方历史资料选辑》。这是平定西藏贵族叛乱后,周恩来总理交付的一项任务。这项工作由范文澜亲自主持,我负责编辑工作,得到北大历史系的大力支持。元代史料的搜集由邵循正负责;清代部分由齐思和主持,北大历史系同人多人参加。元代与清代是本书最重要的部分,选辑资料的篇幅也占全书的三分之二。

范文澜主持的近代史研究所与北大历史系建立了多种形式的学术交流。1953年,北大邵循正教授受聘为近代史所学术委员、近代政治史组组长,直接参与了近代史所的学术领导。近代史所的同人也多次应邀到北大讲学。范文澜本人在北大的讲演,我记忆中印象最深的有两次。第一次大约是1949年的秋季,地点在沙滩北大灰楼(敌伪时期修建的文学院楼)一间最大的教室里。屋里挤满了人,座无虚席,还有很多人站在后面。我那时是北大的研究生,也来聆听这位刚从解放区来京的史学家的高论。范老是绍兴口音,怕大家听不懂,不时在黑板上写一些人名、地名和专用名词,像是教授讲课。这次讲演没有记录下来发表。另一次是1957年春。这是应翦伯赞之邀而作的一次长篇讲演,讲稿发表在这年出版的《北京大学学报》第2期上。讲了4个问题:一、关于学习理论的问题;二、关于掌握资料的问题;三、关于文字表达问题;四、关于言行一致的问题。在讲演的最后,他提出做学问要戒骄戒躁。他说:"我经常勉励研究所的同志们下'二冷'的决心。一冷是坐冷板凳,二冷是吃冷猪肉(从前封建社会某人道德高尚,死后可以入孔庙,坐于两庑之下,分些冷猪肉吃)。意思是劝同志们要苦苦干、慢慢来。"近年来,人们常用"坐冷板凳"比喻专心治学。它的文字出处便是《北京大学学报》刊登的这次讲演。

范老于1969年7月29日病逝,终年76岁。他的生平事业与北大有着不解的因缘。北大的学生时代奠立了他日后从事学术工作的基础。他早年从事革命活动两次被捕,得到北大同人的救助而脱险。建国后他主持的多项学术工作,又得到北大同人的合作与支持。所以,说起北大来,他总是有着深厚的感情。

〔作者 中国社会科学院近代史研究所研究员〕

# 诗人·红学家·教授——俞平伯

## 商 金 林

俞平伯名铭衡,字平伯,小名僧宝,以字行,号古槐居士,笔名有屈斋、掾试、苹初等。原籍浙江省德清县,1900 年 1 月 8 日生于苏州,1990 年 10 月 15 日谢世,享年 91 岁。俞平伯的曾祖父俞樾,字荫甫,号曲园,道光三十年进士,是清代著名的学者。父亲俞陛云,光绪二十四年探花。母亲许之仙是清朝江苏省松江府知府许祐的女儿,也精通诗文。俞平伯有三个姊姊:大姊俞琎,二姊玫,三姊俞琳,都善长诗文。俞家是地地道道的世家大族,书香门第。

俞平伯童年时代跟着曾祖父俞樾和曾祖母姚太夫人住在苏州马医科巷曲园。4 岁时,开始由母亲教读《大学》章句,由大姊俞琎教诵唐诗。6 岁入塾从师读书,就读地点为曲园之藤花书屋。7 岁时,每晚跟曾祖父学写字。俞平伯后来回忆受老人教泽时有诗云:"九秩衰翁幻影坐,口摹笪帖教重孙。"8 岁时由父母亲教对对子。9 岁时,课余从大姊、二姊学琴。11 岁时,因塾师教导不严,仍复由父母督课。窗下功夫,为他后来的成名成家奠定了基础。据说俞平伯"五岁时读的书,摞起来有一人高"[①]。

1915 年春,俞平伯进苏州平江中学读书。秋,考入国立北京大学国文门。同时,父亲也移眷入京,居住在东华门箭杆胡同,与北京大学后垣毗邻。

北京大学的前身就是创办于光绪二十四年(1898 年)的京师大学堂,初办时的学生多为王公贵人的子弟。北大校长蒋梦麟曾经说过,那时学生们的官阶比教官高,上体操课时的口令有趣得很,教官得恭恭敬敬地叫"大人向左转"或"老爷开步走"！民国时期京师大学堂改名为北京大学，名称虽然改变了，但校内风气仍然很腐败。校内"旧教员中如沈尹默、沈兼士、钱玄同诸君，本已启革新的端绪"（蔡元培语），然就主流而言，仍旧是一个顽固的封建文化堡垒。这对于像俞平伯这样的"少爷"说来则是最理想的学堂。打从俞平伯出生之日起，曲园老人就满怀着"曾孙入抱作儿看"的欣喜，在写给俞平伯的诗词中一再要求他"成大器"、"登龙门"、"扶摇万里"，使俞家"书香承一脉"。京师大学堂的陈腐气，给"少爷"俞平伯营造了苦读的氛围。在1916、1917年的两年里，俞平伯过的还是"旧"生活。他敬仰的是国学大师黄侃，在他的指导下开始研读周邦彦的《清真词》，这为他后来的词学研究打下了扎实的基础。1917年，俞平伯和舅舅的女儿许宝驯在北京箭杆胡同寓所结婚。婚礼上，俞平伯遵岳父许引之（字汲侯）之意，"戴红绒缨帽，插金花，衣彩绣袍"。黄侃及同班同学都来致贺。婚后，俞平伯陪夫人到天津舅父家"住对月"，闲时读《清真词》。他在《〈清真词释〉序》中说："婚后到天津我舅舅家去，俗谓之'住对月'，正值严冬，斗室温馨，华灯映水，读清真的《少年游》而感到趣味。"俞平伯当年的"少爷"生活，由此可知一斑。

1917年蔡元培先生出任北京大学校长，并着手进行整顿和改革。他在学生中提倡认真求学的精神，引导学生创办各种从事学术研究和社会活动的团体。他聘请陈独秀出任北大文科学长，《新青年》编辑部也随之由上海迁往北京，并逐渐与北京的进步知识界联合起来，新文化运动的力量日趋壮大。在蔡元培的主持下，北京大学不仅规模迅速扩充，而且学风大变，呈现了生动活泼的景象。具有浓厚封建色彩的京师大学堂好像一个人刚刚刮了胡须一般，气象焕然一新。"科学"、"民主"、"爱国"思潮勃兴，浓厚的政治热忱、团体生活的兴趣、好尚自由的风气与日俱增，北京大学成了一所推动历史前进的近代新型大学。在"科学"、"民主"、"爱国"思潮，以及当时北大的政治家、思想家、青年学子和爱国健儿的感召下，俞平伯开始接受进步思想的熏陶,随着时代的潮流涌进。

1918年1月,《新青年》杂志进行改组。在由李大钊、陈独秀、胡适、鲁迅、沈尹默、钱玄同、周作人和刘半农组成的新的编委会的指导下,《新青年》向学生开放,旨在培养造就"新鲜活泼之青年"的《新青年》杂志,为青年学生提供了表达自己观点的公开论坛。俞平伯成了《新青年》杂志的撰稿人。他创作的第一首白话诗《春水》,与鲁迅的《狂人日记》一起,刊登在是年5月15日出版的《新青年》第4卷第5号上,这是俞平伯从事新文化运动的起点。这首诗写的是作者在当时北京大学所在地北河沿见到一位农村妇女,抱着个牙牙学语的小孩儿,向人乞讨的情景。这位穷苦的妇女住在北京西郊,"家中有田地。/去年决了滹沱口,丈夫两男相继死;/弄得家破人又离,剩下半岁小孩儿"。同情劳动人民疾苦的情感溢于言表。看到俞平伯写新诗,守旧的先生骂他是"叛徒"。俞平伯没有向守旧派屈服。他从坚持启蒙方向的导师们那里获得了巨大的支持和关怀,决心做时代的开拓者。

1918年至1924年的6年里,俞平伯是以一个诗人的姿态出现在我国新文化运动的政治舞台上的。1922年1月,他和叶圣陶、刘延陵、朱自清创办了我国新诗史上的第一个诗歌刊物《诗》月刊。1922年3月,俞平伯由101首新诗汇编而成的诗集《冬夜》,由上海亚东图书馆出版。《冬夜》和康白情的诗集《草儿》并列为我国新诗史上的第三本诗集(第一本是胡适的《尝试集》,1920年3月由上海亚东图书馆出版;第二本是郭沫若的《女神》,1921年8月由上海泰东书局出版)。1922年6月,俞平伯与周作人、朱自清、叶圣陶、郑振铎等文学研究会8位同仁的诗集《雪朝》,由上海商务印书馆出版,其中的第三集为"俞平伯集",收新诗15首。1924年4月,俞平伯的第二部诗集《西还》,由上海亚东图书馆出版,收新诗103首。1925年12月,线装诗集《忆》由北京朴社出版,收诗人抒怀童年的诗作36首。此外,尚有若干零星的诗章散落在报刊上。俞平伯总计写新诗282

首。这些诗篇,或讴歌狂飙突进的时代风貌,或关注被侮辱被损害者的命运,或赞美祖国的山川风物,写景抒情,大多以"清新婉曲"见长,尤其是诗人早期的新诗,简洁隽永,啤缓和美,给诗坛带来了一股清新、空灵的春的气息。就连当时的唯美派诗人闻一多在《〈冬夜〉评论》[②]中也郑重指出:《冬夜》"是映射着新思潮底势力的","是时代底镜子,历史上的价值是不可磨灭的"。

在创作新诗的同时,俞平伯还就新诗发展的方向、新诗的形式与内容、新诗的借鉴与继承等一系列重大理论问题,作了深刻的论析和阐释,为新诗的理论建设作出了重要的贡献。"五四"前后,在《新青年》、《新潮》、《诗》月刊、《文学周报》、《小说月报》等权威刊物上,经常可以看到他同胡适、周作人、康白情、杨振声、朱自清、闻一多、梁实秋等人研讨和辩论新诗的文札和书信。他的《白话诗的三大条件》(1918)、《社会上对于新诗的各种心理观》(1919)、《做诗的一点经验》、《从经验上所得做"诗"的教训》、《诗底自由和普遍》、《〈草儿〉序》、《〈忆游杂诗〉序》(1920)、《诗底进化的还原论》、《与佩弦讨论民众文学》(1921)、《〈冬夜〉自序》、《俞平伯致金甫信》、《俞平伯致周作人信》、《〈忆〉序》(1922)、《读〈毁灭〉》(1923)、《诗的新律》(1924),或批驳复古主义者对新诗的攻击、否定,捍卫新诗的"正统"地位;或高扬"为人生"的现实主义文艺观,把新诗喻为改革社会、引导"人生向善"、引导"人生向上"的利器;或提倡写"普遍的感情",写为"多数人"服务的"平民诗"和"民众文学",在思想上与周作人的《人的文学》、《平民文学》以及《文学研究会宣言》中"为人生而艺术"的主张相呼应;或对"五四"前后一批新诗人如康白情、朱自清、白采等人的诗作进行客观而细致的评述,揭橥新诗成功的路径;或批评当时诗坛上"偷窃模仿"的不良风气,敦促诗人突破现成的框框条条或"律令"、"自创新体"。所有这些,当时都使人读了"怦然心动"。俞平伯在《〈冬夜〉自序》中说:

> 我怀抱着两个做诗的信念:一个是自由,一个是真实。做诗原来是件具体的事情,很难用什么抽象概念来说明他。但若不如此,又很不容易有概括的说明,只要不十分拘执着,我想也或无碍的。
>
> 我不愿顾念一切做诗底律令,我不愿受一切主义底拘牵,我不愿去摹仿,或者有意去创造那一诗派。我只愿随随便便的,活活泼泼的,借当代的语言,去表现出自我,在人类中间的我,为爱而活着的我。……

这番话虽然说的是写诗,但也能从中看出俞平伯当年的精神和风采。"我只愿随随便便的,活活泼泼的,借当代的语言,去表现出自我,在人类中间的我,为爱而活着的我。"在这里,俞平伯把"爱"作为诗人的天职。诗人的天职是"爱",爱"人类"。这在今天看来似乎缺少点阶级性,但在"五四"反封建的呐喊中,确是时代的最激越的强音,发聋振聩。

1918年10月13日,在李大钊、陈独秀、胡适等进步教授的影响下,俞平伯和傅斯年、罗家伦、顾颉刚等22名学生举行了筹建新潮社的首次会议。新潮,即 Renaissance(意为"文艺复兴")。他们中年龄最大的是32岁哲学系学生谭鸣谦(即谭平山),年龄最小的是年仅18岁的俞平伯。他们被老师们粗犷的声音唤醒后,被老师们作为中国希望的化身选拔出来后,已对"空谈"感到厌倦,决定组织一个新的研究团体,创办《新潮》杂志,以切切实实的行动,比较具体地向社会展示他们所具备的作为时代开拓者的能力。1918年11月19日,新潮社正式成立,俞平伯担任干事部书记。1919年1月1日,《新潮》杂志创刊,《新潮发刊旨趣书》中说:

> 北京大学之生命,已历二十一年,而学生之自动刊物,不幸迟至今日然后出版。向者吾校性质,虽取法于外国大学,实与历

史上所谓"国学"者一贯,未足列于世界大学之林,今日幸能脱弃旧型入于轨道。……以大学之正义为心。又向者吾校风气,不能自别于一般社会;凡所培植,皆适于今日社会之人也。今日幸能渐入世界潮流,欲为未来中国社会,作为先导。本此精神,循此途径,期之以十年,则今日之大学,固来日中国一切新学术之策源地;而大学之思潮,未必不可普遍国中,影响无量。同人等学业浅陋,逢此转移之会,虽不敢以此弘业妄自负荷,要当竭尽思力,勉为一二分之赞助:一则以吾校真精神喻于国人,二则为将来之真学者鼓动兴趣。同人等深惭不能自致于真学者之列,特发愿为人作前驱而已。名曰"新潮",其义可知也。

新潮社的学生站在破坏者和建设者的双重位置上。他们是革新的破坏者,心中有着理想的光。鲁迅1919年4月16日写给新潮社的信中,要求他们敢于"讲科学","发议论",在新旧文化的激战中,要像能纠缠的"蛇"一样,有一种执著战斗的韧的精神。可傅斯年、罗家伦和俞平伯则认为,鲁迅、陈独秀、胡适才称得上是真正意义上的"蛇",而他们担当不了导师们分配给他们的角色,只能做"夜猫"。傅斯年在写给鲁迅的回信中说:

平情而论,我们正当求学的时代,知识才力都不充足,不去念书,而大叫特叫,实在对不起自己。但是现在的中国是要再寂寞没有的,别人都不肯叫,只好我们叫叫,大家叫得醒了,有人大叫,就是我们的功劳,有人说我们是夜猫,其实当夜猫也是很好的;晚上别的叫声都沉静了,乐得有他叫叫,解解寂寞,况且夜猫可以叫醒了公鸡,公鸡可以叫明了天,天明就好了。所以人家骂我们"胆大妄为",正是我们的长处;所谓"日月出而爝火息",正是我们要求的命运。——但是日月一时不出,爝火总不会令他一时息去。

作为新潮社干事部书记的俞平伯,于1919年4月加入"以增进平民知识,唤起平民之自觉心为宗旨"的北京大学平民教育讲演团,把新文化运动从北大推向社会。五四运动爆发后,俞平伯参加北京大学学生会新闻组,从事宣传鼓动工作,向民众散发传单,还"偕友访商会会长,要求罢市"。在反帝反封建的斗争中,俞平伯撰写了一系列杂感和政论,抨击封建伦理道德、"纲常名教",痛斥封建家庭为"万恶之源",呼喊"人"的觉醒,字里行间喧腾着五四时期狂飚突进的时代气息。

《打破中国神怪思想的一种主张——严禁阴历》、《我之道德谈》、《现行婚制的片面批评》,是俞平伯在《新潮》月刊发表的3篇较有影响的社会论文。《打破中国神怪思想的一种主张——严禁阴历》对社会上流行的"扶乩"、"迎神"、"算命"等装神弄鬼的玩意儿,以及"吉日"、"良辰"、"五禁"、"六忌"、"烧香"、"祭神"等种种荒唐的事情作了深入的剖析,指出"阴历"是中国"妖魔鬼怪的策源地",为了使这些"妖魔的教训"、"鬼怪的思想"不至于遗传到心地纯洁的青年身上,就要"严禁阴历"。《我之道德谈》揭露传统道德如三纲五常充满奴性,是"偏畸的道德",是"伪道德",和现代生活每每矛盾,"非特不能达到人生向上的目的,而且使人堕落在九渊之下,感受许多苦痛",进而强调"尊重个性独立,发展博施的性爱","既要澄清思想界,先要冲破一切的网罗,更先要实行道德的革命",根本推翻伪道德,并郑重指出"真伪道德的冲突",既不能用"调和的方法"来解决,也不能用"渐进的方法"来处理:

渐进的方法绝不适用,非常明显。然则不管牺牲多么样大,根本把伪的推翻,去建设自由的、活泼的、理性的、适应的真道德,真是刻不容缓的事情!

这番话颇有点"革命党"的口气。《现行婚制的片面批评》,针对不合理的婚姻制度,号召妇女要有"人"的自觉,男子在尊重自己人格的同时,也要尊重他人的人格,和妇女一起走进化的路,并提出了"用恋爱来代替单纯的性,完全发展人性来救偏枯的弊病"的主张。这些政论和杂感立论精当,文思严密晓畅,语言犀利活泼,凸现出了俞平伯五四时期作为一名反封建的斗士的风姿,与提倡科学和民主的先驱者们取着同一的步调。

1919年底,俞平伯毕业于北京大学。翌年1月4日,与北大同学傅斯年一起从上海乘轮船赴英国留学,途中开始研读《红楼梦》,并与傅斯年一起探讨。是年3月,因为英国金镑涨价,自费筹划尚有未周,只好回国。经蒋梦麟推荐,俞平伯在杭州第一师范学校教了一个学期的课,年底来到北京。1921年初,受胡适之请,为他删定《尝试集》第四版。胡适学贯中西,当时堪称北京大学教授之冠。《尝试集》1920年3月出版后,受到了广大读者的欢迎,在当时寂寞的中国诗坛上影响很大。1920年9月再版,很快又出了第三版。在出第四版之前,胡适请任叔永、陈莎菲、鲁迅、周作人、俞平伯、康白情帮助他"增删"《尝试集》。这6人中,前4位是胡适的朋友,后两位是胡适的学生。他们在"删"的过程中,直陈所见,讨论争执,关系是相当诚恳亲密的。1922年10月,经"众手增删"的《尝试集》"增订四版"出版,一时传为佳话。

胡适请俞平伯"删"《尝试集》,一方面是出自对俞平伯的器重,另一方面也有思想上的认同。五四期间,以钱玄同为代表的激进派主张"废汉字"、"废汉文"。作为年青一代的新潮社,他们也反传统,但与他们的老师相比,他们反传统的格调和内容都要温和些。1919年5月1日出版的《新潮》1卷5号上,毛子水发表了《国故和科学精神》一文,针对《国故》月刊提出的"保存国粹"的论调,提出"必须用科学的主义和方法"来"整理国故",从而引发了《新潮》与《国故》之间关于"整理国故"的一场论争。胡适敏锐地觉察到这个问题的重要性,是年8月给毛子水写了题为《论国故学——答毛子水》的一封信,赞成并支持毛子水提出的用科学的精神来整理国故的主张。两个月之后,胡适在《新思潮的意义》一文中,把"整理国故"作为一个口号,正式提出来了。"研究问题"、"输入学理"、"整理国故"、"再造文明",这便是胡适所理解的"新思潮的意义"的全部内容。胡适提出的总原则,便是"评判的态度","重新估定一切价值",用科学的精神和方法进行整理研究,"把三千年来支离破碎的古学","作一番有系统的整理",重新估定一切旧文化的价值。显然,胡适是把"整理国故"纳入了他的"中国文艺复兴"的范畴之内。胡适关于"整理国故"的阐释,显然要比新潮社的理解深刻得多,圆通得多,因而理所当然地受到新潮社的拥戴。从小就受到传统文化熏染的俞平伯,凭感情纽带同传统相系,在研读西学的同时,也爱慕传统文化。他后来和叶圣陶、郑振铎、顾颉刚等人组织朴社,每人每月出 10 元钱集资出书,显然是为了弘扬清代学者"大胆的假设"、"小心的求证"的治学方法。所有这些,也都与胡适的影响有关。

  1921 年 3 月,胡适写成了《〈红楼梦〉考证》初稿(是年 11 月 12 日改定)。他认为做《红楼梦》的考证,"只须根据可靠的版本与可靠的材料,考订这书的著者究竟是谁,著者的事迹家世,著者的时代,这书曾有何种不同的本子,这些本子的来历如何"。他说:"我在这篇文章里,处处想撇开一切先入的成见;处处存一个搜求证据的目的;处处尊重证据,让证据做向导,引我到相当的结论上去。……这种考证的方法,除了《董小宛考》之外,是向来研究《红楼梦》的人不曾用过的。我希望我这一点小贡献,能引起大家研究《红楼梦》的兴趣,能把将来的《红楼梦》研究引上正当的轨道上去:打破从前种种穿凿附会的'红学',创造科学方法的《红楼梦》研究。"受胡适《〈红楼梦〉考证》的感染,在 1921 年 4 月至 7 月的 4 个月间,俞平伯和顾颉刚、胡适通信讨论《红楼梦》。他们 3 人的信件"交错往来","各人见到了什么就互相传语,在几天内大家都知道了"③。顾也是苏州人,是胡适最得意的弟子之一。他在《古史辨》第一册"自序"中说:

《红楼梦》问题是适之先生引起的。十年三月中,北京国立学校为了索薪罢课,他即在此时草成《红楼梦考证》,我最先读,……他感到搜集的史实不足,嘱我补充一点。那时已在无期的罢课之中,我便天天上京师图书馆,从种种杂志及清初人诗文集里寻觅曹家的故实,……我的同学俞平伯先生已在京闲着,他也感染了这个风气,精心研究《红楼梦》。

前后不足4个月,俞平伯与顾颉刚和胡适谈《红楼梦》的信稿订成了几大本。自1921年9月起,俞平伯的《红楼梦》研究告一段落。1922年2月,蔡元培在上海《时事新报》上发表了《对于胡适之先生〈红楼梦考证〉之商榷》,作为他的《石头记索隐》第六版的自叙。蔡元培很重视文学研究,对《红楼梦》持续作了20多年的索隐考证工作,于1917年9月发表了专著《石头记索隐》,创建了"红学"研索中的"索隐派","自以为审慎之至,与随意附会者不同"。而胡适则在他的《〈红楼梦〉考证》中将《石头记索隐》列入"附会的红学"之代表,"谓之'走错了道路',谓之'大笨伯'、'笨谜',谓之'很牵强的附会',我殊不敢承认"。蔡元培对胡适的观点逐条予以批驳。蔡、胡之争引起了俞平伯的注意,他立即"回复以前的兴致",撰文回驳蔡元培,并在谈《红楼梦》的信稿的基础上,着手著《红楼梦辨》。7月,《红楼梦辨》完稿,共3卷17篇,1923年4月由上海亚东图书馆出版。在这部"红学"专著中,俞平伯提出《红楼梦》后40回是高鹗所补,"精神虽非,面目未改";"雪芹即宝玉",雪芹和宝玉"决是一而非二";"我"以为大观园"在北京较近些";等等。所有这些见解,都是新红学派中很有代表性的一家之言。

俞平伯敬仰他的导师胡适,更敬仰校长蔡元培。笔者曾见过1918年俞平伯写给蔡元培的一封信,现抄录于下:

> 校长先生左右：顷晋谒匆促，未得尽意，兹再罗缕上续
> 清德。窃学生入校已逾二年，明岁即将毕业，自愧于学业一途了
> 无根柢，拟思再专力一种学科。窃谓社会学为近代最新之学说，
> 苟能稍有成就，尚切实用。惟学生对于此种学问全无途径，不知
> 应从何处着手。或谓须先通政治、法律诸科者，或谓须先通心理
> 学、人类学者，学生既茫无所从。是以盼
> 先生有以教之。学生现在英文能看普通书籍，法文则尚未学习，
> 不知读法文一二年再至法国预备一年，能入彼国大学否？此种
> 科学在何处学习最善，其学习进行程序若何，切盼
> 海示，以便遵循，
> 先生不怒其唐突否，敬请
> 教席
> 
> 　　　　　　　　　　　国文门三年级生俞平伯启上
> 　　　　　　　　　　　如蒙示复请交文科号房

当时蔡元培是否写了回信，在信里又说了些什么，我们大概是不会知道了。但从俞平伯在信里提的这些零零碎碎的问题，就可以看出在社会上享有崇高威望的蔡元培校长的确是一位非常平易的人，待人特别真诚。学生可以与他平起平坐，研讨学问；学生可以自由出入他的办公室，请教问题。而当俞平伯看到蔡元培的"红学"观点与自己不合时，就写文章公开批评自己最尊敬的校长，抨击"索隐派"，力倡"自传说"。后来俞平伯对"索隐"和"自传说"作出了中肯的评价："索隐派务虚，自传说务实"，"索隐派的研究方向是逆入，自传说则是顺流"。所用的方法，"索隐派'靠猜谜'，自传说借助考证，两派各有得失"。但这是后话，当时的俞平伯在北大"学术自由"风气的感召下，"胆大妄为"批评校长时也说了一些过分的话。从某种意义上说，他的《红楼梦辨》是"学术自由"的硕果。

1922年7月，俞平伯去美国考察教育，11月中旬回国。翌年秋

应邀到上海大学中文系任教。1924年底回到北京,在燕京大学和清华学校任教,与大学时代的老师周作人成了"同事"(时,周作人在燕京大学、北京大学、清华学校任教)。这之后,俞平伯与以鲁迅、周作人为代表的"语丝社",与以周作人、徐祖正、废名为代表的《骆驼草》周刊作家群体,往来较多,他接触的大多还是"北大人",与周作人的往来尤其多。1929年至1933年的5年间,俞平伯应邀到北大中国语文学系兼课,讲授中国小说史、新文学试作(散文)、中国诗名著选和"词",并担任《北大学生周刊》和《北大学生月刊》的顾问。他在为"词"这门课程写的"课程说明"中说:"《词》 上学期述说词之源流变化,并课词选;下学期选授专集二种,并练习作词。"从这则简洁的"课程说明"中,可以看到这门课史与作品欣赏兼顾,读与写并重。这门课和"新文学试作(散文)"课一样,只有像俞平伯这样学识渊博的诗人、散文家才能胜任愉快。1946年至1951年,俞平伯任北大中文系教授,先后讲授国文、诗选、杜诗选、词选、曲选、词曲流变、新文艺研究与习作、历代韵文选等课程。新中国成立后,俞平伯成为北京大学校务委员会委员。1952年,北大文学研究所成立,俞平伯调文学研究所任研究员,担任《红楼梦》80回本的整理校勘工作。1953年2月,北京大学文学研究所并入中国科学院,俞平伯任中国科学院文学研究所古典文学研究室的研究员。

　　从1924年到1936年的10多年间,俞平伯的主要成就在散文创作方面(1936年之后侧重于对古典诗词的研究),先后出版了《剑鞘》(与叶圣陶合著,1924年11月,霜枫社)、《杂拌儿》(1928年8月,开明书店)、《燕知草》(1930年6月,开明书店)、《杂拌儿之二》(1933年2月,开明书店)、《古槐梦遇》(1936年1月,上海世界书局)、《燕郊集》(1936年8月,上海良友图书印刷公司)等一批散文集。俞平伯散文风格"逼似"周作人。在周作人这一"很有权威"的散文流派中,俞平伯和废名占有极重要的地位,他们构成了这一流派的两翼。试读俞平伯《杂拌儿》和《燕知草》中的《湖楼小撷》、《西湖的六月十八夜》、《清河坊》、《月下老人祠下》、《中年》、《阳台山大觉寺》等篇什,与周作人《雨天的书》和《泽泻集》里的《喝茶》、《苦雨》、《饮酒》、《乌篷船》、《故乡的野菜》、《北京的茶食》等篇什的韵致非常相近,他们都崇尚"为我自己而艺术","老老实实地说自己的话",用有趣味、有知识、有雅致的气味的文字,从心所欲、款款入情、细腻而委婉地抒写他们的生活际遇和情感性灵,尤其是俞平伯散文"涩如青果"的韵味,和周作人散文中"涩味特别的苦茶味"一样"耐读"。抛开俞平伯三四十年代曾受到周作人的消极的影响不说,他们之间的确是一种新型的师生关系,尽管在政治上有着截然不同的选择,但感情上亲密无间,在学术上有很多共同的语言。俞平伯生前珍藏着装裱成册的三大本《苦雨翁书札》,第一本收周作人写给他的信60封,时间由1924年8月至1928年11月。第二本收周作人写给他的信64封,时间由1928年11月至1930年9月。第三本收周作人写给他的信74封,时间由1930年9月至1932年2月。此后,来往的书信仍然没有间断,由于没有装裱保存,在解放前的战乱和建国后的历次运动中散失了。《苦雨翁书札》中相当多的函札是谈办刊物、组稿、评论作品和切磋学问的。请看1928年2、3月间周作人写给俞平伯的3封信:

平伯兄:
　　来信读悉。《杂拌儿》序跋之类亦颇想写写,或者可以借此发点谬论,虽然一时写不出;所以这还不是"绑票"。如有一个月的期限,大约总可以有罢。燕大开课,你我均幸免,而耀辰乃第一天即被拉住,亦有幸不幸也。匆匆不一。

　　　　　　　　　　　　　　　　　　二月九日,作人

平伯兄:
　　来书读悉。圣陶处的文债,迟早当还,但一时想不出东西来。承提示以《杂拌儿》序充帐,意思甚佳,唯写起来亦不过千许字,似太少一点,或者再加一篇,可以敷衍了罢?——因绍原要出第二册书,《血与天癸》,我曾答应给它戴一顶小帽子也。礼拜四下午可以请来谈天,我当比兄早一点钟下课,可早进城,在苦雨斋奉候也。近日天气转温,似不再有烈风严寒了,于我们出城的人实在是很可忻感的。匆匆不尽。

二月十三日,作人

平伯兄:

《新月》中有一篇适之的关于《红楼梦》的文章,送上借给你一看。《西湖梦寻》如已不用,乞费心饬人放在孔德本校为荷。尊序尚未动手,虽然极想早还此"债",以便设法还绍原之债也。

三月十八夜,作人

头一封是回信,俞平伯函请周作人为他的散文集《杂拌儿》写序或作跋,周作人一口应承下来。第二封也是回信,俞平伯提议将《杂拌儿》的序文交给叶圣陶,在他主编的《文学周报》或《小说月报》上发表,周作人认为"意思甚佳",并约俞平伯来一起磋商为江绍原关于民俗研究的系列论文《血与天癸》作序的事。第三封信是周作人主动写给俞平伯的,向他推荐《新月》杂志上胡适的《考证〈红楼梦〉的新材料》,还问借的《西湖梦寻》(张岱)用完没有。仅从这 3 封信中,就可以看出周作人对俞平伯的厚爱。1932 年春,废名在为《苦雨翁书札》写的跋中说:"苦雨翁我们常见,苦雨翁的信札我亦常有之,但这样摆在一起观之,我真个的仿佛另外有所发现,发现的什么又说不出也。"这"说不出"的地方,大概就是周作人和俞平伯之间不同寻常的师生情谊。

总而言之,俞平伯与北大的关系太深了。从公子少爷到意气风发的"新青年";从沉迷于古典文学,到创作并提倡"人生文学"和"民众文学",成了五四新文学运动中的一员骁将;从"两耳不闻窗外事,一心只读圣贤书",到迈步走出北大的红楼,参加"五四"游行,俞平伯的这个蜕变来自时代的召唤,来自北大的哺育。作为新文化运动策源地的北大塑造了一个全新的俞平伯。北大的老师和俞平伯一起成就了俞平伯的业绩。倘若《新青年》杂志不向青年学生开放,不发表俞平伯的处女作《春水》,俞平伯也许就不会走上新诗创作的路,成为不了新诗人;倘若不是胡适的诱导和蔡元培的激发,俞平伯也许就成不了"红学家";倘若不是常到苦雨斋喝茶,俞平伯也许就不能成为周作人散文流派中的"一翼"。三四十年代,俞平伯一度消沉,追求闲适,谈鬼,说梦,但这也只是个表面现象。他的挚友叶圣陶说过:"俞先生的思想看起来似乎很奇怪,有人以为他是个老古董,其实俞先生的思想很活跃,他读的书太多了,假如俞先生读过的书你也读过,就会发现俞先生的想法很新鲜。"④叶圣陶说的俞平伯的这个"新",不可能没有"源"。这个"源",大概也在北大。

**注 释**

① 韦奈《我和外祖父俞平伯》,见中国现代作家选集《俞平伯》,人民文学出版社1992年版。
② 《〈冬夜〉〈草儿〉评论》,清华文学社1922年11月1日版,为"清华文学社丛书"第一种。
③ 顾颉刚《俞平伯〈红楼梦辨〉序》。
④ 笔者曾于1986年5月16日访叶圣陶。

〔作者 北京大学中文系教授〕

# 与时俱进的语言学大师——罗常培[*]

周定一

  1934年,北大刘复(半农)教授到内蒙调查方言,染回归热回京逝世。他留下的语言学课程和研究项目要有人接替。学校从多种因素考虑,认为在中央研究院历史语言研究所任研究员的罗常培(莘田)最合适。但史语所未必肯放。于是以借聘的名义,与史语所商定,罗常培这年秋天来北大任职。北大是罗先生的母校,他也乐意尽力。

  这时中文系主任是文学院长胡适兼着。自罗常培到系后,日常系务实际上由他代理。我1935年入北大中文系,到系办公室报到,首先遇到的教师就是罗先生。算来他那时才35岁上下(生于1899年8月9日)。白晳丰满的面貌,和蔼可亲的神态,纯正文雅的北京话,给我留下最初的深刻印象。

  许多人知道他是满族,又姓罗,误以为是爱新觉罗的本家。若论渊源,他的家族出自吉林宁古塔的萨克达氏。他自己说过:"我本寒门衰族,和'胜朝贵胄'毫无关系。"他父亲最好的差事也只做到北京宣武门的"城门吏",七品小官,家无恒产,靠微薄薪金养家。1916年,父亲因急病去世。他这时不满17岁,离中学毕业不到一个月,忧伤加着急,后脖子长了个"砍头疮"的险症。他忍着剧痛,裹着绷带,硬把毕业考试应付下来(后来后脖子上落下个小鼓包)。他的一生知

---

  [*] 写此文时,参考了王均先生《语言学界一代宗师》和罗常培先生《自传》等文章,未能一一注明。——作者

友史学家郑天挺教授曾说"他律己很严,能持人所不能持"。像顶着重病应考,这种倔强上进、不甘落后的性格贯穿他的一生。

中学毕业前,他遵父兄之命,为谋生之计,课余从闽人蔡璋学会了速记。中学毕业后,经蔡璋引荐,在国会众议院当速记技士,每月有80元大洋收入,相当优厚,非但能独立生活,而且能补贴家用,偿还因父丧欠下的债务。但他自小有"不甘小就"的志向,这思想在他17岁时(1916)所写日记式的《隙影记》(1992年出版的《北京大学当代学者墨迹选》曾选印一段)里表现得很明显,他去国会干速记挣钱是"借为求学之资料"。这年秋天,他考入北大中文系。从此,一面在北大读书,一面每周匀出三个半天去国会作速记。国会议员来自全国各地,好几百人,开会时语音庞杂的发言,给这位青年速记员养成特别敏锐的辨别方音能力。这是工资之外另一笔很得益的无形收入。例如若干年后,他在青岛初次遇见游国恩先生,问游先生"贵处?"游先生答以"临川"[tim tʻuan],他就马上听出有三个值得注意的方音特点,触发了研究临川方言的兴趣。这是他日后写成《临川音系》一书的源头。这种敏感,固然跟他已经从事多年的语音和音韵的研究工作有关,也跟早年在速记中练出的听力有关。在北大就读期间,他还用速记作笔记:刘师培讲古代文学,他在课堂上用速记记下"口义",回家又逐字翻成文言。20多年以后,在抗战后方整理出版,这就是他在"弁言"标明"仪征刘申叔先生遗说"的《汉魏六朝专家文研究》一书。北大教授梁漱溟名著《东西文化及其哲学》,也是梁先生约他用速记记下讲演,参酌他人笔录,由他董理成书的。

罗常培在北大中文系学习期间,正是五四前夕到五四爱国运动爆发的1919年,也就是新文化运动逐年逐月高涨时期。作为新文化运动策源地的北京大学内部,各种思想互相激荡,斗争异常激烈。罗常培起初是站在刘师培、黄侃等守旧派教授所办杂志《国故》一边。它同向旧社会封建势力冲锋陷阵、生气勃勃的《新青年》杂志相比,显得抱残守阙,复古倒退,影响甚微。青年罗常培不能不受《新青年》的影响,思想逐渐转变。北大校长蔡元培发表在《新青年》上给封建卫道者林纾(琴南)那封有名的公开信,是促使罗常培转变的关键。他说,从此"我的思想完全以蔡先生的思想自由和学术自由做骨干"。蔡元培所坚持的思想言论自由、学术研究自由的原则,在五四时期确实起了推动社会进步的作用,有力地鼓舞许许多多知识分子从封建营垒中走出来,对旧道德、旧文化、旧文学等等采取理性批判的态度。而且,蔡元培本人也成了许多人崇拜的对象、做人的榜样。罗常培就是拿蔡元培"博大而坚贞的精神"做自己追求的理想人格。1940年蔡在香港病逝的第二天,他写了篇《博大和坚贞》的悼念文章,发表在昆明报上。他曾说,解放前的30多年,他所以能做到"大德不逾闲(界限)",就是靠这种"北大精神"的帮助。所谓"大德",即平日操守和政治态度。他秉性爽直,富于正义感,同辈中有人称他为"文直公"。对学生,他一视同仁,稍有长处不惜在课堂上表扬或在文章里提到,如有行为方面的缺失,也不稍姑息,当面指责。记得我们班读二年级时,罗先生正指导我们作语音实验,有位高年级同学来交论文,满面酡红,酒气拂拂,罗先生当众斥责他不该酗酒,弄得这位同学很尴尬。我们才发觉罗先生温文和善之外还另有非常严厉的一面。在西南联大任教期间(1938—1944),他没有介入当时的政治斗争,但他的学生中有些"左派"是靠他掩护,才不致被特务逮捕的。当国民党故意放风要解聘联大闻一多先生等一批进步教授,他以联大中文系主任名义投书重庆《新华日报》表示抗议。1944年秋,他应美国朴茂纳学院之聘,出国讲学。按国民党政府规定,凡出国人员要先去重庆中央训练团受训,并加入国民党,才发给官员出国护照,便于买较好舱位,还有其他方便。而他宁可领取普通护照坐三等舱,不去受那法西斯训练。

上面举的这些事例,他多年后自省,归结为"北大精神"的表现。什么是五四时期"北大精神"的内涵?怎样历史地对它评价?说法不一,不是这里要讨论的。总之,五四时期北大确实孕育了新一代的知识分子,类型不一,各自选择不同的路通向社会,去影响社会。罗常培走的是个人奋斗、成名成家的学术之路,思想行为则力求独立不阿、不亏大节。在那个社会急遽转变、充满矛盾的时代,罗常培也有他个人的矛盾:"学的是旧文学,而又有对新知识的要求;吃的是安福系国会的饭,而又有浓厚的反政府情绪。"为解决思想上的矛盾,1919年从中文系毕业之后,他又进了哲学系。那时北大哲学系如日中天,许多人抱着与罗常培追求真理的同样心情进入哲学系,希望在各种派别的社会学说斗争中求得哲学上的根本解答,决定自己的人生方向。但他在哲学系读到第二年,安福系国会解散,生计失去来源,不得不离开北大去教了一年中学,并一度代理中学校长。

1923年,他应西安西北大学之聘,任国学专修科主任兼教授,虚岁25,学生中有比他大的。他教的课程中有一门文字学,其中音韵部分,大体依照他北大老师钱玄同的说法。但既要教学生,编讲义,就必须在某些问题上对师说进一步弄清楚。这是他通过教学认真研究音韵学的开始。他7万多字的《中国音韵学导论》(后改为《汉语音韵学导论》)就是在西北大学草创,"椎轮为大辂之始",从最初讲义到正式出版,历时25年,经过8次修订,最后还因为没有将全书改写为白话表示惋惜。

他在西北大学呆了一年,回到北京,在"执政府"干速记的旧营生,兼教中学。这样对付到1926年,段祺瑞执政凶相毕露,"三一八"惨案发生,北京形势险恶。许多学者心情忧念,纷纷离京。恰好厦门大学来京延聘教师,他于是同鲁迅先生等人南下,很想找个安静地方作学问。但在厦大不到一年,同去的人都先后离开了。在厦大的时间虽短,却做了两件跟他业绩有关的事:一是研读西方语音学名著,并试着用语音学观点解释原先所编音韵学讲义中一些模糊笼统的地方。语音学用于声韵学,就如解剖学之于医学。他用生理学、物理学等浅显道理,把音韵学中的"声"、"韵"、"调"、"反切"等基本概念加以剖析,使人容易理解。这也是他日后进行音韵学专题研究的发轫工作。另一件事是教学之余调查厦门方音。除了直接调查方音,还征集当地通俗韵书,里巷谣谚和传教士所作厦门方音罗马字母拼音材料,互相参证,为日后写《厦门音系》一书作准备。这也是他从事方言研究以至民族语言研究的起步。

他离开厦门到广州中山大学任教始于1927年,开声韵学、等韵研究、声韵学史等课程。1928年赵元任先生到广州调查方言,罗向他请教声韵学里的一些问题,把多年积下的疑问没日没夜地和赵讨论了一星期,才把以前并未彻底明白的一些音韵学方面的问题从语音学角度搞清楚了。而且,赵元任记音的时候,他也跟着记。记完后,如果自己记的与赵相同,就非常高兴,增强了信心;如有不同,也知道自己差在那里,向赵学习。他说:"赵元任和我的关系是介于师友之间的。"

在中山大学教书过程中,他越来越感到自己学问不充实,应当先充实自己再教别人。于是在1928年辞去中山大学职务,到正在广州建立的中央研究院历史语言研究所语言组任专任研究员。他的主要志趣是对中国音韵学发展史上大大小小的问题进行深入研究,要把这门学问提高到新的科学水平。他立下决心,披荆斩棘地前进。1929年元旦他加入人寿保险20年,"我要玩儿命,非干出名堂不可!"在中央研究院7年,他写出《厦门音系》、《临川音系》、《唐五代西北方音》、《国音字母演进史》4部专著,《切韵鱼虞之音值及其所据方音考》、《知彻澄娘音值考》、《释重轻》、《释内外转》等14篇论文,还调查了徽州六县方言,编出汉魏六朝韵谱和《经典释文》反切长编,跟赵元任、李方桂合译瑞典汉学家高本汉巨著《中国音韵学研究》。真是"玩儿命"干。他治学继承传统的朴学严谨精神,又掌握现代语音学和语言学的方法和原则,用方言研究成果构拟历史语音,从历史音韵系统驾驭复杂的方言现象,相互验证,相互促进,音韵研究和方言研究都取得重要成果,对这两门学问起了承前启后的作用。至于高本汉的书所以被看重,中研院打破不译书的成例而独译此书,是因为高氏把印欧比较语言学的一套方法介绍到中国来,使中国音韵学传统的分类分部之外,在构拟历史语音形式方面有了管用的办法和工具。翻译这书,不但要把原文(法文)译成汉字,还要改正其错误,加入新材料,改用国际音标,甚至一部分重写。正如原著者在中译本"赠序"中说的:"他们三位全是在这门学问里极精彩的工作者,对于中国语言史上全有极重要的论著。"这才足以担当这项译事。罗、赵、李合译这书是我国语言学界的一件大事。这个中译本的影响比原著更为深远,至今未衰。

罗常培就是这样经过多年的辛勤工作,确立了他在语言学界的地位,从中研院回到母校北大任教的。从1934年到他出任语言研究所所长的1950年,中间除了1944年秋到1948年夏,以北大访问教授的身分在美国讲学之外,他一直在北大任教和研究。就是到语言所之后,起初还兼着北大文科研究所所长和教授。

他到北大之初,跟魏建功先生分工,魏先生讲音韵学概要和音韵学史等课程,罗先生讲语音学和"域外音韵论著述评"这些课。罗先生讲课深入浅出,举重若轻,条理分明,引人入胜。他间或举某些特异的语言现象,以加深学生理解。比方,他讲方音之间的对比关系是有条件的,不能简单类推,例如广州许多h声母开头的字在北京是k声母("开",广州h-,北京k-),但不能认为字字都这样,有些字广州读h-,北京也照样读h-。北大有位广东顺德籍老教授在堂上把西汉解《诗》的毛亨说成毛坑(茅坑),就是不懂这个道理,传为笑话。

北大有个"语音乐律实验室",是刘复一手创建的,大约也是国内最早的语音实验室。有刘复从法国弄回的一套测试乐理和语音的仪器、发音器官模型,还有他自己发明的"乙二声调推断尺"。这个实验室给语音和音韵的教学和研究提供许多方便。罗先生写《临川音系》就曾经利用"声调浪纹计"和"乙二声调推断尺",把临川方言的声调测出非常细致的数据,作了科学的说明。他教我们语音学,结合方言调查实习,就在这个实验室里,教每人亲自操作,测试自己方言的声调,得出升降、高低、长短一目了然的图谱。讲到声韵学里的声母清浊,罗先生当堂拿出一个简单的"浊音计",叫我们挨个儿贴着自己喉部测试,一下子把声韵史上这个玄奥问题搞明白了。当然,现在的语音实验有了声谱仪和计算机等等先进设备,实验方法也由静态变为动态,但在三四十年代,北大的这个实验室,设备和所起的作用那时也是先进的。语音学是语言学一切部门的基础。一些"同门",正是从罗先生讲语音学开窍,日后从事语言工作的。罗先生在北大开过多次语音学课程。直到1952年,罗先生还和王均先生在北大语言专修科合开语音学,并把历年积累的研究汉语方言和少数民族语言的有关资料增补讲义,整理成书,即他们两人共同署名的《普通语音学纲要》,1957年正式出版。这时,距罗先生逝世只一年多了。

"域外声韵论著述评"这个课是首创性的,当时编有铅印讲义发给学生。其中个别篇章写成单篇论文在报刊发表过。能做而且肯做这项工作,使人们了解这门学问国外行情的,似乎并无别人。

这里讲一件别的事:1937年6月,北平读满两年的大学生和高中生(均为男生)数千人集中在西苑军营接受二十九军一个半月的军训,以适应山雨欲来的抗战形势。这是顶着日本在华北的侵略势力高压决定的(七七事变后,日方向二十九军提出的无理条件之一就是解散西苑军训)。记得4月8日我们集合在北大红楼后面广场去西苑的时候,罗先生特赶来送行,勉励有加,叫我们非常感动,留下深刻印象。因为平日除了在课堂上,师生很少接触,何况是在"华北之大,放不下一张书桌"的严峻环境之中,透着点悲壮行色的出发时刻。

果然,军训刚满一个月就爆发了卢沟桥七七事变。尽管军营入夜四外枪声,日本人在恫吓,军训还是坚持按原定期限结束。北平很快就沦陷了。北大校长蒋梦麟、文学院院长胡适等负责人这时都在南方,只剩下以秘书长郑天挺为首的一些教授们在维持残局。罗先生除了协助郑先生联络教授互通声气之外,加紧进行自己的研究工作,以排遣烦愁。他在一篇文章里说:"与其成天楚囚对泣,一筹莫展,何如努力从事自己未完成的工作,藉以镇压激昂慷慨的悲怀? 假如能在危城中,奋勉写成几本书,以无负国家若干年养士的厚惠,那么,就是敌人把刀放在我的脖子上,也会含笑而逝,自觉对得起自己,对得起学校,对得起国家!"(《七七事变后的北大残局》,载《北京大学五十周年纪念特刊》)表露了一个爱国知识分子的悲愤意识。在这同一篇文章里,他记下了北大教授们在日军的刀光剑影中的心情和动态,勉力支撑学校到最后一刻的过程;还记下了中文系中年教师缪金源先生不失民族气节终于饿死的感人事迹。

北大、清华、南开三校组成"长沙临时大学"的消息终于传到北平,北大校长敦促教授们南下的电报也到了。于是留在北平的北大30多位教授愿走而且能走的都分批走了。1937年11月中旬罗先生也抛妻别子(想不到一别11年)离平,同魏建功先生等从天津乘船到香港,绕道梧州到达长沙临时大学设在南岳的文学院。语音学、声韵学这些课正没有人教,罗、魏两先生立即开课。文学院会集了三校的名教授,过着集体生活。每天清早,晨雾未散,山风吹寒,教授们和男女生一起在操场行升国旗礼。战争改变着人的生活,也密切了师生关系。

在南岳安静的环境中只呆了几个月,南京失守,武汉震动,学校不得不远迁云南,改名为西南联合大学。文法两学院暂设在边陲小城蒙自,一学期后,又并到昆明本校。罗先生随着学校播迁。1940年,他继朱自清先生任联大中文系主任。这时,三校仍有各自的研究机构,他兼任北大文科研究所所长。

罗先生自1938年夏入滇,到1944年秋离滇赴美,一呆又是7年。当初他在中研院"玩儿命"干了7年,把中国音韵学和方言学的水平提到新的高度。在云南7年,他也毫不惜力,为我国语言科学的发展作出许多贡献。可以分4方面来说:

一是积极开展云南的语言调查工作。联大三校都有教学与研究并重的优良传统。罗先生在联大教课和主持系务之外,对云南这个语言研究的宝库不失时机地做了大量的调研工作。他自己做,也指导或配合别人做。他在《语言学在云南》(见《语言与文化》附录)一文中,把1938年至1943年在云南进行的民族语言和汉语方言调查详细列出,归为五纲四十一目。民族语方面,他亲自调查滇西各地十几种民族语。后来发表的有《贡山俅语初探》(中、英文)、《莲山摆夷语文初探》等专著和单篇论文。他指导联大和北大文科研究所的学生分别调查了几支彝语,后来都出版了。他还建议中研院史语所抓住时机,调查了云南全省一共98个县的汉语方言。他自己也调查了昆明方言,写出《昆明话和国语的异同》发表。

二是普及语言学和语文教学知识。罗先生向来在从事高深研究之外,不忘社会生活中的语言问题,尤其关心国语运动和语言教育,早年写过许多关于国语运动的文章,并穷源竟委地研究拼音字母的历史,写成《国音字母演进史》一书。到云南后,他好几次应邀到广播电台讲演,或给报刊写文章,谈论语文教学问题。他主张充分利用注音符号和国语罗马字帮助认识汉字,抨击官定国文教本专选文言排斥白话的复古逆流,认为中学国文教员应讲求教学法和说国语,这些意见都很可取,切中时弊。他还在刊物上发表了一系列关于语言文字,尤其是音韵学的通俗性文章,如《误读字的分析》、《什么叫双声叠韵》、《语音学的功用》、《反切的方法及其应用》、《音韵学研究法》等等,浅显易懂。其中个别篇章收入《中国人与中国文》一书。谈音韵的原想结集为《恬庵说音》,因出国而未果。1941年,他把由北平随身辗转带到昆明的100种曲本的用韵,用"丝贯绳牵"法归纳为《北京俗曲百种摘韵》一书,老朋友老舍先生作序,1942年在重庆出版。《新华日报》记者郑之东(林曦)见到,写了篇书评登在这家报上,题为《给诗人们介绍一本韵书》,称它"就内容说,称得起是一本通俗的科学著作;而所附的字汇,又可以实际帮助诗人们用来合辙押韵"。这书本来印数少,转眼即难找到,又不见再印。作者说,也许原来的出版社因那篇书评吓得把它销毁了呢。新中国刚一成立,经作者校订,这书 1950 年得以在北京再版。1986 年又由天津一家出版社重排出版。可见它受到社会重视。

三是从语言的研究扩展到语言与文化关系的研究。他当初写《临川音系》，在"叙论"一章论到赣方言同客家方言的关系，并论述了客家迁徙的过程。这是他把语言研究延伸到文化领域的开端。入滇以后，他把那章"叙论"单独抽出修订，题为《从客家迁徙的踪迹论客赣方言的关系》，发表在一个期刊上。文章认为："如果有人把客家问题彻底地研究清楚，那么，关于一部分中国民族迁徙的途径，和语言演变的历程，就可以认识了多一半。"随后，他又"磁石引铁"似的，尽力搜集藏缅族父子连名制的语言材料和有关文献，逐步深入研究，3 次发表文章，最后总成一篇《论藏缅族父子连名制》长文，详细论证了以大理一带为中心的古"南诏国"（约 8 世纪至 10 世纪）的建国者是有父子连名制文化特征的藏缅族，即现在有父子连名制文化特征的彝族和有这特征遗迹的白族的祖先，而不是没有这文化特征的非藏缅族的称为"白夷"或"摆夷"的傣族。这个结论得到公认，非但解决了民族史上的疑难，而且有地缘政治的重要现实意义。1943 年夏天，在西南联大主办的文史讲演会上，他用"语言与文化"为题讲演，建立了日后写成《语言与文化》一书的间架。这书运用大量语言事实，中国的，外国的，古代的，现代的，论证语言与人类社会文化多方面的关系：从语词的语源和演变看过去文化的遗迹，从造词心理看民族的文化程度，从借字看文化接触，从地名看民族迁徙的踪迹，从姓氏和别号看民族来源和宗教信仰，从亲属称谓看婚姻制度，等等。全书篇幅 10 余万字（包括附录数篇），不算大，却内容厚实，写得精致，最能体现他一贯倡导的"有几分证据说几分话"的严谨学风。他"自信这本小书对于中国语言学的新路把路基初步地铺起来了"。1950 年在北大出版，只印几千册，除送人外，很快就卖完了。80 年代后期"社会语言学"在我国升起一股势头，使人自然想起被推许为"我国第一部文化语言学或社会语言学开创性著作"的《语言与文化》，于是有人找来一本,拆开复制了若干本,在少数人中流传。1989年,该书由语文出版社重新排印出版,使这本开拓性著作得到较多的读者。

四是培养语言科学人材。罗先生培养青年人的功绩是有口皆碑,许多人文章里都谈到的。例如北大已故袁家骅教授曾说:"莘田对于培养青年,鼓励后进,那是百分之百坦率地亲切,肯呕心沥血地加以指点的。"本来,讲课,指导研究,是身为人师的职责所在,但罗先生不同一般。他可以称得起是"有教无类"的。他很坦率地说过:"对于联大的学生,我却不论何党何派都一视同仁爱护,有了错误当面诃责,有了困难也尽力帮助。"其实不限于联大学生。健在的南开大学邢公畹教授在新印本《语言与文化》的序里谈到:30年代末,他从远道来投奔迁在昆明的中研院史语所,不料阴错阳差,原先说好的研究生经费还没批下,办不了报到手续。正在着急,有人告诉他:"你赶快去西南联合大学找罗莘田先生。他古道热肠,最愿意帮助年轻人,门路又多。"他于是以大学毕业论文为贽去拜见罗先生。罗先生马上推荐他去一所中学教书,暂时度过生活难关。半年后又通知他,经费已批下,"你可以回所读书了"(罗先生与中研院史语所仍保持工作关系)。1945年他回忆,过去5年内,他推荐去一些大学或研究所任副教授或讲师的,单以中文系出身的学生而论,就共有10人(致胡适信)。至于历届中文系毕业生由他介绍去中学或别的行当任职的,更难以数计了。久而久之,他在学生中博得个"罗长官"或简称为"长官"之名。这非但指他热心"选贤任能",而且指他传授有方,又关心学生的生活,是个既感亲切而又带点敬畏的名称。元好问诗云:"鸳鸯绣了从教看,莫把金针度与人。"罗先生曾引这诗,反其意而用之,主张为人师者"要把金针度与人"。他教导学生:"教书要深入浅出,科研要小题大做。"这是出自肺腑的经验之谈。1941年他在叙永向历史学会听众讲"读书八式":"涵咏自得,采花酿蜜,剥茧抽丝,磁石引铁,披沙拣金……"1942年在昆明北大文科研究所讲演"研究工作的性质",系统地论述研究工作的性质、方法、步骤。"善歌者使人继其声,善教者使人继其志。"他在云南7年,口传心授,亲自带领学生田野操作,培育了一拨又一拨的语言工作人才,无形中为将来新中国开国后急需语言工作者作了储备。这是后话,当时是没有料到的。

以上大致谈了莘田先生在云南7年的业绩,年龄约略40岁至46岁期间。有一天突然听见他喟然长叹:"我四十岁以前是卖命,四十岁以后是卖名!"这话是有感而发,并带点自嘲意味。如上所述,他何尝像某些人一样躺在"名"上吃老本?终其一生,都随时在鞭策自己,奋进不息,不断地开拓着我国语言学的园地,何尝有40岁前后的分别?他自己也曾经说:"从前听一位朋友说:'没成名的人卖力,成了名的人卖名。'照我自己的经验,再参证许多当真成名的人的实例,处处都可以证明这句话是自暴自弃的。"(《苍洱之间》第八节)这才是他的真心话。

至于"名"这东西,所谓"三代以下"谁不好它。但要看名是怎样来的,又怎样用,其间大有高下清浊之别。莘田先生在滇7年,教课和研究之余,应邀上电台演讲,到大中学作报告,在刊物发表普及性学术文章,给报纸写"星期论文",这些都是"名"的积极社会效应。还有件事:1944年5月8日,由罗常培和闻一多两位教授号召,在西南联大草坪上开文艺晚会,请10位教授分题就新文艺各方面讲演。联大各院系和附近各大中学学生,以及社会青年自动来听讲的近3000人。在皎洁的月光下(那天是阴历四月十六),大家安安静静地坐在草地上听着,晚会从7时开到午夜才散,收到极好的效果。这正是:"顺风而呼,声非加疾也,而闻者彰。"如此用"名",自是正道。

1944年秋罗先生告别云南,经印度到美国。在美4年,先后在朴茂纳学院、伯克利加州大学、耶鲁大学讲课,指导研究生作博士论文,剩下的时间自己用功。在耶鲁大学时,周围许多成名的老教授整天孜孜不倦的治学精神,对他起了很大的激励作用。这一点他回国后屡次提起。他还参加了密西根大学举办的暑期语言研究班,选修了3门课程,会见了一些美国著名语言学家(如布龙菲尔德),了解到美国语言学界的许多情况。

他终于在 1948 年 8 月回到北平。那时他一家大小住在北大东斋大杂院低而窄的宿舍里。他说，乍一到家，深有京剧《武家坡》薛平贵回到寒窑的感觉。他静下心来，谢绝各方面的活动，躲进东斋斗室和北大文科研究所的小办公室，开始整理文稿和存书。秋天北大开学，他所开课程中有一门语言学。他在西南联大时开过训诂学，当时试着用语言学观点给这门传统的学问以新的内容。在美国的几年也留意摘录这方面的材料。这次回北大开语言学，在某些地方就结合训诂学里的问题来讲。比如讲到意义和声音的关系，就联系清人"训诂之旨，本于声音，故有声同字异，声近义同"的观点，加以语言学的阐发。他有开拓一门新训诂学的设想，但是紧接着就是解放，忙于别的事情，无暇再考虑这事了。

北平解放前夕，在四郊炮火声中，他加紧完成《语言与文化》一书，并协助北大布置 50 周年校庆展览。他这时对共产党虽然还有所疑惧，但南京国民党政府派飞机来接一批教授南下，他毫不犹豫谢绝了。

北平解放后 1949 年"五四"那天，他坐在台下听别人介绍新文艺理论，"想起当年我和一多发起第一个'五四'文艺晚会的盛况来，觉得我现在落伍了！我应该努力学习，赶上大时代"。他开始走出书斋去接近群众。听了周恩来同志和彭真同志几次报告，他了解共产党也推崇学术研究，自己也属于工人阶级的脑力劳动者，不是革命的对象。这些讲话消除了他的疑虑，使他感到心情舒畅，更加激发了他"赶上大时代"的决心。他积极参加教职员工各种组织的活动，努力学习时事政策和马列主义书籍，在座谈思想改造的会上勇敢地带头作自我批评，恨自己"闻道较晚"（道，指马列主义），要急起直追，并在报上发表谈思想认识的文章多篇。他认真而积极的态度在教授们中有所影响。他参加了北京市第一、二届各界代表会议，接着参加中国人民政治协商会议和亚澳工会代表会议。1950 年 6 月，中国科学院成立不久,他被任命为语言研究所所长。当他收到周恩来总理亲笔签署的任命书时,非常高兴。从此,以语言所为中心,他把全部精力倾注在发展新中国语言科学事业上。

这时他还兼着北大教授和文科研究所所长,仍按时在北大讲课。经上级统筹安排,北大文科研究所的语音乐律实验室几间屋子、设备、人员都拨归科学院,成为语言所的起点。在语言所工作期间,他的抱负和才识在党的信任和支持下得到充分施展。1954年和1958年,他当选为第一、二届全国人大代表。1955年任首届中国科学院哲学社会科学部委员。

语言所建所后他所里所外忙着,是够忙的,但他的笔也从来没停过。解放后他出版了6部专著(4部与人合作,其中《八思巴文和元代汉语》是逝世的次年才出版),发表了30多篇论文。这些论文多半是从学术上和中心工作相结合,如《从历史看中国文字改革的条件》(1952)、《从汉字造字和标音的历史看汉语拼音方案的进步性》(1956)。篇数最多的是谈论少数民族语文问题的,如《国内少数民族的语言系属和文字情况》(1951)。这些论文中有六七篇是谈语言学和文艺关系的。本来,他早在30年代就写过这方面的文章,如《音韵与戏剧》(1935)、《旧剧中的几个音韵问题》(1936),解放后就更关心这方面的问题,尤其是相声。《相声的来源和今后努力的方向》这篇文章1950年11月5日在《人民日报》发表,对相声界起了拨云见日的影响。

罗先生从1952年起,就患高血压症,多次住院治疗。即使住院手头也闲不住,出院一回家更忙开了。他女儿罗慎仪教授曾写道:"我们还没起床,他已经在伏案握笔;我们已经一觉醒来,仍看见台灯映出他那高大的身影。父亲呵,父亲! 你从来不会稍微吝惜自己的精力,爱惜自己的身体。"(《罗常培纪念论文集》,1984)毕竟是50多岁了,这样长期带病拼搏,病只会越来越重。最后一次住入医院之前,双脚已肿得穿不上鞋,还勉力认真整理文稿和书籍,希望后继有人。1958年12月13日,被称许为"继往开来"、"一代宗师"的罗常培先生辞世,年仅59岁。他留给后人的,不仅好几百万字的著作,包括专著十几部,论文一百数十篇,还有他自强不息的精神,作育人才的风范,忠心耿耿贯彻执行国家语言政策的功绩。

〔作者　中国社会科学院语言研究所研究员〕

# 接受"五四"洗礼　坚持"五四"精神
## ——朱自清与北大

朱乔森

父亲和北大的关系,我总觉得和五四运动分不开。先是在北大接受五四运动的洗礼——新文化运动反封建的思想启蒙和反帝爱国运动的政治启蒙;之后是坚持"五四"的方向——从五四文学革命的方向到反帝反封建的爱国主义政治方向。在西南联大和抗战胜利后的北大,他又多次在纪念"五四"的集会上作过回忆"五四"经过、宣传"五四"精神的演讲。

## 一、考入北大

父亲是 1916 年秋天考入北大文预科的。当时,"国立北京大学"是全国的最高学府,考上北大并不是一件容易的事。父亲自幼讷于言而敏于学,4 岁就由父母启蒙课读,高小就很有兴趣地学习英文,13 岁就作通了文言文,那是辛亥革命后在一位老先生家里上夜塾的时候,"跟他老人家学着做通了的"[①];1916 年从江苏省立第八中学毕业,又获得了品学兼优奖状。父亲还读了不少课外书,除家中所藏的部分经史子集外,由于喜好文学,他还买了或借了《文心雕龙》、《聊斋志异》、林译小说等来读,但直到初入北大的头一两年,他最爱读的还是佛学书籍。父亲也尝试着写作,中学时代至少用文言文写过两篇小说,还有多首凭吊史可法的诗歌。因此,他考上北大,是下过苦功夫的。

当时的北大预科设在北河沿,原来京师大学堂译学馆的两层楼房改作学生宿舍,每间宿舍设十来个床位,父亲就住在这里。不远处是教室。父亲在文预科第一年的课程主要有国文、文字学、本国史、西洋文明史、本国地理、英语、英国文学和体操等。其中,教国文的是沈尹默,他着重指导学生研究中国传统文化的门径。例如,对先秦文化,他要学生读庄子的《天下》篇、荀子的《非十二子》篇和韩非子的《显学》篇,认为先秦诸子百家学说的概况及其争鸣之大要,读了这三篇就都知道了。当然,今天看来,这三篇是偏重于道家和法家的观点,对儒家的观点则语焉不详;但这也反映了"五四"前在一些学者中已经开始有了一种进步倾向——对长期占统治地位的儒学和孔教持批判态度的倾向。对于文学,沈尹默教学生读曹丕的《典论·论文》、陆机的《文赋》、刘勰的《文心雕龙》等。教文字学的是沈尹默之弟沈兼士,他跟章太炎学过古文字,以许慎的《说文解字》为课本。教中国史的是陈汉章,他虽是守旧派,但博览群书,也很有学问。总之,当时北大的教师包括预科的一些教师,都是一时之选。

为了给升入大学本科作准备,预科非常注重学生的语文训练和各种基本知识的把握,也非常注重英语,有些课程直接用英语讲授。例如,教西洋文明史和演说学的就是两个英国人,演说学不仅要学生背诵英语短篇演说,还要求在背诵时配以优雅的表情和姿势。此外还有英国文学课,讲授莎士比亚的《哈姆雷特》、《威尼斯商人》等,笛福的《鲁宾逊飘流记》,司各特的《艾凡赫》等。父亲在入北大前已经有较好的英语基础,又经过这样严格的训练,英语水平有很大提高。以后他留学英伦,漫游欧陆,虽然也曾遇到听力、会话方面的困扰和障碍,但他较快地克服了这些障碍,在短短一年的时间里,广泛地考察了西方文化的许多方面,如文学、戏剧、美术、建筑等。回国后他担任清华大学中文系主任,长期坚持他和杨振声共同提出的"古今结合,中西结合"的正确方针,努力培养"学贯中西,融会古今"的人才。

这恐怕跟他在北大学习期间的感受也不无关系。

## 二、新思想发祥地的启迪

1917年初,蔡元培出任北大校长。从此,北大开始了一系列大刀阔斧的改革,不仅是进一步从旧式教育向新式的现代教育转变,而且由于蔡先生提倡思想自由、"兼容并包",实际上为新文化、新思想的传播开路,使北大在"五四"前后成为名符其实的新思想发祥地。

1917年夏天,父亲提前一年考上了北大本科。北大原是预科3年,本科3年,蔡先生来后,改为预科2年,本科4年。当时,科举制度虽已废除,但科举制度的影响还在。许多预科学生仍然把上大学当作猎取功名利禄的门径,因此,报考法政科的多,报考文科的少。为了解决文科的生源问题,在蔡先生主持下,这一年北大特许报考文科的学生可以凭同等学力参试,而无须预科毕业文凭。父亲一贯读书刻苦,1916年底又结了婚,感于家境已开始败落和弟妹们年岁尚小,自觉应快些分担起家庭责任,于是跳级考入文科哲学门(后改为哲学系)。他本名自华,号实秋,为了跟所憎恶的社会种种腐败和污秽划清界限,勉励自己无论在什么困境中也不随同流俗而合污,就改名自清;又为了激励自己进一步抓紧学习,奋发图强,积极进取,于是,借用《韩非子·观行》中"西门豹之性急,故佩韦以自缓;董安于之性缓,故佩弦以自急"的典故,改字佩弦。

父亲始终保持了这次投考北大本科时改名的初衷。在北大读书那几年,"实在太苦了"(见父亲1925年致俞平伯的信),冬天,只有一床破棉被,晚上睡觉,要用绳子把被子下面束起来;为了买一本新版韦伯斯特英语大辞典,不得不当掉仅有的、正在身上穿着的大氅,那是结婚时祖父给他做的。父亲一直打算过些时再筹钱设法赎出来,却始终未能如愿。许多年后想起这件事,心里还感到遗憾。但所有这些,都不能改变他极端认真的习性和老实做人的态度。他一生都在勤奋地学习和工作,不仅以 4 年时间修完了北大预科和本科原需 6 年的课程,而且以不到 50 岁的年纪写出了将近 400 万字的作品。在操守方面,尔后的日子里,他多次拒绝了旧社会那种虽然报酬丰厚却要出卖灵魂的职位,一直到死,都过着极其清苦的生活。

父亲考上北大本科后,宿舍也从北河沿迁到沙滩。沙滩是北大一院——校部和文本科的所在地。父亲住的学生宿舍则在东斋。1918 年 8 月,新教学楼即著名的"红楼"落成后,父亲就在这里上课。也就在他考上本科后,本来已经被地方军阀敲诈得只剩一个空壳的家庭,又因祖父丢了徐州榷运局长的差事,还花了一大笔钱善后,而完全破落了。1917 年冬天,曾祖母去世,父亲回扬州奔丧,陪同祖父借钱才办了丧事。之后,父亲返校,祖父去南京谋职,至浦口车站分手。著名散文《背影》,写的就是这次分别的情景和父亲当时的感兴。

当时的北大,确实出现了新旧思想激烈交锋和百家争鸣的局面。陈独秀、李大钊、胡适等陆续被聘来校后,继续高举民主和科学两面大旗,"打倒孔家店"。胡适在《新青年》上发表了《文学改良刍议》,提出了反对封建文学的"八事"。陈独秀则发表了更为激进的《文学革命论》,以不妥协的姿态对反封建的文学革命提出了较彻底的主张。李大钊在前一段的批孔中阐发了在当时是最深刻的思想,虽然是用文言文写的;1918 年以后,他进而宣传十月革命和社会主义、马克思主义。另一方面,也有辜鸿铭、梁漱溟、刘师培、陈汉章等公开表示对孔教"叹服之无穷"。[②]新旧两派尖锐对垒,不仅在课堂上各讲各的,而且时常展开激烈的争辩,唇枪舌剑,笔锋相向。活跃的思想,热烈的氛围,使父亲受到极大的启迪。他贪婪地从争辩双方汲取营养,既从胡适等新派老师那里学习西方资产阶级的学术思想、研究方法,也从旧派老师那里增进自己对中国传统文化的了解,因为双方都是渊博的学者。但毕竟,新文化、新思想使他耳目一新,他从爱读佛学书籍而转向关注新文化,喜爱新文学。特别是胡适在当时对他的影响较大,他上胡适的课也最多,有中国哲学、中国哲学史、西洋哲学史、逻辑学等。笔者至今还保存着他跟胡适学逻辑学所记的笔记，厚厚的一本，用毛笔竖写，字体工整，可见他学习的用心。他虽然能写很好的文言文甚至骈文和旧体诗，但对胡适提倡白话文的主张，作为五四文学革命的方向之一，是始终坚持的；而且为此付出了极大的心血，作出了重要贡献——用白话文写出了许许多多优美的散文，表明旧文学能做到的，新文学也能做到，如同鲁迅先生所说的，尽了对旧文学示威的任务。

父亲虽受胡适影响，也接受了反封建的思想启蒙（他在"五四"前后创作的新诗中，以及后来的许多作品中，反对封建伦理道德的思想倾向是十分明显的），但即便如此，在文化上他却并不完全赞同陈独秀、胡适当时实际主张的全盘西化，而是赞同中西结合。这表现在许多方面，例如在文学创作方面，他就逐渐形成了一种为中国许多群众特别是青年所喜爱的新鲜风格。对于这种风格，李广田先生在50年代出版的《朱自清选集》的序言中曾经评论说："在当时的作家中，有的从旧垒中来，往往有陈腐气；有的从外国来，往往有太多的洋气，尤其是往往带来了西欧中世纪末的颓废气息。朱先生则不然，他的作品一开始就建立了一种纯正朴实的新鲜作风。"正是这种既不趋附陈腐保守，也不趋附西化洋化的"新鲜作风"，使他的诗文特别是散文在创建我国民族风格的全新白话文学的过程中，作出了重要的贡献。在学术方面，他更是对中西文化里优秀的进步的东西，都认真去学习、研究和介绍。

1919年2月，父亲从同学那里看到一张外国画片，画上一位母亲正爱抚着熟睡的婴儿，题为"Sleep Little One"。也许这幅画使他想起了相濡以沫的妻子和出生不到半年的笔者的大哥，他写了自己的第一首白话新诗《睡罢，小小的人》，以表示对新生命的关爱和祝福。这首诗发表于当年12月11日上海《时事新报》的附刊《学灯》上，应当是他文学创作的开始。以后，他又陆续在《北京大学学生周刊》和《新潮》上发表了多首新诗。他一生的文学事业正是在五四新文化运动的鼓舞下,在北大这个新思想发祥地的启迪下,在《新青年》和《新潮》等刊物的影响下开始的。他当时最爱读《新青年》、《新潮》等刊物。《新潮》是在 1919 年 1 月创刊的,由于它偏重文学,主办者康白情、徐彦之、谭平山、杨振声、俞平伯、傅斯年、罗家伦等又都是他的同学,对他从事文学事业似乎更有直接的影响。第二年春天,也可能是 1919 年底,他同冯友兰等一道或先后加入了新潮社。

## 三、投身五四爱国运动

经过新文化运动思想启蒙的北大学生,摆脱了只关心个人前途的狭隘眼界,开始关心国家大事、世界大事;但当时他们所看到的,却是一个列强环伺、忧患频仍、危机四伏的祖国。列强瓜分中国的危险,亡国灭种的危机,严重地摆在每个中国人的面前。这不能不激起民族意识的强烈高涨。在当时那样的国际国内形势下,救亡正是启蒙的必然结果和合理延伸,而不是与启蒙相对立的。

1919 年伟大的五四爱国运动爆发,父亲参加了"五四"当日的集会游行,和大家一道激昂地挥小旗,呼口号;过后又跟数千名北大同学一道,为要求释放在火烧赵家楼、痛打章宗祥时,被军阀政府拘捕的许德珩、杨振声、潘菽、江绍原等 32 位同学而奔走呼号,积极投身于这场爱国运动。他历来惜时如金,1919 年 1 月以前绝少请假,更无旷课;但据《北京大学日刊》所载"文本科学生请假旷课表",自 2 月间北京部分学生筹议抵抗"巴黎和会"后,连续几个月,他请假都明显增多,而且月月出现了旷课。这也从一个侧面反映了他参加五四爱国运动的热情。他生前曾对母亲说:5 月 6 日"北京中等以上学校学生联合会"成立后,他曾在它的一个股中做过具体工作。

父亲还在这年的暑假后参加了曾在五四运动中起过重大作用的"北京大学平民教育讲演团"。12 月,该团分组变动,父亲被分在第四组;次年 3 月,随着邓中夏重新当选总务干事,父亲也被选为第四组书记。第四组共 13 人，他担任书记后，就按邓中夏的安排，首先组织大家到通县从事农村讲演，据《北京大学日刊》载：这次听讲的有 500 余人，"结果甚为圆满"。父亲上下午各讲一次，题目是"平民教育是什么？"和"靠自己"。以后，他又按照每个团员每月须出讲两次的要求，组织第四组的团员到北京四城讲演，他讲过"我们为什么要求知识？"和"我们为什么纪念劳动节呢？"等题目，并组织第四组的其他团员讲过"山东之危机"、"救国方法"、"国耻纪念日"等，继续宣扬"五四"精神。直到 5 月毕业南归，他才辞去这一工作。

父亲一贯为人朴讷，以他的性格，不可能在五四运动中担当冲锋陷阵的先锋；但他却自觉自愿地、积极活跃地、无怨无悔地跟随当时的先驱者，做好自己的一份工作，尽了一个爱国者在五四运动中应尽的义务。他是五四运动中的普通一兵，但却是主动有为的普通一兵。

父亲本来不爱说话，"五四"前，他跟杨晦同坐一张课桌，彼此却很少交谈。是五四运动打破了同学间相互的界限，使他跟杨振声、杨晦等都建立了长久的友谊。在"五四"期间，他还同当时也是北大学生的邓中夏建立了深厚的友谊。他虽然不能像他们那样，把全副身心投入革命，最终成为职业革命家，但绝不排斥他们，嫉视他们，而是钦佩他们，尊敬他们，爱护他们。1920 年 1 月的一首诗里，描写了自己在北河沿读预科时，夜里，从小河边斑驳的树影中望去，城墙上一行灯光带来了光明的感觉。他含蓄地把这些革命先驱者比做"北河沿的路灯"：

> 他们怎样微弱！
> 但却是我们唯一的慧眼！
> 他们帮着我们了解自然；
> 让我们看出前途坦坦。
> 他们是好朋友，
> 给我们希望和慰安。

祝福你灯光们,
愿你们永久而无限!

1924年给邓中夏的《赠A.S.》,他说得更明白了:"你的手像火把,你的眼像波涛,你的言语如石头,怎能使我忘记呢?""你要建立红色的天国在地上! ……你将为一把快刀,披荆斩棘的快刀! 你将为一声狮子吼,狐兔们披靡奔走! 你将为春雷一震,让行尸们惊醒! ……我想你是一阵飞沙走石的狂风,要吹倒那不能摇撼的黄金的王宫!""你如郁烈的雪茄烟,你如酽酽的白兰地,你如通红通红的辣椒,我怎能忘记你呢?"

五四运动使父亲的心年轻起来了。在他1919年11月到1920年3月写的新诗里,出现了不让"生命给的欢乐"被夺去,"笑里充满了自由"的小鸟;出现了让人们"自己去造"光明的上帝和"仿佛充满了光明"的歌声;出现了"一色内外清莹,再不见纤毫翳障"的月光;出现了"天半飞来",口中含着黄澄澄"未来"种子的"新年";出现了在火中跳起舞来,"全是赤和热"的煤;出现了在阳光下,在浓浓的春意中苏醒了的小草。总之,五四运动所带来的民族的觉醒,使他在黑暗中又看到了光明和希望。他觉得自己"波澜汹涌的心,像古井般平静;可是一些没冷,还深深地含着缕缕微温"。

这些诗发表在《北京大学学生周刊》和《新潮》上,也鼓舞了别人。因为"绝望之为虚妄,正与希望相同"。在五四运动中有这种感受的,不只是他一个人。这也说明他的白话新诗,从一开始就不是唯美主义的,而是来自现实、紧贴现实,和"为人生"的。也正因为如此,他的新诗才能在我国早期诗坛上占有一席之地。

在北大参加五四运动,对父亲影响最深远的,恐怕还是爱国主义。我们通常所说的五四运动,包括新文化运动和爱国运动。新文化运动有发现自我、要求个性解放的一面。这些,在父亲早期的诗歌和散文中也有所反映。作为反对封建礼教和封建文学的内容之一,当时,它同反帝爱国的要求并不是对立的。然而,国家民族的危机和苦难毕竟太深重了,个人的苦乐不能不放到第二位。五四运动中许多北大学生和进步青年都形成了这样的共识。例如北大学生中身患严重肺病,仍为救国救民极力奔走呼号,终因劳累过度而在五四运动后期逝世的,仅《北京大学日刊》所载,就有好几位。其中的一位,"有劝其静养者。君喟然曰:'国贼不去,足以病国;余宁病一身,何忍病一国乎!'"类似的情况,在这一时期的《北京大学日刊》上还有过多次报道。父亲从少年时代就崇敬文天祥、史可法,面对国家民族的危亡,他逐渐形成了一种高度重视民族气节,并准备为此而作出个人牺牲的爱国思想。在五四运动中,在北大许多同学的感同身受中,他这种认识和思想又得到了进一步的发展与巩固。

虽说当时许多北大同学都有这种共识,但父亲素来极其认真,又有强烈的正义感,既然接受了这种认识和思想,就严格地身体力行;有时未能完全做到,就深感内疚。在他成为清华大学教授之后,还不避危险地同学生一道参加了"三一八"的集会游行和请愿示威,并为段祺瑞大屠杀时感到害怕而痛责自己。"九一八"事变后,他写了许多爱国歌词,例如 1936 年北平爱国学生 600 人在故宫太和殿前广场向北平市民演唱的《维我中华》歌,其中说:"百余年间,蹙国万里,舆图变色,痛切中肠!""献尔好身手,举长矢,射天狼! 还我河山,好头颅一掷何妨? 神州睡狮,震天一吼孰能量!""有志者,事竟成,国以永康!"这首格调铿锵、慷慨激昂的歌词,仿佛是当年"五四"爱国精神的再现,其中也包含了为挽救国家的危亡而不惜作出个人牺牲的意思。不久,他又同学生一道参加了"一二·九"运动中的"一二·一六"游行示威,并不顾特务的骚扰,多次在家中掩护爱国学生。抗日战争爆发后,尽管个人生活水平下降到了最低点,但他又一次像五四运动中那样,为民族意识的觉醒而欢呼:"东亚病夫居然奋起了,睡狮果然醒了。从前只是一大块沃土、一大盘散沙的死中国,现在是有血有肉的活中国了。从前中国在若有若无之间,现在确乎是有了。""我们不但有光荣的古代,而且有光荣的现代;不但有光荣的现代,而且有光荣的将来无穷的世代。"中国将要新生,"新生的中国在我们的望中","新中国在血火中成长了!"③他默默忍受着个人的病痛和全家衣食难继的一切困苦,认为抗战第一,个人生活苦一些不要紧,终于得了严重的胃病。但是,直到生命的最后时刻,他首先关注的,仍然是民族的尊严和国家的命运。

第二次世界大战后,美国政府向日本政府提供了大量的战争剩余物资,并给予种种便利,企图扶植日本东山再起,作为他们进行"冷战"在亚洲的桥头堡。这种政策,使刚刚饱受日本侵略之害的中国人民不能不奋起反对。但是,美国驻上海总领事卡宝德却在1948年5月连续发表演说,攻击中国人民的反美扶日运动是受了"奸人"的"迷惑",中国学生得到教育是受美国的"恩惠",中国连日常所需的粮食也仰赖美国的慷慨施舍,所以不应"忘恩负义",等等。6月4日,美国驻华大使司徒雷登又发表声明,诬蔑中国学生的行动是"阴谋"、"错误"和走入"歧途",并公然威胁说:"鼓励与参加反美扶日……必须准备承受行动之结果。"这些言论,理所当然地激起了中国人民的更大愤慨。6月9日,北平各校学生冲破国民党军警的重重封锁阻挠举行了示威游行。6月18日,父亲用颤抖的手,但毅然决然地、一笔不苟地在吴晗拿来的一份抗议宣言上签了名。宣言的全文如下:

> 为反对美国政府的扶日政策,为抗议上海美国总领事卡宝德和美国驻华大使司徒雷登对中国人民的诬蔑和侮辱,为表示中国人民的尊严和气节,我们断然拒绝美国具有收买灵魂性质的一切施舍物资,无论是购买的或给予的。下列同仁同意拒绝购买美援平价面粉,一致退还配购证,特此声明。

为什么手要颤抖呢?因为当时国民党统治区的物价飞涨已经到了破天荒的程度,父亲虽是薪水最高的教授之一,每月所得也仅能买三袋多面粉，退回每月可买两袋平价面粉的配购证，意味着要减少约五分之二的收入。有的教授就干脆对吴晗说："不，我还要活！"这也可以理解。何况父亲一个人要养活一大家子；本来全家节衣缩食，每天吃两顿粗粮，还得他拼着命多写文章，才能勉强维持下去，这一来收入剧减，其困难可想而知。而他的胃病已经发展到常常整日整夜地剧烈疼痛和呕吐，签名的前几天，体重减轻到 38.8 公斤，迫切需要营养和治疗。但他虽然穷到不能治病，一个多月后终于在贫病交加中死去，还是义无反顾地在宣言上签了名！并让我在其后把茶褐色的票证退回去。当晚，他在日记中写道："这意味着每月使家中损失六百万法币，对全家生活影响颇大。但下午认真思索的结果，坚信我的签名是正确的。因为我们既然反对美国的扶日政策，就应采取直接的行动，就不应逃避个人的责任。"直到弥留之际，他还谆谆嘱咐母亲说："我是在拒绝美援面粉的宣言上签过名的，以后，不要去买国民党配给的美国面粉！"

在北大的日子里，在五四运动中最终形成的他的爱国思想，为祖国安危，为民族大义，为"一个理想的完美的中国"而不惜作出个人牺牲的思想，贯穿了他以后的全部生命。

## 四、"五四"后的父亲和北大

1937 年"七七"抗战爆发，平津沦陷，北大、清华、南开三所当时最负盛名的大学合并南迁，在长沙组成临时大学。父亲于 9 月下旬秘密逃离北平，经天津、塘沽、青岛、济南、徐州、郑州、武汉，辗转千里来到长沙，任临大中文系教授会主席（后改称系主任），又任贷金委员会召集人。这是一个为三校学生解决临时经济困难的组织，由于粥少僧多，父亲在学生与校方之间多所斡旋。从此，他又与北大的许多教授也是他的老友共事了。由于长沙的校舍不够，临大的文学院被安排在南岳的圣经书院。这时，三校的文科教授在南岳济济一堂，学术空气空前浓厚。一位北大同学说,在南岳一个月所学的,比在北平一个学期还多。④但到次年2月,临大又不得不迁往昆明。4月初,临大改为著名的"国立西南联合大学",父亲继续担任联大中文系主任兼联大师范学院国文系主任,直到1939年11月。

联大的内部,仍保留了三校的建制。在联大8年期间,他跟北大直接有关的活动,大体如下:

1938年5月4日,在北大纪念"五四"的集会上讲演,讲了若干轶事,"听众不断有笑声"(见父亲的日记,下同);12月7日,参加北大校友常设委员会会议,讨论筹备北大40周年校庆事;17日,出席这个校庆纪念会。1942年6月16日,在重庆出席北大同学会的聚会,在座有胡适、张国焘、陶西圣等。1944年11月25日,出席北大同学会全体会议;27日,又出席北大同学会欢送蒋梦麟的宴会。1945年10月27日,傅斯年就任北大代理校长,出席为欢迎傅所举办的茶话会。1946年8月4日,在成都出席北大校友会会议并讲话,在座有朱光潜、刘名扬等。至于他和北大同仁的交往、聚会、商谈,那就更多了。

1946年10月,我们全家随父亲回到北平,因清华的房子被日军征用后损坏颇多,正在修缮,就在北大四院住了半个月。这以后,虽然我们住在城外的清华,但父亲参加北大的活动,以及和北大同仁的联系,较之西南联大期间,似乎倒更多了。

1946年12月13日,他到北大蔡孑民先生纪念堂出席魏建功主持的中国语文诵读方法座谈会,并发言。1947年3月8日,出席北大文艺社和清华文艺社的联欢会并讲话,他说:"目前大家的意见,似乎都主张文艺应当密切地和现实联系起来。在这个原则之下,我们应该眼光往地下看,不是望天上。"⑤15日,他又进城出席北大、清华、南开三校的图书分配会议。4月30日,进城出席三校联合招生会议;第二天又出席北大文艺社举办的文艺晚会,并作"五四时代的文艺"讲演,他认为五四时代的文艺一是从新文体到白话文,二是文学改良和文学革命,三要说到鲁迅先生,有了理论,还要有创作。"《狂人日记》里喊出'救救孩子!'并且要打倒孔家店,'孔家店'便是当时给'封建社会'的代名词,鲁迅便是肩起闸门放出孩子去的。""要怎样救救孩子呢?就是说两位先生,一位是德先生,一位是赛先生,到今天也仍然如此。"⑥5月2日,他又出席北大新诗社主办的诗歌晚会,听《黄河大合唱》。1948年4月7日,他就北平警备司令部下令逮捕北大学生自治会12名理事发表谈话,载于《清华周刊》,他的同情是在学生方面;12日,出席清华教授会议,议决为抗议国民党特务袭击北大和师大的暴行于次日罢教一天。他还参加起草了致教育部长朱家骅的抗议电,其中说:"此二次事件之发生,一则于深宵戒严之时,一则于光天化日之下,国家之法纪何存!社会之秩序不保!同人等均列庠序,同深愤慨。既痛学府之被残,复感自身之受胁。除于四月十三日罢教一日以示抗议外,特请严饬北平治安当局严查滋事责任,即日惩凶,向被害学校道歉,赔偿公私损失,切实保证以后不再有类似事件,以维国家法纪而保师生安全。"5月4日,他又进城参观北大博物馆和"五四"史料文献展,并于当晚出席"五四"新文化晚会并作讲演;15日,观看了北大剧艺社所演话剧《记者生涯》。

1948年8月6日,父亲的胃溃疡终于发展到胃穿孔,住进北大附属医院,做了手术;但10日、11日又连续并发肾炎和肺炎,病情急剧恶化;12日,周岁还不满50的他,在自己最渴望的新中国诞生前夕,却与世长辞了!像群星灿烂中的一颗,当自己光华最盛的时候,却在黎明前的黑夜中陨落了!

父亲与北大的关系,同他与清华的关系一样,可以说是难分难舍。而在其中起主导作用的,则是五四运动及其所发扬的新文化与爱国主义。

**注 释**

① 《朱自清全集》第4卷第456页。

② 《孔子哲学第一次研究开会笔记》,《北京大学日刊》1918年11月9日、11日。

③ 《朱自清全集》第4卷第405、436页。

④ 参见冯友兰《回念朱佩弦先生与闻一多先生》,《文学杂志》1948年第3卷第5期。

⑤ 转引自杨汇《一个聚会——北大文艺社和清华文艺社的联欢》,《清华周刊》复刊第4期,1947年3月24日。

⑥ 《朱自清全集》第4卷第469、470页。

〔作者 中共中央党校党史教研部教授〕

# 最早诠释"五四"精神的《新潮》闯将
## ——罗家伦

### 罗久芳

　　1898年,罗家伦(志希)出生在江西南昌的一个书香家庭。当时内地还缺少新式学校,所以他早年受的是家塾式的传统教育,但是也有机会读到上海出版的新书报,并在传教士开设的夜校补习英文和数学。17岁时,罗氏考入上海复旦公学高中部,学习3年,知识大增,1917年夏成功地考上了北京大学文科本科(当时学制分预科3年,本科3年),主修外文。入学时间正巧就是蔡元培上任的那一年。

　　不满20岁的罗家伦踏进了生气蓬勃的北大校园,惊喜地发现教授中有"拖辫子的辜鸿铭,筹安六君子的刘师培,以至于主张急进的陈独秀"①,百家争鸣,却和平共处。他很快地结识了一批趣味相投的同学,课外一同切磋学问,议论时局。一些教授对国学根基较深的学生很表器重,也愿意和他们在一起讨论。年轻的胡适刚回国任教,他的住所便是学生们聚谈的地方之一。②罗氏曾回忆说:"还有两个地方是我们聚合的场所,一个是汉花园北大一院二层楼上国文教员休息室,如钱玄同等人是时常在这个地方的。另外一个地方是一层楼的图书馆主任室(即李大钊的房子)。在这两个地方,无师生之别,也没有客气及礼节等一套,大家到来大家就辩,大家提出问题来互相问难。大约每天到了下午三时以后,这两个房间人是满的。"③罗家伦与一些外文程度较好的同学,还有阅读外文新书的兴趣和习惯。

北大图书馆原已有很丰富的中文经典古籍,又不断订购大量国内和国外的新书、报纸及期刊,包括美国的《NEW REPUBLIC》、《NORTH AMERICAN REVIEW》和英国的讽刺月刊《PUNCH》等等,供给学生阅览。④

当时由北大教授主编的刊物有《新青年》、《国故》、《每周评论》等等。1917年初《新青年》连续登出了胡适的《文学改良刍议》和陈独秀的《文学革命论》,正式展开了新旧文学的论战,引起了校内和校外热烈的响应。罗家伦进入北大不久便试向《新青年》投稿。1918年元月号首次刊出他的《青年学生》,是一篇用文言写的评论,对当时的学风作出了严厉的批评,并特别指出许多青年求学缺乏目标和溺于早婚的流弊。

这时一些北大的高年级学生,深切体会到西方思潮对中国传统文化的挑战,感到自己也应办几种杂志,"因为学生必须有自动的生活,办有组织的事件,然后所学所想,不至枉费了"。⑤于是20多人在1918年11月发起成立了新潮社,次年元月一日出版了《新潮》第1期。杂志的中文名字出自罗家伦的建议,标识是以"批评的精神,科学的文义,革新的文词"⑥来探讨各种课题。这个学生社团的组成和期刊的出版,曾得到蔡元培校长及文科陈独秀学长的赞助,用的是图书馆馆长李大钊拨的房间,顾问则是胡适教授。创刊号一炮放出,引起了各界广泛的共鸣与支持。第1期至第5期的总编辑是傅斯年,编辑是罗家伦。两人具有很好的国学基础,又正年轻气盛,因而在编辑方面大刀阔斧,撰写文章下笔千言,不留情面,使杂志的形象新颖生动,也为白话文创作树立了良好的模式。

罗家伦在《新潮》第1卷的5期中总共发表13篇文章。其中有3篇评论,针对当时小说界、新闻界和杂志界的各种现象,作出尖锐的批评,也提出了一些积极性的建议,充分显出了青年学生对革新现状的热忱与胆量。所引起的反响之一,是当时商务印书馆主持人张元济的一系列改革,使该馆所出版的《东方杂志》、《学生杂志》、《妇女杂志》等逐一呈现了新的面目。⑦

在《新潮》创刊后的第 2 期上,罗氏正式加入了方兴未艾的文学论战,发表了一篇《什么是文学——文学界说》。他先从西方学说中探讨"文学"的定义,进而向中国文学传统挑战,并提倡"能表现和批评人生,从最好的思想里写下来的,有想象,有感情,有体裁,有合与艺术的文字组织",用来表现新时代的生活和思想。同年 5 月号他又发表了一篇更长的《驳胡先骕君的中国文学改良论》,使出浑身解数逐段举例来驳斥留学英国的东南大学教授胡先骕对胡适和陈独秀的猛烈攻击。另外也提出了他个人对文学、艺术和人生的看法,认为:(一)艺术是为人生而有的,人生不是为艺术而有的;(二)要承认时代的价值:在这个时代就应当做这个时代的人,说这个时代的话;(三)应该注重世界文学的分析和研究。中国的白话文运动,乃是与世界文学接触的结果。⑧是年 6 月,罗氏与胡适合译的易卜生名剧《娜拉》在《新青年》上发表。

1919 年秋傅斯年出国留学,罗家伦独立承担了《新潮》的编辑工作,并在第 2 卷的 5 期中发表了 22 篇文章,包括不少对当时学术界及一般社会弊病的抨击。最长而严肃的一篇《妇女解放》⑨,除了分析西方的潮流、学理和中国实况外,并大声疾呼要通过教育、职业和儿童公育三个步骤来实现真正的妇女自我解放和独立。

1919 年春,实验主义哲学家杜威(JOHN DEWEY)应邀访华,在北大发表了一系列的学术演讲。从那时起罗家伦的兴趣开始转向思想史和哲学的领域。他在《近代西洋思想自由的进化》⑩一文中追踪西方思想的演变,肯定了思想自由所导致的科学精神,并提出"首先改革人生观,以科学的精神谋民治的发展"和"苟主张思想自由,则不能不以坚强的意志,热烈的感情,作真理的牺牲"。这个信念,主要来自他当时翻译柏雷(J. B. BURY)的《思想自由史》(HISTORY OF FREEDOM OF THOUGHT)的心得。1920 年杜威在北大长期讲学,每次演讲由胡适口译,罗氏则是担任笔记的学生之一。《新潮》第

1卷第1、2期也登载过两篇罗氏介绍杜威专著的文章。1922年罗氏在美国哥伦比亚选修杜威的课程时,特别写了一篇详细报道,介绍教授的新著《哲学改造》,寄回北大,在《新潮》第3卷第2期《世界名著介绍特号》中刊出。

从罗家伦在北大3年所发表的文章中,可以追溯出他的思想和兴趣的源流。他坚信白话文学的价值,毕生用语体文写作,并建立了生动优雅的体裁。他拥护新文化运动,主张用西方进步的思想来改革中国的文化和社会。他虽不是学科学的人,但是认同科学方法,并深信理性必须战胜权威,才能导致"民治与科学同时并进"。⑪

10余年后罗氏回顾《新潮》说:"这个杂志第一期出来以后,忽然大大的风行,初版只印一千份,不到十天要再版了,再版印了三千份。不到一个月又是三版了,三版又印了三千份。以后亚东书局拿去印成合订本,又是三千份。以一部学生做的杂志,突然有这样大的销数,是出乎大家意料之外的。"他个人则认为"第二、三、四、五各期从客观方面看来,却比第一期要进步些"⑫。他对自己文章的评价是:"有些文字,现在看过去是太幼稚了,但是对于破坏方面的效力,确是有一些的。"⑬据说当时北洋系统大总统徐世昌认为《新潮》作者们批评国故大逆不道,要教育总长傅增湘示意蔡校长向学生施以压力。但蔡氏坚持不肯,维护了大学不受政治干涉的原则,也因而得到了全国学术界的敬仰。

罗家伦在北大参加的学生活动中,与新潮社有同等历史意义的,应是1919年5月开始的一连串救亡抗议行动。在前一年(1918)的春天,段祺瑞政府正与日本协商密约,一批留日学生在东京示威反对,并毅然回国到各地演说,唤醒民众。在北大的集会讨论时,罗氏提议采取实际行动,到总统府请愿要求停止出卖中国的主权,于是发生了5月21日的各校2000多名学生的游行和新华门请愿事件。⑭此次的行动,得到了天津、上海等地学生和商人的响应,一度引起了蔡元培辞职的风波,也促使了少年中国学会和国民杂志社等学生团体的产生,不啻为次年5月4日大型运动的前奏。

　　1919年4月中国在巴黎和会失利的消息传到北大,罗家伦和一些同学便商议对策,决定由北京各大学学生在5月7日国耻纪念日发难。可是5月3日山东问题失败,大家决议改于次日在天安门集合游行。当晚各校代表在大会中推举了罗家伦、江绍原和张廷济为总代表,并由罗氏起草宣言,印了5万份准备分发。⑮

　　5月4日发生的事件以及事后的各种反响,已有很详细的记载和分析。罗家伦个人所扮演的角色,可以从他的口述回忆⑯列表中看出大概。

　　　5月3日——晚上到学生银行取款买布做旗子。起草宣言,参加预备会议被选为总代表之一。

　　　5月4日——上午协助准备英文备忘录。下午在天安门游行后,与江绍原进入东交民巷,向美、英等公使馆递交备忘录。到曹汝霖住宅示威。晚参加会议决定次日北京各校一律罢课。到各报馆解释风潮原委。

　　　5月5日——罢课开始。上午参加各校代表集会组织"联合会"。下午在北京大专学校全体学生集会中报告前夜联络新闻界结果。

　　　5月6日——蔡元培及各大专校长晚上召集罗氏等学生代表,商议5月7日停止罢课,政府保证释放被捕学生。罗与其他同学连夜赶赴附近各宿舍及学生公寓,通知复课决定。

　　　5月7日——北大复课,蔡校长辞职离京。

　　　5月15日——教育总长傅增湘辞职。

　　　5月18日——北京学生联合会决议反日总罢课。

　　　5月26日——《星期评论》发表罗著(笔名"毅")《五四运动的精神》。

　　　5月底——全国学生会在上海成立,策划各地学生公开演讲反日。

6月3日——北京大批学生被捕,罗与狄膺同往监禁处探望。

6月4日——拍电报将学生被捕消息传至上海,路上受到跟踪。

6月5日——上海罢市,其他城市响应。政府决定释放学生。

6月28日——中国代表拒签巴黎和约。

7月中旬——北洋政府策动少数北大学生及投考新生,意在控制学生会以抵制蔡元培返校。北大学生会会员发现后将被收买的学生捉住私自审判。

7月18日——北洋政府逮捕学生会会员二十多人。名律师刘崇祐为学生义务辩护。罗以学生会代表身分与刘接洽,并协助写状。

9月初——受学生会派赴杭州迎接蔡校长返回北大。

11月——继傅斯年任《新潮》主编。

年底——政府下令逮捕罗家伦。学生会派罗与张国焘偷赴上海参加全国学生联合会。

1920年2月——从上海返校。

5月1日——在《新潮》发表《一年来我们学生运动底成功失败与将来应取的方针》。

5月4日——主编北京《晨报》《五四周年专号》出版。

罗家伦笔下的"五四"宣言,充分流露出当时青年的正义感和救国的热忱,引起了广泛的共鸣。3周后他写了《五四运动的精神》,这是最早诠释"五四"精神的文章,它指出五四运动表现出三种"关系中国民族的存亡"的精神:(一)学生牺牲的精神,(二)社会制裁的精神,(三)民族自决的精神。1935年胡适在《纪念五四》一文中,不仅录引了当年的学生宣言,也摘抄了以上"五四"精神的定义。他认为《五四运动的精神》这篇文章发表在北洋政府拒签巴黎和约及撤换亲日官员之前,"这三个评判是很公道的估计"⑰。但胡氏写此文时,尚不知该两文的作者就是他的学生罗家伦。

在毕业以前,罗氏曾担任过蔡校长在校内设立的国史编纂处助理,也参加过北大平民教育讲演团的公益活动,又承担了翻译两本英文书的工作(一本是 PAUL REINSCH 著《THE FUNDAMENTALS OF GOVERNMENT》,中文译名《平民政治的基本原则》,另一本是前面提过的《思想自由史》)。此外还在校外几家报纸担任过通讯员,赚取稿费以贴补生活。这样忙碌的学生生涯,再加上一年的纷乱不安,使罗氏的学业难免受到影响。在离校前发表的万余字长文《一年来我们学生运动底成功失败与将来应取的方针》中,不难看出他的观察和见解较前成熟。在重申一年前对"五四"精神的评估时,他认为"五四"长远的影响应是:(一)思想改革的促进,(二)社会组织的增加,(三)民众势力的发展。⑱反顾此后数十年中的变迁,这个结论的预言性是很值得玩味的。

这里应该注意的是,罗氏所指的"五四"是 1919 年他所亲见、参与和察觉的一连串自发性活动,与蔡元培、胡适、傅斯年和许多当时北大师生的认知雷同。⑲罗氏分析学生运动的弱点时指出三种现象:(一)"学生万能"的观念所导致的无力感,(二)长期荒废学业引起的疲乏感,(三)思想贫乏导致行动趋向形式化。他进一步用了很长的篇幅,剖析了当时学生领导社会运动的许多困难,并认为最终的原因是文化基础的薄弱;将来应取的方针,必须要结合社会、经济和思想各方面的建设。而青年学子的责任,除了关怀社会以外,是要"专门去研究基本的文学,哲学,科学",才能创造新的现代中国文化。⑳"世局愈乱,愈要求学问"这个信念,就是罗氏毕业后选择了留学途径的动机,也是他后来长期从事文化教育工作时坚守的原则。

1920 年秋,罗家伦和 4 个北大应届毕业生得到蔡校长的推荐和企业家穆藕初基金的资助,分别启程到美、英、德、法各国留学。

罗家伦在美、英、法、德等国深造了 6 年。1926 年回国前曾一度希望回馈母校,从事教学和研究工作。但事与愿违,返国后仅先后在东南大学及武汉大学短期任教。从 1927 年至 1941 年,则连续担任了中央政治学校、清华大学和中央大学三个教育行政职务。这三个学校的性质,以及罗氏在三校所负的任务虽然有别,但是北大精神的熏陶和蔡元培校长的感召可以从三方面明显地看出。

（一）在延聘师资方面,罗氏坚守了不分派系、地域,不讲情面,广罗人才,礼贤下士的原则和作风。

（二）罗氏承继了蔡元培所强调的大学教育宗旨,即"大学为纯粹研究学问的机关",更进一步提出大学应有的使命:"为中国建立有机体的民族文化"[21]。

（三）关于大学校长的责任,罗氏一到中大便宣称:"我认为办理大学不仅是来办理一个大学普通的行政事务而已,一定要把一个大学的使命认清,从而创造一个新的精神,养成一个新的风气,以达到一个大学对民族的使命。"[22]为此他提出了"诚"、"朴"、"雄"、"伟"4 个字与全体师生互相勉励,同时除了鼓励校内举办各种学术演讲及活动外,自己也经常就国际局势、民族、文化、人生观等题目对学生演说。

由以上所述三点,可以看出"五四"前后的北大环境,长远地影响了罗家伦的信念、经历和事业。而与北大师友们数十年的交往,也构成了他一生最可贵的记忆。

蔡元培校长是他最敬爱的长者,对他的感召也最深远。1919 年秋罗氏曾代表北大同学到杭州迎接校长返校。1921 年在美国,罗氏和其他校友则负责接待与安排蔡氏访美的各种活动。1924 年至 1925 年间师生二人同在德国,见面机会虽不多,却时常通信互述关怀并交换读书心得。那时北大处于军阀盘据的华北,百废待举,而老校长滞留海外不愿同流合污。罗家伦和傅斯年等学生对此关心备至,分别敦劝蔡氏返校,重振北大声望。蔡氏给罗、傅二人的复信则详述他对救国的看法及专心研究与著述的决心。[23]师生间心心相印,可见一斑。

1926 年蔡、罗二人相继返国。此后虽不同在一地,却联络不断,仅罗氏保存的信函,便有 36 封之多。1927 年罗氏结婚,特请尊敬的校长福证。1929 年罗氏出任清华大学校长,与大学院院长蔡氏的推荐有密切的关系。1936 年蔡元培年事已高,身体渐衰。在他 70 寿辰之前,一批旧日同事与学生(包括罗氏在内),鉴于老人劳瘁一生,尚无栖息安身之所,发起集资在上海买了一所住宅,供他"用作颐养著作的地方"。献寿的信由胡适起草,交王世杰(北大教授)和罗家伦、段锡朋、陈宝锷(北大学生)修改后,以几百个朋友学生的名义面呈。蔡氏经过了 3 个多月的考虑后,终于接受了众人对于"一位终身尽忠于国家和文化而不及私的公民"[24]的敬意。这个举动,十足地显出了北大学风中的亲爱精诚。1940 年蔡元培逝世的消息传到重庆,罗家伦悲伤之余,写了《伟大与崇高》一文纪念这位"文化的导师,人格的典型",颂扬他"凝结中国固有文化的精英,采撷西洋文化的优美,联合哲学、美学、科学于一生,使先生的事业,不特继往,而且开来"[25]。

五四时期的北大文科学长陈独秀对新潮社社员的影响很深,对学生办杂志亦极力赞助。罗家伦毕业后与陈氏离别数年,但返国后曾前往狱中探望,关系不断。陈氏写杜甫诗赠与罗氏的墨宝有一条行书七绝,另外有 7 封信函,多半与狱中托借书有关。一函中所提"昨畅谈甚快",亦证明师生情谊不渝。

罗家伦在北大 3 年中接触最多的师长,可能要推年轻的胡适教授。罗氏除了在学业方面的请益问教外,曾被他派做杜威演讲的笔记工作,也共同译过易卜生的剧本。"五四"一周年罗氏为《晨报》编辑专刊时,曾央请胡氏写文章,为"旁皇过路"的学生"拿出正当的主张出来,做一个灯塔"[26]。在美国留学期间,罗氏经常收到胡适寄赠的《努力》周报,自己也曾投寄过一些新诗给这份胡氏主编的刊物。[27]后来在欧洲,罗氏曾为自身的经济问题和同学何思源的困境向胡氏求助。[28]1925 年罗氏在伦敦为"五卅"事件奔走时,曾将胡适及丁文江等人联合发表的英文通电印了 3 万份分发给英国各界,用以代表中国知识界的抗议呼声。

罗氏回国后的数十年中,很少与胡适同在一地工作,但是遇有机会相聚,总会重温北大时代的情谊。1945年底胡氏率领代表团参加联合国"教育科学文化组织"在伦敦召开的筹备大会。罗氏作为团员之一,与胡氏同住一个旅馆,朝夕相处有4周之久。其间曾参加牛津大学颁赠胡氏荣誉学位典礼,并曾长谈北大事。㉙罗氏又将当时胡氏口述出使美国时的一些内幕记录下来,保存了一份第一手资料。㉚

1952年底胡适访问台湾,师生又久别重逢。在胡氏62岁生日(12月15日)那天,罗氏从史库中找出胡适中学时代写的一批作品送呈祝寿,并向新闻界介绍这些用极通俗的白话写的传记、小说、时评和论说,当年发表在中国公学办的《竞业旬报》上,从而可以看出少年胡氏的新思想。㉛

北大的师长中与罗家伦有长期交谊的还有蒋梦麟、顾孟余、朱家骅、沈尹默、陈大齐、樊际昌等人。各人的专长和事业虽不同,但罗氏对他们的尊敬和关怀都持久不渝。他为蒋梦麟的《西潮》作序,推崇它"是一本充满了智慧的书。这里面包涵晶莹的智慧,不只是从学问研究得来,更是从生活的体验得来"。㉜5年后蒋氏去世,罗家伦应治丧委员会之请写了一篇短型的传略,介绍他"思想的渊源,事功的推进,对于近代文化演进的认识,与临危不屈、临难不苟的精神"㉝,并在第一段中声明:"此篇还是用语体文写成,惟恐先生英灵暗笑这五四时代的北大老学生没有长进。"㉞

1963年朱家骅去世时,罗家伦正在国外开会,但4天内便发表了一篇《朱骝先先生的事迹和行谊》,述及1917年在北大选修朱氏的德文课和同在柏林当留学生时的乐趣。他特别回忆到朱氏任教育部长提名他出任中央大学校长时,"一再以国家及民族学术文化前途相责",使他不能坚持谢辞的经过,并且说:"我还回忆到我整理中大的初期,常有若干人事上的麻烦或规章上不必有的牵掣,我都对部方有忍不住的地方,他总支持我,劝我放手去干。"㉟师生的气度和风格,就是早期北大传统的表现。

　　沈尹默在国学、诗词和书法方面都有很深的造诣,所以罗家伦自从进入北大开始,由于兴趣相近而与他建立了长期的"文友"关系。抗战时期二人同在重庆,常在一起讨论共同所好。罗氏除常观摩沈氏挥毫外,也爱收藏他的墨宝,其中有一幅谢稚柳画的工笔花鸟,由沈尹默题上罗家伦的一首诗,构成一件诗书画三结合的珍贵纪念品。

　　罗家伦在北大的另一收获是交结到许多终身挚友。他们不同科系,或不同年级,在校一同讨论学问,倾述抱负,互相帮助,情同兄弟。毕业以后仍然互相关心,不断维持精神或实质上的支援。罗氏在出国前致胡适的一封信中,即为顾颉刚请求说:"颉刚的旧学根底,和他的忍耐和人格,都是孟真和我平素极佩服的。所以使他有个做书的机会,其结果不只完成他个人求学的志愿,而且可以为中国的旧学找出一部分条理来。"[38]以后罗氏到清华大学曾邀请顾氏任教未成,终于在中央大学时聘请到他担任历史系教授。抗战时期顾氏改业从事民众文艺出版工作,也获得老友有力的协助。现存罗致顾的长信一封[32]和顾致罗的13封信,全部有关彼此的治学计划、心得与困境,也提供了二人在北大期间所建立的友情与共识。

　　与罗家伦在北大同窗而且同时在欧美留学的,有冯友兰、杨振声、傅斯年、段锡朋、何思源、狄膺、毛子水、周炳琳、汪敬熙等多人。后来又多半同在教育界服务,始终保持着友好的关系。其中与傅斯年(孟真)和段锡朋(书贻)的交谊最为深挚。傅、段二人在壮年时相继病故,对罗氏打击深重,他直率地说:"在朋友之中,我与傅孟真最亲切,可是傅孟真最佩服的是书贻,孟真是对的!"[39]罗氏生动地勾描出北大时与段、傅二位同学结交的经过,对他们的学术旨趣、性格、为人、事业等方面,均有深刻的认识。他称道段氏是"亦儒亦墨亦真诚,远识高标两绝伦",更叹惜他不能一展抱负两袖清风而去。[39]对于傅斯年的形容是"纵横天岸马,俊逸人中龙",并且说:"我认为孟真所代表的是天地间一种混茫浩瀚的元气,这种淋漓元气之中,包含了天地的正气,和人生的生气。"⑩傅氏在台湾大学校长任内猝死后,一度有罗氏接任的传言⑪,"五四"时代北大的声誉,仍延续未减。

在罗家伦的心历路程中,他的"北大经验"永远是活的教训。1958年北大60周年纪念时,他特为写了一篇《蔡元培先生与北京大学》⑫,再度推重老校长所创始的独特学风,并强调"北大精神"的文化价值。1967年罗氏在病逝前两年的5月还发表了《对五四运动的一些感想》⑬一文,重申他对"新文化运动"和"五四运动"的评估。最后语重心长地说:"总之,我曾深切的指出,五四运动是受新文化运动的影响,而新文化运动也广泛地、澎湃地由五四运动而扩大。新文化运动和五四运动一贯的精神,就是要使中国现代化。要使中国现代化,必须从思想现代化做起。五四运动已经过去了半个世纪,但就现代化的意义来说,仍是有待我们继续努力的一个方向。"

## 注　释

① 罗家伦《蔡元培时代的北京大学与五四运动》,《传记文学》第54卷第5期第13、14页,1989年5月。
② 参见罗家伦《元气淋漓的傅孟真》,《逝者如斯集》第166页。
③ 同①,第15页。
④ 参见罗家伦《今日中国的杂志界》,《新潮》第1卷第4期。
⑤ 傅斯年《新潮的回顾与前瞻》,《新潮》第2卷第1期,1919年10月。
⑥ 同⑤。
⑦ 参见李明山《五四运动前罗家伦的杂志编辑观》,《编辑学刊》1996年第2期。
⑧ 参见罗家伦《驳胡先骕君的中国文学改良论》,《新潮》第1卷第2期,1919年2月。
⑨ 《新潮》第2卷第1期,1919年10月。
⑩ 《新潮》第2卷第2期,1919年12月。
⑪ 同⑩。

⑫⑬ 同①，第 16 页。

⑭ 同①，第 16 页；周策纵《五四运动史》，英文版第 80、81 页。

⑮ 同①，第 18 页。

⑯ 同①，第 13—21 页。

⑰ 胡适《纪念五四》，《独立评论》1935 年 5 月 5 日。

⑱ 《新潮》第 2 卷第 4 期。

⑲ 参见蔡元培《去年五月四日以来的回顾与今后的希望》，《蔡元培先生遗文类钞》，1920 年 5 月，第 399、400 页；胡适《纪念五四》；傅斯年《"五·四"二十五年》，重庆《大公报》1944 年 5 月 4 日。

⑳ 同⑱。

㉑ 《中央大学之使命》，《罗家伦先生文存》第 5 册第 236 页。

㉒ 同㉑，第 236 页。

㉓ 参见蔡元培《致孟真、志希两兄》，1925 年 12 月 4 日，中央研究院历史语言研究所藏。

㉔ 陶英惠《胡适撰拟致蔡元培献屋祝寿函》，《传记文学》第 58 卷第 1 期，1991 年 1 月。

㉕ 罗家伦《逝者如斯集》第 48 页。

㉖ 《胡适遗稿及秘藏书信》第 41 集第 224—227 页。

㉗ 参见《胡适来往书信选》上册第 227 页。

㉘ 参见《胡适遗稿及秘藏书信》第 41 集第 236—238、243 页。

㉙ 参见《罗家伦先生文存》第 8 册第 65—69 页。

㉚ 参见李又宁主编《回忆胡适》，待出版。

㉛ 参见《胡适的日记》手稿本第 17 册，1952 年 12 月 17 日。

㉜㉝㉞㉟ 《逝者如斯集》第 91—95、96—106、96、187—191 页。

㊱ 《胡适来往书信选》上册第 54、55 页。

㊲ 《罗家伦先生文存》第 7 册第 64—67 页。

㊳㊴㊵㊷㊸ 《逝者如斯集》第 163、163—164、165—186、52—67、1—6 页。

㊶ 参见方东美《"但有凋谢无死亡"的罗志希先生》，《传记文学》第 30 卷第 1 期第 23 页。

〔作者　美国西雅图州立中央社区学院教授〕

# 斗士·作家·教授——林语堂

## 严家炎　王兆胜

北京大学是中国的最高学府,它在国外享有极高的声誉,在国内更是家喻户晓。"五四"以来,北大一直是中国思想、文化的中心,是一面旗帜,一个符号,一种象征,它代表着人类的正义、智慧与良心。可以说,本世纪的中国人尤其是知识分子都或多或少与北大、北大精神有着某些关联。作为中国现当代著名作家、文化人的林语堂更是如此。早在1918年3月,为响应胡适、陈独秀的文学革命主张,林语堂在《新青年》上发表了《论汉字索引制及西洋文学》。1923年夏,林语堂学成回国,被北大聘为教授。在这里,林语堂与北大师生一起投身社会政治活动,开展学术研究,从事文学创作。北大在他的一生中是最为重要也是最为显目的时光之一。北大对林语堂的思想观念、审美情趣与道德人格境界的形成有着不可忽视的影响。所以,梳理林语堂与北大之间的关系不管对理解北大精神还是对探讨林语堂本人都是很有意义的。

## 一、林语堂在北大的社会政治活动

与那些"两耳不闻窗外事,一心只读圣贤书"的学者不同,在北大时间,林语堂非常关心社会政治的诸多问题,他把自己投身到北大师生轰轰烈烈的政治活动之中,对祖国的前途与命运表现出极大的关注之情。1925年3月12日,孙中山先生病逝于北京,全国人民沉浸在巨大的悲痛之中。北京人民更是如此,他们纷纷潮涌着瞻仰从协和医院移到中山公园的孙先生灵柩,一向对孙先生无限崇敬的林语堂也加入了这片人的海洋。在庄严的军乐声中,林语堂看到宋庆龄一身孝服跟着灵车,看到成千上万的人戴着白花、黑纱随灵车送葬,听着人们伤心哭泣,他自己也禁不住失声痛哭。他为中国人失去了一位有着浩然正气的领袖而悲痛。正因此,林语堂才能面对诽谤孙中山的言行,于3月29日写下了那篇纪念孙中山的著名文章《论性急为中国人所恶》。1925年5月,顾正红等10多名工人被帝国主义和军阀枪杀,5月30日,上海工人民众万人举行游行大罢工,英巡捕开枪杀死几十人,逮捕50多人,这就是"五卅"惨案。这一惨案引起全国大罢工,北京反帝浪潮更是风起云涌。林语堂看到报上的"五卅"惨案消息,尤其看到画报上血案现场的照片,他义愤填膺,心中燃烧着仇恨的火焰。星期一,林语堂与北大师生一起列队到东城铁狮子胡同向执政府请愿,并递交了请愿书。随后游行队伍又向段祺瑞私宅冲去。当队伍离段祺瑞宅几米远时,荷枪实弹的士兵挡住了去路,不管人们怎么诉说"五卅"惨相和反动派的可恶,段祺瑞与士兵都无动于衷,闪闪发亮的刺刀和黑洞洞的枪口对着手无寸铁的人们。然而,请愿者并没有被这场面吓倒,他们一面呼喊着"打、打",一面继续前进,他们置生死于不顾,敌人终于后撤了。这次,置身其中的林语堂充分感受到正义的力量,感受到人民的勇气。林语堂任职北大,同时他还在北京女子师范大学兼职,因之,"女师大"风潮中林语堂也成为积极的参与者。"女师大"风潮是围绕驱逐校长杨荫榆而展开的激烈斗争,加之南方革命形势的发展和北京群众运动的推动,1925年11月,运动发展成为北京人民参加的大规模的示威游行,这场运动被称为"首都革命"。28日到29日,北京人民高呼着"打倒卖国段政府!""驱逐段祺瑞!""打死朱深、章士钊!"等口号。游行队伍潮水一样地冲破警备线,摘下"京师警察厅"的牌子,捣毁章士钊、刘百昭的住宅,后又到宣武门大街火烧研究系《晨报》馆。这次斗争中,双方展开激烈搏斗,作为运动的直接参与者林语堂首当其冲,拿起竹杆与石块同军警展开肉搏。他手中的石块命中率极高,军警常常被打得头破血流。值得一提的是,林语堂在圣约翰大学曾是一名优秀的垒球投掷手,他做梦也没有想到这一特长竟在这里派上了用场,并发挥了极大的作用。林语堂每当提起这段经历就既自豪又欢欣,总是极为得意:"我也加入学生的示威运动,用旗杆和砖石与警察相斗。……我于是也有机会以施用我的掷棒球技术了。"[①]当然,林语堂为此也付出了代价,他在一次搏斗中被打中眉头,流血不停,并从此留下了终生的疤痕。1926年初易培基代替了章士钊,1月2日,以鲁迅为代表的"女师大"校务维持会举定易培基为"女师大"校长,学潮胜利结束。

值得注意的是,林语堂对社会政治事件的关注有着自己的特点。一是理论与实践结合。林语堂以其青年人的热情几乎参加了1923年至1926年间所有重大政治活动,表现了一个学者教授和作家的实干精神,这与那些口头革命理论家是大不相同的,也是相当难得的。另一方面,林语堂又不间断地用笔与各种敌人展开斗争。每当政治斗争异常激烈的时候,林语堂总是口诛笔伐。比如,当北京的《晨报》和上海的《时事新报》连续发表诽谤孙中山先生的文章,说什么孙中山"蹂躏人民自由十倍于军阀"时,林语堂立即写了《论性急为中国人所恶》,认为孙中山才是中国人民的希望所在。五卅运动时,一些正人君子如丁在君大谈"勿谈政治",对此,林语堂发表《丁在君的高调》直接批评这类"迎合官僚与军阀的'高调'是绝对唱不得的"。在"女师大"风潮中,以陈源为代表的北大学者教授打着维护"公理"的旗号大骂激进教授是"土匪",对此,林语堂先后写了《祝土匪》和《"公理的把戏"后记》,公然承认他们是为真理喝彩的土匪,并质问陈源和燕树棠等人是维持的什么"公理"? 还有"三一八"惨案后,陈源发表《闲话》对学生和敌人各打四十大板,实际是为刽子手开罪。对此,林语堂发表了《闲话与谣言》等文,认为陈氏是不通人性的"畜生"。总之,林语堂的实际行动使其了解事情之真相,而理论文章又使其斗争有理有力。二是在每次运动中,林语堂总是非常热情、勇敢而激烈,始终充当着急先锋的角色。五四时期的闯将钱玄同曾在给林语堂的信中高度评价过林语堂的战斗精神。钱玄同认为,在中国,除了鲁迅、陈独秀和吴稚晖,对中国封建专制批评最大胆的要数林语堂了。林语堂自己也曾说过:"当我在北平时,身为大学教授,对于时事政治,常常信口批评,因此我恒被人视为那'异端之家'(北大)一个激烈分子。"②所以,1926年在军阀要捕杀激进教授的黑名单中就有林语堂。

## 二、林语堂在北大的学术研究

　　林语堂积极地甚至是奋不顾身地参加社会政治活动,表现了他作为一个进步文化人士的气魄与胆识。但是,林语堂毕竟不是一个职业政治家,而是一个教授,一个北大教授。因此,林语堂在北大的学术活动就显得特别重要。首先是林语堂的语言学研究。在德国莱比锡大学获得语言学博士学位的林语堂回国到北大后当然不能放弃语言学的研究。1923年9月12日,林语堂在《晨报副刊》上发表了《国语罗马字拼音与科学方法》一文,在对有的学者主张"不用罗马字制新创拼音文字"提出批评后,作者提出26个罗马字母是最理想的汉语拼音字母。文章论点鲜明,论证细致,极有说服力。钱玄同称之为"极精当的议论"③。可以说,此文对后来的用罗马字母作汉语拼音有着极大的推动作用。1923年和1924年,林语堂又分别在《国学季刊》和《晨报副刊》上发表《读汪荣宝歌戈鱼虞模古读考书后》和《再论歌戈鱼虞模古读》,就歌戈鱼虞等字的古读与汪荣宝、章太炎商榷。他认为今天我们研究古音不能拘泥古法而应该用科学之方法,显然,这对语音学研究沿着正确的方向发展是大有裨益的。方言研究是林语堂语言学研究的又一重点。1923年12月,应北大歌谣研究会邀请,林语堂在《歌谣增刊号》上发表了《关于研究方言应有的几个观察点》,文章首先指出方言研究"是语言学中极重要,并且极有趣味的事"。而后,文章提出10条建议,全面而系统地分析了方言研究的切实可行的途径。更值一提的是,1924年1月26日,在林语堂等人的倡导下,北大成立了方言调查会。调查会的宗旨是既考察现时的各方言状况,又探讨方言演变的历史。会上推举林语堂为调查会的主席。方言调查会做了大量工作,一是发表了《北大研究所国学门方言调查会宣言书》,对方言调查的重要性、范围和方法都做了明确的阐述。二是举行《中国比较发音学》和《标准发音》培训班,林语堂亲自授课。三是制定《北大方言调查会方言字母草案》,对字母的读音、分类等问题都做了详尽说明。四是征集方言调查的文章。应该说,这个方言调查会是一个准备相当充分,内涵相当丰富,作用相当大的组织,在我国语言学史上有着重大的意义。其次是对幽默这一美学范畴的探讨。1924年5月23日,林语堂在《晨报副刊》发表了《征译散文并提倡幽默》,文章提出"幽默"这一概念,并认为文章一定要有幽默感,它是文章的润滑剂,是使精神愉悦的保证。接着,林语堂又在6月9日的同一刊物上发表《幽默杂话》,文章对"幽默"一词的来源、内涵以及意义都做了令人信服的阐明。林语堂倡导"幽默",这在我国还是第一次。更重要的是,林语堂把"幽默"与文章、与人的精神、甚至与中国人的思想启蒙联系起来,这是意义非常重大的一件事情。开始,林语堂这一举动并未引起人们足够的注视,影响较小,后来,又受到人们严厉的批评。直到今天,人们也不能说已经充分地认识到了林语堂倡导、阐述幽默的深远意义。

林语堂在北大这几年的学术研究不论对林语堂对北大还是对语言学甚或对整个学术界都是不可忽视的。概括起来说,此时的林语堂学术研究有如下优长。一是林语堂选题的角度新颖独到。比如说语音、方言,又如幽默,这都是少有人涉足的领地。二是林语堂的立足点高,他往往站在中西文化的角度,用现代的眼光来审视他的研究对象,而不是在狭隘的观念与视域里进行的。比如,林语堂倡导幽默就是看到西方人像詹姆士等注重幽默后产生的,"幽默"一词就是由

humour 译音而成。又如,林语堂的汉字拼音就是借用罗马字母。在谈方言调查会之目的时,林语堂这样写道,对现时和历史的方言进行研究"这是近代研究文字学的人受到西洋语言学的影响,觉悟研究中国文字必不能放掉语言,而要研究语言必不能放掉方音。因此要把中国的语言文字整理好,非根本从搜集及整理方言材料着手不可"④。三是林语堂用科学的方法从事研究。在给有的论文命题时,林语堂就注明"科学方法",如《国语罗马字拼音与科学方法》。而许多"科学方法"则内涵于文章之中,如在与汪荣宝、章太炎探讨歌戈鱼虞等字的古读音时,作者写道:"我们处此西洋学术输入时代,应把我们规模已备的古音学据科学方法而推演之,推密之,将必有空前的结果。""我们以后研究古音,切不要只管'考古',而不顾'审音',才能够有实在的进步与发明,才能够把我们固有的古音学变成了西欧所承认的一种科学。"这样,林语堂的学术研究就容易做到视域开阔,立论扎实,逻辑严密了。

## 三、林语堂在北大的文学创作

北大这所大"熔炉"是极有利于那些富有才华的人更好地发挥其聪明才智的。林语堂的文学创作可以说就是从北大时期开始的。这时间,由于外在环境和内在情感的规约,林语堂主要从事杂文与散文的写作。尤值提及的是,1924 年 11 月 7 日,孙伏园发起创办了《语丝》周刊,邀请 15 人为其刊物的特定撰稿人,林语堂就是其中之一,而且到后来在有限的几位始终如一的撰稿者中,林语堂也是其中之一。

北大时期林语堂的文学创作主旨非常明确,概括起来有下面几个方面。一是揭露军阀执政府的残暴,反对帝国主义的霸权主义行径。众所周知,20 年代中期的北方,政治更为黑暗,新文化队伍出现明显的分裂,帝国主义和反动军阀加紧对革命势力进行反扑,一次又一次血腥的屠杀接踵而至。面对这样的政治形势,林语堂没有却步,而是冲在最前面,同时他一次又一次用自己的笔作武器与敌人进行坚决的斗争。五卅运动是因为帝国主义枪杀工人顾正红等而引发的一场反帝反封建爱国运动,林语堂发表了《丁在君的高调》,对丁氏迎合帝国主义和军阀的"高调"进行毫不留情的批评。"女师大"风潮后,执政府屠杀大批爱国学生,这使得林语堂肝肠寸断,他写下著名的《悼刘和珍杨德群女士》,文中充满对官僚和军阀无限的恨,也洋溢着对刘和珍、杨德群等爱国学生由衷的赞佩之情。二是对知识分子劣根性的批判。纵观中国的历史,知识分子为民族之发展进步作出了重大的贡献,他们是中华民族的骄傲。但也有一些知识分子却像虫蝇一样依附于统治者的肌体上,即使失去人格也在所不惜。20年代中期就有不少昧于良心的知识分子,每次运动都跳出来为统治者摇旗呐喊。比如在"女师大"风潮中,陈源就明显为执政府开罪,指摘学生的爱国行动,《粉刷茅厕》就是证明。对此,林语堂写了《苦矣!左拉!》、《〈公理的把戏〉后记》、《祝土匪》等文,揭露陈源等人的"为私人做侍卫","倚门卖笑",把真理"贩卖给大人物","批他们嫌手脏,骂他们嫌嘴脏,做文章谈到他们又嫌笔脏"。从中可见林语堂对陈源等人人格和境界的看轻。三是对"国民性"的剖析。我们知道,鲁迅的最大贡献之一即是对中国国民劣根性的深刻透视,而林语堂在这方面的作为则并不为人尽知。其实,当时林语堂是批判国民劣根性最为激烈者之一。他甚至在《给玄同的信》中说:"今日谈国事所最令人作呕者,即无人肯承认今日中国人是根本败类的民族,无人肯承认民族精神有根本改造之必要。"可见,林语堂的激烈到了何等程度。在《论土气与思想界之关系》一文中,林语堂深刻指出:"所谓老大帝国阴森沉晦之气,实不过此土气而已。"不仅如此,林语堂还充满信心地希望对国民劣根性进行改造,将来总有一天中国国人要达到"非中庸","非乐天知命","不悲观","不怕洋习气","必谈政治"等目的。在《论性急为中国人所恶》一文中,林语堂还把孙中山看成洗涤了国民劣根性的国人楷模,他说,"我觉得孙中山先生性格不大像中国人(现在矻的中国人——引者注)",倒是像将来人。"果使孙中山是像将来的中国人,那末我们也可不必为将来的中国担忧了",因为孙先生受到真正的现代思想之洗礼。看来,此时期的林语堂对国内外形势颇为了解,对中国历史也颇多心会,他以一个正直的中国知识分子的人性和良心,以一个青年人的满腔热血,立足于中西文化融会的较高境界,与那个时间的其他中国知识分子精英一起,用文学这一样式,谱写了一曲激动人心的乐章。这不仅在林语堂的生命里程中,就是在中国文学史上,它也是一段灿烂,一束辉煌。

与作品的题旨相联,林语堂在北大时的文学作品在审美风格、结构方法以及语言上都很有特点。就作品的气势而言,林语堂的文章如骨梗在喉,不吐不快,简直要把一腔热血直接倾吐出来,从而使得作品一气呵成,全文一脉贯通。但这种倾吐又不是一泄千里式的,而是直中有曲。这就带来了作品气韵的宏大和生动多姿。比如,在"三一八"惨案中,北大的几位教授散布"闲话",实际上是散布污蔑学生和进步人士的谣言而为执政府开脱。对此,林语堂写下了《闲话与谣言》。文章对闲话和谣言逐条驳斥,有的不与争辩,直言痛斥,因为证据确实;有的指出其非人性本质,谓之"丧心病狂";有的点出其居心叵测,玩弄手段。文章中各个段落看似没有直接联系,跳跃性大,其实都是围绕陈源等人偏护政府与人民为敌这一核心而展开的。所以这种由相对独立、明快简捷、但气脉相通的段落形成的文章就显得气势磅礴而又韵致无穷,就如同自高山涉水向下由多个水段组成的瀑布在气势上给人的感觉那样。与气势相关的是力度问题。林语堂这期间的文章既不像鲁迅文章那样充盈着伟力之美,也不像胡适之文章以柔美为胜,而是以阳刚为主杂以阴柔。就作品语言来讲,这期间林语堂多用直率、粗犷、豪放的语句,表达其内心的激情,从而带来了作品简捷明快、痛快淋漓的特点。当然这种语言风格也有较大的局限,即有时显得粗糙。

## 四、林语堂与北大精神

以上我们主要是从政治、学术和文学创作的角度梳理了林语堂与北大的密切联系,下面我们将从思想和精神的层面来审视林语堂与北大的某些内在的本质的关联。

首先是以天下为己任,对国家、民族、社会和人类的热情关注。我们知道,北大精神的一个显著特征就是有着强烈的爱国心和对正义、平等、尊严等坚决维护的主人翁责任感。每当国家、民族和人民处于水深火热之中,北大人总是起来誓死捍卫。当然,这并不是说每一个北大人都具有北大精神,事实上也有不少北大人与北大精神背道而驰,但这仍然不影响北大精神的熠熠光辉。身为北大的一员,林语堂是一个名符其实的北大人,他有着鲜明的北大精神。林语堂与那些政治家、革命家不同,他是作为一个文学家和文化人的姿态关注国家、民族和人类命运的;林语堂又与那些为艺术而艺术、为学术而学术的作家和文化人不同,他有着一颗炽热之心,有着传统知识分子"天下兴亡匹夫有责"的道德感和世道良心。林语堂在北大数载的社会活动、学术研究以及文学创作都具有"载道"的性质,只是这个"载道"与封建文人之"载道"有着本质的区别罢了。另外,林语堂在北大的"载道"精神贯通了他的一生,不管是生活道路还是文学创作都是如此。比如,1936年尽管林语堂离开祖国赴美生活,但他一直未入美国籍,希望落叶归根。在美期间,虽远离祖国,但一直没有忘记国内的抗日战争,不仅为抗战募捐,而且从理论和文学创作两个方面探讨抗战的进程、结局。比如,林语堂晚年也没有忘记启蒙问题,他在《论孔子的幽默》、《再论孔子的近情》、《论情》、《改造教育问题》等文章里对国人的劣根性深怀隐忧,希望国人有着自然而健康的人性。应该说,后期的林语堂不像北大时期对政治那样激进,但仍没有放弃对国家、民族与人类的关怀之情,可以说他是"身在书斋,情牵故土,心忧天下"。

  林语堂与北大精神的另一内在联系是"兼容并蓄"、"博大精深"的思想观念与人道情怀。林语堂曾这样写北大和北大校长蔡元培："谁也知道,那时北大是全国思想革命的大本营,而北大之所以能如此,是在蔡先生主北大思想自由,兼容并包的政策。那时的北大前进者有胡适之、陈独秀、钱玄同、刘半农等,复古者有林琴南、辜鸿铭等,而全国思潮的潮流交错,就在北大自身表现出来。"⑤可见,林语堂对北大及蔡先生之"兼容并包"精神是十分赞许也是深受教益的。从一生所涉猎的范围看,林语堂可谓非常"博大",就读书而言,古今中外、文史哲无所不包;就研究而言,历史、文学、军事、语言学、中文打字机无所不精;就文学创作而言,杂论、散文、诗歌、传记、小说及戏剧无所不喜。所以,从某种意义上说,林语堂是个"杂家"。从林语堂的文化选择上看,他不是国粹派,也不是欧化派,而是站在中国文化一体化、世界化的视角进行文化取舍。比如,对鲁迅、陈独秀等激烈派林语堂大加颂扬,对胡适等温和派林语堂也充分肯定,对辜鸿铭等保守派林语堂也取长弃短。以往,我们没有谁从北大精神这一角度来理解林语堂的"博杂",现在把二者联系起来看林语堂,立即有豁然开朗之感。林语堂说过:"北京像一个伟大的老人,具有一个伟大的古老的性格。……北京是广大的。它荫容了老旧和现代的。"⑥在林语堂看来,北大何尝不是这样呢?美就如同包含百川的大海,是广阔无边的。当然,只"博"而不"精"那也不是真正的北大精神,因为北大是一个集聚国内博精学者专家的学校。林语堂深知这一点,所以,林语堂非常注重"博"基础上的"精",他一生从事的领域都造诣颇深,都算得上这方面的专家。就《红楼梦》研究说来,林语堂用功甚勤,成果累累,多有新见,并且,林语堂的生活方式、文学创作受到《红楼梦》的影响颇大。

  一面是自信,一面又是自谦,这也是北大精神的一个表现方面。林语堂也是如此。林语堂曾这样评价自己的小说,他说:"我有雄心让我的小说留传后世。"⑦对自己的一生林语堂也曾自我评价过,认为是对得起自己,也对得起社会与世人,他说:"我以为我像别人同样有道德,我还以为上帝若爱我能如我母亲爱我的一半,他也不会把我送进地狱。我这样的人若是不上天堂,这个地球不遭殃才怪。"⑧我们还可从林语堂的"在绝望中抗争","善处和审美人生"的观念来理解他的自信所起的作用,来理解北大精神对林语堂的内在制约。林语堂绝对不是一个目中无人、狂妄自大之徒,他身上又总是具有平易近人、谦和自律、宽容达观、不断进取等优秀品质。比如他对仆人从不役使,而是平等看待。林语堂最赞赏陶渊明教儿子善待仆人的话,即"人之子亦吾之子也"。林语堂非常敬佩胡适的平易近人、心胸广大,他曾在翻译温源宁英文著《文人画像》中有《胡适之》一文,写胡适为人和气,好交际:"无论谁,学生、共产青年、安福余孽、同乡商客、强盗乞丐都进得去,也都可满意归来。"⑨对蔡元培,林语堂最为佩服,他曾写了《记蔡子民先生》、《想念蔡元培先生》等文,高度评价蔡先生的学识、眼界、人格境界,林语堂说:"蔡先生是我最敬佩的一个人"⑩,也可能只有苏东坡可与蔡先生比美。对蔡先生的谦和人格,林语堂说:"凡是谁做一本书,求他做序或题签,他没有不答应。求他八行书荐事,他也拿起笔来给他推荐。"⑪可以说,林语堂从北大一些教授身上看到了一种高尚的人格精神,这就是自信中的谦和,一种平民主义精神。谦和看似绵软,但它往往能以柔克刚,具有神力。林语堂往往欣赏"绵中裹铁"的人格力量。这就是为什么林语堂又看到蔡先生的一身正气、铁骨铮铮的另一面品格。应该说,北大或北大精神是林语堂艺术人生生命的源头之一。

**注　释**

① ② ⑧　《林语堂自传》,河北人民出版社1994年版,第30、29、46页。
③　钱玄同《国语罗马字拼音与科学方法·附记》,《晨报副刊》1923年9月

12日。

④ 林语堂《闽粤方言之来源》,《语言学论丛》,上海开明书店1933年版。

⑤⑩⑪ 林语堂《记蔡孑民先生》,《无所不谈合集》,《林语堂名著全集》第16卷第375、376页,东北师范大学出版社1996年版。

⑥ 林语堂《动人的北京》,《讽颂集》,《林语堂名著全集》第15卷第49页。

⑦ 林语堂《八十自叙》,(北京)宝文堂书店1990年11月版,第73页。

⑨ 林语堂《拾遗集》(下),《林语堂名著全集》第18卷第368页。

〔作者　严家炎　北京大学中文系教授
　　　　王兆胜　中国社会科学杂志社 文学博士〕

# 从北大到台大
## ——记台静农

### 林中明

"未名湖!"静农先生的眼睛亮起来了。87岁的台太老师,因脑淤血动了手术,头上还贴着纱布,他翻看着我呈上的北大诗文和校景照片,忽然间提高了声音,神情也由夜宴的疲惫中振奋起来。他呵呵地笑了两声,然后问道:"未名"二字从何而来,你们知"道"吗?

1989年春,我陪母亲回北京,探访40年不见的乡亲。一家人团聚游览母校燕园,在风景如画的未名湖边徜徉摄影,数新话旧。就我这一辈来说,旧的好像比新的还觉得新鲜有趣。结果一连串的北大校景事物声声入耳之后,就只记得蔡元培铜像和冯友兰撰文的西南联大纪念石碑了。

特别提蔡元培,这是因为如果没有蔡元培,可以说就没有北大收女学生和办研究所,那么母亲也不能从北平女子文理学院台太老师的"中国小说史"班上,转而考进北大文科研究所。这虽然是一人一家的闲谈,但蔡先生影响所及,就远远不只是一校的大事,而是一国教育兴衰的天下事了。在家话校事穿梭之中,竟然忘了问问那静卧眼前的"未名湖"名出何典。等到台太老师蔼然一问,这才觉察,天下事虽然事事关心,然而实际上,不仅"善未易察,理未易明",就连鼎鼎有名的"未名湖"名,也都当面错过,未能察明。心想这"未名"二字也许和《诗经》、《老子》的未央,《老子》的未兆、未孩这一脉有关,似乎不是个"常名",但一时也不敢贸然妄议。

同桌的夜宴东主,台大文学院长,治宋诗的黄启方教授和专究戏曲、民俗文学的曾永义教授,也互说不敢确定,又看到母亲也在踌躇,就都笑着说,既然连张老师都不清楚,还是请台老师开演解惑吧。台先生看大伙都不能答,于是面有得色地说:"未名湖典出未名社①,当年是鲁迅和我们六人在北京办起来的。现在恐怕就只剩我一人,可以'白头'(黑发上贴了白纱布)说'天宝旧事'了。"台先生酌酒朗笑,神采飞扬。正是旧国弹指别多日,故人转顾无少年。后来葛秉曙(今名王士菁)、李何林也曾一度参加该社工作。"未名"是还未想定名目的意思。②后来该社又编辑出版《未名新集》,专出社员的创作。台静农的创作就发表在上面。1931年春,未名社因经济困难和社员之间的思想分歧,③有结束之意,鲁迅遂声明退出。1933年春,在京沪报刊上刊登出将未名社及未名社出版部名义取消。

台静农先生1902年生于安徽霍丘,字伯简,晚号静者。1922年1月在上海发表了新诗《宝刀》之后,同年9月报名在北大中文系旁听,一年后,又在北大世界语C班选修世界语,深受蔡元培德育、美育人格教育的熏陶及重视世界观和佛学文化的影响。晚年的静者先生在他的"龙坡丈室"里,长年挂着蔡元培手迹条幅,就可见他对孑民先生的尊崇和对母校的怀念。

1924或1925年起,他转到由校长蔡元培兼任的北大研究所国学门下肄业,而且先后受到周作人、鲁迅兄弟在魏晋六朝散文、明清性灵小品和中国小说史上的教诲,及沈兼士、沈尹默仲在国学门和书法上的启发。他同时也在张竞生主持的"风俗调查会"任职,半工半读。静者先生1974年所写《书"宋人画南唐耿先生炼雪图"之所见》,不仅承传鲁迅《魏晋风度及文章与药及酒之关系》的研究,另外隐然有些张竞生④在北大讲美的生活之余研究的"性趣"。最特殊的地方,则是文中似不经心,而有意无意地提到女冠耿先生,"每为词句题于墙壁,自称'北大先生',亦莫知其旨也"。这是台先生散文中独到的经营和谐隐处,和他所素仰的周作人散文一样,也都是可赏而不可以学。

在此期间,台静农又和同辈在国学门任考古、方言研究室的管理人庄尚严、董作宾及在"歌谣研究会"任职并主编《歌谣周刊》的常维钧相熟识。⑤在鲁迅先生的启示下,为了庆祝北大25周年校庆,共同收集民俗歌谣,开民俗文学的先锋。1925年春,台静农经由"明强"小学同学张目寒的介绍,在北京初识鲁迅。此后二人在文学、小说和民俗艺术上关系密切,亦师亦友,友谊深厚。早期的静者先生少年激切,在写小说和学习之余,颇有陶渊明少壮时"抚剑独行游,猛志逸四海"的豪气。他写诗抨击军阀,为文慈悲庶民。一度为理想于1927年在北京大学加入中国共产党地下党⑥反抗腐政。牵连所及,曾三度无辜下狱,"命如朝菌"。

在这一时期,台静农所写的两部反映现实生活的小说,是20年代被称为"乡土文学"有影响的代表作品。第一部是《地之子》(首篇1926年刊登在《莽原》半月刊上。1928年编辑成书,由未名出版社出版,为《未名新集》之一)。鲁迅在《中国新文学大系小说二集·序》中给予高度评价,说他善于从民间取材,通过日常生活和平凡的事件来揭露社会的黑暗。作者笔调简练、朴实,而略带粗犷,格局不大,但有浓厚的地方色彩。1930年,他又写了《建塔者》(收有小说10篇,也为《未名新集》之一),书中揭露了新军阀反共独裁的血腥统治,歌颂了在白色恐怖下坚持革命斗争的志士。而他自己正是在白色恐怖时期参加组织的共产党人。鲁迅曾记载过:"台静农是先不想到写小说的,后不愿意写小说的人。但为了韦素园的奖励,为了《莽原》的索稿,他挨到1926年,也只得动手了。"台静农曾叙述过他为什么不愿写小说,因为写小说是心灵重复世间的酸楚。他在《地之子》的后记中叙述了韦素园看了他的《地之子》稿子后,很满意他从民间取材,劝他多在这方面努力才好,并举了许多作家的例子。他写道:"其实在我倒不乐于走这条路,人间的酸辛和凄楚,我耳边所听到的,目中所看见的,已经是不堪了;现在又将它用我的心血细细地写出,能说这不是不幸的事么?""同时,我又没有生花的笔,能够献给我同时代的少男少女以伟大的欢欣。"在他笔心挣扎的写作初期,鲁迅却以他最大的知音,肯定了这位文坛新秀的成就。鲁迅写道:"要在台静农的作品里吸取伟大的欢欣诚然是不容易的,但他却贡献了文艺;而且在争写着恋爱的悲欢、都会的明暗的那时候,能将乡间的生死,泥土的气息,移在纸上的也没有更多更勤于这位作者的了。"⑦

台静农也是最早研究鲁迅作品及其思想的作家之一。1926年7月,他主编出版了《关于鲁迅及其著作》一书,收集了关于《呐喊》的评论和鲁迅访问记等14篇文章(北京未名社出版),是最早研究鲁迅的专辑。而他也在鲁迅病逝之后,不顾国民党右翼对鲁迅的敌视,先后写了《鲁迅先生的一生》和《鲁迅先生整理中国古文学之成绩》两篇论文,来纪念和肯定他战斗的一生及对中国文化的传承和贡献。

台静农先后曾在北平女子文理学院、辅仁大学、齐鲁大学、山东大学、厦门大学等校任教。抗战开始,赴四川,在白沙女子师范学院任教授兼中文系主任,时魏建功任院长。抗战结束后,又随魏建功、许寿裳转入台湾大学任教。由于他和鲁迅关系深厚,来台以后处于白色恐怖之下。台静农自己在《记波外翁》(1947)一文中曾描写过这种恐怖状况:"许季茀先生遭窃贼戕害又不幸适于这时候发生……因季茀先生的横祸,大学的朋友都被莫名的恐怖笼罩着。……他站在大门前,用手电灯照着院中大石头说:'这后面也许就有人埋伏着',说这话时,他的神情异样,我们都不禁为之悚然。"台静农的学生也曾记述过国民党特务对他的监视:"1970年春,我常来老师家。那时巷口摆了一个小木桌,有两位特务,一男一女,日日坐在那里做品茗状,面相蛮凶恶的,盯视着老师的家,与老师隔壁的彭先生的家。"⑧因为形势迫人,台静农不得不韬光养晦。教学之余,乃以诗酒书艺篆刻自娱。常书"谁知大隐者,乃为不羁人"一联赠人和自解。对于国民党特务所深恨禁忌的鲁迅和他早岁成名的小说,静者先生在公共场所更是格外谨慎,噤若寒蝉,绝口不提,以免是非。

在晚宴上听到台先生率然和鲁迅挂钩,说学问情谊,虽然场合是一桌门生故旧,敏感的人也不免小吃一惊。台先生虽已三杯下肚,但是量豪,微醺之际,仍能明察席间神色。只见他公筷一伸,在一盘佳肴中夹起一芽青菜,又笑着问大家:"你们谁知道'肉边菜'典出何处?"

这一问,虽然意在化解上一答,但也是个连环,又是个机锋。看到台先生和二代弟子之间,不拘形式的对答言笑,我也不禁胆上生毛,就抢着应答,说这个语出《六祖坛经》的北宋契嵩本,元朝的宗宝照单接受,复增入弟子请益机缘,遂成今日之流行本。"肉边菜"一语,未见于晚近敦煌出土的中唐法海本。台太老师听了我这个"外道"的评辞,面有诧色,于是语气一变,就只说六祖惠能得黄梅的五祖弘忍传法,得衣钵之后,"自古传法,命如悬丝"(法海本《坛经》),亡命到了曹溪,又被恶人寻逐,曾在猎人队中避难一十六年,随宜说法,随俗"但吃肉边菜"的故事,以助席间笑谈。这个机锋,台先生在席上虽然没有说破,日后回想起来,他当时很可能是以惠能传承禅宗衣钵而卫道保命的事类比。惠能在得传五祖心法后,亡命南行,⑨"混农商于劳侣"(《王维·六祖能禅师碑铭》),仍能精进持修,不坠道统。如此事迹,和他自己早期小说文艺的速名,和后来学术教育的渐成,是有点相似了。台先生喜欢打机锋,可能是来自小说家的训练,也可能是在北大读书时起的缘。

虽然北大自蔡元培主持校务起,就力图扶植印度哲学、佛经的讲授和研究,但古老的印度哲学和中国土生土长的佛学,似乎都没在北大文史哲系生根。照周作人的说法⑩,就是"印度哲学在北大的运气不大好,不能得到专家予以介绍发挥"。早年在北大"呵佛骂祖"⑪的台静农,毕业之后一再受到政治迫害和牢狱之灾,疲于奔命之余,虽有静者之号,似乎没能静下心来研究印度哲学和中土佛学。直到知命之年才在《写经生》(1950)里,注意到佛教小乘功德思想对社会经济和书法艺术的影响。又过了四分之一世纪,他才把西来的佛学文化和中国固有的文学融冶一炉⑫,在小说家的眼手根基上,写成《佛教故宝与中国小说》(1975)长文,不仅传承鲁迅55年前在北大的教诲,而且把《中国小说史略》中提到的"天竺故事蜕化为国有"⑬的论点,又往前推进了一大步。

说到传承,台静农在北大不过三四年,和在北大前后不过五年半,就为北大建立校制校风的蔡元培相比,算是稍短。但和在黄梅弘忍门下碓房打工,春米八月的惠能相比,他在北大的时间就算是长了。台静农离开北大之后,和北大的联系仍然密切。在1927年8月,他由北大国学门导师刘半农的汲引,去中法大学中文系担任(历代文选)讲师。应常惠的建议,用北大中文系周氏兄弟等所选偏于魏晋时代的作品,取其清新雅洁,一洗陈词滥调。1928年6月5日,奉军退出北京。"仓猝之际,怕北京文物遭到毁坏",北大国学门4位导师,沈兼士、陈援庵、马叔平、刘半农和年轻的常维钧、庄慕陵、台静农等9人发起"北京文物临时维护会"⑭,"本着良知与热情",阻挡了美国安得思从内蒙古盗挖窃运八九十箱古物出口(《刘半农文选·北旧》)。其后又和庄慕陵将北京所有的汉魏石经残石,全部由名手拓出,并一度和北大旧友常惠、魏建功等5人组织圆台印社,承传发扬蔡元培、鲁迅的美育思想⑮。

1947年台静农在台湾大学中文系任教。台大的前身是岛上唯一的日本殖民地皇民大学。光复之后,原有的基础坏了,新的设备没有,地产不清,人事芬乱,和蔡元培在民国五年冬,从海外游学回归接掌的北大情况相仿佛。台大幸而在傅斯年(1946年曾代胡适掌北大校务)一年十个月的领导下,以魄力与远见,树立起台湾第一大学的规模。大有当年蔡元培以"我不入地狱谁入地狱"(《整顿北京大学的经过》,1936)的精神。傅氏奋心锐志,百废欲兴,不幸在议会质询时,为校务校产事,激辩是非,中风倒地不起,以身殉校。静者先生虽然在知命之年曾经自治一印,曰"老夫学庄列者",但他在年青时却是荆高之类⑯,热血之人。1937年7月30日,日军进陷北平,台静农受留守北大朋友之托,千里迢迢,置芜湖的家人于次,只身兼程赶赴南京,向胡适之请示北大同仁进止和经费的问题(《胡适年谱长编》,1615页)。嗜书如蛊的台静农,竟然连路旁名震天下的海源阁万卷宋元善本书,都能望而不顾(台静农《始经丧乱》,1987)。急难风义[17],行径就不只是儒家孟学的动心忍性,而近乎墨家的摩顶放踵了。

北大新文化急先锋之一的傅斯年猝逝之后,台大由清华出身的钱思亮接掌。钱校长治校,缜密而宽厚。傅斯年激赏其为人,赞为"粹然儒者"[18]。在他的"慎思明辩,从容擘划"之下,台大20年间,理工医农等学科,从落后到赶上西方。而台静农也因他和文学院长沈刚伯的一再慰留,以老子"生而不有,为而不恃"的精神[19],无为而治,有为而行,任职中文系长达20年之久,还代过文学院长。在此期间,他承继北大校风,以蔡元培"古今中外""兼容并蓄"的胸襟眼力,不以学历文凭为唯一的抡才标准,恳请岛内外最好的学者来系里执教,办研究所。虽然因为政治环境的限制,未能全面继承和发扬北大当年"文学革命、思想自由的风气"[20],但在稳定中求进步,把师资空荡,学生学历参差,中文程度不齐的中文系办得"一时风云际会,盛况空前"[21],略似民国初年,蔡元培先生领导下的北大国学门。

台静农主掌下的台大中文系,在选用课程教材上,也颇受北大国学门的影响。他承继周氏兄弟的教课选材,注重魏晋六朝文学,自己也写了《魏晋文学思想述论》及《嵇康论》,上和鲁迅,兼以述怀。对于新文学和白话文,他本是开风气之先的人物。但在台大,他仍本着蔡元培的旧例,文言和白话齐头并进,各得其当。他在《中国文学由语文分离形成的两大主流》(1951)一文中,不仅从语文的历史发展来分析探讨民间文学与古文学的互动,而且幽默地把白话与文言之争,看成茶酒兄弟尔。系里所开元明戏曲、杂剧传奇的课程则是上承蔡元培在北大起的余绪。[22]更从民间文学和杂剧传奇的学术探讨里,促成了台湾乡土文学和民俗文艺的发扬。距离周氏兄弟和常惠、台静农在北大国学门的民俗歌谣调查收集,这已是50年后的事了。还值得一提的是蔡元培的《德育讲义》也由教授张敬油印成书,经台、沈二公的首肯,在台大当做大一国文教材,遍教台大新生数年。对学生人格的培养,或多或少起了一些晨钟的作用。㉓战国时的乐毅曾用"苏丘之植,植于汶篁"㉔去提醒量窄忌贤、大言而又怕事的燕惠王,别忘了他对故国的贡献。在今日功利而健忘的台湾社会,这个典故,或许也可以用来看潜隐的校风转移和不可割裂的文化传承。㉕

　　台先生不仅善于治系,而且对系里的教授职员也善于"将将",对系内外的同学更善于"将兵"。即便是一桌师生三代的晚宴,也能因"地"制宜,因"材"施教。到了宴终,三代学生可以说是"皆大欢喜,信受奉行",对于我这个在席间追问二王书法高下和佛、马西来异同的小门生,更是抛砖而报玉。台太老师以87高龄,在晚宴返家之后,深夜磨墨挥笔,写了陈后山两首七言绝句的条幅,次日一大早,便连同他去年刚出版的散文精品《龙坡杂文》,亲踵赐赠。第一首是:

　　"书当快意读易尽,客有可人期不来;世事相违每如此,好怀百岁几回开?"

　　自从1985年起,宣告不再"为人役使"写字的静者先生,其后的墨宝极其难得。他在年初脑部开刀后,因为体弱,更是难得乘兴挥毫。看这首《得意诗》写得矫劲雅逸,神采飞动,想来是他酒后快意,嘉励后学,欣然下笔,相与欣悦㉖的佳作。后山博学好经术,诗文本妙绝,犹诗师黄庭坚。后人论江西诗派,也常黄陈并举。后山为人狷介,在京不见权臣章惇;受知东坡,敬而不屈其门;任馆职,冬日侍祠郊丘,贫无重裘以御寒,而犹不肯着素鄙的新党姻亲赵挺之的棉袄,冻病而死。近人研究中国文学史,动辄说神韵情采,忘了风骨胸襟才是文人诗书画的命穴。台先生一生狷介,他在夜宴之后,深夜为后学选写一生傲骨的陈后山绝句,当然是慨书己怀,而别有用心的。第二首是:

　　"云海冥冥日向西,春风欲动意犹微;无端一棹归舟疾,惊起鸳鸯相背飞。"

后山这首诗大有禅意而罕为人知。先生深夜写来,大概是感怀人世变幻,聚合无常,"向之所欣,伏仰之间,已为陈迹"(《兰亭集序》)。因藉王子猷雪夜眠觉酌酒,读左诗,思故友,乘兴发舟,而临门径返,以不见如见的典故,打了最后一个机锋。先生此幅腕力犹健,气宇未衰,不期翌年11月竟归道山,大雅云亡。这首诗的禅机,当时因为归程匆匆,没能向台太老师印证。不过先生一向雅好晋人风范,此诗意在不言,固当以不解[27]为解。

静者先生的书艺,盖得自父亲庭训。求学北都时,耽悦新知,满怀壮志,和明末学贯古今、高风亮节的黄道周一样,视"作书是学问中第七八乘事,切勿以此关心。王逸少品格在茂宏、安石之间,为雅好临池,声实俱掩"。但蔡元培在北大提倡美育,"曾设书法研究会,请沈尹默、马叔平诸君主持"[28],而周作人教课,也选了不常见的倪元璐散文[29],都为他埋下日后专攻倪鸿宝书法的种子。至于他后来弃王觉斯而专攻倪鸿宝,表面上是因为老师沈尹默批评王觉斯的书法"烂熟伤雅",而他则认为倪书"格调生新,为之心折",其实是抗战期间,爱国学者特重民族气节。在这国难当头之际,他虽然喜拟书法出自颜、米,曾在清初号称书法第一的王觉斯书艺,但觉斯身为有明重臣,降清续任礼部尚书,不免大节有亏。书法再好,气质上不能跟抗清战死的黄道周和自尽殉国,"笔法深古,遂能兼撮子瞻、逸少之长"(《石齐书论》)的倪元璐相比。

台静农被沈师一点就透,遂弃王而专攻倪鸿宝。后来在台湾,因为早岁和左翼运动的牵连以及与鲁迅的关系而受到政治的压力及特务的监视,他心情每感郁结,意不能静,乃以弄毫墨排遣,意外地在他自家颜体和汉碑的基础上,发展出和尹默师二王脉迥异,而别具一体的倪派风格。从前陈后山在接遇黄山谷之后,尽焚旧作。但他后来的诗作,却也和黄师气味面目仍然大不相同。有位刚出道的书法评论者,既限于胸襟,又贫于濡染,只知从字面的形式来判断高下,看不出中华书道里人品气质的韵味,以为台字既不似沈,又不类郑,弄得一时风雨,雅俗失辨。难怪静者先生早在1976年写的《书道由唐入宋的枢纽人物杨凝式》里,先引黄山谷论书说"学书要须胸中有道义,又广之以圣哲之学,书乃可贵。若其灵府无程政,使笔墨不减元常、逸少,只是俗人耳"及"或问不俗之状,老夫曰:难言也,视其平居无以异于俗人,临大节而不可夺,此不俗人也";再引曾陷"乌台诗狱"的东坡的话,说"古之论者,兼论其生平,苟非其人,虽工不贵也"。静者先生还怕俗人看不懂他一生精神和书法价值所寄,乘着引文气势,紧接着又说:"杨凝式身仕五代,周旋于豺狼狐鼠间,而其书遒兴挥洒,多在寺壁,不书诸竹帛为传世想,则其为人必有不同于人人之处。"静者先生论书法论到此处,已然超出了沈师尹默在《书法论丛》里只论笔法的小乘范畴;更超越了自己在1967年所写,特意放在《龙坡杂文》首篇的《夜宴图与韩熙载》里,以韩熙载藉夜宴杂猥自污的千古奇事,转而批判韩文公赚谀墓金,和"觉斯埋尘"的负面教育境界。他终其一生想要达到的美育境界,可从《静农论文集》的压卷之作《题显堂所藏书画录·颜鲁公书送裴将军诗》一文中看出。他说:"夫书画之道,乃作者精神所寄不朽之业,此鲁公是卷之能历千余年不因世变而泯灭也。其视一家兴亡,直大椿与朝菌耳。"

　　静者先生少年时写新诗写小说,对新文学狂而进取。老来浸淫书艺,画梅治印,以小说笔法写散文,风流萧散,却狷介而有所不为。作为一个学者及教育家,他不仅传承了北大的精神而在台大光大之,更在民族文化上也达到他在《〈艺术见闻录〉序》中所说的"民族文化应该如长江大河,祖先既然留下了好的遗产,我们得承受发扬,能有自己民族的色彩与精神,站在人家的面前,才可以抬起头来"。曾受苏轼知荐之恩,而狷介不入其门的陈后山,在祭苏东坡的吊文中有"一代不数人,百年能几见"的赞语。我想,同样的话,台静农这位"何止人间一宿儒"[⑬]的"北大先生",也是当之而无愧的。

## 注 释

① 秦贤次《台静农先生的文学书艺历程》:(1925)同年八月三十日,鲁迅与台静农、李霁野、韦素园、韦丛芜、曹靖华等六人在北京成立一个文学社团——未名社。"未名"两字来自于当时鲁迅正为北新书局编辑专收译文的"未名丛刊",是"还没有名目"的意思,恰好孩子的"还未成了丁"似的。

② 1. 鲁迅《且介亭杂文·忆韦素园君》:那时我正在编印两种小丛书,一种是《乌合之众》,专收创作,一种是《未名丛刊》,专收翻译……因这丛书的名目,连社名也就叫了"未名"。

2. 林志浩《鲁迅传》(1991),P.183:单就《鲁迅日记》的粗略统计,有关未名社的记事就约七百则,寄成员的书信共三百几十封。鲁迅这种热心培育文艺青年的艰苦卓绝的精神,确实使人衷心敬仰和深切感动。……鲁迅称赞这是"一个实地劳作,不尚叫嚣的小团体",说它出版了一些相当可看的作品,而它的译作,"在文苑里却是至今没有枯死的"。

③ 鲁迅给章廷谦信(1930年3月27日):梯子之论,是极确的……倘使后起诸公,真能由此派得较高,则我之被踏,又何足惜。……十年以来,帮未名社,帮狂飙社,帮朝花社,而无不失败,或受欺,但愿有英俊出于中国之心,终于未死。

④ 周作人《知堂乙酉文编》(1945),《红楼内外·张竞生博士》:北大教员中有一个人,我们总不宜不提,那便是张竞生博士。

⑤ 台静农病中未完成之作《酒旗风暖少年狂——忆常维钧与北大歌谣研究会》(1990),对北大及北大旧友的追思延绵到生命的最后阶段。

⑥ 参见王效挺、黄文一主编《战斗在北大的共产党人》,"台静农"条,第79页。1927年在北大入党,后脱党。

⑦ 鲁迅《中国新文学大系小说二集·序》。

⑧ 洪素丽《甘蔗林飒飒风吹——夜梦静农师·后记》,1990年12月。

⑨ 《柳宗元·赐谥大鉴禅师碑》:遁隐南海上,人无闻知。又十六年……。其辞曰:……(传心承授)劳勤专默,终掊于深,抱其信器,行海之阴。

⑩ 周作人《知堂乙酉文编》(1945),《红楼内外·印度哲学》。

⑪ 台静农《忆常维钧与北大歌谣研究会》,1990年。

⑫ 林志浩《鲁迅传》(1991),P.554:鲁迅曾多次说过:中国文化受到佛教的影响,实在太深了。"但先生能入乎佛学,亦能出乎佛学。"

⑬ 鲁迅《中国小说史略·六朝之鬼神志怪书》(上)。
⑭ 台静农《记"文物维护会"与"圆台印社"》，1982 年。
⑮ 孙世哲《蔡元培、鲁迅的美育思想》，1990 年。
⑯ 台静农《白沙草——咏"沪事"》：他年倘续荆高传，不使渊明笑剑疏。《读史》：敢批逆鳞者，荆卿岂酒徒。
⑰ 《台静农书艺集》：风雨吾庐旧啸歌，故人天末意如何。急难风义今人少，伤世文章恨古多。
⑱ 台静农《龙坡杂文·粹然儒者》，1983 年。
⑲ 陈修武《台静农先生纪念文集·台静农先生的人格境界》，1990 年 12 月。
⑳ 蔡元培《我在教育界的经验》，1937 年 12 月。
㉑ 柯庆明《台静农先生纪念文集·那古典的辉光》，1990 年 12 月。
㉒ 周作人《红楼内外·戏曲》："大学文学系里有戏曲的功课，始于北大，大概也是民六吧，当时文化界听了还议论纷然，记得上海的时事新报有过嘲骂的话……"
㉓ 台静农《龙坡杂文·钟声二十一响·序》：校园内是知识的培养地，而人的性质之善与不善，则未必因隔了一座大门有所差异。……有人确以知识净化了人生，坚定了他的操持，相反的有了知识，更助长其狡黠，这种人从校园走出来的多得是，而前一种人则绝少。在生存竞争于今日的工商业社会，能将知识狡黠融会贯通，才是第一等人才呢。至于说大学是培养以学术为己任与己饥己溺为精神的人才，已是理想主义了，不合时宜了。
㉔ 陈寅恪《苏丘之植植于汶篁之最简易解释》，1931 年 6 月 15 日。
㉕ 台静农《中国文学由语文分离形成的两大主流》(1951)：刘申叔先生的《南北文学不同论》割裂了空间的关系，也是不能求得文学史的真实。因此，有些人将古文学与民间文学，看着对立的现象，那是和切断时间与割裂空间的关系，犯了同样的错误。
㉖ 《台静农书艺集·序》：时或有自喜者，亦分赠诸少年，相与欣悦，以之为乐。
㉗ 周作人《知堂回想录·〈谈自寿诗〉》：唯索解人殊不易得，昔日鲁迅在时最能知此意，今不知尚有何人耳。
㉘ 《蔡元培·我在北京大学的经历》，《东方杂志》1934 年 1 月。

㉙ 周作人《关于近代的散文》(1945):(民国十一年燕京大学新文学组教案)不久随即加入了三袁,及倪元璐,……

㉚ 石涛《梅竹》:暗香融处醒辞客,绝色开时春老夫,晓来搔首庭前看,何止人间一宿儒。

〔作者单位 美国莱迪思半导体公司产品开发部〕

# 红楼旁听启征程　业绩风范照后人
## ——曹靖华与北大

### 岳凤麟

　　曹靖华教授是我国著名的翻译家、散文家、教育家。提起他,人们很容易想起他是我国杰出的革命文学家,鲁迅、瞿秋白的挚友,"五四"以来我国翻译介绍苏联革命文学的前驱者和德高望重、桃李遍天下的"一代宗师"。至于他与北京大学的关系,许多人知道新中国成立后他就是北京大学教授,自1951年北京大学俄罗斯语言文学系建立时起至1983年,他一直担任该系系主任。然而很少人了解他青年时曾是北京大学的旁听生。因此,要写"曹靖华与北大"就应该从20年代初,他在红楼旁听讲起。在曹老90年漫长的人生里程中,有将近70载的岁月与北京大学结下了直接、间接的不解之缘。笔者自1949年进入北京大学俄罗斯语言文学系,毕业后留校工作到现在,长期学习、工作在曹老的身旁,亲受教诲,恩重情深。曹老是我学习俄语的启蒙老师,也是我从事苏联文学教学和研究工作的引路人。本文所述,一方面根据曹老的谈话、回忆和自己的经历、见闻,同时也请教曹老的亲属并查阅了有关资料,不妥的地方,望大家指正。1997年是曹老诞辰100周年,1998年是北京大学建校100周年,往事悠悠,师恩难忘,谨以此文敬献给培养、教育我的老师和母校。

## 一、寄寓沙滩学俄文　窃取天火为革命

　　曹靖华(1897—1987),原名曹联亚,出生于河南省卢氏县五里川路沟口村。他的家乡地处 800 里伏牛山脉,高山峻岭,林密沟深,曹靖华的童年就是在这里度过的。其父曹培元,字植甫,前清秀才,一生从事山区教育。鲁迅先生在《河南卢氏曹先生教泽碑文》(1934)中称赞他:"躬居山曲,设校授徒,专心一致,启迪后进。""又不泥古,为学日新,作时世之前驱,与童冠而俱迈。"①曹靖华自幼随父求学,农闲上课,农忙时则回家务农。1916 年秋赴开封入河南省立第二中学学习。五四时期在反帝反封建的思潮鼓舞下,他发起并组织了进步社团"青年学会",并是该会主办的《青年》半月刊的负责人和主要撰稿人,后被河南省学生联合会选为代表,出席了第二届全国学生联合会代表大会。中学毕业后,他升学无钱,求职无门,1920 年底,到了上海渔阳里,进入了一所"外国语学社"——它是中国共产党上海发起组培养革命青年的地方,也是中国社会主义青年团诞生的地方。在这里他加入了中国社会主义青年团。1921 年春被派往苏联,在莫斯科东方大学学习。1922 年回国后,他住在沙滩附近,由于交不起学费,只好作为旁听生到北大红楼听课,时间是 1922 年至 1924 年。

　　在北大旁听期间,他主要学习俄语,那时教俄语的有 3 位教师:铁捷克、柏烈伟、伊凡诺夫,都是苏联人。其中铁捷克(中国名字)教授,俄文名字是特列季亚科夫,是苏联艺术团体"左翼艺术阵线"(即"列夫")的成员,马雅可夫斯基的知交和崇拜者,思想激进,同情中国革命,曾写过剧本《怒吼吧,中国!》和长篇小说《邓世华》。除俄语外,曹靖华还去中文系旁听鲁迅先生讲授的《中国小说史略》,他说:"鲁迅先生讲课别有风度,态度冷静而又充满热情,语言简朴而又娓娓动听,无论是评议历史,或是剖析社会,或是讲解小说,都能旁征博引,入木三分。他的讲课,在别的学校是很难听到的,所以当时听课的人

与日俱增。"②此时,曹靖华虽是旁听生,但还常参加俄语系组织的一些课外活动。譬如,1923年,在北京大学校庆25周年的庆祝晚会上,俄语系师生用俄语演出了俄国作家契诃夫的独幕剧《蠢货》,这个剧本的译者就是曹靖华,而且他还登台演出,扮演了剧中人地主史米诺夫。

红楼旁听,在曹靖华的一生中具有重要的意义。首先,在此期间他加强了俄语学习,为后来把俄语作为工具翻译介绍俄国和苏联文学进一步打下了结实的基础。其次,他结识了鲁迅。至于瞿秋白,早在莫斯科东方大学学习时,瞿秋白就是中国班的老师。1923年初,他从苏联回到北京后,住在东城黄化门他叔叔瞿菊农家里,曹靖华经常去看望他,向他请教。后来在长期的共同战斗中曹靖华与他们结下了深厚的友谊。1925年北伐战争爆发,由李大钊同志派遣,曹靖华奔赴开封任国民革命军第二军苏联顾问团翻译,开始踏上了戎马倥偬的革命征程。

1927年大革命失败后,曹靖华从反动派刀光剑影里走出武汉,再次赴苏,先后在莫斯科中山大学、列宁格勒东方语言学院等校任教,1933年秋回国。

从1933年至全国解放以前,在那风雨如磐、长夜漫漫的旧中国,他一面在国立北平大学女子文理学院、北平东北大学、中国大学等校任教,一面积极从事进步的民主运动。1938年在西北联合大学任教期间,曹靖华仗义执言,与国民党当局进行面对面的斗争,后被校方以宣传马克思主义的"罪名"将他与沈志远、彭迪先等知名教授一起解聘,引起了全国教育界的关注与声援。与此同时,他辛勤笔耕,"不断的翻译着"(鲁迅语)。大家知道,以鲁迅、瞿秋白为代表的左翼文艺工作者把介绍俄罗斯文学和苏联文学当作庄严的革命任务,比作"给起义了的奴隶偷运军火",和"普罗米修斯取天火给人类"(鲁迅语)。曹靖华同样认为翻译俄苏文学是为了"借俄国文学的火,来照中国的暗夜",打开这"输送精神粮食的航路"③。他的第一部译作

《蠢货》（最初译作《狗熊》），就是在北大红楼旁听期间，经瞿秋白推荐于1923年发表在《新青年》上的。1924年他翻译的契诃夫的《三姊妹》，由瞿秋白介绍给郑振铎先生列入"文学研究会丛书"出版。此后，曹靖华不顾个人安危，呕心沥血、坚贞不渝地介绍苏联革命文学作品。抗日战争时期，他在周恩来直接指引下，参加了中苏文化协会和中华全国文艺界抗敌协会的工作，并主编"苏联抗战文艺连丛"、"苏联文艺丛书"。几十年间他翻译的作品近30种，约300余万字，这些作品在团结人民、教育人民、打击敌人方面发挥了巨大的作用。特别是他译的《铁流》与鲁迅译的《毁灭》，在革命战争年代鼓舞了成千上万的读者投入党所领导的革命洪流。曹靖华以自己的翻译成就为中国人民的解放事业立下了不可磨灭的功绩。

因此，早在新中国成立以前，曹靖华这位中州大地伏牛山之子，经过赴苏留学、红楼旁听和革命熔炉的长期磨炼，已成长为党领导的文化战线上杰出的革命文学家、翻译家、教授。

## 二、筚路蓝缕建系难　传道授业育英才

1949年新中国成立，春回大地，神州欢腾。大规模的国民经济恢复工作和建设事业蓬勃开展。北京大学在校务委员会的领导下，即着手恢复筹建俄罗斯语言文学系，先是设立俄文组，行政管理属于西方语言文学系。1949年新学年开始即招收新生（笔者是当时进入西语系俄文组，成为解放后俄语系的第一届学生）。1951年7月正式成立俄罗斯语言文学系。由于曹靖华教授的品德、学识和在国内外的声望，党组织和校行政领导都一致赞同推举他主持俄罗斯语言文学系的工作，但起初他本人觉得自己不擅长行政，犹豫推辞，而领导上则力主他是此项职务的最佳人选。当时教育部副部长钱俊瑞同志就说过："曹靖华同志当年在最困难的条件下，一直兢兢业业从事着苏联文学的介绍与研究，配合鲁迅先生做了大量有益的工作，在国

内国外都有一定影响。因此,北大要建俄语系,一定请他主持。否则宁可不建……"④在这种情况下,曹老只能应命了。回想起解放战争期间,有一次北大学生曾质问原北大当局:为什么不办俄国语言文学系? 当时文学院某负责人气势汹汹地回答:"我宁愿牺牲不办俄国语言文学系,也不能让曹靖华回来。"⑤一前一后,两次谈话,两种态度,形成了强烈的对照。从中我们不难看到,如果没有共产党的领导,没有人民政权的建立,俄语系要在北大恢复,曹靖华要重回北大,是万难想象的。所以,新中国成立后筹建的俄语系决非20年代俄语系简单的恢复,它具有全新的时代意义。

至于具体的筹建工作,一切从头做起,白手起家,面临着重重困难,可谓筚路蓝缕,创业维艰。就拿办学最重要、最基本的条件——师资队伍来说,众所周知,解放前,俄语人才短缺,各高等学校中原有的师资,情况也相当复杂,招揽延聘合格的教师,难度很大。记得1949年俄文组开办初期,专职教授,除曹老外只有魏荒弩(魏真)、龚人放、缪朗山(缪灵珠)、李绍鹏等,加上兼职教师刘泽荣、李莎、刘华兰等,总共不超过10人。院系调整前后,王岷源、李毓珍、田宝齐等教授相继来系。1952年底首批年轻教师6人从学生中提前毕业留校工作。当时需要量最大的俄语实践课(即"词汇"课)教师主要由苏联派来的专家夫人和昔日来华的侨民担任。接着,苏联语言文学专家鲍罗廷娜、卡普斯金、克里钦、斯维亚特戈尔等分别来系。在苏联专家的指导和直接培养下,1954年起筹建了俄罗斯文学和语言两个研究生班,学制两年,结业时虽未正式授予硕士学位,但后来成为教学中的骨干力量,发挥了重大的作用。再说教材建设,苏联中小学的语文教材完整配套,但不结合中国学生的教学实际,难以采用。当时各课教材,主要由授课教师自编自印,缪先生的俄语课就是这样,随堂发活页单片,老师投入了大量心血,有时还赶不上进度。曹老编的《七色花》是俄语系自编的第一本俄罗斯文选课教材,很受同学们的欢迎。其它各课多半是老师边讲边写在黑板上,学生边听边记笔记。

至于工具书,连一本像样的可供学生使用的字典都没有。曹老曾写过一篇题为《叹往昔,独木桥头徘徊无终期!》⑥的文章,描写了解放前俄语语文工作者缺乏合用的工具书所面临的困境。这种情况到解放初期并没有得到多大的改变。当时不少同学都借助"俄日辞典"(如日本八杉贞利编的《露和辞典》)或"俄英辞典"来学习俄语,正好比本是去莫斯科,却无奈要绕道东京或伦敦一样,其辗转周折,所遇到的困难麻烦,可想而知……其它方面,恕不一一赘述。

随着教学改革的深入,教学计划如何制订、师资水平如何提高、科学研究如何安排等等,都一一提上议事日程。在讨论和实施各项工作的过程中,关于办学的指导思想曹老曾发表过许多精辟的见解,现择要记述于下:

(1)要努力贯彻外为中用的原则。曹老历来主张外国语言文学的教学必须贯彻外为中用的精神,要注意结合中国的实际,努力做到为中国的革命和建设事业服务。建国初期,旧的一套教学制度必须改革,苏联的经验值得我们学习、借鉴,但学习不是模仿,借鉴不是照搬。他经常提醒大家:"我们是中国人,是北京大学,不是苏联人,不是莫斯科大学,更不是基辅大学,应该考虑中国的需要和实际。"后来在《国外文学》杂志编辑部举办的关于外国文学翻译和研究的笔谈中,他更明确指出:"我看根本的一条还是坚持'外为中用'的原则。介绍外国的东西总是要考虑对中国是否有用,这是五四运动,甚至是鸦片战争以来我国一切有识之士都注意到的宝贵经验。外国的东西,如果是不管有用无用,统统搬过来,那就要犯错误。"⑦

(2)要切实加强学生的基础训练。对于学生的培养,曹老主张要切实打好基础,拓宽知识面。一个外国语文工作者,需要具有多方面的素养,进行多方面的准备。扩大知识面就是一个很重要的方面。"要尽可能地积累有关本国的和原作者国家的历史、地理、风土人情、自然风貌、文化传统等方面的知识。""要尽量多读些古典的、现代的典范作品","切不可搞了外国文学翻译,中国书就丢开不读了。"⑧为此，他认为应该发挥综合大学的有利条件，外语系的学生可以到中文系或其它系选读一些有关课程。

在制订教学计划的过程中，他认为培养目标不宜订得过偏过窄，这样做既不能满足国家建设的需要，又往往束缚青年的创造精神。当时有些教师照搬苏联的教学计划，搞专门化设置，把课程内容弄得很艰涩烦琐。曹老对此明确表示反对。他强调，我们的教学应有别于苏联莫斯科大学和其它学校，"苏联文学对他们是祖国文学，而我们的学生首先需要概括地、粗线条地了解，不必要钻牛角尖"。他还风趣地说："连安娜·卡列尼娜（指列夫·托尔斯泰长篇小说《安娜·卡列尼娜》的女主人公）几根眉毛也都要讲吗？"

（3）要注意"两条腿走路"。曹老一贯强调，一个外国语言文学工作者不仅要精通所学国家的语言，而且要掌握祖国的语言，这是属于语言的基本功。由于大学期间时间短、任务重，要掌握一门外语已属不易，因而提高汉语的水平往往容易被忽视。他结合历史经验与切身体会指出："从鸦片战争以来翻译界有个偏向，不注重汉语。翻译出来的书，看起来比天书还难懂。""不好的译文读起来像吃了阿司匹林，出一身大汗，还不知所云。"他告诫青年在不断提高自己外语水平的同时，一刻也不要放松培养和训练祖国语言的表达能力。1980年12月他在中国外国文学首届年会的讲话中，把这种主张形象地称之为"两条腿走路"。他明确提出："搞外国文学的人应该两条腿走路，不只是把外国文学介绍过来就算了，还要注意成果如何，读者的接受程度如何。""介绍外国文学的时候，应注意到汉语、祖国语言的表达力的问题，怎样恰如其分，生动活泼地把外国文学作品翻译过来。"

（4）要将翻译与研究结合起来。曹老作为我国著名的翻译家，经常有人向他提出"怎样才能搞好翻译工作？""翻译有没有'窍门'，有没有'捷径'？"……这样一类的问题，他的回答是，翻译工作既无"窍门"，也无"捷径"。"这要全靠专心致志，长期刻苦的学习和实践，全靠顽强的韧性的战斗。在这里，恒心是十分重要的。""鲁迅先生不相信《小说作法》之类的话。死板的、一成不变的'标准'、'框框'束缚不了蓬勃的创造力量。""鲁迅教导青年要多看多读各个作家的作品和原稿,从中仔细研究应该怎么写,不应该怎么写……文学翻译也应该从各有千秋的译本中比较、摸索,刻意钻研,从中学习。"⑨关于如何才能搞好翻译工作,他认为,"可靠的办法是走翻译与研究相结合的道路。翻译什么就研究什么,或者说研究什么就翻译什么。"他具体提出:"广采百花,搜集关于原作品和原作者的一切材料,把研究的心得写在'前言'、'后记'、'序'、'跋'……里,这不仅是指引读者们的钥匙,而且也是译者提高水平的切实途径。"⑩

(5)要培养严谨求实、埋头苦干的学风。学习是艰苦的劳动,只有老老实实、不畏艰险才能创造辉煌的业绩,这是做学问的根本。结合语言学科的特点,他强调一是要下苦功夫,二是要持之以恒。他特别赞赏毛泽东所说的"语言这东西,不是随便可以学好的,非下苦功不可"和鲁迅在《给曹白》信中所谈到的"学外国文必须每日不放下"这两句话,并经常以此勉励青年学生。曹老本人治学严谨,崇尚实干,不图虚名,这点早在30年代就深得鲁迅先生的好评。1936年鲁迅在《曹靖华译〈苏联作家七人集〉序》中,称他"对于原语的学力的充足和译文之可靠,是读书界中早有定论"。同时又指出,那时翻译界有不少人士,趋附时风,名噪一时,而曹靖华"并不一哄而起","当时好像落后","后来却成为中坚"。鲁迅写道:"靖华就是一声不响,不断的翻译着的一个。他二十年来,精研俄文,默默的出了《三姊妹》,出了《白茶》,出了《烟袋》和《四十一》,出了《铁流》以及其它单行小册很不少,然而不尚广告,至今无煊赫之名,且受排挤,两处受封锁之害,但他依然不断的在改定他先前的译作,而他的译作,也依然活在读者们的心中。"⑪曹老在业务上悉心钻研、精益求精。他翻译的《铁流》,1931年首版问世,至1978年共出了13版,这期间每逢重印,只要条件许可,他总要予以校改,特别是1956年再版时,几乎逐句加工,等于重译。这种不断进击、勇攀高峰的工作态度使译文日益提高,达到了完美的境地。

在曹老办学思想的指导和全系师生的共同努力下,俄语系的工作逐步走上了健康发展的道路。它除了培养专业俄语的人才外,还肩负起全校文理各科数以千计的学生学习公共俄语的教学任务。1952年10月,1953年7月,又先后在全校教师中开展了专业俄语阅读速成的工作。学校成立了"北京大学俄文学习委员会",马寅初校长任委员会主任,曹靖华、王学珍任副主任。下面按专业范围分成文科组(因选用苏联《联共(布)党史简明教程》俄文版作为教材,故又称"联共党史"组)、数学组、物理组、化学组、生物组等5个教学小组。参加学习的老师积极性很高,经过短期的强化训练取得了比较满意的效果。年轻的俄语系艰苦创业、勇挑重担,为推进学校的教学改革作出了自己的贡献。

曹老自参加革命工作以来,一直追随党、听从党的安排,人们称他为真正的"党外布尔什维克"。到全国解放后,他才正式参加党组织。50年代初,曹老就向敬爱的周总理陈述了自己要求入党的愿望。总理对他的想法表示理解和支持,并且亲切地告诉他:"按照党章的规定,你要求入党得向你工作单位的基层党组织提出申请,由他们具体负责。他们对你的经历、情况不了解的地方,可以向我们来调查,我们会如实向他们说清楚……"北京大学党委对曹老的入党申请很关心,江隆基副校长曾多次找他谈话,笔者当时负责俄语系教师党支部的工作,当支部同志们知道曹老申请入党的消息后都感到格外高兴。他的入党介绍人一位是著名的文学评论家、鲁迅研究专家冯雪峰,另一位是当时北京大学副校长、"一二·九"时期北京东北大学学生运动的积极参加者和组织者邹鲁风,他们对曹老都有过实际的交往和较深的了解。1956年3月,经支部大会讨论通过,曹靖华同志光荣地加入了中国共产党,实现了他多年来执着的追求与向往。

## 三、洁比水仙幽比菊　梅香暗动骨弥坚

60年代起,曹老在文艺百花园中开拓耕耘,在散文创作方面结出了丰硕的成果。许多人赞叹,昔日翻译界德高望重的老前辈如今再创辉煌,成了深受读者喜爱的散文家。1962年他的第一部散文集《花》问世,接着《春城飞花》(1973)、《飞花集》(1978)、《曹靖华散文选》(1983年第一版、1986年增订版)相继出版。其中一些名篇多次被收进各类散文集或散文精品选里,有的还选入中学语文课本中。

曹老是怎样开始转向散文创作的呢?他在《花》的"跋"里有过一段自述。1961年春,中国作家协会书记处,为了繁荣文艺,号召进一步贯彻党的双百方针。他想,要切实贯彻这一精神,最好的办法应是真正动手写起来。刚好报社的同志也欣然来访,于是,"斗室之内,促膝谈心"。此时正值满院春色,百花吐艳,他和来访的"座上客"都不知不觉被这良辰美景陶醉了。"动笔吧!莫辜负这大好春光呵!"这样,就开手写了《花》。

"从此,时聊时写,时写时聊;聊聊写写,写写聊聊。不知不觉就出现了集内后半部的一堆烂砖似的小文章。总之,这也许是百花齐放的精神的感召吧。……"[12]

曹老的散文题材广泛,叙事、状物、写人、述怀,一花一草,皆成文章。内容大致包括两个方面:一是对革命前辈的缅怀和对艰苦岁月的追思。前者如《永生的人——怀周恩来同志》、《忆董老》、《忆梅园》、《怀念庆龄同志》、《望断南来雁》、《罗汉岭前吊秋白》、《别梦依依怀雁冰》等,其中回忆最多的还是鲁迅。后者如《忆当年,穿着细事且莫等闲看!》、《智慧花开烂如锦》、《采得百花酿蜜后》、《小米的回忆》等。二是对祖国大好山河和旖旎风光的赞美与歌唱,如"云南抒情"(包括《点苍山下金花娇》、《洱海一枝春》、《天涯处处皆芳草》),"福建抒情"(包括《前线风光无限好》、《深沪春意浓似酒》),"广西抒情"(包

括《艳艳红豆寄相思》、《风物还是东兰好》、《尾尾"没六"洞中来》)等3组抒情散文及其它。这些文章都是作者根据自己的亲身经历写成的,感情真挚,或歌颂祖国的锦绣山川,或追忆前辈的嘉言懿行,字里行间洋溢着对党对社会主义的由衷热爱,语言优美,浑厚纯朴,文言与白话相间,伸展自如,给人以美的艺术享受。许多文章的标题也匠心独具,切合主旨,概括力强,且富诗意,成为作者散文艺术的一个重要特征。

由于曹老散文的艺术魅力,当它们在报刊发表时,即在读者中引起了广泛的反响,如他的名篇《小米的回忆》于1977年3月在《人民日报》文艺副刊《战地》发表后,就收到许多读者来信。待到他的散文集相继出版后,不少评论家纷纷撰稿对曹老散文的思想内容和艺术特色进行专题评述。现仅摘录北京大学中文系张钟教授等合著《当代文学概观》(1980)中有关部分:"他的散文,大都取材自对往昔艰苦斗争生活的回忆,歌颂了革命者伟大崇高的斗争精神和同志间的深挚友谊,同时也揭露了社会的黑暗和反动派的残暴。字里行间,洋溢着凛然正气和动人深情,在艺术上力求做到精美动人,确实有梅菊的精神和姿容。""曹靖华散文的语言很有特色。他在现代文学语言的基础上,吸取了古文的精美、洗炼,口语的活泼、生动,根据表情达意的需要而运用自如……有时文白并用,但和谐自然。"

为什么上述引文提到曹老的散文"确有梅菊的精神和姿容"?它源出于敬爱的董必武同志给曹老的赠诗。1962年8月,曹老散文集《花》出版后,即奉赠董老指正。董老读后,于1963年4月1日复函曹老:"……去年承赠大作散文集《花》,每读一篇,辄为擎节;读未半,得小诗一首……后又得一首,并陈清览,希于哂正!"信末附赠诗二首。后来,《人民日报》社编辑姜德明因事看望曹老,获悉董老赠诗,读后甚是赞赏,表示希望能在报上发表。曹老又请示董老,5月10日董老复信称:"……复函奉悉,拙句竟蒙激赏,私衷也觉惶愧。如以为于《花》无玷,可以发表……"[13]并将原诗中"洁若水仙幽若菊"改为

"洁比水仙幽比菊",再次亲笔题写,寄赠曹老。两首绝句如下:

> 愿花长好月长圆,
> 幻景于今现眼前。
> 洁比水仙幽比菊,
> 梅香暗动骨弥坚。

> 已见好花常在世,
> 更期圆月照中天。
> 谢庄作赋惟形象,
> 愿否同名喻续篇。

董老在这两首诗里,热情称颂曹老的散文具有水仙、菊花、梅花一般的高洁和芳香,并恳切地期待着他能写出更多更好的佳作。我国古代文学家谢庄(421—466)曾创作了著名的《月赋》,而今曹老既有散文集《花》问世,那么,是否愿意再写出与谢庄的《月赋》同名的新集作为续篇。这样,岂不是花好月圆,珠联璧合。董老的赠诗,巧妙地以传统的美花芳草为象征,以古代传世名篇为比喻,将人品与文品、思想与艺术和谐地结合起来,对《花》进行了全面精当的评价,不仅内涵丰厚,耐人寻味,而且生动展现了老一辈无产阶级革命家和革命文学家之间诚挚高尚的友谊。

## 四、身处逆境志不移　重温素笺情更深

1966年至1976年文化大革命的狂潮席卷着神州大地,广大知识分子和革命干部遭受迫害。像曹老这样的革命文学家也不能幸免。他以70岁的高龄被关进"牛棚",隔离"审查",受尽了折磨和苦难。然而他刚正不阿,虽身处逆境,仍宁折不弯,从不胡乱揭发、交

代,始终保持着应有的节操与尊严。对"四人帮"及其在北大的爪牙的倒行逆施,他横眉冷对、痛恨蔑视。有一次学校工宣队为了刁难、凌辱"臭老九",竟想出了"考教授"的花招。他和俄语系的几位教授在考卷上未留一字,交上了一份干干净净的白卷,愤然离去。1972年由于周恩来总理的直接过问,他终于恢复了党的组织生活。1976年中国人民痛失自己敬爱的领袖毛主席、周总理、朱总司令,曹老为祖国的命运万分焦虑,忧心忡忡。1月初,当周总理逝世的噩耗传来,他悲痛欲绝。清明节前后,他一连三日,前往天安门广场参加群众悼念周恩来同志的活动,深夜不归。1977年他撰写了《往事漫忆——怀周恩来同志》(后改为《永生的人——怀周恩来同志》),他对总理的德行,高山仰止,对总理的感情,深似大海。文中他把周总理称为"生平最崇敬、最仰慕、最爱戴的恩来同志"。

面对文化大革命的动荡和骚乱,曹老时刻惦念着多年来珍藏的鲁迅给他的亲笔书信,担心它们会遭不测,那将会造成难以弥补的损失。他反复思考,认为最好的办法莫过于把它们刊印成册,流传人世。于是,他缅怀故人,重温素笺,心潮起伏,久久不能平静。1976年经曹老整理,并加注释,编成《鲁迅书简——致曹靖华》,由上海人民出版社出版,送到了广大读者手中。

据曹老自己统计,自1925年至1936年之间鲁迅给他发出的信件有292封,这是查对《鲁迅日记》而得出的数字,实际上肯定要超过此数,因为发了信而未记入《日记》,乃是常事。解放前,由于收信人生活漂泊,历尽沧桑,现存的只留下85封半。20年代初曹老在北大红楼听课时认识了鲁迅,但他们之间的通信却始于1925年5月。那时,曹老在开封国民革命军工作,为了帮助苏联顾问团的汉学家王希礼解决在翻译《阿Q正传》中遇到的疑难和问题,曹老特写信向鲁迅请教,鲁迅在回信中对所提的问题一一作了解答,并为译本写了序言及《自叙传略》。1925年5月9日《鲁迅日记》载:"寄曹靖华信并附致王希礼笺",指的就是此事。"这是《阿Q正传》传入西方的开始,也是我和鲁迅先生通信的开始。"⑭至于鲁迅给曹老的最后一封信，那是鲁迅逝世前两日付邮的(1936年10月17日)。这也是鲁迅生平发出的最后一封信，待到曹老收到此信时，鲁迅先生已不在人世了。

曹老对鲁迅的书简非常爱护，可以说"珍逾生命"，为了保存它们付出了极大的心血。1933年他从苏联回国以前，为把它们安全地带回，免遭反动派的破坏，他将这些信件"去掉信封，化整为零，藏到精装书的书脊夹缝中，当作书籍"，先绕道寄给他旅居比利时的友人，然后再转寄回国。曹老把这种迂回方式称作"二仙传道"。七七事变后，北平沦陷，又把它们"分别藏在衣服里，当作包裹，邮寄外地"。抗日战争期间，日寇对重庆进行大轰炸，他把这些信件装到手提箱里，日夜不离身边。有一次紧急警报响了，曹老带着相依为命的手提箱进入防空洞，警报解除后，出洞一看，他的住所已成了一堆碎砖烂瓦，可装着鲁迅手迹的手提箱仍然紧握手中，他心中感到："还有什么能比这更使我心安呢！"⑮……这些事例充分说明，曹老对鲁迅的战斗情谊是何等崇高、诚挚、感人肺腑！

文化大革命期间，曹老应陕西人民出版社之约，出版了《春城飞花》，这是继《花》之后的第二本散文集。在这"史无前例"、风云多变的岁月里，谁能料到这本书的出版几乎惹成一场大祸。丧心病狂的"四人帮"竟诬蔑它是"文艺黑线"的回潮。1975年其御用写作班子"初澜"，罗织罪状，炮制了《评散文集〈春城飞花〉》，蓄意向曹老"开刀"，文中叫嚣：

> ……革命人民狠批为刘少奇翻案的晋剧《三上桃峰》的战鼓声，音犹在耳，资产阶级的"春城"里又飞出了这一束为文艺黑线招魂的黑花，就是又一个例证……
>
> 《春城飞花》的出版，具体地说明了，在上层建筑的各个领域，有些方面实际上仍然被资产阶级把持着，资产阶级还占着优

势,我们如果不对资产阶级实行全面的专政,他们就必然要在这个部门或那个部门,这个方面或那个方面,对无产阶级发动进攻……⑯

值得庆幸的是,这篇黑文还没有来得及出笼,"四人帮"就垮台了。它和它的主子们一起被扫进了历史的垃圾堆。

文化大革命结束,神州大地迎来了"春城飞花"的新的历史时期。曹老和全国人民一起欢欣鼓舞。1976年初,著名诗人臧克家本想邀文艺界10多位老作家,为茅盾和曹老祝寿,但当时客观条件不允许,只好作罢。及至文化大革命后,1977年7月他们才得以聚会,一面为二位老人祝贺,同时欢庆党和国家又获得新生。茅公在曹老的锦册上挥笔祝辞:"崖畔芙蓉,愿人长寿;涧底青松,愿国长荣。"表达了革命文艺界的共同心声。

## 五、文集巨帙放光华　教材三卷吐芳香

70年代末,曹老已进入耄耋之年。在党组织的关怀下,他于1978年赴广州从化温泉疗养。从化山明水秀,乃南国的胜地。从1978年11月到1980年8月曹老在这里度过了将近两年的时光,他深深爱上了这片"一年四季花如锦,天工神匠织不成"的地方。在从化期间,他一面治疗,身体情况大有好转,一面仍孜孜不倦地创作出许多优秀的散文,同时又接待来访,审阅文稿,日夜忙个不停。他生活愉快,精神振奋,老而弥坚。在给北大校系领导和有关同志的信函中,一再表示,"增进健康,是为了多做一点力所能及的小事",希望能"再替党工作二十年,直到二十一世纪,直到瞑目而后已,这是唯一的愿望"。⑰

1980年8月因全国政协开会等事,他由从化返回北京。1981年12月本拟再次去从化,临行前一天夜间,睡梦中与国民党特务搏斗,

从床上摔地,左腿骨折,当即送医院进行手术。病愈后,又几经反复,而后病情逐步恶化,直至生命结束。

80年代中,在曹老的指导下,有关学科建设的两项大型工程开始酝酿、筹措,着手启动:一是《俄苏文学史》的编写,二是《曹靖华译著文集》的出版。《俄苏文学史》由曹靖华主编,它是第一部由中国人自己编写的比较全面系统的俄苏文学通史,上自古代俄罗斯,下迄苏联20世纪六七十年代,共分3卷,计100余万字。它受国家教委的委托,由北京大学、北京师范大学、南京大学、复旦大学、武汉大学等9所高等院校的俄语专业(或外语专业)共同协作编写。执笔者是这9所院校中长期从事俄苏文学史教学研究的教授、学者。该书出版后受到各使用单位和社会各界的好评,已确定为全国高等院校文科通用教材。1992年,该书第1卷,即《俄国文学史》获第二届全国高等学校优秀教材特等奖。1995年,《俄苏文学史》(3卷本)获全国高校外国文学教学研究会首届优秀著作奖。

《曹靖华译著文集》囊括了曹老一生的主要译著,全书共计11卷,约380万字。前8卷是他的译作,后3卷是他的散文创作、评论、书信、年谱及其它。早在1981年,北京大学就决定编辑《文集》,由北京大学出版社和河南教育出版社联合出版。北大俄罗斯语言文学系还成立了编辑工作小组,以推动、组织此项工作。曹老的女儿、人民文学出版社编审曹苏玲具体负责整理、校阅,她曾先后3次访问俄罗斯收集资料,得到了前苏中友协、前苏联对外文化协会等单位的热情帮助。在各方面的支持配合下,《文集》终于1993年全部完成。整部《文集》包罗宏富,既是作者60多年间呕心沥血、辛勤笔耕的智慧结晶,同时也映照出这位文化老人艰苦奋斗、献身革命的精神风采。遗憾的是,等到这两部著作全部出齐时,曹老离开我们已5年多了。岁月匆匆,书成人去,更引起我们对这位俄苏文学界老前辈不尽的追思和怀念。

## 六、魂系祖国心向党　依依诀别离地球

　　为了弘扬我国革命文艺的优秀传统，促进社会主义精神文明建设，80年代期间，北大曾多次举办有关曹靖华的纪念会和学术讨论会，其中最主要的有1983年10月举行的庆祝曹靖华从事文化教育工作60年，1987年5月为庆祝曹老诞辰90周年，由北京大学、中国作家协会、中国翻译工作者协会、中国外国文学学会、鲁迅博物馆、《世界文学》杂志社、陕西人民出版社、《关东文学》杂志社等8个单位联合举办的曹靖华学术座谈会等等。在这些会上，邓颖超、杨尚昆、周扬等，或赠送花篮，或亲致贺信。首都文化、教育、翻译界的著名学者、专家、作家前来参加，他们高度评价曹老的光辉业绩和高尚德行。会议开得隆重、热烈、富有意义。中央各大报纸和宣传媒体对会议盛况都作了报导，产生了广泛深远的影响。曹老本人回顾自己90年的沧桑，心潮激荡，由衷抒发对党、对祖国、对社会主义的深情和热爱：

　　同志们好！
　　在我九十岁的时候，多蒙党和同志们的关怀，举行座谈会，我实在当之有愧。我庸碌一生，毫无所成。倘做了一点工作，这是在党的培养、教育、扶持、帮助下做的。我也是始终如一地追随党，遵从党的指引，为党的事业尽心尽力。没有党，我不能活到现在。今天本应到会向党、向各位领导、向同志们表示我由衷的谢意，听取同志们的意见，可是因病不能如愿，深感遗憾。使我感到遗憾的还有，因为年老多病，我不能继续为党和国家做什么工作了。我衷心祝愿我们的社会主义祖国繁荣昌盛！感谢同志们情逾骨肉的关切。祝同志们好！谢谢。[⑬]

　　1987年5月，苏联列宁格勒大学授予他名誉博士学位。同年8

月，苏联最高苏维埃主席团授予他各国人民友谊勋章。这是曹老的荣誉，也是我国翻译界、文艺界、教育界的荣誉。

曹老的一生，90年风雨兼程，为中国人民的革命和党的文化教育事业作出了杰出的贡献。历史不会忘记他，祖国人民不会忘记他，北京大学也不会忘记他。敬爱的曹老，北京大学永远缅怀您!

## 注　释

① 鲁迅《且介亭杂文》，人民文学出版社1973年版，第161页。
② 钟子硕、李联海等《飞华之路——访曹靖华》，陕西人民出版社1988年版，第36页。
③ 曹靖华《窃火者——鲁迅先生介绍外国文学的前前后后》，《曹靖华散文选》，陕西人民出版社1983年版，第164、165页。
④ 彭龄《而今百龄正童年——记曹靖华》，花城出版社1984年版，第71页。
⑤ 同②，第150页。
⑥ 《曹靖华散文选》，陕西人民出版社1983年版，第74—86页。
⑦ 《国外文学》1983年第2期，北京大学出版社版，第16、17页。
⑧⑨⑩ 《大学生》1981年第3期，北京大学出版社版，第2、3页。
⑪ 鲁迅《且介亭杂文末编》，人民文学出版社1973年版，第71、72页。
⑫ 曹靖华《花》，作家出版社1962年版，第231页。
⑬ 同④，第88—90页。
⑭ 曹靖华《无限沧桑话遗简》，《曹靖华散文选》，陕西人民出版社1983年版，第126页。
⑮ 同上书，第130页。
⑯ 同④，第65页。
⑰ 《曹靖华书信集》，河南教育出版社1991年版，第273、275页。
⑱ 1987年5月7日曹老的讲话录音。

〔作者　北京大学俄语系教授〕

# 诗人·学者·翻译家——冯至

严宝瑜

冯至先生称得上是一位真正意义上的北大人。他是个老北大，前后在北大25年，一生有三分之一以上的时间是在北大度过的。他18岁(1922年)进北大预科上学，23岁从北大本科德文系毕业。北大哺育了他，使冯至之所以成为冯至；用他自己的话说，"在北大独特的风格与民主气氛的熏陶下，我的思想有了雏形，并且从那里起始了我一生所走的道路。"[①]他的这个自白，还只说明了他一生的思想的形成和道路的开始在北大；不应无视的是，作为学者和诗人冯至的完成也是在北大。他独放异彩的诗歌之花是在北大开的，他学术上累累硕果是在北大结出的。——他初期"堪称独步"[②]的叙事诗、被鲁迅先生赞誉为"**中国最为杰出的抒情诗人**"[③]的抒情诗、被视作"哲理诗作的高峰"[④]的《十四行集》都是在北大写出来的；他的歌德研究，继郭沫若之后，将歌德在中国的接受提高到一个新的深入的阶段，影响并带动了全国的歌德研究，是在北大作的；他撰写的被我国古典文学研究者公认为具有开创性的我国大诗人杜甫的传记文学《杜甫传》也是在北大写的。

北京大学是我国最老的学府，可以称得上是老北大的人，比比皆是。他们中有不少人，在北大教书或工作不少个年头，嗣后被生活的旋涡卷走，离开北大到了另一个环境，"北大"这两个字对他们也就渐渐淡薄起来。冯至是个老北大，他在生活的河流里，也曾飘流他处，但他无论被冲到哪个河滩——毕业后到哈尔滨，留学在海德堡，学成归国去同济——他始终念念不忘北京大学。他对北大的感情如此执着,甚至1964年冯至奉调社科院,他也舍不得离开北大。那时学校决定将西语系与俄语系合并,任命原俄语系主任曹靖华为两系合并后的系主任。学校当然不肯轻易放弃这位与北大血肉相连的著名学者,因此决定继续任命冯至兼任两系合并后第一副系主任的职务,他欣然从命。此事鲜为人知,这是因为事隔不久爆发了文化大革命的缘故。合并了几个月的西语系与俄语系又随即分开,新的任命也随之作废。但据我所知,学校从未明令解除过冯至同志西语系系主任的职务,从行政手续上说,冯至直到他逝世,北大从未将他辞退,他始终应是北大西语系的系主任。

他本人对北大执着的感情,也并不因离开北大而稍减。他离校后,担任过好几个重要职务:社科院外国文学研究所所长、作家协会副主席、全国人大代表等。他在这些岗位上,兢兢业业,认真负责,工作一丝不苟,像在北大时一样。其间,他被国外学术机构授予多种荣誉称号和奖章奖金,他的名字蜚声海外。然而,我在与他的接触中从未听他对这些荣誉提过只字,而感到的他作为普通平凡北大人的意识却异常强烈。每次去他那里,他总是对他母校的情况问长问短。他对母校的这种关心和怀念,人们可以从他晚年写的文章里读到。他生前编的最后一本文集《立斜阳集》中收了他84岁写的一篇怀念北大的文章,标题是《"但开风气不为先"》,意味深长的是,这篇文章的副标题为:《记我在北大受到的教育》。1992年2月,也是他去世前一年,他88岁了,还写了一篇《怀念北大图书馆》的文章,这篇文章发表在《文汇读书周报》时,用的标题是《怀念和感谢》[5]。在这两篇毫无雕琢的,只用平常话从平常事中说出深意——典型的冯至风格——的优美散文中,他对北大的深厚感情跃然纸上。

我有幸与冯至相处40多年,1952年院系调整我从清华转北大西语系做了他的副手有12年。1959年他为了工作方便起见,让我从中关园搬到燕东园22号,成为他朝夕相处的邻居,直到"文革"中他于1971年被迫迁出燕东园为止。他搬离北大后,我也没有中断与他经常的联系。我通过个人与他接触中的一些感性认识,来谈一谈他的人品和作风,以表示对他的追念。同时,我认为冯至的道德文章,不仅已成为永垂的风范,而且在我国强调社会主义精神文明建设的今天,有着重要的现实意义。在和他的交往和接触中,冯至有以下反映了他优秀品质和优良作风的事例,使我难以忘怀:

第一是他的深沉的爱国主义精神。1986年秋天,冯至先生81岁了,他为了摘除白内障住进了医院。我去探望他时看见他在手术后眼睛上蒙了白纱布,看不见人,看不见东西。他说他瞎了眼睛,世界显得清静了,思想也更活跃了,他躺在床上可以做诗。1987年夏天在我索取之下,他寄给我发表在《诗刊》上题名为《独白与对话》的10首诗,便是他在病院里做的。他说:"这诗大部分是独白,也有加上引号的对话。独白是自言自语,对话是自问自答。"⑥其中有3首标明为"我和祖国"。读了以后,感人泪下。我抄录如下:

### 我和祖国之一

祖国,我爱你,
但我说不出豪言壮语,
也写不出昂扬的文字,
只会说谚语一句:
"儿不嫌母丑
狗不嫌家贫。"

祖国,我的母亲,
何况你并不丑,
只不过你久经忧患的脸上
多了几条皱纹。

祖国,我的家,

何况你并不赤贫,
如果你一贫如洗,
又怎能哺育全世界
五分之一的人民。

### 我和祖国之二

祖国,你有千千万万的好儿女,
也有为数不少的不肖子孙,
有人丑化你的形象,
有人让你永葆青春。

我是什么样的儿孙,
我缺乏自知之明。
我也不值得将来有人
给我作盖棺论定。

我曾喝过海外的水,
总像是一条鱼陷入沙泥。
我曾踏过异国的土地,
总像是断线的风筝
漂浮在空际。
好也罢,不肖也罢,
只有一句话——
"我离不开你。"

### 我和祖国之三

祖国,你有沉重的负担,
这负担是你漫长的历史。

在这历史的担子里——
有崇高也有无耻,
有智慧也有无知,
有真诚也有虚伪,
有光明磊落也有阴谋诡计。
它们像天文数字的血细胞
循环在十亿人口的血脉里。

历史虽说是属于过去,
却不断在你的肩上加重;
血细胞用显微镜才能看清;
但它们起着巨大的作用。
祖国,为了给你减轻
十亿分之一的负担。
我的血液,
我要经常检验。

　　"爱国"这本来是我国老一代知识分子的共同特点和共有的感情,因为在旧时代我们中国自鸦片战争以来饱经内忧和外患,老一代的知识分子都是过来人,人人盼望祖国奋起抵御外侮,收复失地,走上繁荣富强的道路,自立于世界民族之林。冯至也不例外,他的著作,随处都含蕴着爱国主义的感情,因此谈论他的爱国主义精神似乎并不是什么特别的事。但是,我们仔细地读他这3首诗,细心回味他的诗句,我感到爱祖国爱得像他那样深切,那样专注,实在是非同一般和令人感动的。他在诗里引用了"儿不嫌母丑,狗不嫌家贫"这谚语来比喻对祖国的态度,但他说祖国这个"母亲"并不丑,这位"母亲"饱经了包括像"文革"这样灾难性的忧患也只在脸上添了几条皱纹而已;他认为把"狗不嫌家贫"这句话应用到祖国的身上并不恰当,因为

"如果你一贫如洗,又怎能哺育全世界五分之一的人民"。他在诗里断然否定自己是属于丑化自己祖国的不肖子孙之列。我认为这句诗是有的放矢的,因为那时候就有那么股风和时髦的论调来丑化我们国家的历史,把自己的国家说得一无是处。这些人恨不得要我们拜倒在西方资本主义文明的脚下。冯至又说他也曾喝过海外的水,也曾踏过异国的土地,但他与那些把外国看作圣经中说的"The Land of Promise"的人不同,他在那里总感到自己是陷在泥沙里的鱼和断了线的风筝。冯至的爱国主义不是停留在口头上的,而是充满了责任感和奉献精神的无条件的爱国主义,他说:"祖国,为了给你减轻十亿分之一的负担,我的血液,我要经常检验。"像这样深沉的爱国主义精神是值得我们大家学习的。

第二是他的洋为中用的治学方向。这是冯至一贯提倡的,自己也在做学问乃至在文学创作中身体力行,而且得到了完美体现。在这里我不想结合冯至的文学创作来谈这个问题。在创作上他立足于中国,并用他自己的话来说,"善于吸收外来养分"——这对研究冯至是至关重要的。在这里我只想结合冯至当西语系系主任时所坚持的办学方向来谈谈这个问题。冯至是学贯中西的学者,但是他的专业是德语文学,他是一位在德语中称之为日耳曼语文的学者(Germanist)。他以后从事的教学工作,也是德语语言文学。他做了西方语言文学系 13 年的系主任,奉调离开北大后做的也是社科院外国文学研究所的所长,在大家的心目中他首先是个外国文学的专家。但是他这个外国文学专家一身都是中国气,在他身上一点也没有那种洋气。他在办西语系的时候,强调两件事:其一,他强调西语系的学生要打好扎实的外语基础,其二,强调的便是学外国文学的人要学好中国文学。修订教学计划的时候,他老要看教学计划中"中国"这条线粗不粗,他多次坚持学生除必修中国古代文学外,还要加学"五四"以来的中国现代文学,而且多次向中文系派来的老师建议课堂上要多分析作品,在课外则应要求学生多读作品。"学外国文学的人要懂得中国文学"——这是冯至主办西语系的非常鲜明的指导思想。他的这个观点早在他1947年写的《关于调整大学中外文系机构的一点意见》一文中就说得非常明白具体了。在这个问题上,他与闻一多先生、朱自清先生的观点是一致的。我认为这个观点是我国前辈的爱国学者的共识和真知灼见,是毛主席的"洋为中用"在西语系办学方向中的具体体现。它不仅体现我国外国语言文学为谁服务的根本性原则,而且也符合语言、文学具有整体性的学科规律。历年我系培养出来的毕业生在工作中有"后劲"的反映,也说明了这个培养人材的方向是符合社会主义现代化建设事业的需要的。我认为我们西语系应该把冯至的这个办外语系和研究外国文学的指导思想坚持下去,不能让当前社会上市场经济掀起的新的实用主义浪潮冲得东倒西歪。

第三是他严谨求真的治学精神。这一点我要比较详细地说一说,因为它对在我们中间,特别在青年人中间树立良好的学风有用。冯至是最反对哗众取宠的,也最反对赶时髦。当然他反对后者并不是说他对新鲜事物不敏感,对新生事物不虚心学习,对新生力量不扶植,相反他对新鲜事物怀有极大的兴趣,对新生事物抱着尊重和虚心学习的态度。他爱护年轻一代,鼓励他们前进,扶植他们成长。这些都可以从他发表的文章里读到,从他在各种会议上发表的讲话中听到,凡受教于他的学生也都感受到。他的严谨求真的学风我感受得较深的有以下几件事:

第一件,冯至反复强调搞外国文学要多读原著。他对我说,做作家介绍至少把有关作家的主要作品念过才能写文章。他竭力反对不读原著,只翻阅时下充斥市场的作家辞典、作品欣赏之类的书便大做文章。他认为,这种不读原著,只从那类书中知个大概,然后抓着一鳞半爪做文章搞的是"克里空",是在欺骗不懂外文的读者。他赞成文学的比较研究,自己也写过这方面有分量的文章。但他认为搞中外文学比较的前提是要对所比较的中国和外国的作家、作品都有透彻的研究,做到了这点,比较者才能说出切实的话和写出有内容的文章来。1982年是歌德逝世150周年,北京市举办了盛大的纪念会,冯至在会上做了题为"更多的光"的报告后对我说:"我们不能只是谈论歌德,更重要的是读歌德。"本来我们准备继纪念会之后在1982年下半年召开"歌德学术讨论会"的,后来我们根据冯至的意见把这次学术讨论会放到1983年4月,因为他认为应该让参加者有充分"读歌德原著"的时间。这次会议是在北京大学召开的,是在我国举行的第一次大规模的歌德讨论会。与会者来自全国四面八方,当中有德语文学研究者、翻译者、业余爱好者、老师和学生。与会者响应了冯至"读歌德原著"的号召,大多数人都在钻研了歌德的原著的基础上写出论文。所以他们宣读的论文多数都言之有物,有的还有创见。会上的讨论切实、热烈,很少有泛泛空论。这次会议推动了国内对歌德的研究,是一次充实和成功的会议,而会议的成功来自贯彻了冯至历来主张严谨求真的学风。

  第二件,冯至在翻译工作上坚持一丝不苟的认真态度和有着对读者负责的社会责任感。1973年他着手翻译海涅的《德国,一个冬天的童话》。这首政治讽刺诗是海涅的代表作。当他译到该诗的第九章时,碰到了一个字不知道怎样译才好。这个字便是Krammetsvogel。这是海涅长期流亡在法国回故乡省亲路过哈根时,餐桌上摆出的家乡风味——他爱吃的奶油煎鸟的鸟名。字典上给的译名叫"田鸫",这是这鸟在动物学上的学名。冯至不愿意用这个名称,写信来要我去北大生物系询问还有否其他的叫法,还说最好去看一看标本。我照办了,我看到了标本,并问到了这鸟在我国不同地区6种不同的俗名。他得知后挑选了北京地区"穿叶儿"的俗称,最后他在译文中定下了"穿叶鸟"的译法。

  冯至是我国著名的文学翻译家。他本人是个诗人,所以他特别爱好翻译诗歌。他翻译的诗歌不仅忠实于原诗,而且译作本身也成了艺术品。一个著名的例子,他翻译奥地利浪漫主义诗人尼古莱·勒瑙的诗《芦苇歌》,有人读了误以为是他自己创作的诗。有一次,我随便翻阅他译的"海涅诗选",发现其中《罗累莱》一诗的译文竟能用按海涅原文谱写的、在德国家喻户晓的曲调从头到尾唱下来而不觉拗口。我把这个发现告诉冯至,他又惊奇又高兴。我问他会不会唱歌,他的回答是:爱听,不会唱。他声明译诗和曲调相吻合完全是凑巧。我回去捉摸,原来他的译诗是按着原诗的音节和节奏的起伏自然而然地译出来的,因此能用作曲者根据同样原则谱出的旋律来吟唱也就不奇怪了。冯至在指导我译诗时,强调翻译应该照顾原诗的原意和原样。他反对用添枝加叶的办法来增加译文的所谓诗意。他还反对在翻译中时兴的滥用四字一句的成语,他说这种做法读起来顺口,但常似是而非,使译文走了原样,因而为他所不取。他认为译诗要通过反复吟咏原诗来体会它的意境和韵律,然后扣着原诗的原意原样,老老实实地用顺口的中文翻出来。这样做时,原诗的诗意也就在译文中带出来了。

冯至还认为翻译者的责任,除了把原文翻好外,还要向读者正确地介绍原作,因而他主张译者要写好前言以帮助正确地了解原作。翻开冯至译的《德国,一个冬天的童话》,书前有一篇译者前言,这是他为了帮助读者了解该诗创作的背景、思想内容和艺术特点而写的。这篇前言实际上是一篇出色的学术论文。前言中用很长的篇幅把海涅的《冬天的童话》与马克思著名的论文《黑格尔法哲学批判导言》进行比较,从而从比较中具体地而不是泛泛地、令人信服地而不是武断地说明海涅的这篇《童话》是1842年和1843年这两年间他与马克思在巴黎频繁交往中受到马克思思想影响的产物。冯至为了帮助读者理解这首长诗,他除了撰写前言外,还在全书27章每章的后面附上详尽的"说明与注释",介绍每章的主旨和它们之间承上启下的关系,以帮助读者读懂一般词书中查不到的典故和作者在诗中所作的讽喻、影射、乃至于文字游戏。冯至还在"说明与注释"中发表评点式的议论,直陈自己对作品的体会和批判性的意见。他的这种做法使海涅在130年前写的这部诗歌在读者的面前呈现出一种立体感和现实感,用普通话说,"变活了"。它不仅启发了读者,而且还激发了他们阅读的兴趣。无独有偶,这种做法在朱光潜先生译的《歌德谈话录》和黑格尔《美学》中同样可以找到。这说明了老一辈的翻译家不只是把要翻的书翻出来就完事,他们还关心如何使读者正确阅读和理解原著,因而在翻出作品后不惜在撰写前言后记、作好注释和说明上动脑筋下功夫。这种对读者负责的严肃的译书态度,冯至用他译出的海涅《德国,一个冬天的童话》为我们树立了榜样。

第四,也是我要谈的最后一点:冯至谦虚宽厚的为人态度。在"文革"前,我几次听到周扬当众表扬冯至,说冯至被鲁迅推崇为中国"最为杰出的抒情诗人",而他自己却受到鲁迅的批评。那时,我思想片面,知识贫乏,对周扬所说的并不了解它真正背景,只以为周扬在讲些风趣话来自我解嘲。我在冯至那里则从来没有听到他解说过这段话的来由和背景,因为他一贯不喜欢谈论自己的过去和他所做的好事。我们都听到毛主席曾称赞过冯至《杜甫传》的传闻,然而冯至从来没有向我们谈起这件事情。有一次我和系里其他两个与冯至接近的同志特意去问他有没有这件事情,冯至告诉我们说,有。他说:毛主席读的是《新观察》杂志上连载的《杜甫传》,当有一次机会会见毛主席时,有人介绍他是《杜甫传》的作者,毛主席与他紧紧握手并连连说:"你为中国人民作了一件好事。"他在简略地叙述这件事时,脸上露出了我们平时少见的激动的神情。

冯至是非常敬仰毛主席的,他对毛主席的感情是出自肺腑的,这点我们读了他《我的感谢》一诗后可以感觉出来。这首诗他在"文革"后还依然收进了他自编的由四川文艺出版社出版的《冯至选集》中,这说明了他敬仰毛主席,即使他在毛主席错误发动的"文革"中受到了冲击和委屈也没有改变。他作为学者和诗人特别看重作为思想家和诗人的毛泽东。他对毛主席的诗词作了高度非凡的评价。远在1960年春,北大西语系学生自发地为毛主席的诗词谱写大合唱。学生的这个积极性立刻受到系主任的鼓励和支持,他亲自出席学生的排练。西语系学生演出自己谱写的《毛主席诗词大合唱》后受到了全校师生的欢迎,也受到了我国音乐界的注意和好评。自此以后,国内优秀的作曲家们接二连三地为毛主席诗词谱曲,使我们听到了更多、更美的雄伟的歌曲和合唱,这不可不说北京大学西语系是为毛主席诗词大合唱的发祥地,这与冯至的支持提倡是分不开的。

我不能忘记的是1960年的国庆晚会,我随着冯至到天安门城楼上去当庆祝晚会的翻译。那时能做德文翻译的人很少,我们常常被外交部征调去当口译工作。在暂停放射礼花的间歇中,毛主席在城楼上接见来自世界各国的外宾,他们排着长队依次被介绍给毛主席。毛主席与外国朋友一一握手并对每人说声:欢迎。轮到一批来自德语国家的客人上前时,我被冯至使劲地推到毛主席面前,为了也能让我为毛主席翻一句:Herzlich Willkommen!(德语:热烈欢迎!)

那次我们还在城门上遇见了郭沫若。冯至与郭老谈起了法国小说——斯当达尔的《红与黑》,问他对这部小说的评价。我至今还记得很清楚,郭老回答得很干脆:那当然是一部重要的小说和杰作喽,连托尔斯泰都受到它的影响! 郭老对这部小说作这样高的评价,可是那时北大西语系正发动对这部小说的批判,说它毒害青年,宣扬个人野心和向上爬的人生态度。现在回想,这种狭隘和简单化的"左"的观点在"四人帮"搞文化专制主义期间发展到极端,把世界一切优秀文化遗产全都否定了。那天归途中,冯至对我说,郭老的意见恐怕在我们西语系是无法传达的。这句话反映了那时自由讨论的学术空气缺乏到何种程度! 这在今天我们是无法想象的。

冯至平等待人。他当系主任时对西语系的教师和职工不分职务高低平等对待,无论是打字员、教务员、事务人员或图书管理人员,他一律尊重他们的劳动和人格。他也从不把自己看成高人一等。有一回校长接见外宾,外事处安排冯至参加,顺便当翻译。校长知道后,对安排一位教授兼系主任当翻译感到踌躇,怕冯至本人不会愿意。冯至知道了不以为然,说:教授为什么不能当翻译? 不应该把翻译看成低人一等的工作。

冯至当系主任时以身作则。他工作日每天上午准9点按时到西语系所在地北大民主楼上班,下午在燕东园家里读书写作。1962年4月中为准备在北京举行的"杜甫诞生1250周年大会"上做报告,他两夜通宵达旦地工作,第三天照常去民主楼上班。由于缺少睡眠和过度疲劳,在上班途中晕倒在未名湖畔的路上。经过路人发现后,才由众人搀扶回家。榜样是无声的命令,那时候西语系干部和职工没有不按时上班的。

冯至平易近人,对人态度诚恳和蔼,从不盛气凌人,因此得到全体西语系教职员工的尊重和爱戴。解放初期彼此以呼唤同志为风气,但大家对冯至都称冯先生,我平时也这样称呼他。这个称呼包含了对前辈的尊敬和爱戴。我们只在党组织生活会和其他正式会议上才称呼他冯至同志。西语系所在的北大民主楼中只要听到他惯常清喉咙的咳嗽声,大家便都会意相告:冯先生在系里了。他在我和他共事的10多年中成了西语系办公室中不可缺少的身影。冯至在系主任办公桌前工作的形象成了我脑中形成的北大西语系的图像中不可缺少的部分。"文革"中有一天红卫兵把冯至从城里揪回北大来充当"陪斗"。斗争会开始前,他被"勒令"在西语系办公室等候,他刚好坐在从前他坐过十几年的办公桌前。我作为"死不悔改的走资派"也被押解到民主楼系主任办公室等候"陪斗"。一进门,我就看见系主任办公桌前坐着的冯至同志。我一时失去了时空感,以为自己还身处冯至当系主任的那会儿。我受着条件反射的驱使,走上前去与他握手问好。我说:"冯先生,您好! 好久不见了。"话音未了,我就啪啪地挨了两脚。两个红卫兵冲着我大声吼叫:"猖狂!"冯至也遭到大声呵斥,被命令起身过来与我并排站着。当他被发现胸前别了一个小小的毛主席像章时,一个红卫兵粗暴地把它从他衣服上扯下,并吼叫说:反动权威有什么资格佩戴毛主席像章! 此时,我侧眼看到站在我旁边的冯至凛然自若,一点也没有显出一般人通常在这种情况下会出现的紧张与慌乱的神色。

"文革"后我向他提起我与他这次不寻常的会面,他笑笑说:"你们北大的红卫兵真厉害。不过他们都是一些无知的孩子,我原谅他们。"他又说:"不能原谅的是有些大人,他们是同事,曾多年相处,并不是不了解我。这种人平时叫我'冯先生',后来又加重尊称我为'冯老'。'文革'开始写大字报无限上纲地揭发我,工宣队来了,为了表示与我划清界限,又将我的尊称'冯老'改称'老冯'。"说罢,他哈哈大笑。我听了也觉得好笑。我从冯至的笑声和幽默中看到了他的豁达和爱憎分明。他的笑声不禁使我对他肃然起敬。写到这里,我的耳中响起了我的内心独白:

"敬爱的冯至同志!我平时称呼您冯先生,'冯先生'这个亲切的称呼将珍贵地埋藏在我内心最深的深处,直到永远!"

## 注　释

①　冯至《立斜阳集》,中国工人出版社1989年版,第230页。
②　朱自清语,转引自周棉《冯至传》,江苏,1993年。
③　《鲁迅全集》第6卷,北京,1981年,第243页。
④　引自孙玉石《中国现代诗里的哲人》,《北京大学学报》1994年第4期第44页。
⑤　《冯至先生纪念论文集》,社会科学文献出版社1993年版,第557页。
⑥　同①,第259页。

〔作者　北京大学西语系教授〕

# 文学史家　楚辞专家——游国恩

褚斌杰

游国恩先生(1899—1978)是海内外知名的学者,毕生从事教育工作和古典文学研究。先生字泽承,江西临川人。1926年毕业于北京大学中国文学系,早在大学学习期间就开始研究古典文学,发表文章和论著。此后先在江西教中学,后历任武汉大学、青岛大学(后改名山东大学)、华中大学、西南联大、北京大学中国文学系讲师、教授。1952年院系调整后,兼任北京大学中文系古代文学教研室主任,评为一级教授。其主要著作有《楚辞概论》、《读骚论微初集》、《先秦文学》、《屈原》、《离骚纂义》、《天问纂义》和《游国恩学术论文集》等,还主持编纂了《中国文学史》、《先秦文学史参考资料》、《两汉文学史参考资料》等书,另与别人合作编撰了《中国文学史教学大纲》、《陆游诗选》等。

先生学识渊深,一生著述宏富,为现代学术发展作出了重要贡献。作为一位中国文学史家,先生治学方面极广,举凡先秦经子以迄明清文集、近代诗文,均曾涉足,且多有精到之见。如其重要论文《荀卿考》、《陶潜年纪辨疑》、《论吴声歌曲中的子夜歌群》、《论山谷诗之渊源》,以及记其平时读书之所见所得的《居学偶记》等,都以考辨精审,见解独到,备受海内外学人重视。40年代初,先生任教于西南联大,于教学之余,还对西南民族的民俗和语言文化作了考察,撰写了《火把节考》、《说洱海》、《南诏用汉文字考》和《文献中所见西南民族语言资料》等文,至今成为研究我国西南民族民俗、语言文化的重要参考文献。

先生学识广博，尤以楚辞研究名世，是海内外著名的楚辞学家。先生治楚辞，上继清人朴学的谨严求实的学风，注重资料的搜集和考辨，每成一说，必以大量的史实、资料为依据，故其结论多信实可靠。在二三十年代先生撰述的《楚辞概论》、《读骚论微初集》等著作，其中有许多精辟的考辨文章，如《屈赋考源》、《论屈原之放死及楚辞地理》、《楚辞女性中心说》、《楚辞用夏正说》等，皆具有创见，其说或为后继的楚辞学者所采纳，或视为重要意见参考。30年代中先生任教于青岛大学时，开始了一项楚辞学的巨大工程，即《楚辞讲疏长编》。先生在所起草的"序言"中说："且以深慨夫《楚辞》之文窈而深，其旨曲而婉，断非率意浅尝所能窥其万一也。于是区其条理，荟为成编；复采王逸以下众家之说，先就屈子诸赋逐条而系之，末加按语，颇出鄙意，题曰《楚辞讲疏长编》。"先生编著这部集历代楚辞研究成果于一炉并发抒己见的巨著，不仅是为了学术上的建树，而且还蕴含了极深厚的爱国感情。先生于该书"序言"的最后称"嗟夫，国难深矣！世之人傥亦有读屈子之文而兴起者乎？则庶乎三闾之孤愤为不虚，而区区之志，亦可与忠义之士相见于天下矣！"当时正是日寇对我加紧侵略，华北局势危急之时，先生力图借研究"楚辞"，激发人们救亡图存的爱国热忱。由于时局的动荡，《长编》工作未克完成。其中的《离骚》、《天问》部分，建国后方由先生增补修订，题为《离骚纂义》、《天问纂义》，由中华书局出版。这两部近百万字的著述，无论从资料的掌握上看，还是从见解上看，都属先生长期研究"楚辞"的总结，是楚辞学上罕有的高水平之作。

建国以后，先生除承担了繁重的教学工作和科研任务外，还先后担任了古典文学教研室主任，古典文献教研室主任和副系主任的工作。当时面临着十分繁重的教改任务，如新的教学计划的制定，教材的建设，教学人员的工作安排等。为了保持北京大学的学术传统和在国内高校中的地位，先生与当时担任教研室副主任的林庚先生，团结一心，日夜操劳，以求实而又创新的精神，做出了很大成绩。如为了给中文系学生打好古代文学的功底，把中国文学史划分为三大段，用3年时间讲授，并安排最强的师资授课。由先生亲自讲先秦两汉文学，林庚先生讲魏晋南北朝和唐代文学，浦江清、吴组缃先生讲宋元明清文学。另外，由王瑶先生讲新文学史。这样的课时和教师阵容，在全国高校是少有的。事实证明，北大这一时期培养出了大批的文学史人才。又为了解决当时教材奇缺的问题，先生拟定编辑出版一套高质量的中国文学史参考资料。由先生主持编选，吴小如先生执笔撰写初稿，首先出版了40多万字的《先秦文学史参考资料》，继而又编选出版了《两汉文学史参考资料》。由于选文精当，注释详审，每个文学单元均附录有节选的古文献参考资料，极有利于配合文学史的教学和自学，大大提高了文学史课的教学质量，并受到全国高校文科师生的欢迎(后又由林庚先生续编了《魏晋南北朝文学史参考资料》)，这套书无论从学术水平上看，还是从教学实用上看，长期以来还无有超越者，至今犹再版不衰。

50年代中后期，当时的高等教育部为了适应教学改革的需要，积极进行教材建设工作，曾指定几个高等学校中国语言文学系和文学研究所，分段草拟中国文学史大纲，并先后邀请部分学校及其他方面的专家进行讨论。游国恩先生代表北京大学参加，是"大纲"的起草人之一，并参与讨论和定稿工作。当时的古典文学研究和教学正处于新旧交替的改革时期，许多问题都还不够明确，意见也极不统一。如关于中国文学史的内容究竟包括些什么，即关于文学取材的范围问题，就有很大争议；其次，关于中国文学史的体例问题，即是采取以作家为主的编写法，还是采取以文体为主的编写法的问题；另外，还有中国文学史的分期问题。先生以他的丰富学识和求实的精神发表了很多中肯意见，并以《对于编写中国文学史的几点意见》为题，在《光明日报》上发表长文(载1957年1月6日《文学遗产》专刊)，发抒己见。从后来"大纲"的定稿和所编写的教科书来看，基本上采用的是先生的意见。60年代初，受当时高教部的委托，先生参加主持中国文学史教科书的编写工作,在北京大学、北京师范大学、山东大学、中山大学有关专家的共同努力下,于1963年编写完成并出版。这部观点新、取材丰富、知识准确、体例恰当的4卷本中国文学史教科书,不仅很好地适应了全国高校文科教学的需要,而且对中国古典文学的研究发展,也起到积极的指导作用。此书自1963年出版以来,至今仍被全国高校文科普遍作为教材使用。

先生在学术上成就巨大渊深,关于先生一生的治学道路,我的同门学长曹道衡和沈玉成在《游国恩学术论文集》的"编后记"中,曾做了这样的概述:"先生生于清季江西临川的一个封建知识分子家庭里,在北大读书时正值'五四'运动以后,五十岁时又迎来了新中国的建立,可以说一生经历了三个时代。以总体而言,先生的学风谨严,植根乾嘉,一贯主张在充分掌握原始材料而不是辗转稗贩的基础上寻求结论;反之,'游谈无根'则是他习惯使用的最严厉的批评语言。从各个不同时期看,先生早年才华焕发,锋芒毕露,敢于大胆怀疑古人成说和前辈学者的结论,对当时传入的新方法,则勇于吸收也善于吸收。在这一时期的论著中,可以看到'古史辨'派的疑古精神、民俗学的影响。中年以后,学风归于平正通达、不事矜奇,实则劲气内敛,每一结论无不经过认真推敲。其时正值抗战,先生忧心国事,曾有意识的把《楚辞》研究讲授和国难结合,以期振奋国人,团结御侮。及至晚年,学力愈加深厚,识力愈加周密,但面对马克思主义这一无产阶级的世界观和方法论,先生以小学生自居,认真踏实的学习,并力求运用于自己的研究。"这正是先生一生在学术上既稳重求实,又不断探求前进的路程。

逝者如斯,先生谢世已近20年了。举笔之际,先生的那举止端方及蔼然可亲的音容笑貌,犹宛然如在目前,不由得想起我从先生问学时的二三事。

大学时期,听先生讲文学史课,先生对所讲内容和资料极熟,但仍写有完整的讲义,一字一句十分认真。先生身量不高,但声音洪亮，两目炯炯有神，讲课一般不离讲稿，但讲读时声情并茂，十分有感染力。记得一次讲疏《离骚》，列举旧注众说，断以己意，十分丰富精到。在讲至诗人坚贞的品德和意志时，举证"亦余心之所善兮，虽九死其犹未悔"诗句，突然提高嗓门，声震屋瓦，全课堂为之肃然。同学们都喜听先生课，认为内容充实，条理清晰，易记易懂。我曾保留了先生的几厚本笔记，可惜"史无前例"时，已丢失了。

1954年我毕业后，留在北大做先生的助教，从先生进修先秦两汉文学。先生要求我首先读原著，第一学期读《诗经》，第二学期读《史记》。依次读楚辞，读诸子，读汉诗，并为我开列了一批参读书目。攻读的方法是参考旧说旧注，一篇一篇读原作，作出读书劄记，呈先生审阅。大约有两三年的时间，我都要拿着作业，到燕东园先生家，由先生批阅。先生教导说："老一代背书，次一代翻书，到新一代只是查书了。记忆库里没东西，怎么做学问？"说着，先生顺口背起楚辞，并连王（逸）、洪（兴祖）、朱（熹）旧注一起背诵给我听，使我惊异、钦羡。先生对学生后辈热心教导，鼓励多于批评，但有错也必及时指出。记得有一次我谈到崔述的《读风偶识》，我读"识"为shí，先生马上指出应读为zhì。与《论语·述而》篇"默而识之"之"识"同，通"誌（志）"，是记住的意思。类似当面指点的地方，是很多的。就这样，我在先生的指导下，较为系统地读了3年书，可惜一场政治风暴，冲进了我的生活，中断了继续向先生学习的机缘。但我现在想，我对先秦古籍的一点基础，还是由那时打下的。

先生对年轻人要求严格，但从无疾言厉色，并十分注意放手培养，这可以举两事：

当时中文系文学史课安排的课时较多，先秦两汉文学（习称第一段），每周4课时，要讲授一年。先生讲"史"，要我讲作品，并担任辅导。55级的同学有3个班，人数特别多，在文史楼大阶梯教室上课，坐得满满的。当时还有校外人来旁听，记得徐悲鸿的夫人廖静文、何其芳的夫人牟决鸣，就都在班内。最初我实有些胆怯，觉得自己太年轻(只二十一二岁),压不住场,不敢上台。先生鼓励说:"只需好好备课,不要怕,你们年轻人,有灵感,会讲好的。备课时有问题问我,我坐在后面听,给你压场。"经过锻炼,我不仅勇于登上讲坛,而且对讲课逐渐有了信心和兴趣。

1955年时,系里筹备开学术会议,教研室报文章题目,当时许多老先生都参加了。记得吴组缃先生讲《贾宝玉的典型形象》,浦江清先生讲《屈原的生年月日》,王瑶先生讲鲁迅,等等。游先生当时任教研室主任,提议年轻人也要上场,并指定我讲关于《史记》的题目。为了具体带动我走上科研道路,先生主动提出与我合作。先生撰写《史记》的成书和思想,由我写《史记》散文的艺术成就。最后由我拿到会上去宣读。这份文稿我至今保存着,已成为先生曾苦心培养我的珍贵纪念。

1958年后,我调离北大。由于当时处境关系,很少回校见先生,但先生却还通过熟人,时时打听我的消息,关心我的情况。1977年,先生因病住进北郊结核病院,我与程毅中一同前往探望。也许是由于年老而又有病住在医院里,先生不无孤寂之感;可以看得出来,先生见到我们十分高兴,眷恋之情溢于言表。但在扶床起身与我们话别时,他却又诚挚地向我们说:"这是传染病的地方,你们身体都不强壮,下次不要来了。"这是一种慈祥父辈的感情和心态,出门后我的眼眶潮湿了。

"后皇嘉树,桔徕服兮"(《楚辞·桔颂》),先生的高风令德,文章人品,是我终身学习的榜样。

〔作者　北京大学中文系教授〕

# 旁听生·作家·教授——沈从文

## 温儒敏　李宪瑜

北大海纳百川,没有学历而有学问的人也可以在北大施展才华,担任教职。沈从文便是其中之一。他是湘西"行伍"出身,几乎没正经念过书,13岁便开始独立讨生活。在他的一篇文章中,他曾自述自己的早年生活是:"做过许多年补充兵,做过短期正兵,做过三年司书,以至当流氓。"但他经过艰难生活的历练,特别是经过北大风气的熏陶,终于成为现代中国最知名的作家之一,成为北大的教授。

沈从文一生中在大学里待的时间,大约有16年,其中在北大(包括西南联大时期)的时间便有12年,关系可谓深矣。沈从文在北大的经历直接影响了他的文学创作,而作为一个"北大人",他也为中国现代文学(包括文学教育)的发展作出了突出的贡献。

沈从文到北平的时间大约是1923年夏天左右,他到北平来的目的很明确:投考大学,以便实现自己的理想。因此,他在免租金的酉西会馆住了半年后,便听从表弟黄村生的建议,搬到当时北大的校址沙滩附近,以多接触些"五四"新文化气氛,并且可以在北大旁听些课程,以备应考。

那时虽然"五四"热潮已有所减退,但北大仍然是新思潮活跃的中心,办学方针兼收并蓄,各种学说均可得以传播,各派人士也频登讲坛。而且,北大欢迎一切有志于学的年轻人,允许旁听生自由出入北大选课,以至"旁听族"的人数比正式生还要多;而他们自己也常在意识上把自己当作"北大人",共同领受并参与造就着北大的民主科学精神。在北大的这段旁听生活是沈从文的新文化启蒙时期，他的思想进入一个新的境界，许多以前在乡下毫无所知或迷惑不解的东西，至此豁然开朗。他一边旁听，一边如饥似渴地阅读大量书籍，承受着新思潮的冲击。因是"旁听"，反而少了些正式生的约束，可以有更多的选择，也可以在他所经历的生活背景之下，更为自由地思索。和一般大学生不同，沈从文并不一昧追逐新潮，他更多地关注新的文化冲突以及传统的延续与转型等问题，对姿态稳健的文化守旧主义，他也不轻易高喊"打倒"，而总是认真思考，发掘其中的价值。比如从北大最为古怪的"保皇党人"辜鸿铭那里，沈从文就得到非常生动的教益。

有一次听说有辜鸿铭的讲演，沈从文与许多好奇的学生挤满了教室。殊料辜老先生一进门，全场哄堂大笑。只见这位老先生身穿一件湘色小袖绸袍，头戴一顶青缎子加珊瑚顶瓜皮小帽，腰系一根蓝色腰带，更妙的是背后拖了一根细小焦黄的辫子！沈从文也忍俊不禁，同时心里非常诧异：即使在湘西那样偏远落后的地方，也早已不见这样奇怪的遗老装束，更何况在这首善之城的最高学府？这样的人会有什么高论？辜鸿铭却仿佛对学生们的讪笑充耳不闻，从容不迫地正言道：你们不要笑我这小小尾巴，我留下这并不重要，剪下它极其容易；至于你们精神上那根辫子，依我看，想去掉可很不容易。辜鸿铭这段话对沈从文的影响特别大，使他明白灵魂的束缚是最难以摆脱的困顿。他自己做了教授之后，经常对学生引述这段话。晚年去美国各大学演讲，更是将其作为一个富有思辨色彩的掌故一再引用。

沈从文在北大，旁听最多的大约是日文课，因为那时他和刚结识不久的朋友丁玲、胡也频都梦想着能去日本留学；另外，他还听过国文课、历史课、哲学课等。甚至有一次，沈从文假冒正式生坐进考场，居然考及格，还得了三角五分钱奖金！这都是沈从文旁听生活中的有趣插曲。

沈从文在北大结交了许多朋友,大部分是同乡或文学青年,其中不乏后来的文学星斗,如刘梦苇、黎锦明、陈炜谟、陈翔鹤、冯至、杨晦等。他们与沈从文相处极好,彼此间有经历、性情的不同处,也有文学识见、审美趣味的趋同处。他们常在一起聚会,探讨文学,互相展示各自的文学创作,讨论文坛的热点问题等等。这个与北大相关的文学"小气候",在沈从文创作的起步阶段,显然有着决定性的促助作用。

1925年到1926年间,沈从文因生计问题去熊希龄所办的香山慈幼院做了一名图书馆员,住在一间寺庙改成的宿舍里。陈翔鹤听说后,便颇有兴味地骑上毛驴去香山探幽访友,小住了3天。两人在幽谷中、古松下谈古论今,吟诗弄曲,沈从文且操琴宴客,抱着初学的琵琶弹了一曲《梵王宫》,大有山林隐士的雅趣。只是现实的吃饭问题太过"粗俗",每天是冷馒头就咸菜。到沈从文晚年,陈翔鹤已作古,沈从文作《忆翔鹤》提及旧事还颇为神往,只是感叹与翔鹤"心情上似同实异的差别":陈翔鹤是魏晋风流,他自己却是为稻粱谋。

但不管怎么说,正是在北大那样一个文学圈子的熏染下,沈从文不懈地写稿投稿,并终于步入文坛。

与当时大多数文学青年一样,沈从文开始也受到难堪的冷遇,他的稿件大多被扔进了废纸篓。他一度心灰意冷,甚至想到军队去混碗饭吃。但有一件事坚定了他从事文学写作的决心。

1924年的冬天,天气格外冷。11月13日,下起了大雪。"窄而霉小斋"里,沈从文只穿了两件夹衣,用棉被裹着腿在写作。这时他听见门响,一个30多岁清瘦的人站在门口。

"请问,沈从文先生住在哪儿?"

"我就是。"

"唉呀,你就是沈从文……你原来这样小。我是郁达夫……"

沈从文吃惊之余,才想起自己前些天曾给大名鼎鼎的作家郁达夫写过一封信。但这信与其说是求援,不如说是倾诉,只想把他的苦水一吐为快,哪里会想到郁达夫竟会冒雪前来呢?

当时郁达夫在北大教授统计学课程,但在无数年轻人眼里,他无疑是文坛领袖之一。郁达夫本人也有过困窘的学生时代,因此非常能够体会沈从文的境遇。他和蔼地与沈从文交谈,看他身体单薄,衣衫破旧,便解下自己的淡灰色羊毛围巾为他系上;请他吃饭,并将会账找回的3块多钱留给他。两人道别之际,郁达夫还殷殷叮嘱:

"好好写下去……"

"好好写下去",这一句普普通通的话,在当时给了沈从文莫大的力量。

1925年的5月份,又发生了一件事,使沈从文得以结识另一位北大名人。

一天,一位朋友拿来一张5月4日的《晨报副刊》"五四纪念专号"来找沈从文,说有人在报纸上评论他的散文。这是一篇署名"唯刚"的文章:《大学与学生》,谈的是大学教育中存在的弊端、学生们的艰难挣扎。其中引了一段沈从文发表于3月9日《晨报副刊》的散文《遥夜五》(署名休芸芸),并说:

……芸芸君听说是个学生,这一种学生生活,经他很曲折的深刻的传写出来——《遥夜》全文俱佳——实在能够感动人。

"唯刚"哪里会想到,"芸芸君"读了这篇文章,心中会愈发悲苦呢?5月20日,沈从文写作的《致唯刚先生》发表于《晨报副刊》,说明自己并不是一个大学生,而不过是一个为生计所苦的流浪者,"只想把自己生命所走过的痕迹写到纸上"。

沈从文当时写这篇小文,或许只为一吐苦衷,他恐怕没有想到,这因此会成为他生命中很重要的一个契机。"唯刚"非等闲之辈,而是北大哲学系著名教授林宰平先生。林先生托人找到沈从文,请他到自己家里谈天,并深为他的才华及求索精神所打动。为了使沈从文有个安身之处,林先生请梁启超帮忙,把沈引荐给熊希龄,从而谋到一个香山慈幼院图书馆员的差事。后来,熊希龄还曾送沈从文到北大图书馆,向袁同礼教授学习编目学和文献学,这是后话。林宰平先生还一再向徐志摩、陈西滢等人称许并推荐沈从文。这样,沈从文又陆续结识了闻一多、丁西林、吴宓、胡适、凌叔华、叶公超、杨振声、朱光潜、林徽因等人,进入了一个以北大、清华为中心的文人圈子。他的文学才华得到展示的机会,他的作品也开始较多地在刊物上发表。当然,不能据此认为沈从文的文学地位是靠名人"提携"得来。作为一个才华横溢的作家,他迟早会脱颖而出的;但毋庸讳言,当时的许多刊物都有"同仁"性质,沈从文进入文坛多少得益于此。

他与当时北大著名教授周作人的关系也值得记上一笔。在北大做旁听生时,沈从文就与冯至一起听过周作人的课,后来在朱光潜家的诗歌聚会上,两人也见过面,但一直没有过深的交往;但在一些文学问题上,两人又颇有相通之处。比如周作人是较早推重并介绍霭理士《性心理学》的人,此说对沈从文的文学创作就产生了相当大的影响,他的作品如《月下小景》、《湘西》等都有性心理学说的痕迹;至于周作人提倡收集民间歌谣包括猥亵歌谣,更被沈从文引为同道。1936年5月,周作人、顾颉刚、罗常培、胡适等人在北大发起风谣研究会时,沈从文便是积极参加者之一。在他的作品中,更是可见大量的民间歌谣,而且不避生僻方言字以保持"原汁原味"。鲁迅在给朋友的书信中戏称沈为"孥孥阿文",据说就包含了这个原因。

1938年,沈从文辗转来到昆明,初在西南联大师范学院任教,第二年转入北大任教授。汪曾祺回忆他曾在联大开过3门课:各体文写作、创作实习和中国小说史。

沈从文的课讲得并不甚好,大约一则因为他的湘西口音太浓,声音又小;二则他不擅长一招一式地讲授。正因为他本人不是"科班"

出身,他更不墨守成规,而代之以一套别开生面的言传身教的文学教育。他不赞成命题作文,主张学生自由选题,使他们能够充分发挥各自不同的兴趣与才华;有时也会出些题目,但题目本身的余地非常大,如"我们的小庭院有什么",甚至"论一间屋子里的空气"等等,看起来有些古怪,但细想之下,这很有助于培养学生的观察、联想能力。不但学生写,沈从文自己也写。他本就有"文体作家"的美名,现在更是动手写了许多不同文体格式的作品,上课时和学生一同"解读",使学生有更深的体味。

沈从文擅写以湘西忆旧为题材的田园牧歌式小说与散文,文笔自然、优美。在联大的几年,随着时世的磨砺,对人生思索的加深,他作品中的哲理化成份逐渐浓重。如《烛虚》等作品,灌注了对宇宙、生命的冥想,有一种超离现实却又不失人生价值追求的韵致。也许联大那段生活的确深刻地改变了沈从文的浪漫气质。但在教授学生写作时,可能怕自己的悲观焦虑的情绪过多地影响到年轻人,他主张学生习作语言要素朴平实,不要为了追求"哲思"、"深刻"而丧失了青年人的本真。有一次,他的得意门生汪曾祺写了一篇小说,对其中的对话进行了细致的雕琢,自以为很富有诗意与哲理。但沈从文看后,既没有夸赞,也没有严厉的批评,只是温和地说:"你这不是对话,是两个聪明脑壳打架。"这一句话点醒了汪曾祺,使他明白什么是写作的精髓。以后他正是沿着这种平易冲淡的写作路子,形成自己独特的文学品格。

在西南联大,沈从文对青年们总是爱护备至。在沈从文看来,社会环境越艰苦,年轻人越应得到扶持,这也是他当年亲身体会到的。他位于昆明城北文林街上的陋室,常常是学生们的"俱乐部",他们尽可以来聊天、来求教、来借书、来听沈教授如数家珍地品评他搜集的耿马漆盒……真是"师生怡怡"。在这样的日子里,学生们的稿子写出来了,又由沈从文热心地推荐到各种刊物上去发表。汪曾祺在昆明时期的作品,几乎无一篇不是他寄出去的;萧望卿的《陶渊明批评》

这本书,也是他托李健吾向叶圣陶推荐,1947年在开明书店出版的……

在西南联大,沈从文与许多教授学者交往甚密,如金岳霖、杨振声、林徽因、朱自清等。并且因为跑警报、物价飞涨等因素,还曾临时组成"大家庭",彼此扶助,非常融洽。另外,沈从文与历史系的陈铨、林同济等人私交也不错。但当陈、林在《战国策》发表文章,鼓吹所谓"英雄崇拜"时,沈从文与他们意见相左,曾发表《读〈论英雄崇拜〉》予以反驳;此外,沈从文也曾在《战国策》发表过一些文学作品,但与"战国策派"的政论及文论都没有关系。后来有人攻击沈从文,说他是"战国策派"的成员,这是不合乎历史事实的。

1946年夏,西南联大三校各自复校后,沈从文又回到北平,继续在北大任教。这时他的工作较忙,除授课外,还担任4家大报文学副刊的编辑,即《益世报》、《经世报》、《平明日报》、《大公报》。这几个报刊影响均很大,也成为文学青年发表作品的阵地。例如原来西南联大的青年诗人郑敏、杜运燮、袁可嘉(后来"九叶派"的主要成员)等,就经常在这里发表诗歌。

但这段时期,沈从文自己的作品写得少了。内战在继续,社会依然动荡不安。沈从文毕竟是一介文人,一个自由主义作家,太多的困惑纠缠着他。为了摆脱这些,他把自己的精力、兴趣投注到文物研究、瓷器收集上,这是他多年以来的嗜好,也是他可以放松精神、神游八荒的一块自由领地。1947、1948年,北大开始筹备建立博物馆,并着手从公私各方收集展品和资料。沈从文对此事表现出莫大的热情。他把自己多年来搜罗到的一些有历史或艺术价值的文物都赠送给博物馆筹备处,并积极做大量事务性工作。不仅本人热心,他还动员别人也这样做。周定一就回忆沈从文说服他捐了一个康熙青花小瓷杯、一枚吴三桂在云南所铸"利用通宝"铜钱。

但沈从文企求的宁静生活终归是保不住。1948年3月,香港

《大众文艺丛刊》上,赫然有一篇郭沫若的文章《斥反动文艺》,将沈从文界定为"桃红色文艺"的作家,并强调"特别是沈从文,他一直有意识的作为反动派而活动着"。——当时郭沫若文章的分量之重,是不言而喻的。沈从文将如何承受这沉重一击?他将何去何从?许多人都暗暗注视着。

中老胡同沈家,一时也颇为热闹。北大校方当局有人送来了直飞台湾的飞机票;与此同时,北大学生、地下共产党员乐黛云,左翼进步学生李瑛、王一平等人则劝说他留下来,为新中国的文化教育事业出力。其实,沈从文自己已经作了决定,照他看来,与其逃避,不如采取积极的态度,做些对新社会、对人民有益的事情。这不也正是他年轻时候的理想吗?

但事实却不像沈从文估计得那样乐观。不久,北京大学的一部分进步学生,发起了对他的激烈批判,一幅幅大标语从教学楼上挂下来,上面醒目地写着"打倒新月派、现代评论派、第三条路线的沈从文",并全文抄录了郭沫若的《斥反动文艺》在校内张贴,一切都那样的触目惊心。

沈从文的目光从来没有这样茫然,内心从来没有这样孤独,他格外想念他记忆中的湘西,"田园将芜胡不归?"还是归去吧,归去吧……沈从文的精神崩溃了。

1949年春的一天,沈从文试图切脉自杀,被人发现后送往医院抢救,幸而不死。病愈后,他去了华北革命大学学习政治,这时他的工作编制仍在北大。学习"毕业"后,经国家文物局局长郑振铎及北大副教授兼历史博物馆代馆长韩寿萱介绍,正式调往历史博物馆。

沈从文离开了北大。

〔作者 温儒敏 北京大学中文系教授
　　　 李宪瑜 北京大学中文系研究生〕

# 怀念朱光潜先生

## 李赋宁

朱光潜先生长我 20 岁,他属于我的师长和父执辈。1935 年我入清华大学时,他已是北京大学西语系名教授。我在朱自清先生班上修读大一国文。佩弦先生曾请孟实先生来清华园做学术报告,我有幸曾聆听教诲。事先我也曾读过一点孟实先生所写的《致青年的十二封信——谈美》,但由于我当时程度太浅,孟实先生安徽口音颇重,所以对先生所讲的内容印象不深。1937 年我读清华大学外文系二年级下学期。孟实先生在北京大学创办《文学杂志》,由商务印书馆出版。这是一个趣味高雅、学术水平很高的文学创作和评论的期刊。我爱读其中林徽音女士写的《梅真和她的同志们》剧本和陆志韦先生探讨新诗格律的文章,以及沈从文、钱钟书等先生的大作。当时人们把中国文坛区分为海派和京派。朱光潜先生是京派的代表人之一,他主编的《文学杂志》可以代表京派的特征:经院味重,学术气浓,风度典雅潇洒。

抗日战争期间,我在昆明西南联大学习和教书,没有机会听朱光潜先生的课,因为先生当时在四川乐山武汉大学任教。在那些年,我仅仅读过先生所著的《文艺心理学》。这本书在联大外文系青年教师和学生当中传阅,激发了大家对文学批评和文艺理论的兴趣。1939 年至 1941 年,我在昆明西南联大读清华大学外文系研究生,研究莫里哀和 17 世纪法国文学。我深入钻研文艺复兴以来欧洲新古典主义文艺理论,探索"理想的美"(le beau idéal)。孟实先生的《文艺心理学》一书对我很有启发。

1950年我自美国耶鲁大学留学归国,任教于清华大学外语系,但仍无缘拜识孟实先生。一直到1952年院系调整,北大西语系、清华外语系、北师大外语系和辅仁大学外文系迁来西郊,与燕京大学西语系合并成为新北大的西语系,我才有幸和朱光潜先生在一起开会、学习、讨论思想改造和教学工作。当时我35岁,孟实先生已55岁,但仍精神抖擞,神采奕奕,尽管他当时处境十分困难,由于政治历史问题受到群众的监督。孟实先生从城里搬来燕园,住在校医院附近的一所年久失修的平房内。孟实先生的夫人奚女士在人民教育出版社上班,住集体宿舍,孟实先生一人住在城外,生活上困难不少。老房子夏天雨多,时常漏雨。保姆李妈因年迈还要由孟实先生亲自从粮店背米回家。当时孟实先生的工资评得很低,大约是讲师的待遇。傅鹰先生为他打抱不平,说北大西语系只有朱光潜最有学问。(直到1956年,孟实先生的工资才定为高教一级。)尽管生活上困难不少,政治上抬不起头,孟实先生努力学习马列主义,积极改造思想,兢兢业业备课,认真批改作业,业余还勤奋地学俄文,更新自己的业务。另外,他还不懈地锻炼身体,有时去颐和园爬后山。他的精神面貌令人敬佩。

朱光潜先生最早把西方美学思想和文艺理论系统地、深入地介绍到中国来。他学贯中西,是五四运动以来我国有数的几位最杰出的语文学者之一。他的学术著作深入浅出,他的散文风格明晰清澈,锋利精辟,可与朱自清先生的散文媲美。佩弦先生长于抒情,孟实先生善于说理。院系调整后,朱光潜先生承担的教学任务是英语专业翻译课。他备课、编写教案、批改作业都是极为认真负责。他把早年从事科研和写作的全部精力和干劲都投入到教学工作里,用这个实际行动来改造思想和为人民服务。回想起来,他这种精神确实感人!

1955年至1956年,我担任毕业班英语精读课的教学。教研室组织公开课,让我试讲。我选的课文是哈兹里特(Hazlitt)写的一篇批判马尔萨斯人口论的文章。文章表面上看来颇为平易,但仔细推敲起来却艰深费解。亏得我求教于孟实先生，才得领会哈兹里特文中的哲理。我心中暗服孟实先生的思辨能力。

孟实先生助人为乐，提挈后学。1956年提出"向科学进军"口号，我为英语专业本科生开出西方文学批评史课程。我用的基本教材是早年爱丁堡大学Saintsbury教授(孟实先生的老师)所编选的名著 Loci Critici 一书。为了帮助我备好课，孟实先生主动借给我他自己的藏书 Scott, The Making of Literature。这书提纲挈领地叙述了西方文学思想发展的来龙去脉，见解深刻，评论中肯，对我帮助很大。为此，我对孟实先生铭感在心。

1959年至1960年，极左路线盛行时，教研室组织批判资产阶级教学思想。当时英语专业五年级学生人数较多，分成三个平行班，每班15个学生，分别由朱光潜、俞大䌷和赵诏熊三位教授担任各班英语精读课教师，讲解共同的课文——选自萧伯纳的剧本《苹果小贩手推车》(The Applecart)。三位教授在不同的时间分别举行公开课，发动英语教研室高年级师生去旁听，然后教研室为这三位教授各自举行批判会，让大家发表意见，批判资产阶级教学思想，帮助教授们改造思想，让大家接受兴无灭资的思想教育。孟实先生明知自己是重点批判对象，但他一如既往，按照自己的原则和标准编写教案，认真细心地备课，准备课堂问答题和课后的作业，丝毫没有逢场做戏的态度，而是当作严肃的教学任务去完成。孟实先生诚恳坦率的态度和一丝不苟的精神，回忆起来，真令人感动！

1968年，"文革"期间，孟实先生和我都被关入校园内的监改所(亦称黑帮大院)，达8个月之久。当时孟实先生已过古稀之年，每日强制劳动，受红卫兵小将和负责监改人员的呵斥、凌辱和鞭笞，肉体上和精神上都受到很大的摧残。今日想来实令人痛心！那年冬天，我们从民主楼西边的监改所被迁至学生宿舍40楼，继续劳改。这时孟实先生已极虚弱。某日凌晨，碰巧我值后半夜夜班。孟实先生入厕，晕倒在宿舍过道上。我闻声赶去，他已跌倒在地。幸无大祸，我扶他回房休息。

"文革"后期,中央逐渐照顾老年知识分子。孟实先生得以休养生息,体力稍有恢复。三中全会以后,孟实先生好似获得了新生。他以惊人的毅力和劳动强度翻译黑格尔的美学著作、柏拉图的《对话录》、亚里士多德的《诗论》以及克罗齐的美学和文学批评著作等。1978年,高校恢复研究生教育,朱光潜先生以81岁高龄招收了两名美学硕士研究生,精心培养,他们于1981年毕业,获得硕士学位。同年,国务院学位办公室学科评议组选举朱光潜先生为英国语言文学学科博士研究生导师。1982年,朱光潜先生的母校香港大学特派该校黄校长亲自来到北京大学,在临湖轩举行隆重仪式,授朱光潜先生以香港大学名誉博士学位。朱先生所受到的中西两方面的传统文化教育是很全面,很扎实的。他出身于安徽桐城世家,幼年时代已熟读我国古典文学和经典著作。他壮年毕业于香港大学英文系,对英国文学和西方文学传统有了系统、广阔的知识。随后他赴英国留学,入苏格兰爱丁堡大学,深入研究西方哲学、心理学、美学和文艺理论,获硕士学位。接着他又去欧洲大陆游学,入法国斯特拉斯堡大学(University of Strasbourg)深造,获博士学位。朱先生所接受的中、西两方面系统、严格的训练有助于他成为我国老一代外国语文方面最杰出的学者之一。他的学术成就和他的求实、创新的学风将继续不断地鼓舞着后来的学人奋勇前进!

〔作者 北京大学英语系教授〕

# 中国敦煌学的开拓者——向达

阴法鲁　肖良琼

向达,字觉明,亦字觉民,笔名方回、佛陀耶舍。土家族。1900年2月19日生于湖南省溆浦县。是著名的历史学家、考古学家和目录版本学家,北京大学历史系教授。他以研究中外文化关系史著称,更是我国早期研究"敦煌学"的卓有成就的学者。于1966年11月24日逝世。

他幼年丧父,家贫。从小受到生活的磨炼。11岁时,辛亥革命成功。他考入闻名全省的新式中学——长沙明德中学。他学习用功,成绩优异,关心时事,业余爱好踢足球,有"铁脚"之称。1917年毕业,受实业救国论影响,他想报考北洋大学或南洋大学,然后到美国专攻化学。无奈家贫,支付不起报考路费和学费,辍学一年。次年,他以总分第一名成绩,考入免费的东南高等师范学校的数、理、化部化学专业。

入学后,正赶上五四运动余波,他积极投入校内外各项活动。发轫于北京大学的五四运动,以其彻底反帝反封建精神和强烈要求科学与民主的新思潮,深深地影响了向达,对他以后的为人和治学都起了很大的作用。他改变了单纯"实业救国"初衷。他感到帝国主义和国内恶势力不打倒,学了声、光、电、化等先进科技,也不能使祖国富强。为了探求救国真理,必须放眼世界,鉴古知今,他选修了不少文、史、地部的课程。一年后,他放弃了化学,转入文、史、地部,选定历史学科为专业。

1934年,向达大学毕业10年后,登上了北京大学史学系的讲台,讲授"明清之际西学东渐史"。此前,他曾在上海商务印书馆编译所和北平图书馆编纂委员会这两个著名学术机构工作。

在向达毕业那年暑假,上海商务印书馆招考临时编译员,他考取了。期满之后,他以良好的中英文表达能力和渊博的文史知识被继续录用,任英文见习编辑。当年商务印书馆规定每人每天至少编译1500字,当日不足,次日补齐,长期不足扣工资,超额则有少量奖金。向达从来勤奋,工作又能满足他对新知的渴求,他甚至晚上背诵字典,夜读常至次日凌晨,超额成为常事。结合历史专业,他博览中外史籍,重点研究从汉唐到明清的中外文化交流史,并开始涉及"敦煌学"。翻译了大量资料和学术著作,写出了多篇有创见的学术论文。编译所所长、著名学者何炳松称誉他是"精于中外史学"[①]的青年学者。

1930年,北平图书馆的新馆在北海西岸文津街落成,馆长是蔡元培,副馆长是袁同礼。经东南高师同学赵万里介绍,他到北平图书馆任编纂委员会委员和写经组组长,编辑《国立北平图书馆馆刊》。

那时的北平,名家如云。研究中外文化交流的长者有陈垣、陈寅恪和冯承钧。馆内还有一批潜心治学的青年精英,如赵万里、王庸、王重民、贺昌群、谢国桢、孙楷弟、于道泉、刘节等人。他们各有专长,互相砥砺,在整理和介绍馆藏图书文献的同时,密切关注当代学术发展潮流,既传播学术信息,又不断开拓新的研究领域。现今北京图书馆馆长任继愈还撰文称道他们开垦北图这片学术园地的盛况。

在此期间,向达写成了他的代表作《唐代长安与西域文明》一文,发表在1933年《燕京学报》专号上。文章中,他向读者展现了一幅唐代历史的风情画。在长安这个当年的国际大都会里,东西文化的交相辉映,历历可见。他在介绍这幅色彩斑斓的历史剖面时,涉及人物、宗教、戏曲、乐舞、绘画、诗歌、文娱(如打马球)、器物、饮食、服饰、商业、寺庙建筑、婚姻丧葬风俗等社会文化生活各个方面。他博采中西文献,在吸收前人成果的同时,论述了自己的新发现。征引的中外史籍,包括正史、文集、谱牒、碑文、佛典、道藏、诗词、绘画、敦煌文物和文书。他以长安城为横断面,阐明唐代在我国历史上的作用。他说:"李唐一代之历史,上汲汉、魏、六朝之余波,下启两宋文明之新运。而其取精用宏,于继袭旧文物而外,并时采撷外来之菁英。两宋学术思想之所以能别焕新彩,不能不溯源于此也。"在他看来,中国文化自古就不是封闭的,是在继承旧文化的同时,不断吸收外来文化菁英而形成的。他用大量的史料来论证这一点,提出了不少新见解,有些说法,一直为文化史和艺术史研究者所引用。英国著名科学家、中国科技史专家李约瑟博士说这是"有关唐代长安西方人之卓越论文"。我国著名艺术史专家常任侠说他写《汉唐之间西域乐舞百戏东渐史稿》受此文启发不少。可见其在国内外的学术影响。

此时,他又出版了《中外交通小史》,并写成《中西交通史》。他认为中外交通史的研究对象应当是在"时间方面既需上下几千年,在空间方面也得纵横九万里。不仅要述到中外政治上的交通,即在文化方面,小而至于名物度数之微,大而至于思想世运之转,都不能不为之一一标举,溯其流变"②。这番话,可以说是他的治学纲要。他从唐代着眼,又以"敦煌学"为重点。

他这次在北大授课只有一年,就被北平图书馆代理馆长袁同礼派往英法等国,进行学术考察。同去的还有王重民。那时北图与世界上不少图书馆订有互换馆员进行学术交流的协议。他们此行目的,恰与唐代玄奘取经相反。玄奘"重一言而之禁苑"③是为了弄清外来佛教真谛,他们却是为了光复旧物,为了考察研究流散在国外的祖国文物,特别是敦煌石室藏书。

敦煌石室藏书是上世纪末我国学术史上轰动世界的发现。腐败的清政府,虽曾下令封存藏经洞,但禁不住利诱之下的盗卖和偷窃。不数年间,即被原籍匈牙利的英人斯坦因、法人伯希和,以及日、俄等国披着学者外衣的文化侵略者洗劫一空。这些稀世瑰宝流散世界各地,有的身首异处,支解割裂。中国学者只能将残余资料编一本《敦煌劫余录》。在自己的国土上没有条件研究祖先留下的宝贵文化遗产,这是近代中国学者的悲哀。无怪陈寅恪发出了"敦煌者,吾国学术之伤心史也"的悲叹。

1935年,向达到达英国,先在牛津大学图书馆整理中文图书,次年秋,此项工作结束,他便到伦敦研究大英博物院所藏太平天国文书和斯坦因由我国甘肃敦煌莫高窟盗买去的敦煌卷子。1937年冬,他由伦敦转赴柏林,研究普鲁士科学院所藏勒柯克由我国新疆吐鲁番盗去的古文书。然后他又到巴黎研究法国国家图书馆所藏明清之际天主教会在中国活动的一些文献,以及伯希和盗买去的敦煌卷子。

向达曾翻译过斯坦因的《西域考古记》,以及《斯坦因敦煌获书记》等书和文章,现在目睹被劫原物,感慨万端。这些外国学者劫去了中国文物,在世界上掀起一股"学术新潮流",形成研究敦煌资料的"敦煌学"。字里行间还对中国学者百般嘲讽。满怀爱国热情的向达,咽不下这口气,他下定决心,发奋图强,文物一时追不回来,但在"敦煌学"这片学术领域里,一定要作出中国学者的贡献。为此,他不仅自己潜心研究,并终生致力于推进我国"敦煌学"的发展。在欧洲期间,他尽可能地将看到的材料拍照、抄录、写成目录提要。近一年的时间,他看了汉文和回鹘文卷子共500卷左右,写出《伦敦的敦煌俗文学》和《伦敦所藏敦煌卷子经眼目录》两文。王重民写了《巴黎敦煌残卷叙录》。隔了40多年,周一良在《敦煌吐鲁番文献研究论文集·序》中写道:"经过他们的系统阅读所编写的目录和提要,提出并解决了不少有关历史、考古、文学、目录学等方面的重要问题,把敦煌文献的整理、利用和研究大大地向前推进了一步。"④

当向达在英、法等国的大学、图书馆和博物馆埋头钻研的时候,国内外的形势都起了急剧的变化。国际上,正酝酿着第二次世界大战。日本帝国主义对中国的侵略步步加紧,自"九一八"事变后,魔掌又伸向了华北。北平的学生发动了"一二·九"运动,中国工农红军北上抗日抵达延安。身处异域的向达,以急切的心情尽快地搜集流落国外的珍贵史料,工作之余又积极投身海外留学生的抗日救亡运动。他与王礼锡、吕叔湘等办了一份宣传抗日的油印报纸,免费供华侨阅读。共出100多期,曾传播到荷兰、比利时、甚至开罗。据吕叔湘回忆,刻写报纸蜡版最多的人是向达和陆晶清。此时向达颇向往社会主义国家苏联。同在英伦留学的钱钟书有一首《戏赠向觉明达》的诗,说他"读书埋首李唐代,论政醉心罗宋⑤人"。

　　七七事变后,中华民族面临危急存亡之秋,他真想立即回国参加抗日。这时,他在法国巴黎遇到共产党员吴玉章,他对这位参加过辛亥革命的革命前辈很敬重,吴老研究历史有素,深知他目前的学术考察,对祖国文化事业有重要意义,力劝他珍惜这个机会,安下心来,多做一些事。这样他才留下来,一直工作到1938年秋天。

　　向达回国后,赶赴家乡与妻儿团聚,整理带回来的资料。1939年春天,他应东南高师老师竺可祯之聘,到迁至广西宜山的浙江大学史地系任教。该年秋,迁到云南昆明的北京大学聘他任北大文科研究所专任导师,兼西南联合大学历史系教授,从此,向达一直在北大从事科研、教学。

　　向达讲授过的课程有:中西交通史、印度通史、中印关系史、隋唐五代史、中国近代考古发现史、亚洲史、历史研究法、中国史料学等。他虽不善于讲课,但有内容和深度,给学生留下深刻印象。学生有时为了补上课堂上没有记下的讲授内容,他可以把授课时用的卡片借给学生抄。现北大考古系教授邹衡回忆道:"卡片上写得密密麻麻的,从中得知做学问是非常艰苦的。"现清华大学思想文化研究所教授何兆武说:"还是40年代初,我作学生在向达老师的班上上课,向先生讲起中西交通史来,历历如数家珍,他特别强调中世纪中国的思想和文化所受到印度的极大影响。当时自己曾贸然问他:如无印度的影响,中国文化将是什么样子呢?向先生答道:历史当其成为过去以后,再回过头去看,就是定命的了。多年来,每当读史书而发奇想时,总不免记起向先生这一非常之巧妙的答案,那巧妙得宛如一件完美无瑕的艺术品。"⑥

　　同仁与向达讨论学问,他总是尽自己所知相告,他既不炫耀他在史料方面的收藏和秘录,也绝不吝惜自己的珍籍。在昆明时,他把在英国晒蓝本资料借给郑天挺抄,解放后,又把他从国外抄来的文献提供郑天挺编印《太平天国史料》。1952 年此书增加国内资料,编成《太平天国》,收入《中国近代史资料丛刊》。对于向他求教的年青人,更是"苦心孤诣,循循善诱",不论他们是本系的,还是外系的。现北大东方学系教授陈玉龙和陈炎年青时就得到他很多教诲,他鼓励陈炎写《中缅关系史》,主动把从巴黎手抄来的《四夷馆考》珍本借给他。他还毫无门户之见,把大量自己收藏的书刊及在国外抄录和晒蓝所得有关西学东渐的资料,提供给马列主义史学家侯外庐领导的《中国思想通史》编写组使用。

　　他在北大文科研究所指导的第一位学生是闫文儒,后成为研究石窟艺术的专家,在北大考古系任教授。"文革"期间,师生同在"牛棚"劳改,闫文儒一如既往地对他执弟子礼甚恭。向达患病,闫文儒在生活上处处照顾他,结果是遭到监督者对他们更严厉的呵责。

　　1942 年,向达受学校委托,参加了北大与原中央研究院组织的西北史地考察团。他们由昆明启程,经由重庆、兰州,进入河西走廊,沿途访古,到达敦煌后,即居住莫高窟寺内,在极其艰苦的生活条件下,坚持工作 9 个月。"朝夕徘徊于诸窟之间,纵观魏隋李唐以及宋元之名迹",感到"平生之乐无逾于此"。⑦他还经常驰驱于荒碛大漠之间,风尘仆仆,调查文物古迹。对国家民族的责任感促使他大声疾呼:惨遭抢劫破坏和流沙侵袭的莫高窟应加以管理和修缮,大西北的历史古迹和自然资源应进行调查研究。他写成《论敦煌千佛洞的管理以及其他连带的几个问题》一文,发表在重庆的《大公报》上,署名方回。文后附有傅斯年的按语,支持他的意见,并称向达"为今日史学之权威,他研究中外交通,遍观各国所藏敦煌遗物,尤称独步"⑧。1943 年 12 月文章刊出,引起学术界和艺术界的普遍重视。经过他们的呼吁,终于促成了敦煌艺术研究所的成立,由法国归来的著名画家常书鸿任所长。

1944年春,北大文科研究所再度与有关单位组成西北考察团,由向达担任历史考古组组长。他开始了第二次沙漠远征。这次他们仔细地考察了敦煌一带的壁画艺术,还发掘了一些汉唐墓和遗址,并参加了由敦煌艺术研究所发现的六朝残经的鉴定。这次共发现70多件编为68号的残经,都是北魏时期的,甚为珍贵。

向达前后两次赴敦煌考察,都得到他在东南大学时的老师、北大文研所主任、著名的哲学家汤用彤和联大总务长、北大秘书长郑天挺的支持和关怀,他们经常通信,交流情况。1948年12月北大举办50周年校庆之际,向达主持了文科研究所的"敦煌考古工作展览会"。他展出了自己收藏的有关千佛洞的史料和拓本,还得到当时北平艺专(今中央美术学院前身)校长徐悲鸿的赞助,吴作人、董希文等名画家也将他们临摹的敦煌壁画借展。1950年,在中央人民政府政务院文化教育委员会社会文化事业管理局局长郑振铎主持下,开始筹备"敦煌文物展览",这是建国后第一次规模最大的文物展览,邀请了众多有关专家,向达参加了这项工作。1951年4月正式展出。敦煌学终于得到政府的重视,向达感到十分欣慰。这次展览在国内外都引起很大反响。1960年初,向达已身处逆境,他还邀集了季羡林、王重民、贺昌群、阴法鲁、闫文儒等专家学者在北大举办"敦煌学六十年"的专题讲座。1964年他到广州访问陈寅恪时,应邀为中山大学历史系作了"敦煌学六十年"的报告。据今中山大学研究敦煌学卓有成就的姜伯勤回忆,向达的口才虽不好,但他"以一种赤子般的爱国热情"深深地打动了听众。

1956年,向达利用业余时间参加了由王重民、王庆菽发起的《敦煌变文集》的编纂。参加者有周一良、启功、曾毅公等。该书于1957年由人民文学出版社出版,是此前"变文辑本最丰富的一本"。

向达对"敦煌学"的贡献,不仅是积极组织和参加各项学术活动,及时将所见国内外资料进行整理、介绍和综述,使"敦煌学"受到重视,得到发展,而且他个人的研究,也在逐步深入,有不少创见。例如少年时代发表的《论唐代佛曲》,判明前人所谓佛曲,实为一种俗文学。1934年发表《唐代俗讲考》,详细地论述了在历史上湮没的唐代寺院中举行"俗讲"的情形,指出俗讲文学的底本"变文"等和宋代以后的话本、弹词、宝卷等文学体裁的关系,阐明了文学史上的这一重要问题。20年代他在中国学者中首先提出龟兹苏祇婆琵琶七调渊源于印度北宗音乐的假设。后来又经修正补充弄清那是受印度音乐影响的龟兹乐律,说明了我国音乐与印度音乐的渊源和兄弟民族在音乐史上的贡献。他研究"敦煌学"注重各类文献记载和实地考古调查相印证。他说:"1942年至1944年,得机会去巡礼敦煌千佛洞,考察汉代的玉门关和阳关遗址;1951年又去新疆,巡礼了古代高昌(今吐鲁番)、焉耆(今焉耆)、龟兹(今库车、拜城)诸地的石窟寺;于是对于'敦煌学'才称是有了进一步的认识。"⑨从而得出吐鲁番和敦煌是联成一线的看法,指出这正是历史上中西文化通过西域的汇合处,留下大量兄弟民族在中外文化交流上作出重大贡献的史迹。他在《西征小记》、《记敦煌石室出晋天寿十年写本寿昌县地境》、《敦煌学导论》、《罗叔言〈补张议潮传〉补正》等文章中,进一步论述了他的看法。

　　向达在昆明时,就支持过"一二·一"运动,撰文怒斥特务。1946年,北平发生了抗议美军暴行运动,特务分子公开在北大民主广场撕毁学生有关罢课斗争的布告和标语,向达立即上前制止,他严正指出:"你们就是反对罢课,也不能撕毁别人的……,因为在北大,任何人有发表意见的自由。北大四十八年光荣历史被你们丢尽了。"暴徒们大吼:"你是什么人?有什么资格讲话?"他一字一顿地回答:"国立北平大学教授,姓向名达。"特务们骂他,挥拳要打他,广场上的学生立即来保护他,把他劝走。从此他更积极地为保障民主和人权而奔走。他在陈寅恪、汤用彤、徐炳昶、朱自清、俞平伯、张奚若、金岳霖、吴之椿、钱端升、陈达、许德珩、杨人楩和他等13位教授发起的《保障人权宣言》上签名,接着他又与俞平伯、沈从文、容肇祖等发表了《北大教授宣言》。他与进步学生往来,掩护中共党员,教育自己的孩子不去参加反苏游行。他渊博的学识和正义的言行,在学生中享有很高威信。为此,他在国民党反动特务拟定的黑名单里,名列第三。

早在东南大学求学时,向达就打好了目录版本学的基础,他深受国学大师、当代著名目录版本学家、他的老师柳诒徵的器重,毕业后,又多年在国内外重要图书馆和出版部门工作,积累了丰富的经验。北大很重视他的特长,从1948年起,就任命他兼管图书馆事。解放后,他是北大校务委员会委员,兼北大图书馆馆长。他对北大藏书了如指掌,在管理和充实北大图书馆方面作出重大贡献。在他言传身教下,北大图书馆的工作人员,获益良多。"文革"后,曾任北大图书馆副馆长、自学成才的郭松年专门撰文纪念他。他在郑振铎领导的文管局的图书处,与徐特立、王重民、于光远等人共同制定出新中国第一份比较科学的图书分类法。

北大1946年复员后,鉴于学术发展需要,他与校中有共同认识的教授,大力促成在北大设立图书馆学专修科(附设在中文系)、博物馆学专修科(附设在史学系)。现在这两个专修科发展为信息管理学系和考古学系。

新中国的成立,给向达带来许多美好的希望。他积极参加各项文化建设,被任命为中国科学院(现中国社会科学院)历史研究所第二所副所长、哲学社会科学学部委员,《历史研究》和《考古学报》、《史学译丛》编委。他先后当选为北京市人民代表大会代表、全国政协委员。还在文管局领导下,在由中国科学院考古研究所和北京大学联合举办的"全国考古工作人员训练班"任教。这个班从1952年到1954年,连续办了3年,每届3个月,共培训370余人,经过培训和实际工作锻炼,他们成长为我国文物考古方面的骨干和专家。

深受北大"科学与民主"精神影响,又"为人憨直、是非分明、毫不宽假"[⑩]的向达,对于新中国成立后的某些事,自有不太适应的地方。

1950年,他公开表示:"我们现在要监督执政党,使它做得好,不让他变坏。"早在1949年一份政治思想情况之类的材料,已在政治上对他作了如下评语:"富于正义感;自高自大,有学术独立超然的思想;有士大夫的坚贞,无士大夫的冷静;解放后对党极其拥护,但对民主人士非常不满,骂他们××,对50年代前期的一系列政治运动表示不理解。"⑪他在1957年大鸣大放时,还提出史学界要百花齐放,不能只开"五朵金花"(指古史分期、近代史分期、资本主义萌芽、农民战争及民族问题这5方面的讨论),在学术观点上,也应百家争鸣。他认为马克思主义的原理和个别结论,不能代替具体的历史研究方法。他说,比如考古发掘,怎能说明这一锄是资产阶级唯心主义的,那一锄是马列主义的?后来又被诬为有攫取湖南省土家族自治州州长的野心,于是,新旧账一起算,1958年被正式戴上"右派分子"的帽子,被错划为史学界第二号大右派。

划了右派之后,向达从他自认为是党的诤友的地位,被打入了另册。从此他不再批评时政,却仍以认真负责的态度,接受交给他的任务,并提出建议。如他曾接受整理柬埔寨古代史料的任务,以及有关中印、中朝边境问题的咨询。他深感"近百年来,某些有关边界问题的材料、地图,有关国家政府的档案、调查报告等,公私收藏都很缺乏。因此,事到临头,不免有手忙脚乱之感"。出自爱国的责任感,他向有关部门建议,希望今后"未雨绸缪,则亡羊补牢,犹未为晚"。他在政治上备受压抑的情况下,订了更为庞大的个人科研计划,并逐步付诸实践。

国内兄弟民族历史,很早就是向达研究的课题。30年代他写过《论龟兹白姓》,40年代写了《昭武考〈大月氏拾遗〉》等有关西北兄弟民族历史的文章。建国初,发表了《南诏史略论》、《唐代记载南诏诸书考略》等关于西南兄弟民族的论文。1961年出版了《蛮书校注》,系统地校勘和注释了这本难读的书。1960年他与研究中外关系史的学者发起编《中外交通史籍丛刊》,开列专书42种。他提出整理的要求是选定版本、标点、注释、写序言,有必要时加索引、地图或附录有关参考资料。他按此要求整理的《郑和航海图》和明巩珍的《西洋番国志》、《两种海道针经》于 1961 年出版。他写的序言,实际是专题研究,他指出郑和航海图是 15 世纪以前,我国记载亚非地图图籍中最丰富的一本,并从航海用罗盘定方位与西方印度洋上靠观星定方位的不同,驳斥了西方学者认为此图是以阿拉伯人地图为蓝本的臆说。《两种海道针经》是他从英国抄回来的,序言更是一篇我国航海小史,他热情地歌颂了我国古代航海家——火长们,称他们是无名英雄。向达曾说:"中国古代和南洋国家的关系,以及十六世纪至鸦片战争期间和欧洲诸国在文化方面的关系,也是我过去研究的范围。"⑫1966 年春天,他为北大历史系拟定了一份《自明初至解放前(Cir 1405—1948)中国与非洲交通史料选辑说明》,短短 800 字,言简意赅,内容丰瞻,为近 5 个世纪的中非交通史的研究设计了瑰丽的蓝图。

他早就准备整理唐玄奘《大唐西域记》,1962 年他向中华书局提出了一个整理此书的计划,设想分别出版影印本、简注本、译注本 3 种本子。1962 年还发表了《记现存几个古本〈大唐西域记〉》的文章。1963 年,他开始在中国佛教会东院整理这本书。远在广东中山大学的陈寅恪 1963 年向去看望他的杨东莼表达了想写唐代玄奘去印度取经的历史,很想与向达共同研究,并为没有这样的机会而感到遗憾。大约向达也有所耳闻,但无法前往。1964 年暑假,为了向陈寅恪请教一些涉及梵文的问题,他自费去了广州。临别时,陈寅恪赠他 3 首诗,表示了欣慰和期许。其中一首写道:"握手重逢庾岭南,失明膑足我何堪? 傥能八十身犹健,公案他年好共参!"十年浩劫,夺去了他们的生命,遗愿只能由陈寅恪的弟子季羡林教授以不同方式完成了。向达的《大唐西域记,古本三种》于 1981 年出版。1985 年又出版了季羡林主持编纂的《大唐西域记校注》。

向达治学范围很广,环绕中外文化交流这个主题,艺术史、科技史也是他所关注的。早年他与著名画家丰子恺曾合著《东方艺术与西方艺术》一书。在《中西交通史》等书和文章中，他列举了有关建筑、雕塑、绘画、文学、美学等诸方面中西文化的相互影响，并探讨两种文化如何才能取长补短，创造结合中西文化菁华的新文化问题。他与徐悲鸿、吴作人、董希文等名画家都有交往，与数学史专家李俨和严敦杰是好友，与科技史专家王振铎时相过从。他对中国四大发明：造纸术、印刷术、指南针、火药等的发明和传播，以及对人类历史的贡献，都有深入研究。与文学家郑振铎、钱钟书、沈从文、浦江清等也不是泛泛之交。

　　正当向达再度鼓起生命的风帆，驶向学术的海洋时，无产阶级"文化大革命"开始了，邹衡记下了向达惨遭批斗的情景："我永远不能忘记那个可怕的太阳似火的上午，时在1966年6月，几个'造反派'架住被迫剃光了头的向达先生在三院二楼外晒得滚烫的房檐瓦上'坐飞机'，一坐（跪）就是几个小时，向先生像过去给我们上课时一样，老是不敢（实际上已不能）抬头，革命群众却手执纸扇，戴着草帽，站在房檐下的草坪上边扇边呼口号，大略已是挥汗如雨，感到热不可当了。可向先生已是六十六高龄。我看到有的教师吓得直哆嗦，我也感到他凶多吉少，躲在一边落泪。果然，从此以后，我再也没有见到一代巨匠向达先生。"[13] 要知道，此时已遭到种种折磨的向达，还暗中嘱咐友人"不必耿耿"，将如"凤凰涅槃，获得新生"。无奈事与愿违，他身患重病，得不到及时治疗，还要接受劳改和批斗，自诩身体健康如"铁汉"的向达，终于在1966年11月20日含冤去世了。"文革"后向达得到平反，劫余藏书和手稿都由家属献给北大图书馆收藏，其中有不少珍本、善本，这是向达对北大、也是对国家最后的贡献。

## 注　释

① 何炳松、郭斌译《〈西洋史学史〉序》，商务印书馆1929年版。

② 向达《〈中外交通小史〉序》，上海中华书局 1934 年版。
③ 〔唐〕慧立、彦悰著，孙毓棠、谢方点校《大慈恩寺三藏法师传》，中华书局 1983 年版。
④ 中华书局 1982 年版。
⑤ 罗宋是 Russia 的音译，罗宋人最早指俄罗斯人，此处指苏联。
⑥ 何兆武《本土和域外》，《读书》1989 年第 11 期。
⑦ 向达《莫高窟·榆林二窟杂考》，《唐代长安与西域文明》，三联书店 1957 年版，第 393 页。
⑧ 重庆《大公报》1943 年 12 月 27 日。
⑨ 向达《〈唐代长安与西域文明〉序》，三联书店 1957 年版，第 2 页。
⑩ 郑天挺《〈向达先生纪念论文集〉序》，该论文集由闫文儒、陈玉龙编，新疆人民出版社 1986 年出版。
⑪ 《向达生平档案》。
⑫ 《唐代长安与西域文明》第 3 页。
⑬ 邹衡《永远怀念向达先生和夏鼐先生》（代后记），北京大学考古系编《考古学研究》（一），文物出版社 1992 年版。

〔作者　阴法鲁　北京大学中文系教授
　　　　肖良琼　中国社会科学院历史研究所研究员〕

# 北大阿拉伯语言文学学科的创始人——马坚

仲跻昆

## 一、一马当先 马到成功

北京大学东方学系(原东语系)阿拉伯语言文学专业自开创以来,至今已有约 1000 名男女毕业生。其中不少人脱颖而出,在教育、科研、外事、文化、经贸等战线上肩负着守关把口的重任。自 50 年代起,从北大"嫁"出去,另起炉灶、另立门户设立阿拉伯语言、文学专业的还有北京外国语大学、上海外国语大学等。加上北大自身,全国设阿语专业的共有 7 所高等院校。据统计,这些院校的阿语专业至今共培养了总数不下于 3000 名毕业生,在国内外从事各种相关的工作。

无论是北京大学还是其它院校的阿拉伯语专业的毕业生或在校的师生,都永远不会忘记马坚这个名字,不会忘记马坚教授的功德。

马先生是北京大学东方语言文学系的创始人之一,更是该系阿拉伯语言文学专业的开山鼻祖,是新中国阿拉伯语界的"祖师爷"。

那是在抗战胜利后的 1946 年,由西南昆明迁回北京的北京大学筹建东方语言文学系,经向达教授和白寿彝教授的推荐,由文学院院长汤用彤教授代表北大邀请马坚先生来校任教。1946 年夏末,经学校安排,马坚先生偕夫人马存真女士从云南经香港、上海到北京,在北京大学东语系开设了阿拉伯语专业,使阿拉伯语在中国教育史上首次正式进入高等教育体制,从而开辟了中国阿拉伯语教学的新时代。可谓一马当先,马到成功。

著名学者、北京大学东语系首任系主任季羡林先生在回忆这件事时曾说:"马坚先生于1946年夏季来到北大。我于这一年的深秋来到北大。不久金克木先生也来到了,加上原来在北大的王森先生,我们4个人,在校长胡适先生和文学院院长汤用彤先生的领导下,共同创办了北京大学东方语言文学系。……经过历届许多先生的共同努力,为祖国培养了大批的外交人才,还有其他方面的人才。马坚先生功不可没。"

马坚先生,字子实,1906年6月6日出生于云南省个旧市沙甸的一个普通回族农民家庭中。1931年以品学兼优的成绩毕业于上海伊斯兰师范学校后,由中国回教学会选派,随中国首批留埃学生团赴开罗。1935年取得了爱资哈尔大学预科毕业文凭,1939年又以优异的成绩于阿拉伯语文学院(达鲁·欧鲁姆)毕业,同年归国。

在我国,虽然自30年代以来曾出现过一些伊斯兰学校,但从总体上讲,数百年来中国的阿语教学的主体一直在清真寺。那种教学由于内容陈旧、方法落后,难以满足培养高层次阿语人才的需求。为了改变这种状况,马坚先生青年时代便立下宏愿:在中国发展阿拉伯语教育,推广阿拉伯语。

正是在这种情况下,1946年北大初建东语系时,邀请当时因已有颇多著译而享誉国内外的年轻学者马坚先生领衔创办阿拉伯语专业,这是众望所归、非他莫属的事;对于马坚先生本人来说,则是实现他多年夙愿、大展宏图的天赐良机。

万事开头难。1946年秋季开学后,从成达师范阿语专修班转来10多名学员,成为北大东语系阿语专业的第一批学员。当时全专业只有马坚先生一个教师。他拳打脚踢,一个人开了几门课。当时没有阿文打字机,身为教授的马坚先生除备课上课外,还亲自刻印阿文讲义。他每周有好几次要从东四十条北大宿舍步行到沙滩红楼去上课。业余还要逐字逐句反复推敲修润《古兰经》译稿,并加以注释。

此后,特别是自1949年暑假原设在南京的东方语专合并到北大东语系后,马坚先生单枪匹马打天下的局面虽已改变,阿语专业逐渐有了一个兵强马壮的教学班子,但马先生肩负的重任并没有减轻。他除了担任教研室主任外,还担任系务委员会委员、校务委员会委员;此外,1949年,他曾以穆斯林杰出人物资格,担任全国政协委员;从1954年到逝世,他连续当选为第一届至第五届全国人大代表;他还是伊斯兰协会发起人之一,后任该会常务委员;并曾任亚非学会理事等职。千头万绪,马坚先生认为教学工作是根本。他把主要精力放在了阿拉伯语专业的建设方面,包括课程设置、教学大纲的制定和教材选编等。他先后为学生选编了阿拉伯语初级读本、阿拉伯语高级读本、阿拉伯语文学选读本等教材。更为重要的是他编写了一套语法教材,不仅系统地归纳了阿拉伯语语法的规律和特点,而且科学地确立了阿语语法术语的一整套中文译名,这是马坚对中国阿拉伯语教育事业的一大贡献。他主编的《阿拉伯语汉语词典》更是至今学习阿拉伯语或从事阿拉伯语工作的人必不可少的工具书。

## 二、一口深井　一座高山

马坚先生生前曾不止一次地在教研室讲过:"一个教员就像一口井。要努力挖掘得深些!井越深,水就会积得越多,打水的人才会感到方便。要想让人家提上一桶水,你井中至少必须有十桶水。如果你井中只有一桶水,打水的人恐怕只能喝上点儿泥浆了……"

马坚先生本人的学问就像一口深深的井。很多人都反映,听马先生讲课无异于一种享受。他讲课从不照本宣科,罗列一二三四五……让人感到枯燥乏味,而往往是天南地北、古今中外,穿插很多典故、笑话、轶事、幽默、风趣,如行云流水,娓娓动听,让你在不知不觉中学到了很多知识,而在笑声中学到的东西常常是印象最深刻,最令人难忘的。具有这种教学本领的人必须见多识广,博古通今,学问博大精深,讲起来才能左右逢源,游刃有余。马先生正是这样。

挖掘一眼深深的井,蓄下一井甘美的水,使人饮之如琼浆玉液,沁人心脾,使草木葱茏、桃李满园,也绝非易事。马坚先生刻苦勤奋的学习精神早在其求学时代就在同代人中传为美谈。30年代在开罗留学时,每天清晨5点整,闹钟一响,他马上一脚先把被子蹬开,断然地迫使自己同温暖的被窝告别,起来早读。每逢暑假,同学们像囚徒遇到大赦,趁机玩它几个月,他却像个苦行僧,成天钻图书馆,一坐就是一天,以至于有些好心的埃及同学看到他,不禁同情地问:"你是哪门功课不及格?"因为在他们看来,暑假蹲图书馆的都是被迫准备应付补考的同学。马先生听到这类问话只能付之一笑,因为他每学期的功课都考得很好,而暑期则是他学习时间的继续:他每年都利用这段时间在图书馆里译一本书——或把阿文译成中文;或把中文译成阿文。

马先生还教导青年教师说:"做学问,就像烧肉一样:必须先用大火烧开了,才能再用文火慢慢地煨。"其实,先生即使在功成业就,成了知名的专家、教授之后,也仍旧是兢兢业业、一丝不苟地做学问。他身体虽然不太好,但却抓紧一切时间学习、工作。他在读书看报时也往往不是单打一,而是设法综合利用时间,不仅领会思想内容,也从语言角度去学习、思考。他身患糖尿病,为了节省上医院的时间,他学会了自己注射胰岛素。甚至上厕所的时间他也不肯轻易放过,他有便秘的毛病,于是就在家中卫生间里放一本书,每次读几页,好多书就是这样读完的。

"日异其能,岁增其智",深井就是这样挖出来的。

如果说先生的学问像一眼深深的井,那么先生的人品则像一座高高的山。高山景行,令人仰慕。

当年的群众运动一个接一个,真可谓此起彼伏,如火如荼。在这些群众运动中,当很多被运动的群众往往身不由己、言不由衷的时候,马先生却从不随波逐流,不追时髦,不赶浪头。他冰清玉洁,刚正不阿,心口如一,光明磊落,从不唯唯诺诺、趋炎附势,也从不看风使舵、曲意逢迎。

例如1958年夏天,燕园内外到处是热风扑面,热气蒸人。广大师生在热火朝天中也都不由得热血沸腾,热热闹闹地要大放"卫星"。阿拉伯语专业要放的最大一颗卫星是编一部《阿拉伯语汉语词典》。在那些年代里,表现敢想、敢说、敢干的革命精神和冲天干劲的最重要场合是在大大小小的会议上。可是就在人们争先恐后发言表态的这些会上,作为教研室主任,马先生常常不是一声不吭,就是唱几句低调,甚至是反调,说什么"光是'敢'字当头,那容易,谁都会敢,但要干起来,而且要干出成果来,恐怕就不那么容易了……"他的这些话惹得不少师生对他直翻白眼。可是会后,他总是比谁都抓紧时间。他坐在那一堆字典、参考书前,尽管不断地摇着他那把用线缀过的芭蕉扇,汗水还是常常湿透了他那件圆领衫。他往往一坐就是几个钟头,大有"千磨万击还坚劲,任尔东南西北风"之势。他往往会为查清一个词的确切意思翻上十几本字典、参考书。几次住院治疗糖尿病,他都把稿子和字典、有关书籍带进医院。医生、护士说:"您不是来治病的,而是来工作的。"

马坚先生还常常对青年教师们讲:"我们这些人年纪越来越大了,真希望你们能成长得更快一些。我们当初的知识是一点一滴用小戥子称进来的,现在真恨不得成斗成升地全倒给你们。"他甘冒被扣上"鼓励青年教师、学生走成名成家的白专道路"之类帽子的风险,常常不无抱怨地说起会议、运动、活动、劳动……占的时间太多了,希望大家抓紧时间多进图书馆,多读点书,搞些翻译练习,把井挖得深些,更深些。

中国有句成语,叫"学而不厌,诲人不倦",用在马坚先生身上是再恰切不过了。

## 三、一座立交桥

马坚先生不仅是桃李满天下的一代师表,而且还以他的著译、他的学术活动和政治活动在中阿人民之间,在党和回民群众之间,在穆斯林与非穆斯林民族之间,架起了一座桥梁,一座立交桥。

马坚先生青年时代曾立下宏愿,要做两件大事:除了发展阿拉伯语教育、推广阿拉伯语外,便是翻译《古兰经》。他是为译好《古兰经》而去留学的。从学成归国开始翻译,到先生逝世后的1981年《古兰经》全译本的正式出版,不能不说,这一译本实际上凝聚了先生毕生的心血。

早在1949年出版的《古兰经》汉译本(上册)"译者序"中,先生就指出:"一般回民不能深切地了解《古兰经》也就不能本着《古兰经》的教训精诚团结,互助合作,发扬文化,为人民服务。"从这些话中,我们不难看出先生毕生译经的宗旨。近一个世纪内,《古兰经》的汉译本虽出现了10多种,但正如回族著名学者白寿彝教授在为马坚先生所译的《古兰经》作序时所说:"在'忠实、明白、流利'三者并举的要求下,我相信,这个译本是超过以前所有译本的","这个本子的出版,将是中国伊斯兰教史上、中国伊斯兰研究工作上、中国翻译工作上的一件大事。"这一译本已经沙特阿拉伯王国朝觐义产部督导,与阿拉伯原文合璧出版,发行到世界各地。这就更证实了它的价值,它必将会在国内外产生更为广泛的影响。

除《古兰经》外,马坚先生的译著还有《回教哲学》、《回教真相》、《伊斯兰哲学史》、《伊斯兰教育史》、《认主学大纲》、《教典诠释》、《回教与基督教》、《阿拉伯简史》、《阿拉伯通史》等,著作则有《穆罕默德的宝剑》、《回历纲要》等。这些著译对我国人民了解阿拉伯—伊斯兰文化、历史、哲学、宗教、教育等诸方面无疑起了很大作用,它们至今仍是我国在这些领域学术研究中的重要参考书。

早在 30 年代,马坚先生在开罗留学时就使自己的翻译、研究成为一种双向的学术活动。他把中国先哲孔子的《论语》以及《中国神话故事》、《中国谚语与格言》等译成阿文在开罗出版,并通过演讲和书刊向埃及和阿拉伯人民介绍了"中国伊斯兰教与中国穆斯林概观"。笔者还记得 1980 年在开罗进修期间拜访埃及大作家纳吉布·迈哈福兹(1988 年诺贝尔文学奖得主)时,他说:"给我印象最深的两本中国书是,一本是讲一个人力车夫的故事;另一本则是孔子的书,那是当时一个中国留学生翻译的,他是我们的同学,很用功,后来成了东方学者,还来开罗访问过。"他指的两本书,一本是由英文转译的老舍先生的《骆驼祥子》;另一本就是马坚先生译的《论语》。马坚先生及其译著当时在国外的影响由此可见一斑了。

解放后,马坚先生更热心于向阿拉伯人民介绍有关新中国的一切。如早在 50 年代,他就曾将毛泽东的《论人民民主专政》和《中华人民共和国宪法》译成阿文,介绍给阿拉伯人民。

马坚先生在中阿人民之间所起的桥梁作用,不仅表现在他的学术著译中,也表现在他参与的政治活动中。

解放后,在建国初期,中、阿国家领导人之间的会见、会谈和一些会议都是由马坚先生亲自担任翻译。如 1956 年 11 月 1 日,首都人民在天安门广场召开 10 万人大会声援埃及人民反对帝国主义侵略时,中国政府的声明就是由马坚先生翻译并直接向阿拉伯国家人民广播的。1958 年,为了声援黎巴嫩、约旦两国人民的反帝斗争,又在天安门广场召开了 10 万人大会,中国政府的声明也是由马坚先生翻译并直接向阿拉伯国家广播的。马坚先生生前还曾作为中国代表团成员,到开罗出席过第一届亚非人民团结大会;作为中国文化代表团成员访问过伊拉克……他的翻译、他的活动,传达了中国人民的声音,表达了中国人民对阿拉伯人民的深情厚意,加深了阿拉伯各国政府和人民对新中国的了解,为中阿人民之间的友谊架桥铺路。

1960 年,毛主席在一次接见外宾向客人介绍中国共产党的统一战线政策时,曾举当时担任阿语翻译的马坚先生为例说:"马坚先生是信仰伊斯兰教的,不是共产党员;我是信仰马列主义的,是共产党员。但这不妨碍我们一起工作和合作呀!如果没有他,你们讲阿拉伯语我听不懂,我讲的汉语你们也听不懂。现在我们彼此都沟通了。这就是说我与马先生合作的很好嘛!"接见后,一位在场的英语翻译曾对马先生说:"马先生,你成了党的统一战线和长期合作与共事的典型了!"

马坚先生对党,对新中国、新社会怀有深厚的感情。他曾说:"中国人民革命成功了,全国被压迫的各阶级人民都翻了身。我们回民不但自己翻了身,连我们的祖先也翻了身。"正是基于这种感情,作为中国广大穆斯林的杰出代表,他又成了连接党和广大穆斯林群众、我国穆斯林与非穆斯林的一座坚实的桥梁,为贯彻党的统一战线政策,加强民族团结作出了巨大的贡献。如1951年初,因北京《光明日报》发表的题为《语无伦次的山姆大叔》一文某些措辞、提法不当,严重伤害了穆斯林的感情,从而引起北京穆斯林的愤慨,触发了一些不愉快的事件。马坚先生在妥善、圆满地平息、解决这一事件中,通过发言、写文章,发挥了积极作用。毛主席读了马坚先生当时发表的《穆罕默德的宝剑》等文后,给予很高的评价。当时任东语系系主任的季羡林先生在回忆这件事时曾说:"解放后不久,我当时还住在北京东城的翠花胡同。有一天,我的清华老同学胡乔木同志去看我。他告诉我说:'请你转告马坚先生,毛泽东先生认为他那两篇文章《回教徒为什么不吃猪肉?》和《穆罕默德的宝剑》写得很好,增强了汉回两族人民的团结。请你向他表示谢意!'由此可见马坚先生在解放初期对中华民族大团结所起的重要作用。"

马坚先生先后曾任全国政协委员、人大代表;回民又常把他当作权威穆夫提(伊斯兰教法说明官),遇有疑难问题总写信向他求教。马坚先生无论是在参与国是的发言中,还是在回答回民所提的疑难问题的阐释中,总是尽量做到使党的方针、政策与穆斯林的传统信仰、风俗习惯一致,认为社会主义原则与伊斯兰精神是并行不悖的。他的这些言论、文章对加强民族团结、推动社会主义建设,无疑是起了很好的作用。

## 四、老马识途　老骥伏枥

不要说在"大革文化命"中帽子横飞、乱棍齐下的那些日子,即使在那之前,很多人依据习以为常的模式,也往往认为马坚先生是个不问政治、走白专道路的资产阶级学者。其实,这种看法极不公平。马坚先生一生的道路没有走错过,在大是大非面前,他的态度也从没有含糊过。

且不说他在留埃期间多次表现的爱国主义精神,就是归国后,他在重要的关头也没有走错过一步。刚回国时,一位颇有权势的大人物曾邀请他到重庆做官,他婉言谢绝了。他刚在北大任教时,在国民党反动政府统治下,物价飞涨,特务横行,民怨沸腾,马坚和北大一些进步教授一起,多次签名在报上发表宣言,支持学生的反饥饿、反内战、反迫害的爱国运动,表现了一个正直学者的爱国主义立场。在北京解放前夕,他毅然拒绝跟随国民党反动派南下。提起此事,他曾说过:"他们把飞机票都买好了,我就是不走。我不跟他们走。"解放后,在抗美援朝运动中,他动员群众捐献"回民号"飞机,支援中国人民志愿军。此后,由于"左"的影响,马坚先生有些意见和观点有时不为人们理解,甚至受到一些人的非议。但他一如既往,看到什么问题,仍然及时地提出自己的意见。

马坚先生性喜幽默、诙谐。他因患白内障,视力很弱,常认不出对面走来的熟人,有时会自嘲地说:"我这真是'目中无人'了。"别人问及他为什么那么大年纪头发却是黑黑的,他会诙谐地说:"我这是蒙受了'不白之冤'!"

说马坚先生"目中无人",自然是天大的冤枉,他时时刻刻总是把人民,把国家放在眼里,想在心里。至于"蒙受不白之冤"却不幸被他言中。但即使在蒙受不白之冤的"文革"期间,他也始终没有动摇过爱祖国、爱人民和相信党、拥护社会主义的立场。马坚夫人在回忆马坚先生在十年浩劫期间的境况时说:"他深受'四人帮'打击迫害,身心健康受到严重摧残,但他从未低头认错,更未因此消沉,浪费时光。他总挤出时间搞自己的翻译工作。1970年以后,他的健康每况愈下,步履蹒跚;左眼早已失明,右眼也只有0.2的视力,看书写字除戴眼镜外,还要用十倍放大镜。但他仍想为祖国多做贡献。"就在这种情况下,他还完成了长达55万字的《阿拉伯半岛》一书的初稿翻译工作。

严冬过去,春天来了。打倒"四人帮"后,马坚先生决心争分夺秒,在晚年仍拼搏不息,表现出"老骥伏枥,志在千里,烈士暮年,壮心不已"的精神。

1978年,马坚先生对他的《古兰经》全部译稿做了最后一次修润。严重的糖尿病在折磨他,几分钟就要去一次厕所,行动十分吃力。但是,对民族文化事业的责任感激励着他的斗志。他说:"先知穆罕默德说过:'人世间各种各样的病症都有医药,只有衰老是无药可治的。'我要和我的衰老作斗争,把被'四人帮'耽误的时间夺回来。"他趴在桌子上吃力地修改着,一字一句地校对着,实在坐不住了就躺在床上,静听他年轻的助手念一句原文,再对照一句译文,发觉译文稍有不妥之处,就立刻叫助手纠正过来。实在支撑不住了,他就吃点药,休息一下。

就在这一年,马坚先生还抱病出席了第五届全国人民代表大会。他在大会上发言,表示"要把自己的晚年全部贡献给祖国的文化教育事业。在党中央的领导下,努力发挥自己的作用。生命不息,战斗不止。"会后,他又在同年3月15日的《北京日报》上发表题为《把晚年献给祖国的文化教育事业》的文章,再次表示:"我虽然已是70多岁的人了,左眼失明多年,右眼视力很微弱,行动吃力,但我要把自己的晚年全部献给祖国的文化教育事业。"

不料,就在这一年——1978年8月16日凌晨,马坚先生因病情恶化,抢救无效,与世长辞了,享年72岁。

〔作者 北京大学东方学系教授〕

# 国子因缘　名山事业
## ——王力与北大

唐作藩

### 一、名片和校徽

1980年12月初，王力先生应邀到广州、香港去讲学，临行前一天我到燕南园60号去看他，也是送行。在楼上书房里，见书桌上放着他的一张名片。名片上只印上"北京大学教授　王力"，我有点惊异，因为当时王先生已经是很著名的语言学家、教育家，也是位社会活动家，担任的职务很多，例如全国政协常委、中国文字改革委员会副主任、国务院学位委员会评议组中文组首届召集人、中国语言学会名誉会长、中国音韵学研究会名誉会长、中国语言与逻辑函授大学名誉校长、《汉语大字典》和《汉语大词典》的学术顾问、北京大学《语言学论丛》编委会主任委员，等等。他还是中国科学院哲学社会科学部（即今中国社会科学院）首届学部委员，一级教授。我问王力先生："您的名片怎么这么简单？"他说："这不很明确吗？北大教授是我的职责，其他都是虚的，或临时的。"这给我很深的印象，也给了我很大的教育。

王力先生以"北大教授"为己任，也以"北大教授"为荣。

王先生还有个习惯，外出参加活动、开会或做报告，特别是每次应邀出国讲学，总喜欢戴上校徽，如1957年冬到波兰和苏联，1980

年 12 月赴香港，1981 年 10 月到日本。从他带回来的照片中我们常常可以发现他的左胸前总佩戴着一块红底上刻着"北京大学"4 个金字的校徽。这校徽既是中国最高学府的标志，也是来自中华人民共和国首都"北京"的表示，寓意深远。这也表明王先生对北大的感情是多么深厚。

## 二、在 北 平

王力先生正式担任北大教授，是 1954 年从广州中山大学调来之后。但王先生和北大发生关系则可以远溯到二三十年代。那时他与北大同仁就有较密切的交往了。1927 年他在清华国学研究院学习时发表的第一篇论文《谐声说》，就刊登在北京大学《国学门月刊》1 卷 3 期上。

1932 年夏，王先生在法国巴黎大学获得文学博士学位后准备回国工作，他选择母校清华，一方面写信给清华中国文学系自我推荐，同时也得到北大同行罗常培教授的引荐。所以一回国就受聘清华大学专任讲师，主要担任音韵学的教学。

清华的音韵学课，最初是赵元任先生开设的，1928 年赵先生调中央研究院工作后，中文系主任朱自清先生就到他母校北大延请他的老师钱玄同先生来清华讲授音韵学。那时钱先生身体不好，血压高，每次从城里赶来西郊上课，往返很劳累。一年以后，钱先生就让自己的另一高足，也是朱先生的同窗、当时在中央研究院任研究员的罗常培先生到清华兼职，接替自己教音韵学。两年后，王力先生回到清华，罗先生又将这门音韵学课转交给王先生，并把自己的讲义《中国音韵沿革》送王先生一册。王先生后来自己编写《中国音韵学》教材(后改名为《汉语音韵学》)，还引用了罗先生部分讲义作为"参考资料"。1937 年由商务印书馆公开出版时，罗先生为王先生的书写了一篇长序，给予充分肯定，说王先生的书是"很合乎教科书的性质的"。

在此期间,北平一些大学教授组织了一个诗歌朗诵会,定期在北大教授朱光潜先生家里(当时住地安门)活动。清华的闻一多、朱自清和王力等先生也常进城参加。王先生和朱光潜先生在法国留学时就相识了,回国后过从更密,成为挚友。1935年6月27日王先生与夏蔚霞师母结婚时,除了清华的同仁,北大的朱先生、罗先生和唐兰先生等也来贺喜。王师母现在还记得60年前罗先生在喜宴席前说的一个笑话。

这年"一二·九"学生爱国运动爆发,王先生参加了北平各大学66名教授签名"罢教"活动,支持学生的爱国行动。

1937年抗日战争爆发后,王先生匆忙逃离北平,临行前将自己的书籍运至城中,存放在朱光潜先生家中,藏入地下室。

## 三、在 昆 明

1937年10月北大、清华、南开三校在长沙成立临时大学,不到半年就迁至昆明,成立西南联合大学。王力先生也辗转到了昆明。当时南开尚无中文系,所以联大中文系实为北大与清华两校合并的。系主任由两校轮流出任,首任是朱自清先生。1939年朱先生因身体欠佳,辞职到成都去休假,罗常培先生接任系主任。这时王力先生在西南联大开的课有语言学概论、中国文法研究、诗法等。朱德熙先生在《悼念王力师》一文(1986)的开头回忆说:

> 王力先生是我在昆明西南联合大学上学时的老师。1940年我从物理系转入中文系,才认识王先生。我上王先生的"中国文法研究"课的时候,正好他写的《中国现代语法》上册出版,他送班上的同学每人一本,那是用抗战时期的暗黄色的土纸印的。前边有朱自清先生的长序。这部书在汉语语法学史上占有重要

位置。

1939年夏,王力先生曾利用休假时间到越南远东学院做访问学者,学习越南语,研究"汉越语",即越南语文中汉语借词的读音。近一年后回昆明,又开了新课"汉越语研究"。此讲稿1948年发表后成为国际上研究汉越语及越南语史的重要文献。

王先生在昆明期间,由于生活艰难,曾兼任粤秀中学校长,并经常为《国文月刊》、《国文杂志》及《今日评论》、《生活导报》等刊物写稿,除了发表学术论文如《论汉译地名、人名的标准》、《语言学在现代中国的重要性》等外,还写了60多篇独具匠心的小品文,后来收集成《龙虫并雕斋琐语》一书。王先生学识渊博,思维敏捷,不仅内容上能针砭时弊,切中肯綮,而且文笔生动,情趣横生。因此,他被当代研究现代散文的文学家推崇为抗战时期三大学者散文家之一(另两家是梁实秋与钱钟书)。

## 四、北　　上

抗战胜利后,西南联大解散,王力先生决定返回北平清华。他先回广西故里探亲,1946年夏途经广州,被在中山大学任教的清华国学院同窗留住做短期讲学。不料在广州他一呆就是8年,先后任中山大学和岭南大学文学院院长,并在中山大学创办中国第一个语言学系。1952年院系调整,岭南并入中大,王先生兼任中大语言学系主任。

解放初期,王先生作为广东省文化教育委员会副主任、省文学艺术联合会副主席,数次到北京参加中央召开的有关会议,也常见到中央主管语言文字工作的胡乔木同志。有一次,乔木同志还和王力先生讨论他的语法著作,指出其所据叶斯泊逊的"三品说",是一种从心理出发研究语法的错误理论,王先生感到很受启发。1953年秋,王先生到北京出席中国文学艺术工作者第二次代表大会,乔木同志又一次约见王先生,谈到中央欲将中山大学语言学系并入北大的意图。当时北大中文系经过院系调整已集中了北大、清华和燕京的教师,语言学科力量很强,除原北大的魏建功、袁家骅、周祖谟、杨伯峻等先生,还有来自燕京的高名凯、林焘先生和清华的朱德熙先生。为进一步加强和提高新中国的语言文字研究,培养语言学专门人才,中央决定将中山大学语言学系并入北大中文系,并拟将语言学和文学分开,设立两个专业,请王力先生来负责语言专业的教学和科研工作。乔木同志征询王先生的意见。王先生曾在清华学习、工作过,后又在西南联大与北大同仁共事多年,特别是对北京这个文化古城有较深的感情,现在北京又是新中国的首都,是国家的政治文化中心,他是很向往的。他在中大创办语言学系也正是为了加强培养语言学专门人才这一目的。现在北京有更多的同行和他一起来实现这一理想,所以他毫无犹豫,欣然同意。

1954年春,教育部又派专人到广州,正式通知中山大学和王力先生:下学期开学前即调入北大。时间很紧迫。7月中旬王先生又亲自到北京落实迁调的具体日程,并商定北大中文系语言专业的教学计划与人事、组织安排;参照苏联莫斯科大学俄语系的经验,准备开设现代汉语、古代汉语、汉语史、汉语方言学和语言学概论、普通语言学等专业基础课程,成立汉语和语言学两个教研室,分工负责有关的教学和研究工作。同时决定招收首届汉语史、现代汉语(含汉语方言)和语言学理论研究生。王力先生兼任汉语教研室主任,主讲汉语史,指导汉语史研究生。

王先生从北京返回广州,即通报语言学系全体师生,并动员家属做好搬迁准备。8月22日王力先生率语言学系教师岑麒祥教授等5人及其家属和3个年级的学生30余人乘火车北上。那天动身前,广州市委、市政府设宴为王先生饯行。他早年在博白家乡教小学时的学生、现任广州市市长朱光同志向他敬酒。他感激广州亲友的深情厚意,想起北京的企盼与重任,非常兴奋,开怀痛饮,竟然喝得酩酊大醉。当晚被扶上火车,鼾睡了一天一夜。王先生后来对我们说,这是他平生第一次喝醉了。

## 五、汉 语 史

经过四天四夜的旅途劳累,终于在1954年8月26日清晨,王力先生一行抵达北京前门车站。北大校、系代表到车站迎接,一辆小车和一辆大轿车把大家接进燕园。王力先生一家被安排在临湖轩暂住。据王师母回忆,行李还没有打开,王力先生就着手准备上汉语史课。这是一门过去从未有人开设的新课,是当时学习苏联,按照"俄语史"模式设立的,不仅本科高年级必修,而且是汉语史研究生的主课。

王先生虽然自30年代以来比较全面地研究过汉语音韵(特别是上古音)、中国古代文法和现代汉语语法以及训诂学与词义的演变,发表一系列专著与论文,有一定的资料积累与教学经验,但要马上开出一门综合的汉语史课,并编写出系统的汉语史讲义来,亦非易事。筚路蓝缕,任务艰巨。但王先生有很强的敬业精神,做学问全神贯注,忘我劳动,潜心研究,夜以继日。常常是头天晚上赶写出一节讲稿来,第二天带去上课。他的工作效率也很高,下笔成文,他的草稿也是定稿,往往只在课堂上讲授时发现个别错字,更改一下,课后就可交印刷厂刻写油印;下堂课,选课的同学就可以拿到讲义。同时王先生还在自己的家中(不久,他由临湖轩搬入朗润园175号院落),又跟汉语史研究生和我们青年教师讲解这一节是怎样编写出来的,包括内容安排、材料选择、理论根据、方法运用以及参考资料。这给我们很大的启迪和帮助。我们都深感王力先生这种培养研究生的方式方法是独到的,非常有效的。

一年下来,每周4学时的汉语史课终于结束了,一部油印的讲义也出来了。这是中国第一部《汉语史》。科学出版社的编辑闻讯赶来向王先生索稿。王先生觉得还不成熟。但经过一番考虑,终于将讲授第二遍的做了修订的这部讲义交给出版社,书名《汉语史稿》,分上、中、下3册,分别于1957年与1958年出版。这部《汉语史稿》出版后在国内外产生重大影响,五六十年代苏联、日本就有翻印本;台湾也翻印了,并将作者的名字改为"王协"。最近韩国一学者已将此书翻译出来,准备在韩国出版。

## 六、现代汉语

王力先生在北大中文系除了讲授汉语史,指导多名研究生,作为汉语教研室主任和语言专业负责人,还领导现代汉语、古代汉语和写作课的教学及全教研室的研究工作,经常参加系里的各种会议与活动。他工作又十分认真负责,所以很忙。

1955年至1956年,为配合当时全国文字改革会议和现代汉语规范化学术会议,作为中国文字改革委员会委员,王力先生又领导教研室部分同仁,开出"现代汉语(二)",即"现代汉语规范化问题讲座",他自己带头讲了"总论"与"现代汉语语音规范"(讲稿1959年发表在《语言学论丛》第3辑)。

1958年在"大跃进"中,王先生又带领汉语教研室全体成员编写语言专业另一门基础课"现代汉语"教材,他草拟大纲供大家讨论。全书除了"绪论",分语音、文字、语法、词汇、修辞和文章分析6部分。这是个新的尝试。他分工撰写"绪论"和语音部分。别的同志写的其他部分,也都送他审阅。特别是青年教师写的作品分析,他往往连夜审阅,提出详细修改意见。全教研室共用了一年半的时间编成了一部3册(上、中、下)的《现代汉语》,由高教出版社出版(1958—1960)。

## 七、古代汉语

1959年秋,在高校"教改"浪潮中,王力先生又兼任古代汉语课的教学改革负责人。这是中文系各专业的一门共同基础课,自1952年一些高校开设以来没有统一的教材,任课教师的理解与侧重点很不一样,有的讲成文言文选读,有的则以古汉语语法为纲,还有人把它讲成文字、音韵、训诂之学,效果都不佳。王先生总结以往的经验教训,并在教研室同仁参与讨论和协助下,明确这门课的性质与目的,即是语言工具课,学习后能基本上阅读古书,从而提出一个"文选、常用词、通论"三结合的崭新的古代汉语教学体系,很快得到中文系领导的赞同与支持,而且立即上马。王先生亲自给中文系语言专业和文学专业同学讲授古代汉语,合班上课,百余人的教室座无虚席,无论讲"文选"或"通论",都很受欢迎。

与此同时,他组织教研室部分教师和57级同学着手编写《古代汉语》讲义。同学们主要是参加文选的注释。初稿由同组教师修改后,再送请王先生审订。"通论"和"常用词"都是王先生亲自执笔。那时候,会议频繁(晚间和假日也常开会),义务劳动也多。王力先生经常利用课余会后的空隙,抓时间编写教材。他的日记都记下了当日写到哪一节,写了多少字。我们从他的日记里还可以了解到,他为编好《古代汉语》讲义,参考了许多文献资料。例如写"通论"的"古代历法"一节,需要懂得天文。为此,他翻阅了古今中外许多天文学论著。他说,自己没上过中学,不懂数理化,阅读天文学的书很吃力。但他执着追求,勤奋敬业,虽年近花甲,仍刻苦钻研。夜晚他还在院子里观察天象和星座。经过深入的研究,王先生不仅写出这节讲义,而且后来还在《文献》杂志上发表论文《中国古代的历法》(1980)。

1961年夏,教育部召开高校文科教材编选计划会议,决定以北大的《古代汉语》讲义为基础,参考兄弟院校的有关教材,改编一部

《古代汉语》,作为高校中文系专业基础课的教科书,王力先生担任主编。他既注意发扬学术民主,充分发挥来自北大、南开、北师大、人大和兰州大学的编写组成员个人的与集体的作用,又细心审阅每个成员编写的文稿,提出修订意见,从而保证了这部四大册的《古代汉语》的质量。该书在中华书局出版后(1962—1964)被广泛采用。1980年又做了一次修订,至今不断重印。70年代初台湾亦将王力先生的"古代汉语通论"翻印成单行本。

## 八、科学研究

王力先生在主编《古代汉语》教材的同时,还进行一些专题研究,发表了一系列文章,在社会上产生很大影响。例如他应《红旗》杂志之约所写的《语言与逻辑》(1961年第17期),发表后引起了与沈从文先生在《光明日报》上(1961年冬)展开的关于胡子问题的讨论。又如关于"语言的形式美"这个专题,王先生1962年在《文艺报》、《光明日报》发表的《中国古典文论中谈到的语言形式美》、《诗律余论》、《略论语言形式美》,引起了当时文艺界、特别是诗歌界的广泛关注。

在这一阶段,王力先生的科学研究重点是上古音。他写了《上古汉语入声和阴声的分野及其收音》(1960)、《古韵脂微质物月五部的分野》(1963)、《先秦古韵拟测问题》(1964)等论文和专著《汉语音韵》(1963),修订并完善了他自己的古音学体系。

王先生思维敏捷,精力过人,工作效率特高。他在60年代初期,又被委任为中文系副主任,主持当时由语言专业改名为汉语专业的教学工作。每周一次的系主任与系秘书参加的系务会议他从未缺席。1962年全校修订教学计划,王先生亲自起草汉语专业的教改方案和课程设置,供专业师生讨论。在此期间,王先生还为汉语专业高年级及研究生陆续开设了清代古音学和中国语言学史两门课。同时他还写了《训诂学上的一些问题》(1962)、《中国语言学的继承与发展》(1962)、《略论清儒的语言研究》(1965)，都是研究"中国语言学史"的宏观的理论问题。他坚持边研究边上课，边写讲义出专著。他的《中国语言学史》讲稿，60年代在《中国语文》上连载，80年代初山西人民出版社出版了单行本。《清代古音学》讲稿在"文革"中散失了，1983年王先生据当时一听课者的课堂笔记重新撰写，由中华书局出版(1992)。

王力先生是最善于将教学和科研结合起来的学者。他常说，高等学校的教学必须建立在科学研究的基础之上，这样才能不断提高教学质量，培养出优秀的专门人才。1980年8月20日(农历七月十六日)在北京语文学界祝贺王力先生从事学术活动50周年及80寿诞的座谈会上，教育部蒋南翔部长称赞"王力教授是教学与科研相结合的一个典范"，并"希望大家努力学习王力教授的榜样，在高等院校中，把教学和科学研究紧密地、有机地结合起来，相互促进，不断提高"。

我们粗略地统计了一下，自1954年至1965年约10年期间，王力先生在北大共开设了汉语史、现代汉语、古代汉语、诗律学、清代古音学、中国语言学史等6门新课，自编或主持编写5种教材，出版了20本书(包括《虚词的用法》等普及读物，但不含重版的《汉语音韵学》、《中国现代语法》等6种)，发表了58篇论文，作出了巨大的贡献，不愧为北大一级教授和一代宗师。

## 九、思想改造

然而，在这10年中以及以后的又10年，王力先生还有许多时间被浪费掉，或用去干了不该干的事，甚至身心受到摧残。

王力先生本是个无党派人士，一生全力投入教学和著述。他也是个坚定的爱国者，抗战时期，他痛恨日本帝国主义者的侵略，逃难到后方，支持抗日；同时他不满国民党政府的腐败与当时不良的社会风尚,如前所述,他在昆明应费孝通等进步人士之约在《生活导报》等报刊上发表了数十篇针砭时弊的小品文。他与民主战士闻一多、朱自清是诤友。解放前夕,他拒绝到台湾去。解放初见到他早年的学生广州市副市长朱光,朱光的一席谈话更坚定了他拥护党、拥护社会主义的立场。

但是,由于他在美国人出资办的岭南大学当过文学院院长和五人顾问委员会成员,王先生被怀疑"里通外国",被扣上"崇洋媚外"的帽子。所以解放后,运动一来总是首当其冲。1952年春、夏,在岭南大学"三反"运动中做了三次"检查",没有过"关"。是年秋院系调整到中山大学,当了他自己倡议创立的语言学系主任,比较平静地教了两年书;积极学习俄语,学习斯大林的《马克思主义与语言学问题》,翻译一些苏联的语言学文章,并写了一些普及性的小册子。

1954年调来北大后,头两年主要专心于汉语史的教学与研究,并做了一些汉语规范化、推广普通话和制订汉语拼音方案的研究与宣传工作。

记得1954年秋我们刚到北大,一天北大党委统战部负责人程贤策同志(1958年后他当了中文系党总支书记)约见我,了解王先生在广州的工作、生活情况及政治待遇。我如实地反映了。不久,王力先生被推举为北京市第二届政协委员,他很高兴,说:"我在广州当省人大代表,市政府委员,现在做了北京市政协委员,政治关系也转来了。"

然而,1957年之后,王力先生又逐渐成为批判的对象。是年春,他应邀出席天津市语言学会成立大会,发表题为"中国语言学的现况及其存在的问题"的讲演(载《中国语文》1957年第3期)。他在具体而充分地肯定解放以来中国语言学的巨大发展与成就的同时,敏锐地指出当时存在的问题,即主要是急功近利,未能很好地学习语言学理论;主观主义,没有充分占有材料;虚无主义,不重视批判继承前人的研究成果。他强调要认真学习普通语言学,加强汉语词汇学、语义学、词典学及修辞学的研究,为了提高汉语方言及少数民族语言调查研究水平,要注视国外实验语音学的发展,同时要发扬我国优良的朴学传统,努力赶超世界语言学的先进水平。这篇讲话有针对性,很有内容,现在读来,仍有意义。可是在1957年"反右"运动和1958年"学术思想"批判中却遭到不公正的批评,学术也成了政治! 有人抓住其中的一句话,即"最近五十年来中国语言学各部门如果有了一点一滴的成就,那都是普通语言学的恩赐",大肆攻击。

这还是个学术思想问题,更严重的是1957年夏,王先生应胡乔木同志之约,为帮助党整风,在《人民日报》(6月7日)上发表一篇《漫谈高等学校中的几个问题》的文章。他谈了三个问题:一是"知识分子问题",二是"党群关系问题",三是"党的领导和教授治校问题"。基本内容是:知识分子的思想改造是长期性的,搞运动不能解决问题,应"宁静致远",让知识分子从科学实践中和政治感受中进行自我改造;党员不要看不起非党员,应主动接近群众;他不赞成"教授治校",主张扩大校务委员会的职权,同时要吸收教授入党,"党委会中的教授也逐渐多起来了,将来再不能说领导科学的人不懂科学了"。字里行间表现了王力先生对党的忠诚和期望。可是却没想到,这篇文章竟被打成"大毒草",他也被扣上"反对知识分子改造"、"主张教授治校"、"配合右派向党进攻"的大帽子。在重重压力下,王先生被迫做了检讨,如果不是胡乔木出来"保护过关",差点儿打成"大右派"。

这年冬天,他和高名凯先生应波兰科学院和华沙大学的邀请,经苏联到波兰访问、讲学,为时约一个月。

"树欲静而风不止"。1958年1月王力先生从波兰回国,又遇上"拔白旗,插红旗"、"批判白专道路"的运动,又成为"有问题"的人。他被指责为"资产阶级名利思想最严重的人",是重点批判对象。后来又搞"反右倾",系里大字报的矛头指向他和一些老教授。一些青年教师、研究生和本科高年级学生出大字报或刻写油印材料,猛烈批判王先生的"资产阶级政治立场和学术思想"。他接受不了,特别是看到公开发表在《中国语文》1958年9月号上题为《在语言教学与研究的阵地上插遍红旗》的北大中文系通讯,他非常紧张,怎么也想不通,几年来努力工作,认真教学,刻苦研究,辛勤著述,不仅没有得到肯定,反而成为北大中文系"头号批判对象"。他在9月24日的日记中写道:"我后悔来北大,如果不来北大,《人民日报》不会找我写文章,天津不会找我做报告……"他陷于矛盾与痛苦之中,又被迫进行自我批判。

## 十、教学改革

那时运动一个接一个,1958年夏,校、系两级又掀起教学改革运动。各教研室纷纷抛出各种教改方案与教学计划。博学多才、慎思明辨的王力先生也主动投入,发挥作用。作为教研室主任,他不仅严格要求自己,积极带头提出各门课程的改革意见,而且关心教研室成员,特别是青年教师,帮助他们制订、修改个人的进修计划,十分注意团结中老年教师,搞好各项工作,还组织教研室教师认真审阅语言专业55级和56级的集体科研书稿《汉语成语小词典》和《汉语发展史》。1959年汉语教研室被评为先进单位。系总支书记程贤策在一次全系大会上表扬了汉语教研室和王力先生,充分肯定了王先生在建设语言专业及其三门基础课(汉语史、现代汉语和古代汉语)上的重要作用与巨大成就。不久他被任命为副系主任。60年代初他还常应邀参加一些全国性的学术会议和外事活动,并被推举为第四届全国政协委员和北京市第三届政协常委。王先生的积极性也进一步调动起来。1960年3月28日,他曾写信给程贤策同志,提出了入党申请。

同时,只要有机会,王先生从不放过参加各种义务劳动(包括到平谷县农村深翻地和平时教研室打扫卫生、修理厕所纱窗等)。他自比降将黄忠,也要"实现取定军山之功"(1961年4月3日"日记")。困难时期他也毫无怨言。那时候,集体活动很多,几乎每天晚上也都有会。王先生往往晚上10点以后才开始他的学术研究与著述。如果他的时间能得到充分的正常的使用,我想他一定会写出更多的东西来。

## 十一、被批斗

但是,即使是50年代末、60年代初的那种政治压力比较松动,个人可以挤点时间读书、著述的"好景"也不长,1963年冬又开始了"四清运动",两年后更掀起了猛烈的"文化大革命",北大是这场浩劫的重灾区。王力先生等一批著名老教授又首当其冲,都被打成资产阶级反动学术权威和牛鬼蛇神。有一篇题为《撕破两次文科会议的黑幕》的大字报写道:"××黑帮吹起阴风,封建主义的、资本主义的、修正主义的货色,翻箱倒柜纷纷出笼,而且一律誉为经验。例如资产阶级学阀王力写的《中国语言学史》被称为总结了中国语言学发展的经验,……"从此,王先生成为专政对象,丧失自由,经常被批判、被斗争,甚至挨打受罚。被蒙蔽的狂热的学生起来造反,不懂事的少女幼儿要与父亲"脱离关系"。他长期蹲牛棚、被审查。他本是个无党派,有人硬说他曾参加国民党,要他交代材料,写思想汇报。但王力先生自问无愧,不管怎样恐吓、逼迫,也决不胡编瞎说。他在1967年6月13日被从广东来的人追问他解放前夕代岭南大学校长陈序经到东山梅花村开会情况及其与美帝分子的关系等问题之后记的日记中写道:"这两天,心情非常波动,但是,自问客观事实俱在,不能减一分,也不能加一分。因此,在极度烦闷中也能自慰。应当相信群众,应当相信党!"王先生就是凭着这种自信自尊的精神熬过了整整10年。

## 十二、"解　　放"

　　1969年夏，王力先生开始获得一些自由，周末可以回家，但这时子女们都不住在家中，只有夫人与他相依为命，孤灯相伴。可幸他的藏书未被抄走，未失散，他习惯地取出来翻阅，想起他的学术事业，准备私下做点研究。可这年8月，又响应"号召"，和中文系全体师生到平谷县山东庄参加劳动，"接受贫下中农再教育"。第二年初调回城里参加一个教改小分队，到北京齿轮厂搞开门办学。70岁的老人天天挤公共汽车从西北郊到东南郊去上班，有时也住在工厂宿舍。工宣队让他给工人师傅和工农兵学员讲语法修辞课，他很高兴，备课十分认真，讲得深入浅出，受到听课者的普遍欢迎。但也有人诬蔑他"放毒"，他想不通。

　　1970年7月中文系革委会名义上是调王力回系资料室，协助修订《新华字典》，具体做些统计异体字的工作，同时又突然要求他交代"反共历史问题"。王先生自问历史上没有反对过共产党，没什么可交代的。但时间不能白白浪费掉，他白天受审，写检查，晚上与假日就背地里从事学术研究，着手撰写《诗经韵读》和《楚辞韵读》。1976年秋粉碎"四人帮"，结束"文化大革命"，他很快拿出这两部书稿交上海古籍出版社出版了。王力先生这种执着的敬业精神令人崇敬，使人感动。

　　1977年春，经历十年劫难的王力先生漫步在校园里，来到未名湖畔，见湖冰已化解，柳树吐绿，不免触景生情，思绪万千，即兴写了一首五律《春日未名湖畔散步》：

　　　　明湖冰已化，芳草绿初匀。
　　　　风卷波纹细，春催柳色新。
　　　　艰难黄卷业，寂寞白头人。

惆怅桑榆晚,蹉跎惜此身。

王先生当年已七十有七,不计较刚过去的那场灾难带给自己心身的痛苦,只惋惜浪费了宝贵的光阴。现在春天到了,虽然白了头,还要抓紧晚年的时光,努力将为之奋斗终身的中国语言学事业继续进行下去,作出自己的贡献。

## 十三、只争朝夕

1978年2月王力先生出席全国政协第五届第一次会议,听了中央领导人的报告,感到振兴中华有了希望。他按捺不住激动的心情,挥毫写了一首七律《五届政协会议感赋》:

四害横行受折磨,暮年伏枥意如何?
心红不怕朱颜改,志壮何妨白发多。
明月九天狂李白,铁弓七扎老廉颇。
相期报国争朝夕,高举红旗唱凯歌。

此诗表达了王先生老骥伏枥、只争朝夕的豪情壮志。这年他完成了《同源字典》的写作,并向北大中文系领导提出修改《汉语史稿》的五年计划。

《同源字典》是他1959年就准备研究撰写的一部学术著作,曾定名《语源学词典》。当时在环境、气氛和时间方面条件都不具备。现在系里减免了他的教学工作,只带几名研究生(而且有副手协助指导);学校又给落实政策,退回被分占的住房,恢复了自己的书房。虽年近8旬,犹精力充沛,他每日工作上10个小时,孜孜不倦。社会活动虽多,有所干扰,而他的工作效率却很高。他用了4年的时间完成了这部57万字的《同源字典》。这部著作是王力先生学术生涯中的一个里程碑,犹如40年代的《中国现代语法》、50年代的《汉语史稿》和60年代的《古代汉语》。这也是中国语言学史上的一个创举。全书收集3164个同源字,根据严格的古音与语义的原则(即古声韵相同或相近,语义上相通或相关),分为1031个同源字组,引证丰富的训诂资料,分析其同源关系,保证了全书的科学性。可以说,这部书集中了我国传统音韵学、训诂学和文字学的研究成果和作者多年的研究心得,并将这门学科推进到一个新的高度。有了《同源字典》,就可以使读者了解某字的语源及同组字的本义与引申义的关系。它的出版(商务印书馆,1982)对汉语词汇学与汉语史的研究以及词典的编纂都具有重要的参考作用,故在国内外语言学界受到推崇与高度评价。1995年,该书被评为国家优秀学术著作一等奖。

## 十四、硕果与荣誉

王力先生一完成《同源字典》,即着手全面修订《汉语史稿》,实际上是重新撰写3部学术著作,即《汉语语音史》、《汉语语法史》和《汉语词汇史》。其中《汉语语音史》下的功夫最大,不仅重建一个新的历史体系,而且事前做了一系列专题研究,写了《黄侃古音学述评》、《经典释文反切考》、《朱熹反切考》等系列论文,使这部书的质量有明显的提高。同时他还完成一部《〈康熙字典〉音读订误》。

王力先生这时已是80高龄的老人了,但仍然心雄志壮。他在1980年元旦写的《庚申元旦遣兴》诗中说:"漫道古稀加十岁,还将余勇写千篇",充分表达了他的老当益壮的情怀。这年8月20日,由胡愈之、叶圣陶、吕叔湘等先生发起,北京语文学界及国内外同行为他庆祝从事学术活动50周年及80华诞,人们给予他高度的评价。北大党委书记韩天石同志、副校长王竹溪教授参加庆祝会,并发表祝辞。蒋南翔部长在讲话中称赞王先生"是我国高等教育界的一个杰出代表","据国外报刊材料说,王力先生是近百年来中国最大的语言学家"。

王力先生对人们给予他如此隆重的礼遇与崇高的赞誉,非常感激,深受鼓舞。他在庆祝会上致谢辞,咏《调寄浣溪沙》词一首:

  自愧庸材无寸功,不图垂老受尊崇。感恩泥首谢群公。
  浩劫十年存浩气,长征万里趁长风。何妨发白此心红!

他精神抖擞,更加忘我地工作。只要没有外出活动,每日在家犹如上班一样,上午8点进书房,12点午餐;下午2点又落坐,5点半后到校园里散散步。晚上看了电视新闻联播后还要伏案一两个小时。

1981年秋王力先生访问日本,感受到日语很有用,回国后就自学起日语来,每天早上坚持收听日语广播讲座。同时撰写《汉语语法史》和《汉语词汇史》。此外,还完成了《说江河》、《再论日母音值、兼论普通话声母表》、《词的本义应是第一项》、《京剧唱腔中的字调》等多篇论文。这时他开始应邀谈自己的治学经验,发表了《怎样写论文》、《谈谈怎样读书》和《我是怎样走上语言学道路的》等演讲或文章。

## 十五、最后的愿望

1984年春王先生将最后脱稿的三部汉语史中的《汉语词汇史》交商务印书馆之后,又与中华书局签约,开始编写一部中型的《古汉语字典》。王力先生40年代中期在探索新训诂学的理论方法时,就产生一个愿望——要写一部科学而又实用的"理想的字典",并着手写了《了一小字典》部分初稿。50年代末60年代初又有了编写"古代汉语常用词"的实践,70年代初参加了《古汉语常用字字典》的审稿与定稿工作。后来还写了《同源字典》。所以到了晚年更有实现完成一部理想的《古汉语字典》的强烈愿望。他坚持每天伏案七八个小时,平均日写1000字左右。

但是,这年1月底他自广州出席中山大学60周年校庆活动回京后,患伤风感冒,引起发烧腹泻,后被诊断为十二指肠溃疡和轻度脑贫血,住进友谊医院治疗。这是王先生平生第一次住院。经过治疗有好转,半个月后出院回燕南园。但此后他的体质与精力出现明显的变化:视力下降、走路困难、夜里失眠。1985年初秋的一天王先生在师母陪同下到临湖轩开会,走出门不远,忽然双腿发软,摔倒在地上。经检查是脑动脉硬化。从此他自觉精力不济,预感到字典恐难如约完成,1985年9月26日他约来了身边几个学生,让他们协助分担编写字典的任务。

## 十六、鞠躬尽瘁

自1976年以来的近10年间,王力先生已完成9部专著,写了60余篇论文(序言与随笔不计在内),共计近300万字。此外,他还用旧体诗意译出版了法国波特莱尔的诗集《恶之花》(1981)。这样,王力先生进一步完善了"语言学大师"的形象。

1978年以后,系里已基本上不安排王力先生上课,只指导数名研究生(1985年还招收了一名博士生)。但每个新学年开始,王力先生总要应邀参加迎新会,每次总要给新同学讲话。1985年9月开学时,他因病已走不动了,13日那天系里仍派车把他从燕南园接到二教101室,参加中文系欢迎85级新同学大会,并请他讲了话。王先生对此总是很认真,话虽简短,但语重心长,每次都受到热烈欢迎,都给同学们留下深刻的印象。有的同学回忆说,王先生的讲话一辈子也忘不了。有的同学就是听了王先生的讲话后,才更坚定自己毕生从事语言学研究的奋斗目标,更具体地领会到上北大的光荣感。

1986年3月6日,王先生的老挚友朱光潜先生去世,他很悲痛。17日下午坚持带病去八宝山向朱先生的遗体告别,心情非常沉重,当场几乎晕了过去。回家后就病情加剧，日益恶化，一个半月后，即5月3日王先生终于离开了我们。

## 十七、一代宗师

1983年夏，成立不久的山东教育出版社以其独特的眼光与魄力，决定出版《王力文集》，专收王先生的语言学论著，初定15卷，最后编成20卷，800余万字。这为繁荣我国学术事业，促进中国语言学发展做了一件大好事。王力先生十分高兴，并决定将"文集"的全部稿费10万元人民币捐献出来，设立"北京大学王力语言学奖金"，面向全国，以奖励当代对汉语与语言学研究作出突出成绩的学者。这一壮举体现了王先生对祖国文化建设事业，对后辈学人的惓惓深情。这项奖金至今已评比了6届，在海内外产生积极影响。语言学界特别是一些优秀的中青年学者，都以获得北京大学王力语言学奖感到殊荣。

1993年9月在庆祝《王力文集》20卷出齐的座谈会上，季羡林先生的发言引起大家的重视。他说："一所高等学校要办得有特色、有成绩，学校的领导管理、图书馆的建设都很重要，但首先必须拥有一批优秀的专业教师，特别是要有一些像王力先生这样大师级的教授。"我们北大今后更要注意培养和聘请像王力先生这样的大师级的教师。

〔作者　北京大学中文系教授〕

# 北大的智慧星——吴组缃

## 唐 沅

在人们的口碑上,吴组缃教授是一位有哲人风范的智者,他在北大的智慧星群中,是一颗非常明亮的星。他是真正的"北大人",1952年9月,全国高校院系调整,他随清华中文系转来北大,在这里他一直工作到去世,时间长达42年。30年代在清华读书的时候,他成了为文坛瞩目的杰出的小说家,50年代以后在北大工作期间,他又成了蜚声海内外的中国古代文学特别是古典小说研究的专家。可以说,北大使他光华焕发,他也以自己在文学创作上、学术研究上和教育工作上的卓越贡献,为北大增添了声望。

吴组缃对自己的一生有一个概括,他风趣地说自己"是个半吊子,前半辈子是作家,后半辈子是学者"。他1908年4月5日出生于安徽泾县茂林村,少年时代就受到了新文化的启蒙教育。"五四"的影响使他成为新文学热情的爱好者,因而他在宣城第八中学和芜湖五中读书的时候,就开始了创作的试练,并在报刊上发表诗文。1923年10月,在《民国日报》副刊《觉悟》上发表了《不幸的小草》,这是现在所见到的他发表最早的短篇小说;1924年写成了自传体中篇小说《狗尾草》;稍后又发表了短篇《鸢飞鱼跃》。这些作品表达了一个早熟少年对人生最初的观察和思考。

1926年秋,吴组缃进入上海持志大学英文系,1929年9月,他放弃了持志大学学籍,考入了清华大学经济系,次年转入中文系;1933年毕业,因成绩优异,直接升入清华研究院,仍然专攻中国文学。在清华读书的5年间,他更加勤奋地利用课余时间进行创作,1930年1

月,短篇小说《离家的前夜》发表,可以看作是他创作生涯的正式开始。此后他不断有新作品问世,其中就包括《箓竹山房》、《卐字金银花》、《黄昏》、《一千八百担》、《天下太平》、《樊家铺》以及《清华园之春》、《柴》等他的最优秀的小说和散文。这些作品得到了评论界肯定的评价和热情赞誉。当时最富盛名的作家、评论家茅盾对吴组缃创作十分关注,有一段时间几乎每发一篇就评论一篇。1934年当《一千八百担》在《文学季刊》创刊号上发表的时候,茅盾就惊喜地指出:"这位作者真是一支'生力军'",在创作生涯的开始就"已经证明了他是一位前途无限的大作家"。这个时期,吴组缃的创作逐步进向成熟,鲜明地显示出清醒的严峻的现实主义特色,直面现实人生,运用新的社会历史观去剖析现实社会,坚持在"求真"的基础上追求"善"和"美",因而他的作品总是在形象生动的客观描写之中,准确、深刻地再现出当时中国社会特别是农村社会凋敝破产的真实。吴组缃这个时期的创作具有重要的文学史意义,他以自己成功的艺术创造融入左翼现实主义文学潮流,这股潮流将现代新文学的发展推进到一个"自觉的阶段"。包括吴组缃在内的一代左翼作家的创作,作为一个整体来看,不仅让人看到一幅宏大的全景式的30年代中国社会的真实图画,而且让人听到了"地下泉的滴响"。

1934年,吴组缃因故中止了在清华研究院的学业,至南京担任中央研究院总干事丁文江的秘书,年底即辞事。1935年初,接受冯玉祥将军的聘请,至山东泰山担任冯将军的国文教师,抗战期间兼作秘书工作,前后达13年之久。这段经历,使吴组缃从一个特殊的角度广阔地接触了现实,抗战初期生活在战区,直接体验了战时的军旅生活,因此使他能够更深刻地认识了那一场战争。这样的生活自然也激发了他的创作热情,于是有著名散文《泰山风光》、《羞船》,短篇小说《铁闷子》和长篇小说《山洪》等作品的问世。这些反映抗战现实的作品,由于对生活观察深刻全面,艺术表现圆熟谨严,因而对抗战文艺的健康发展产生过十分积极的影响。

三四十年代的创作成就,使吴组缃成为现代杰出的小说家和散文家,愈来愈为文学界所重视。1938年初,他参与发起和筹备"中华全国文艺界抗敌协会"的工作,"文协"成立时被推选为常务理事,并担任了"文协"机关杂志《抗战文艺》的编委;1949年7月,出席全国第一次文代会,被选为中华全国文学工作者协会委员;1955年起担任《人民文学》杂志编委;1956年被推选为中国作家协会书记处书记。他的许多作品又陆续被介绍到海外,并且引起了海外学者浓厚的研究兴趣,他们在一些学术论著中,对作者的艺术创造给予了很高的评价。

吴组缃从1942年起走上大学的讲坛,先后在中央大学、四川省立教育学院兼任教职。1947年9月应聘至南京金陵女子文理学院任国文系教授。1949年9月应聘至母校清华大学担任教授、中文系主任。1952年以后,他又全力以赴地投入了院系调整之后的新北大的建设,在教学上、学术研究上作出了卓越的成绩。

他是一位有丰富生活经验和创作经验并且形成了独特艺术风格的作家,而他的艺术创造的"才情"与他的渊博的学识的结合,在高等学府里又转化为学术研究和课堂讲学的智慧。在教学上,他首先是北大中文系由现代到古代文学一系列课程建设的先驱。早在1942年,他在大学执教时最先开讲的就是现代文学方面的课程。当时"现代文学"学科还没有形成,在大学里也只有朱自清、陈子展、杨振声等很少的几位学者讲过有关"新文学"的课程,而吴组缃在几家大学里先后开过现代文艺、现代文学、现代文和小说研究等一系列课程。1952年起在北大他首先开出的也是现代文学的课程,例如中国现代文学史,中国现代文学作品选等。他还是北大第一位中国现代文学教研室主任。他在现代文学的学科建设和课程建设上有不可磨灭的开拓之功。

1954年批判《红楼梦研究》之后,朱德总司令提议让北大开一门研究《红楼梦》的课程,吴组缃承担了这个任务。1955年9月他就开出了"红楼梦研究"专题课。《红楼梦》在大学里开专题课,全国高校中北大是第一家,吴组缃是开讲的第一位教授。1957年,他负责主持"宋、元、明、清文学史"的教学工作,也在这一年,又开出了"《聊斋志异》研究"专题课。他从"文革"的劫难中走出来之后,虽已年逾古稀,但是仍然振奋精神开出了一种新专题课:中国小说史论要。这些课程的开设在北大中文系同样具有拓荒的意义。

他的课堂讲学正如他的小说创作一样,是有自己独特风格的,可以说所开的每一种课程都是他的人生智慧、学术智慧和审美智慧的结晶,处处是真知灼见,分析精深透彻,表述又是声情并茂,因而具有巨大的课堂教学魅力。他的讲述不仅把人们带进浩瀚的知识领域,而且总是以独特的审美感悟揭示出作品的艺术底蕴,又把人们带进作品的艺术世界。他开的课始终是最受学生欢迎的,有人说:他讲的课是"完美的口头艺术品",有人说:"听吴先生课,如啜甘露,如饮香醪,是大营养,是真享受。"这不是个别人的特殊印象,而是听过他课的人们的共同感受。他所开的各种专题课,都成了北大中文系的"名牌菜"、"保留节目",反复多次为本科生、研究生重讲,而每讲一次都吸引了众多听讲者,令他们叹服,使他们着迷。他的教学效果之好,声名远扬,南北许多大学都邀请他,仅1963年一年他就先后应邀去宁夏大学、甘肃师范大学、郑州大学、安徽师范大学和中山大学讲学。虽然只是几次有时间限制的学术讲演,但是同样产生了所谓"轰动效应"。例如在中山大学讲学的情形,该校吴宏聪教授有如下的忆述:原定中文系全体学生听讲,结果——

> 外系和外校学生也有闻风慕名而来的,一个可容纳四五百人的梯级教室,座无虚席。第一天讲的是《红楼梦》,连教室讲台两侧都临时加位,坐满了人。他走上讲台,坐定后开宗明义,说《红楼梦》写的是一个恋爱不自由,婚姻不能自主的悲剧。曹雪芹处理这个故事跟我国过去任何一部关于恋爱或婚姻问题的作

品都有所不同。《红楼梦》家喻户晓,大部分听众都知道故事的梗概,但说作者处理这个故事与众不同则道人之所未道,个个都收心凝神,认真在记笔记,偌大的一个课室,顿时寂静得像空无一人,这种情景是从来没有过的。①

吴组缃先生的课讲得好,除了高超的表达艺术,最重要的还是因为他的课都具有丰富而深刻的学术内容,而支持他课堂讲学的是他成就卓著的学术研究。他研究的领域是由现代转向古代的,这是因为他的研究总是紧密配合教学的需要,当他主要讲现代文学方面的课程时,他也主要从事现代文学的评论和研究。收在《苑外集》里的文章,从鲁迅、茅盾到周作人、徐志摩、丁西林、老舍、曹禺、张天翼、沙汀、艾芜、臧克家等一系列现代作家的作品都有论评。50年代中期以后,他主要讲授古代文学方面的课程,他的研究也转向了古代。已经形成论著的成果有《宋元文学史稿》、《明清文学史稿》两本文学史专著,还有一本《说稗集》,其中就有研究《红楼梦》、《儒林外史》、《三国演义》、《水浒》、《西游记》和《聊斋志异》等古典名著的那些曾经产生过很大影响的学术论文。而他更多的研究成果并没有写成文章,而是灌注在课堂讲学之中,几十年的教学,就是他的一部文学研究的学术巨著。

他在文学研究上最重要的特点,就是深刻的历史分析和独到的审美分析的结合。在研究中国文学的老一辈学者当中,吴组缃是较早从历史观和方法论上接受历史唯物主义和辩证唯物主义的,并且始终坚信不疑,他晚年还曾经说过:"几十年来,我比较来比较去,还是历史唯物主义和辩证唯物主义最科学,经得住实践的检验。"更难能可贵的是,他又把这种科学的历史观和方法论正确地运用到学术研究上来,当问题涉及文学作品的艺术表现的时候,他总是把历史分析同审美分析紧密结合起来。他说:

> 我们研究《红楼梦》这样一部伟大的古典现实主义作品的内容，正应该从人物形象的研究入手。研究众多人物主次从属的关系，研究众多人物的特征，研究众多人物在矛盾斗争中的地位和彼此间的关系，研究人物性格的形成和发展，研究作者在处理上所表现的态度和爱憎感情等等。只有这样的来做研究，才能了解作品思想内容和他所反映的现实意义。②

通过对作品中人物形象的研究来揭示作品的社会历史内容，已经成为他研究古典小说的一种方法，他的著名论文《论贾宝玉典型形象》，就是运用这种方法研究《红楼梦》的一篇学术代表作。文章通过对贾宝玉艺术典型以及以他为中心的众多人物之间关系的细致分析，揭示了贾宝玉性格形成的独特环境和社会条件，论证了贾、林、薛爱情婚姻悲剧产生的必然性，从而对作品思想艺术作了全面的概括和评价。这样的研究是历史分析和审美分析真正自然完美的结合。他就是这样一位能够娴熟运用"审美—历史方法"的学者。由于重视科学理论的指导和科学方法的运用，因而他能够在古代文学特别是古典小说研究领域里独树一帜，取得卓越成就。他的研究在重视社会内容的同时，又突出了文学的审美本质，因而使研究更具有现代风采，也使他自己成为人们敬仰的大师。他先后被推选为全国《红楼梦》研究会会长、中国散文学会会长、中国俗文学学会会长，并担任北京大学学术委员会委员。

吴组缃是现代文坛上的杰出作家，是世界知名的学者、教授，享誉可谓盛矣！而在他的盛名后面是他的盛德。他自幼就接受了民族传统美德的熏陶，五四新文化的影响，特别是从30年代起科学社会主义信仰的形成，使他的精神品格升华到一个更自觉更高尚的境界。不趋附，不媚俗，耿直，坦诚，说真话，坚持真理，他身上这些最为人们所崇敬的品行，在他的朋友和学生中间是有口皆碑的。他曾经同人们谈到过他应聘做冯玉祥将军的国文教员这件往事，他说："我钦佩他的抗日主张,就接受了他的聘请。"但是"我跟他有言在先:'我拥护你抗日,就忠于你,忠于你就说真话,不说假话。说真话很难听,你要不高兴,就叫我卷铺盖走路。'"这里显露的是一种闪光的精神品格:耿直、坦诚,心底无私,光明磊落。他作为一位学者,又把这种做人的态度化为治学的原则。50年代,他曾告诫身边的青年学者:"治学问首先要讲节操,要有骨气,应当勇于面对现实,坚持真理。"而他自己就身体力行地这样做了。虽然因为讲真话,坚持真理给他招来种种磨难,但是始终不悔,到了晚年,依旧直声远扬。

吴组缃一生始终怀着赤子的真诚,热爱自己的祖国和人民。这是他精神品格的核心。在从"文化大革命"的浩劫中走出来,他起码是有理由发发怨言的,但是他没有,连一句牢骚都没有,他胸怀里跳动的仍然是那一颗赤心。北大中文系有不少人知道以下两件事:

1981年,吴组缃应邀访美,参加"鲁迅及其遗产"国际学术讨论会及爱荷华国际写作者中心的活动,并访问了爱荷华大学、加州大学、旧金山大学、历仁佛大学,有人问他:怎样看待几十年来中国共产党所犯的错误,他回答时打了一个比方,说乡村里有位老奶奶脊背发痒,叫小孙子给他挠挠,小孙子挠第一下,太靠左边了,挠第二下,又太靠右边了,连挠几下,才挠对了发痒的地方。这样一件小而又小的事,开头尚且把握不准,何况中国共产党所从事的是改天换地的伟大事业呢?这个比方把一个复杂而敏感的问题,说得如此朴素,如此深刻,又如此生动有情!

1993年,有一位衣着入时的女士,带着某单位的公函和录音设备,以搜集资料为名,来请吴组缃教授仔细回忆解放以来的坎坷经历,并且对现实生活发表看法,她还怂恿说:以前在共产党压制下不敢讲的话,只管大胆地讲出来,她负责保存好录音带,留到将来发表。吴组缃当即回答说:自己从来就不怕讲心里话,但对共产党提出任何批评都是为了改进工作,不是想拆台。现在有些人自以为观念很新,可是连国民党共产党谁是谁非都分不清,连旧社会新社会哪个好哪个坏也分不清,对于这样的人,该说他些什么才好呢?这一番话立刻打破了那女子的幻想,使她乘兴而来败兴而归,原先约定每周访谈一次,却从此再不见踪影。这件事同样让人看到了一种宝贵的精神品格,一种崇高的思想情操。

1990年2月,他写下了自己与夫人合葬墓的碑文:

> 竟解中华百年之恨,
> 得蒙人民一世之恩。
> 炉边北国寒冬暖,
> 枕上东川暑夏凉。
> 愿生生世世为夫妇。

这是一位80多岁的老人在走向人生终点的时候,向当世也是向后世说的心里话,所传达的思想情感是如此博大、深沉、真挚感人,追怀了他们夫妇结伴走过的漫长的人生路:历尽世道沧桑,饱尝人间冷暖。但是,他们拥有一份入心入骨又生死不渝的爱情。而最珍贵的爱情和个人命运又是与国家民族的命运不可分割地联系在一起的,并且同对人民真诚的爱这种更加广大深厚的感情相交融。这是一篇非常感人的墓志铭,它抒发了真正的人间至情,闪烁着崇高人格的光辉。

**注 释**

① 吴宏聪《深情每祝花长好——回忆与吴组缃先生相处的日子》,《吴组缃先生纪念集》,北京大学出版社1995年版。

② 吴组缃《论贾宝玉典型形象》,《说稗集》,北京大学出版社1987年版。

〔作者 北京大学中文系教授〕

# 翁文灏对北大地质学学科的关心与支持

于 洸

翁文灏先生(1889—1971)是一位著名的地质学家,满清末年留学比利时,在罗文大学专攻地质学,1912年获自然科学博士,他的学位论文《勒辛地区的石英玢岩研究》是中国学者发表的第一篇博士论文。1913年他回国后即在工商部地质研究所任教,1916年任农商部地质调查所矿产股股长,1919年任代所长,1922年任中国地质学会第一届副会长,1926年任地质调查所所长,直至1938年。翁先生是我国地质事业的先驱者和奠基人之一,对我国早期的地质事业作出了重大贡献。黄汲清教授在《我国地质科学工作从萌芽阶段到初步开展阶段名列第一的先驱学者》[①]一文中,称翁先生是中国"第一位地质学博士","第一位撰写《中国矿产志略》的学者","第一张全国地质图的编者","第一位考察研究地震灾害和出版地震著作的学者","第一位代表中国参加国际地质会议的地质学者"。

翁先生很早就从事地质教育工作,早年曾在北大地质系任教,并对系的工作给予过许多指导、支持和帮助。

一

1909年京师大学堂首办地质学门,1913年5月学生毕业后暂时停办。同年,北京大学附托工商部(1914年改为农商部)举办地质研究所,作为培养地质人才的临时机构,借用北大地质学门的地方、图书、标本、仪器及各种教学设备,并聘请了北大教授德国人梭尔格授课。翁文灏先生1913年回国后即在该所任教,历任讲师、教授,讲授矿物学、岩石学等课程,他学识丰富、讲课精详,学生受益良多。他还和所长章鸿钊等教师一道,多次带学生到北京西山、山东、华南等地野外实习。1916年7月学生毕业。章鸿钊和翁文灏把带领学生实习时编写的报告整理成《农商部地质研究所师弟修业记》,正式刊行。此时,农商部将仪器标本等送还北大,请北大自行开设地质科。北大地质学门于1917年恢复招生。

翁先生曾参加1917年北大理科(包括地质学系)改订课程的工作。当时教育部改订学制,预科由3年改为2年,本科由3年改为4年。北大组成了由理科学长夏元瑮领导的十人小组,负责改订课程。翁先生当时是农商部地质调查所矿产股股长,并不在北大任教,但还是请他为十人小组成员之一,我揣摩与翁先生曾任地质研究所教授,当时又在地质调查所任职有关。十人小组议决:本科一、二年级不设选修课;4年中所学课程要有70单位,其中必修课至少需50单位;一、二、三年级各有2单位学习德文或法文;四年级要有1单位学术史课程。

1917年地质学门安排了必修课62单位,计有:物理(3)、物理实验(4)、化学(3)、化学实验(9)、分析化学原理(2)、植物学(2)、动物学(2)、地质学(甲)(3)、地质学(乙)(3)、测量学(2)、地文学(1)、徒手画(3)、外国语(6)、古生物学(3)、古生物学实验(2)、矿物学岩石学(4)、矿物学岩石学实验(6)、矿床学(2)、地质学史(1)、中国地质(1)。选修课有:高等古动物学、高等古植物学、高等矿物学、高等岩石学、高等地质学等。三、四年级都安排了地质旅行。虽然没有查找到1917—1919年翁先生在北大授课的记载,但他参与制订北大地质学系课程设置这件事表明,北大地质学系从1917年恢复招生起,翁先生就贡献了他的意见。

据不完全统计,翁先生1920、1925、1929、1930年均在北大授课。李四光先生1920年应聘为北大地质学系教授,未到校前所任三年级"高等岩石学"请翁先生代课。翁先生讲课很受学生欢迎,虽然他当时在地质调查所工作,学生们希望请他来校上课,1929年全系学生大会讨论并向学校建议,"地质构造学"请翁先生担任,增设的"地文学"也请翁先生授课。1929年及1930年翁先生给三、四年级学生讲授了"中国地质构造"。1931年以后一段时间内,北大将曾在本校任教过的一些校外学者,聘请为名誉教授,翁先生是被聘任者之一(1932—1936)。

## 二

翁先生对北大及北大地质学系的学术活动也十分关心。

1920年10月北大地质学系学生杨钟健等发起组织了北京大学地质研究会(后改称地质学会),这不仅是当时北大理科第一个学术性社团,在全国地质学界也是第一个学术性团体,受到有关方面的重视。研究会拟定了要开展的工作:请学者讲演、实地调查、编发杂志、出版图书等4项活动。研究会成立一年后,于1921年10月举行了一次师生茶话会,请老师们对如何开展研究会的工作提出意见。翁先生应邀出席,并第一个发言,他说:"我认为最要紧的是应该提出问题,或经教员指定,互相讨论研究;研究的结果,亦可用文字发表之。像这样的(活动),很有趣味,很有利益。"翁先生认为后3项活动,一时不容易做到。会上,他还介绍了地质调查所的方针和当时的工作,希望与北大地质学系携手并进,并设法帮助地质研究会。[②]北大地质研究会从1921年至1931年共出版过5期会刊,其中发表学生写的论文52篇,"调查录"3篇,"讨论"3篇。看来,这项活动与翁先生的想法是吻合的。

翁先生应北京大学、北大地质研究会之邀,还不时到北大作学术讲演。如：1921年11月27日为地质研究会讲"中国之地震中心及近代之地震"。这一年甘肃发生地震，年初翁先生与北大地质学系教授王烈等前往考察，回京后，翁先生结合考察情况及自己的研究给学生作报告，很受欢迎。这次讲演因测震器及其他用品等搬运不便，是在地质调查所举行的。又如：1928年翁先生曾在北大作了6次讲演，其讲题是：(1)研究中国地质略史；(2)中国地层的研究；(3)中国之地质构造；(4)中国之地质构造（续）；(5)中国之矿业；(6)中国之地理工作。这样系统的讲演使师生们开阔了眼界，受益良多。再如：翁先生1929年出席了在印尼爪哇举行的第四次泛太平洋学术会议，提出《中国之拉拉米造山运动》论文，同年7月8日应邀在北大作了"爪哇第四次太平洋学术会议开会情形"的讲演。1929年12月5日，裴文中（北大地质学系1927年毕业生）在房山周口店发现了举世闻名的第一个中国猿人头盖骨化石，翁先生非常高兴，应邀于1930年4月24日在北大第二院大讲堂作了题为"北京人"的讲演。

## 三

翁先生还指导北大地质学系学生的科研工作，他的一些科学论文也在北大的学术刊物上发表。

1927年12月翁先生偕王恒升（北大地质学系1925年毕业生）往热河（今辽宁省）朝阳县北票煤田研究地质构造，有所发现，1928年4月底又带领北大地质学系毕业班学生黄汲清、朱森、李春昱、杨曾威，前往调查该地的地层及构造；他们在翁先生指导下，通过实地调查写成《热河朝阳县北票兴隆沟及杨树沟一带地质报告》，刊登在《北京大学地质研究会会刊》第3期上（1928年出版），根据他亲自指导的4位学生提供的实际材料，翁先生发表了《热河北票附近地质构造研究》一文。[③]

翁先生常在北大学术刊物上发表论文，如：《中国北部水平动所成之构造》,载于《国立北京大学地质研究会会刊》第3期(1928年);《中国金属矿床生成之时代》,载于《北京大学自然科学季刊》第1卷第2号(1930年);《北京猿人学术上的意义》,载于《北京大学月刊》(1930年4月);《蒙古山西及江苏黄玉结晶之研究》(与王绍文合著),载于《国立北京大学自然科学季刊》第2卷第1期(1930年10月18日);《河流侵蚀的速率》,载于《国立北京大学地质学会会刊》第5期(1931年4月)。以上情况表明翁先生在学术工作方面与北京大学有着密切的联系。

在《中国北部水平动所成之构造》一文中,翁先生历述了一些地区的地质构造后指出:"迄于近今,水平运动之广泛及剧烈已有多地得有切实之证明,并已由理论而近于事实。今后所当注意者惟在于其分布之范围,动力之方向,及发生之时代,期更得较为明晰之了解而已。"他还指出:"总之,研究愈进,则问题愈多,学然后知不足,知不足然后乃愈感学问之可乐也。"这富有哲理的经验之谈,对于研究学问者,尤其是青年学子是颇有启示的。

在《北京猿人学术上的意义》一文中,翁先生写道:"亚洲是地球上最大的陆地。东通美洲,西连欧洲,在北半球中又居适中的地位,若讲人类肇始,亚洲原是最适(宜)的地方。学者的推论终是有事实会来证明的。自从1930年德国学者施洛塞尔在北京药铺里所买'龙骨'中发现人牙起,到去年十二月在地质调查所做事的北京大学毕业生裴文中先生发现周口店猿人头盖骨止,中间经过许多专门工作,中国猿人的存在已经是充分的证明了。""除了专门的详细研究外,中国猿人发现的大概意义,是已经可讲的了。就我个人的见解来说,中国猿人在学术上的意义可分作四点。这四点是:(1)即使不能证明亚洲人为肇始之地,也已指示亚洲为猿人甚发达之区。(2)中国猿人共生的动物化石格外丰富,已经鉴定的有几十种,所以他的地质时代已经比较确定,就是至少在黄土生成之前。(3)如此说法,究竟这样理想的祖先发生在何处呢?有的说应在新疆,有的说应在蒙古,有的说应在南方或亚洲南部，都是理想之说，并无绝对证据。我想或者就在当地——中国北部——更古的地层，就能发现比北京猿人更古的猿人或人猿。好好地找，总有希望。(4)但猿人固非猿，猿人也非人。我们不要误会北京猿人就是中国人种的直接祖先，其实猿人与现代人的分别、与现代各人种间的分别相差远多了，所以猿人中国人种或任何人种的小分别真是毫无关系的。照现在的想象，最多只能说，北京猿人与现代人种似乎是(其间并无证据)出于同一祖先(尚未找到)。但猿人与我们的真祖宗(尚未找到)各别演化，猿人的演化到相当的时代就绝了种，我们这种人逐渐地进步到现代的模样。所以我对北京猿人最多只可叫他很远很远的堂房伯叔祖，但并不是我们的直系祖宗。"当时对北京猿人初步研究的结果，用中文写成的论文发表在《科学》杂志上，英文的发表在《中国地质学会志》上，翁先生这篇论述北京猿人学术上意义的文章发表在《北京大学月刊》上，我揣摩一是北京猿人头盖骨的发现者裴文中是北京大学的毕业生，二也是表示翁先生与北京大学有着密切的学术联系。

## 四

1916年至1938年，翁先生主要在地质调查所工作，长期担任所长，在我国地质工作的草创时期及以后的一个相当时期内，地质调查所与北大地质学系联系密切、相互支援。其方式主要有：互相兼职；调查人员到校兼课；相互出席学术讲演，调查所的图书、仪器等对北大师生的使用实行优惠办法；设置奖学金；协助指导学生实习；录用一定数量的北大毕业生到地质调查所工作等。兹举数例。

地质调查所1929年11月致函北大地质学系，称："敝所逐年以来于地质研究之各种设备渐为完全，不特以供所内人员之研究，且甚愿从事地质工作者共为利用。""素仰贵系研究地质成绩久著，尤与敝所互相提携，密切合作，自更应不分畛域，共策进行。凡敝所所有图书馆、陈列馆、研究室等各部分之研究设备,均请贵系教授及学生充分利用,视为一家。""贵系教授应予敝所人员同一便利。""对于贵系学生亦应特予优待。"为此,制订了对北京大学地质学系学生至地质调查所研究的特别办法。

1930年,地质调查所"为奖励地质学生勤求实学,专心研究起见",于中华教育文化基金董事会补助费内,确定一定数额,作为学生奖学金,并拟订了专门的规则。

翁先生多次担任中国地质学会理事、副会长或会长。1936年丁文江先生逝世后,由翁先生主持,中国地质学会募集了"丁文江先生纪念基金",规定"以基金所得利息,每二年对中华国籍研究地质有特殊贡献者,发给丁文江先生纪念奖金六千元。如有余额,再捐助北京大学地质系研究所作为调查研究之用"。当时确定这后一项费用,自1937年起每年为1000元。为此,北大地质学系与中国地质学会共同制订了关于该补助金的章程。由于抗日战争爆发后的情况变化,此项计划未能实施,但这件事清楚地表明了中国地质学会和翁先生对北大地质学系支持的一片心愿。

1940年,翁先生作为地质学会的理事,建议理事会筹募基金,设立学生研究奖金,得到各理事的赞同。各大学地质系四年级学生都可将调查报告或研究论文,于每年7月间寄理事会,审查及格者发给奖金。从1941年起至1948年共发奖5次,31人得奖,其中有21人是北大地质系四年级的学生。[④]

仅从以上列举的事例即可看出,地质调查所及中国地质学会对北大地质学系曾给予过诸多方面的支持,这些与翁文灏先生的倡导是分不开的。

**注 释**

① 该文载王鸿祯主编《中国地质事业早期史》,北京大学出版社1990年

版。

② 参见《国立北京大学地质研究会会刊》1921年第1期。
③ 该文载农商部地质调查所《地质汇报》1928年第11号。
④ 参见夏湘蓉、王根元《中国地质学会史》,地质出版社1982年版,第40、41页。

〔作者　原北京大学地质学系教授〕

# 丁文江章鸿钊与北大地质学学科的建设

于洸

丁文江先生(1887—1936)1913 年任工商部地质科科长、地质调查所所长兼地质研究所所长,章鸿钊先生(1877—1951)1912 年任实业部地质科科长,1922 年任中国地质学会首任会长,他们两位都是我国地质事业的创始人和奠基人,对我国早期的地质事业作出了重大贡献。黄汲清教授在《我国地质科学工作从萌芽阶段到初步开展阶段名列第一的先驱学者》[①]一文中称:章鸿钊是中国"第一位撰写中国区域地质论文的学者","第一位地质学教师","第一位地质科长","地质学会第一任会长","第一位考古地质学者"。丁文江是中国"第一位地质学教学机构首脑","第一位地质调查所所长","第一篇正式地质调查报告的作者","第一位远征边疆的地质学家","第一位进行煤田地质详测并拟定钻探计划的地质学家","第一位撰写中国矿产资源论文的学者"。丁文江先生诞辰 100 周年、章鸿钊先生诞辰 110 周年纪念会和中国地质事业早期史讨论会,1987 年 10 月 5 日至 7 日在北京大学举行,来自 60 个单位的 113 位学者与会,其中有中国科学院学部委员(现称院士)22 人出席,老、中、青几代人共聚一堂纪念丁文江先生和章鸿钊先生,共议中国地质创业奠基史,北京大学校长丁石孙教授在会上作了"北京大学与中国地质"的讲演。这次纪念活动和学术活动是由中国地质学会与北京大学共同筹办的,由中国地质学会地质学史研究会与北京大学地质学系具体组织的。

这次纪念活动与学术活动为什么在北京大学举行？因为北京大学与我国地质事业的发展有着密切的关系，因为这两位我国地质事业的先驱者与北京大学有着密切的关系。

一

京师大学堂很早就开设了地质学课程，章鸿钊先生就是应聘的第一位中国籍地质学教师。章鸿钊先生1911年夏毕业于日本东京帝国大学理科大学地质学科，在他毕业以前，京师大学堂农科大学学长罗叔韫先生约他担任农科大学地质学讲师。章先生回国后应约赴任，住马神庙校舍，1911年秋季讲授地质学，并为学生编写了讲义。10月10日武昌起义，学生们都离京回家，章先生因无书可教也回江苏了。②他教课的时间虽然不长，但这是中国地质学者在中国大学讲授地质学的第一人，黄汲清教授所称的这位"中国第一位地质学教师"就是在北京大学任教的。

我国早期地质人才的培养与北京大学、与丁文江、章鸿钊两先生有着密切的关系。在我国高等学校中设立地质学系培养地质人才是从北京大学开始的。1909年京师大学堂开办了地质学门，聘请德国人梭尔格博士（Dr. F. Solgar）等人授课，1913年5月这班学生毕业后，因学地质学的人数太少，开课费用太大，地质学门暂时停办了。1912年南京临时政府成立，章鸿钊先生就任实业部矿务司地质科科长，他草拟了一份"中华地质调查私议"，并附"筹设地质研究所的意见"及"简章"，以培养青年，当时章先生认为"若欲委之教育界乎则又缓不济急也"③。是年10月，南京临时政府移至北京，实业部分为农林、工商两部，章先生改就农林部技正，他那个举办地质研究所培养青年的计划没有付诸实行。丁文江先生早年在英国格拉斯哥大学攻读动物学和地质学，1911年夏回国，先在上海南洋中学教书，1912年冬任工商部矿务司地质科科长，张轶欧司长向他介绍了章先生所拟的"中华地质调查私议"。在丁先生拟的"工商部试办地质调查说明书"中,也提出办地质研究所作为地质调查的第一步。这个计划得到北京大学校长何燏时、理科学长夏元瑮的赞助,利用北京大学地质学门暂时停办的机会,由北京大学附托工商部(1914年改为农商部)举办一个地质研究班,后称为地质研究所,④丁文江任所长,1913年10月开办,初招学生30人,借用北京大学景山东街(马神庙)地质学门的地方、图书、标本、仪器及各种教学设备,同时聘请北京大学教授德国人梭尔格授课,丁文江、章鸿钊、翁文灏、王烈等也授课。1913年11月丁文江先生外出考察地质,辞去所长,由章鸿钊先生担任。1916年7月有22人从该所毕业,10余人进入由丁文江任所长的地质调查所工作,自此,我国地质调查工作才得以正式着手进行。这班学生毕业后地质研究所就没有再办下去,农商部致函北京大学,将借用之仪器、标本等送还,由北京大学"自行开办地质科"。丁先生与北京大学校长商定,北京大学担任造就地质人才的工作,地质调查所专做调查研究工作,可以随时吸收北大地质方面的毕业生,使他们有深造的机会。

## 二

北京大学地质学门于1917年恢复招生,章鸿钊先生曾暂代矿物学授课的工作。1919年改称地质学系,1920年恢复招生后的第一班学生毕业。由于上面所说的渊源,地质调查所与丁先生对北大地质学系总是很关切的。初期毕业生到地质调查所去找工作,丁先生亲自考试,考试的结果使他大不满意。那时,丁先生与胡适之先生很熟识,对他说:"适之,你们的地质系是我们地质调查所青年人才的来源,所以我特别关心。前天北大地质系的几个毕业生来找工作,我亲自给他们一个很简单的考试,每人分到十种岩石,要他们辨认,结果是没有一个人及格,你看这张成绩表!""我来是想同你商量,我们同去看蔡先生(蔡元培先生时为北大校长),请他老人家看看这张成绩单。我要他知道北大地质系怎么办得这么糟。你想他不会怪我干预北大的事吗?"胡适之先生说:"蔡先生一定很欢迎你的批评,决不会怪你。"后来他们同去看蔡先生,蔡先生听了丁先生批评地质系的话,也看了那张有许多零分的成绩单,不但不生气,还虚心地请丁先生指教整顿改良的方法。据丁先生回忆那是1920年的事。那一席谈话的结果,有两件事他是记得的,第一是请李四光先生来北大地质系任教,第二是北大与地质调查所合聘美国古生物学大家葛利普先生(Amadeus William Grabau, 1870—1946)到中国来,一面在北大教古生物学,一面兼地质调查所古生物室主任。⑤

李四光和葛利普两位先生1920年到北大地质学系任教,他们对北大地质学系提高教学质量和系的发展都作出了很大的贡献。这是北大地质学系发展史上的一件大事。李先生在北大的情况将另文介绍。葛利普先生在中国、在北大26年,我国老一辈古生物学家都是他的学生。1946年葛利普逝世,安葬于沙滩北大地质学馆前,1982年迁墓至北京大学现校园内。名师出高徒。丁先生推荐的这两位名师,确是丁先生对北大的贡献。

## 三

丁先生关心北大地质学系的建设和发展还可以举出一些事例。

1920年,北大地质系学生杨钟健等发起组织北京大学地质研究会(后改称地质学会),10月成立,11月7日举行第一次讲演会,由丁先生讲演,50人听讲,讲题是"扬子江下游最近之变迁——三江问题",记录稿刊登在《北京大学地质研究会会刊》第1期上(1921年10月出版)。杨钟健(北大地质学系1923年毕业生,中科院院士)在一篇纪念文章中说:"那时,我已深佩丁先生的治学精神与方法。"⑥

1924年1月5日至7日中国地质学会举行第二届年会,1月6

日前任会长丁文江发表了以"中国地质工作者之培养"为题的会长演说,他说:"在英美的大学和矿业学校中,一般地缺乏野外训练。""在国立北京大学地质系中所开设的课程,比起那些外国学院来要好,但有一个很大的缺点,就是完全没有严格的生物学课程。学生们除非加以补修,是难以期望了解地史学基础原理的。""还有,中国学生必须学习一些测量课程,特别是地形测量。这是因为中国境内只有很少的地区是测过图的,而且这些地图往往不适用,这就要求地质工作者来测制自己所需要的地图。"⑦丁先生的这些意见都是很重要的,当时北大地质系没有过早地专业化,并且增加了生物学和地形测量的课程,注重野外实习。

赵亚曾先生(1898—1929)1923年毕业于北京大学地质学系,成绩优异,毕业后入地质调查所工作,1928年任古生物学研究室主任,不到6年的时间发表著作18种,100多万字。丁先生对这样有为的青年是非常称赞、非常爱护、非常鼓励的,并对人介绍说"这是北京大学出来的地质学的天才"。但不幸的是,赵亚曾1929年在云南考察地质时遇匪殉难。地质学界闻讯都很悲恸,丁先生哭了好几次,到处为其家属征募抚恤费,他自己负担赵氏儿子的教育责任。丁先生曾赋《挽赵予仁》七律四首,有句云:"三十书成已等身,赵生才调更无伦;如何燕市千金骨,化作天南万里尘!"又云:"老骥识途空自许,孤鸿堕网竟难还!……遥想闸心场上路,春来花带血痕殷!"⑧

1931年3月15日丁先生应北大地质学会之邀,作了"中国地质学者的责任"的讲演,他说:"科学是世界的,是不分国界的,所以普通讲起来,中国科学家的责任与其他国家的科学家完全没有分别。""但有几种科学,因为他所研究的材料,根本有地域性质,所以研究这种科学的人,也就因为地域不同的关系,发生不同的责任。地质学就是这种科学之一。所以,研究地质的人,往往对于世界和对于本国,有特别的义务。"他结合中国地质和矿产资源的情况,详细地说明了中国地质学者的责任,并且指出:"地质学者责任如此重要,能够尽职自然要有长期预备。这种预备可以分做校内校外两种:在校的时候应该对于各种课程平均努力,以期得到相当的常识。北大对于地层和地史是最有成绩的,但若是一个人对于岩石矿床没有普通的知识,决没有发现金属矿的可能;同时专门从事所谓经济地质的人,假如不能了解地层、地史和构造的原则,决不能从事煤田、油田、含盐的观察。""出了学校以后的预备,第一是要得到野外工作的能力,这种能力没有相当的指导经验,是不容易得到的。现在有许多人,出了学校门,就想要独立工作,不愿意做人家的助手,受人的指导,这是很大的错误。""我们的责任很重大,很复杂,所以,训练越彻底,工作的效能越大,凡要自欺欺人的人,断不能成为地质学者,断不能负地质学者的责任。"⑨丁先生的讲演使当时地质系的学生深受教育,就是现在看来,也是有指导意义的。

## 四

1931年以前,丁先生有时候在北京,北大校方与学生曾多次请他到北大任课,都被他因为"没有充分时间"推辞了。有一次曾请他讲"中国西南地质",丁先生大发脾气地说,"什么西南地质、西北地质的一大套。地质是整个儿的,纵然各地稍有不同,也没有另外专讲的必要。要这样开设起来,你们的学生有多少时间才够分配? 我根本不赞成这种办法,我是不能去教的。"请丁先生讲课的事也就作罢。但后来有了一个机会。

中华文化教育基金董事会与北大合作,自1931年至1935年,双方每年各提款项20万元,共40万元法币,作为合作研究特款,一部分作为购置图书、仪器和建筑设备之用,另一部分作为设立研究讲座之用。所聘人选"以对于所治学术有所贡献,见于著述为标准"。这一年,丁先生被聘为北大研究教授。1931年地质学系被聘为研究教授的还有葛利普、李四光、谢家荣等3人。

丁先生教的是地质学,这是一门基础课,是他自己认为能教的,所以才"惠然肯来"。他过去教书的时间比较少,不教则已,既然教了,他是用尽了所有的力量去教的。他教课,决不肯按照某种或某数种教科书上有的去教,即算了事。他要搜集普通的、专门的、古今中外的各种材料,斟酌取舍。他曾说:"不常教书的人,教起书来真苦,讲一点钟,要预备三点钟,有时还不够!"对于标本、挂图等他也全力罗致。当时地质调查所的人曾有这样的笑话:"丁先生到北大教书,我们许多人连礼拜天都不得休息了。我们的标本也教丁先生弄破产了。"地质学所讲,很多是死石枯骨,不顺口的名词,枯燥的数目字。但听丁先生讲课向来不感觉枯燥,学生们都是精神奕奕的。例如,地球上山地、水泽、平原所占面积的比例很难记,丁先生就讲,我们江苏有句俗话,叫"三山六水一分田"。这种"巧于比拟"的方法使学生便于记忆。丁先生最主张实地练习,常常带领学生去野外。出去的时候,都要利用假期,决不耽误应讲授的功课。凡预定实习的地方,他一定预先自己十分明白。吃饭、住宿、登山等等一概与学生完全一致。他的习惯是:登山必到峰顶,移动必须步行。他认为,带领学生,必须一切均照规矩,以身作则。不如此,学生不能有彻底的训练,且有亏于我们的职责。曾作为他助教的高振西先生在一篇纪念文章中说:"这样的教师,丁文江先生给予学生们的好处,不只是学问、知识同治学的训练。他那种活泼的精神,任事的英勇,训练的彻底,待人的诚恳,同其他种种方面,无形之中感化到学生身上的,实在更为重要。"[⑩]丁先生是充分尽了教师的责任的。

丁先生除教课而外,还从事研究工作。例如,1933年7月他赴美国华盛顿参加第十六届国际地质大会,向大会提交了与葛利普教授合著的两篇论文:《中国之石炭纪及其与密西西比纪及盆雪维尼纪的关系》、《中国之二叠纪及其对于二叠纪分类的影响》。会后赴欧洲及苏联作地质考察,11月回国。

还要提到的是,北京大学地质学馆的建设。前面提到的合作研究的特款分到地质学系的设备费，丁先生提议，可暂时不用于购置设备，积累3年有4万多元，再想点别的办法集资，盖一幢楼。系主任李四光教授采纳了这项建议，从1931年筹建，到1934年，在沙滩松公府夹道落成一座四层楼的地质学馆。一个系有单独一幢教学楼，这在北大当时尚属首例。

丁先生于1934年10月18日离开北大，应蔡元培先生之邀，到当时的中央研究院任总干事。

丁文江先生和章鸿钊先生在本世纪初的一段时间里，虽然在北大任教的时间不长，但是从不同的方面对北京大学地质学系的建设和发展都做过许多工作，在庆祝北京大学建校100周年的时候，我们永远记着这两位我国地质事业的先驱者对北京大学所作的贡献。

**注　释**

① 该文载王鸿祯主编《中国地质事业早期史》，北京大学出版社1990年版。
② 参见章鸿钊《六六自述》，武汉地质学院出版社1987年版，第29页。
③ 同上书，第30页。
④ 参见丁文江所写农商部地质调查所《地质汇报》第1号序言，1919年7月。
⑤ 参见胡适《丁文江传》，海南出版社1993年版，第25页。
⑥ 杨钟健《悼丁在君先生》，《独立评论》第188号，1936年2月16日。
⑦ 转引自夏湘蓉、王根元《中国地质学会史》，地质出版社1982年版，第61页。
⑧ 同上书，第37页。
⑨ 丁文江《中国地质学者的责任》，《国立北京大学地质学会会刊》第5期，1931年4月。
⑩ 高振西《做教师的丁文江》，《独立评论》第188号，1936年2月16日。

〔作者　原北京大学地质学系教授〕

# 北大地质学学科的奠基人——李四光

于 洸

李四光教授(1889—1971)是我国地质事业的奠基人和先驱者之一,是著名的地质学家。他长期担任我国地质部部长、中国科学院副院长,是中国科学院首批学部委员(现称院士)。他曾两度在北京大学执教,1920年至1928年任地质学系教授,1931年至1936年任研究教授,并任地质学系系主任,对北京大学地质学系的建设与发展作出了重大的贡献,对北京大学也贡献良多。

## 一

李四光教授毕生贡献于我国的地质事业,他首先从事的是在北京大学任教的工作,为发展祖国的地质事业培养人才。北京大学地质学系历届毕业生中有20多届学生都直接受业于先生。

1917年蔡元培先生出任北京大学校长,对北京大学进行了整顿与改革,他"广延积学与热心的教员",极大地提高了北大的师资水平。创设于1909年的地质学门曾一度停办,在蔡先生出任校长的1917年恢复了招生,1919年改称地质学系,师资力量亟需充实。1919年地质调查所所长丁文江先生赴欧考察,当时李先生已获英国伯明翰大学自然科学硕士学位,也在欧洲大陆考察地质。丁先生特地找到李先生,说明培养地质人才是当务之急,希望他回国教书。丁先生回国后向蔡校长作了推荐。李先生接到蔡校长电邀后,曾自德国给刚从北大到英国的傅斯年先生写信,询问北大的情形。傅先生在致蔡校长的信中说:"我不消说是竭力劝他去的。""李君与丁君(丁燮林先生,1920 年也应聘为北大物理系教授)乃英学界之'两科学家',不特学问大家佩服,即学问以外的事,也是留英的精粹。他们所学的科学,真能脱离机械的心境,而入于艺术的心境。""李君生平,不仅学者,更是义侠之人;此间的留学界很多称道。李君不甚愿应北大之招(愿就西南),我看先生还是竭力聘去好,定于北大有多少益处。"①李先生还是应了蔡校长之邀,任北大地质学系教授。1920 年 9 月本已排定他的课程,因他尚未到校,所任一年级矿物学及实习,由章鸿钊先生代课,二年级岩石学及实习,由王烈先生代课,三年级高等岩石学由翁文灏先生代课。②1921 年 1 月李先生才到校上课。③

李先生开设过许多课程,除 1921 年讲过矿物学外,主要开设:岩石学及实习(二年级)、地质测量及构造地质学(二年级)、高等岩石学及实习(三年级)、高等岩石实验(四年级)4 门课程。这 4 门课是同时开设的,每周讲演 5 小时,实习 14 小时。因实习是分组进行的,最多时高等岩石学实习分为 6 组,教学时数每周远超过 19 小时,教学任务非常繁重。

李先生对教学工作极端负责,对青年既热情爱护,又严格要求。讲授矿物学时,在没有木质或玻璃质晶体模型的情况下,他自己在黑板上画各晶系矿物的晶体形态;在分析等轴晶系八面体转变为四面体时,哪个晶面发育,哪个晶面不发育,讲得清楚明白,给学生印象很深刻。④李先生对岩石学研究精深,他授课时,与当时一般的讲法不同,不是纸上谈兵,除了在课堂上讲授理论知识外,常常带学生到陈列室看各种岩石标本,到实验室用显微镜观察和辨别不同岩石的结构和性质,并且常常带学生到野外实地考察各种岩石。⑤岩石课实习时,他不是发给学生几块岩石薄片,让学生看看就行了。下课前,他要逐一检查每个学生看的是什么岩石,还要在显微镜下亲自看一下,看是不是那种岩石。⑥他讲课的内容十分丰富,启发性很强,要求学生独立思考问题。例如,讲火成岩分类时,要求每个学生各自考虑提出一个分类标准。⑦他教育学生在岩石学方面,要特别注意基础知识和基本功,同时要注意微末细节,从岩石磨片、肉眼鉴定、显微镜鉴定到岩石的化学全分析等,都要求学生加强训练。在构造地质学方面,除了室内模拟试验分析外,还特别要加强野外的实地观测。⑧他采用的考试方法也和当时一般的老师不同,除了出几个问题,要求学生在考卷上答复以外,还发给每个学生六七块编有号码的岩石标本,要求学生写出每块石头的名称、矿物成分、生成条件、与矿产的关系等等。⑨考试的要求很严格,虽然有的学生得分很低,但对老师没有意见,总觉得老师严格要求是应该的。学生们都愿意听他的课,据1920年入学的俞建章先生说,当时在地质系讲课的,如葛利普和其他老师,没有哪一个能赶上李先生那样认真的。⑩

李先生经常带学生到野外实习,那时交通条件差,经常步行,沿路线观察时,他总是走在前面,边走边看边讲,讲地层、化石、岩石、构造,非常仔细认真,一直到日落西山才赶回住地。1921年11月带学生在京西三家店实习那一次,赶火车回到城里已是万家灯火了。李先生写了一首《咏铁锥》发表在《北京大学日刊》上,其中的一段写道:

> 山巍巍,
> 水洄洄,
> 好一个玲珑世界,
> 再过百万年,
> 可只剩得几堆尘土,
> 几点余灰。
> 这是谜。
> 破谜还赖我铁锥。
> 工作复工作,
> 莫道吃亏,
> 我们今天定要做出一块纪念碑。

还要待谁？[11]

这年12月李先生带1919级学生去昌平南口一带实习，田奇㻞先生在《南口地质旅行报告》中特别提到"李先生一种热心指导，不惮劳苦之精神，实同人等不能不特别表示谢意"[12]。

李先生对教学的严肃态度还可举出一例。1921年10月7日北大教务处发出关于编定课程大纲的通告，并要求列出教科书。10月8日李先生即与丁燮林等5位教授联合致函教务长，提出"我等以为编定课程之详细纲要，意在厘定本校各项科目教授及试验标准，确是本校切要之图。欲达到此项目的，自不能仅以指定教科书为代替，因不论何种教科书，其内容的范围、次序及程度，总难与本校各项科目的内容恰恰一致，就令一致，亦宜将教科书内容写出，俾本校各项科目有具体的科目作标准。"教务会议致函答复，明确"不得仅举教科书以代纲目，必须将该教科书内容举出"。李先生等在信中还提出："各项科目，经由教授编定后，应分由各系教授会审定，此项审定的主要目的，在免除本系各项课程有互相掩映之弊。"[13]这些意见至今还有指导意义。

如何读书？是学生必须学会的一个重要问题。李先生除日常给学生以指导外，还写了一篇《读书与读自然书》，发表在《北京大学日刊》上，他指出："书是死的，自然是活的。读书的方法大半在记忆与思考。读自然书种种机能非同时并用不可，而精确的观察就犹为重要。""读书是间接的求学，读自然书是直接的求学。读书不过为引人求学的头一段工夫，到了能读自然书方能算成是真正的读书。只知道书不知道自然书的人名曰书呆子。""世界是一个整的，各部彼此都有密切的关系，我们硬把他分做若干部，是权宜的办法。""今日科学家往往把他们的问题缩小到一定的范围，或把天然连贯的事物硬划成几部，以为在那个范围里的事物弄清楚了的时候，他们的问题就完全解决了，这也未免在自然书中断章取义，这一类科学家的态度，我们不敢苟同。"⑭

  李先生的教学工作受到学生们的热烈欢迎,但到1927年冬,应前中央研究院蔡元培院长之邀,李先生去上海主持地质研究所的筹建工作,1928年春担任所长,此后教学工作难以兼顾了。北大领导仍一再请李先生来京。1929年3月李先生函复陈大齐校长和王烈总务长谓:"此间研究院职务暂时实难摆脱,不辞而去,亦觉失情之常,刻正与蔡先生商酌,俟得人接替,当即奉命北来。"1931年1月19日,北大地质学会等5个北大学会联席会议请学校电请几位教授回校,其中就有李四光先生。李先生于1931年秋季起返校任教,并担任系主任,讲授二年级的岩石学和构造地质学、三年级的高等岩石学、四年级的地壳构造等课程,并先后带领学生到北京西山、江西庐山、长江三峡等地区实习。李先生严谨的治学态度,对学生的真切关怀和循循善诱,始终得到学生们的尊敬和钦佩。

## 二

  李四光教授在地质科学的许多领域都作出了巨大的成就和贡献,值得提出的是,有好些都是他在北京大学执教期间作出的重要科研成果。

  前面已经提到,李先生的教学任务是非常重的,但他除授课外,不放松一分一秒的时间,进行科学研究工作。无论是20年代,还是30年代,当时的许多老师和学生都注意到,他每天到校很早,离校很晚,每天授课之后,别的老师都回家了,只有他的办公室还亮着灯,大家知道,他正在刻苦地进行研究工作。正因为如此,他取得了丰硕的研究成果。

  例如,他以𬶏科化石的创造性研究,奠定了海相石炭、二叠纪地层分界、分层和对比的基础。1923年发表《𬶏蜗鉴定法》,1924年发表《描述𬶏蜗的新名词》(节要)、《山西东北部平定盆地之𬶏蜗》(节要)、《葛氏蟆蜗及其在蟆蜗族进化程序上之位置》,1927 年发表《中国北部之蟆科》,1931 年发表《中国海中纺缍状有孔虫之种类及分布》,1933 年发表《蟆科分类标准及二叠纪七个新属》等著作。

又如,对中国第四纪冰川的研究,1922 年发表《华北挽近冰川作用遗迹》,1933 年发表《扬子江流域之第四纪冰期》,1934 年发表《关于研究长江下游冰川问题的材料》,1936 年发表《安徽黄山之第四纪冰川现象》等著作。

再如,从力学观点研究地质构造,创立地质力学。地质力学这一名词,虽然 1941 年才被正式提出,但这一方向的工作李先生早就开始进行了。1923 年发表《中国地势变迁小史》,1926 年发表《地球表面形象变迁之主因》,1928 年发表《东亚一些典型构造型式及其对大陆运动问题的意义》,1930 年发表《扭转天平之理论》,1931 年发表《中国东南部古生代后期之造山运动》,1932 年发表《再论构造型式与地壳运动》,1935 年发表《中国之构造格架》、《中国之构造轮廓及其动力解释》,以及 1935 年在英国 8 所大学讲演,1939 年出版《中国地质学》等著作。

上述三方面都是李先生学术成就的三个重要领域,这里不可能分析其学术观点的形成、发展及其意义,只想提到的是,这些研究工作往往是在带领学生野外实习过程中结合进行的,这是又一个特点。一面教学,一面研究,教学与科研紧密结合,相互促进,是李先生的经验,也是后辈应该学习的。

30 年代,北京大学设研究教授一职,李先生是地质学系 5 位研究教授之一。他在教学工作的同时,还做了许多研究工作。例如 1931 学年的研究工作,《北京大学周刊》有这样的报道:李四光教授前在本校任教甚久,自二十年度(注:按民国计)复回校担任地质系研究教授兼系主任。近年来,李教授专注意于中国东南部地质之勘测,二十年度在本校之研究工作,就地域而言,亦皆着重于此,而尤注意于南京附近山脉之构成。就学术上之分类而言,可归纳为两部分,其一,属于地层古生物,其又一属地质构造学。(一)属于地层古生物学者,着重古生代地层,及其中所含之生物群,而于䗴科化石尤特别注意。关于此族化石已制成显微镜薄片 800 余枚,据此比较研究之结果,可将石炭纪及二叠纪地层分为 9 个䗴科化石层。其意义有广狭之别:广者可适用于北美、中亚及东欧。其狭者,亦可适用于东亚。关于分类之讨论及重要结果,已成专文发表,见《中国地质学会志》第 10 卷,题名为《Distribution of the Dominant Types of the Fusulinoid Foraminifera in the Chinese Seas》。其他关于东南部奥陶纪、志留纪、早石炭纪、乌拉系、二叠纪地层之层次,亦得有相当结果。(二)属于地质构造学范围者,为两次猛烈造山运动之发见。一在古生代末期,其中最剧烈之一幕,发生于龙潭煤系造成以前,即欧洲地质学家所谓"海西造山运动"。一在三叠纪末与侏罗纪之末或白垩纪之末,即普遍所谓燕山运动者是也。关于古生代末期造山运动之证据,曾有专文讨论,见《中国地质学会志》第 11 卷,题名为《Variskian or Hercynian Movement in S.E.China》。关于前项研究结果之详细报告,拟在中央研究院地质研究所出版。1932 年度之计划仍继续上年度之工作,对于东南部地质,拟作一有系统之研究。同时关于中国南部之䗴科,拟再加以搜集,予以详细之鉴定。[15]

李先生在繁重的教学、科研以及中央研究院地质研究所、中国地质学会等工作之外,为了培养青年,还经常指导学生进行研究,包括指定参考书、指导查阅文献的方法等,还不时给学生作学术报告。如:应北大地质学会之邀,1922 年 2 月 5 日作"中国地势之沿革"的讲演,1923 年 3 月 28 日作"风水之另一解释"的讲演;1921 年应北京美术学校之邀,作了"地球的年龄"的讲演,《北京大学日刊》于 9 月 23 日至 10 月 13 日分 15 次连载。在讲演中,李先生在阐述学术问题的同时,还给学生以科学的世界观和方法论的启示。例如,他在"中国地势之沿革"的讲演中说:"现在我们在讨论中国地势的沿革以前,似乎也应当把我们的方法说出来,并同时把我们的根据摘要的拟出来,即使我们的推论结案不对,我们所举的事实还是事实。那些事实总是有用的。"他还说:"我现在不过举一、二最显著之点,以求见信于非地质学家而抱怀疑态度的人,不怀疑不能见真理。所以我很希望大家都取一种怀疑态度,不要为已成的学说压倒。"⑯李先生正是这样一位"不为已成学说压倒"的科学巨匠,并以这种精神,鼓舞着北大地质学系的许多学子从事创造性的科学工作。

在教师中,李先生也热心倡导科学研究工作,活跃学术空气,在他主持地质学系工作期间,学术工作有声有色。教师的研究成果,除在各杂志发表外,系里还出版《研究录》,至院系调整前的1951年共出版了33号。为继承这一做法,80年代以来,北大地质学系不定期地出版了《地质研究论文集》。

## 三

李四光教授在北京大学任教期间,除对地质学系的建设和发展作出重要贡献外,还参与了许多全校性的工作。不在北大任教以后,他仍关心和支持北大的工作。

1917年蔡元培先生任北大校长之后,学校设评议会决定学校重大事项,还设立各种专门委员会分管一部分行政事务。兹简要列举李先生担任过的主要工作。1921年9、10月先后任预科、仪器等三个委员会的委员,以及地质学系仪器主任。1922年当选为校评议会评议员,12月起担任了大约一年的第二院庶务主任,并校庶务委员会委员。1923年11月任财务、仪器、庶务三个委员会的委员。1924年10月再次当选为校评议会评议员,并仪器委员会委员长及庶务委员会委员。1925年10月当选为校评议会候补成员,9月,作为北京大学的代表出席苏联科学院成立200周年庆祝大会。1931年学校取消了原来的评议会,改设校务会议,由校长、院长、系主任及从教授、副教授中推选出的若干代表组成,李先生从1931—1936年任地质学系主任,为校务会议当然成员,并兼任图书及仪器两个委员会的委员。还兼任过学生生活指导委员会委员。1934年12月李先生赴英国讲学,1936年5月回国,不久,不再担任系主任,但1936年10月仍被选为出席校务会议的理学院教授代表。

地质学系1917年恢复招生以后,实验室不敷应用,仪器标本等也不足。由于学校经费拮据,学生野外实习也受到限制。李先生到校后,几次找蔡校长请求解决。1921年11月11日蔡校长召集评议会,邀请李先生列席,讨论地质旅行费的津贴问题,通过了"津贴地质旅行案"。当年学生在地质旅行报告中说,今年学校"于车费小有补助,真是我们地质学生实事求是的一好机会也"。作为地质学系仪器主任,李先生1922年5月24日又给蔡校长写了一份关于实验室建设的意见书,提出地质学系必不可少的设备及所需房屋,计开:实习室7间,供图书室及矿物学、岩石学、古生物学实习之用;专用教室4间;准备室3间,供暗室、模型制造及标本制作之用。并建议将第二院东北角房屋划归地质系用(闻原系为地质系而建筑)。5月26日,蔡校长即召集有关方面负责人及何杰(地质系主任)、李四光先生参加会议,讨论地质系实验室事务,使实验室用房得到一定程度的解决。

1923年是北大建校25周年,李先生是校庆筹委会委员,并负责地质部分的展览工作(理科仅地质学系有展览)。从12月16日起,一连3天校内外人员踊跃参观。1924年1月6日晚,出席中国地质学会第二届年会的中外会员参观北大地质学系,前任会长丁文江先生演说后,由李先生引导参观,"来宾称道本校,不绝于耳"。"座中有一法国地质学者 Teilberd 先生,谓本校地质系实验仪器标本之完备,实胜过法国巴黎大学而有余。李先生谓此系实话,我真见英国各大学,不及本校者亦甚多云云。"[⑫]这同几年前缺少实验室,"教授无定所,勉强对付,窗前廊下,学生三五聚立"的情况相比,已大大改观了。此实李先生与全系师生共同努力之功。

当年理学院(即第二院)在马神庙,因久未清理,院内杂草丛生,李先生任第二院主任后,带着学生,丈量面积,绘图设计,一齐动手,建设良好的学习环境,对大讲堂前的院子进行科学而艺术的改造。在院子中心建起一座高约 1.5 米的圆形小石台,上面安放一架日晷,石台的四面各有一句话,正面是"仰以观于天文",背面是"俯以察于地理",左侧是"近取诸身",右侧是"远取诸物"。从石台中心还有几条放射状的小路,分别通向大门、教室、大讲堂等处,全用碎石铺砌,两旁栽了冬青和刺柏。座椅之间还布置有"沧海桑田"、"格物致知"等成语。院内布置得井井有条,显得颇为雅静,不仅同花园一样美丽,而且还富有教育意义。乐森璕教授(曾任地质学系主任)1982 年曾对我说过:"这使得当时初入大学之门的人,科学思想大为开阔,不能不称颂李先生宣传之功也。"

还应该提到,北京大学地质学馆,是李四光先生任北大地质学系主任期间建设起来的,由梁思成先生免费设计,从 1931 年开始筹建,到 1934 年,在沙滩松公府夹道落成一座四层楼的地质学馆。

1937 年以后,李先生虽然不在北大任教了,但仍关心着北大地质学系,诸如,在他的关怀下,北大地质学专业 1955 年恢复招生等。特别需要提到的是在他晚年,对北大及地质学系的关心和指导仍然非常具体。1970 年 3 月 11 日,他与地质地理系、数学力学系部分教师座谈,11 月 6 日又与北京、长春、成都三所地质学院及北大地质地理系部分教师座谈。在这两次座谈中,李先生的谈话涉及办学方向、培养目标、教学内容,以及海洋地质学、地热学、地质力学、地应力等广泛的问题。他说:"北京大学是个综合性大学,多偏重些探索性、打基础的工作,使学生在理论方面对全面的、探索性的东西多了解一些,使他们对地球作为一个运动的整体,有较多的了解。""能不能来个地学系,把地球物理、地质、地理……地字号的都包括进去。""像北大这样的学校应适当的给学生一些数学基础。"12 月 10 日又约请中国科学院数学所、北大、清华等有关人员座谈新编数学教材问题。根据李老的建议,北大开展了地热方面的工作,12 月 29 日向李老汇报在河北怀来后郝窑热水勘探工作后,李老指出:"把后郝窑作为地热工作的试点,是一个理想的地方。"1971年3月12日再次向他汇报后,李老指出:"在覆盖的地方应注意对构造的分析,这样勘探工作会减少盲目性。"⑱这时,李老已经82岁高龄了,一个多月以后,即1971年4月29日李老与世长辞。

李四光教授1920年到北大任教,到1971年仍关心北大的工作,整整50个春秋,对北大作出诸多贡献,北京大学的人们将永远铭记他。

## 注 释

①②③ 《北京大学日刊》1920年10月13日,9月28日,1921年1月21日。

④⑥⑩ 参见俞建章《回忆李四光老先生》,《李四光纪念文集》,地质出版社1981年版。

⑤⑨ 参见许杰《回忆我的老师李四光同志和他的科学活动》,同上书。

⑦ 参见孙殿卿《怀念李四光老师》,同上书。

⑧ 参见张文佑《我所了解的李四光老师》,同上书。

⑪⑫⑬⑭⑯ 《北京大学日刊》1921年11月9日,12月8日,10月15日,11月2日,1922年2月10日。

⑮ 《北京大学周刊》1933年11月4日及1934年1月20日。

⑰ 斯行健《地质学会全体会员参观本校地质学系记》,《北京大学日刊》1924年1月9日。

⑱ 李四光同志遗留资料整理小组编《李四光同志关于地质工作方面的一些意见》(内部资料),1973年5月。

〔作者 原北京大学地质学系教授〕

# 孙云铸与北大地质学系的发展

于 洸

孙云铸教授(1895—1979)是我国著名的古生物学家和地质学家,我国古生物学和地层学的开拓者和奠基人之一,又是我国老一辈的地质教育家。他 1914 年入北京大学预科学习,1920 年毕业于北京大学地质学系,留校任教,1937—1952 年任地质学系主任,对我国地质人才的培养,对北大地质学系的建设和发展,作出了不可磨灭的贡献。

一

孙云铸先生,字铁仙,江苏高邮人,1895 年 10 月 1 日出生。1914 年 19 岁时考入北京大学预科,在第二部英文乙班学习,以甲等成绩于 1917 年 6 月毕业,后赴北洋大学学习采矿,1919 年 2 月转回北大地质学系读二年级。读书期间,1919 年 10 月被推选为北京大学学生会评议员。1920 年 6 月毕业,是北大地质学系第二届毕业生,也是 1917 年恢复招生后第一班毕业生。毕业后留校任教,同时在地质调查所兼职(直至 1933 年)。

1920 年,美籍古生物学家葛利普教授(A.W.Grabau)应聘来北大任教,并兼地质调查所古生物室主任。孙先生是葛利普教授来华后的第一位助手。葛利普教授讲授古生物学、地史学、高等古生物学、高等地层学等课程,从二年级到四年级都有他的课,孙先生给他做助教。

1920年10月,地质学系学生杨钟健等发起成立了北京大学地质研究会(后改称地质学会),葛利普教授多次给学生讲演,孙先生常做翻译。其文章《化石及其生成》1921年及1923年先后刊登在该学会的《会刊》上,也是孙先生翻译的。1923年,孙先生也给学生讲过"古生物学在近代科学上之地位",尔后发表在《科学》杂志第8卷第4期(1923年)上。

在葛利普教授的指导下,作为年轻教师,孙先生的科学研究工作取得了很大的成绩。1923年1月,中国地质学会举行第一届年会,孙先生提交了两篇论文:《Upper Cambrian of Kaiping Basin》及《Upper Cambrian fossils from Fengtien》,并刊登在《中国地质学会志》第2卷第1—2期上。1924年1月,中国地质学会举行第二届年会时,孙先生又提交了两篇论文摘要:《Relationship of the Ordovician Strata of the Kaiping Basin》及《Cambrian Fossils from Lincheng, Chihli》,并刊登在《中国地质学会志》第3卷第1期上。特别值得提到的是,孙先生1924年发表在《中国古生物志》乙种第1卷第4册上的《Contributions to the Cambrian Fauna of North China》,是我国学者的第一部古生物学专著,葛利普教授非常高兴,著文祝贺,并特意在寓所举行集会庆祝。1925年孙先生在《Pan-America Geologists》第43卷上,还发表了一篇《Late Cambrian Faunas of Kaiping Coal Basin, China》。5年中发表了这么多研究成果实在不容易。

1926年5月24日至31日,第14届国际地质大会在西班牙首都马德里召开,孙先生作为中国政府和地质调查所的代表参加会议,并向大会提交论文:《Cambrian, Ordovician and Silurian of China》,该文被编入会议论文集。孙先生还被选为这次大会的副主席兼地层组(第三组)主席。

经葛利普教授推荐,孙先生于1926年赴德国哈勒(Halle)大学,从华尔特(J. Walther)教授学习,在很短的时间内取得了很好的成果,1927年通过了有关三叠纪菊石的博士学位论文,获得了科学博士学位。旅欧期间,还在德、法、比、英、捷、瑞典等国进行野外地质考察,并在英国剑桥大学进行了一段时间的地质研究。这些都为孙先生后来的研究工作打下了良好的基础。

北大地质学系的化石标本,原多从国外购进,外国商人往往取巧贩卖,从中牟利。孙先生痛感祖国科学落后受人欺凌,他在欧洲留学时在各地注意采集标本,所获甚丰,且多上品,回校后,将这些标本赠送给系里供教学之用。

孙先生回国后,1929年被聘为地质学系教授。这时,他的课程很多,例如1928—1929学年第二学期,他与葛利普教授共同讲地史学,并上实习课;葛利普教授讲高等地层学,孙教授上实习课;孙教授还讲中国标准化石及世界地质两门课。中国标准化石后来改为标准化石,是在我国大学地质系中第一次开设的一门课程。孙教授经常开设的课程有:古生物学、地史学、地层学、高等古生物学、高等地层学、标准化石、世界地质等。往往一学期同时上三四门课,还有二三次课外辅导答疑,工作量是很大的。孙教授经常带学生野外实习,每次实习除学生学有收获外,在地质上往往都有所发现。

30年代,孙先生被聘为研究教授。在《北京大学周刊》(1935年3月30日)所载的"国立北京大学研究报告"中报道了1934学年度上学期各研究教授研究工作的情况,孙教授的研究成果是:(一)最近出版者:1.《中国南部奥陶纪之三叶虫化石》(载《中国古生物志》乙种7号第1册);2.《中国奥陶纪及志留纪之笔石化石》(载《中国古生物志》乙种第14号第1册)。(二)本年研究者:1.《中国北部晚寒武世地层及化石》,约115页,图版10,6月间可出版;2.《冶里灰岩之下奥陶统笔石》,56页,图版4,将出版;3.《西山寒武纪地层及化石》,4页,图版2,将出版;4.《中国泥盆纪珊瑚化石》,已制成薄片650片,正在研究中,明年可望出版。从上述记载可以看出,孙教授的研究工作可谓成果丰硕。

1934年,孙教授代表北大参加秦岭考察团。1935—1936年趁北大安排科学休假之机,孙教授再度出国考察,主要在波罗的海沿岸、芬兰、瑞典、挪威北部,研究地层和构造,并赴美国科迪勒拉山和落基山研究地质,结识了许多学者。

30年代,北京大学设校务会议,孙教授于1931—1936年间,除1935年出国外,每年都被选为理学院代表之一参加校务会议。他还多次担任《自然科学季刊》、《北京大学月刊》这两份学术刊物的编委,并有文章发表,如《中国研究古生物之历史》[①]、《河北石门寨下古生代之研究》(与胡伯素合著)[②]等。

## 二

1937年,抗日战争爆发后,北大南迁,与清华大学、南开大学先在长沙组成长沙临时大学;1938年5月迁昆明,称西南联合大学。这段时间孙教授担任北大地质学系主任,并先后兼任长沙临时大学和西南联合大学地质地理气象学系主任、学校建筑设计委员会委员。抗日战争期间,条件非常艰苦,但却培养了不少人才,孙教授对此作出了重要贡献。

当时有许多著名学者在系任教,地质学方面,除孙先生外,王烈、袁复礼、冯景兰、张席禔几位教授始终在联大任教,德籍教授米士稍晚一点到校,王恒升、谭锡畴、杨钟健、王炳章、张寿常等教授都在联大教过课或工作过一段时间。地理学方面,有张印堂、洪绂、鲍觉民、钟道铭、陶绍渊、林超、毛准等教授。气象学方面,有李宪之、赵九章等教授。孙教授讲授古生物学、地层学、中国地质(区域地质)、标准化石等课程。1940年起开始招收研究生,地质学部在滇期间先后就读的研究生有12人。

当时对野外实习和实践环节是很重视的。系里规定,野外实习合格方可作论文。各种课程都在星期五以前安排,星期六及星期日多在附近作野外实习。规定地质测量为必修课。四年级以充分的时间作毕业论文,尤注意地质图之绘制、地层之确定及矿产之分布。1941年12月出版的《地质论评》曾报道:"现设备虽无北平时代之完善,但云南各种地层皆甚发达,可谓一理想之天然实验室,是以补室内仪器之缺乏。故目前虽经费拮据,而系中对野外实习仍极重视,各班于上学期中均曾多次举行。""如二年级同学除在昆明市郊作地质初步观察多次外,最近由孙云铸先生亲自率领往二村实习,并发现寒武纪之古杯化石。"

当时的研究工作是结合西南特别是云南的建设和矿产工作进行的。1938年,当局成立西南经济调查合作委员会,学校请了7位教授代表学校参加,孙云铸教授即为其中之一。1942年,系里与云南建设厅合作,成立云南地质矿产调查委员会,孙教授兼任主任委员。1943—1944年,他担任云南大理等5县地质调查队队长,1944—1945年任横断山脉(保山地区)地质调查队队长。那时,学校与矿业部门、建设部门合作开展了许多地质工作,例如,易门铁矿、一平浪煤矿、个旧锡矿、东川铜矿、滇中铁矿、富源锑矿、叙昆铁矿及滇缅铁路沿线地质调查等。师生们对云南的地层及构造作过大量调查和研究,对云南矿产的调查,如煤、铁、铜、锡、铅、汞、磷等资源,都有新的发现。教授们还发表了许多论文,孙教授发表的论文有:《云南西部之奥陶纪海林檎动物群》、《滇西中志留纪地层》、《滇缅古地槽》等。

1938年是北京大学建校40周年,在纪念论文集中,刊载了孙教授两篇文章:《On the Occurence of Fengshanian (the Late Upper Cambrian) Trilobite Faunas in Western Yunnan》及《The Uppermost Permian Ammonides from Kwangsi and Their Stratigraphical Significance》。

1946年5月北京大学复员回到北平。孙云铸教授仍任地质学系主任,主持系的恢复和建设工作。复员后一方面延聘教员,一方面恢复实验室。教学工作方面,学生仍分为地质古生物组和岩石矿物组两组,除按原来计划培养学生外,还增设了一些新课,如:X光结晶学、古植物学、人类古生物学和中国地质问题讨论等。科学研究工作仍很活跃,附设在系的地质研究所分为3组,即地质组、矿物组、新生代组,对云南的地层古生物材料、云南地质、云南禄丰龙、华南更新世洞穴堆积中的动物群、华南一部分花岗岩、华北大型构造等进行研究。孙教授的重要论文《关于中国寒武纪地层界线问题》于1948年发表在原中央研究院《地质研究所丛刊》第8号上。

1948年,为纪念北京大学建校50周年,出版了纪念论文集,孙先生负责地质学卷的编辑工作,他的论文《Problems of the Palaeozoic Stratigraphy of Yunnan》也收入该论文集。

1948年8月25日至9月7日,第18届国际地质大会在伦敦召开,孙云铸和马杏垣代表北大参加,各提交了一篇论文。孙云铸还代表北大和中国古生物学会参加同时举行的国际古生物学协会会议,并当选为国际古生物学协会副主席(任期1948—1952年)。他提交的论文是:《The Pacific—a Main Centre of Dispersal of Early Palaeozoic Life》,其摘要登在该次会议的报告集上,这是一篇很重要的论文。会后,孙教授在苏格兰和英格兰各地访问和地质考察3个月。

新中国成立以后,孙云铸教授继续担任北大地质学系主任,他与全系教职员一起,努力学习党的方针政策,积极进行教学改革,使教学工作力求与国家建设的实际相结合,以培养能掌握现代科学技术的地质专门人才。学生人数不断扩大,1948学年度只有75人,到1951学年度已增至160余人。在本科生中设地质及岩矿两组,前者以培养燃料地质人才为重点,后者以培养金属矿床人才为重点,相应地调整了教学计划,加强了基础课,删除了某些课程间的重复,加强了野外工作训练。四年级除配合课程的野外实习外,自1950年度开始,增加了3个月的野外工作训练,二、三年级利用暑假配合工矿部门及地质机构的需要,参加实际工作。例如,1950年夏部分师生参加了燕山地质的普查工作,1951年夏参加了东北、五台山和皖南等地的矿产普查工作。系里还加强了教学研究工作,1950年10月,成立了古生物地史教学研究指导组,孙云铸教授兼任主任,其他教研组也相继成立。

还要提到的一件事,就是北京大学博物馆。孙教授是博物馆委员会的主委。北大博物馆是我国大学中筹备较早的博物馆之一,早在1947年5月就有设立博物馆之议,1948年2月正式开始筹备。1949年4月14日,为扩充馆址,迁到东厂胡同2号,先后开辟了4个陈列室,11月间又扩充为6个陈列室。地质矿产陈列室中有:1.地球的构造和地壳;2.从猿到人;3.中国矿产;4.地质图及说明。还有两座模型,一是华北资源模型;一是云南大理区(横断山脉之一部)地质模型。1949年12月又迁回沙滩校本部。孙教授为此操劳很多。

1952年院系调整后,孙先生任中央地质部教育司司长,1960年任地质科学院副院长。1952年以后,孙教授虽然离开了北大,但对北大地质学系的建设和发展仍很关心,不时提出指导性意见。1955年北大地质学专业恢复招生,孙先生为此也尽了力。60年代,孙先生已是高龄,还到校给古生物地层学专业的学生讲授三叶虫专题课,并举荐学者到系兼课。

## 三

孙云铸先生在长期任教过程中,始终将教学工作与科学研究紧密地结合在一起,从1920年开始从事古生物学及地层学研究,著作宏丰,出版了专著6册(三叶虫3册,笔石2册,珊瑚1册),发表论文近百篇,在无脊椎古生物(三叶虫、笔石、菊石、珊瑚、海林檎等门类)、古生代和中生代海相地层方面,取得了突出的成就。

在地层划分方面:从三叶虫化石的研究,将寒武系划分为三个统,上统进行了阶和带的建立,并确定寒武系下界和上界;从三叶虫到头足类化石的研究,修正了前人对华北奥陶系的划分,奠定了我国北部奥陶系划分的基础;从滇东和三峡两个标准地点古生物群和沉积相的综合研究,奠定了我国南部志留系划分的基础;从滇黔湘鄂泥盆系的综合研究,初步建立了我国南部泥盆纪地层系统和统组的划分,确定了我国南部石炭系下界;根据菊石的研究,确定广东海相侏罗纪的下界;从菊石的研究,初步确定西藏侏罗系和白垩系的分界等。

在古地理和古生态方面:确定中国古生代各纪生物区主要属太平洋区;从德国中三叠统齿菊石的住室和口壳的研究,明确了齿菊石的古生态等。

在大地构造和地壳运动方面:确定了中国古生代的一些上升运动(如云贵运动、冶里运动、金鸡运动等)及其地层意义;提出"滇缅古地槽"的概念等。

在区域地质方面:对云南省大理地区6个县和保山地区的地质作了较系统的研究。

孙云铸教授是我国地质学界的元老之一,是老一辈的地质和古生物学家,是中国科学院首批学部委员(现称院士),他在古生物学和地层学特别是三叶虫、笔石、珊瑚、海林檎等门类化石的研究及寒武纪地层的划分和对比等方面,进行了开拓性的工作,奠定了广泛的基础。他的研究成果,是我国地质科学和地质事业的宝贵财富。

孙云铸教授从1914年入北大预科学习,到1952年离开北大,除在北洋大学短期读书和在中山大学短期任教外,在北京大学学习和工作了36年。从1920年至1960年,从事教育工作达40年,其中在北大任教32年,连同60年代在北大上课,共有36届学生听过他的课。从1937年至1952年,担任北大地质学系主任达15年之久,是北大地质学系任职最长的一位系主任。孙教授数十年如一日,治学严谨,诲人不倦,辛勤培育了一大批青年学子,凡亲受教诲的学生无不念念不忘。他教学的特点是善于启发学生的思路,吸引学生对地质学和古生物学的热爱。他不囿于一家之说,常常开出许多参考书让学生阅读,以获得较广阔的知识。他对学生的培养,不拘成绩好坏都一视同仁,热心帮助。他对学生既宽厚爱护,又严格要求,考试不及格差 0.5 分也得补考,从不通融。他不仅关心学生的学业,在日常的接触和生活中也循循善诱,关心学生的成长和出路。我国现代著名的地质学家很多人都受教于他,北大地质学系,包括西南联大地质学方面的毕业生,听过孙教授课的学生中,有 44 位是中国科学院学部委员(现称院士),可谓桃李满华夏。人们都习惯地尊称他为"孙老师"。孙云铸教授是北京大学的优秀毕业生,也是北京大学的优秀教师,对北京大学地质学系的建设,对我国地质人才的培养,对我国的地质科学和地质事业作出了巨大的贡献。

**注　释**

① 　北京大学《自然科学季刊》第 1 卷第 1 期,1929 年。
② 　北京大学《自然科学季刊》第 3 卷第 1 期,1931 年。

〔作者　原北京大学地质学系教授〕

# "北京人"头盖骨的发现者——裴文中

## 吕遵谔

裴文中先生是著名的考古学家、古生物学家和第四纪地层学家，"北京人"第一个头盖骨的发现者，是我国旧石器时代考古学和古人类学的奠基人，在国际学术界素享盛名。

先生字明华，1904年1月19日生于河北省丰南县（原丰润县）小集区辉坨乡西纪各庄。1927年毕业于北京大学地质系。1929年主持周口店的发掘工作。1929年12月2日发现了"北京人"第一个头盖骨，轰动了国际学术界。先生并不以此为满足而刻意高层次的追求。1931年在鸽子堂洞发现众多的石英块、石片和烧骨及灰烬，先生确认是"北京人"的石器和文化遗物，但引起一些人的非议，不相信先生的判断。经当时国际著名的史前学权威法国人步日耶（H. Breuil）来华鉴定，认为先生的意见是正确的，周口店的工作从而由古生物学和人类学的发掘研究改变为考古学的发掘和研究，这是周口店发掘史和研究上的一个划时代的转折点，奠定了中国旧石器时代考古学的基础。

1935年，先生留学法国，从师于著名考古学家布日耶专攻旧石器时代考古学，1937年获巴黎大学理学哲学博士学位。回国后，曾任实业部地质调查所技正兼周口店办事处主任和新生代研究室主任等职。抗日战争北京沦陷后，周口店发掘工作被迫停顿，新生代研究室所存周口店发掘的标本和文字记录、图表遭到日本军国主义者的破坏和焚烧，先生也不断受到日本宪兵队的迫害。大量的图书资料被抄走，本人被日本宪兵队关押，行动自由受到限制。形势渐缓后，先生在燕京大学和中法大学讲授史前考古学,并在燕京大学亲自筹备史前陈列室。现在北大考古学系的旧石器时代和古人类学陈列室就是在这个基础上扩充发展起来的,对教学和研究工作起了很大的作用。抗日战争胜利以后,先生回到地质调查所新生代研究室,从事古生物学、地质学和考古学的研究。1947年夏季,他曾到甘肃省作地质和考古调查,历时3月有余,考察了渭河上游地区,西汉水流域,共调查了史前遗址99个,采集了22箱标本,发表论文4篇,并在此基础上写出《史前时期之西北》一书。这次调查既对过去的工作有所纠谬,同时也提出了一些新的认识。如齐家文化的提出就突破了安特生划分"六期"的体系,石灰住室是新石器时代考古首次发现,为以后在这一地区进行考古调查提供了重要的资料和宝贵的经验。

建国以来,先生先后任文化部社会文化事业管理局博物馆处处长、中国科学院生物地学部委员、古脊椎动物与古人类研究所研究员兼人类室主任、中国社会科学院考古研究所学术委员、北京大学考古学系教授、北京自然博物馆馆长等职。同时还担任第二至第五届全国政协委员、河北省人民代表和河北省文物管理委员会副主任、九三学社中央常务委员兼秘书长、中国考古学会副理事长、中国古生物学会名誉理事、中国自然博物馆协会理事长等职。国外授予的荣誉称号有英国皇家人类学会名誉会员(1957年)、国际史前学与原史学联合会常务理事(1979年)和国际第四纪联合会名誉会员(1982年)等。先生将毕生精力献给了中国考古事业,著作丰富,初步统计单行本共24种,论文达150余篇。

先生研究的领域很广,但主要研究旧石器和第四纪哺乳动物化石及层位学。他经常告诫我们,旧石器时代考古学研究的最终目的是通过人类的行为,复原历史和解释历史,研究的方法一定要采取"四条腿走路"和实事求是地从实际中学习。"四条腿"即旧石器时代考古、古人类学、第四纪哺乳动物学和第四纪层位学。前二者是业务,后二者是基础。研究古人类化石一定要和旧石器的研究联系起来,人类体质的发展与石器的制作、使用和改进是相辅相成,彼此影响的,只有这样才能较全面地了解人的行为作用于工具,促进生产力的发展和社会进步的具体情况。不能研究人类的只抱着人头,研究文化的只抱着石器。后二者与人类和文化所处的时代、环境、气候以及和人类的经济生活都有极为密切的关系。"四条腿"缺一不可,否则研究工作不会深入和全面。要掌握这"四条腿"的知识则必须从实践中学习。可以说"四条腿走路"和从实践中学习的方法,加上先生的刻苦勤奋,大胆探索,勇于攀登,富于独创的精神和严谨治学的态度,才使他在旧石器时代考古学诸方面,作出辉煌的成就,不愧为一代宗师。

先生见多识广,博学多才,在科学上许多方面都有重要的建树。对其在学术上的成就很难作出全面的总结,这里仅就其主要的作一扼要的综述。

"北京人"的发现不仅肯定了中国有远古人类的存在,而且对"北京人"发现以前争议了将近10年之久的爪哇直立人是猿还是人的地位给予了扶正,先生是我国古人类学的创始人是当之无愧的。对在鸽子堂中发现的石英片,先生基于自己的学识和通过实验对比,独排众议,认为是"北京人"制作和使用的石器,得到了学术界的公认,彻底改变了周口店第一地点的性质。先生还在发掘方法上进行了改进,从单纯寻找动物化石到科学地进行考古学的发掘,这是他在周口店工作中的突出贡献,也是其最重要的研究成果之一。

基于多年田野工作的经验和研究成果,先生于1948年首先提出中国华北旧石器文化年代序列。后经不断修改完善的序列表是:旧石器时代早期(周口店第13地点→周口店第1地点→周口店第15地点、第3地点和第4地点);旧石器时代中期(丁村文化);旧石器时代晚期(水洞沟、萨拉乌苏→山顶洞)。在70年代以前为绝大多数人公认的旧石器文化分期年代序列表,直至现在仍有很大的参考价值。

在旧石器(包括骨器)的研究中,区别真伪人工制品是最基本也是关键性的工作。先生特别重视并强调要通过实验对比进行鉴定。他的两篇划时代的经典性著作《论史前石器和假石器》及《非人工破碎之骨化石》就是在实验对比的基础上完成的。在研究骨器和非骨器时，他将带残肉的骨头让狗啃咬，然后观察上面的啃咬痕迹和人类敲骨取髓的区别，为我国实验考古学做了启蒙工作。先生一贯主张旧石器的研究要多做实际工作，少作理论上的推测，他在 1948 年出版的《中国史前时期之研究》一书的自序中说："我更希望我们的后学者，多从事实际工作，少作理论上的推测。后辈人若能如此，方能使我国的史前考古有进步，将来有发展；若专就诸先辈之工作范围内研究，及谆谆在前人工作报告上作文字的推敲，则完全失去了这种学术的精神。"在旧石器的研究上先生为我们提供了宝贵的经验，同时也对我们寄予厚望。

除旧石器时代考古以外，第四纪哺乳动物和第四纪地层学也是先生研究的重要领域。其主要成果是对第四纪哺乳动物的演化和分区提出了自己独创性的见解并建立起许多第四纪地层学重要的剖面。建国以前，先生对周口店各化石地点做过详细的研究并发表了许多论文。建国以后，他有机会接触到更多的化石地点并进行了更详细更系统的研究。根据国内发现的哺乳动物化石和各种动物群组合及时代上的差异，他将我国第四纪哺乳动物的地理分布划分为四大区，即华北区、东北区、华南区和淮河区，并指出："淮河区的动物群，具有华南和华北的过渡性质。"应当指出，当时淮河区的动物化石地点很少，经过后来的工作在这一地区发现的许多化石地点，证明先生的见解是正确的。先生早在 30 年代和 40 年代就建立了从更新世早期到晚期各个时期的哺乳动物地层学的重要剖面，如华南第一个早更新世洞穴堆积的标准剖面、华北的丁村晚更新世早期的地层学剖面和淮河流域第一个晚更新世地层学剖面。先生对我国第四纪哺乳动物地区分布的划分和更新世各时期标准剖面的建立是对第四纪哺乳动物和哺乳动物地层学研究的重大贡献。

先生不仅是一位著名的学者,同时在培养考古人才方面,也是一位杰出的教育工作者。北京大学考古系能有今天兴旺的局面,也是和先生及其他前辈的支持分不开的。下面就个人所知先生对考古教育事业的发展和培养人才所做的不朽业绩,作一简单介绍,以表示对先生的崇敬之意。

通过主持周口店的发掘和到法国留学,先生深感我国科学的考古事业亟待开展,而培养专业人才犹为当务之急。在周口店的发掘被迫停工以后,先生于1940年到燕京大学历史系任教,讲授史前考古学课程。这是先生从事教育的开始,也是在大学开设考古课程的首例。先生曾说:"在中国,考古学虽然发达很早,但史前学之开始,也不过是近二十年之事,至于史前学列入大学课程之中,更是以本年在燕京大学始。"[1]为了提高教学质量,巩固同学的记忆,加深对课程内容的理解,形象教育是十分必要的。所以先生一边授课一边酝酿建立史前陈列馆。在当时历史系齐思和主任的支持下,于当年10月进行史前陈列馆的筹建工作。馆址设在镜春园(今77号大院)。陈列馆是坐北朝南的三间大屋和两间小屋,展室面积约120平方米,可以说是一座"袖珍陈列馆"。全部展品皆由先生筹集,于1940年12月4日(先生发现第一个"北京人"头盖骨后11周年)上午正式开幕,有文记载:"历史系史前古生物陈列馆,经裴文中先生累月之筹备,已于1940年12月4日正式成立。馆中收集史前古物极为丰富。其中大部分为裴先生在周口店发掘所得者,于史前考古学上,尤有重要之价值。"[2]

史前陈列馆既是袖珍式的,所以工作人员很少,先生任主任,工人和秘书各一名。这是先生从事博物馆事业的开始,并为其后从事宏伟的博物馆事业奠定了良好的基础。今天看陈列馆的标本虽然不多,但在当时来说却也算得上"极为丰富"。这座120平方米的陈列馆是当时全国大学中第一座史前陈列馆。展出的"北京人"、"山顶洞人"的模型以及制作精美的各种石器、装饰品和动物化石、烧石、烧骨、灰烬等,显示了当时我国旧石器考古发掘和研究成果的一个完整系列。

太平洋战争爆发后,燕京大学被日军封闭,先生的教学工作被迫停止,但他培养人才之心犹切,于是到北平师范大学地质系任教,为地质事业培养专业人才。1945年日本帝国主义投降后,地质调查所尚未恢复,先生又回燕京大学历史系讲授史前考古学,并于1947年在北京大学历史系任教,讲授考古学。1948—1949年兼任中法大学教师,讲授考古学课程,直至北京解放。

中华人民共和国成立后,先生焕发了革命青春,以极大的热忱和毅力为考古工作奔走。1949年秋,即恢复了周口店的发掘,先生虽肩负繁重的行政工作,但仍亲自领导周口店的田野考古发掘工作。1950年他负责雁北文物勘查团的考古调查和吉林西团山的发掘工作。1951年负责四川资阳黄鳝溪"资阳人"化石地点的发掘。1953年领导洛阳烧沟汉墓群的发掘。随着国家经济建设的发展,许多省市和地区都有重要文物出土,而考古工作者却十分匮乏,许多文物因未能及时保护、清理和发掘而遭到破坏。先生基于多年教育的经验,认为在急需考古人员的情况下,应采取紧急措施培养人才。先生为壮大考古力量,积极奔走筹划,由中央文化部社会文化事业管理局、中国科学院考古研究所和北京大学合作,在北大举办了"考古工作人员训练班",学员来自全国各省、市文物部门。训练班由1952年至1955年共办了4届,先生担任班主任并亲自授课和辅导田野实习,共培养了336名学员。学员毕业后回原单位工作,这样基本上满足了地方上的急需,各省能自己解决和处理基本建设中出土文物的抢救、保护和发掘,使我国考古事业出现了一个新的面貌。后来,考古训练班的大多数成员都成为全国各地的业务骨干、专家、学者,不少人身居省市厅、局文物考古的领导岗位。

尽管从1940年开始先生就在许多大学讲授史前考古和考古学的课程,但是使考古学这门年青的学科进入大学,由大学直接培养考古学专门人才是我国考古学前辈梦寐以求的事情。解放前虽有所议论，但由于社会条件和各种原因未能实现。解放后先生为考古学进入大学，由大学有计划地系统地培养人才而奔走呼吁。1952年春夏之交，由社会文化事业管理局（裴文中先生）、中国科学院考古研究所（梁思永先生）和北京大学（向达先生）共同发起在北京大学成立考古学系，得到当时历史系主任郑天挺先生的支持。但是由于条件的限制，在当年秋季先在历史系成立考古组，学员只有5人。1952年11月考古组扩建为考古专业，仍设于历史系。从专业建立开始裴文中先生即担任石器时代考古教研组（后改为教研室）组长。当时先生在社会文化事业管理局任博物馆处处长，工作十分繁忙，但仍定期主持召开教研组会议并亲自讲授旧石器时代考古学课程，带领同学去周口店进行教学参观实习。1956年7月还亲自带领同学去内蒙古赤峰和林西进行田野调查和考古教学实习。先生对考古专业尤其是对石器时代的教学和研究工作十分关心，他花费大量时间编写教材，按时授课。当时交通工具很少，更没有专车接送，先生都是从城里挤公共汽车赶到城外上课，从无缺席。先生对教学工作十分认真，上课前都写出教学大纲和教材并备有有关图片和幻灯资料及实物标本。由于这门课的内容丰富，先生讲得系统清楚，深入浅出，并以具体事例辅证授课内容，同学们都喜爱这门课程，并能主动灵活地学习。先生对教学很耐心和负责，就是在课间休息时，周围也围满了同学，他们提出各种问题，先生从不厌烦，总是耐心地解答问题，因此教学效果很好，得到同学们的尊敬和爱戴。更重要的是先生不仅教学而且重视育人，结合讲课的内容对学生进行专业思想教育。他常以自己亲身的经历和学生畅谈中国考古工作的艰辛，列数帝国主义对中国文化侵略的罪行，指出中国考古事业的重要意义及光明前景，要求同学们为国家争光奋发自强，为民族争气勤奋学习。在先生的谆谆教导下，同学们都热爱考古事业，毕业后在各自的岗位上为祖国的考古事业作出了贡献。

先生在教学过程中深感参考资料和教学标本(包括实物和模型)对学生巩固课堂学习和加深记忆的重要性。1954年初,在先生办公室召开的教学组会议上,先生提出将其个人所珍藏的有关石器时代的图书和标本赠送北大考古专业,作为教学和科研之用。这一突如其来的宣布,使与会的诸位先生先是惊愕,接着是兴奋和惊喜,随后而来的是热烈的掌声。我对当时先生平静的心情和激动人心的场面记忆犹新,恍如昨日。会上决定由我来接取这份珍贵的赠礼并做好清理造册登记和妥为保存的工作。隔日我和另一同志带着一只极大而厚实的木箱和包装用纸蹬三轮车来到先生的办公室。先生已将书籍整理好堆在地上。我们看到图书都已捆好,在结扣处贴有纸条,上面盖有日本宪兵队的圆形图章。先生不胜惋惜地说:"这是日本宪兵队抄家时抄走的,只找回这些,其它的不知去向,你们拿回去让它们重见天日吧!"接着我们又到先生的研究室,他拉开标本柜的许多抽屉,里面全是制作精美的石器,每件标本上都有出土地点和文化期的编号。他说:"这是我在法国留学时省吃俭用花了不少时间收集的欧洲整个旧石器时代各文化期的标本,许多都是很典型的,对教学是会有帮助的,希望你们很好地利用。"面对这批精美的标本,耳听先生语重深长的嘱咐,心情十分激动,只感到鼻子发酸,两眼模糊,我回答说:"请老师放心,我们一定会很好地保管这批贵重的标本,并让它在教学中发挥作用。感谢老师对考古专业的支持和对我们的关心,我代表专业全体师生谢谢您了。"我深深地向先生鞠了一躬。

下午5时半,我们将先生赠与的图书和标本安全地运回学校。虽然我们很疲劳,但心情却很激动。晚上,我躺在床上,白天的情景总萦回于脑际。我想,先生是一位伟大的学者,他有着坦荡、宽阔、无私的胸怀,不计个人的得失,关怀祖国的考古事业,对后来人有着极大的期待。我一定要向先生学习,搞好教学工作,不负先生的厚望。这一夜我竟破天荒地失眠了。

第二天整理先生赠送的图书时,发现内有《西班牙 Altamira 洞窟》、《格里马底洞窟》和《伊伯利安半岛岩石彩绘》等关于欧洲旧石器晚期洞穴艺术的经典著作共计22册。这些图书在我国仅有此一份，可以说是孤本。标本中除有各时期的石器以外，还有欧洲旧石器时代晚期的艺术品模型，制作得都很逼真。这批石器和艺术品模型标本也是国内仅有的系列藏品。它们都是用以研究欧洲旧石器时代难得的比较和参考标本。来我系参观和进行学术交流的国外同行，看了这批标本除惊讶之外，都啧啧称赞。他们说想不到在中国竟有如此丰富和时代连续的珍贵资料。每逢此时，先生赠送厚礼的情况历历在目，对先生崇敬之情油然而生。先生不仅为祖国辛勤地培养考古人才，也将一颗赤诚的红心捧给了我国的教育事业。

由于经济的发展，考古专业的培养方式不能满足国家高层次人才的需要。因此，从1982年始就酝酿成立考古系。但建系也非易事，在人员编制、经费、用房及资料设置等方面学校尚有困难，更重要的是扩充专业就必须影响到毕业生的对口分配问题，国家教委不会轻易同意。我们征求先生的意见，他大力支持。在国家文物局和先生的呼吁下，建系之事总算有了些眉目。我记得1982年春季，先生在病中曾给我来信告知建系有望，并说他将继续努力促使建系的计划实现。1983年秋，国家教委同意我校扩建考古系的申报，考古专业由历史系分出来正式建立考古系。可惜先生于1982年秋因病逝世，未能见到考古系的建立，这是先生的一大憾事。

先生博学多识，性格坦率，为人热忱，对有志从事考古工作的青年，更是循循善诱，提掖备至。1953年初我留校工作后，即从师先生学习旧石器时代考古。先生亲自审查和修改我的学习计划，并告诫说：学习首先要明确学习态度和目的，要巩固专业思想，热爱专业。学习的目的只有一个，即将你在党和人民培养下学到的知识还给人民，一句话就是全心全意地为人民服务。在学习方法上因人而异，但四勤是很重要的。脑勤，即多思考问题。眼勤，即多观察多看，如观察地层剖面、各种动物牙齿的特征等。嘴勤，就是有问题就要多问，向有经验的人请教,向周围同行请教。孔子说过"三人行必有吾师",圣人尚且如此,何况我们一介草民。问也不是容易做到的,所谓"学问"也可以从求知的角度解释,学问即学着去问问题。有的人放不下架子不愿问,更不愿下问;有的人是对这一问题懂了觉得没有什么可问的;也有的人是根本没懂而提不出问题。在学习上应该多问,多问几个为什么,能将你所问的人问倒就是最好的。手勤,对于搞考古的人来说尤为重要。读书学习,听学术报告都要将你的心得和问题记下来,心得和通过问而解决的问题都是你自己的收获。外出参观和田野调查也要勤记多绘图,将别人间接的经验吸收为自己的经验。手勤也是累积资料的重要手段。通过你的手收集的文字、照片和绘图将派上大的用场,当然这些资料都要分类或按时代做出检索卡片,以便查阅。四勤是有机联系的,采用这样学习方法会有很大的收获,记忆也较巩固。

先生扶掖后进,不轻易正面直接解答你的问题,而是诱导你通过观察和思考解决问题,最后再做综合的结论。例如我对一枚动物的牙齿虽然知道其大类,但不知其为何种,即去问先生。其实他只用几分钟就可以解答清楚,可他却让我花了3天时间翻阅他的全部藏书和观察标本室所藏标本,最后才自己弄清问题。同时我也了解了先生的藏书和标本室的内容及排放位置,这些不可多得的珍贵资料对我以后的学习起了很大的作用。

先生虽不随便解答问题,但却好问问题。在讲课甚至于做学术报告时,他会冷不丁地提出问题,指名道姓地让你回答。不管你回答得正确与否他不先表态,而是让别人来评论你的回答是否正确或加以补充,然后先生再做总结。就连在野外调查时,他随时会从兜中摸出一块石片或从地层中挖出的牙齿,问你这是不是石器,为什么是?为什么不是?是什么动物的牙齿?是哪一颗牙齿?或者指着路旁的剖面问你形成的原因,怎样分层和绘示意图?开始我们很不习惯这种随时提问的方式,后来发现这样对检验平时的学习和考核观察综合能力大有好处,所以都围着先生伴他而行,问这问那,先生都会给予满意的解释,这样我们不仅随时可以学到书本上学不到的东西,而且更进一步理解了从实践中学习的重要性。

先生治学严谨,不轻易改变自己的学术意见。他坚持真理,敢和错误思想抗争。记得是在十年动乱的前一年,我得知先生在其单位做"中国旧石器时代的研究和瞻望"的学术报告,我参加了该次会议。当讲到中国旧石器研究时,先生说:"我们不能故步自封地停留在对工具形态的描述上,而应研究它的制作方法和如何使用及使用效率,这样才能了解当时人的行为和生产力的水平,在这一点上我们就不及苏联旧石器学者奥克拉德尼珂夫,他专门研究工具的使用。"当时学术界正对"苏修"学术观点进行批判,而奥克拉德尼珂夫恰是批判的对象。我真为先生捏把汗,但很钦佩他坚持真理的精神,因为先生是对的。后来先生受到了批判,但两次批判会上他都坚持自己的观点,以后事情逐渐淡化而不了了之。从这件事情可以看出先生性格耿直,坚持真理,敢于和谬误作斗争。这次所谓学术批判给先生的打击很大,精神受到很大刺激,原先谈笑风生的老人,变得沉默寡言,看得出先生心中十分忧闷,因此体质日衰。接着就是十年浩劫,先生遭到精神上的折磨和肉体上的迫害,身心备受摧残,健康情况大不如以前。1973年6月,先生刚获得重新工作的机会就约我和安志敏先生到河北阳原泥河湾和虎头梁考察,因为他一直认为虎头梁地点的时代不全是旧石器时代,还应包括新石器时代。据最近几年的工作证明,该地点的时代确如先生所言。

1980年春先生的健康情况十分不佳,但他仍要求到内蒙古和黑龙江省考察。7月6日我陪同先生去内蒙古。他到大窑村看了几处地点的剖面,很高兴地说,这是中国发现的第一处旧石器时代的石器制作场,规模很大,你们的工作也做得很好。1980年9月先生东渡日本访问,他以"从古文化和古生物上看中日的古交通"为题的讲演,引起了国内外学术界的强烈反响。

先生去野外出差,总是左肩背包,右手提地质锤,从不让我们代劳。他说工作包和地质锤像战士的武器一样,不能让别人代拿,否则用时不方便。到内蒙古时,他的体质很差,但还是将笔记本放在衣袋中,地质锤仍不离手。这种艰苦朴素、身体力行的作风我至今不忘。

对于考古学工具的研究,先生十分重视实验方法的比较,反对照着插图和照片"比娃娃"。关于"北京人"骨器的问题,有着长期的争论,先生曾将带残肉的骨头让狗啃咬,观察动物咬痕和人工打击痕迹的区别。关于这一问题,在先生的倡议下我曾于"文革"前做过些实验,积累了一些资料和一定的经验,但因十年浩劫而停下,资料也散失。1980年时先生很关心骨器的问题,促我继续搞下去。这时我招收研究生,就将这个题目安排为研究生的毕业论文的题目。1981年春,论文的提纲、实验方式、步骤等具体项目和比较资料都已写出,并征求先生的意见。这时先生健康情况已不如1980年,但他仍仔细地审查了提纲,认为可行,并提出了一些指导意见。可惜论文出版时先生已经仙逝,未能亲眼看其全文,只能将论文作为缅怀先生的纪念。

1982年秋我们按计划去山东、辽宁和黑龙江省进行考古调查。7月30日我到先生家辞行并征求先生对哈尔滨工作的意见,虽然先生的健康情况不佳,但他仍是详细地谈了他的意见,并嘱咐我特别注意地层关系问题。我们在复县工作完毕回到大连的晚上,接到学校拍来的电报告知先生于9月18日离我们而去,而28日举行的追悼会我因时间来不及而未能参加,此事成为我终生的遗憾。谁知7月30日和先生的见面竟是诀别,先生的音容笑貌总萦回于脑际。

先生生前对北京大学考古系是十分重视、支持和关心的,尤其对旧石器时代考古更倍加关怀。可告慰先生的是:自改革开放以来,考古系得到很大的发展,教学进行了深入的改革,新建了北京大学赛克勒艺术与考古博物馆和设备较全的电化教室,在原有专业的基础上增设了博物馆专业。旧石器时代考古教研室教员由原来的1人增为4人,开出的课程由原来的2门增为8门。已毕业和在校学习的研究生有 20 名(其中 3 名博士生)。他们都在各自的岗位上为旧石器考古和古人类学的研究勤恳地工作和学习,其中有的获得国家教委颁发的文科首次重奖,有的破格晋升为副研究员,获省级奖励和跨世纪的人才称号。发掘的重要旧石器遗址和人类化石地点有四川资阳鲤鱼桥(1980)、山东沂源猿人化石地点及旧石器时代晚期的上崖洞(1982)、辽宁喀左鸽子洞人化石(1983)、辽宁营口金牛山人化石(1984)、河南云阳小空山旧石器晚期遗址(1987)、河北涞水县旧石器时代晚期人类化石(1988)、山东栖霞郝家楼(1991)、山东福山大谷家洞穴(1992)、湖北江陵鸡公山旧石器时代遗址(1992)和南京汤山南京人化石地点(1993)。其中金牛山人化石和文化遗址被评为当年全国五大重要发现之一,鸡公山的旧石器遗址被评为当年的十大考古发现之一,南京人化石地点被评为 1994 年双重考古十大发现之一。

我们在教学科研及田野工作中取得的一些收获是和先生的支持和关怀分不开的。先生离我们而去已经 14 年了,在北京大学华诞 100 周年即将来临之际,谨以此文献给先生,作为对他的缅怀和纪念。

**注 释**

① 成思元《燕京大学史前博物馆——忆裴文中先生》,《大自然》1989 年第 3 期。
② 燕京大学《史前年报》第 3 卷第 2 期,民国二十九年。

〔作者 北京大学考古学系教授〕

# 深切怀念我的北大老师曾昭抡教授

## 唐敖庆

在我的人生旅途中,有许多位老师、同事甚至学生给我以极大的帮助和影响,使我受益匪浅,至今回忆起来仍怀着无限的感激之情。然而,无论在做人、处世、做学问方面都给我影响最大的当首推曾昭抡教授。

1936年夏,我在老家江苏宜兴准备投考大学。在选择什么方向这个问题上颇费脑筋。这时,有人告诉我:北京大学的化学系很好,那里有一位曾昭抡教授当系主任,治学有方。我也记起来了:曾经在《大公报》上读过曾先生的日记体连载文章《东方日记》,写他到日本的见闻和感想。文笔很出众,很有文采。时任《大公报》记者的范长江亦很推崇曾先生的文章,他认为,作为一位自然科学家,能有如此文采,实属少见。于是,怀着对曾先生的尊崇,我决定投考北京大学化学系,去曾先生门下求学。1936年秋,我考入了北大化学系。

曾昭抡先生是1931年从南京中央大学来北京大学当化学系主任的。他的夫人俞大䌷女士(专攻英国文学的教授)则留在南京。曾先生来北大后提出:教员要从事科学研究,要以新的研究成果不断充实教学;把教学和科研结合起来。同时,他还抓实验教学,一改在黑板上搞化学反应的传统做法,并于1934年建立了本科生做毕业论文的制度。他特别注意教师队伍的建设,从外面聘请了一些有才华的青年教授到北大化学系任教。这些对北大化学系的发展产生了深远的影响。当时聘到北大化学系的一些年轻教授给我们开出了一些水平相当高的课程。比如,孙承谔教授主讲的普通化学、钱思亮教授主讲的分析化学、朱汝华教授主讲的有机化学等。

1937年,抗战爆发。华北之大,已经安放不下一张平静的书桌了。北大、清华、南开决定南迁。先是在长沙成立临时大学,半年后,又继续向西南迁徙,到昆明组建西南联合大学。

1938年3月,我们由长沙向昆明迁徙。学校200多名家庭比较困难而无力支付乘车绕香港赴昆明的路费的同学,组织了赴昆明的步行团。一共有五位教授参加了步行团,他们是:曾昭抡、闻一多、李继侗(生物学家)、袁复礼(地质学家)、黄子坚(教育学家,步行团团长,后来担任过天津图书馆馆长)。几位教授边步行边搞社会调查,我们每天早晨五六点钟天还没太亮就起床吃饭,然后上路,中午在路上吃。学校给每人每天二角钱,除了吃饭,还要用来喝茶、买草鞋等零用。晚上五六点钟到住地休息。每天早晨,当我们披着星光走了二三十里路时,天才放亮。这时远远看见曾昭抡教授已经坐在路边的公里标记石碑上写日记了。等我们赶上来后,他又和我们一起赶路。曾先生每天如此。看来,他至少比我们早起一二个小时。曾先生的日记从未间断,听说有二三十本。"文革"时不幸都散失了,只留下来一本,实在可惜。我相信,在我们步行的60多天的这些日记中,一定有许多珍贵的见闻、资料。

在昆明时,我听了曾先生两门课:有机工业化学和高等有机化学。当时西南联大的化学系力量很强,特别是有机化学更为突出。有杨石先教授、曾昭抡教授、朱汝华教授、钱思亮教授(后来担任台湾大学校长多年),他们四人分别讲了四门不同内容的高等有机化学,我都听了。曾先生的课讲得很精彩,内容丰富,逻辑性强,听后收获很大。曾先生主张启发学生自己努力学习,钻研问题。我从曾先生那里学到了许多东西。曾先生还关心和支持进步学生运动,是一位很进步的教授。

1945年,抗战胜利。北大、清华、南开三校准备回北方复校。曾先生于1945年下半年先到重庆,准备北上。1946年春天,华罗庚教授从重庆回到昆明,告诉我:曾先生要他转告我,兵工署要派三位教授去美国考察原子能。三位教授是曾先生、华罗庚、吴大猷,允许他们三人每人带二位青年助手。曾先生准备带我出去,另一位是王瑞駪(后来留在了美国);吴大猷带李政道、朱光亚;华罗庚带了一位,是孙本旺。五人中最大的是孙本旺,其次是我。朱光亚和王瑞駪是1945年毕业留校的青年教师,当时李政道是大学三年级学生。为了让我们做好出国准备,华罗庚教授、吴大猷教授还给我们讲课指导。

1946年9月初,我们到了美国。曾先生比我们先到达,他住在旧金山加州大学一位华人教授的家里。我到了美国后立刻去看望曾先生,曾先生告诉我:"你到哥伦比亚大学去读书。"实际上,我们五位青年人(李政道、朱光亚、孙本旺、王瑞駪和我)一到美国就分头到不同的大学去读书了;他们三位先生(曾昭抡、华罗庚、吴大猷)则分别到大学去做访问教授。至于考察原子能,据我现在理解,也许只是个名义而已。曾先生到加州大学后,遇到了一位哥伦比亚大学的化学教授 Halford。曾先生把我推荐给 Halford 教授,Halford 很愿意接受我做他的学生,这也许与他和我都是先读有机化学,后读物理化学有关吧。我在哥伦比亚大学读书时,每学期给曾先生写一封信,汇报我的学习情况。曾先生在回信中给了我很多鼓励,勉励我努力读书,准备报效祖国。

在美国时,曾先生和我的一次谈话至今难忘。当时国内正在进行解放战争,东北战场的形势发展很快,有一些原来属于我们的城市又被国民党军队占领了。这些情况使我很担忧,于是,有一次我就这个问题去请教曾先生。曾先生说:"这表面看,好像于我们很不利,其实不然。这些城市就像给国民党背上了一个一个包袱。早晚会把它压垮。总有一天,这些城市都会回来的。"曾先生的话使我在迷茫中看到光明。后来回国以后,我在毛主席的书中看到了类似的话。看来,当时曾先生已经读过毛主席的书,他是在按毛泽东思想和我谈形势。在曾先生的影响下,我在美国参加了进步学生运动。

1948年,曾先生写信告诉我,他要先回国了。后来我才知道,他是经香港去北京参加第一次政协会议。他要我在美国安心读书,等待祖国解放。1949年,我写信告诉曾先生,我的书已经读完了,要求回国。曾先生很高兴,要我回来后到北京大学任教。根据曾先生的意见,我于1950年正月初五经香港转天津回到北京。我在北京住在教育部招待所,等待分配工作。当天晚上,我去看曾先生,他见到我很高兴,问我住在什么地方,我告诉了他。他说:"你现在已经有了工作,从2月份已经有薪水了,不能再住这种免费招待所了。""我没有地方住呀。"我回答。他沉吟一下,说:"那样吧,你就搬到我这儿来住。咱们一起吃饭。"曾先生当时住在沙滩一套三间房子里,一间是他住室,另一间用作会客,还有一间空着,他让我住进去。第二天,我就从招待所搬到了曾先生那里,开始了和曾先生朝夕相处的一段生活。

曾先生还告诉我:"马上要开学了,这学期你要开'普通化学'课,不能用现成讲义,必须自己写。"因为春节已过,开学在即,时间相当紧张,我就抓紧时间赶写讲义,写出一部分就送一部分给曾先生审阅。看过两部分以后,他就不看了,看来他比较放心了,但我还是按照曾先生的要求写讲义。3月底,我妻子史光夏带两个孩子由江苏来北京,我在北大分了房子,于是就从曾先生那里搬了出来。以后我和曾先生的接触就少了。

曾先生为了发展祖国的科学事业,想得很深,想得很远。他四处寻觅人才投身祖国的科学事业。记得我刚回国,他问我:"国外有没有好的学生,可以请来北大任教?"我马上想到了我在美国的同学徐光宪先生。曾先生听了我介绍的徐光宪的情况,很感兴趣,并明确表态:"聘请徐光宪先生和他夫人高小霞(也在美国)来北大任教。"我立刻给徐光宪写信。徐光宪很快回信,说:"我正在做博士论文,还要不要做下去,拿博士学位?"因为当时中美关系紧张,徐光宪怕因为做论文拖延时间,而被美方卡住。我把徐光宪的意思告诉了曾先生。曾先生说:"如果能在二三个月之内拿到学位,那就抓紧写论文;如果来不及,就不要等了。"徐光宪接到信就抓紧时间赶写论文,他拿到博士学位后,于1951年5、6月间和夫人高小霞先生一起回到了北京大学。

1952年全国高校进行院系调整,曾先生找到我说:"东北是一个重工业基地,但还没有一所综合性大学。中央决定在东北人民大学增设理科。现在北大、清华、燕京调整后可以抽出人去支援东北。你怎么想?"我回答说:"我服从组织分配。"并照此填了"服从组织分配"的志愿,同时附了个条件:希望不要做行政工作。1952年,我被调到东北人民大学工作。同时调去的还有清华大学的余瑞璜教授(物理)、燕京大学的蔡馏生教授(化学)、北京大学的朱光亚教授(物理)和王湘浩教授(数学)。

1957年,曾先生被错划为右派,但很快就摘了帽子。1958年,他被调往武汉大学任教。他一到武大立即投入工作,开创了我国的"元素有机化学"学科。他是我国元素有机化学的奠基人。

1967年12月9日,曾先生在武汉逝世。

我深深地怀念给我以深刻影响的老师、一代学人——曾昭抡教授。

〔作者　中国科学院院士〕

# 北大生物学学科的拓荒者——张景钺

陈阅增

张景钺先生是我国著名的生物学家。1932年,张先生到北大担任生物学系主任。从此以后,他就把毕生精力全部投入到建设高水平的生物学系、培养高水平人才的工作中去了。他以他的高尚品德、严谨的治学态度和渊博的学识教育了他的学生,现在他的学生已经遍及祖国各地,我国绝大多数有成就的植物形态学家和植物解剖学家,不是他的学生就是他的学生的学生。说他桃李满天下,说他是我国植物形态学和解剖学的奠基人,绝不过分。

笔者是1933年考入北大生物学系的。当时生物学系小得可怜,只占老北大地学楼的一隅之地,设备陈旧,教师不过区区八九人。张先生一切从头做起,从改装建设实验室、订购图书和仪器药品,到聘请教师、组建高水平的教师队伍等等一切繁重复杂的工作都是张先生亲自带领一位年轻助手一件一件地完成的。1937年笔者毕业时,生物学系已经大大改观:增聘了专职教授,开出了很高水平的课程;图书室、实验室也相继建立起来了。特别值得一提的是,植物形态学实验室和动物生理学实验室完全是从无到有地建成的。张先生和徐仁先生领导一位年轻的实验员经过几年的努力制成了一整套植物形态解剖的切片,直到现在,这些切片在教学中还在发挥作用。我们刚入学时,生物学系还没有动物生理学教师,实验室就更谈不上了。张先生先派当时还是助教的李洛英老师到协和医学院张锡钧教授的实验室进修,然后又请张锡钧教授来北大给我们讲课,同时又请林可胜教授做学术报告,并做示范实验。听报告的人很多,挤满了老北大二院的一个最大的阶梯教室。用现在的话说，就是由于张先生的努力，在北大掀起了一个学习生理学的小高潮。一年过去之后，一个小巧玲珑的、然而却是设备相当齐全的生理学实验室建成了，生理学的实验教材也出版了。

　　张先生对教学从来都是重视的。他给我们讲过普通植物学、植物形态学、植物解剖学、植物显微技术等多门基础课。他给我们讲的普通植物学课十分生动活泼。他把讲课和实验结合在一起，以看活材料为主，以看标本制片为辅，从种子结构和种子萌发讲起，一直讲到新一代种子成熟时结束。在课程进行中及时插入几次植物园实地实习，学习植物分类。学生一面听课，一面做实验，不但学到了植物学基本知识，也初步知道了如何采集标本，如何做简单切片，以及绘图应注意的事项。我们是和地质系同学一同上这门课的，我们都觉得这门课程太棒了。有一次张先生说要增加一堂课，同班一位同学立刻说增加几堂都可以，上这门课是享受，不是负担。现在回想起来，如果生物学的各门课都能刻意改革，达到这门课的水平，生物学就不会再被讥讽为"死物学"或"名词术语学"了。

　　在西南联大时期，张先生还和李继侗先生、吴韫珍先生共同给二年级学生开设了一门植物学基础课。我们常看见他们三位在开课之前，聚在一起讨论课程内容、深度、分工和教材等问题。三位有名的植物学教授共同开设一门基础课，这是一个创举，这说明当年的老科学家对学生的基础训练是多么地重视。

　　张先生对学生和年轻教师要求很严格，但是他的态度却总是和蔼可亲，与人为善的。他说的话在学生心中很有分量。记得在30年代，抗日战争前夕，北平人心惶惶，和日人勾结、甘心为虎作伥的肖小之辈蠢蠢欲动。张先生和我们另一位老师，即张先生的夫人崔之兰先生，不止一次地对我们说，作为一个人，不能做没有 backbone（脊梁骨）的事。在我们进入四年级开始作论文之前，他还告诫我们说，做学问的人要竞争，也要礼让，要讲 sports manship（运动员风格）。

张先生的这两句话直到现在还牢牢地记在他的一些学生的心中。就在半年以前,北大的一位老毕业生回到北京时还用张先生说的做人要有 backbone 这句话教训他的子弟。张先生这句话之所以如此有力量,不是因为词句有什么新奇,而是因为张先生身体力行,他自己就是以这句话作为他行动准则的。他和崔之兰先生一生光明磊落、疾恶如仇。他们藐视当时已经腐败的国民党当局,从不与他们为伍。他们对学生寄予厚望,鼓励帮助学生而从不计较个人的得失。在初到西南联大时,我们几人因图书设备缺乏做不了研究,再加上生活困难,有一点灰心丧气,张先生和崔先生说:"至少还有显微镜可用,就地取材,有什么条件就做什么工作。"他们还鼓励我们:"时间宝贵,你们应该尽快超过我们,要一代比一代好才对。"他们胸怀宽广,使人钦佩。在他们的鼓励下,我们情绪稳定了,劲头也上来了,从此我们各自确定了研究方向,开始了研究工作。

当时张先生正在给学生上植物显微技术课,所需试剂如二甲苯,枞胶及各种染料等都无法买到。张先生没有因此而不做实验或少做实验,他和肖承宪先生等一同研究,以当地盛产的桉树油代替二甲苯,以松香代替枞胶,以云母片代替盖玻片,以紫苏木提取物代替苏木精,很好地完成了教学任务,也使全系的切片工作得以进行。后来实验室被敌机炸塌,张先生又带领一部分师生从废墟中把残存的盖玻片等一一拣回来。这些事对全体师生都起了很好的教育作用,看到张先生这种坚韧不拔、克服困难的精神,我们深感惭愧,也深受鼓舞。

1952年,北大、清华、燕京三校的四个生物学系合并成北大生物学系,张先生继续担任系主任。在以后几十年的批判摩尔根、学习苏联以及多次政治运动的风风雨雨中,张先生从未放松生物学系的建设工作,也从未忘记培养祖国需要的高水平人才。他熟知国外生物学的发展趋势,也常和国内同行交换培养人才的意见。早在50年代中期,他就告诉我们生物学系应尽快建立微生物学专业。他认为:(1)微生物在生物中是一大类群,把细菌等放在植物界很勉强,它们和植物相差很远;(2)微生物生长快,易培养,是研究生命规律的好材料;(3)微生物和农、工、医都有密切关系,开设微生物学专业易于联系实际。当时生物分类的五界系统还没有正式提出,张先生这一见解反映了张先生的渊博学识和对问题的洞察力。在张先生的努力下,生物学系和科学院微生物研究所共建了微生物学专业,可惜好景不长,"大跃进"、"社教运动",特别是"文化大革命"打乱了教学秩序,微生物专业几起几落,始终没有建立起来。现在想起来,我们努力不够,很惭愧也很遗憾。

进入60年代后,张先生因病行动不便不能经常到系工作,但仍念念不忘生物学系的建设发展。在制订教学计划时,他指教我们要多看些外国的教学计划,要从三个方面考虑学生的培养,即坚实的基础、知识的宽度和所学专业的深度。张先生的意见切中要害,防止了片面追求高精尖,削弱基础训练的偏向。1958年大跃进之后,张先生讲话写字已经很困难,但他仍约我们到他家中,问我们能否尽早开出生物学史的课程,还告诉我们应该让各门课程都增加一些本学科的历史内容。张先生虽在病中仍念念不忘教学,他常常提出一些问题是我们应该想到但却没有想到的。我们应该向他学习的东西实在太多了。可惜张先生这些主张由于那些年政治运动太多而未能实现。

十年动乱期间,张先生已经卧床不起了。但是当他知道笔者遭"红卫兵"野蛮殴打受伤后,还托人送来他保存多年,并亲笔写上标签的云南白药。不久,张先生自己和崔先生竟然也被拖到生物楼批斗。我们当时都被扣上了"牛鬼蛇神"的帽子,没有行动自由,但笔者曾几次于傍晚月色朦胧之际潜入张先生和崔先生家中向二老慰问,但也只能慰问而已,没有别的办法帮助二老了。

张先生的一生是光辉的一生,他为北大生物学系的建立和发展贡献了全部力量。他是我们的好老师,他将永远活在我们心中。

〔作者 原北京大学生命科学学院教授〕

# 北大物理学学科的重要奠基人
## ——饶毓泰

沈克琦

饶毓泰,字树人,江西临川人,1891年12月1日出生。他于1933年到北大任物理系教授,直到1977年辞世,前后共44年,对北大物理系的建设与发展作出了不可磨灭的卓越贡献。

北大是我国培养物理学人才最早的学校。京师大学堂初办时无自然科学学科。1902年速成科师范馆数学物理部招生,是为我国大学水平数理专业教育之开端。1913年理论物理学门(不久改称物理学门)招收理预科(3年)毕业生进入本科,1916年第一届本科生毕业,是为我国第一批物理学本科毕业生。嗣后毕业生不断,直到1937年抗日战争爆发,北大一直是物理学本科生最多的学校。80多年来北大物理系在我国物理教育界占有十分突出的地位,可谓英才辈出,桃李满天下。

在介绍饶毓泰及其贡献前,先简要介绍早期北大物理系的情况和当时对物理系的建设与发展有特别贡献的几位教授,他们是:(1)何育杰,曼彻斯特大学硕士(1908),1909年任京师大学堂教习,辛亥革命后改称教授。他担任大部分物理课程的讲授,许多课程均为国内首次开出,有筚路蓝缕、开启山林之功。1918年任物理教授会首届主任。(2)夏元瑮,曾留学美、德(1905—1912),1912年任北大理

---

\* 写作本文,曾参阅虞福春先生《深切怀念饶毓泰老师》一文。——作者

科学长。蔡元培长校后他主持理科课程改革,课程设置架构由此基本确立。(3)颜任光,芝加哥大学博士(1917),1920 年应蔡元培之聘到北大,1921—1925 年任系主任,他对物理实验室(包括金工车间)及图书室的建设贡献巨大。(4)丁燮林,伯明翰大学硕士(1919),1920 年任北大预科主任,曾亲自编写北大预科物理实验讲义,包括实验 60 余个,辞预科主任后致力本科教学,曾任系主任(1925—1926)。(5)李书华,法国国家理学博士(1922),回国后任教北大,除讲授理论课外,还教授普通物理实验和专门物理实验,1923 年出版《普通物理实验讲义》第一册。由于以上教授的努力,到 1925 年时物理系本科物理课程已较完备。惜乎 1925 年后颜、丁二人先后离校,且自 1926 年起政局混乱,北大教授有时支半薪,不少教授离校,系主任李书华只能勉力维持。1929 年李改任北平研究院副院长,夏元瑮回校任系主任,虽新聘文元模为教授,仍赖清华教授兼课维持教学,这是北大物理系的困难时期。1931 年聘王守竞为研究教授,兼任系主任。王守竞是哥伦比亚大学博士(1927),在量子力学理论发展初期有过重要贡献,到北大后在课程内容现代化方面作出了重要贡献。但他因决心致力于国家急需之应用科技工作而于 1933 年离开北大。饶毓泰正是在此情况下来到北大任物理系研究教授及系主任,使得物理系保持继续发展的势头,在教学、科研方面臻于国内高校前列。

饶毓泰是我国物理学界的老前辈。1913 年获江西省官费留美,先后获芝加哥大学理学士(1918)和普林斯顿大学哲学博士(1922)。1922 年回国,创办南开大学物理系,任系主任,独立担任绝大部分物理学理论课程的讲授。1929—1932 年在德国研究光谱学。1932—1933 年任国立北平研究院研究员,并在北大兼授"光学"课。1933 年受聘为北大研究教授,兼物理系主任,后又兼任理学院院长。抗日战争时期北大、清华、南开三校组成国立西南联合大学,饶毓泰任西南联大物理系主任。1944 年赴美研究光谱学,1947 年初返校。请假赴美期间仍任北大物理系主任,具体行政事务由郑华炽代理。1948 年当选为中央研究院院士,1955年当选为中国科学院数理化学部委员。在美国时曾加入中国科学社并任干事,立志科学救国。中国物理学会成立后曾任副理事长、名誉理事等职。他把毕生精力献给祖国的教育、科研事业,对我国物理学的发展作出卓越贡献,是我国近代物理学事业的奠基人之一。

饶毓泰执教50余年,他在教育、治学和品德等各方面都深受后辈的尊敬。

饶毓泰在气体导电和光谱学方面有较深造诣。20年代在普林斯顿大学学习时师从K.T.康普顿(Compton)研究气体导电,这是当时物理学前沿问题。他对低压汞弧的激发电压远小于汞的电离电势和电弧的维持电压又远小于激发电压这一现象的机理进行了深入细致的研究,[1]获得了理论与实验相一致的明确结论。1929—1932年在德国莱比锡大学波茨坦天文物理实验室研究铷和铯原子谱线的倒斯塔克效应,观察到这两个元素主线系的分裂和红移。[2]当时这也属于科学前沿课题,用微扰论计算斯塔克效应是量子力学重要应用之一,这项工作丰富了这个领域的实验数据。1944年他再次赴美,先后到麻省理工学院、普林斯顿大学和俄亥俄州立大学访问。在俄大时从事分子红外光谱研究,用最小分辨波数为$0.07cm^{-1}$的棱镜——光栅分光光度计研究了$C^{12}O_2^{16}$和$C^{13}O_2^{16}$分子的振动转动光谱,把含不同碳同位素的两种$CO_2$分子的$\omega_3$转动谱带同时清楚地记录下来[3](与A.H.Nielsen合作)。它为研究含同位素的气体分子的振转光谱提供了新的方法。他还用红外小阶梯光栅研究了丁二烯的吸收谱带。[4]

他强调高校教师一定要做科学研究,坚持教学和科研不可偏废的指导思想,积极为开展科研创造条件。在他的领导安排下,系图书室中外文期刊比较齐全,开架陈列,师生均可自由阅读;系金工车间能自制设备,为教学、科研实验室的建设服务。他先后聘请了周同庆、吴大猷、郑华炽等光谱学专家来北大任教,并大力建设光谱学科研实验室，使北大物理系在三四年的时间内就发展成为我国光谱学研究基地之一。在20年代至30年代的上半期，原子及分子结构的理论研究和实验研究是物理研究的主流，气体导电研究和光谱学研究都属于这个领域。周同庆在普林斯顿大学时即研究汞分子光谱，于1933年获博士学位后随即到北大任教。吴大猷是饶毓泰在南开时的得意门生，师生情谊甚笃。吴于1929年毕业后留校任教。1931年经饶毓泰推荐获中华教育文化基金董事会（简称中基会）研究奖助金赴美留学。在密歇根大学学习时吴成绩突出，仅用两年时间即完成有关铀及其附近元素的电子能态的毕业论文，对超铀元素的电子能态作出了正确的预测。他还参加 $CO_2$ 红外光谱的实验研究。1933年取得博士学位。后再获中基会研究奖助金，继续在美进行科研，完成多项研究工作，涉及原子、分子的结构与光谱、核反应实验解释等几个领域。在密大时还参加密大组织的暑期讨论会，国际一流物理学家克莱因、狄拉克、泡利、费米、海森堡、范夫累克、劳伦斯、N.玻尔等作专题讲演，吴大猷理论物理造诣很深与此有很大关系。1934年吴应饶毓泰之邀任教北大，为北大物理系科研工作的迅速发展作出了卓越的贡献。1936年饶毓泰又聘请在德奥留学并获博士学位的分子光谱学家郑华炽来北大任教，更加强了这个领域的力量。

物理研究的开展不仅要有高水平的师资，还要有良好的仪器设备，为此饶毓泰从德国购来分辨本领较高的 Steinheil 大型摄谱仪。该摄谱仪有两套光学元件，玻璃元件用于可见光谱研究，石英元件用于紫外光谱研究，但只有一个底座和一套其他附属设备，因而两套元件不能同时使用。他让系金工车间加工复制了一个底座，配齐了其他附属设备，一台摄谱仪就变成了两台，充分发挥了进口仪器的效用。另外他委托吴大猷在美国请约翰·霍普金斯大学 R.W. 伍德教授专为北大制造了一个大型凹面金属光栅，光栅宽6英寸，每英寸刻线3万条，分辨本领高达18万，可用来研究光谱的精细结构。吴大猷还在密歇根大学定制了用于光谱研究的石英汞灯，氦辐射灯等光源。由于光栅使用时要求恒温而当时又没有恒温设备,就设计建造了层高较高、墙体较厚、且有夹层的光栅室,以减少用光栅做实验过程中光栅温度的变化。研究室还装备了由交流电动机驱动的直流发电机和110伏蓄电池电源。这些设备为开展光谱学实验研究创造了条件。

抗日战争前饶毓泰、吴大猷和助教沈寿春用拍摄拉曼光谱和测定谱线退偏度的方法研究了 $ClO_3^-$、$BrO_3^-$ 和 $IO_3^-$ 等卤酸根离子的结构,得出了"它们具有立体的金字塔形的结构,而不是有的文献所说的平面结构"这一重要结论,并测定了相应的结构参数。[5]郑华炽、薛琴访、吴大猷合作进行苯的拉曼光谱及其同位素效应的研究,他们利用拉曼线的偏振度确定该线的对称性,并由之旁证该线旁的一条弱线系来自碳同位素 $C^{13}$。[6]得出此研究结果时正值物理学大师 N. 玻尔到北大作学术讲演,他对于能在中国看到这样的工作感到有些意外。此外,周同庆和助教赵广增还进行了汞分子光谱和电子激发 $SO_2$ 分子光谱的研究。遗憾的是,不久日寇侵占北平,实验研究被迫中止。饶毓泰设法将摄谱仪光学元件和大光栅经天津、海防辗转运至昆明。在战前吴大猷和他指导下的青年师生还进行原子和分子的结构及其光谱的理论研究。自1933—1938年师生在原子、分子的结构及其光谱方面共发表研究论文18篇,处在国内这一领域的领先地位。

饶毓泰还聘请朱物华任研究教授,1933年到校。朱在北大从事滤波器理论和实验研究,与助教张仲桂一起发表论文多篇。无线电研究是当时物理学又一重要发展方向,朱物华的到来为北大物理系弥补了这方面的不足。

1937年北大与清华、南开联合组成长沙临时大学,1938年迁昆明,更名为西南联合大学。饶毓泰除继续担任北京大学物理系主任外,又兼任西南联合大学物理系主任,直至1944年赴美访问为止。战争时期客观条件十分困难,但在饶毓泰及其他教授的领导下,西南联大师生积极开展研究工作,取得不少成果,并培养出一批优秀人才。仅就属北京大学编制的教师和北大研究院研究生来说,自1939—1946年共完成论文34篇(其中两篇于1947年初发表),其中吴大猷和江安才、沈寿春、虞福春、黄昆、苟清泉等关于原子、分子的结构与光谱以及夜天光等的论文有20篇之多。黄昆是吴大猷指导的研究生。另有北大1935年毕业生马仕俊留英归来,应聘任北大物理系教授。他在量子电动力学方面颇有成就,他单独或与他指导下的青年教师虞福春、薛琴访一起发表有关介子理论和量子电动力学的理论研究论文共11篇。

在西南联大时期有两件事值得一提。其一是,1940—1944年饶毓泰、吴大猷为躲避日机轰炸疏散至昆明郊区岗头村北大所盖的简易宿舍内居住:泥墙、泥地、草顶、纸窗的平房。为使研究不致中断,吴大猷请校方另租一间泥墙泥地的房间做实验室,在一位助教协助下,把从北平运来的三棱镜、透镜、狭缝等光学元件放置在木架和砖墩上,拼装成一个摄谱仪,并请留美归来的马大猷教授带回一台低压汞弧灯,然后就在这个装置上进行拉曼效应的实验研究。在这么简陋的条件下,要取得科研成果,必须要花费比在正常条件下多几倍的心血与劳动。他们想出许多办法,克服了许多困难,居然取得了一些结果。[⑦]这种科学作风和敬业精神堪为后辈楷模。1943年我和几位同学到岗头村拜访老师时就亲眼见到这台仪器,大家无一不深受感动。其二是,为纪念北大40周年校庆,吴大猷撰写了专著《多原子分子的结构及其振动光谱》(英文),由北京大学出版部出版。书上写明"为纪念北京大学四十周年而作",在"序"中对饶毓泰多年的关怀提掖致诚恳的谢意。吴大猷在分子光谱方面有很深的造诣,充分掌握有关资料,用了一年多的时间,于1939年完成此稿。当时后方没有印刷条件,饶毓泰趁赴沪探亲之便将书稿带至上海付印,并亲自进行校对,使该书得以在1940年出版。该书深得国内外同行专家的好评。在出版前,书稿即获中央研究院丁文江奖金(3000元)。著名光谱学家 E.U. 康顿(Condon)阅读该书后即建议将该书列入他主编的、由 Prentice-Hall 出版社出版的一套丛书之中。在第二版中吴大猷根据新进展增添了一个补编。该书售罄后由 Ed.Brothers 公司一再翻印。此书是该领域第一本完整的专著,在国际上获得良好声誉,被广泛采用。国际知名物理学家 C.V. 拉曼(诺贝尔奖获得者)、J.H. 范夫累克(诺贝尔奖获得者)、G. 赫兹贝格、E. 泰勒等写信给吴大猷,称誉该书。美国约翰逊总统科学顾问 Hornig 见到吴大猷时说:"我是你的学生,我读过你的书。"牛津大学教授、曾任国际科联会长和国际纯粹及应用化学联合会会长的 H.W.Thompson 在与吴见面时说:"你就是大猷吴! 你的书甚好,现仍在用中,你们开了路,我们后来就容易了。"国际科联科学教育委员会主席印度物理学家 Bhagavantum 也说:"你就是大猷吴! 我还有你的书……"⑧由此可见此书影响之广。

饶毓泰在担任系主任的 19 年中一直高瞻远瞩地筹划着北大物理系的发展。在 40 年代中,核物理、基本粒子物理和固体物理是物理学发展的主流。在此期间饶毓泰聘请高能物理学家张文裕,核物理学家吴健雄、虞福春和朱光亚,理论物理学家张宗燧(统计物理、粒子物理)、胡宁(粒子物理)、黄昆(固体理论)来北大任教,他们都欣然应聘,当时张宗燧在中央大学任教授,黄昆在英国留学,其他各位都在美国从事研究或留学。后来除张文裕于 1956 年回国时到中国科学院工作,吴健雄一直在哥伦比亚大学从事核物理研究外,其他几位都先后来北大物理系任教。饶毓泰还聘请赵广增来北大继续进行光谱研究,当时他在中央大学任教授。吴大猷、马仕俊当时仍是北大教授,请假在美国从事研究。北大物理系教授阵容至此焕然一新。抗战胜利后饶毓泰曾计划在北大成立一个近代物理中心。他通过胡适校长向中基会借到 10 万美元,委托当时在美国的吴大猷、吴健雄共商购置仪器,开辟核物理实验研究等新方向。吴大猷曾委托虞福春与俄亥俄大学系主任 H.H.Nielsen 联系为北大加工制造一台红外光谱仪。此项计划因时局剧变而未能实现。

60年代初激光的问世是物理学发展中一件大事。饶毓泰当时已年届7旬，且体弱多病，但对科学上的新生事物仍充满激情。为使中青年教师及时赶上这一新发展，他查阅文献，讲了专题课"光的相干性理论"和"光磁双共振"，以他深厚的学术造诣分析了文献中关于激光性质的论述，写出讲义《光之相干性》，于1965年印出。这本讲义对相干性问题作了历史的、理论和实验结合的、经典理论与量子理论相比较的、全面深入的分析，为后人留下了宝贵的教材。讲义的第一句话是这样写的："我想和大家一起温习和讨论一下光之相干性这一概念和它的含义。"这体现了饶毓泰一贯的追求真知的科学精神和虚怀若谷的高尚品德。

饶毓泰执教40余载，对我国高等教育事业作出了卓越的贡献。在他主持南开大学、北京大学和西南联大物理系系务期间，物理系本科和研究院毕业生中有吴大猷、郑华炽、马仕俊、郭永怀、马大猷、虞福春、黄昆、杨振宁等国内外知名物理学家；西南联大物理系本科毕业、当选为中国科学院学部委员(院士)和中国工程院院士的有胡宁、陈芳允、张恩虬、李整武、戴传曾、高鼎三、李荫远、萧健、朱光亚、邓稼先、徐叙瑢等。1949年以后，北大物理系本科毕业生、研究院毕业生和曾在本科学习过的肄业生中，先后当选为中国科学院院士(学部委员)者则共有21人，他们是：于敏、周光召、管惟炎、刘光鼎、曾庆存(以上5人是1980年当选)；甘子钊、苏肇冰、张仁和、陈建生、冼鼎昌、徐至展、熊大闰、陈运泰(以上8人是1991年当选)；王乃彦、艾国祥、吴杭生、霍裕平、邓锡铭(以上5人是1993年当选)；魏宝文、王阳元、侯朝焕(以上3人是1995年当选)。此外，还有一大批毕业生成为我国物理学分支学科及与物理学关系密切的冶金、电子、国防部门的学术带头人，以及高等学校和科研机构的骨干。

饶毓泰在教学中十分注意培养学生学习上的主动精神。他曾让高年级学生与教师一起参加每周一次的茶叙，增加师生接触，使学生受到熏陶。他讲课时要言不繁,深入本质,学生听后印象十分深刻。他有时讲一些科学史上很有启发性的有趣事例。他亲自批改作业,在课堂上不但指出共同性的错误,还对做法不同、独出心裁地解决问题的学生进行表扬,要他到黑板前讲解他的方法。他反对教书匠式的教学,强调启发式教学,曾说过:如果一个教师讲完课后学生什么问题都没有,那不是一个好教师。吴大猷在南开听过饶毓泰讲授的大学物理、电磁学、近代物理、光学、气体运动论、高等电磁学等多门课程,他在《八十五自订年表》中说:在二年级选习的"《近代物理》使我开了物理的窍和兴趣,渐为饶师毓泰注意"[9]。吴对老师充满崇敬感激之情,在1962年出版的《量子散射理论》(Prentice-Hall出版社出版)中写着"献给饶毓泰教授和伦德尔教授",伦德尔是密歇根大学物理系主任。

饶毓泰长系后,北大物理系开始招收研究生,助教也可兼作研究生。饶毓泰、吴大猷、朱物华等教授开设涉及范围很广的研究生课程,有数学物理、电光及磁光学、量子力学、电动力学(一)和(二)、气体导电(一)和(二)、原子与分子光谱、拉曼效应与分子构造、电网络理论等。这些课程的开设使北大物理系的教学上了一个新台阶,教学内容直抵当时物理学发展前沿,青年教师的水平也因之迅速提高。

饶毓泰十分重视演示实验,曾向青年教师介绍德国哥廷顿大学Pohl教授讲课时如何充分利用演示实验取得良好教学效果的经验。北大演示实验室的建设和将理学院礼堂改造成能作演示的阶梯教室就是在他的影响下完成的。

1952年后年逾花甲的饶毓泰不再担任行政职务,但仍关心系的发展,亲自参加光学专门化的建设。除指导研究生外,他讲授原子光谱、光的电磁理论和气体导电过程等课,还编写部分讲义,为本校青年教师和外校进修教师讲授这些课程提供了很大的帮助。

饶毓泰是我国物理学界德高望重的前辈。他在青年时代抱着科学救国之志出国留学,在美时参加中国科学社的活动。回国后不遗余力地投身于祖国高等教育和科学事业,以求改变文化教育和科学技术的落后面貌。1949年后努力学习马列著作,阅读德文版《资本论》和英文版《联共党史》,吸收新思想,提高对新事物的认识。他在担任全国政协常委期间,不顾体弱多病,只要有可能就坚持外出视察。每次视察归来或听过中央领导重要讲话后常常畅谈自己的感受。他为人一向正直,刚正不阿,在十年动乱期间仍能坚持正确意见,严肃地指出,许多学术问题不能一概否定。当时他受到不公正的待遇,1968年10月间77岁高龄的他被强迫到实验室集体住宿,大字报无端地对他进行指责和诬蔑。生性耿直、体弱多病的饶毓泰难以忍受这种对待,遂于10月16日含冤逝世。素来沉默寡言的饶毓泰在逝世前两天的教研室会议上语重心长地说:"解放前我们看到祖国落后,被外国人看不起,很难过。如何使中国富强起来呢?当时想的是科学救国的道路。解放后学习了一些马列原著和毛主席著作,思想上受到很大教育,特别是毛主席关于全心全意为人民服务的思想,对自己教育最深刻。"最后他很难过地说:"我们这样的人已经老了,没有用了,今后建设国家的担子落在你们年轻人的身上。"

饶毓泰临终遗言总结了他走过的道路,同时对后辈提出了殷切的期望。今天,科技是第一生产力的思想和提高全民族科学文化素质的目标,对科技、教育工作者提出更高的要求,我们在纪念北京大学建校100周年和北大物理系建系85周年的时候,深切怀念这位为北大物理系的发展作出卓越贡献的前辈。我们要学习他强烈的爱国主义精神和始终如一的敬业精神,学习他对科学的执着追求和对教育事业的满腔热忱,学习他的崇高品德,在各自的岗位上为祖国建设事业的发展作出应有的贡献。

**注 释**

① 参见 K. T. Compton and Y. T. Yao, Effect of Initial Emission Velocities of Electrons on Minimum Arcing Voltage in Gases, Phys. Rev. **20** 105(1922); Y. T. Yao, The Effect of Liquid Surface upon the Arcing Voltage in Mercury Vapor, Phys. Rev. **20** 106 (1922); Y. T. Yao, Studies of the Low-Voltage Arc in Mercury Vapor and Its Relation to Fluorescence, Phys. Rev. **21** 1 (1923)。

② 参见 Y. T. Yao, Über den inverzen Starkeffekt bei den zweiten Gliedern der Hauptserien von Rubidium und Cäsium, Zeit. f. Phys. **77** 307(1932)。

③ 参见 A. H. Nielsen and Y. T. Yao, Some New Measurements on $\omega_3$ of $C^{12}O_2^{16}$ and $C^{13}O_2^{16}$, Phys. Rev. **68** 99(1945); A. H. Nielsen and Y. T. Yao, The Analysis of the Vibration-Rotation Band $\omega_3$ for $C^{12}O_2^{16}$ and $C^{13}O_2^{16}$, Phys. Rev. **68** 173 (1945)。

④ 参见 Y. T. Yao, Absorption Bands in the Spectrum of Butadiene, Phys. Rev. **68** 99 (1945)。

⑤ 参见 S. T. Shen, Y. T. Yao and T. Y. Wu, Depolarization of Raman Lines and Structure of Chlorate, Bromate and Iodate Ions, Phys. Rev. **51** 235 (1937)。

⑥ 参见 H. C. Cheng, C. F. Hsueh and T. Y. Wu, Raman Spectra of Benzene and Isotope Effect, J. Chem. Phys. **6** 8(1938)。

⑦ 参见吴大猷 Raman Spectrum of Ni$(NO_3)_2$ $6NH_3$ Crystal, Effect of Crystal Field on the Nitrate Ion,《中国物理学报》**5** 180 (1944)。

⑧ 吴大猷《回忆》,台北联经出版事业公司 1977 年版,第 59—61 页。

⑨ 吴大猷《吴大猷八十五自订年表》,《我的一生》,台北远流出版事业公司 1992 年版,第 344 页。

〔作者　北京大学物理系教授〕

# 北大植物生态学学科的
# 开拓者——李继侗

## 杨 澄

在庆祝北京大学生物学系成立 70 周年的日子里,生物楼大厅橱窗内陈列着老一辈生物科学家珍贵的照片与资料,人们追忆起他们为北大生物系,为我国生物科学建立与发展所作出的巨大贡献,崇敬之意油然而生。在这批先驱科学家的行列中有我的导师李继侗教授。

李继侗教授是我国杰出的植物学家和生态学家,也是一位教育家、首批中国科学院学部委员(院士)。他在早年研究生涯中,曾对植物生理学有重要贡献。李先生是光合作用瞬间效应的最早发现者,这篇论文被公认是近代对光合作用机理的认识一个大的飞跃。著名植物生理学家殷宏章教授在追述此事时写道:"1978 年我随中国植物学代表团访美,C.F.French 教授说他在两次有关光合作用研究历史讲演中都提到李继侗教授的这篇论文在光合作用研究中的历史意义。"[①]

李继侗教授十分重视基础教学。早在抗日战争初期,北大、清华、南开三校合并为西南联大,李先生担任生物学系系主任,他和张景钺、吴韫珍先生十分注意基础课教学,三位著名植物学教授共同开设了全系学生必修课——普通植物学课程。[②]他们常相聚在一起讨论课程内容和教材。当时缺乏适合于大学使用的中文教科书,外国教材不适合我国本土材料,为了保证教学质量,三位教授认真分头编写讲义,结合我国实际,采用本国材料撰写植物学教材。初稿先印成讲义在西南联大试用,使学生受益匪浅。讲义写于本世纪40年代,经过几度讲授和增订,李继侗先生所撰著的《普通植物学》上编才于1950年由北京大学出版。李先生注重课堂教学,备课认真,讲课条理清楚,概念明确,向学生不断提出问题。他详细介绍一些科学家的思想体系,并把个人的研究心得传授给学生,这些心得十分具有感染力,启发了学生的科学兴趣。他还针对国际上正在探讨和提出的问题,与学生一起设计独具见解的实验。由于他精湛的思考、严格的实验与开拓创新的精神,他往往能进一步揭示现象的本质,将学生引导到学科前沿。李先生还一直鼓励生物系学生学好数学、普通物理学、定量分析化学、物理化学、微分方程,认为具备这些学识基础才能更好地开阔思路。李先生曾开设过多门基础课,并且讲授过数遍普通生物学、植物学、植物生理学、植物生态学和遗传学。

李继侗教授对事业有高度责任感。他是我国在美国获得林学博士学位的第一人。他本想学成归国投身林业建设,但那时中国正是军阀混战年代,生产凋敝,民不聊生,迫于现实,他转向植物科学的传授与研究。1952年李先生根据院系调整的需要,主持北京大学生物系植物学专业教学和科研工作。当时我国外遭封锁,百废待兴。从这年起直到1957年去内蒙古大学就任副校长之前,李先生每年都亲自带领北大师生去野外进行植被调查及植物采集。1952年春夏之间他参加由中央林业部主持的海南岛橡胶树宜林地综合考察,当时有的国家对我国禁运橡胶,我国必须解决橡胶自给。李先生当选为橡胶树宜林地勘察总队的业务领导人之一,在考察前他在百忙中写了《橡胶树概论》,发给同行的考察人员,介绍了有关橡胶树的基本知识,并向参加勘察工作的师生指出:"前途是任重道远,必须加倍努力,负起向自然索取的责任。"考察时正值盛夏,亚热带丛林中各种昆虫、山蚂蟥肆虐,常常臂腿流血而不知觉。李先生已年逾半百,还总是往返相距几十里的各小分队之间检查指导工作,晚上睡在稻草铺成的地铺上,备受蚊虫叮咬,可第二天清晨又踏上征途。1953年李继侗教授创办了我国大学里第一个植物生态学和地植物学专门组,同年开始兼任中国科学院植物研究所研究员,承担着为该所植物生态学及地植物学培养研究生的任务。地植物学是一门新兴的科学,在祖国大自然改造的计划制定和实际施行中,地植物学家负有极其重大的责任。1954年李先生在北京大学生物系开始招收研究生,并接受来自全国各地的进修生,开辟了我国植物学史上培养这方面人才的道路。李先生治学严格认真,作风刻苦朴实,给年青人留下非常深刻的印象。学习伊始他就要求学生去查阅所研究领域的英文和俄文的经典著作和科学文献,掌握研究方向的历史和国内外动态,并要求每个学生做综述报告。对年青教师和研究生的译作,他总是不厌其烦用红笔逐字逐句仔细修改,他要求译文句子确切,文字优美,字迹工整,多次教导我们说:"你们应该多看些30—40年代的文学作品,有文言文的功底,又有白话文的通俗性,可以提高译文写作水平。"为了教会年青教师和研究生读书,他把自己阅读文献摘录印发给大家,他说看文献要真正读通,阅读专著不仅是为了引用,更重要的是把书中主要论点与我国实际结合起来逐一思辨其正确、欠缺、谬误。李先生认为每门科学都有它的传统,有它的继承性。他说旧日的科学知识也许在观点上、理论上有片面性,但它的观点和理论都有一定数量的科学事实为依据,我们不能将它全盘否定,自己重搞一套。他举出印度J.C.Bose和苏联李森科两个事例为前车之鉴。Bose是抱一种与世隔绝的态度,他无视别人的工作,但他并不把他的观点强加于人,其结果只是影响了他自己工作的价值,于世无补,欲想闭门造车求其出门合轨是绝不可能的。李森科则不同,在作风上大有我国宋儒程朱卫道的气概,压制不同意见,尽其全力排斥异己,在苏联生物学的进展上造成不可弥补的损失。

李先生很重视学生科学实践。1955年李先生率领我们专业师生参加了黄河中游水土保持综合考察队,去晋西吕梁山地区进行科学考察。这个队是由中国科学院和北京大学共同组成,李先生是该队学术委员之一,任务是勘察黄土高原土壤侵蚀问题,调查植被生长状况,制定干沟坡地植草防止侵蚀具体措施。野外工作和生活条件都十分艰苦,出外考察的交通工具仅有一辆容纳20个座位的汽车,而考察队员约有60余人,李先生年已6旬,但他从不畏艰苦,带头不坐车,徒步考察,并让我们把他的意见转达给北大师生,他说:"我们北大师生全部不坐车,这样别人也不会去抢座位,让出来给老先生和体弱的同志坐。"李先生和我们年轻人一起爬山越岭,精神抖擞地对我们进行现场教学,他对农垦中乱砍滥伐林木,过度放牧而破坏植被覆盖和土壤结构,以及其它人类经济活动所造成的水土流失十分忧虑和不满,他经常说:"我们切不可认为向大自然索取是可以随心所欲,我们必须了解自然规律,虚心向大自然请教,帮助大自然发展,依自然规律用因势利导的原则向自然索取。"

1956年6月,内蒙古自治区畜牧厅为建立谢尔塔拉种畜场向李先生发出邀请,李先生亲自率领青年教师、进修生、研究生与大学生20余人对建场地区进行草原植被调查。此时李先生刚刚把国外地植物学植被调查与制图方法介绍到国内,他借这次机会把这些方法用于我国草原植被的调查研究,这既是一次科学实践尝试,又是让参加者为祖国生产建设服务的一次机会,同时,也是对地植物专门组高年级同学的一次训练。他们在该地工作约3个月,对场区植被作了详细调查与大比例尺制图,这在我国草原植被研究史上还属首次。这次调查还对成批地培养植物生态学人才创造了经验。可是李先生为了多收集一些资料,他在野外常以两个鸡蛋和凉馒头充饥。

李先生一向尊重知识,精心扶植后人,对学术领域中出现具有独特见解的年青人倍加注意。有一件事给人们印象颇深:1957年,复旦大学有一位遗传学年青教师与李先生多次书信来往商榷他的论文中一些植物生态学的问题,李先生认为该年青教师在论文中提出了新的研究方法和新的概念,尽管在有些方面双方观点还有较大分歧,李先生还是对这位教师每封来信都认真考虑,与他切磋讨论。正当李先生准备将该教师论文并同几次来往讨论书信在他主持的《植物生态学与地植物学资料丛刊》第一辑上发表之际,该教师被划成右派分子。如果文章按原计划发表,就有与右派划不清界限之嫌,此时李先生已是中国科学院学部委员(院士)、全国人民代表大会代表,并且即将就任内蒙古大学副校长,但李先生很少考虑个人得失与进退,仍然决定在此时将该教师论文与几封书信全部发表。事隔多年,当这位教师和许多学者提起此事时都表露出对李先生由衷的崇敬。

李先生一贯认为搞科学要有科学态度,力戒虚夸、哗众取宠之弊。1958年有人提出要搞"亩产万斤丰产田","培育鸡蛋大的花生",李先生从一株麦穗能产多少麦子算起,断定"小麦亩产万斤根本不可能","鸡蛋大的花生会是什么味道!"但他对真正的新事物却极其敏锐。为适应当时国家经济发展需要,解决黄河淤积、黄土高原水土保持和怎样变沙漠为良田等问题,举办了各种讲习班培养研究人员。每天他都很早来实验室,除讲课外,整日伏案编写教材,撰写调查报告,翻译专著,并将他的文稿让我们传阅和讨论。李先生曾多次告诫学生,对发表文稿务求正确而详尽,不要好高骛远,不要急功近利,并以吴韫珍先生治学严谨为典范,说:"吴先生曾在付印《华北蒿类》前一日复将文稿索回谓:本日所得一蒿类标本,使余觉该文有问题。"

李先生对选派留学生是有远见的,立足点在留学生学成后能为祖国服务。他用一个生动的比喻来表达自己的想法。他说我们要着重在国内培养学生的各种基础知识,就好像雕塑人像,整个人体都雕塑完毕,最后一对眼睛请名师雕刻,这样整个塑像就活了。选派留学生不能只注意政治,应该选择科学上和品德上都好的年青人,一旦去国外就能有针对性地比较快地学成回国服务。

李继侗教授暮年身在病榻,心系内蒙古大草原。1957年高教部询问李先生是否愿意担任内蒙古大学副校长,很快获得他的同意。

李先生对我们说:"这是我国第一所民族大学,应该有懂教育的人去承担领导工作。"李先生不顾自己已届花甲之年,身体欠佳,毅然决定赴任。不幸在到任前突然中风,半身不遂。即使这样,先生仍于1958年4月抱病去了内蒙古大学任副校长,并将自己在北大亲手创建起来的植物生态学和地植物专门组全体师生(教师、研究生)转移到内蒙古大学生物系组成独立的专业,让我留在北京大学担任植物生态学教学工作。我曾去内蒙古大学看望李先生,同时请教一些教学和科研问题。到内蒙古大学时我看见李先生虚弱地躺在病榻上,心里很难过,他却仔细询问我的工作,和我交谈。这时期李先生高血压病日趋严重,行动不便,但仍倡导编写《内蒙古植物志》,以内蒙古大学生物学系为基地,组织全内蒙古各科研及教学部门的人员共同合作,对内蒙古植被进行全面调查和科学研究。李先生竭尽个人所能,为我国畜牧业的重要基地——内蒙古草原的教学和科学研究能尽早尽快地在内蒙古地区兴旺发展起来贡献了最后的精力。

几十年过去了,李先生的许多感人的事仍清晰地铭刻在我们心中,我们将永远铭记他的教诲。

**注　释**

① 参见《李继侗文集》,科学出版社1986年版,第9页。
② 参见北京大学生命科学学院编《生命之光》,1995年,第28页。

〔作者　北京大学生命科学学院教授〕

# 北大磁学学科的奠基人——叶企孙

钟文定

叶企孙先生是我国老一辈的著名物理学家、教育家,是一位真诚的爱国者。他的生平业绩、教育思想、治学态度、人品作风、生活习惯等在《一代师表叶企孙》[①]一书中有详尽的描述,这里除简要复述叶先生的主要业绩外,着重叙述叶先生在 1952 年 10 月全国性的高等学校院系调整中,调到北京大学物理系建设磁学和金属物理专门组的情况。

## 一

叶企孙先生 1898 年 7 月 16 日生于上海,1913 年入清华学校,1918 年毕业并赴美留学。1920 年获芝加哥大学理学士学位,1923 年获哈佛大学哲学博士学位。1924 年回国后,历任东南大学文理科理化系副教授,清华大学物理系副教授、教授、系主任、理学院院长、代理校长,西南联合大学物理系教授、理学院院长兼清华大学特种研究所委员会主任,中央研究院总干事,中央研究院院士。1949 年后,历任清华大学校务委员会主任,北京大学物理系磁学及金属物理教研室主任、校务委员会委员,中国科学院自然科学史研究委员会副主任、科学史组研究员。

叶企孙先生是中国物理学会创始人之一,自 1932 年学会成立便连任副会长、会长、常务理事长等职。他是第一届全国政协委员,第一至第三届全国人大代表。1955 年被选聘为中国科学院学部委员

(1994年改称为院士),并当选为物理学数学化学部常务委员。

在科学研究上叶企孙先生取得了两项重大成果,一是在1921年与杜安和帕耳默合作,测定了普朗克常数。②他们测得的用于计算普朗克常数的数据在当时是最精确的,为世界科技界沿用了16年,而且这一用X射线的测定法,激励了从30年代到50年代的许多实验工作者去测定普朗克常数。二是在1923年研究了流体静压力对铁、镍、钴纯金属和两种碳钢的磁导率的影响。③他改进了实验方法,将压力从前人的最高值300—1000个大气压提高到12000个大气压,从而观测到新的复杂现象,并用唯象理论对实验结果作了解释,成为这一领域的开创性工作。他后来从事建筑声学、铁磁性和自然科学史等方面的研究,亦取得不少成绩。

叶企孙先生是一位真诚的、坚定的爱国主义者。在抗日战争期间,他用唐士(意指中国的知识分子)的笔名,发表《河北省内的抗战概况》一文④,该文除介绍吕正操将军领导的冀中抗日根据地的地域(约25个县)、军事(约10万部队)、经济(粮、棉丰富)等情况外,还鼓励各种技术人才、专家到冀中去工作。叶先生冒着极大风险,在京津两地亲自动员推荐学生到冀中抗日根据地去,组织学生为根据地制造炸药,装配无线电收发报机。⑤他还筹款万余元购买了大批医药、器械、电台元件及各种军需物资输送到冀中根据地。然而在"文革"中,"四人帮"为了打倒吕正操将军,竟诬陷无党派人士叶先生为C.C.特务,将他拘捕入狱一年多,释放后仍继续"审查",叶先生身心备受摧残,于1977年1月13日含恨逝世,直到1986年才得以平反昭雪。

叶企孙先生在高等教育战线上工作了50多年,在我国物理学和其他自然科学的教育、科学研究、人才培养等方面都有许多宝贵的经验和重大的贡献。他创办了清华大学物理系和理学院,认为要办好校系,首先必须有一批优秀的师资队伍。30年代他不仅先后聘请了一批学术造诣深的教授,如熊庆来、吴有训、萨本栋、张子高、周培源、黄子卿、李继侗、赵忠尧、霍秉权、施汝为、任之恭等,而且还聘任了一位技术精湛的德国技师韩弗烈(Heintge),来加强学生动手能力的培养。其次强调边教学边研究,狠抓实验室建设,开创在大学建立研究所的先例,同时亦开办学术刊物。钱三强先生回忆:"我在学校期间,吴有训进行 X 射线对金属结构的研究;赵忠尧与霍秉权研究原子核物理,开始建立 Wilson 云雾室;萨本栋与任之恭进行电路和电子学方面研究,并准备试制真空管;周培源进行理论物理方面的研究;叶企孙进行光谱学研究。"⑥王淦昌先生回忆:"叶师非常重视实验室的建设,我们三、四年级的实验仪器设备都是在我们进校之后才逐步制作、购置的。他很重视学生的动手实践能力的培养,鼓励学生既动手又动脑,形成一种风气。"⑦第三,积极开展对外学术交流。除规定教授在学术休假期间可到国外游学外,还同时邀请国外著名学者到清华讲学。第四,在教学方面提倡重基础、重质量、理论与实验并重的方针。叶先生写道:"在教课方面,本系只授学生以基本知识,使能于毕业后,或从事于研究,或从事于应用,或从事于中等教育,各得门径,以求上进。科目之分配,则理论与实验并重,重质而不重量。"⑧

## 二

1952 年 10 月叶企孙先生随全国性的高等学校院系调整来到北京大学,直到 1977 年 1 月含恨逝世。在此期间他虽已脱离校系行政领导岗位,只担任教研室主任、教授,但却以他那渊博的学识、独特的方法,全心全意地教书育人。笔者是叶先生在北大招收的第一位研究生,1956 年研究生毕业后留校任教,一直与叶先生同一教研室,经常聆听叶先生的教导,完成他布置的任务。笔者原来对叶先生 1952 年前的业绩(见本文第一部分)并不了解,或者只知道一星半点,后来经过学习和切身的感受才有一些体会。这里只从一个侧面说明,叶先生的卓越业绩、传统美德、风尚并不随院系调整而消失。为了纪念北京大学建校100周年和一代师表叶企孙先生诞辰100周年,应将叶先生的宝贵经验、优秀品德发扬光大。

"叶先生是我国开展现代磁学研究的第一位学者,开创了我国这一领域的研究道路。"⑨

"叶先生是中国物理学界研究磁学的第一人,他为我们开辟了这一领域的研究道路;回国之后,他引导施汝为同志去美国耶鲁大学研究磁学,至今我国磁学研究兴旺发达,成果累累。"⑩

原中国科学院院长周光召院士和原中国科技大学副校长钱临照院士分别讲的上述一段话,说明叶先生在我国学者中是最早开展现代磁学研究的,但尚未说明叶先生是在我国的高等学校中指导建设磁学学科,培养现代磁学毕业生的第一位教授。这里所指的学校和学科就是北京大学物理系磁学学科。为了建设这个学科,叶先生采取了如下措施:

1. 充分利用各种有利条件,从全国着眼培养人才。

1954年北京大学物理系成立固体物理教研室,下设半导体、金属、磁学3个组,并相应地把学固体的学生也分成3个组,叶先生负责磁学的建设和教学组织工作。在一年多的时间里,他亲自讲授固体概论、铁磁性理论两门课程,拟定实验室建设项目,并巧妙地将教员的科学研究、学生的毕业论文和实验室建设有机地结合起来,在胡国璋(讲师)、廖莹(助教)先生的努力下,很快便使磁学专门化实验室初具规模。另外,叶先生还聘请北京钢铁学院(即现今的北京科技大学)的柯俊教授讲授"金属物理"。于是在1955年暑假便有主修磁学的大学本科生(共5人)毕业,这是解放后最早的一批磁学毕业生。稍后,参照北京大学磁学组的做法,其他3所综合大学:东北人民大学(现吉林大学)、山东大学、南京大学的物理系也相继成立了磁学组,并有主修磁学的大学本科生毕业。

第一个五年计划期间,中央决定在西北几个地方建设重工业基地,需要磁学方面的人才。可是当时在西北的许多高等院校中都未设立磁学专业。为加快磁学的发展,我国邀请的高校中唯一的一位苏联磁学专家巴尔费诺夫即将来华,高教部准备把这位专家派往兰州大学。由于兰州大学也未设立磁学专业,因此有人建议把这位专家派往已设有磁学的设备条件较好的其他学校,以便更好地发挥苏联专家的作用。另有一种意见认为,从全局考虑,西北应该有一所设立磁学专业的高校,目前条件虽不够,但可以创造,因此专家仍应派往兰州大学,同时其他磁学基础稍好的单位应该给予支援。高教部采纳了后一种意见。叶先生是后一种意见的倡导者和积极支持者,他当即同意派研究生刚毕业留校的钟文定和助教廖莹于1956年11月到兰州大学,参加兰州大学磁学组的筹建和进行专家来华前的各种准备工作。离京前,叶先生还邀请廖、钟二位到五道口餐馆饯别,席间说了许多勉励的话。1957年9月苏联专家到达兰州大学,同时其他设有磁学组的3个大学都陆续派一位青年教师到兰大进修,山东大学是全体磁学组的师生都到兰大。这样一来,不仅大大加强兰州大学的磁学组,顺利地开设了磁学专门化,而且加强了5个学校之间的合作与交流,大大促进了全国磁学教育、科研事业的发展。可见叶先生完全是从全国着眼来培养人才的。

2. 运用许多独到的方式方法培养人才。

由于"叶先生既重视实验,也重视理论……既重视基础科学,也重视应用科学……既重视自然科学,也重视自然科学与工程、技术科学的协调发展"[11],所以"叶先生不仅培养了一批又一批的自然科学杰出人才,也培养了交叉学科的杰出人才,对文科的接班人也十分关心。……1945年日本投降后,……还坚决支持选派文科毕业生(留美)的主张"[12]。叶先生曾经对笔者谈到,他做的工作没有什么,比较满意的是能够看出,哪些人从事哪些方面的工作比较有利。他举例说,冯秉铨先生学习无线电是他建议的,龚祖同先生由核物理改为攻读应用光学也是他建议的。笔者体会叶先生的前半句话是自谦,后半句话却道出了他的伯乐本色。正如赵忠尧先生所云:"回顾今天新中国各个高新科技领域,众多的开拓者、奠基人都与半个多世纪前企孙先生的筹划、指引或培养有关。"[13]

1952年后至"文革"开始,叶先生除亲自讲授课程和推荐选派人员出国学习外,还采取了许多具体的方式方法使年青人尽快成长,对年青人既使用又培养。

方法之一:为年青人制定最有发展前途的研究方向,讲授学科前沿的专题。如铁氧体铁磁共振的研究、铍莫合金磁粘滞性的研究、旋磁效应、固溶体的脱溶及有序无序问题、铁磁性的能带理论,分别是戴道生、钟文定(原名钟佛香)、廖莹、李庆澜、张之翔的研究课题。叶先生亲自讲授的磁学前沿专题有:磁陶的发现[14],铁磁学的几个主要概念,Weiss分子场理论,如何测量饱和磁化强度和绝对饱和磁化强度,原子磁矩分数性的能带论说明,磁热效应与比热反常,用绝热退磁法获得极低温度,超导(电)性。此外,叶先生还邀请中国科学院物理研究所的施汝为、潘孝硕、向仁生和李荫远诸位先生到校讲授各自擅长的磁学专题,以及邀请管惟炎先生讲授超导应用的专题。

方法之二:定期举行读书报告会,所有参加的人每人轮流讲一个题目。叶先生不但主持这种报告会,而且带头先讲一个题目。如1955年下半年开始的报告会内容、时间顺序和报告人是这样安排的:磁致伸缩的唯象理论(4周,每周一次(下同),叶企孙),磁性后效(4周,钟文定),巴克好森(Barkhausen)效应(4周,胡国璋),固溶体的脱溶、有序无序问题(3周,李庆澜),旋磁效应(4周,廖莹),斯托纳(Stoner)计算与铁磁性有关的能带(4周,张之翔)。

方法之三:每隔一定时间到他家中交谈学习、工作、生活等方面的情况,特别是在业务上认为有意思的问题。在交谈中,叶先生不但仔细解答学生提出的问题,而且建议一些学习方法,包括如何写论文,如何查阅文献,甚至连怎样爱护文献书籍的细节都讲。1964年毕业的一位学生回忆:"记得有一次我向他请教文献上一个问题时,用左手很重地翻着书页,先生见了颇为生气地说:'像你这样翻书,用不了多久图书馆的书就全烂了！国家花钱买一本原文书不容易。'接着他示范地用右手四指既轻且柔地翻书页的右上角，果然既不卷角，又翻得快。"[15]最使人难忘的是和叶先生交谈，除了得到本行业务的指引外，还能得到广泛的知识、事物的兴衰利弊和为人的道理。如他曾对笔者谈到中国的古代文艺和明朝的版图问题及《墨经》中的光学问题，他说《墨子》是公元前4世纪的书，里面讲了光的直线传播、反射现象，平面镜、凹凸镜的成像，公元前3世纪鲁胜对《墨子》有注解，可惜现在已遗失了，因古代人信儒教，故过去很少人注意《墨子》，直到清乾隆时才在道藏中发现《墨子》。他还谈到指南针的特征和应用问题，他说北宋沈括(1031—1095)时代的《武经总要》中有指南鱼的记载，沈括做了实验，指出指南针并不完全指南，而有偏东。朱彧在《萍州可谈》中提到，至迟在1099年，指南针已用于航海，比欧洲早100多年，可惜指南针还用在堪舆上，搞风水迷信，显然这种用途是不正确的。还谈到水土保持和生态环境，他说在水土保持未搞好以前，黄河的水是不能清的，否则三门峡水库很快填满，下游河堤易坏，因清水的冲击力厉害。牧场不能过分开垦，否则对水土保持不利。

方法之四：邀请毕业班学生在毕业前或毕业后进行座谈。张之翔先生回忆："我们班毕业时(1953年暑假——引者)，他分批请我们到他家，拿糖果点心给我们吃，一面聊天，一面让我们写下姓名和通信处，以便以后联系。"[16]戴道生先生回忆："在四年级学习时(1954.9—1955.7——引者)，叶先生常邀我们到他的住处去，多半是晚上，利用这个时间了解我们的学习生活及身体情况，对我们很爱护。同时也随兴介绍一些国外物理发展现状，……他对古代中国科学技术的发展非常熟悉，并引经据典地论述了我国古代磁性材料的发现，……这使我们了解到我国古代科学技术的伟大发明和成就，受到很深刻的爱国主义的教育。"[17]

进入60年代，叶先生的身体尽管仍然很好，但毕竟年事已高，加上当时几届磁学班的学生人数较多，他家里已容纳不下，因此有时便在学校内借一教室,有时约定星期天到城内中山公园的茶点部开座谈会,会前的通知组织工作常由笔者负责。会上大家照例无拘束地品茗、吃点心、聊天,叶先生询问各人的情况,并特别关心参加工作后的适应情况(因有些座谈会是约请毕业生中留在北京工作一年后的同学参加的)。针对当时强调理论联系实际,强调专业对口,有些提法过了头的情况,叶先生将物理理论分成4类:(1)基本唯象理论(如力学、热力学、电动力学、相对论等),(2)基本微观理论(如统计力学、量子力学等),(3)物性唯象理论(如技术磁化理论等),(4)物性微观理论(如铁磁量子理论等)。经叶先生这一指点,大家茅塞顿开,都有一朝受业,终身受益的感受。叶先生的这些方式方法,是他在清华办学思想的体现,或者是在新的条件下的进一步完善。

在叶先生的培育指引下,北京大学物理系磁学组迅速成为有影响的磁学教学、科研基地。从1955年起至1996年止为国家输送了磁学本科毕业生464人,博士和硕士生51人。据统计,北大磁学教研室的研究工作在国际上有较大的影响,表现在 SCI(Science Citation Index)收录论文数和被引论文数以及 ISTP(Index to Scientific and Technical Proceeding)上收录论文数近5年均居全校第一位,获得科研奖励的人次也最多。[18]

## 三

凡是认识叶企孙先生的人都对叶先生非常佩服和尊敬,这不仅是因为他学识渊博,远见卓识,主事公道,方法独特和慧眼识英才,更由于他具有一代师表的风范和品德。

叶先生在说话时,上海口音较重且还有点口吃,但并不妨碍他的课讲得很好。这不仅是因为他的讲授重点突出,概念清晰,计算、推导恰到好处,使学生印象深刻,多年不忘,更重要的是他把学生引进一个胜境,激发学生钻研科学的兴趣和决心。胡宁先生回忆:"当叶先生每次得出一个重要的结论或导出一个重要的公式时,我们都有像是首次共同发现这些结果那样的新鲜感。……他在讲完一个课题后总是指给我们有关的参考书,使我们感到像是被叶先生引进一个胜境之中,看到里面很多美的东西,但是更美的东西还在更里面……让我们自己进去探求。"[19]叶先生在清华的那种引人入胜的讲授艺术,在五六十年代的授课中,仍是这样,并且贯穿在他所主持的科学报告会、讨论会中。50年代末,为发展高质量的不含钴、镍金属的永磁材料,国内外都进行了铁磁微粉的研究,为解释微粉的磁化特性,当时有一种理论模型——球链模型。磁学教研室就这一模型举行了科学报告会,待主讲人将这一模型的内容介绍以后,大家对"球链"的理解发生分歧,讨论空前热烈,由下午2点开始直至5点半,仍然得不到统一的意见。叶先生在会上始终静听各派意见,最后才总结说:"今天讨论很好,现在时间已是五点半了,我想总结几句:实际的颗粒是细长形的,我们必须承认,球链模型是用简单化的"链"来代表它。但假设这细长形的颗粒内分成许多理想单畴的"球",和假设由这许多球组成链来处理问题,所得的结果是一致的。重要的在于要考虑到球之间的磁相互作用。球链模型大概是有前途的(尽管还有许多因素没有考虑),但有前途的并不只是球链模型。"[20]叶先生的总结,不但指出了两派争论的实质,在最后处理问题上得到的结果是一致的,而且指出了球链模型的不足,引导学生进一步去深入研究。

　　叶先生平易近人,宽厚待人,客观公正,襟怀坦白。他从不在背后议论别人的缺点,也从不把不宜公开的人和事,预先透露出去。因此在叶先生周围便形成了一个"小气候",大家团结协作,齐心合力,心情舒畅,共同奋斗。正如赵忠尧先生所说:"企孙先生善于在他领导的工作范围里创造一种非常和谐团结的气氛,一种非常高尚的人际关系。……大家在学术上自由争论,无门户之见,互相尊重,服从于真理;在工作上齐心协力,真诚团结,为共同的理想而奋斗、拼搏;在生活上彼此关心,欢乐与共,和睦相处。"[21]1958年大跃进后,学校内进行教育革命,由于认识上的片面性,加上采用群众运动的方法,不少青年人对原有课程的设置、大纲内容都有许多非难,甚至乱贴标签,如说"以物理参数为纲是资产阶级的","以应用材料为纲才是无产阶级的"。在这种情况下,叶先生一时说服不了一帮热血青年,因而采取不参加年青学生关于教学大纲的讨论会,但是他对修订后的大纲还是很感兴趣,他指出:大纲无需乎订得这么死,但你们订了,我不反对。后来华北局和北京市委派来调查组,总结教育革命的经验教训。调查中,有人反映运动是"少派当权,壮派不得志,老派无作用"。这本是从旁人看来的一种实际情况,可是当调查组领导亲自征求叶先生意见,询问是否有这种感受或者是否有职无权时,叶先生回答很干脆:谈不上有这种感受。由此可见叶先生的高贵品质,他一贯关心爱护青年,并不觉得自己"无作用"。

叶先生终生没有结婚,经济条件相对宽裕,生活又比较简朴,过世时却没有任何存款,这是因为叶先生一生乐于资助他人。受过他资助的人很多,不管是同事、学生、工友有困难,他都主动资助,给人送大衣、订牛奶,有的人在他家非短期借住,特别是在三年困难时期,他把一些特供物品、票证都分送给人,为很多人解决了困难,有的甚至起到了挽救生命的作用。

## 四

叶先生不仅创办了北京大学物理系磁学学科组,而且他作为磁学与金属物理的教研室主任,还指导了金属物理的创建。他不仅讲授了物理系的许多课程,而且也讲授了数学力学系和地球物理系的课程。中科院院士地球物理系的赵柏林教授对笔者谈到该系第一次开设"大气声、光、电"课程的情形:1952年10月院系调整后的第二个学期(1953.2—7月),气象专业(地球物理系前身)要开设一门主要课程(毕业班的课程每周4节课)——大气声、光、电,当时整个专业没有人能开这门课,于是谢义炳教授(专业负责人)和赵柏林(当时还是助教)一块到叶先生家,请叶先生来开这门课,叶先生欣然答应。赵柏林当时是这门课的助教,叶先生还请赵住他家(后未去住),并常请赵去莫斯科餐厅吃饭。尔后赵柏林便接替叶先生主讲这门课,直到现在,地球物理系仍有这样内容的课,只是名称不同罢了。

叶先生很早便与北京大学关系密切,早期他就很推崇北大物理系的首创人王守竞先生20年代对量子力学的贡献。[2]后来在西南联大时期与北大的饶毓泰(西南联大物理系主任)教授、吴大猷教授合作很好。叶先生亲自指导的学生毕业论文还请饶毓泰先生评阅。[3]两校的教授相互兼课,相互学习,非常融洽。院系调整后,叶先生与饶先生同在物理南楼的一间办公室,笔者曾为一篇德文文献请教叶先生,先生当即翻译,偶尔有个别词拿不准,便问坐在另一张桌子的饶先生。笔者当时看到两位大师的融洽情景,十分敬佩,终生难忘。可痛的是,在"文革"中饶毓泰先生被迫害致死,叶企孙先生则含恨辞世,这都是后话。现在,历史的一页已经过去,科技是第一生产力的论断已深入人心,科教兴国的战略已经提出,叶先生对发展我国科技、教育的一系列思想、方法,他的品格、风范必将发扬光大,叶先生的典范作用永存!

## 注 释

① 钱伟长主编《一代师表叶企孙》,上海科学技术出版社1995年版。

② 参见 W. Duane, H. H. Palmer, Chi‑Sun Yeh, Proc. National Acadamy of Science, Vol. 7(1921) 237－242。

③ 参见 Chi‑Sun Yeh, Proc. American Academy of Art and Science, Vol. 60(1925) 502－533。

④ 该文载《今日评论》1939年第1卷第1期。

⑤ 参见汪德熙《叶企孙先生支援冀中抗日》,见注①第96页。

葛庭燧《回忆我在青年时期的一段往事——怀念叶企孙老师》,见注①

第 120 页。

阎魁恒《叶企孙先生是如何培养我父亲——阎裕昌烈士并积极支持他走上抗日道路的》,见注①第 168 页。

⑥ 钱三强《缅怀敬爱的叶企孙教授》,《物理》1987 年第 16 卷第 9 期。

⑦ 王淦昌《见物理系之筚路蓝缕,思叶老师之春风化雨》,见注①第 48 页。

⑧ 叶企孙《物理系概况》,《清华周刊》1934 年第 41 卷第 13—14 期。

⑨ 周光召《纪念叶企孙先生》,见注①第 21 页。

⑩ 钱临照《纪念物理学界的老前辈叶企孙先生》,《物理》1982 年第 11 卷第 8 期。

⑪ 沈克琦、孙佶、汪永铨《深切怀念叶企孙教授》,《人民日报》1987 年 2 月 26 日。

⑫ 李赋宁《怀念叶企孙先生》,见注①第 147 页。

⑬㉑ 赵忠尧《企孙先生的典范应该永存》,见注①第 29 页。

⑭ 这是 1955 年 4 月 22 日的报告,当时铁氧体(Ferrite)这一名词尚未普及,叶先生译为"磁陶"。

⑮ 陈佩云《奉上我的怀念》,《北京科技报》1984 年 1 月 16 日。

⑯ 张之翔《回忆叶企孙先生》,见注①第 201 页。

⑰ 戴道生《回忆叶企孙老师对我的培养》,见注①第 211 页。

⑱ 参见郑应之的北京大学信息管理专业硕士论文,1996 年。

⑲ 胡宁《怀念叶企孙先生》,《物理》1984 年第 13 卷第 1 期。

⑳ 据 1961 年 6 月 8 日科学报告会记录。

㉒ 参见戴振铎《仁者民爱》,见注①第 129 页。

㉓ 参见王大珩《一代物理学大师叶企孙先生》,见注①第 116 页。

〔作者　北京大学物理系教授〕

# 不尽的怀念
## ——记邓稼先

### 王世堂

邓稼先(1924—1986),安徽怀宁人。1945年毕业于西南联合大学物理系,留在北京大学任教。1948年赴美国普渡大学物理系学习。1950年获核物理博士。同年回国在中国科学院近代物理所从事原子核物理研究,任科学院物理、数学、化学部副学术秘书,协助钱三强学术秘书和吴有训副院长工作。同时在彭桓武教授领导下分别与何祚庥、徐建铭、于敏等合作在1956—1957年的《物理学报》上相继发表了《β衰变的角关联》、《辐射损失对加速器中自由振动的影响》、《轻原子核的变形》等论文,为我国核理论研究做了开拓性的工作。1958年调入新筹建的核武器研究所任理论部主任,负责领导核武器的理论设计并开展爆轰物理、流体力学、状态方程、中子输送等基础理论研究,对原子弹的物理过程进行了大量的模拟计算和分析,迈开了中国独立研究核武器的第一步。他还领导起草了中国第一颗原子弹的理论方案,并参与指导核试验前的爆轰模拟试验。他与周光召合写的《我国第一颗原子弹理论研究总结》,是一部核武器理论设计开创性的基础要著,对后来核武器理论设计的进一步发展,起到了开拓和指导作用。他组织领导科研人员致力于核武器的实践化,亲自提出并解决了许多提高核武器性能、突破核武器小型化原理等关键技术。曾历任核武器研究所副所长、所长,核工业部九院副院长、院长,核工业部科技委副主任,国防科工委科技委副主任,中共第

12届中央委员会委员。1980年当选为中国科学院院士(学部委员)。他是我国核武器理论研究工作的奠基者和开拓者之一,我国研制和发展核武器在技术上的主要组织领导者之一。

1986年7月7日(邓稼先逝世前12天),国务院总理李鹏以及罗干(全国总工会)、朱光亚(国防科工委)、蒋心雄(核工业部)等到医院探望,李鹏总理并代表国务院授予他全国劳动模范证书。邓稼先提早拔掉输液导管,准备发言稿,穿着整齐地等待领导到来。他发言最后离开稿子说:"核武器事业是成千上万人的努力才取得成功的,我只不过做了一部分应该做的工作,只能作为一个代表而已。"

邓稼先逝世已经11年了。1988年我们曾写文纪念他。今值北大建校100周年即将到来之时,重温往事,仍不胜感慨。现谨再作些补充,以表不尽的怀念之情。

## 一、不拘一格降人才

近两年编同学录才知道,邓稼先入学注册时,开学已经很久了,大概由于太晚,被学校列为试读生。从学号上看,他是A4795,比我们屋的马万钧整整晚了200号,比对门屋的齐亮也整整晚了100号,比他更晚来的,几乎没什么人了。他是从四川江津国立九中(原安徽省中)来的,记不清是因为生病还是因为交通太糟耽搁了。但总算注上册,赶上了这班。这个班在物理方面人才辈出,居然出了4位中国科学院院士(学部委员):徐叙瑢、邓稼先、二年级时由中大转来的朱光亚,另外还有陈彪(一年级念土木系,二年级转物理系,但因父亲病故,母亲无人照料,后来转到金陵大学就读)。联大物理系师资特别强,如当时中国社会像今天这样,没有那么多的曲折和条件限制青年成长,肯定会出更多的英才。

邓稼先出身于书香门第,是清朝著名书法家邓石如的六世孙。他父亲邓以蛰教授是美学和美术史专家,曾任北京大学哲学系主任,也在清华大学任教授,在日、美和欧洲一些国家学习游历,通多国语言文字。老人家在教育子女观点上,不同于世俗之见,和张奚若观点相似。他们主张兼收并蓄、中西合璧,不赞成全盘西化。邓稼先在童年就一方面熟读一些古诗文,同时也对数学和外文有浓厚兴趣,都学得很不错。他就是学文科,也会有所成就的。七七事变后,父亲因病不能随校南迁,却要邓稼先离开沦陷区。临走前,父亲边咳血边交代:"要学科学,科学对国家有用。"他到联大是按照父亲爱国的要求,选择了物理,是超额完成任务。他没有子承父业,选择有家庭优势的行业,走阻力最小的道路,而是服从了国家民族的需要。

## 二、将缣来比素,新人不如故

一年级新生对名气大的老师和高班学生总特别有兴趣,得机会总想认识一下。杨振宁父亲杨武之教授,是算学系主任,当时教新生普通微积分(这是联大从三校继承的传统,基础课由名教授教)。杨教授为了解除学生对算学的神秘感,他说:"两点之间直线最短这一公理,连狗都明白。狗吃肉时,必沿狗与肉之间的直线跑来,故又可称之为狗吃肉公理。"讲得给学生留下深刻的印象,使师生之间相处无所顾忌。于是有学生大胆问他:"您是数学系主任,为啥您的孩子却不入数学系?"不料杨老师回答:"因为数学没有诺贝尔奖。"从此杨振宁就有了"天将降大任于斯人也"的名声。

邓稼先和杨振宁,在北平上中学就同过学(杨班次稍高),又是邻居,两家在北平住在一块,是世交,又是同乡。杨由于跳班考入联大,这时比邓高3个班次,已是四年级学生。他常来找邓稼先,有时是带东西给杨教授(雨具、衣服或家门钥匙之类的)顺便来的;有时是来找黄昆(普通物理助教,又在念研究生),但总要看看邓稼先,说点什么,或带本物理学经典名著,让邓稼先见识见识,但他们的交往是双向互助的。有一天,阳光明媚,昆中教室楼东墙根下,邓稼先拿着大一国文书,杨振宁在背书。大一国文是各系必修课,这是通才教育的体现。不知什么原因,他们在互助。只听见"上山采蘼芜,下山……","下山逢什么来着?"另一位没有概念,答不出。经过几遍,才记住是"逢故夫"。接着"长跪问故夫","问什么来着?"又不记得了,一再提示,才想起是问"新人复何如?"大概已进入状态,后面的背得比较流畅,最后两句记得最牢,因为这是结论:"将缣来比素,新人不如故"。[①]西方文化强调追求新的、片面发展的结果,是喜新厌旧成习。中国固然也有推陈出新和青出于蓝而胜于蓝的成语,但赞扬新是有条件的,经过事实比较,如果不然,则承认"新人不如故"。谁见过西洋人这么说过?中国人念旧,不忘本,不赞成一味地喜新厌旧,学校要学生学这首1000多年前的古诗,在思想上、情操上是有深意的。在这篇课文学习中,四年级的学生没找别人,而是找了故人(虽然刚读一年级)帮忙,这事本身就体现这首古诗的意境,难怪他们两人保持了终身、直至永恒的友谊。

## 三、课余生活所能给予的

大学里,每周上课不过20小时,睡觉56小时,吃饭等10小时,剩下的时间82小时由学生自己支配,是上课时间的4倍。如果算学分,就是82学分,其比重之大,往往被忽略。学校之特色,以及学生本人之特点往往就看如何利用这课余时间了。

同学们都喜欢叫邓稼先为"小孩"。刚入学,上普通微积分。赵淞副教授在课堂讨论时鼓励同学提问题。邓稼先真有胆量,提出问题了。果然,换来同学最担心的反问。赵先生反问他:"什么叫积分?"答:"曲线下面的面积。"问:"3个苹果加5个苹果等于多少?"这题可令人莫测高深,只有硬着头皮回答:"8个。"赵先生答了,说:"问小孩3+5=? 小孩可能说不清。但要加上名数苹果,小孩一定能清楚回答。积分以曲线下面的面积作例说明,也是有名数的例子的一种。积分一般说来是一些数之和。"这类深入浅出的讨论,使我们受益匪浅,而邓稼先自此也就博得了"小孩"的称号。他那纯洁透明的性格,和同学之间朴质的友情,以及对学习执着的追求,使他真像个永远长不大的小孩。但在课余生活中,他也在逐渐成熟。

邓稼先入学时,国际形势正在大动荡。入学前德国刚入侵苏联,入学后日本又南进制造珍珠港事件。当时日本正要打新加坡,入侵缅甸,中国军队正向中缅边境开拔,战场离昆明还远。中国国家的当权派,原来要领导中国走一条有中国特色的法西斯主义道路,现在走不通了,全世界反法西斯统一战线正在形成,中国抗日战争的成败和国际形势息息相关。联大绝大多数学生来自沦陷区,事关他们切身生活及前途,没法不关心形势。这形势又是国事,老师不敢在课堂上随便谈,至少不能当正课谈,于是学生通过各种渠道,获取各种信息,自己教育自己了。

昆明是国际通道上中国的第一个大城市,外国影片进口后就在那里首映。据说由联大吴宓教授先看,定译名,然后再作广告公映,译名贴切典雅,沿用至今。看电影是联大学生课余生活的第一选择,邓稼先就是其中的典型,但他的品位很高,从不滥看。先是选看《翠堤春晓》、《寒夜琴挑》等文艺片子,沉醉于施特劳斯的歌曲:"一树一路碧云天,一鸟一歌你和我。"一年多以后转入注意领悟社会问题,反复琢磨《碧血黄沙》中的"世界的另一面是——饥饿"。再往后就是看和二次大战相结合的军事题材片子了。

由于电影片子绝大部分来自好莱坞,不免受到美、英思想的影响,这在当时来说连老师们也不能避免。对于德意法西斯的战争,只看到英、美所起的作用。当时在昆明难以看到苏联的战报,中国共产党的《新华日报》也很难找到,只在校图书馆的里屋有一份,不公开展出。但邓稼先从不人云亦云,他明白欧洲战场上主要靠苏联红军在拼,英美怕德军,迟迟不敢在西欧登陆。他常常认真地查地图,了解战局发展,实事求是的精神,保证了他政治方向正确。

法西斯国家在各战场上的失败,标志全世界反法西斯战争进入最后的高潮。唯独在中国正面战场上,中国却遭到东线大溃败,9个月时间,损失军队60万人,土地30万平方公里,4000万人民遭受苦难。盟军在中印缅战区虽取得胜利,但掩盖不了东线的惨败。举国上下、中外议论沸腾,邓稼先就是在这时候得出"看来中国的关键是在政治!"的结论。这时就连美军的驻中国军事首脑史迪威和美国驻华大使高斯也建议美国总统不要再与中国政府当权派合作。中国当权派为了挽回在中外的面子,要求美撤换史、高,并发动10万青年从军准备内战,学校当局迫于当权派命令,也发动学生从军,应者寥寥,邓稼先也没去参加。后来,当权派利用苏军进入东北歼灭日本关东军当中发生的一些问题,发动学生搞反苏游行以转移目标,联大个别院系领导人出面组织,应者更少。邓稼先从全局和主流着眼,肯定苏军战绩,拒绝参加反苏游行。

中国怎样才能从半殖民地半封建状态走出来,达到国富民强?这是100多年来,几代人的共同课题和使命。一种态度是,全国我管不了,我只能把功课学好,能出国留学,学到本事就为国争光。另一种态度是中国正在历史的坡道上前进,负重上坡很吃力,不能只坐车不拉车。经过讨论,邓稼先的态度是后者。但他不是那种马上就有所表现的人。

学生会改选过程中,"和尚膳团"负责人齐亮参加竞选,就是那个学号比邓早100号的中文系学生,曾为膳团改善伙食尽心尽力,使膳团办得最出色,邓稼先就在那个膳团用餐。他就赞赏这种肯为公益事业奉献力量的人。他俩认识但并不太熟。我们有意逗他:"小孩儿,你选谁呀?"他很生气:"这还用问!当然选齐亮了!"这下可表现出来了。

齐亮的性格和邓稼先十分相似,朴实,默默地工作,从不表现自己。两人之间,似乎有一种精神上的默契。1945年后,齐亮辗转工作在滇南、川东重庆和川西成都一带。1949年1月被捕关入中美合作所。他入狱后作"是七尺男儿,生能舍己;作千秋雄鬼,死不还家"春联贴在牢门上。1949年11月,重庆解放前夕,被推入硝镪池中牺牲。

邓稼先拿到博士学位9天后就动身回国,简直是不假思索,义无反顾。谁说这博士、院士和烈士之间,没有一定的联系呢!?

**注 释**

① 该古诗全文为:上山采蘼芜,下山逢故夫。长跪问故夫:"新人复何如?"新人虽言好,未若故人姝。颜色类相似,手爪不相如。新人从门入,故人从阁去。新人工织缣,故人工织素。织缣日一匹,织素五丈余。将缣来比素,新人不如故。

〔作者单位 总政治部干休所〕

# "文化中国"的象征
## ——梁漱溟与北大

### 王宗昱

　　1988年的5月,北京大学建校90周年的日子里,在《精神的魅力》这部纪念集中,有一篇由最年长的校友写的题为《值得感念的岁月》的文章。6月23日,它的作者,年届95岁的世纪文化巨人梁漱溟先生溘然长逝。这篇文章也许是他的绝笔之作。70年前,历史给了他一次机会,将他推向历史文化的前沿;70年后,历史又给了他一次机会,让他能够在回归道山之前将北大的精神魅力之所在晓与后人。让这位受到举世瞩目的巨人眷恋不已的就是老校长蔡元培先生倡导的兼容并包的精神。蔡先生与梁先生都已然作古,但兼容并包作为北大的传统,它历久弥新,受到已往的和未来的北大学子的宝爱。它不怕那些居心险恶的丑类的诋毁和歪曲,真正是天不能死地难埋!

　　在北京大学的历史上,像梁漱溟先生这样既未受过现代大学的系统教育又无旧学渊源,却能在此占一席之地的人的确是寥寥无几。然而,正是他,在这里发出的呐喊竟然震撼了新文化运动的神圣讲坛。自幼好学深思的梁先生在少年时代即开始思索社会问题和人生问题。对社会问题的思索使他崇尚西洋的民主政治,并亲身参与了同盟会的革命活动。对人生问题的思索使他在辛亥年以后便转向研习佛学,并一心向往出家为僧。1916年,他发表了长篇论文《究元决疑论》,成为他一生学术生命的起点。同年底,他奉此文为贽就教于蔡元培先生。蔡先生与陈独秀商定,聘请他到北京大学文科哲学门担任讲师,讲授印度哲学课程。1917年12月5日(据《北京大学日刊》,梁先生自述有误),梁先生开始了在北大7年的教学生涯。这7年是梁先生思想发展历程中至关重要的时期。在这7年间,他个人的生活态度发生了重大转变。这7年间,他置身于新思潮的旋涡中,对"五四"前后的文化论战作出了重大贡献,也为他此后一生的思想与学说奠定了基础。

梁先生后来几次谈及他与北大的关系。1942年,他在《纪念蔡元培先生》一文中说:"我只是在当时北京大学内得到培养的一个人,而不是在当时北大得到发抒的一个人。"论年龄,初入北大的梁先生年方24岁。哲学系的一些学生如冯友兰、顾颉刚、孙本文等人都与他年齿相若,朱自清、朱谦之等人也比他只年轻五六岁,而他中学时代的同学张申府、雷国能此时也正在北大求学。论学术资历,梁漱溟此时更谈不上。冯友兰先生保留有1918年毕业于北大时的师生合影,照片上的"梁老师"看上去要比一些学生还显年轻。梁漱溟之来北大诚如蔡先生对他说的那样:"来北大,你不要以为是来教别人的,你把到北大当作来共同学习好了。"蔡先生的真诚与开放的态度接引感召了此时正一心出世的梁漱溟,使他能以一种健康的心态投入北大的思想洪流中。北大的新文化运动的惊涛骇浪以及那些手把红旗的弄潮儿们也确乎使梁漱溟这位后生小子悚然于心,感到巨大的压力。但是,有着"革命经历"和佛学修养的他在这股压力面前并未想到个人地位的卑微从而产生某些人所有的那种敌视北大精神的心理。有着浓厚的学术氛围的北大把他造就成了一位学者,作为新文化运动中心的北大把他造就成一个为传统文化开出崭新前途的思想家。北大自由的学术空气、争鸣一时的各种学说拓展了他的眼界,使他能够超越出自己以前的思想旧范,重新审视自己的思想观点及人生态度;自幼年就形成的特立独行的气质和救国救民的怀抱使他不附和他人成说而独出心裁,也使他免于当时流行于某些师生间的嗜烟嗜妓的恶习。就是这样一位未曾受过大学教育的青年在北大的兼容并包的学术思想环境中被造就成为20世纪中国的一位奇人。

梁漱溟先生在北大期间从事的教学研究主要是佛学与儒学。他先后在北大文科哲学门及哲学研究所开设了印度哲学、佛教哲学、孔子哲学、孔家思想史等课程和研究专题,写出了《印度哲学概论》、《唯识述义》、《东西文化及其哲学》等著作。他的学术思想始于唯识佛学,以《究元决疑论》为肇端。现在仅存的《唯识述义》第一册反映出他试图用现代西方哲学的语言重新解释唯识学的义理。他在这方面的著述使他后来被推为"新法相宗"的三位大师之一。唯识学的研究表达了梁先生的佛学观。他在《东西文化及其哲学》中关于佛学的论述即本于其唯识学,而其对唯识学作出的"感觉主义"的解释又与他对宋明理学乃至整个儒学的理解直接相联。《印度哲学概论》是他的第一部学术专著,也是当时国内比较重要的介绍与研究印度哲学的著作,曾多次印行。在这部著作中,梁漱溟不仅从佛藏中辑录了大量关于印度六派哲学的材料,还参考吸收了西方著名印度学家如缪勒(Max Müller)等人的研究。

对于佛学和印度哲学的研究及著述固然与梁漱溟的教学有着直接关系,但梁先生在进北大之初是立志要为佛学与儒学作一番说明和阐扬的。他认为:"我的意思,不到大学则已,如果要到大学作学术方面的事情,就不能随便作个教员便了,一定要对于释迦孔子两家的学术至少负一个讲明的责任。所以我第一日到大学,就问蔡先生他们对于孔子持什么态度。"蔡元培说:"我们也不反对孔子。"梁漱溟则侃然答道:"我不仅是不反对而已,我此来除去替释迦孔子去发挥外更不做旁的事!"梁漱溟的这个抱负是受到新文化派的刺激而有的。在中国现代思想史上发生了重大影响的文化论战自1915年已经开始,梁漱溟在进北大之前一直处在这场论战之外。受聘于北大使他终于参与到论战中来。毋庸讳言,梁漱溟的立场最初仅仅是出于一种保守的反应。他十分珍视自己对佛学及其人生态度的选择。然而，自幼即关怀着民族命运的他自然也要对东方化或西方化于民族前途之关系作出回答。1918年10月4日，他开始通过《北大日刊》征寻研究东方学的同志，并很快在当月末于哲学研究所开设了"孔子哲学"的研究项目。他在《北大日刊》的几次启事中表明了自己的学术立场："吾校则此仅有之国立大学。世之求东方学，不出于中国而谁求？不于吾校而谁求？是吾校对于世界思想界之要求负有供给东方学之责任。顾吾校自蔡先生并主讲诸先生皆深味乎欧化而无味于东方之化，由是倡为东方学者尚未有闻。漱溟切志出世，不欲为学问之研究。今愿留一二年为研究东方学者发其端。""又有误以溟为反对欧化者。欧化实世界化，东方所不能外。然东方亦有其足为世界化而欧土将弗能外者。"由此可见，梁漱溟此时是出于一种学术的责任感，而非出于狭隘的保守主义立场，更不是出于对个人生活态度的偏爱。他甚至要为开辟传统文化的新绪而牺牲个人生活态度的选择。

经过一年多的研究，梁漱溟已有成竹在胸，于1920年秋天在他的印度哲学课上开始讲演东西文化问题，并在《北大日刊》上连载讲演记录。转年暑假，他应山东省教育厅的邀请去济南作了40多天的讲演，其间虽大雨兼旬却未尝中断。两次讲演的内容汇为《东西文化及其哲学》一书，于1921年10月出版，成为文化论战中的一部重要著作。书中对西方近代的科学与民主以及近代以来直至本世纪初的西方哲学史和思想史作了广泛的考察与分析。同时，该书也对"五四"前后中国一些思想家的观点作了分析和批评。梁漱溟在书中预言：在未来的世界上，以儒学为代表的中国文化将取代西方近代文化，成为世界文化的主导，中国文化将进入自己的"文艺复兴"时代，而它自身也应该吸收西方的民主科学，从而使自己进入一个新的历史阶段。冯友兰先生晚年在《中国哲学史新编》中将梁漱溟的思想列入新文化运动的范畴是很有道理的。梁漱溟对儒学的重新阐发使他成为当代新儒学的先驱。牟宗三称赞他"开启了宋明理学复兴之门"。梁漱溟的学说以其独具一格的构思使已往的文化讨论开始脱离优劣高下的狭隘偏见,以其构造的逻辑系统使儒学有了包容域外文化的胸怀,为儒学扩张自己的内涵开了先河。他使传统儒学以及由其代表的传统文化有了新的生长点。梁漱溟称得上是打开中西方森严壁垒的第一人。《东西文化及其哲学》是新文化运动的产物。梁漱溟与当时那些顽固守旧的国粹派有着本质区别。他认为中国传统文化必须经过批判改造才能振兴。他在文化讨论中表现出的批判精神是他区别于《新潮》与《国故》两派的基本特征。他的思想和立场表现了对西方文化开放的胸怀,这正是北大当时民主自由精神的产物。梁漱溟这个人物及其思想是他向哺育他的北大的献礼,也是北京大学为20世纪的中国作出的贡献。虽然梁漱溟、熊十力这些当代新儒学的宗师生前并未在北大享有重要的学术地位,而且新儒学甚至一度飘零海外,但是我认为新儒学的源头就是蔡元培时代的北大。蔡元培等人造就的兼容并包的北京大学应该永远成为生发新思想的源头活水。

《东西文化及其哲学》标志着梁漱溟学术思想的成熟。他将西方哲学、印度佛学和中国的儒学熔为一炉。在该书所勾勒的世界文化发展的框架内,西方近代文化、中国儒家的心性之学、印度的出世学说均有了适当的安设。梁漱溟以后的其他著作表达的思想观点都是以《东西文化及其哲学》为逻辑出发点的。它也决定了梁先生一生致力之所在:用西方哲学和生理学、心理学的知识充实并改造中国传统的心性之学;由心性之学出发,吸收西方的民主与科学以改造中国社会。《乡村建设理论》、《中国文化要义》、《人心与人生》等著作反映了梁漱溟以后在这两方面的理论和主张。在哲学方面,他表现出融合宋明理学朱陆两派的倾向,区别于牟宗三等人的心学立场,虽然贺麟早在40年代就把他称为新文化运动以后"倡导陆王之学最有力量的人"。他的哲学也反映了西方柏格森主义和心理学对中国的影响,值得后人反省。在社会政治思想方面,他试图在中国旧有的伦理关系及价值观念基础上容纳和摄入西方的民主精神,重建中国礼乐化的基层社会组织。他的思想和著述涉及政治学、教育学、社会学等各个方面。他并未能建立一个严密的理论体系,但是他的思想别出心裁、自成一家。

梁漱溟先生在进入北大之前是一心出世的,即使在蔡元培向他发出邀请之后,他也曾一度南下,欲往衡山为僧。他的一心向佛终生不渝,但在进入北大并投身文化论战之后,他幡然改变了"生活态度",并于1921年末成婚。做儒家生活是他出于民族前途的一种选择。在《东西文化及其哲学》的序言中,他对自己生活态度的改变作了说明。他认为,就人类文化乃至中国文化的发展而言,现在尚非佛学大行其道的时代,他此时应该站出来带领世人做儒家生活,他应该把自己体味到的孔子倡导的人生真义贡献给人类。在《东西文化及其哲学》初版扉页上印有一张照片,是梁先生与当时北大的学生朱谦之、黄庆、叶麟的合影。梁先生在照片的题记中说:"今年四五月间,我有翻然改变态度的事,决定要做孔家的生活,而把这些年来预备要做佛家生活的心愿断然放弃,……因此这个像片要算我改变态度的一个纪念。现在这本书是我改变态度的宣言,所以我郑重的把它印在这书的前面。"此照片与题记在该书转由商务印书馆出版时未能采用,故湮没不闻久矣。1985年夏,我抄录这段话读给梁先生听。他已不记得有这样一篇题记了,再览旧文,颇有感慨,命我抄录一份交他保存。此题记写于1921年9月,是关于梁漱溟出佛入儒的最原始的记录(现在这个曾由北大图书馆收藏的印本也已不知下落)。此后,梁漱溟先生就成为一个身体力行的儒者,直至晚年我访问他时,他才说出心底的出世愿望。当他的日记收入全集出版时,世人才知道他一直未断此念。在40年代和50年代,他曾分别在重庆附近的缙云山和北京八大处做佛家的修行,并且是修行藏密工夫。梁漱溟是中国历史上唯一一位兼有佛教信仰的儒学大师。他是以大乘佛教菩萨救世的精神回到世间来的。他尤其对泰州学派的儒学服膺备至也是由于泰州学派人物的践行精神。1942年,日军攻陷香港,梁先生脱险归来,回忆他身处危难之际的心理时写下了一段惊世骇俗的话:"孔孟之学,现在晦塞不明。或许有人能明白其旨趣,却无人能深见其系基于人类生命的认识而来,并为之先建立他的心理学而后乃阐明其伦理思想。此事唯我能做。又必于人类生命有认识,乃有眼光可以判明中国文化在人类文化史上的位置,而指证其得失。此除我外,当世亦无人能做。前人云:为往圣继绝学,为来世开太平,此正是我一生的使命。《人心与人生》等三本书要写成,我乃可以死得;现在则不能死。又今后的中国大局以至建国工作,亦正需要我;我不能死。我若死,天地将为之变色,历史将为之改辙,那是不可想象的,乃不会有的事!……我有我的自喻和自信,极明且强,虽泰山崩于前,亦可泰然不动,区区日寇,不足以扰我也。"他是把自己的命运与民族文化的命运结合为一体时才有这番气贯长虹的自白的。俗人或以之为不免狂妄,但这是梁先生一生的真实写照。唯其如此,他才能20年间置家小于不顾,奔走于祖国南北,致力于社会教育和社会改造;唯其如此,他才能感召了一大批青年知识分子团结在他的周围,艰苦奋斗在社会的最基层;唯其如此,他才能有博大的胸怀,彻底地相信天下一切人,进南京、访延安,致力于团结抗日,致力于民盟的建设,致力于国共和谈;唯其如此,他才能从容面对政治势力的威压,对之曰:"三军可夺帅,匹夫不可夺志!"——孔夫子2000年前示与后人的古训在我们民族的文化遭到了历史上空前的浩劫时又一次经由"末代的孔子"发出了它惊天地、摄鬼魂的力量!

《东西文化及其哲学》使梁漱溟声名大噪。1923年12月北大校庆时,有人搞了一次民意测验。"国内大人物"这一问题的测试结果,梁漱溟与冯玉祥并列第十名。(第二名陈独秀,第三名蔡元培,第四名胡适,第八名李大钊,第九名章太炎。)梁漱溟在北大产生的影响也反映了北大当时的自由空气,各派意见均能在校内自由发表,且各有自己的听众。各派人物也能平和相处。梁漱溟和"新青年"派的人物乃至共产党人都有良好的关系，虽然他们的思想观点大不相同，甚至《国故》月刊在筹办时也曾想请梁漱溟做编辑。他们虽然见解不同，却不妨碍他们共同致力于学术研究和社会活动。1919年1月，梁漱溟参与发起组织哲学研究会，同仁中有陈大齐、陶孟和、马叙伦、陈公博、杨昌济等共12人。1922年，他又与胡适、李大钊、蔡元培等人联名发表了《我们的政治主张》的声明。梁漱溟也参与了当时北大校内各种社团的活动，或为其会员（行知会），或出席其集会并作讲演。当时北大的师生间有较深的思想交流，相互学习砥砺。梁漱溟与北大学生朱谦之、罗常培、陈政、黄庆、陈亚三等人的终生友谊即远溯于此时。罗常培和陈政于《东西文化及其哲学》讲演的记录功不可没。60年后，罗常培之幼女罗慎仪曾有志于远绍乃父行谊，将该书迻译为法文。未知出版否。黄庆和陈亚三则长期追随梁先生从事乡村改造活动，黄庆（艮庸）更于后来成为民盟的重要人物。梁漱溟与张申府、李大钊这些早期共产主义的领袖人物也有着深厚的友谊。他们当年交游时的合影现在已成为"珍贵的革命文物"保存在中国人民革命博物馆。它告诉后人：李大钊这些早期的共产党人是以怎样一种健康的、开放的心态和胸怀面对持有不同见解的"异类"的。他们从来没有把梁漱溟这个佛学与儒学的"卫道士"视为洪水猛兽。他们彼此也有思想的交锋，论述中也不客气地向对方作学术性的批判。他们的思想和社会活动的兴趣或有不同，但是他们对民族的命运怀有共同的忧患意识，对学术有着共同的执着追求。北大的这种学术自由、思想自由的环境既为共产主义的生存提供了条件，也为各种思想学说的生存提供了条件，更造就了李大钊、梁漱溟这样一大批具有包容异见之胸怀的伟人。历史已经证明，只有那些以暴政治民的军阀政府和那些讨伐异见的朋党才不能容忍李大钊和梁漱溟。

梁漱溟于1924年夏天辞去了北大的教职，为实践他"再倡宋人讲学之风"的主张，会同熊十力及北大几位学生前往山东菏泽办学。这种社会教育活动后来发展成山东的乡村改造运动。他希望能以中国旧有的文化和社会结构为基础,吸收西方文化的因素,促进中国社会的现代化,同时避免西方近代社会的弊端。抗战开始以后的10年间,他作为国民参政员,作为民盟的创建人之一,是中国当时著名的社会活动家,被张东荪等民盟要人誉为"民盟之父",被马歇尔和司徒雷登称为"中国的圣雄甘地"。但是,他一直继续着自己的学术研究,著述不辍,并在山东和四川先后建立研究机构。他也仍然和北大保持着联系。1927年1月起,他应北京大学哲学系同学会、北京学术讲演会和北大学术研究会的联合邀请,在北京作了为期3个月的讲演。现任北大哲学系教授的王太庆先生也曾向我讲过他在西南联大读书时曾代表学生会邀请梁先生去西南联大讲演。他更是西南联大和平民主运动的支持者。李公朴、闻一多殉难后,他作为民盟秘书长代表民盟赶赴昆明调查事件经过。他激愤地说:"我在等待第三颗子弹!"李大钊、闻一多、梁漱溟表现了中国正直的知识分子不畏惧黑暗势力、不畏惧高压政治的铮铮铁骨。

　　1949年以后,虽然改造知识分子的运动使梁漱溟难以申展自己建立机构从事文化研究的理想,虽然他面对中共的成功也曾真诚地反省自己的主张和实践,但他仍然坚持着已往的基本思想和立场,表现了思想和行为的独立性。正是这种理性精神使他在中国文化遭到前所未有的剿灭时表现出一个儒者和佛徒的勇猛无畏的气概。他在批孔运动时写给香港友人的信中说:"我以拒不批孔,政治上受到孤立,但我的态度是独立思考和表里如一,无所畏惧,一切听其自然发展。"这种独立思考的精神绝非那些诡称"时中"以逢迎时政的屑小鼠辈所能同日而语。这是北大的精神,万古不磨!

　　当东方睡狮在多年噩梦之后睁开它蒙眬的睡眼的时候,梁漱溟60年前的运思又一次在它的神经里躁动了。他当年的旧著和1949年以后的新作陆续出版,成为80年代文化讨论的重要议题。他的方法和结论再一次影响到青年一代的学子。1984年,由北京大学哲学系几位青年教员发起组织并得到一大批校内外中老年学者响应的中国文化书院在北京成立。年逾 90 高龄的梁漱溟先生担任了第一届院务委员会主席。中国文化书院在宗旨和特征上与梁先生早年的设想与实践甚相符合。在 1985 年一个料峭春寒里,梁先生站立在讲台上为书院第一期讲习班作了近两个小时的讲演。虽然这些内容在他已是老生常谈,但是对于在闭关自守的国度里长大的青年学生来说却是那般"新颖"。他讲述的是他们的祖先几千年来的安身立命之本。这种学问早已在神州大地中断了它的运命。几十年间,中国人诚如梁先生 60 年前所云:"邯郸学步,并失故步",匍匐不得行!不得不请出行将就木的末代孔子出来"为往圣继绝学",再一次实践他 1921 年就立下的誓言,将他体味到的孔子人生贡献给中国人民。呜呼!大雅久不作,吾衰更谁陈?

梁先生告别了我们!作为佛徒,死亡在他是一种解脱,因为佛祖告诉他人生是苦。作为儒者,死亡在他不是终结,因为先贤告诉他:聚亦吾体,散亦吾体。作为菩萨,他实践了自己的誓愿:"众生无边誓愿度"。作为儒者,他做到了"践形尽性"。梁先生去世后,我们才得以在他的日记和随笔中,在他为别人书写的条幅中窥见他的气质和修养:"无我为大,有本不穷。""我生有涯愿无尽,心期移海力填山。""廓然大公,物来顺应。"……不一而足。由此我们才明了他在重大的历史事件、个人的不公正遭遇中如何本着先儒的古训磨炼自己。世人或许嗤笑梁先生 1953 年做"争吵"之后的反省过于迂腐,即使牟宗三也指摘梁先生受中共和毛泽东的欺骗。然而这些都是误解。梁先生丰富的经历使他能较为完整地表现出一个儒者的风范。他自己也曾说过:"人生经历即是真学问,远胜理想空谈也。"梁先生的去世标志着一个时代的结束。这样的儒者,这样的菩萨永不会再有!我们不希望人们再被置于那些生死关头去接受考验!我们需要建设一个健康持久的政治环境,使全体中国人的人性都能得到健康发展。人类的精神境界应该以社会政治经济的发展为基础。功夫即是本体,此之谓耶?遗憾的是,在社会上还存在着一些戕害人性的毒素。由此,我们才更感到梁先生的伟大,更感到他遗留给我们的精神财富是如此珍贵。梁漱溟先生那种开放的胸怀、独立的思考、不屈的傲骨永远是中国知识分子的楷模。

指穷于为薪,火传也,不知其尽!

〔作者　北京大学哲学系副教授〕

# 生命不熄　薪火承传
## ——冯友兰与北大

李中华

> 一别贞江六十春，
> 问江可认再来人？
> 智山慧海传真火，
> 愿随前薪作后薪。
>
> ——冯友兰

冯友兰（1895—1990），字芝生，河南省唐河县人。他是中国现代史上杰出的思想家、哲学家，是对中国思想史、中国学术史、中国哲学史诸领域作出重要贡献的著名学者。他的一生与北京大学有着不可分割的联系。

在中华民族的成长史上，上世纪与本世纪之交是一个最令人难忘的时期。这是因为这一段历史，对于人类，特别是对于我们中华民族来说，有着极其特殊、极其复杂的世纪情结。旧的时代奄奄一息，即将向当时的社会告别，而新的时代却在苦难与煎熬中步履蹒跚。中华民族正处在时代文化转型的历史关节点上。

这个历史关节点，像严冬未尽的一条冰川，上面虽有坚冰覆盖，下面却孕育着各种生机暗流。一旦冰川消释，这生命的暗流将像奔腾咆哮的黄河，以其原有的哺育中华文明之历史张力，无情地冲击旧时代的堤防，一泻千里地奔向新世纪的大海。

正是在上述所谓的历史关节点上,京师大学堂诞生了。12 年之后,随着辛亥革命的爆发,满清王朝被推翻,京师大学堂亦改名北京大学,从此,它便成为一所名副其实的现代意义上的大学。曾有人论证说,中国真正开始引进现代科学有三项标志,其中之一便是京师大学堂的成立。这一估价完全符合历史实际。不管当时满清王朝的统治者是否意识到这一点,它作为历史关节点上的产物,已经牢牢地镶嵌在世纪之交的历史界碑上。

冯友兰就是北京大学培养出来的一代哲学大师。他的名字不仅与他的研究领域紧密地联系在一起,而且也与北京大学的名字紧密地联系在一起。

一

1895 年 12 月 4 日,即京师大学堂成立的前 3 年,冯友兰出生在一个"世代书香"的地主家庭里。他的祖父、父亲、伯父都有较高的中国传统文化修养。在这种家庭环境中,冯友兰从小便受到中国传统文化和思想的教育和熏陶。6 岁便开始读背四书五经,接受家庭及私塾教育。15 岁始入高等小学预科。16 岁考取中州公学中学班,后转武昌中华学校。17 岁入上海中国公学。在中国公学的 3 年学习中,冯友兰对逻辑发生浓厚兴趣,遂萌生学哲学的志向。1915 年夏,冯友兰结束了中国公学的学业,带着对逻辑与西洋哲学的浓厚兴趣考进了当时精英云集的北京大学。

冯友兰与北京大学结缘的因由是哲学。因为当时只有北京大学有哲学系(当时称中国哲学门,1919 年夏改称哲学系)。[1]冯友兰报考北京大学的目的,本来是为了学习西方哲学。照当时北大的章程说,有三个哲学门:中国哲学门、西洋哲学门和印度哲学门。但"实际上印度哲学门压根就没人提。西洋哲学门,本来说是要在 1915 年开的,可是找到了一位教授,名叫周慕西,不久他就去世,所以也开不成了"②。这就是说,当时北大只有中国哲学门的课程。而中国哲学门是在京师大学堂经学科的基础上形成的,有深厚的国学传统和学术研究实力。早在 1903 年,京师大学堂的师范馆就开设了伦理、教育、心理、周秦诸子等科。1911 年后,京师大学堂的理学门又开出理学研究法、程朱学派、陆王学派、周秦诸子学派等属于传统中国哲学的课程。冯友兰在大学一年级,便听了中国哲学史、诸子学和当时国学大家马叙伦开的"宋学"课。

本来立志学西洋哲学的冯友兰踏进了中国哲学的海洋。汪洋无际的传统哲学的大海,使这位从小熟读四书五经的青年学子眼界顿然开朗。四书五经的丰富材料犹如一座高耸入云的山峰,经过近代西洋哲学方法的透视,在冯友兰的手下,终有一天会"点石成金"的。这时"我开始知道,在八股文、试帖诗和策论之外,还有真正的学问,这就像是进入了一个新的天地"③。不久,冯友兰又发现:"于那个新天地之外,还有一个更新的天地。'欲穷千里目,更上一层楼。'我当时觉得是更上了一层楼。"④

冯友兰所谓的"新天地之外"的"新天地",乃是指当时席卷神州大地的新文化运动的蓬勃春潮。这汹涌奔突的时代激流及在这激流中弄潮的文化健儿,此时都在向北京大学集拢。因为新文化运动正是从冯友兰考入北京大学的那一年开始的。由于这一运动反映了时代的脉搏,于是在中国知识界很快形成了一支文化大军,开始向中国的旧传统进行了无情的冲击。

此时,马叙伦、蔡元培、李大钊、陈独秀、胡适、杨昌济、章士钊、刘师培、陈汉章、黄侃、崔适、梁漱溟等一大批新旧学者、革命家、教育家云集北大,有些则直接兼任哲学系的教授。特别是蔡元培,在冯友兰入学的第二年,即 1916 年接任北大校长。蔡元培一到任,便以民主主义教育家的宏大气魄,除旧布新,兼容并蓄,大刀阔斧地改革封建的教育体制,扫除陈腐习气,并以西方资本主义大学为模式,立志创办一个具有"学术思想自由"的最高学府。此时陈独秀正在上海创办并主编《青年》杂志(后改为《新青年》)。蔡元培看到后,大加赞赏,并立即聘陈独秀为北大文科学长,主管文学、哲学、历史等系。在此期间,陈独秀不仅将《新青年》编辑部从上海迁至北京,奏响文学革命的号角,而且亲自为哲学系的学生讲授"进化论的发展观"。

陈独秀任北大文科学长后不久,因文学革命的倡导而声名大噪的胡适,也应蔡元培的邀请,踏进北京大学任教授。他为哲学系开了中国哲学史、中国名学等课程。此时冯友兰已是北大三年级的学生。当时,为了活跃空气,探讨学术,北京大学成立了中国哲学门研究所,三年级以上的学生均可报名参加。冯友兰选择了三项研究课题:欧美最近哲学之趋势,导师胡适;逻辑学史,导师章士钊;中国名学钩沉,导师胡适。

胡适本是冯友兰在上海中国公学时期的高年级学长,现在却地地道道成了冯友兰的老师。但在冯友兰的回忆中,似乎没有谈到他在北大哲学系听过胡适的课。冯友兰晚年曾回忆说:"到了1917年,胡适到北大来了。我那时已经是三年级了。胡适给一年级讲中国哲学史,发的讲义称为《中国哲学史大纲》,给我们三年级讲中国哲学史的那位教授,拿着胡适的一份讲义,在我们的课堂上,笑不可抑。他说:'我说胡适不通,果然就是不通,只看他的讲义的名称,就知道他不通。哲学史本来就是哲学的大纲,说中国哲学史大纲,岂不成了大纲的大纲了吗?'"⑤冯友兰的这段回忆,道出了当时北大学术界的保守倾向。给他上课的那位教授是以不屑一顾的眼光看胡适的。也正是这位教授讲中国哲学史,"从三皇五帝讲起,讲了半年,才讲到周公"⑥。说明在胡适以前,中国哲学史仍是古代经学的讲法。尽管如此,活跃在当时学术界的今古文经学大师还可堪称地道的学问大家,在北京大学的国学讲坛上,"章太炎一派的学者,如黄侃(季刚)、马裕藻(幼渔)、沈兼士、钱玄同等先后到北大文科教书,他们注重考据训诂,以治学严谨见称。这种学风以后逐渐成为北大文史科教学与科研中的主流"⑦。

无论是新的,还是旧的,对以求学为第一要务的冯友兰来说,都具有重要的启迪作用。因为在未进北大之前,冯友兰少年时期所打下的国学基础,用当时的标准看,无疑还是一团未经梳理的乱麻,或是一块未经雕琢的朴玉,只有在博采众家的治学方法之后,方能有比较研究的可能。顾颉刚在后来回忆中国哲学门的情况时也谈到了这一点:"哲学系中讲中国哲学史一课的,第一年是陈白弢(汉章)先生。他是一个极博洽的学者,供给我们无数教材,使得我们的眼光日益开拓,知道研究一种学问应该参考的书是多至不可计的。他从伏羲讲起,讲了一年,只讲到商朝的《洪范》。"⑧这位陈白弢先生即是前面提到的嘲笑胡适《中国哲学史大纲》不通的那位教授。他在学术观点上主张不分今古、汉宋,一切都加以容纳。但即使像陈汉章这样的守旧学者,尚能"使得我们的眼光日益开拓",足见当时北大对冯友兰进学的意义。

当时北大还有一位旧学堡垒中的硕儒——严守今文家专门之学的国学大师崔适。据顾颉刚回忆,崔适为哲学系学生讲《春秋公羊学》。"他年已七十,身体衰弱得要扶了墙壁才能走路,但态度却是这般地严肃而又勤恳,我们全班同学都很钦敬他。"⑨冯友兰回忆说:"蔡元培把他请来,给我们这一班开课,他不能有系统地讲今文经学,也不能有系统地讲公羊春秋,……他上课,就抱着他的书,一个字一个字地念。我们当时的水平,也提不出什么问题。他就是那么诚诚恳恳地念,我们也恭恭敬敬地听。"⑩所有这些,都给如饥似渴求学的年轻学子们以潜移默化的影响。

冯友兰置身于北京大学这块人才荟萃的学术园地里,其所受的影响是多方面的。许多与冯友兰同时代的学者在回忆北京大学这段历史时,都有一个基本倾向,即强调受新文化运动思潮的影响,大大多于受旧学的影响。前面提到的顾颉刚,比冯友兰大两岁,在北大哲学门读书时却比冯友兰低一届。他们在哲学系听同样的课,有些感受是相同的,如上述对陈汉章和胡适的看法即如此。但也有不同的。

比如对宋代理学的看法,顾颉刚回忆说:"那时大学中宋代理学的空气极重。我对于它向来不感兴味,这时略略得了一些心理伦理的常识之后再去看它,更觉得触处都是误谬。……我对于这种昏乱的思想,可以不神秘而竟神秘的滑头话,因课业的必修而憎恨了到了极点,一心想打破它。"⑪正是对宋代理学的憎恶,才使顾颉刚走上了疑古的道路,使他的治学路径偏重于训诂考据而倾向汉学的传统。这当然也与他和当时具有"汉学遗传性"的胡适及古文大师黄侃、高足傅斯年等人往从过密有一定关系。北大当时虽然在学术上由推崇汉学的古文大师"坐拥皋比",但对冯友兰的影响似不大。在北大期间,冯友兰听过刘师培的课,但仅一次而已。冯友兰后来的学术发展道路、他的"宋学"的治学方法也许就受到在北大读书时"宋代理学空气极浓"的影响。这也许就是后来他的《中国哲学史》比胡适的《中国哲学史大纲》高出一筹的重要原因之一。

冯友兰在北大受到现代思潮的影响,为他日后成为哲学大家奠定了坚实的思想和学术基础。1918年6月,冯友兰结束了在北京大学的学习生活,带着北大给他的一切潜在的影响走向了社会和人生。

## 二

1918年,冯友兰从北大毕业后回到开封,在一个中等专科学校教书。1919年底入美国哥伦比亚大学研究院,系统学习西方哲学,1923年毕业,获哲学博士学位。自1923年起,冯友兰历任中州大学教授兼文科主任(1923—1925)、广州大学教授(1925)、燕京大学教授(1926—1928)、清华大学秘书长(1928)、清华大学哲学系教授兼系主任及文学院院长(1928—1949)、西南联大哲学系教授兼文学院院长(1939—1946)、中央研究院院士(1948年当选)、清华大学校务会议临时主席(1948)、清华大学校务委员会主任委员(1949)等职。

"天若有情天亦老,人间正道是沧桑"。以1949年全国解放为界,冯友兰同中国的广大知识分子一样,随同整个中国进入了一个新天地。这的确是一个翻天覆地的大变化。这变化如同北京夏季天空的滚雷,轰轰鸣鸣,震撼宇。它给自然、社会、人生都带来了强烈的变化。

巨大的社会变化,给冯友兰带来新的历史机缘,这就是 1952 年的院系大调整,冯友兰重返北京大学。

随着建国以来的一系列政治运动,年轻的共和国在经济、政治、军事等方面都得到了加强和巩固。国土的统一,经济的恢复,使广大人民群众,包括知识分子在内,很快在政治上接受并认同了共产党领导的新政权。群众被发动起来。这个新政权比以往历史上任何一个政权都更为彻底地以政治力量向社会渗透。因此,文化、教育、新闻、出版、思想、学术等意识形态方面的改革便被提到议事日程上。1952年上半年,在全国高校教师范围内开始了大规模思想改造运动。接着便进行了全国高校的院系大调整。实际上就是按照当时苏联的教育模式和教学体制来改造旧中国的高等学校,这在中国现代教育史上是一件大事。

在调整过程中,北大、清华这两个国民党时期的教育重镇变动最大。清华以工科为主,所以北大工科方面的院系归并清华。北大为综合性大学,故清华文法科方面的院系归并到北大。北大也由城里的沙滩搬到了西郊原燕京大学旧址。在大变动中,哲学系又为大中之大者。全国各大学哲学系除北大外全部被取消,其它大学哲学系的教师都集中在北大哲学系。这样,全国就只有一个哲学系。

哲学是系统化、理论化的世界观,是时代精神的精华。按旧义,哲学即智慧。故柏拉图有"哲学王"之说,认为常人和政客以变动不居的可感世界为对象,只能认识到意见。而哲学家却以永恒不变的理念世界为对象,具备最高的知识,能洞悉万物的本原,把握至善,并按着至善治理自己、他人和整个国家,故哲学家才能做王者。中国哲人的最高理想也是所谓的"内圣外王"。这虽然都是哲学家们的一厢情愿或自作多情,它却反映了人们对高高在上的统治者智慧与良心的要求和人格理想。然而,历史常常和哲学家开玩笑,哲学家不但成不了王,反而有时连生命都不保。柏拉图的老师苏格拉底,是古希腊的贤者和大哲学家,但却死在国王的刀下;中国的孔子,一生都席不暇暖,栖栖遑遑,如丧家之犬。哲学给人以智慧,却也常给人带来祸端。因此,历史上,哲学往往成为婢女。不是宗教的婢女,便是政治的婢女。

正因哲学是"更高的悬浮于空中的思想领域",哲学家们便容易用自由主义的隐蔽的抽象思维去剖析宇宙、社会和人生。它给政治带来的影响是摸不着,看不见,然而却是至关重要的。在一般人看来,"好"的哲学和哲学家会引导社会健康发展;"坏"的哲学和哲学家则能在社会造就异端邪说,从而破坏政治家们既定的治国方略。因为社会上的任何一个人,他的言论和行为都是受世界观支配的。鉴于这样的认识,上述的院系调整,特别是哲学系的调整,便是可以理解的了。

院系调整后,冯友兰告别了他多年生活和工作过的清华园,又重新回到他早年求学的母校。很自然,全国著名的哲学家、哲学史家此时云集北大。原北大哲学系的有:熊十力、汤用彤、郑昕、贺麟、朱谦之、胡世华、任继愈、齐良骥、王太庆、汪子嵩、李世繁、晏成书、杨祖陶、黄楠森等;原清华大学哲学系的有:金岳霖、冯友兰、张岱年、邓以蛰、沈有鼎、任华、王宪钧、周礼全、朱伯昆等;原燕京大学哲学系的有:洪谦、张东荪、吴允曾等;原武汉大学哲学系的有:黄子通、周辅成、江天骥、石峻、陈修斋、张世英等;原南京大学哲学系的有:宗白华、熊伟、何兆清、苗力田等;原中山大学哲学系的有:李日华、方书春、马采、王锦娣、容汝煜等。除哲学专业外,还有原清华和燕大两校合并的心理学专业教授:唐钺、孙国华、沈乃璋、程迺颐、周先耕等。此时北大哲学系,可谓众贤盈庭,群英聚集,开创了中国现代哲学史上空前未有之局,在中国几千年的历史上,可能只有齐国稷下能与之相比。

冯友兰从1952年9月重返北大,至1990年11月去世,他在北京大学又度过了38个春秋。38年是历史的一瞬,然而对于人的一生来说,它又是一个漫长的历程。解放后的近40年,如同中国几千年历史的浓缩,其中所发生的事,惊心动魄,使人目不暇接。它有如大海中的航船,随着狂风巨浪和波涛汹涌,冯友兰在北大度过了他起伏不定的后半生。这期间,大体上可分为3个阶段。

前"文革"阶段,从1952年至1966年,冯友兰经历了建国初期的思想改造运动、反右运动、大跃进运动、三年自然灾害及社会主义教育运动等5个时期。在前"文革"阶段中,尽管冯友兰在每一个政治运动的周期中都受到触及甚至批判,特别是亲眼目睹了"反右"斗争对知识分子的伤害,但他对共产党和毛泽东仍抱有崇敬和热爱的心情。可以说从1949年至1965年这十几年间,特别是50年代,是知识分子充满理想的时期。这期间,尽管冯友兰因"抽象继承法"和"树立一个对立面"等问题,遭到极"左"思想的批判,但他对马列主义、毛泽东思想仍抱着"仰之弥高,钻之弥坚"的景仰和学习态度,并常以《庄子·秋水》中的寿陵馀子为戒,"不中途而废"。但历史进入60年代,清明景象逐渐模糊,直至"文化大革命"的狂飙席卷全国,冯友兰又被迫卷进政治旋涡而难于自拔。

如果说前"文革"时期冯友兰所受到的一系列批判是对"事"不对"人"的话,那么,"文革"风暴一起,冯友兰似乎陷入"灭顶之灾"。他同当时的所有"牛鬼蛇神"一样,遭批判、斗争、抄家、劳改、隔离审查等劫难,不仅受到思想上的批判,而且更多的则是受到人身攻击。因此,无论在学术上,还是在精神上,甚至在肉体上,都受到了从未有过的折磨。这位当时已是70多岁的善良老人,一位惯于向生活和社会作反思的哲学家,此时却经历了他一生中最为凄惨的漫长岁月。如1967年1月,冯友兰因前列腺肥大,小便不通,几经周折后方住进医院。但刚刚做完导尿管手术,尚未做割前列腺手术便被赶出医院,第二天便被强制参加批斗会。当时正值隆冬,北风呼啸,寒气逼人。冯友兰拖带着导尿瓶,步履蹒跚地走到批斗现场,弯腰、低头,一站就是几个小时。……

1976年10月,是中国现代史上最值得纪念的日子。嚣张一时的"四人帮"垮台了。从此,冯友兰同全中国人民一起,进入了一个新的历程。但人已垂垂老矣。十年"文革",对于历史长河来说,可能是来去匆匆的一瞬,但它给中国人民乃至人类历史所留下的创痛却是难以抚平的。其中包括像冯友兰这样老一代知识分子,他们是用沉重的代价,甚至是用鲜血和生命走完了这一段路程。

粉碎"四人帮"后,自1977年6月起,冯友兰又遭到了严厉的批判。"背靠背"地揭发,"面对面"地批判,使这位年届82岁高龄的老人又陷入了"大是大非"的泥潭之中,直到1979年才又一次得到"解放"。这次所得到的"解放",应该说是冯友兰一生中的最后一次。"批判"使他更加清醒,"解放"使他更加轻松。使他清醒的是:他认识到,"文革"后期参加"批林批孔","自以为是跟着毛主席、党中央走的,鼓励我们的那些群众也是这样想的,至少也是这样说的。可是我当时也确有哗众取宠之心。有了这种思想,我之所以走了一段弯路,也就是自己犯了错误"⑫。使他轻松的是:"无论如何,经过'四人帮'这一段折腾,我从解放以来所得到的政治待遇都取消了,我又回到解放初期那个时候的情况。这也可以说是'赤条条来去无牵挂'吧。"⑬不仅如此,正是在冯友兰被"解放"的前不久,冯友兰失去了与他同甘共苦、陪伴他一生的老伴任载坤女士。这一打击对于冯友兰来说是难于用语言表述的。他在为任载坤女士所拟挽联的下半阕说:"从今无牵挂,断名缰,破利锁,俯仰无愧怍,海阔天空我自飞。"这言语之间透露了冯友兰无限苍凉的心境,这种接近道家的语言,使他彻悟了人生的真谛。然而,冯友兰毕竟还是传统儒家思想孕育的时代产儿,在毛泽东、周恩来相继去世的时刻,在他几乎失去一切的情况下,"还有一件大事牵挂着我,那就是祖国的旧邦新命的命运,中华民族的前途"⑭。

在对历史和自己的经历作了一番反思之后,冯友兰又以"老骥伏枥"的精神,全神贯注地进行他的哲学创作——继续撰写《中国哲学史新编》,以期用自己的生命作燃料,延续和光大中国传统文化这团真火。从 1980 年起,冯友兰开始修订"文革"前出版的《新编》第一、二册,并拟出《新编》7 卷本的写作计划。此时冯友兰已进入 85 岁高龄。

"志道精思,未始须臾息";"火传也,不知其尽也"。冯友兰以惊人的毅力和顽强的信念,终于又用 10 年功夫完成了 7 卷本的《中国哲学史新编》。《新编》完成了,冯友兰的生命也结束了。这难道是一种巧合吗?很难设想,一位从 85 岁至 95 岁的老人,用 10 年时间写出 150 万字的中国哲学史。这在古今中外的历史上也是极为少见的。可以说,这位伟大的哲学家为我们的民族创造了一个历史的奇迹。这个奇迹的背后,有一个最大的动力在支撑,此即冯友兰对中国文化兴亡的终极关怀。

冯友兰著述宏富,然而却非为著书而著书也。在他的垂暮之年,所以能够屡屡战胜疾病的折磨,克服亲人伤逝的悲哀,超越各种不实的责难,承受疾风暴雨的冲击,正是有一种特殊的使命感作为他的精神支柱。其用心也苦,明志也远,就是为了保住中国文化的根基和命脉,以期发扬光大并自立于世界民族之林。他常引用张载的话说:"'为天地立心,为生民立命,为往圣继绝学,为万世开太平',此哲学家所应自期许者也。"⑮在抗日战争最艰苦的岁月,他写了"万里长征,辞却了,五朝宫阙。暂驻足,衡山湘水,又成离别"的悲壮诗篇,期许着"复神京,还燕碣"。抗战胜利了,他又期许着新的理想:"我国家以世界之古国,居东亚之天府,本应绍汉唐之遗烈,作并世之先进,……亘古亘今,亦新亦旧,斯所谓'周虽旧邦,其命惟新'者也。"⑯无论是外族入侵,还是十年浩劫,冯友兰献身中国文化的宏图远志须臾没有因外在的厄难而动摇。此正如他自己所述:"阐旧邦以辅新命,余平生志事,盖在斯矣。"⑰

## 三

冯友兰著述宏富,著作等身。集中西文著作40余种,文章逾500篇。遗书集为《三松堂全集》14卷,超600万言。另有《冯友兰英文著作集》及《庄子·内篇》英译。在其所有著作中,流传最广,影响最大者,莫过冯友兰生前所概括的"三史六书"。1990年,冯友兰的两卷本《中国哲学史》在台北重新出版,他在该书台北"自序"中说:"余平生所著,三史六书耳。三史以释今古,六书以纪贞元。"⑱冯友兰逝世后,矗立在万安公墓的花岗岩石碑的碑阴处,亦刻有"三史以释今古,六书以纪贞元"这12个苍劲挺拔的大字。足见这12个字最能概括并反映冯友兰一生的学术追求和他对中国哲学、中国文化的贡献。

所谓"三史",即《中国哲学史》、《中国哲学简史》、《中国哲学史新编》;"六书",即冯友兰于抗战时期所发表的《新理学》、《新事论》、《新世训》、《新原人》、《新原道》、《新知言》等6本书,他统称之为"贞元之际所著书",亦简称"贞元六书"。

两卷本《中国哲学史》是冯友兰30年代的学术里程碑,是冯友兰以哲学史家名世的第一部重要著作。同时,它也是中国现代学术史上,唯一能与胡适的《中国哲学史大纲》相比肩的开新之作。

在五四新文化运动以前,中国哲学史的研究基本上仍采取旧的"经学"形式。虽然在旧民主主义革命时期,中国已建立起近代资产阶级的哲学模式或哲学体系,但对于哲学史的研究,基本上都没有超出封建史学家的范围。1912年2月,胡适首先发表了《中国哲学史大纲》卷上,开始用近代史学方法研究中国哲学史。他从老子、孔子讲起,砍掉了三皇五帝的传说,废除了正统与非正统的观念,反映了五四时期在思想、文化及学术上反封建的历史潮流,在当时"给人以耳目一新的感觉"。胡适这本书无疑对当时还是北大三年级学生的冯友兰发生了很大影响。

1931年和1934年,冯友兰在讲课的基础上,先后发表了两卷本的《中国哲学史》。他在该书"绪论"中,对哲学史研究的对象、方法及取材标准等问题都作了明确的界说。他完全采取了近代的史学方法,不但一改过去哲学与历史不分的经学史传统,而且使哲学史从哲学与历史的研究中独立出来,为中国哲学史这门学科奠定了科学研究的基础。同时,两卷本《中国哲学史》在某些方面克服了胡适《中国哲学史大纲》的缺点:首先,两卷本《中国哲学史》从先秦孔子一直写到近代廖平,是中国第一部比较完整和系统的中国哲学史著作。其次,该书把中国古代哲学史划分为"子学时代"与"经学时代"两个时期,并认为"经学时代"之后,将有一个新的时代接替旧的时代。这种见解包含了历史是发展的观点,并用经济的和社会的原因说明中国哲学史的发展和演变,从社会形态的更替解释不同形态的哲学的发生发展过程。第三,就方法说,该书运用逻辑分析方法,把中国哲学史中模糊不清,具有整体性和直观性的概念、范畴、命题以及复杂的哲学体系给以厘清。如对先秦名家给以"别同异"和"合同异"的区分;对宋代二程给以"心学"和"理学"的区分等等,直到今天仍不能被推翻。

两卷本《中国哲学史》比胡适的《大纲》有更大的突破。它不仅超越了封建经、史学家的眼界和方法,也没有生吞活剥西方近代史学家的观点,并且在某些方面和某些问题上,都有自己的新见解。这些具有开创性的新见解,对于中国哲学史这门学科的建立及研究起到了奠基作用,并代表了那个时期中国哲学史研究的最高水平。40年代该书被译成英文出版,成为西方人学习和研究中国哲学史的范本,其影响一直保持至今。

"贞元六书"是冯友兰的哲学著作。6部书构成了他的哲学思想的完整体系,他也把这个体系称作"新理学"。其中《新理学》是"新理学"体系或"六书"的核心和总纲。其中心观点是"两个世界"的学说,即所谓的"真际世界"与"实际世界"或称"真际"与"实际"。他认为"某种事物之所以为某种事物者,可以先某种事物而有"。这是因为"某种事物之所以为某种事物者,在逻辑上先某种事物而有"。这实际上是中国传统哲学中的"理"与"事"的关系。其所以强调"真际"或"理世界"比"实际"或"殊相"更根本,目的在于突显他的哲学体系的形上学性质,以其逻辑分析的思辨性为他整个哲学体系建立基础。总之,《新理学》是对宋明理学的进一步阐发,再加上西方新实在论和新柏拉图主义的影响,使他对"真际"与"实际"、"共相"与"殊相"、"理"与"气"、"体"与"用"等概念范畴的讨论比宋明理学前进了一大步。此外,他对西方哲学方法的了解和运用,又使他的"新理学"体系获得了现代哲学的意义。

把"新理学"原理应用到社会,便构成《新世论》的基本内容。在这部著作中,冯友兰对清末的"洋务运动"及"五四"以来的"东西文化论战"、30年代"本位文化与全盘西化的论战"作了一个总结,认为东西文化的差异"并不是一个东西的问题,而是一个古今的问题,一般人所说的东西之分,其实不过是古今之异。"[19]在冯友兰看来,当时中国落后的原因,主要在于经济上没有经过产业革命。

冯友兰文化观的形成,十分得利于他的深刻的哲学思维。在不同的文化矛盾冲突的时代,他以其哲学家的冷峻头脑,深思熟虑地提出了文化总体说和文化类型说。他认为,文化是一个"总和体",因此不能脱离具体文化而谈中西。比如民族性,"他就是中国从古及今,一切圣凡贤愚之行为性格之总和体,除此之外,别无中国民族性"。关于文化类型说,他认为,中西文化的差异,从根本上说,乃是古今或城乡的差异。所谓古今之异,即古代与近代的差别;所谓城乡之异,即社会类型或生产方式的差异,亦即"生产社会化"与"生产家庭化"的差异。要想实现中国文化的复兴和中华民族的强盛,"唯一底办法,即是实现产业革命"[20]。

把"新理学"原理应用到人生,形成《新原人》一书。此书综合古代儒、道、佛各家的伦理精神,提出"四境界"说,即自然境界、功利境界、道德境界和天地境界。他认为一个完整的哲学体系,必须能够说明个人与其周围各方面的关系。而上述四境界即是人与周围各方面可能出现的四种关系。其中的"自然境界"是最低层次的精神境界,是人们对周围各方面的一种混沌关系。这种关系有如儿童的天真烂漫,是一种"觉解"最浅的朴素意识。所谓"功利境界",其行为都有他们所确切了解的目的。"他们于有此种行为时,亦自觉其有此种行为。他们的行为的目的,都是为利。"㉑在"道德境界"中的人,其尽伦尽职并不计其行为所及的对象是不是值得他如此,否则就从道德境界转化为功利境界。所谓"天地境界",就是人和宇宙的关系。他举《正气歌》与《西铭》为例,说明天地境界乃是一种最高、最完善的境界。在这种境界中的人,不但觉解其是"大全"的一部分,并且自同于"大全"。一个人自同于"大全",则"天"与"人","我"与"非我"的界限完全泯灭,而达到"体与物冥"、"万物皆备于我"、"得其所一而同"的境界。

冯友兰的"天地境界"说是他伦理思想的集中体现,也是他整个新理学体系的逻辑归宿。他企图让人们站在一个比自然、社会更高的角度看人生,并以此说明人的道德行为具有一定的超时代、超社会的意义。

"贞元六书"是冯友兰哲学创作中的精心得意之作,也是他整个哲学创作的高峰。在"六书"中,冯友兰表现出强烈的民族忧患意识和爱国主义情怀。他对于中华民族的哲学智慧,对于造就一个自立于世界民族之林的新中国充满信心。这正如他在《新事论》结语中所说:"真正底中国人已造成过去底伟大底中国。这些中国人将要造成一个新中国,在任何方面,比世界上任何一国都有过之而无不及。这是我们所深信,而没有丝毫怀疑底。"

冯友兰正是以这种精神坚持晚年的写作,完成了他一生中最后一部著作——作为"三史"之一的《中国哲学史新编》。7卷本的《新编》不仅与30年代两卷本的《中国哲学史》有着根本的不同,而且与40年代的《中国哲学简史》、60年代出版的《新编》第一、二册也有明显的差别。其新的特点是:

第一,《新编》在两卷本《中国哲学史》充实的史料基础上,又增加了许多新史料,并加强了民族性和时代特点的分析;

第二,《新编》突出了哲学史中各个时代的哲学家及其哲学体系的理论思维成果,有明晰可读的理论分析和实事求是的中肯评价;

第三,《新编》通过对中国古代哲学的整理研究,注意了中国哲学产生、发展及演变的文化环境和政治、经济背景,因此,它所包含的内容不仅仅是哲学史,而且涵盖了以中国哲学为中心的中国古代思想文化发展的历史;

第四,与"文革"前的《新编》第一、二册相比,7卷本《新编》打破了原来所自立的"清规戒律",完全是以作者自己的理解和体会对中国传统哲学和文化进行反思,不依傍任何人。所以,它可以成为冯友兰学术思想的晚年定论。这是《新编》最重要的特点。这一特点决定了作为"三史"之一的7卷本《新编》最终成为冯友兰哲学创作和学术生命的最后一个里程碑。

冯友兰于1990年11月26日辞世。在他的一生中,虽然走过了许多曲折的路,但无论遇到什么困难和挫折,他都未停止过自己的研究和写作。他用自己的生命铸成了一座思想学术的丰碑,并在这世纪之交的丰碑上,镌刻着这样的理想:智山慧海传真火,愿随前薪作后薪。

**注 释**

① 参见《北京大学哲学系简史》第4页,1994年内部出版。

②③④⑤⑥⑩⑫⑬⑭⑲　冯友兰《〈三松堂〉自序》，三联书店 1984 年版，第 198、201、200、326—327、194、194—195、195、256 页。

⑦　萧超然等著《北京大学校史》(1898—1949)增订本，北京大学出版社 1988 年版，第 48、49 页。

⑧⑪　《〈古史辨〉自序》。

⑨　《〈秦汉的方士与儒生〉序》，《古史辨》第 3 册。

⑮　《新原人·自序》，《三松堂全集》第 4 卷，重庆商务印书馆 1943 年版，第 511 页。

⑯　《西南联大纪念碑碑文》，《三松堂全集》第 1 卷第 331 页。

⑰　《康有为"公车上书"书后》，《三松堂全集》第 13 卷第 535 页。

⑱　《三松堂全集》第 13 卷第 575 页。

⑳　《新事论》，《三松堂全集》第 4 卷第 246 页。

㉑　《新原人》，《三松堂全集》第 4 卷第 583 页。

〔作者　北京大学哲学系教授〕

# 重建中国哲学的机缘
## ——熊十力与北大

王守常

北京大学百年校史上,熊十力可谓是极富传奇色彩的一位教授。他未曾受过大学教育,更没有游学西方的经历,而以其"神解卓特"的哲学才华,受聘北京大学哲学系,相续相断在北大执教30多年。

熊十力青年时代投身辛亥革命,尔后转入哲学思想求索。从其早年发表《心书》到60年代草成《存斋随笔》,前后近50年,在中西古今文化思潮汇合激荡之时代,究心"中国何由停滞不进"的历史原因和思想教训,自创其"新唯识论"哲学体系,冀图重建中国哲学,启示了新儒学思潮的发展,成为当代中国独具特色的哲学家。

一

熊十力,原名继智,又名升恒、定中,字子真。1885年出生在湖北黄冈。熊十力年少失怙,家道贫困,未能受学,长及16岁时才在私塾受教,因遭富家子弟讥讽,仅从学半年即归家随其长兄读书种田去了。然少年熊十力发愿不"废学",在田边,在油灯下,遍读先秦诸子书,迻译之西洋新书,又喜深思发微。追读陈白沙、王船山、黄宗羲诸老书,触感族类危亡之痛,遂兴救国之志。年18岁与同乡好友王汉、何自新前往武汉,同谋革命。熊十力入伍武昌新军,暗中游说宣传反清革命,组织黄冈军学界讲习社,参与日知会活动呼应海外同盟会。

辛亥武昌首义,熊十力任湖北督军府参谋。1913 年的讨袁"二次革命"和 1917 年的"护法运动",熊十力追随孙中山置生死于度外,参与抗击战斗。

辛亥革命推翻了满清王朝,但共和政体却在封建复辟、军阀割据、列强瓜分下危如累卵。亲历革命失败的熊十力认识到各方军阀以武力割据为能,欲玩天下于掌上,革命党人不学无术,私心独断,竞权争利,革命终无善果。从此,熊十力告别戎马生涯,转向学术一途,"专力于学术,导人群以正见。自是不作革命行动,而虚心探中印两方之学"①。1920 年,熊十力由梁漱溟介绍入南京支那内学院,从欧阳竟无学习佛法。熊十力潜心唯识宗典籍,"追寻玄奘、窥基宣扬之业,从护法诸师以上索无著、世亲,悉其渊源,通其脉络,综其体系,控其纲要"②,对唯识学颇下了一番功夫。在此基础上草成了《唯识学概论》一书稿。二年后,应蔡元培之邀来到北京大学哲学系为本科学生开设一门唯识学选修课。熊十力研究唯识学数载,由不满佛家性寂、因缘、轮回、出世之说,反求本心,于佛教空宗妙演空义处,体悟到儒家"大易"生生不已之精旨,遂弃毁夙作,"舍佛归《易》",宗仰儒家万物一体的仁学,积十年之功,于 1932 年刊布他的代表作《新唯识论》(文言本)。

抗战期间,熊十力避难入蜀数年,先应马一浮之约,主讲于复性书院。后赴梁漱溟主办的勉仁书院讲学。抗战胜利,曾一度应友人孙颖川之邀,回四川为黄海化学社主持哲学研究部,仅半年,又返回北京大学任教。1948 年,熊十力又应浙江大学邀请前往讲学。次年,熊十力避乱寄寓广州郊外黄艮庸家。此间与徐复观、牟宗三、唐君毅通信频频,先拟入川任教,又欲赴印度国际大学。同年 10 月,董必武、郭沫若电请熊十力北上参与政治协商会议。熊十力欣然接受返回北大,并出任中国人民政治协商会议特约代表,及第二、三、四届全国政协委员。

1954 年,熊十力移居上海与儿子世菩居住。1956 年,熊十力由北京大学退休,专事著述。"文革"浩劫中,熊十力寓所被抄,身心俱受摧残,于1968年5月含冤辞世。

## 二

熊十力融会儒、释、道,兼吸纳西方哲学中某些观念,创造性地建构了近现代哲学史上独特的"新唯识论"哲学体系。

熊十力在《新唯识论》中,首先说明其《新论》所由作之原因,即"为欲悟诸究玄学者,令知实体非是离心外在境界,及非知识所行境界,唯是反求实证相应故"③。在西方哲学的中心问题由本体论转向认识论的探求,及中国哲学的道德本体说遭到"五四"以来新学的批判下,熊十力则宣称他反对离开本体论来讨论哲学。因为熊十力认为,西方哲学在科学主义影响下,"始终盘旋知识窠臼,茫无归着,遂乃否认本体"④。正因如此,"不谈本体,则将万化大原、人生本性、道德根底一概否认"⑤。熊十力强调,"哲学建本立极,只是本体论",哲学"即以本体论为其领域"。因而,"治哲学者须于根本处有正确了解始得。若根本不清,即使能成一套理论,亦于真理无干,只是戏论"⑥。哲学要揭示"宇宙之基源","人生之根蒂",这一本体论的问题不是知识、逻辑推论可以解决的,而是靠以道德修养为主体的人生日用实践来体认、体证而获得解决的。如果"只在知识论上钻来钻去",可以说"脱离了哲学的立场"⑦。

自本世纪科学技术发皇以来,人们希望能用科学理论与技术工程来解决并控制人类社会种种问题。然吊诡的是,人们一方面无休止地追求日益翻新的物质生活,同时又焦虑不安地追问"安身立命"的终极托付于何处。这一"存在与虚无"的矛盾,在本世纪20年代即引动了某些西方思想家的反省。然而,在中国思想界里,科学这位"赛先生"的地位如日中天,没有人怀疑"赛先生"可以助我们中国人解决宇宙、社会、人生诸多问题。倒是熊十力对此提出质疑,认为"科学本身无可非议",因为"科学是知识之学,只假定物质宇宙是实有,从各部分去探究,宇宙之来源、生命之来源都不过问,固其宜也。若乃主张科学万能,视古今哲学家言皆出自主观的妄猜乱想,毫无是处,此亦莫如之何"⑧。科学与哲学自有分界,以"科学万能"或以科学可取代哲学却是浅见。反倒是科学有待于哲学的支持。"科学是纯知识的学问,且折为各部门,其于宇宙万象,解析至精密。虽足以发现宇宙各方面之奇秘,但宇宙原是变化不测,生生不息之全体,科学于宇宙大生命,毕竟不能体会,此不能无待于哲学者一也。""宇宙人生,本来不二,吾人必克治其随形骸俱起之杂染,或小己之私,而与宇宙大生命同流无间,方可体会宇宙真机。科学为纯知识之学,断不能有此精微造诣,是不能不有待于哲学者二也。"宇宙人生浑然一体,"无内外之隔,无物我之间,故视宇宙内事,皆人生分内事"。科学"解释宇宙只是纯知识态度","哲学为成己成物之学,必知行合一,始堪成就德业",此谓科学所不及者三。⑨熊十力于此强调的是,科学在其领域内的成就无可否认,但"人类如只要科学而废返己之学,则其流弊将不可言"⑩。人类如丧失了内部生活灵性,所剩下的只是科学带来的"网罟式的知识遗影"而已。熊十力之所以分判哲学与科学的功用界域,其目的是为他以探求本体为鹄的哲学体系之建构。

熊十力在其哲学体系建构上参考了西方哲学体系的结构。他在为学生讲授"新唯识论"前,指出他的哲学本体论的建构,"自有抉择之鉴与引申触类之乐"。他认为西方哲学中可分为:本体论(一名形而上学,即穷究宇宙实体之学)、宇宙论(即解释宇宙万象[现象界]之学)、人生论(参究生命本性及察识吾人生活内容,求去杂染而发挥固有德用,复其天地万物同体之真)、知识论(亦云认识论)。我们今日依此四类来探索中国哲学,可知中国哲学亦包含此四类而毫无遗漏。但中国哲学"向不立四类之名目",而西方哲学"或不免分截太甚"。西方哲学系统中,"分类虽有其长,而短亦伏于此"。在熊十力看来,西方哲学的短处即是"将宇宙视为离吾人而独在",不了解"吾人之生命,即是宇宙大生命;宇宙大生命,即吾人之生命,实不可离而二之也"⑪。而中国哲学亦有短处,那就是"不喜向理论方面发展","少有系统","名词简单"。但中国哲学在其结构上没有西方哲学"斲画太死"之弊,而将宇宙论、人生论、知识论融会贯通,"其道德观念即其宇宙见解,其宇宙见解即其本体主张,三者实为一事,不分先后"⑫。熊十力在他的"本体论哲学"建构中兼采中西哲学之长,"将本体论、宇宙论、人生论融成一片"⑬。并自信他的"本体论哲学"不失中国传统哲学的精神。

熊十力的思想发展,原本是从唯识佛学入手,然后在空有两宗学说中豁然自得,最终立足在儒家《易经》上,建立起他的"新唯识论"哲学体系。他的《新唯识论》一书设立了"明宗"、"唯识"、"转变"、"功能"、"成色"、"明心"6个篇章,可知他的"本体论哲学"的建构,其思想资料大多借用佛教唯识学的内容。如熊十力不赞成某些哲学家谈本体,"将本体当做外界的物事来推度",便在"唯识"章中指出:"世间所计度为离心实在的外物只是妄境。这种妄境惟是依靠妄执的心才有的,并不是实在的。""妄执的心实际上是空无的,因为他是后起的东西。只有本来的心,才是绝对的、真实的。"⑭熊十力从唐代窥基的唯识学说中得到启发,一方面强调外境非离心而独在,破斥执离心有实外境的说法;一方面说明妄执之心为"习心"亦无自体,来批评那种以执取境的识为实有的看法。熊十力的用意在说明"境和心本来是浑融而不可分的","一言乎物已有心在,一言乎心当有物在"。

在"转变"一章中,熊十力借佛教"诸行无常"义,指出心、物"都不看作实有的东西",但又不能像佛教那样"隐存呵毁,因有厌离或超脱"之意,而是从宇宙论的观点去看,万物的存在"是在那极生动的、极活泼的、不断的变化的过程中。这种不断的变化,我们说为大用流行,这是无可呵毁的。我们依据这种宇宙观,来决定我们的人生态度,只有精进和向上"⑮。

熊十力在"功能"一章里,又将"本体流行"表述为"功能",提出与唯识旧师关于功能说的不同看法。即以功能者即宇宙生生变动之大流,故乃徧万有而统为其体。由是,指出"体用毕竟不可分"。所谓"不可分"的意思是因为"即用而言体在用","即体而言用在体"⑯。用依体现,体待用存,即体即用,体用不二。这一体用观是熊十力本体论的基石。

　　熊十力在"成物"章中,借易传的翕闢成变说,来说明心物的关系。指出本体为健动,就其势用来说,有翕有闢。即依翕势,随俗假立物的现象;依闢势而假立心的现象。因而,心和物的现象是大用之两个方面。"成物"章以"翕"为摄聚成物的势用,而"明心"章则以"闢"为刚健不物化的势用。这样,熊十力以翕为物,闢为心,"翕随闢运,物从心转",来说明本心即本体、个人生命即宇宙大生命,本心含万善、备万德、具万理,生生不息,故为人生的主宰。

　　总各章所述,我们可以看出熊十力的《新唯识论》虽是因不满旧唯识诸师之说而造,却有资于佛学唯识诸师的启示,不过他的"新唯识论"哲学体系的精神要旨则又是儒家的。尽管从整体上说"新唯识论"是一个唯心主义的玄学体系,但《新唯识论》破旧唯识师割裂种子与现行为"两重世界",又以种子与真如为"二重本体"的错误,立体用不二,本体即恒转,即具有能变的功能说;破旧唯识师的人各一心(阿赖耶识)说,立一元本体论;破佛教厌离出世说,立儒家有为入世说,对佛教哲学得失的评断,对中国传统哲学中的积极因素确有睿见。熊十力的"新唯识论"哲学体系会通儒佛精义,亦吸收了西方近现代哲学中的一些积极因素,在努力发掘中国传统哲学的积极成果并使之近代化方面,在中国和世界文化思想史上都有一定的贡献。特别是熊十力那种熔铸百家学说,又自信自立的思想气度,超越现实功利,"掉背孤行"追寻人的存在意义与价值的勇气,无疑对后来新儒家学派的形成有着极重要的影响。

## 三

熊十力由一个辛亥革命战士转变为哲学家,与蔡元培和北京大学有着极为重要的关系。熊十力的第一部著作《心书》,是他从 1913 年至 1918 年间读书札记、书信、杂论及为友人所撰传记的汇编。这些文章反映出熊十力此时学术思想尚未成熟,徬徨于儒释道间。然而,蔡元培为是书撰写序文,称熊十力"贯通百家,融会儒佛。其究也,乃欲以老氏清净寡欲之旨,养其至大至刚之气"⑰。蔡元培的评价意在奖掖提携,这对刚刚转入学术研究的熊十力不啻为巨大鼓励。蔡元培在识得熊十力 5 年之后,又聘请熊十力来北大讲授唯识学。北京大学为熊十力的讲学与研究提供极大的空间。熊十力初到,讲唯识学尚能比照支那内学院的路数,尊重史料,客观讲解。然不久,他就开始纵横佛教大小二乘、空有二宗,对旧唯识展开批判。不时以"六经注我"的方式宣说他的"新唯识论",而且把教室搬到他的卧室里上课。作为一校之长的蔡元培对此亦不介意,也许这在现代教育史上也是不多见的现象。熊十力和当时在北大任教的林宰平、钱穆、汤用彤、蒙文通等学者常常有机会争辩学问,也是他思想学术成熟的重要因素。⑱从 1922 年至 1932 年间,熊十力正在酝酿、修正他的哲学思想,故于《新唯识论》数易其稿。在熊十力思想处于兑变的时期,林宰平给予了及时指导。熊十力说:"世或疑余系浮屠氏之徒,唯宰平知余究心佛法而实迥异趣寂之学也;或疑余为理学家,唯宰平知余教事宋明诸老先生而实不取其拘碍也;或疑余简脱似老庄,唯宰平知余平生未有变化气质之功。……宰平常戒余混乱、谓余每习气横发而不自检也。世或目我以儒家,唯宰平知余宗主在儒而所资者博也;世或疑余《新论》外释而内儒,唯宰平知《新论》自成体系,入乎众家、出乎众家,圆融无碍也。"⑲熊林结交甚深,熊十力于修改《新论》中所遇到困惑、问题,"常与友人闽侯林宰平志钧时相攻诘",由此受益匪浅。[23]熊十力于1932年将他的《新唯识论》(文言本)公诸于世,蔡元培再次作序指出,佛典中纵有高深哲理,"惜二千年来,为教界所限,未有以哲学家方法,分析推求,直言其所疑,而试之为补正者。有之,则熊十力先生之《新唯识论》始"[21]。在熊十力受到佛学界激烈破斥时,蔡元培能为序称赞熊十力的不囿旧说,以哲学方式解说唯识佛学的做法,对熊十力一生不惮艰苦,竭尽心力,评断佛儒,立定一家之言,所产生的影响至深且钜。

有人说,没有蔡元培,没有北大,就可能没有熊十力,可谓至言。在百年校庆之际,我们企盼着有更多的学者、哲学家在这"学术自由"的沃土上成长起来。

## 注 释

① ⑫ 《十力语要》自印本卷一、卷二第6页。

② 《新唯识论》(语体文本),壬辰删定记,1952年删定本。

③④⑤⑥⑦⑭⑮⑯ 《新唯识论》(语体文本),中华书局1983年版,第247、243、465、250、256—257、307、434—435页。

⑧⑩ 《明心篇》,龙门联合书局1959年版,第203、200页。

⑨⑪⑬ 《摧惑显宗记》,1950年自印本,第166—168、156—157、158页。

⑰ 《熊子贞心书序》,《新唯识论》第3页。

⑱ 钱穆曾为文介绍熊十力与诸人砥砺学问的场景,见《八十忆双亲,师友杂忆》。

⑲ 《十力语法初读》第17、18页。

⑳ 《新唯识论》(文言本)第42页。

㉑ 《玄圃论学集》,三联书店1990年版,第11页。

〔作者 北京大学哲学系副教授〕

# 院系调整后中国第一位哲学系系主任——金岳霖

汪子嵩

金岳霖先生是我国老一辈哲学家、逻辑学家。他是较早接受西方哲学并提出自己的哲学体系的少数几位哲学家之一,又是最早将符号逻辑介绍到国内的逻辑学家,我国数理逻辑方面的学者几乎都出自金先生门下。他于 1925 年回国后主要在清华大学任教,次年创办清华哲学系,他担任系主任,后来任过文学院长。他是清华元老中的"三荪"(金先生字龙荪、陈岱荪、叶企荪)之一,但他与北大的关系也很深,1932 年起他在北大兼课讲授符号逻辑。抗日战争期间清华、北大和南开三校组成西南联大,金先生是哲学系教授。1952 年院系调整,将全国各大学原有的哲学系都并入北大哲学系,金先生任系主任,我是系秘书。在联大时我听过金先生的"知识论"课,但没有更多接触,所以只能主要介绍从 1952 年到 1954 年金先生在北大的一些情况。

当时北大哲学系担负一项特殊的任务。全国各大学原有哲学系集中到北大,解放前各校著名的哲学教授几乎多来到北大,可是哲学系的任务却并不是让教授讲课培养学生,而是要教师们学习,进行思想改造。因为那次院系调整是在 1951—1952 年的"教师思想改造运动"基础上进行的,那次运动专门批判教师的资产阶级思想,哲学自然首当其冲,怎么能向学生传授资产阶级哲学呢?因此教师必须首先学习马克思主义,改造思想,然后才能考虑教学问题。这项任务大约是世界大学教育史上绝无仅有的。

金先生晚年撰写的《回忆录》中说他后来在哲学研究所任副所长时有人说他应该到办公室办公,"我不知道'公'是如何办的,可是办公室我总可以坐。我恭而敬之地坐在办公室,坐了整个上午,而'公'不来,根本没有人找我,我只是浪费了一个早晨而已"。由此他发现"我这个知识分子确实不能办事"。但是我应该说他在担任北大哲学系系主任时是非常能办事的。当时各校哲学系教师从武汉、南京、广州等地一批批来到北大,其中不少是金先生的旧友和学生,有些比较年轻的教师是没有见过面的,金先生总是拄着他那根手杖一家家去访问,关心他们的生活起居。他每天都来办公室,不但上午来,有时下午也来,不仅教师们来找他谈工作聊天,学生们来办公室他也总是亲切地询问他们的学习情况,听取他们的意见。系里工作中有什么问题,他总是负责任加以解决。记得1952年开学不久就要评定教师工资(这是第一次进行教师评级),哲学系教授中不少人在原校是担任系主任或文学院长的,享受最高待遇,可是领导上认为哲学系教师是在学习改造,不能依旧那么做。金先生考虑再三,提出一个方案,将他自己压为二级教授,将冯友兰先生压为四级教授,这样其他教授就容易安排了。(当然,这种做法是不对的,1956年第二次评级时冯先生恢复一级教授。)金先生以身作则,事事起带头作用。那时哲学系教师和学生一同听一些课程,先是听艾思奇讲"辩证唯物论和历史唯物论",后来听苏联专家讲"联共党史"与"辩证唯物论和历史唯物论",金先生每次都准时来听课,并且参加"课堂讨论"。在金先生带动下哲学系教师的学习任务顺利进行。

哲学系教师来自四面八方,而且各自有些过去的成见,比如清华以为北大哲学系只讲哲学史,北大以为清华哲学系不注重读书,别的学校则担心清华、北大以"老大"自居。所以如何将全系教师团结好,是金先生十分重视的问题。金先生顾全大局,做到一碗水端平,有事让大家一起来做,尽量消除彼此间的界限。为了担心有人说是"清华帮",他对清华教师特别注意压束。金先生德高望重,他又处处注意这个问题,所以那时哲学系教师们和睦相处,有团结的气氛。

当时哲学系最大的难题是:将这样几十位学有专长的哲学教师集中在一起,却又不让他们讲课,而知识分子的心情总是想贡献自己的力量,为国家为人民多做点有益的事情。因此金先生花费最多精力的是要考虑如何发挥这几十位教师在科研和教学上的作用。系里开始将这些教师分为3个组:中国哲学史组先请汤用彤先生负责,汤先生任副校长工作忙,后来改请冯友兰先生负责,西方哲学史组由洪谦先生负责,逻辑组由王宪钧先生负责。

金先生自然参加逻辑组的工作。他对逻辑学的作用一直是坚信不移,院系调整前有一次清华请艾思奇作报告,报告中误将形式逻辑和形而上学混同加以批判,主持会议的金先生在结束时发言说:"今天艾思奇同志作了一个很好的报告,他讲的话句句都是符合形式逻辑的。"斯大林的《马克思主义与语言学问题》的发表更为逻辑学的存在找到根据:既然语言学是没有阶级性的,形式逻辑也应该是没有阶级性的。所以逻辑组的教学与科研工作照旧进行,"形式逻辑"一直是哲学系教师开出的课程。1952年开学后哲学系学生要按专门化划分,金先生作动员报告时理直气壮地宣传逻辑学,当时学生中欧阳中石、宋文坚、宋文淦、张巨青、康宏逵、张尚水、诸葛殷同等都选了逻辑学专门化,他们还选修了数学课程,后来成为新一代的数理逻辑学家。早在抗日战争前金先生在清华培养了沈有鼎和王宪钧,在北大培养了胡世华(有人说牟宗三先生也是当时北大哲学系学生,也听过金先生的课和接受过金先生的影响),抗战期间在西南联大培养了王浩、殷福生(海光)、周礼全,解放后在北大又培养了这批学生。金先生培养了一代又一代的数理逻辑学专家。

金先生的作风是最民主的,他在《回忆录》中写道:当了系主任后"不久就有人当面大骂我一顿。这样的事在旧社会不是开除他,就是我辞职。在新社会怎么办呢?不知道,结果他不走,我也不辞"。我现在再也想不起那位骂他的先生是谁,大概不是逻辑组的,但是我知道在逻辑组内为了一个问题争论得面红耳赤是常有的事。虽然逻辑组内大多数教师是金先生的学生,或者是学生的学生,但争论起问题来却不管你是老师,我是学生,往往为了一个词或一句话用得是否恰当,可以争个不休,很有古希腊智者们论辩的味道,本来逻辑学就是因辩论而产生的。尤其是沈有鼎和周礼全二位更是善辩的能手,只要他们认为是正确的便要坚持到底,非把不同意见驳倒不行,这次辩输了下次还要提出来重新再辩。金先生因为是系主任,发言比较慎重,但遇到他有兴趣的问题也会参加进去和学生辩论起来。当时社会上正在展开一场逻辑问题的讨论,争论形式逻辑和辩证逻辑究竟是什么关系。对于这场辩论,逻辑组的教师很少写文章参加讨论,因为他们认为究竟什么是辩证逻辑,谁也没有能说清楚,对于一个本身不明白的问题如何能进行辩论呢?这种自由讨论的风气,在金先生的带动下,在当时的哲学系内是盛行的,还没有后来那种随便扣政治帽子的倾向。

正是在这种多少还算自由的学术气氛中,哲学系的教师们逐渐找到适宜做的工作。中国哲学史组先有由石峻、任继愈和朱伯崑编写的《中国近代思想史讲授提纲》,将鸦片战争后有志之士如何向西方寻求真理的过程作了系统的介绍,这在中国学术史上还是第一次。它在《新建设》上逐期刊出以后很受重视,在哲学系也是第一次开出这门课程。1954年由冯友兰和张岱年先生共同重开"中国哲学史"课程,这门课是集体准备的。在备课过程中发生了不少问题,要按照苏联日丹诺夫对哲学史规定的教条讲授中国哲学史,会遇到许多无法讲清的难题。为了解决这些难题,后来冯友兰先生提出他那著名的"抽象继承法"。1957年由北大哲学系召开全国性的"中国哲学史讨论会",爆发了一场争论。现在回顾,我以为这是解放以来哲学界对于教条主义第一次提出反对。

在西方哲学史组则由洪谦先生和组内教师商议,决定集中力量编译西方哲学家的著作,准备出版一套"西方古典哲学原著选译",从1957年起陆续出版了《古希腊罗马哲学》、《16—18世纪西欧各国哲学》、《18世纪法国哲学》、《18世纪末19世纪初德国哲学》等4辑。这套书不但起了教材的作用,而且因为国内的外文哲学原著极少,能直接阅读外文原著的人不多,可以说为整整一代哲学工作者提供了学习和研究西方哲学的重要参考资料。以往哲学界对翻译西方哲学原著不够重视,由这套书的编译,尤其是以贺麟先生为代表埋头从事的翻译工作,形成了重视翻译工作的风气,出现翻译原著的高潮,这是可以载入中国哲学界的史册的。

在金先生主持下,哲学系教师们逐渐找到了自己的工作,为中国哲学界作出了贡献。由于教师们的努力,仅仅两年时间,哲学系的主要课程又重新开设。学生们除了学本系课程外,还可以按照专门化需要选修外系课程,有的选自然科学如数学、物理学、生物学,有的选中国历史、世界历史和文学等等。当时的学生后来回忆说,那几年倒是真正读了点书,值得留恋。

1955年底金先生出任中国科学院哲学研究所副所长,离开了北大。金先生喜欢养花,最喜欢玉兰,在《回忆录》中说应该选玉兰为国花。他住在北大燕东园时买了两棵小玉兰树种在院子里,离开北大时他请人将这两棵玉兰移种到临湖轩前院里。前几年我看到它们已经茁壮成长,不知每年繁花盛开的时候,是否有人知道它们是金岳霖先生留给北大的纪念?

〔作者 《人民日报》高级编辑〕

# 著译交辉　中西互融
## ——贺麟与北大

### 张祥龙

贺麟(1902—1992)是中国 20 世纪著名的哲学思想家、翻译家和西方哲学史家。30 年代初,他自美、德留学归来,入北大哲学系任教,直到 1955 年转到中国社会科学院哲学所为止,在北大度过了 24 年。在这段巨变叠出的时间中,他在学术救国的目标趋动下,以深厚的中西学术素养为功底,一方面向国人"真正彻底、原原本本地"[①]传播他所体验到的西方文化的"大经大法",即自古希腊柏拉图、亚里士多德到近现代的笛卡尔、斯宾诺莎、康德,并以黑格尔为其顶峰的西方唯理主义哲学,另一方面则将此哲学与中国传统文化的大经大法,即以宋明儒学为高峰的儒家思想相融合,形成了有自己特点的新儒家思想。在这样做时,他不仅极为关注康德批判哲学的先验逻辑和黑格尔的辩证法,而且慧眼独具,揭示和探讨了宋儒的直觉法。这些学术活动和著作都有着深远绵长的影响力。至于他翻译、介绍西方哲学经典、特别是黑格尔著作的成就,更是为学界所熟知。

### 一

贺麟先生字自昭,1902 年 9 月 20 日出生于四川金堂县杨柳沟村的一个乡绅家庭。他 8 岁入私塾,后进小学和中学。小小年纪便写得一手很不错的古文,国文教员称之为"全校能把文章写通的两个人之一"。他于1919年考入清华学校中等科二年级。之后7年的清华求学对于其一生有重大影响。他的学习以自学为主，对不甚感兴趣的课只满足于"中"或"及格"，却有幸亲炙于诸多国学大师，比如梁启超、梁漱溟、吴宓等，其中尤以梁任公注重的阳明心学和吴宓的翻译课使他终生受益。

贺麟1926年夏毕业于清华高等科，旋即赴美国留学。其后的5年，他先后在美国的奥柏林、芝加哥和哈佛三个大学及德国的柏林大学学习，受到系统的西方哲学和社会科学的严格训练，同时亲身感受到西方的文化形态，即它的宗教、文学、艺术、伦理、工业、日常生活等等。在这些学习中有过几次比较重要的经历。首先是斯宾诺莎哲学和人品的影响，其次是与基督教的遭遇，再就是受到了康德与黑格尔的唯理主义哲学方法的启发。②1931年，贺麟结束了留学生涯，自柏林乘火车经东欧和苏联回国。

回国后，贺麟在北京大学哲学系任教，同时也在清华大学兼课，讲授哲学概论、西洋哲学史、西方现代哲学、伦理学、斯宾诺莎哲学等课程。它们都从不同角度体现出了他的以康德的有客观构成力的先验主体为起点，以黑格尔的辩证法为主要方法，以中西互释为阐发途径的治学特点。1936年，他成为北大哲学系教授。自1932年起，他在杂志报刊上发表了一系列文章，一方面介绍西方理性派哲学，一方面结合时代问题阐述自己的思想。1942年出版的《近代唯心论简释》（重庆独立出版社）收集了他阐发自己思想的一些文章，1947年由商务印书馆出版的《文化与人生》一书则是他讨论"儒家思想的新开展"和中西文化及人生问题的文章汇集。这两本书可视为他1949年之前思想的代表作，确立了他在"新儒家"这个学术潮流中的重要地位。

一般讲中国现代哲学的书将贺麟这一段的思想称之为"新心学"，并认之为是"陆王心学与新黑格尔主义融合的产物"③。这种讲法有一定道理，但还需要修正补充。贺麟确实受到过陆王心学和新黑格尔主义的影响,特别是前者,但又绝不止于它们。从其《宋儒的思想方法》(大约写于 30 年代后期)和《近代唯心论简释》(1934 年)等文章中可看出,贺麟从程朱理学汲取的东西并不亚于陆王心学,而且,他的思想中还带有道家的某些特点。在西方哲学方面,他也绝不限于新黑格尔主义,而主要是从整个西方唯理主义正宗哲学,尤其是柏拉图、亚里士多德、斯宾诺莎、康德和黑格尔哲学中获得了关于"逻辑之心"的领会。他思想的最大特色就在于将这两大主流比较融会,产生出先验逻辑方法(包括辩证法)与直觉法并用、文化本源与时代问题互参的新学说,仅称之为"新心学"与"中国的新黑格尔主义"都失之偏狭,称之为"新儒学"也不完全尽意。正因为这来源的宏富,对于"直觉"和"时境"的敏感,贺麟才不忍以"……学"标榜,也没有去尝试以大部头著作建立自己的形而上学体系。④读贺麟的《近代唯心论简释》、《文化与人生》、《五十年来的中国哲学》等著作,会感到其思路深透,立论切当,问题具体而重要,议论亲近恳挚而不落俗套,时间愈久其味反愈深醇,极少有那些忙于构建自己体系之作中的牵强、公式化和乏味。与贺先生有过切近交往的人都会想到这句老话:"文如其人"。

　　贺麟哲学思想的枢机可用陆象山的"心即理也"一语点出。⑤但他赋予了此语以深刻的西方唯理主义(或理想主义)的含义,而且可以从不同角度去领会之。首先,此心并非心理意义上的可作为经验科学研究对象的心,而是逻辑意义上的心。这"逻辑"并非只是指形式上的逻辑,而是指使万事万物是其自身的本性和理则。西方人称之为"理念(范型)"或"理性"。其次,这逻辑也绝非散漫平铺的纯客观之理,而必收敛活化于人的本心,即那"'主乎身,一而不二,为主而不为客,命物而不命于物'(朱熹语)的主体"⑥。这样,"心"与"理"两相互补互构,使得心成为"逻辑意义的心",即一切条理、客观、意义和价值的本源;"理"则成为发自主体的先验逻辑和辩证发展的节奏韵律,比如黑格尔讲的"具体共相",因而势必体现于人的文化、艺术、伦理、宗教和历史之中。贺麟《文化与人生》中的许多文章都是揭示这种充满了沟通主客、"假私济公"的理性机巧的活泼理则的佳作。第三,这"心"或"主体"并不只是概念式的,因为在一切概念方法(包括辩证法)之先必有一种直观洞察的开启和统领,以使得这些方法不被支离为外在的形式。而且,贺麟在这里超出了与他同时代的其他学者,也在某种意义上超出了陆王心学的路数,指出此直观洞察或"直觉"本身就是一方法。它"第一,……不是简便省事的捷径,而是精密紧严,须兼有先天的天才与后天的训练,须积理多学识富,涵养醇,方可逐渐使成完善的方法或艺术。第二,我并要说明直觉不是盲目的感觉,同时又不是支离的理智,是后理智的、认识全体的方法,而不是反理智反理性的方法"⑦。这直觉法在贺麟心目中当然具有极强的中国思想的特点,它不仅是宋儒的(包括陆象山向内反省以回复本心的直觉法和朱熹的向外体认物性的直觉法)"用理智的同情以体察事物,用理智的爱以玩味事物的方法"⑧,而且是"佛家所谓'以道眼观一切法'的道眼或慧眼",也是"庄子所谓'以道观之,物无贵贱'的'道观法'"⑨;但它对于贺麟而言也同样有西方哲学的根源,比如斯宾诺莎的"从永恒的范型之下以观认万物的直观法"和"近来德国的胡塞尔(Husserl)……[的]所谓'识性'(Wesensschau)"⑩。贺麟对于斯氏的直观法素有研究,但亦注意到了那时鲜为中国学者所知的胡塞尔现象学的直观学说,不能不说是其思想本身的需要使之然。很可惜的是,他在这方面的研究未能深入下去。由此可见,贺麟对于"心"、"理"和"心即理也"的理解中浸透了中西两哲学主流、特别是西方的近代唯理论所提供的思想教训,并具有对于各种理性方法的自觉。这一点是他同时代的其他中国学者所无法比拟的。

## 二

以学术救国是贺麟自青年起就抱定的志向。面对日本的侵略威胁,他于1931年至1932年间在天津《大公报》发表了《德国三大哲人处国难时之态度》。抗战爆发后,贺麟于1938年初到昆明"西南联大"(由北大、清华等多所大学联合而成)任教。此时,他已是中国哲学会的秘书兼常务理事。在此,他又发表了《新道德的动向》、《抗战建国与学术建国》、《法制的类型》等文章,提出振奋民族精神、宏扬有时代精神的学术文化、实行政治革新等主张,反应很好。北京大学法学院院长周炳琳当时还任重庆参政会副秘书长兼国民党中央政治学校教务长,看到贺麟文章后,几次聘请贺去中央政校教哲学。贺麟考虑到学人也应为抗战出力,最终同意去该校任教一年。1940年底,蒋介石约见贺麟。贺也是基于同样的考虑飞往重庆,在黄山别墅见到了蒋。会谈的一个具体结果就是蒋答应由政府资助贺麟领导的"外国哲学编译委员会"的学术工作。到1949年时,该会已组织翻译了20多种书,包括贺麟译的斯宾诺莎的《致知篇》(即《知性改进论》)。

　　介绍和翻译西方哲学的主干思想是贺麟学术活动的又一个重要方面。30年代,他翻译出版了鲁一士的《黑格尔学述》和开尔文的《黑格尔》,同时撰写多篇文章介绍斯宾诺莎、康德、特别是黑格尔的哲学。贺麟治黑格尔哲学的特点是:(1)明其源流。此源流即自古希腊以来的西方哲学中的理性派或唯理派,尤其是斯宾诺莎与康德。他讲:"真理不止要直认本体,且须体验得其主体。这是从斯宾诺莎(实体)经过康德(理性批判)到黑格尔(理性体系)的线索。"(2)得其方法。这不仅指分析矛盾以达到更高综合的破执显真的辩证法,而且又是一种辩证直观。"此种辩证的直观,既是出于亲切的体验,慧眼的识察,每每异常活泼有力(绝不是机械呆板的口号公式)。足以给他们对于宇宙人生一个根本的看法,且足以指导他们的行为,扩大他们的度量。"⑪在这方面,贺麟不只受到新黑格尔主义者们(鲁一士、克洛齐、克朗纳、哈特曼、鲍桑葵、纳松等)的影响,而且,如上所述,得自他对于中西传统中直觉法的识度。这不仅使他对于黑格尔的理解有了先于"体系"的"精神现象学"的维度,而且从方法上开通了这种理解与他心目中的宋明儒学的对话可能。因此,贺麟特别关注黑格尔学说与文化、历史和时代的有机联系。这学说如一条巨鲸,非放入人类精神文化的汪洋之中不足以成活和展露其本性。他自觉地运用黑格尔的方法去分析文化、政治、社会与人生,并在某种程度上直接涉足于其中。可以说,"辩证法和辩证观"在他手中是一团既放射思想光彩又使他的人生不平静的"活火"。"每当别的方法穷尽时,则辩证法方显得有神奇的功用。"正是这些特点使他阐发的黑格尔学说大大不同于那些完全概念化、公式化的解释。

贺麟对于黑格尔和斯宾诺莎的翻译最广为人知。他的译文以深识原著本意、学问工力深厚、表达如从己出、行文自然典雅等特点得到学术界的一致赞许。

贺麟赞同严复"信、达、雅"的翻译三标准,且有发挥。但从整体上指导他翻译的是他的西为中用、振兴民族文化的学术理想。所以,他的翻译不但选材精审,于重要概念的译名择定上尤其下了一番追本溯源和沟通中西的苦功。⑫他搞翻译极为严谨,往往要对照几种不同文字的版本进行校订;对于难解处,他查阅各种资料给予译注。他一向反对不懂原著的思想就套语法生译,强调译文的传神和中国化。译著前面,他常附上自己写的较长的"译序",帮助读者理解。

## 三

1946年秋,贺麟由昆明回到复校后的北大教书,翌年任北大训导长。这时他对蒋介石已颇感失望,与学生们的关系却很好。他多次压下了朱家骅(教育部长)通过胡适转来的要求开除进步学生的信,而且将特务学生报告的黑名单锁进抽屉了事。而且,他办事公平,急学生之所急。还保释过很多学生和青年,后来甚至师大、清华的学生失踪了,也托他打听。因此,在北大50周年(1948年12月25

日)纪念时,北大学生会特送他一面锦旗,上绣"我们的保姆"。而且,他还尽力帮助过一些反对当局的知识分子和教授。基于这些背景和考虑,他在北京围城期间三次拒绝了南京方面邀他乘飞机离开北平的通知,留在北大经历了解放军入城和中华人民共和国的建立。

1952年,由他翻译的黑格尔《小逻辑》出版。此书不期然地适合了那时的学术潮流之所需,被一版再版。1950年和1951年,他在陕西和江西参加了土改。1953年经历了思想改造运动。1954年他在《人民日报》发表《两点批判,一点反省》的文章,批评他学术上的老对手胡适。因其能将道理讲透,受到各方面的重视。1957年4月,贺麟与其他11名学者在中南海丰泽园受到毛泽东主席的接见和家宴款待。其间听到毛讲的一句当时令他颇为费解但预示了后来形势发展的话:"我看苏联的哲学脱离了列宁的轨道。"

1955年,贺麟调到中国科学院社会科学部哲学所,专门从事西方哲学研究工作。1957年后,形势逐渐严峻,贺麟也受到批判,只得埋头于翻译。"文革"中,他更是受到了许多不公正对待。家被抄三次,房屋被分占,东西被拿走,还被关入"牛棚"近一年。后来发遣到河南两年,名为干校劳动,实际上毫无行动自由。1975年9月,还处于"未解放"状态下的这位老学者受邀出席了国庆前夕的国宴,各方面情况逐渐有所好转。

1976年,"文革"结束,贺老的学术活动进入了一个高潮期。与人合作翻译的黑格尔的《哲学史讲演录》和《精神现象学》出齐,《小逻辑》修订本出版;一大批学术论文发表;数次出国参加学术会议和讲学;担任全国政协委员、民盟中央委员、中华全国外国哲学史学会名誉会长、中文《黑格尔全集》编译委员会名誉主编等职务。而且,更重要的是,他在1949年之后首次开始出版和修订再版自己的专著。它们包括:《现代西方哲学演讲集》(上海人民出版社,1984年)、《黑格尔哲学演讲集》(商务印书馆,1986年)、《哲学与哲学史论文集》(其中含有《近代唯心论简释》中许多文章,商务印书馆,1990年);《文化与人生》(修订版,商务印书馆,1988年)、《五十年来的中国哲学》(修订版,辽宁教育出版社,1989年)等。从这些书的前言、新版序言中可感受到,贺先生的哲学良知并没有被多年的政治运动遮蔽,而是以一个哲人特有的柔韧顽强而又听其自然(尊重历史和时代)的方式一再表现出来。1991年,贺老患病;1992年9月23日,正当为祝贺他90诞辰而举行的第二届贺麟学术思想讨论会进行之际,贺老病逝于北京。

贺麟自青年时起就有了极强烈、极敏锐的复兴中华文化于当代的使命感。他的一生表现出向西方求法以救中国的知识分子的执着、热诚和成就,以及这种追求所遭遇到的艰难和曲折。这是人生本身、时代本身、而不只是概念意义上的"辩证法"。贺麟的学术理想就是让国人"能够真正彻底、原原本本地了解并把握西洋文化,因为认识就是超越,理解就是征服。真正认识了西洋文化便能超越西洋文化。……以形成……新的民族文化"[13]。从以上这篇短文可以看出,贺麟先生不仅在"让人了解西洋"方面做了极重要的开拓性工作,在沟通中西文化以形成新的民族文化思想方面也有卓越的建树。而且,他的创造性工作中有相当大的一部分就是在他任教于北京大学期间完成的。

## 注 释

① 贺麟《儒家思想的新开展》,见其书《文化与人生》,商务印书馆1988年重印版,第7页。

② 关于这方面的情况,可参见本文作者所著的《贺麟传略》,载晋阳学刊编辑部编《中国现代社会科学家传略》第10辑,山西人民出版社1987年版,第253—263页。

③ 见方克立、郑家栋主编《现代新儒家人物与著作》中宋志明著"贺麟"部

分,南开大学出版社 1995 年版,第 133 页。

④ 参见贺麟《文化与人生·序言》第 1、2 页。

⑤ 贺麟在《近代唯心论简释》一文的开端即引此话,但未给出处。此语出自《陆象山全集》第 11 卷《与李宰书》。

⑥ 贺麟《近代唯心论简释》,《哲学与哲学史论文集》,商务印书馆 1990 年版,第 131 页。

⑦ 贺麟《哲学与哲学史论文集》第 183 页。

⑧ 同上书,第 184 页。

⑨ 贺麟《斯宾诺莎的生平及其学说大旨》,《哲学与哲学史论文集》第 249 页。

⑩ 同上书,第 251、134 页。

⑪ 贺麟《辩证法与辩证观》,同上书,第 221 页。

⑫ 参见《黑格尔学述·译序》。

⑬ 贺麟《文化与人生》第 7 页。

〔作者　北京大学外国哲学研究所副教授〕

# 漫步于未名湖畔的美学老人
## ——宗白华

### 彭 锋

1952年院系调整,宗白华先生从南京大学调至北大。在东南大学、中央大学和南京大学(中央大学的前身是东南大学,解放后中央大学分为南京大学和南京工学院,南京工学院现又改名为东南大学),宗先生一直讲授美学和艺术学,其间还做过哲学系主任。

宗先生为何对美学和艺术情有独钟,细究起来有两方面的原因:一是性格上的原因;一是教育上的原因。

照宗先生自己说,他从小就爱静思和浪漫,喜欢对着天上的白云流连遐想。用一句时髦的话来说,宗先生从小就具有诗人气质。这里多少有些天生的机缘。

宗先生17岁起,接受德语学校的教育。众所周知,德语里既有歌德式的浪漫情怀,又有康德式的深邃思辨,而正是这两方面把青年宗白华牢牢地吸引住了。不可否认,德语教育,对宗先生后来所从事的美学事业也起了重要的作用。

因此,尽管青年宗白华还没有对美学作专门的研究,却具备了超群的审美鉴赏能力。这就不难理解为什么上海《时事新报》主编张东荪、副刊主编郭虞裳能看中才20出头的宗白华,请他去编辑《学灯》副刊;也不难理解郭沫若的诗在四处碰壁之后,能得到宗白华的赏识。也许真的只有诗人才能真正地理解诗人。不难想象,在1919年发表郭沫若的诗需要多大的觉解和勇气。也正因为有宗白华的慧眼,有《学灯》的支持,郭沫若才能够像火山爆发似地唱出他的《天狗》和《凤凰》。

出于对哲学和诗的无限憧憬,宗先生于 1920 年 5 月赴德留学,专攻美学。也许只有美学能兼顾宗先生对哲学和诗的同等的爱,只有美学能使哲学和诗这两个看似矛盾的东西在一个人身上统一起来。需要提及的是,美学这门学科是在德国首先建立起来的,在德国学术史上,美学研究非常深入,并且形成了一贯的传统。在宗先生到德国的时候,美学研究已经突破了传统的思辨领域,转向对审美经验作心理学上的解释。当时流行的美学理论很少是抽象的哲学思辨的结果,而更多的是现实的审美经验的总结。如果没有经历德国古典哲学对美学的深入研究,这一转向就不会有多大的意义。正是德国古典哲学在思辨领域内几乎穷尽了美学思辨所能达到的高度,思辨美学的局限才从根本上暴露无遗。思辨美学从根本上显示了研究方法同研究对象之间的矛盾,即美学运用的是纯思辨的方法,美学所研究的对象却是纯体验的审美活动。宗先生在柏林大学的老师是著名的美学家德索(Dessoiz)。德索教授就是一位强调艺术鉴赏的美学家。在德索的影响下,宗先生十分注重对保存在欧洲各大博物馆里的艺术珍品的欣赏。正因为当时的美学十分强调艺术实践,所以宗先生在严格的哲学训练之余,仍投入时间和精力进行诗歌创作。在二三十年代风行一时的《流云小诗》中的绝大部分作品,就是宗先生在德留学期间创作的。

由于宗先生从不脱离艺术实践去进行不切实际的思辨,所以他写出来的东西特别有美学韵味。在三四十年代写作的《中西画法所表现的空间意识》、《中国艺术意境之诞生》等论文,显示出宗先生对美学尤其是中国古典美学的体悟达到了一个前所未有的高度。

1952 年院系调整,宗先生从南京来到北大。当时的北大集中了全国美学界的三位泰斗,即邓以蛰先生、朱光潜先生和宗白华先生。如果说,德国是西方美学的中心,代表了西方美学研究的传统的话,北大则是中国美学的中心,形成了中国美学研究的传统。这个传统至少可以追溯到北大德高望重的校长蔡元培先生那里。1917年蔡先生于任北大校长之际,即发表"以美育代宗教说"的讲演。1921年,蔡先生率先在北大开设并亲自讲授美学课程。后来有朱光潜先生讲"文艺心理学"和"诗论",都可以算美学课程。所以宗先生来北京以后,能感觉到一股浓厚的美学兴趣。宗先生在1959年的一封信中说:"北京美学兴趣一般颇为浓厚,日前《新建设》邀座谈会,下期可发表情况。马列学院亦拟以下半年培养美学干部,约我们去协助。朱先生已加入哲学系美学小组,前途颇为可观。我的第二散步,大约关于音乐和建筑,尚在准备中,未知何日动笔,因康德美学急待翻译也。"(《宗白华全集》第3卷,安徽教育出版社)当时美学的热闹情景由此可见一斑。

　　从《宗白华全集》发掘出来的材料来看,来北大之后,宗先生加紧了对西方美学史的系统研究。从《全集》中我们可以看到宗先生写于五六十年代间的《美学史》(纲要)和对西方美学史的一些专题研究,如文艺复兴的美学思想、德国唯理主义的美学、英国经验主义的心理分析的美学和康德美学思想评述等。宗先生翻译康德的《判断力批判》,可以看做他当时计划系统地进行西方美学史研究工作的重要的组成部分。

　　60年代,宗先生同朱先生之间有了分工,朱先生负责编著西方美学史,宗先生负责主编中国美学史。由于整个中国现代美学基本上讲的是西方美学,是一批从西方留学归来的学者在那里传播西方美学思想。因此,当时美学界在中国美学史方面的研究工作几乎是一片空白。在这种学术背景下,要写出一部成熟的中国美学史几乎不太可能。按照宗先生的看法,中国美学史的写作至少需要满足两个条件,一是对中国美学史资料有了全面深入的发掘和整理,二是对中国美学的各个部门,如绘画美学、书法美学、建筑美学、工艺美学、音乐美学等等有了较成熟的研究。而在当时这两个条件没有一个符合要求。当时有些同志想急于求成,建议一边整理资料,一边研究写作。宗先生极力反对这种意见,说:"没有丰富的资料,怎么能写史?得先搞资料,踏踏实实搞上几年资料。"宗先生不仅这样说,而且这样做。他没有急于写作中国美学史,而是指导身边的几位助教,前后花了近3年时间,翻阅了北大图书馆里的大量书籍,编出了两本《中国美学史资料选编》。宗先生在指导编选这两本资料的同时,还整理了大量的关于绘画美学、书法美学、建筑美学、工艺美学、音乐美学方面的资料,遗憾的是这批资料没有得到很好的保存,在文革中散失了。

宗先生在掌握了大量的资料之后,开始了中国美学思想的专题研究,并于60年代初给北大哲学系、中文系高年级学生开设了"中国美学史"专题讲座。在讲座中,宗先生全面、集中地讲述了中国美学史的特点和学习方法,并就先秦工艺美术和古代哲学文学中所表现的美学思想、中国古代绘画美学思想、中国古代音乐美学思想、中国古代园林建筑艺术所表现的美学思想等方面发表了许多深刻、精到的见解,留下来大量研究笔记。在这些笔记中常常能看到宗先生对中国美学的思想火花,它们具有很高的学术价值。令人欣慰的是,学术界最近已注意到这批笔记的价值,并有了一些初步的研究成果。我们相信,通过学术界的挖掘,宗先生的思想会呈现出越来越大的魅力。

尽管宗先生最终没有完成中国美学史的编写工作,给中国当代学术留下了极大的遗憾,但宗先生传留下来的这种严谨求实的学风,却是北京大学乃至整个中国学术界的一笔极其宝贵的财富。宗先生所要求的编写美学史所必需的两个条件,经过宗先生的倡导和他本人的努力,现在已不再是一片空白。其实,宗先生强调做资料整理、具体研究之类的默默无闻的工作,而不急于占领山头,摘取果实,已经透露了一种内在的人格魅力。这种人格魅力在经历过那段风风雨雨的历史之后尤为光彩夺目。

来北大以后,宗先生实践了他从德索教授那里学来的美学研究方法,即强调"美学研究不能脱离艺术,不能脱离艺术的创造和欣赏,不能脱离'看'和'听'"。北京有各式各样的艺术展览、大大小小的博物馆、丰富多彩的文艺演出和保留完好的古典建筑,这些为宗先生的"看"和"听"提供了十分有利的条件。宗先生常常拄着拐杖,挤公共汽车进城,饶有兴致地参观展览。就是在北京人看来已经十分平常的一些古典园林建筑中,宗先生也常常能从中看出新的意味,以至于流连忘返,心中充满无限的喜悦。宗先生去世之后,给哲学系留下一大批书籍,这些书大部分是他五六十年代在城里旧书摊上买下的,其中有些外文书现在国外也很难见到。其实宗先生当时并不富裕,平时的衣服上面常常能看见补丁;但宗先生也不是那么穷困,以至于80多岁的高龄进城还非得挤公共汽车不可。宗先生舍得花钱买书,因为他爱书,他知道那些书有多大的价值;宗先生挤公共汽车,因为他不愿意把自己关在社会生活之外,在公共汽车上,可以听到社会生活的种种声音,看到社会生活的种种形象,体会到生活里的种种乐趣。

宗先生50年代写了一篇文章,取名为《美学的散步》。宗先生说:"散步是自由自在、无拘无束的行动,它的弱点是没有计划,没有系统。看重逻辑统一性的人会轻视它,讨厌它,但是西方建立逻辑学的大师亚里士多德的学派却唤做'散步学派',可见散步和逻辑并不是绝对不相容的。中国古代一位影响不小的哲学家——庄子,他好像整天在山野里散步……""散步"标明了宗先生美学的独特特征。这种特征一方面是方法上的,另一方面是境界上的。从方法上来看,宗先生的美学研究并不局限在抽象的思辨领域。宗先生并不是不知道一般人眼中"散步"所具有的种种弱点,但如果从滞留于一种自由自在的境界来看,这种弱点似乎成了优点。更重要的是,对美学学科而言,"散步"具有某种方法论上的启示。也许宗先生参透了美学的对象拒绝逻辑分析而选择了"散步",在美学领域里只有"散步"的方法才能接近那玄秘的对象。宗先生"散步"的领域非常广,有常人罕至的地方,也有人多热闹的地方,还有常人不得不身陷其中而不知其乐的地方。就读书来说,古今中外的都喜欢涉猎,尤其喜欢在一些鲜为人知的笔记、杂记中"散步",也常常能发现一些极有意思的东西。就艺术鉴赏来说,宗先生也有超乎常人想象的胸怀,既景仰古希腊雕刻中的单纯静穆,又迷醉罗丹雕塑中灵与肉的跳动;既赞叹文艺复兴时期绘画巧夺天工的技巧,又倾慕印象派大师光与影的交响;既极力尊崇西洋艺术,又无限珍爱中国文化;一方面热爱古典诗词,另一方面又是著名的白话诗人;……宗先生对美、艺术的追求与热爱几乎没有时空的界限。宗先生的"散步"不仅局限在狭小的书斋和艺术殿堂里,就是在十分平凡的日常生活中,他也能自由自在、无拘无束地"散步"。宗先生从不计较名利得失,所以生活中没有什么事情让他特别烦恼。就是在那些非常的日子里,宗先生照样能不惊不惧、无忧无虑。表面上看来,宗先生仿佛"混迹"于平常的生活;实际上,他从没有停止过思考,从不让生活的尘埃沾染那颗晶亮而高贵的心。不仅在个人的精神世界里,而且在与人共同生活的物质世界里,宗先生都能从容悦乐地"散步",这没有一种极高的觉解是不可能的。只有达到"天地境界"的人,才能如此从容悦乐地"散步"。这话说得并不是十分夸张。哲学系德高望重的张岱年先生在宗先生85寿辰的宴会上,面对众多祝寿者说:"宗先生的人生境界一般人很难达到,至少我没有达到。"

表面看来,宗先生在北大没有干出一番惊天动地的事业,但实际上,至少在北大的美学传统中,宗先生占据一个十分重要的环节。从老校长蔡元培先生开始,北大的美学就强调美育,强调读书与做人相结合。按照蔡先生的构想,美学的目的在于"破人我之见,去利害之计较","陶养性灵,使之日进于高尚",也就是说,在于提高人的精神境界。宗先生不仅在学问上达到他那个时代的高峰,而且成就了一个完善的人格。不可否认,美学和艺术在宗先生的人格修养过程中起了十分重要的作用。

宗先生为北大的美学事业所做的贡献还表现在对后继者的培养上。虽然蔡先生极力提倡美育，也身体力行从事美学教育，但他给北大的美学事业留下的"活的遗产"是有限的，也就是说，蔡先生并没有为北大的美学事业培养出后继队伍。所以在蔡先生之后，北大的美学曾经出现过难以为继的局面。当然这与蔡先生所处的时代的局限有关。在这一点上，宗先生的贡献似乎更大一些。宗先生特别注重对青年教师和学生的培养。早年跟随宗先生的几位助手都深受他的影响。比如，80年代写出在美学界影响极大的《中国小说美学》、《中国美学史大纲》并主编了《现代美学体系》的叶朗教授当年就是宗先生助手之一。从叶教授对中国美学精神的把握和主张兼容中西美学、传统美学和当代美学的胸怀上，都可以看到宗先生的直接影响。宗先生的另一位助手于民教授，把他研究春秋时期的审美意识和着重在生活中体验中国美学的奥秘都看做是受到宗先生的启发和指导。美学教研室的另一位教授杨辛先生则深受宗先生重视艺术实践的影响。虽然这些后来者兴趣各不相同，研究的方向也不一致，但在他们身上都可以看到宗先生的"影子"。而且这些后来者在教学中又自觉或不自觉地把宗先生的"影子"留给了下一代的学生。

如果说，蔡(元培)、邓(以蛰)、朱(光潜)、宗(白华)诸位先生的努力，为北大的美学最终形成一个独具特色的学派奠定了良好的基础的话，那么在新的历史形势下，在即将进入21世纪的今天，建立北大美学学派就势在必行了。正如叶朗教授所说：我们要建立北大美学学派，要从朱光潜、宗白华先生那里"接着讲"；建立学派并不是建立宗派，学派是当今中国学术研究走向规范和深入的必然结果；在东西方文化碰撞、对话、交流、融合的今天，中国学术应该有自己的特色，有自己的学派，中国学者应该有自己的立足点。北大的美学之所以可以称得上一个学派，不仅因为它有一群有影响的学者和延续不断的学术传统，更重要的是它有自己独特的理论体系和方法。尤其是从整个中国现当代的学术背景的角度来看，它的特点更加鲜明。整个中国当代学术,有一种生硬地套用西方学术的范畴系统的倾向,充斥着唯心唯物的争论。但北大的美学,尤其是中国传统美学方面的研究,基本上是实事求是的,没有受到什么外在的东西的冲击。其实北大的美学也特别强调对西方美学的合理吸收,但这种吸收从来就不是生搬硬套,尤其是在宗先生那里,中西美学的融合完全做到了不露痕迹。更具体地说,北大美学在方法和胸怀上强调中西比较、对话、沟通与融合,但它的理论内核是中国传统美学,尤其是中国传统美学中的意象和意境理论。北大的美学基本上是从这个理论基石上生发、拓展开来的。从朱光潜的《诗论》、宗白华的《中国艺术意境的诞生》到叶朗的《现代美学体系》,我们可以看到这个以意象为中心的美学理论的不断的向前推进,不断的丰满和完善。随着北大美学学派建设的发展,宗先生在其中所起的作用似乎越来越明显、越来越重大了。这不仅表现在他特有的人格魅力和对后继者的培养上,更主要地表现在他对这个学派的理论核心的建设上。

在当代中国美学寻求理论发展和突破的阵痛中,人们都会自觉或不自觉地回到宗白华,回到宗先生博大的理论胸怀,回到宗先生对中国美学的精深的洞察,回到宗先生由艺术和美学而成就的完美的人格。

〔作者 北京大学哲学系博士生〕

# 跋

　　1995年5月,纪念北大建校100周年筹备小组在办公楼201室举行会议,讨论有关纪念建校百年的出版事宜,校内到会的单位,我记得有党委宣传部、党史校史研究室、档案馆、历史系、政治学与行政管理系、出版社等。与会同志一致认为北大建校100年,是北大历史上的重大事件,应编写出版一部北大百年史,总结北大百年的学术成就。但编北大百年校史,任务重,难度大,而时间又很紧,动手已嫌太晚。后来,决定编写一部百年大事纪要,由党史校史研究室负责;还编一本反映北大100年来历史名人事迹的书,责成由我主编。这两本书北大出版社都很支持,定于1998年北大校庆前出版。

　　我虽从1978年起开始业余治校史,把北大校史和中共党史结合起来进行研究,迄今近20年从未间断,曾发表过几篇文章,还写过书,但觉承担这项任务,担子不轻,担心不能很好完成。也许是情有所钟,再则也是想为母校100年做点事情,便欣然答应下来。并暂定书名为《名人与北大》。①

　　会后,历史系王晓秋教授跟我说,他对编写这样一本书也很有兴趣,并说他正在写一篇孙中山与北京大学的文章。我听了很高兴,于是对他说,那很好,这件事就由我们两人来做。

　　在随后的几天里,我与晓秋商谈了几次,就编写这本书的指导思

---

　　① 这个书名提出后,有一些作者觉得太一般了。于是我又想了另一个书名《巍巍学府,百年星辰——名人与北大》。后经季羡林先生把"学府"改为"上庠",遂成了现在的书名。——作者

想、内容、体例、文字要求、出版时间等问题交换了意见,然后由我草拟《编写说明》,提出一个简单计划;并初步拟定了准备要写的 50 位北大历史知名人物的名单,起草了一份约稿函,两人商定分头约稿。但后来晓秋因为系里的教学、科研任务太重,又忙于出国,这期间他去了韩国、日本,实际上完全脱离了这项工作,于是这以后有关这本书的大量工作,就又不能不由我一人去勉力承担了。

为了给本书的编写划个范围,提出点质量要求,在《编写说明》中,写了这样几条:

"本书主要从中国近现代的一些著名人物与北大之间的关系这一角度,反映北大建校 100 年来的发展概况、风貌。内容着重于这些名人和北大之间的相互联系、相互影响的情况,从而展现北大在文化、思想、学术、教育、科技等领域的成就,及对中国近现代社会、历史发展所作的贡献。

"本书所写名人,应是知名度很高、具有全国性影响,并和北大有密切关系者(如在北大学习、工作过,或虽未学习、工作过,却有某种特殊联系者)。现尚健在的名人,概不入书。

"本书各篇拟分别约请有关学者、专家撰述。一篇文章写一位名人,字数限定在 5000 至 1.5 万字之间。内容要求史实可靠,富有文化性、学术性;文字生动,可读性强;不要完全写成人物传记,或纯研究性的学术文章,也不要写成纯抒情式的散文。……"

1996 年夏,为保证把这本书编写好、出版好,在北大出版社的大力支持下,5 月 15 日,邀请相关专家和部分作者,就本书的主题思想、意义及有关问题进行了座谈,以求进一步统一认识,保证编写高质量。出席这次会议的老专家和作者有:季羡林、阴法鲁、梁柱、吴同瑞、沙健孙、于洸、唐作藩、盛森芝、温儒敏、岳凤麟、陈哲夫、张寄谦、曲士培、欧阳哲生、金安平等。还有出版社总编辑赵亨利、文史编辑室主任乔征胜和责任编辑严胜男,以及我本人和政治学系博士研究生宋月红等。邓广铭先生因为要于同一天去人民大会堂参加由匡亚明主编的一套丛书的出版发行仪式,没有到会。会上经过热烈讨论,进一步达致了几点共识,其中最重要的两点是:尽力把这本书"编写成具有文化性、学术性、思想性和可读性的读物,做到雅俗共赏,使之既具有较好的社会效益,又有一定的经济效益";"收入的名人要慎重。不要有该收入而未收者;也不要把一些与北大无多大直接关系的名人牵强收入"。大家还很热烈地谈到应把《名人与北大》的编写,搞成开放系列,把这次还没有写进书的其他北大名人,在下次续编时写进去。……近两年来,我就是根据这些规定和要求,进行组稿、约稿工作的。

说到组稿约稿,还要诉说点困难。

其一,北大历史名人选定难。由于北大历史上有名气的人物很多,而名人的标准又难以精确界定,因此增加了选定的难度;其次,还因为本书的容量有限,是名人也不可能这次都收入,还需要"英雄排座次",只能把排在前面的顺序组稿、编收,这就很难保证做到那么客观、公正、平等。进行这项操作时,我首先是把名人划一个范围,本书只写文化名人、学术名人、科技名人、政治名人。除这四方面的名人外,其他方面的只好割爱。然后向相关专家咨询,同北大历史上名人较集中的中文、历史、哲学等系科的负责人共同商讨,把公认的名人先确定下来;再次,对所写名人,要破除政治歧见,党派畛域。只要学问优长,在某一方面,某一领域,在某段时间内,对北大,对民族、国家作出过历史性的贡献,享有盛誉者,即可当本书之选。在这里,用得着"外举不避仇"的原则,而决不可囿于政见之异趣。复次,所写名人,除学问优长是必要条件外,还必须具备名人风范,足可为社会楷模者。也就是说,对入选名人,应小行不拘,大节不亏。如果大节有亏,做过有辱名节的事情,损害了国家的根本利益,则虽"才高八斗,学富五车",名气很大,亦予搁置不入。

经过这几层筛选,现在写入本书的北大历史名人共68位。这不是说,除这68位外,北大就再没有别的历史名人可写了,不是的。由于上面说过的原因,现在我只能说,这次就只写了这 68 位,其他没写入的名人,就只有等以后续编了。还有,有的名人,这次已定下来要写,只是因为遍觅不得合适的作者,或虽有合适作者,但约稿落空,就没有入书的机会了。因而对某些名人,只得付诸阙如。这是颇为遗憾,需向读者说明的。

其二,寻找合适作者难。上面已经提到,选定了要写的名人,还要找到合适的作者——这位作者愿意写,有时间写,对某名人有研究,写得出,写得好。要找到这样的作者,并非易事。经过多方面努力,通过种种方式,反复寻访征求,足足过去了大半个年头,各文作者才一一落实到位。现在,1997 年 3 月,稿件全数征齐,面对这篇篇珠玑,我真是喜不自胜。在这里,应该衷心感谢各位作者奉献的爱心和大力支持。是他们在繁重的工作之余,挤出时间,或在出国访问途中,或在病榻之上,天章云锦,博采细掇,精心撰述,才使本书得以及时编纂成册,奉献于母校百年华诞,呈现在广大读者之前。

本书共收文 65 篇(其中有 3 篇是每篇写了两位名人)。多数作者是北大在职教师。少数不是,也大都曾在北大学习过,受过北大文化的熏陶与浸润,他们或者是所写名人的受业弟子,或者是亲属,对北大和所写名人很熟悉,有研究。由于有这样一个大背景,因此,他们笔下流淌的,都是一篇篇有关北大的真实故事,是在共同编织北大过去历史之辉煌。书中披露了不少鲜为人知的北大传奇,学术秘辛,内容十分感人。读者在读这些篇章时,会受到很深的教育,还会有一种美的享受。

当然,由于本书是由六十几位不同作者所写的文章组成,尽管有一个共同的主题,其文风不尽一致,甚或大相径庭,这也是不奇怪的。我的态度是,尊重作者意见,保存作者风格,按照北大一贯倡导的"兼收并蓄,和而不同"的精神对待之。一般对内容不作修改,只是在觉得史实不确、评价失准的情况下,才与作者商量后作一些改动。

本书各篇题目,大多由我拟定。有的曾征求过作者的意见,或与作者商量过,有的则还未来得及。尽管对这些题目,我曾动过一番脑筋,但未必道道合适,更不用说精当了。这也是我觉得需要向作者和读者说明的。

在稿件业已征齐,本书即将杀青之际,我们敬爱的邓小平同志,不幸与世长辞了。1949 年以后,小平同志曾给北大以亲切关怀,对北大的工作、发展作过不少重要指示,北大人是时在念中。为了留下这段珍贵的史迹,我们临时决定增收一篇写邓小平与北大的文章。小平同志究竟与北大有过一些什么样的交往,给与过北大怎样的关怀和帮助,这其中的故事,我想,或许是不少读者感兴趣,乐于知道的。

本书文章篇目的排序,没有采用一般按姓氏笔划的方法,而是根据所写名人在北大历史上出现时间的先后,其在北大和中国近现代历史上的地位、作用这样几个方面,作综合评估后提出的。这样一个标准参考系数,是比较模糊的,并不严格,当然也就不能说很科学。不过,这样排序,绝无座次先后而有轩轾之分。入书的名人,共分 5 组。曾任北大校长(包括副校长)的名人,为第一组。这倒不是"官本位",蔡元培就不承认当大学校长是做官,而只是觉得这些北大校长,又都是名人,影响北大和中国近现代历史发展,至深且巨,所以应集中排在最前面;排在第二组者是改革家和革命家,主要是政治名人,这样排,理由是不言自明的。随后几组,是按专业学科来划分的,学科接近的放在一组。这样,我觉得,北大留给读者的印象,或许更为鲜明而深刻。这个"排座次"的问题比较难,现在这样排列是否合适,我期待着读者的批评指教。

本书在编印成册过程中,得到过许多专家、学者和老朋友的关心和帮助。著名老专家、老教授、原北大副校长季羡林先生为本书题写了书名,并写了一篇短而精的序言。北大副校长王义遒教授,原北大哲学系主任朱德生教授,中文系主任费振刚教授、唐作藩教授,历史系张寄谦教授、王晓秋教授、欧阳哲生副教授,中国社会科学院近代史所周良霄研究员、新闻所李溦秋同志,人民大学彭明教授,中央党校谭宗伋教授,还有不少校内外朋友,为本书积极联系,推荐作者;北大社会科学处、北大出版社和赵亨利、乔征胜、严胜男等同志以及不少所写名人的家属,为本书的编印出版都提供过具体的、热情的支持,今谨在此一并向他们致以诚挚的谢意。

此外,我的老伴陆彬良同志帮助我积极组稿、约稿,查阅必要的文献资料;政治学系研究生宋月红、肖立辉、王文金、杨胜等,也为本书做过辅助性工作,他们发函、送信、取稿、抄写、复印等等,这使我减免了不少体力之劳。如果没有他们的点滴辛勤付出,本书的编印出版是不会这般顺利的。今谨在此也一并志出,以示不忘。

名人是一个民族的骄傲,是其自立于世界民族之林的重要表征。中国有为名人立传的传统。司马迁写《史记》,共130篇,其中本纪12,世家30,列传70,对后世有很好的影响。我主编这本书,不是要立传,而只是想为北大100年来的历史人物,留下他们在北大的辉煌。记得西方有位学者说过:"时代造就英雄。时间却使名人不再有名。"我却是想不让时间把名人从记忆中磨洗掉。但由于个人水平不高,阅识有限,本书的编纂,疏漏错讹,肯定不少,敬希众多北大校友,海内外通人贤达,有以教之,幸甚!

萧超然于中关园寓所<br>1997年4月